DOMÍNIO

TOM HOLLAND

DOMÍNIO

O CRISTIANISMO E A CRIAÇÃO DA MENTALIDADE OCIDENTAL

Tradução de
ALESSANDRA BONRRUQUER

2ª edição

EDITORA RECORD
RIO DE JANEIRO • SÃO PAULO
2023

CIP-BRASIL. CATALOGAÇÃO NA PUBLICAÇÃO
SINDICATO NACIONAL DOS EDITORES DE LIVROS, RJ

H681d

Holland, Tom
    Domínio: o cristianismo e a criação da mentalidade ocidental / Tom Holland; tradução Alessandra Bonrruquer. - 2. ed. - Rio de Janeiro: Record, 2023.

    Tradução de: Dominion: the making of the western mind
    Inclui bibliografia e índice
    ISBN 978-65-5587-378-8

    1. Cristianismo - História. I. Bonrruquer, Alessandra. II. Título.

22-76000
CDD: 270
CDU: 27-9

Gabriela Faray Ferreira Lopes - Bibliotecária - CRB-7/6643

Copyright © Tom Holland, 2019

Título original em inglês: Dominion: the making of the western mind.

Todos os direitos reservados. Proibida a reprodução, no todo ou em parte, através de quaisquer meios. Os direitos morais do autor foram assegurados.

Texto revisado segundo o novo Acordo Ortográfico da Língua Portuguesa.

Direitos exclusivos de publicação em língua portuguesa somente para o Brasil adquiridos pela
EDITORA RECORD LTDA.
Rua Argentina, 171 – Rio de Janeiro, RJ – 20921-380 – Tel.: (21) 2585-2000, que se reserva a propriedade literária desta tradução.

Impresso no Brasil

ISBN 978-65-5587-378-8

Seja um leitor preferencial Record.
Cadastre-se no site www.record.com.br
e receba informações sobre nossos lançamentos e nossas promoções.

Atendimento e venda direta ao leitor:
sac@record.com.br

Em memória de Deborah Gillingham. Muito amada, muito saudosa.

SUMÁRIO

Agradecimentos	11
Prefácio	13

ANTIGUIDADE

I. Atenas	33
II. Jerusalém	58
III. Missão	90
IV. Crença	116
V. Caridade	144
VI. Paraíso	166
VII. Êxodo	185

CRISTANDADE

VIII. Conversão	207
IX. Revolução	227
X. Perseguição	251
XI. Carne	274
XII. Apocalipse	295
XIII. Reforma	316
XIV. Cosmos	339

MODERNITAS

XV. Espírito	363
XVI. Iluminismo	386
XVII. Religião	411
XVIII. Ciência	432
XIX. Sombra	456
XX. Amor	485
XXI. Woke	511
Notas	539
Bibliografia	581
Índice	609

Ame e faça o que quiser.
— SANTO AGOSTINHO

Que você sinta haver algo certo pode se dever ao fato de jamais ter pensado muito a respeito de si mesmo e ter aceitado cegamente os rótulos que recebeu desde a infância.
— FRIEDRICH NIETZSCHE

Tudo de que você precisa é amor.
— JOHN LENNON E PAUL MCCARTNEY

Agradecimentos

Tenho uma grande dívida de gratidão para com muitas pessoas, por sua ajuda e encorajamento durante a criação deste livro. Agradeço a meus maravilhosos editores, Richard Beswick, Lara Heimert e Zoe Gullen. A Susan de Soissons, por seus conselhos e paciência. A Patrick Walsh, o melhor de todos os agentes. A todas as muitas pessoas que leram seções ou a íntegra do livro quando ele ainda era um rascunho na tela do computador ou ajudaram com perguntas: Richard Beard, Nigel Biggar, Piers Brendon, Fergus Butler-Gallie, Paul Cartledge, Thony Christie, Caroline Dodds-Pennock, Charles Fernyhough, Dimitra Fimi, John Fitzpatrick, Peter Frankopan, Judith Gardiner, Michael Goldfarb, James Hannam, Damian Howard, Larry Hurtado, Christopher Insole, Julia Jordan, Frank McDonough, Anthony McGowan, Tim O'Neill, Sean Oliver-Dee, Gabriel Said Reynolds, Alec Ryrie, Michael Snape, Guy Walters, Keith Ward, Tim Whitmarsh e Tom Wright. A Bob Moore, por escrever os livros que ajudaram a estimular meu interesse pelos temas explorados aqui, por sua imensa generosidade e pela disposição de ler os capítulos conforme eram escritos. A Jamie Muir, por ser — como sempre — o primeiro a ler o manuscrito completo e um amigo leal. A Kevin Sim, por ser indulgente e não se cansar de me ouvir. A Charlie Campbell e Nicholas Hogg, por seu grande feito de ressurreição, sem o qual os anos que passei escrevendo não teriam sido tão prazerosos. A Sadie, minha amada esposa, e Katy e Eliza, minhas igualmente amadas filhas. Elas valem muito mais que rubis.

Prefácio

TRÊS OU QUATRO DÉCADAS ANTES DO nascimento de Cristo, a primeira piscina aquecida de Roma foi construída no monte Esquilino. A localização, ao lado dos antigos muros da cidade, era excelente. Algum tempo depois, ela se tornaria uma vitrine para algumas das pessoas mais ricas do mundo, com uma imensa extensão de vilas e jardins luxuosos. Mas havia uma razão para as terras do lado de fora da Porta Esquilina terem permanecido subdesenvolvidas por tanto tempo. Durante muitos séculos, desde os primeiros dias de Roma, aquele fora o local dos mortos. Quando os trabalhadores começaram a construir a piscina, o fedor dos cadáveres ainda pairava no ar. Uma vala, que já fizera parte do antigo sistema defensivo da cidade, estava repleta das carcaças dos que eram pobres demais para serem enterrados em tumbas. Lá é que eram jogados os escravos mortos, "depois de serem retirados de suas estreitas celas".[1] Abutres, em bandos tão numerosos que ficaram conhecidos como "os pássaros do Esquilino",[2] retiravam toda a carne dos ossos. Em nenhum outro local de Roma o processo de gentrificação foi tão dramático. Os pisos de mármore, as fontes cintilantes e os perfumados canteiros de flores foram construídos sobre as costas dos mortos.

Mas o processo de recuperação levou muito tempo. Décadas após o primeiro desenvolvimento da região que ladeava a Porta Esquilina, abutres ainda eram vistos por lá, circulando sobre um local chamado de Sessório. Ele permanecia o que sempre fora: "o local para execução de escravos".[3] Não era — ao contrário das arenas onde os criminosos eram executados

DOMÍNIO

para deleite das massas — um lugar glamouroso. Expostos aos olhos públicos como pedaços de carne em uma banca de mercado, escravos problemáticos eram pregados a cruzes. Mesmo quando sementes importadas de terras exóticas começaram a ser plantadas nos jardins emergentes do Esquilino, aquelas árvores desnudas permaneceram como lembranças de seu passado sinistro. Nenhuma morte era mais excruciante ou mais desprezível que a crucificação. Ser pendurado nu, "por longo tempo, em agonia, com feias e inchadas pápulas nos ombros e no peito",[4] incapaz de espantar os clamorosos pássaros, era o pior destino que os intelectuais romanos podiam imaginar. E era isso que o tornava tão adequado como punição para os escravos. Sem tal sanção, toda a ordem da cidade poderia desmoronar. O luxo e o esplendor exibidos por Roma dependiam, em última instância, de manter aqueles que os sustentavam em seu devido lugar. "Afinal, temos escravos retirados de todos os cantos do mundo em nossas residências, praticando costumes e cultos estrangeiros, ou nenhum, e é somente por meio do terror que temos a esperança de coagir tal escória."[5]

Mesmo assim, apesar do efeito salutar da crucificação daqueles que, de outro modo, poderiam ameaçar a ordem do Estado, as atitudes romanas em relação à punição eram permeadas de ambivalência. Naturalmente, para servir como dissuasão, ela precisava ser pública. Nada falava mais eloquentemente sobre uma revolta fracassada que a visão de centenas e centenas de corpos pendurados em cruzes, fosse em uma estrada ou em frente a uma cidade rebelde, com as colinas em torno despidas de árvores. Mesmo em tempos de paz, os carrascos transformavam suas vítimas em espetáculos ao pendurá-las de várias maneiras inventivas: "uma invertida, com a cabeça voltada para o chão; outra com uma estaca enfiada nos genitais; outra ainda com os braços presos a uma cangalha".[6] No entanto, havia um paradoxo na exposição dos crucificados ao olhar público. O fedor de carniça de sua desgraça era tão intenso que muitos se sentiam conspurcados somente por assistir à crucificação. Os romanos, por mais que adotassem a punição como "penalidade suprema",[7] recusavam-se a admitir a possibilidade de tê-la criado. Somente um povo famoso por sua barbárie e crueldade poderia

PREFÁCIO

ter inventado tal tortura: os persas, talvez, os assírios ou os gálicos. Tudo na prática de pregar um homem a uma cruz — uma *crux* — era repelente. "A própria palavra é áspera a nossos ouvidos."[8] Era a repulsa singular inspirada pela crucificação que explicava por que os escravos condenados à morte eram executados no pedaço de terra mais pobre e deplorável fora dos muros da cidade e por que, quando Roma se expandiu para além de seus antigos limites, somente as plantas mais exóticas e aromáticas do mundo foram capazes de mascarar a mácula. Também era por isso que, a despeito da ubiquidade da crucificação no mundo romano, poucos pensavam a respeito. A ordem, amada pelos deuses e mantida pelos magistrados investidos de toda a autoridade da maior potência da terra, era o que contava — não a eliminação dos vermes que ousavam desafiá-la. Criminosos derrotados em instrumentos de tortura: por que homens refinados e civilizados deveriam se preocupar com tal imundície? Algumas mortes eram tão repugnantes, tão esquálidas, que era melhor estender um véu sobre elas.

A surpresa, então, não é termos na literatura antiga tão poucas descrições detalhadas daquilo que podia estar envolvido em uma crucificação. A surpresa é termos alguma.* Os corpos dos crucificados, depois de terem alimentado os pássaros famintos, tendiam a ser jogados em uma vala comum. Na Itália, agentes funerários vestidos de vermelho, tocando sinos enquanto caminhavam, usavam ganchos para arrastá-los até a vala. O esquecimento, como a terra solta jogada sobre seus corpos torturados, os sepultava. Isso era parte de sua sina. Mesmo assim, em meio ao silêncio geral, há uma grande exceção que comprova a regra. Quatro relatos detalhados do processo pelo qual um homem pode ser sentenciado à cruz e então sofrer essa punição sobreviveram da Antiguidade. Notavelmente, todos eles descrevem a mesma execução: uma crucificação ocorrida sessenta ou setenta anos após a construção da primeira piscina aquecida de Roma. A localização,

---

* De fato, as descrições da punição em fontes antigas são tão esparsas que Gunnar Samuelsson, em uma monografia recente, argumentou (controversamente) que "antes da execução de Jesus, não existia uma punição definida chamada de 'crucificação'" (p. 205).

DOMÍNIO

no entanto, não era o Esquilino, mas um monte fora dos muros de Jerusalém — o Gólgota, "que quer dizer 'Lugar da Caveira'".[9] A vítima, um judeu chamado Jesus, pregador errante da obscura cidade de Nazaré, na região ao norte de Jerusalém conhecida como Galileia, fora condenado por um crime capital contra a ordem romana. Os quatro primeiros relatos de sua execução, escritos algumas décadas após sua morte, especificam o que isso significou na prática. O homem condenado, após ser sentenciado, foi entregue aos soldados para ser açoitado. Em seguida, porque alegara ser "o rei dos judeus", os guardas zombaram dele, cuspiram nele e colocaram uma coroa de espinhos em sua cabeça. Somente então, ferido e sangrando, ele foi conduzido a sua jornada final. Carregando sua cruz, ele tropeçou por Jerusalém, como espetáculo e admoestação a todos que o viam, e seguiu pela estrada até o Gólgota.* Lá, pregos foram cravados em suas mãos e pés, e ele foi crucificado. Após sua morte, seu tórax foi perfurado por uma espada. Não há razão para duvidar dos fatos essenciais dessa narrativa. Mesmo os historiadores mais céticos tendem a aceitá-los. "A morte de Jesus de Nazaré na cruz é um fato estabelecido, provavelmente o único fato estabelecido a seu respeito."[10] Certamente, seu sofrimento nada teve de excepcional. No curso da história romana, dor, humilhação e o prolongado horror da "mais miserável das mortes"[11] foram um destino partilhado por milhares.

Mas definitivamente não foi partilhado por milhares o destino de seu corpo. Baixado da cruz, ele foi poupado da vala comum. Reivindicado por um admirador abastado, foi preparado reverentemente para sepultamento, depositado em uma tumba e deixado atrás de uma pesada rocha. Tal é, de qualquer modo, o relato das quatro narrativas iniciais sobre sua morte — narrativas que, em grego, eram chamadas de *euangelia*, "boas-novas", e

---

* Embora Jesus seja descrito nos evangelhos carregando um *staurós*, a palavra grega para cruz, o mais provável é que tenha carregado o que, em latim, era chamado de *patibulum*: a barra horizontal da cruz. "Que ele carregue seu *patibulum* pela cidade e então seja pregado a sua cruz." Assim escreveu o dramaturgo romano Plauto alguns séculos antes da crucificação de Jesus.

16

PREFÁCIO

seriam conhecidas como evangelhos.* Os relatos não são implausíveis. Sabemos, em função de evidências arqueológicas, que o corpo de um homem crucificado ocasionalmente recebia um enterro digno nos ossuários fora dos muros de Jerusalém. Muito mais surpreendentes, no entanto — para não dizer sem precedentes — são as histórias sobre o que aconteceu depois. Que algumas mulheres, indo até a tumba, descobriram que a rocha na entrada fora arrastada. Que Jesus, nos quarenta dias seguintes, apareceu para seus seguidores não como fantasma ou corpo reanimado, mas ressuscitado em uma nova e gloriosa forma. Que ascendeu aos céus e está destinado a retornar. O tempo o veria ser saudado não somente como homem, mas como deus. Ao suportar o mais agonizante destino imaginável, ele conquistou a própria morte. "Por isso, Deus o exaltou à mais alta posição e lhe deu o nome que está acima de todo nome, para que ao nome de Jesus se dobre todo joelho, no céu, na terra e debaixo da terra."[12]

A total estranheza de tudo isso, para a vasta maioria das pessoas no mundo romano, não estava na noção de que um mortal pudesse se tornar divino. A fronteira entre celeste e terreno era considerada permeável. No Egito, a mais antiga das monarquias, os reis eram objeto de veneração havia incomensuráveis éons. Na Grécia, contavam-se histórias sobre um "deus herói"[13] chamado Hércules, um musculoso matador de monstros que, após uma vida de feitos espetaculares, fora retirado das chamas de sua própria pira para se unir aos imortais. Entre os romanos, contava-se uma história similar sobre Rômulo, o fundador de sua cidade. Nas décadas antes da crucificação de Jesus, o ritmo de tais promoções às fileiras divinas começara a se acelerar. O escopo do poder romano se tornara tão vasto que qualquer homem que conseguisse se tornar seu mestre podia ser visto como mais divino que humano. A ascensão aos céus de um deles, um comandante militar chamado Júlio César, fora anunciada pelo clarão de uma estrela incandescente; a de um segundo, filho adotivo de César, que

---

* Os primeiros textos cristãos, as cartas de Paulo, também relatam que Jesus foi "sepultado" (1 Coríntios 15:4).

DOMÍNIO

conquistara para si o nome de Augusto, por um espírito que fora visto ascendendo — como o de Hércules — de uma pira fúnebre. Mesmo os céticos que zombavam da possibilidade de que um mortal pudesse realmente se tornar um deus ficavam felizes em aceitar seu valor cívico. "Pois o espírito humano que acredita em sua origem divina será mais ousado na busca de feitos grandiosos, mais enérgico em sua realização e, por sua despreocupação, mais bem-sucedido neles."[14]

A divindade, portanto, era para os maiores entre os grandes: os vitoriosos, os heróis, os reis. Sua medida era o poder de torturar inimigos, não de sofrer torturas: o poder de acorrentá-los às rochas de uma montanha, transformá-los em aranhas ou cegá-los e crucificá-los após conquistar o mundo. Que um homem que fora crucificado pudesse ser saudado como deus inevitavelmente era visto pelo mundo romano como algo escandaloso, obsceno, grotesco. Mas o mais ofendido foi o próprio povo de Jesus. Os judeus, ao contrário de seus governantes, não acreditavam que um homem pudesse se tornar deus; eles acreditavam na existência de uma única deidade, eterna e todo-poderosa. Criadora dos céus e da terra, ela era adorada como Deus Altíssimo, Senhor dos Exércitos, Mestre de toda a Terra. Comandava impérios e fazia montanhas derreterem como cera. Que tal deus, entre todos os deuses, pudesse ter um filho e que esse filho, tendo o destino de um escravo, pudesse ter sido torturado e morto na cruz eram alegações tão estupefacientes que, para a maioria dos judeus, se tornaram repulsivas. Nenhuma inversão mais chocante de suas suposições mais devotamente defendidas podia ser imaginada. Não era meramente blasfêmia, era loucura.

Mesmo aqueles que reconheciam Jesus como *Christos*, o Ungido do Senhor Deus, podiam se encolher à menção da maneira como morrera. Os "cristãos", como eram chamados, estavam tão conscientes quanto qualquer um das conotações da crucificação. "O mistério da cruz, que nos convoca a Deus, é desprezível e desonroso."[15] Assim escreveu Justino, o principal apologista cristão de sua geração, um século e meio após o nascimento de Jesus. A tortura do Filho do Deus Altíssimo era simplesmente um horror chocante demais para ser retratado de maneira visual. Os escribas que copiavam os

18

PREFÁCIO

evangelhos ocasionalmente desenhavam sobre a palavra grega para "cruz" delicados pictogramas que sugeriam o Cristo crucificado, mas, de modo geral, eram somente os feiticeiros e os sátiros que ilustravam sua execução. Contudo, para muitos no mundo romano, esse não era um paradoxo tão intenso quanto poderia parecer. Alguns mistérios eram tão profundos que os mortais não tinham escolha senão mantê-los velados. O resplendor desnudo dos deuses era ofuscante demais para os olhos humanos. Em contraste, ninguém fora cegado pelo espetáculo do Filho do Deus Altíssimo sendo torturado até a morte; mas os cristãos, embora acostumados a fazer o sinal da cruz como gesto de devoção e a contemplar com assombrada reverência os relatos evangélicos sobre os sofrimentos de seu Salvador, parecem ter se recusado a vê-los representados de maneira física.

Foi somente séculos após a morte de Jesus — em uma época na qual, surpreendentemente, até mesmo os césares haviam passado a reconhecê-lo como Cristo — que sua execução começou a emergir como tema aceitável para os artistas. No ano 400, a cruz deixara de ser vista como vergonhosa. Banida como punição décadas antes por Constantino, o primeiro imperador cristão, a crucificação passara a servir para o povo romano como emblema do triunfo sobre o pecado e a morte. Um artista, esculpindo a cena em marfim, podia representar Jesus na sumária tanga de um atleta, tão musculoso quanto qualquer deus antigo. Mesmo quando a metade ocidental do império começou a escapar do domínio dos césares e a ser conquistada por invasores bárbaros, na metade oriental, na qual o poder romano permanecia, a cruz fornecia a um povo sitiado a garantia de que a vitória seria sua. As agonias de Cristo eram indicadores da derrota do mal. Era por isso que, tendo triunfado até mesmo sobre o implemento de sua tortura, ele jamais era mostrado sentindo dor. Sua expressão era serena. Ela o proclamava Senhor do Universo.

Dessa forma, em um império que — a despeito de hoje o chamarmos bizantino — jamais deixou de se afirmar romano, um corpo passou a servir como ícone de majestade. Mas Bizâncio não era o único reino de Cristo. No Ocidente falante de latim, mais de um milênio após o nascimento de Jesus,

DOMÍNIO

uma nova revolução começou a fervilhar. Cada vez mais, havia cristãos que, em vez de afastarem os olhos do horror bruto da crucificação, insistiam em contemplá-la. "Por que, ó minh'alma, você não esteve lá e não foi perfurada por uma espada de amargo pesar ao sentir o tórax de seu Salvador sendo perfurado por uma lança? Por que não pôde suportar ver os pregos violarem as mãos e os pés de seu Criador?"[16] Essa oração, escrita por volta do ano 1070, não era somente ao Deus que reinava em glória no alto, mas ao criminoso condenado que ele fora ao sofrer sua morte humilhante. Seu autor, um brilhante erudito do norte da Itália chamado Anselmo, era nobre de nascimento, correspondia-se com condessas e convivia com reis. Ele era um príncipe da Igreja, fazendo parte da *ecclesia* ou "assembleia" do povo cristão. Anselmo era um homem que combinava nascimento, habilidade e um nome famoso. Ainda assim, mesmo enquanto trabalhava para influenciar o destino da cristandade, ele temia sua própria eminência. E ficou tão perturbado quando foi indicado para liderar a Igreja inglesa que imediatamente teve um sangramento nasal. "A própria expressão 'propriedade privada' era para ele uma causa de horror."[17] Vendo uma lebre encurralada, ele começou a chorar e pediu que o aterrorizado animal fosse libertado. Por mais influente que fosse nos assuntos do mundo, jamais esqueceu que fora em solidão, nudez e perseguição que seu Salvador o redimira. Em sua oração ao Cristo crucificado, copiada e lida por todo o Ocidente latino, Anselmo articulou um novo e importante entendimento do Deus cristão no qual a ênfase estava não em seu triunfo, mas em sua sofredora humanidade.

"Com esse lamento, subitamente, chocantemente, estamos na presença da ruptura..."[18] O Jesus retratado pelos artistas medievais, retorcido, sangrando, morrendo, era uma vítima de crucificação que seus algozes originais teriam reconhecido: já não sereno e vitorioso, mas tomado pela agonia, como teria sido qualquer escravo torturado. A resposta a esse espetáculo, no entanto, estava muito distante da mistura de repulsa e desdém típica da antiga crucificação. Homens e mulheres, quando olhavam para a imagem de seu Senhor fixada na cruz, para os pregos cravados entre tendões e ossos em seus pés, para os braços tão estendidos que pareciam deslocados das

PREFÁCIO

juntas, para a cabeça coroada de espinhos tombada sobre o peito, sentiam não desprezo, mas compaixão, pena e medo. Certamente não faltavam cristãos, na Europa medieval, que se identificavam com os sofrimentos de seu Deus. Os ricos ainda espezinhavam os pobres. Havia forcas nas colinas. A própria Igreja, graças em grande parte aos esforços de homens como Anselmo, fora capaz de reivindicar a antiga primazia de Roma — e, mais que isso, mantê-la. E, mesmo assim, algo fundamental mudara. "Paciência nas tribulações, oferecer a outra face, rezar pelos inimigos, amar aqueles que nos odeiam":[19] tais eram as virtudes cristãs definidas por Anselmo, derivadas das palavras registradas do próprio Jesus. Consequentemente, nenhum cristão, nem mesmo o mais insensível ou desleixado, podia ignorá-las sem alguma medida de censura por parte de sua consciência. Que o Filho de Deus, nascido de uma mulher e sentenciado a ter a morte de um escravo, tivesse perecido sem ser reconhecido por seus juízes era algo capaz de fazer refletir o mais arrogante dos monarcas. Esse fato, consagrado no próprio coração do cristianismo medieval, inscrevia em sua consciência uma visceral e grave suspeita: a de que Deus estava mais próximo dos fracos que dos poderosos, dos pobres que dos ricos. Qualquer mendigo, qualquer criminoso, podia ser Cristo. "Assim, os últimos serão primeiros, e os primeiros serão últimos."[20]

Para os aristocratas romanos que, nas décadas anteriores ao nascimento de Jesus, começaram a colonizar o monte Esquilino com pisos de mármore e canteiros floridos, tal sentimento teria parecido grotesco. E, mesmo assim, ele se concretizou. Nenhuma testemunha desse fato foi mais espetacular que a própria Roma. Em 1601, em uma igreja originalmente construída para exorcizar o fantasma de Nero, um César particularmente extravagante e maligno, foi exibida uma pintura que homenageava as origens marginais da ordem cristã na cidade. O artista, um jovem de Milão chamado Caravaggio, recebera a encomenda de pintar uma crucificação: não a de Cristo, mas a de seu principal discípulo, Pedro, um pescador que, de acordo com os evangelhos, abandonara seu barco e suas redes para seguir Jesus e se tornara o "supervisor" — *episcopos* ou "bispo" — dos primeiros cristãos

DOMÍNIO

de Roma, antes de ser condenado à morte por Nero. Desde a execução de Pedro, mais de duzentos homens haviam ocupado o bispado, um cargo que trazia consigo a alegação de primazia sobre toda a Igreja e o título honorário de *Pappas* ou "Pai" — "papa". Nos mais de quinze séculos desde a morte de Pedro, a autoridade dos papas oscilou, mas, durante a vida de Caravaggio, era formidável. O artista, no entanto, sabia que não devia celebrar sua pompa, seu esplendor ou sua riqueza. A grandeza terrena do papado fora literalmente virada de cabeça para baixo. Pedro, segundo a história, exigira ser crucificado de ponta-cabeça, a fim de não partilhar o destino de seu Senhor, e Caravaggio, escolhendo como tema o exato momento em que a pesada cruz era erguida, retratou o primeiro papa como autenticamente fora: um camponês. Nenhum artista da Antiguidade teria pensado em honrar César representando-o como Caravaggio representou Pedro: torturado, humilhado, quase nu. E, mesmo assim, na cidade dos césares, foi um homem alquebrado por tal destino que foi honrado como guardião das "chaves do Reino dos céus".[21] O último realmente se tornara o primeiro.

Assim, o relacionamento do cristianismo com o mundo que lhe deu origem é paradoxal. A fé é ao mesmo tempo o mais duradouro legado da Antiguidade clássica e um indício de sua total transformação. Formada por uma grande confluência de tradições — persa, judaica, grega e romana —, ela sobreviveu ao colapso do império do qual emergiu e se tornou, nas palavras de um erudito judeu, "o mais poderoso sistema cultural hegemônico da história mundial".[22] Na Idade Média, nenhuma civilização da Eurásia era mais congruente com um único e dominante conjunto de crenças quanto o Ocidente latino com sua própria e distintiva forma de cristianismo. Em outros lugares, fosse nas terras do islã, na Índia ou na China, havia vários entendimentos do divino e numerosas instituições para defini-los, mas, na Europa, nas terras que reconheciam a primazia do papa, havia somente a ocasional comunidade judaica para quebrar o total monopólio da Igreja romana. Tal exclusividade era severamente protegida. Aqueles que a perturbavam e se recusavam a se arrepender podiam esperar serem silenciados, expulsos ou mortos. Uma Igreja que adorava um Deus executado

PREFÁCIO

por autoridades displicentes presidia o que foi adequadamente chamado de "sociedade persecutória".* Aqui, na convicção de que as crenças serviam para definir um homem ou uma mulher, estava outro indício do impacto transformador da revolução cristã. O fato de os cristãos estarem dispostos a morrer dando testemunho de suas crenças, como mártires, fora precisamente o que os marcara, aos olhos das autoridades romanas, como sinistros e aberrantes. Mas isso mudara. O tempo vira os subversivos prevalecerem. Na cristandade medieval, os ossos dos mártires eram tesouros, e a Igreja patrulhava a crença. Ser humano era ser cristão; ser cristão era acreditar.

A Igreja romana estava correta ao chamar a si mesma de "católica", significando "universal". Não havia praticamente nenhum ritmo da vida que não fosse definido por ela. Do alvorecer ao pôr do sol, do auge do verão às profundezas do inverno, da hora do nascimento ao último suspiro, os homens e mulheres da Europa medieval absorviam as suposições cristãs em seus ossos. Mesmo quando, no século anterior a Caravaggio, a cristandade católica começou a se fragmentar e novas formas de cristianismo começaram a surgir, a convicção dos europeus de que sua fé era universal permaneceu profundamente enraizada. Ela os inspirou na exploração de continentes sequer sonhados por seus antepassados, na conquista dos continentes que foram capazes de subjugar e reconsagrar como Terra Prometida e na tentativa de converter os habitantes dos continentes que não conseguiram conquistar. Fosse na Coreia ou na Tierra del Fuego, no Alasca ou na Nova Zelândia, a cruz na qual Jesus fora torturado até a morte passou a servir como símbolo mais globalmente reconhecido de um deus, em qualquer época. "Repreendeste as nações e destruíste os ímpios; para todo o sempre apagaste o nome deles."[23] O homem que saudou a rendição japonesa em 1945 citando as Escrituras e louvando Cristo não foi Truman, Churchill nem De Gaulle, mas o líder chinês Chiang Kai-shek. Mesmo no século XXI, quando a maré de domínio ocidental começa a recuar palpavelmente, suposições

---

* A expressão vem do título do livro de R. I. Moore *The Formation of a Persecuting Society* [A formação de uma sociedade persecutória].

DOMÍNIO

nascidas da fé ancestral europeia continuam a estruturar a maneira como o mundo se organiza. Seja na Coreia do Norte ou nas estruturas de comando das células terroristas jihadistas, há poucos tão ideologicamente opostos ao Ocidente que não se vejam obrigados a empregar o sistema internacional de datas. Sempre que fazem isso, são subliminarmente lembrados das alegações feitas pelo cristianismo sobre o nascimento de Jesus. O próprio tempo foi cristianizado.

Como um culto inspirado pela execução de um criminoso obscuro em um império há muito desaparecido pôde exercer uma influência tão transformadora e duradoura no mundo? Tentar responder a essa pergunta, como faço neste livro, não é escrever a história do cristianismo. Em vez de fornecer um resumo panorâmico de sua evolução, tentei analisar as correntes de influência cristã que se disseminaram mais amplamente e se mostraram mais duradouras. É por isso que — embora tenha escrito extensamente sobre as igrejas oriental e ortodoxa em outros textos e encare esse tema com imenso assombro e fascinação — escolhi não acompanhar seu desenvolvimento para além da Antiguidade. Minha ambição já é grande o bastante: explorar como nós, no Ocidente, nos transformamos naquilo que somos e passamos a pensar como pensamos. A reviravolta moral e imaginativa que viu Jesus consagrado como deus pela mesma ordem imperial que o condenou a ser torturado até a morte não encerrou a capacidade do cristianismo de inspirar profundas transformações nas sociedades. Antes o oposto. Quando Anselmo morreu, em 1109, a cristandade latina já estava em um curso tão distinto que o que hoje chamamos de "Ocidente" é menos seu herdeiro que sua continuação. Sonhar com um mundo transformado pela reforma, pela revelação ou pela revolução não é algo exclusivamente moderno. É antes sonhar como sonhavam os visionários medievais: sonhar à maneira de um cristão.

Hoje, em uma era de sísmico realinhamento geopolítico, quando nossos valores não se mostram nem de longe tão universais quanto alguns acha-

PREFÁCIO

vam ser, a necessidade de reconhecer quão culturalmente contingentes eles são é mais urgente que nunca. Viver em um país ocidental é viver em uma sociedade ainda profundamente saturada de suposições e conceitos cristãos. Isso não é menos verdadeiro para judeus ou muçulmanos do que é para católicos ou protestantes. Dois mil anos após o nascimento de Cristo, não é preciso acreditar que ele se ergueu dos mortos para ser marcado pela formidável — de fato, inescapável — influência do cristianismo. Seja a convicção de que os mecanismos da consciência são os mais seguros determinantes das boas leis, de que a Igreja e o Estado existem como entidades distintas ou de que a poligamia é inaceitável, seus elementos podem ser encontrados em todo o Ocidente. Mesmo escrever em uma língua ocidental é usar palavras permeadas de conotações cristãs. "Religião", "secular", "ateu" — nenhuma dessas palavras é neutra. Todas elas, embora derivem do passado clássico, trazem consigo o legado da cristandade. Falhar em entender isso é correr o risco de anacronismo. Por mais vazios que estejam os bancos das igrejas, o Ocidente permanece firmemente atracado a seu passado cristão.

Alguns ficarão exultantes com essa afirmação; outros, alarmados. O cristianismo pode ser o legado mais duradouro e influente do mundo antigo, e sua emergência foi o evento mais transformador da história ocidental, mas também o mais desafiador para um historiador. No Ocidente, particularmente nos Estados Unidos, ele certamente é a fé dominante. No mundo, mais de 2 bilhões de pessoas — quase um terço da população do planeta — subscrevem essa fé. Diferentemente de Osíris, Zeus ou Odin, o Deus cristão continua forte. A tradição de interpretar o passado como o dedo de Deus traçando padrões através do tempo — que remonta ao início da fé cristã — permanece viva. A crucificação de Jesus, para os muitos milhões que o veneram como Filho do Senhor Deus, Criador do céu e da terra, não foi meramente um evento histórico, mas o próprio eixo em torno do qual gira o cosmos. Mas os historiadores, por mais alertas que estejam para o poder desse entendimento e para a maneira como alterou o curso do mundo, não pretendem provar que ele é verdadeiro. Em vez disso, estudam o cristianismo pelo que ele pode revelar não sobre Deus, mas sobre a humanidade.

DOMÍNIO

Como qualquer outro aspecto da cultura e da sociedade, eles supõem que as crenças têm origem mortal e são modeladas pela passagem do tempo. Olhar para o sobrenatural em busca de explicações para o que aconteceu no passado é envolver-se com a apologética: uma atividade perfeitamente respeitável, mas que não constitui história da maneira como passamos a entendê-la no Ocidente moderno.

Não obstante, se os historiadores do cristianismo precisam lidar com a fé, eles também precisam lidar com a dúvida. Não é somente no caso dos fiéis que a interpretação da história cristã tende a ser profundamente pessoal. O mesmo pode ser dito dos céticos. Em 1860, em uma das primeiras discussões públicas sobre o recentemente publicado *A origem das espécies*, de Charles Darwin, o bispo de Oxford notoriamente zombou da teoria de que seres humanos podiam ser produto da evolução. Hoje, no entanto, o pêndulo está do outro lado. "Como somos todos pessoas do século XXI, subscrevemos um consenso bastante amplo sobre o que é certo ou errado."[24] Foi o que declarou Richard Dawkins, o ateu mais evangélico do mundo. Argumentar que, no Ocidente, o "consenso bastante amplo sobre o que é certo ou errado" deriva principalmente das suposições e dos ensinamentos cristãos pode parecer, em sociedades com muitas fés, quase ofensivo. Mesmo nos Estados Unidos, onde o cristianismo permanece sendo uma força muito mais vibrante que na Europa, um número crescente de pessoas passou a ver a fé ancestral do Ocidente como algo fora de moda: uma relíquia de tempos antigos e mais supersticiosos. Assim como o bispo de Oxford se recusou a considerar que podia ser descendente de um macaco, muitos no Ocidente se mostram relutantes em considerar que seus valores e mesmo sua falta de fé podem ter origens cristãs.

Afirmo isso com certa confiança porque, até muito recentemente, partilhei dessa relutância. Embora, quando criança, fosse levado à igreja todos os domingos por minha mãe e rezasse solenemente todas as noites, desde cedo experimentei o que hoje reconheço ter sido quase uma crise de fé vitoriana. Ainda lembro do choque que senti quando, certo dia na escola dominical, abri uma Bíblia para crianças e encontrei, na primeira página,

PREFÁCIO

uma ilustração de Adão e Eva ao lado de um braquiossauro. Eu respeitava as histórias bíblicas, mas estava absolutamente certo de uma coisa: nenhum ser humano jamais vira um saurópode (para meu pesar). O fato de o professor parecer não se incomodar com esse erro só aumentou minha sensação de ultraje e perplexidade. Houvera dinossauros no Jardim do Éden? Ele parecia não saber nem se importar. Uma leve sombra de dúvida passou a obscurecer minha confiança na veracidade do que eu aprendia sobre a fé cristã.

Com o tempo, essa sombra aumentou. Minha obsessão pelos dinossauros — glamourosos, ferozes, extintos — evoluiu para a obsessão com os antigos impérios. Quando eu lia a Bíblia, o foco de minha fascinação era menos nos filhos de Israel ou Jesus e seus discípulos e mais em seus adversários: os egípcios, os assírios, os romanos. De modo similar, embora continuasse a acreditar vagamente em Deus, descobri que ele era infinitamente menos carismático que os deuses gregos: Apolo, Atena, Dioniso. Gostava da maneira como eles não ditavam leis ou tratavam as outras deidades como demônios e admirava seu glamour de astros do rock. Como resultado, quando li Edward Gibbon e sua grandiosa história sobre o declínio e a queda do Império Romano, estava pronto para aceitar sua interpretação do triunfo do cristianismo como início de uma "era de superstição e credulidade".[25] Meu instinto infantil de ver o Deus bíblico como inimigo carrancudo da liberdade e da diversão foi racionalizado. A derrota do paganismo dera início ao reino do Pai de Ninguém e aos vários cruzados, inquisidores e puritanos de chapéu preto que serviam como seus acólitos. A cor e a excitação haviam sido drenadas do mundo. "Venceste, pálido galileu", escreveu o poeta vitoriano Algernon Charles Swinburne, ecoando o lamento apócrifo de Juliano, o Apóstata, o último imperador pagão de Roma. "O mundo ficou cinzento em razão de teu sopro."[26] Instintivamente, eu concordava.

Contudo, nas duas últimas décadas, minha perspectiva mudou. Quando escrevi meus primeiros textos de história, escolhi como tema os dois períodos que mais haviam me interessado e emocionado quando criança: as invasões persas da Grécia e as últimas décadas da República Romana. Os anos que passei escrevendo esses estudos gêmeos sobre o mundo clássico,

27

DOMÍNIO

vivendo intimamente na companhia de Leônidas e Júlio César, dos hoplitas que haviam morrido nas Termópilas e dos legionários que haviam cruzado o Rubicão, só confirmaram minha fascinação, pois Esparta e Roma, mesmo quando sujeitadas à detalhada investigação histórica, mantinham seu glamour como predadoras de sucesso. Continuavam a assombrar minha imaginação, como sempre haviam feito: como grandes tubarões brancos, como tigres, como tiranossauros. Mas carnívoros gigantes, por mais maravilhosos que sejam, são naturalmente aterrorizantes. Quanto mais tempo eu passava imerso no estudo da Antiguidade clássica, mais alienígena eu a achava. Os valores de Leônidas, cujo povo praticava uma forma peculiarmente letal de eugenia e treinava seus jovens para assassinar *Untermenschen* [sub-humanos] arrogantes durante a noite não eram os meus; tampouco os de César, que supostamente matou 1 milhão de gálicos e escravizou outro milhão. Não era somente sua extrema insensibilidade que me perturbava, mas também a ausência de qualquer senso de que os pobres e os fracos podiam ter algum valor intrínseco. Por que eu achava isso perturbador? Porque, em minha moral e minha ética, não era espartano nem romano. O fato de minha crença em Deus ter se esmaecido durante a adolescência não significava que eu deixara de ser cristão. Durante mais de um milênio, a civilização em que eu nascera fora a cristandade. As suposições com as quais eu crescera — sobre como uma sociedade deve ser organizada e que princípios deve defender — não derivavam da Antiguidade clássica e muito menos da "natureza humana", mas muito distintamente do passado cristão daquela civilização. O impacto do cristianismo no desenvolvimento da civilização ocidental foi tão profundo que saiu de vista. Somente as revoluções incompletas são lembradas; o destino das que triunfam é serem esquecidas.

A ambição de *Domínio* é analisar o curso daquilo que um cristão, escrevendo no século III, chamou de "maré alta de Cristo":[27] como a crença de que o Filho do Deus único dos judeus foi torturado até a morte em uma cruz passou a ser tão duradoura e disseminada que, hoje em dia, quase ninguém no Ocidente percebe quão escandalosa ela foi em sua origem. Este livro explora aquilo que tornou o cristianismo tão subversivo e inovador;

PREFÁCIO

o quão completamente ele saturou a mentalidade da cristandade latina; e por que, em um Ocidente que frequentemente duvida de alegações religiosas, tantos de seus instintos permanecem — para o bem e para o mal — totalmente cristãos.

Essa é — para usar uma expressão conhecida — a maior história de todos os tempos.

ANTIGUIDADE

I

Atenas

479 a.C.: o Helesponto

Em um dos pontos mais estreitos do Helesponto, o estreito canal de água que serpenteia do Egeu até o mar Negro e separa a Europa da Ásia, um promontório conhecido como Cauda do Cão se estendia a partir da costa europeia. Ali, 480 anos antes do nascimento de Cristo, deu-se um feito tão surpreendente que pareceu divino. Duas pontes flutuantes, estendendo-se da costa asiática até a ponta da Cauda do Cão, uniram os dois continentes. Não é necessário dizer que somente um monarca com recursos infinitos poderia ter domado as correntes marítimas de maneira tão imperiosa. Xerxes, o rei da Pérsia, governava o maior império que o mundo já vira. Do Egeu a Indocuche, todas as hordas nômades da Ásia marchavam sob seu comando. Dizia-se que, em caso de guerra, ele podia convocar forças capazes de beber os rios até secarem. Poucos duvidavam, observando Xerxes cruzar o Helesponto, que o continente inteiro logo seria seu.

Um ano depois, as pontes haviam desaparecido. Assim como as esperanças de Xerxes de conquistar a Europa. Invadindo a Grécia, ele capturara Atenas, mas incendiar a cidade se provara o ponto alto de sua campanha. Derrotas em terra e mar forçaram os persas a recuar. Xerxes retornou à Ásia. No Helesponto, onde o comando do estreito fora confiado a um governador chamado Artaictes, havia particular alarme. Artaictes sabia, após

DOMÍNIO

o fiasco na Grécia, que estava gravemente exposto. E, de fato, no fim do verão de 479 a.C., uma esquadra de navios atenienses chegou ao Helesponto. Quando atracaram na Cauda do Cão, Artaictes recuou para a fortaleza mais próxima e, após um longo cerco, fugiu com o filho. A despeito da fuga bem-sucedida na calada da noite, eles não chegaram muito longe. Caçados, foram acorrentados e levados de volta à Cauda do Cão. Lá, na ponta mais avançada do promontório, Artaictes foi preso pelos captores atenienses a uma prancha de madeira. "Então, diante de seus olhos, eles apedrejaram seu filho até a morte."[1] Ele teve um fim muito mais demorado.

Como seus algozes conseguiram mantê-lo preso a uma prancha na vertical? Em Atenas, os condenados por crimes particularmente atrozes podiam ser presos a um instrumento de tortura chamado *apotumpanismos*, uma prancha de madeira com grilhões para prender pescoço, punhos e tornozelos. Mas não há sugestão de que esse instrumento particular tenha sido empregado pelos algozes de Artaictes. Em um dos relatos de sua morte, diz-se que ele foi preso à prancha com *passaloi*: "alfinetes".* Os carrascos, forçando suas costas contra a prancha, evidentemente enfiaram cravos em sua carne, martelando-os até penetrarem profundamente na madeira. Ossos arranharam a madeira quando a prancha foi erguida. Artaictes, observando o filho ser reduzido a uma ruína alquebrada e sanguinolenta, também seria capaz de olhar para os céus e ver os pássaros que sobrevoavam a cena, impacientes para pousar e se banquetear com seus olhos. A morte, quando finalmente chegou, foi uma libertação. Seus captores, ao transformarem seu sofrimento em um espetáculo tão prolongado, também estavam fazendo uma declaração. Executá-lo no exato local onde Xerxes pisara pela primeira vez em solo europeu enviava uma mensagem inequívoca. Humilhar o servo do Grande Rei era humilhar o próprio Grande Rei. Os gregos, que havia muito viviam à sombra da Pérsia, tinham boas razões para vê-la como lar de engenhosas torturas. Eles acreditavam terem sido os persas a iniciar a prática de expor criminosos em estacas ou cru-

---

* Especificamente, a palavra usada por Heródoto é *prospassaleusantes*: "preso com alfinetes".

zes, para que a humilhação se somasse às agonias da morte. Certamente, as punições infligidas àqueles que desafiavam a dignidade real eram tão excruciantes quanto ameaçadoras. Cerca de quarenta anos antes de Xerxes invadir a Grécia, seu pai, Dario, lidara com os que disputavam seu direito ao trono torturando-os da maneira mais pública possível. Florestas inteiras de estacas haviam sido erguidas, nas quais seus rivais, contorcendo-se e gritando enquanto sentiam a madeira penetrar suas entranhas, eram empalados. "Cortei seu nariz e suas orelhas, arranquei um de seus olhos e o mantive preso na entrada de meu palácio, onde todos podiam vê-lo." Fora assim que Dario detalhara o tratamento dado a um rebelde particularmente nocivo. "Então fiz com que fosse empalado."[2]

Mas nem todas as vítimas da raiva do Grande Rei eram necessariamente suspensas e expostas. Os gregos relatavam, em voz baixa e enojada, uma tortura particularmente revoltante: o *scaphe* ou "cocho". O carrasco, após colocar a vítima no interior de um bote ou tronco escavado, prendia um segundo bote sobre ele, de modo que somente a cabeça, as mãos e os pés do miserável ficavam de fora. Alimentado continuamente com comidas gordurosas, o criminoso não tinha escolha senão permanecer deitado sobre os próprios excrementos; lambuzado de mel, era incapaz de espantar as moscas. "Vermes e enxames de larvas nasciam da podridão e putrefação dos excrementos e, corroendo seu corpo, alojavam-se em seus intestinos."[3] A vítima finalmente morria quando sua carne e seus órgãos eram quase inteiramente consumidos. Um homem, relatou uma fonte confiável, sobrevivera ao *scaphe* por dezessete dias antes de dar seu último suspiro.

No entanto, por mais cruel que fosse tal tortura, ela não era gratuita. Os gregos, ao acusarem o Grande Rei de exibições negligentes de despotismo, confundiam com selvageria bárbara o senso de responsabilidade que caracterizava sua preocupação com a justiça. Na verdade, da perspectiva da corte persa, os gregos eram os bárbaros. Embora o Grande Rei permitisse que seus súditos seguissem suas próprias leis — desde que, claro, permanecessem devidamente submissos —, ele jamais duvidou do caráter cósmico de suas próprias prerrogativas e responsabilidades. "Sou rei pela graça

DOMÍNIO

de Aúra Masda", declarou Dario. "Aúra Masda me outorgou o reino."[4] O maior dos deuses, o Senhor Sábio, que criara os céus e a terra e se revestira da beleza cristalina dos céus sobre as neves e areias do Irã, era o único patrono que Dario reconhecia. A justiça que o Grande Rei concedia a seus súditos não era de origem mortal, derivando diretamente do Senhor da Luz. "O homem leal é recompensado e o homem infiel é punido. É pela graça de Aúra Masda que as pessoas respeitam a ordem que imponho."[5]

Essa convicção, de que o governo de um rei podia ser tão beneficente quanto o de um deus, não se iniciara com Dario. Ela remontava à própria origem das coisas. A oeste do Irã, regados por dois poderosos rios, estendiam-se os alagadiços da região conhecida pelos gregos como Mesopotâmia, "a terra entre rios". Lá, em cidades muito mais antigas que as persas, monarcas havia muito tinham o hábito de agradecer aos deuses o auxílio na administração da justiça. Mais de mil anos antes de Dario, um rei chamado Hamurabi se declarara portador de um mandato divino: "implementar o domínio da retidão na terra e destruir os iníquos e os malfeitores, a fim de que os fortes não prejudiquem os fracos".[6] A influência dessa alegação, a de que um rei servia melhor a seu povo ao lhe fornecer equidade, provou-se duradoura. Babilônia, a cidade governada por Hamurabi, via-se como capital do mundo. E isso não era meramente *wishful thinking*. Rica e sofisticada, a metrópole havia muito atraía superlativos. Embora seu poderio tenha oscilado durante os séculos, a grandiosidade e a antiguidade de suas tradições eram relutantemente reconhecidas em toda a Mesopotâmia. Até mesmo na Assíria, a terra ao norte da Babilônia que, até o colapso de seu regime ferozmente militar, em 612 a.C., realizara repetidas expedições punitivas contra a grande cidade, os reis ecoavam as pretensões de Hamurabi. Eles também reivindicavam um status deslumbrante e intimidador para seu governo. "A palavra do rei", declarou um deles sonoramente, "é tão perfeita quanto a dos deuses."[7]

Em 539 a.C., quando a Babilônia foi conquistada pelos persas, assim como fora pelos assírios sete décadas antes, os deuses da metrópole vencida não hesitaram em saudar o novo mestre como seu favorito. Ciro, o fun-

ATENAS

dador da grandeza de seu povo, cuja captura da maior cidade do mundo foi o ápice de uma vida de surpreendentes vitórias, aceitou graciosamente o patronato. O rei persa se gabava de ter entrado na Babilônia a convite explícito dos deuses, restaurado seus templos e cuidado diariamente de sua veneração. Sendo um propagandista tão hábil quanto era um comandante militar efetivo, ele sabia muito bem o que estava fazendo. Começando como rei de um povo obscuro e arrivista, ele terminou como senhor da maior aglomeração de territórios que o mundo já vira, em uma escala que certamente excedia as mais desabridas fantasias de qualquer monarca assírio ou babilônio. Porém, ao tentar se promover como governador global, Ciro tinha poucas opções além de olhar para o legado da Mesopotâmia. Nenhum de seus outros domínios lhe oferecera um modelo de reinado tão antigo e satisfeito consigo mesmo. "Rei do universo, rei poderoso, rei da Babilônia":[8] esses eram os títulos que o conquistador persa estava ávido para tomar como seus.

Mesmo assim, a longo prazo, a tradição mesopotâmica se provou inadequada para as necessidades de seus herdeiros. A despeito de Ciro ter lisonjeado suas crenças, os babilônios aceitaram com relutância a perda de sua independência. Entre os rebeldes que se ergueram contra Dario quando ele chegou ao trono, dezessete anos após a queda da Babilônia, estava um que afirmava ser filho do último rei nativo da cidade. Derrotados em batalha, o homem odioso e seus seguidores foram — como era de esperar — rapidamente empalados. Mas Dario teve o cuidado de destruir também a reputação do rival. Inscrições informaram ao mundo todas as falsidades do pretendente ao trono. Longe de ser príncipe de sangue, ele sequer era babilônio, mas um armênio chamado Araca. "Ele era um mentiroso."[9] De todas as muitas acusações que um persa podia fazer contra um adversário, essa era a mais prejudicial. A mentira pela qual Araca foi condenado era um crime não somente contra Dario, mas contra a própria estabilidade do universo. Apesar de toda a bondade e sabedoria do Senhor Masda, os persas acreditavam que sua criação estava ameaçada pelas trevas a que deram o nome de *Drauga*, "Mentira". Ao lutar contra Araca e seus comparsas

DOMÍNIO

rebeldes, Dario não estava meramente defendendo seus interesses. Havia infinitamente mais em jogo. A Mentira disseminada, se não tivesse sido purgada por Dario, teria comprometido o fulgor de tudo que era bom com o veneno de sua imundície. Rebeldes contra sua autoridade como rei também eram rebeldes contra o Senhor Sábio. "Ignorantes da veneração a Aúra Masda",[10] eles haviam atacado a ordem cósmica que era o próprio sinônimo da Verdade. Não era à toa que os persas usavam a mesma palavra, *Arta*, para ambas. Dario, ao se comprometer com a defesa da Verdade, estabeleceu um exemplo para todos os que o seguiriam no trono. "Você, que será rei, seja firme em sua vigilância contra a Mentira. O homem que for seguidor da Mentira deve ser rigorosamente punido."

E seus herdeiros obedeceram. Como Dario, eles sabiam estar engajados em um conflito tão antigo quanto o tempo e tão amplo quanto o universo. Entre a luz e as trevas, todos tinham de escolher um lado. Não havia nada insidioso ou convoluto que fosse minúsculo ou insignificante demais para ser operário da Mentira. Os vermes e as larvas que se alimentavam de um homem sentenciado ao *scaphe*, nascidos de sua sujeira, confirmavam, ao consumir sua carne, que ambos eram agentes da falsidade e das trevas. De modo similar, os bárbaros que espreitavam para além dos limites da ordem persa, onde as leis do Grande Rei não imperavam, eram servos não de deuses, mas de demônios. Naturalmente, isso não significava culpar os estrangeiros meramente porque, sem terem tido a sorte de nascer persas, eles ignoravam Aúra Masda. Tal política seria grotesca, uma ofensa contra todos os costumes aceitos. Ciro, com sua generosa patronagem dos templos da Babilônia, iluminara um caminho que seus herdeiros fizeram questão de seguir. Quem eram os mortais, mesmo o Grande Rei, para zombar dos deuses de outros povos? Mesmo assim, como homem encarregado por Aúra Masda de defender o mundo contra a Mentira, era sua responsabilidade purgar as terras dilaceradas pelo conflito tanto de demônios quanto de rebeldes. Assim como Araca convencera a Babilônia a se rebelar ao assumir a aparência do filho do rei morto, os demônios produziam ilusões similares ao imitar a aparência dos deuses. Em face de tal perigo, que recursos tinha o Grande Rei senão a ação punitiva?

Fora assim que Dario, observando as terras para além de sua fronteira norte e alertado para o caráter turbulento de um povo chamado cita, reconhecera em sua selvageria algo ominoso: a suscetibilidade à sedução dos demônios. "Esses citas eram vulneráveis à Mentira",[11] e Dario, como servo diligente de Aúra Masda, fizera questão de pacificá-los. De modo similar, após capturar Atenas, Xerxes ordenou que os templos da Acrópole fossem purificados com fogo e somente então, após garantir que haviam sido purgados de demônios, permitiu que fossem feitos sacrifícios aos deuses da cidade. O poder do Grande Rei era sem precedentes. Mais que qualquer outro governante anterior, ele era capaz, em virtude da imensidão de suas posses territoriais, de se acreditar imbuído de uma missão universal. O nome que escolheu para seu império, *bumi*, era sinônimo de "mundo". Os atenienses, quando desafiaram sua reivindicação da Europa ao crucificar um de seus servos ao lado do Helesponto, confirmaram ser seguidores da Mentira.

Para além do aparato físico do vasto império do Grande Rei, para além dos palácios, das casernas e dos marcos nas estradas empoeiradas, refulgia um conceito sublime e muito importante. O domínio forjado por Ciro e garantido por Dario servia como espelho dos céus. Resistir a ele ou subvertê-lo era desafiar a própria Verdade. Nunca antes um monarca com a ambição de governar o mundo a dotara de um caráter ético tão potente. O alcance do poder do Grande Rei, que se estendia para além dos limites do leste e do oeste, chegava até mesmo à sepultura. "Essas são as palavras de Dario, o Rei: que qualquer um que venere Aúra Masda será abençoado com a graça divina, tanto vivo quanto depois de morto."[12] Talvez, enquanto suportava as agonias da morte, Artaictes tenha encontrado conforto em tal reflexão.

Certamente, a notícia de sua execução só serviu para confirmar o desdém do Grande Rei pelos atenienses, que considerava terroristas. Verdade ou mentira, luz ou trevas, ordem ou caos: essas eram as escolhas que os seres humanos de todos os lugares precisavam fazer.

DOMÍNIO

Era uma maneira de compreender o mundo que estava destinada a ter uma longa vida pós-morte.

Conte-me mentiras

Em Atenas, é claro, eles viam as coisas de modo diferente. Em 425 a.C., um dramaturgo chamado Aristófanes escreveu uma comédia comentando essa diferença. Cinquenta e quatro anos haviam se passado desde que Xerxes incendiara a Acrópole, e o ápice rochoso, limpo de detritos e adornado com "marcos e monumentos do império",[13] dava um cintilante testemunho da escala do renascimento da cidade. Abaixo do Partenon, o maior e mais belo dos templos que agora adornavam o cenário ateniense, os cidadãos se reuniam todos os invernos na curva natural da encosta e escolhiam seus lugares no teatro para uma exibição anual de drama.* Em um ano marcado pelo ritmo dos festivais, as Leneanas eram uma celebração particular da comédia, e Aristófanes, embora ainda no início da carreira, já se provara um mestre. Em 425 a.C., ele estreou nas Leneanas com *Os acarnânios*, uma peça que ridicularizava tudo que tocava. Entre seus alvos estava a ostentação do rei persa.

"Ele tem muitos olhos."[14] Para os gregos, a reivindicação de domínio universal feita por seu inimigo tradicional parecia extremamente sinistra. Nos limites de seu império, acreditava-se que espiões impunham uma vigilância perpétua. "Todo mundo se sente observado pelo rei onipresente."[15] Para Aristófanes, tal alvo era irresistível. Quando o ator que recebeu o papel de embaixador persa em *Os acarnânios* entrou no palco, ele o fez com um enorme olho na cabeça. Convidado a repassar a mensagem do Grande Rei, solenemente declamou algumas linhas de nonsense. Até mesmo seu nome, Pseudartabas, era uma piada, pois, assim como em persa *arta* significava "verdade", em grego *pseudes* significava "mentindo".[16] Aristófanes podia

---

* As peças em homenagem às Leneanas haviam sido transferidas para lá duas ou três décadas antes da estreia de Aristófanes.

40

ATENAS

reconhecer um alvo merecedor quando o via. Insolentemente, indomavelmente, ele expôs as mais profundas convicções de Dario e seus herdeiros ao riso da multidão ateniense.

Que a verdade pode enganar era um paradoxo com o qual os gregos estavam bastante familiarizados. Nas montanhas a noroeste de Atenas, em Delfos, havia um oráculo, e suas revelações eram tão provocantes, ambíguas e enigmáticas que Apolo, o deus que as inspirava, era saudado como *Loxias*, o "Ambíguo". Seria difícil imaginar uma deidade menos parecida com Aúra Masda. Os viajantes gregos se espantavam com as pessoas de terras distantes que obedeciam literalmente aos oráculos, pois os de Apolo eram invariavelmente equívocos. Em Delfos, a ambivalência era uma prerrogativa divina. Apolo, o mais dourado dos deuses, que com o tempo passaria a ser identificado com o cocheiro do sol, deslumbrava aqueles que violentava. Por mais famoso que fosse por seus poderes de cura e pela potência mágica de sua música, ele era temido como senhor do arco prateado, cujas flechas carregavam a peste. A luz, que os persas viam como princípio animador do universo, inteiramente boa e verdadeira, era a qualidade suprema de Apolo, mas também havia escuridão no deus grego. Ele e sua irmã gêmea, Artêmis, uma caçadora virgem igualmente letal com o arco, eram famosos por sua sensibilidade ao insulto. Quando uma princesa chamada Níobe se gabou de ter mais filhos que Leto, a mãe de Apolo e Artêmis, que só tivera os dois, os deuses gêmeos lhe impuseram uma terrível vingança. Flechas douradas mataram seus filhos e filhas. Durante nove dias, seus corpos permaneceram na casa da mãe, cobertos de sangue. A princesa, exausta de tanto chorar, fugiu para as montanhas. "Lá, transformada em pedra, Níobe ainda lamenta o pesar que os deuses lançaram sobre ela."[17]

O que os mortais podiam fazer para não ofender essas deidades voluntariosas e muito conscientes de seu status? Não era suficiente não insultar a mãe de um imortal. Havia sacrifícios a ser feitos e respeito a ser demonstrado. Os ossos dos animais mortos diante de altares de calcário branco, brilhando de gordura e queimando em fogueiras perfumadas com incenso, eram a porção devida aos deuses. Embora as oferendas não garan-

DOMÍNIO

tissem favores, a ausência de sacrifícios provocava a cólera divina. Todos estavam em risco. Não surpreende, portanto, que os rituais de sacrifício unissem a comunidade. Homens e mulheres, meninos e meninas, homens livres e escravos — todos tinham um papel a desempenhar. Os festivais, consagrados pelo tempo, eram marcados também pelo mistério. Havia altares construídos inteiramente de sangue e outros sobre os quais nenhuma mosca voejava. Os caprichos dos deuses variavam de local para local. Em seu santuário em Pátras, no sul da Grécia, Artêmis exigia um holocausto de criaturas vivas, pássaros, javalis e ursos; em Brauro, a leste de Atenas, os vestidos das mulheres que haviam morrido no parto; em Esparta, o sangue de jovens açoitados até suas costas estarem em tiras. Naturalmente, com tantas maneiras diferentes de pagar aos deuses o que lhes era devido, havia a constante ansiedade de que algumas pudessem ser ignoradas. Um cidadão decidido a reunir e registrar as tradições de Atenas descobriu, para seu horror, uma longa lista de sacrifícios que todos haviam esquecido. O custo de restaurá-los, calculou ele, levaria a cidade à falência.

A desalentadora verdade era que, com o passar do tempo, os imortais haviam se afastado dos homens, e a era dourada se transformara em uma era de ferro. No passado distante, até mesmo Zeus, o rei dos deuses, que governava das alturas do monte Olimpo, deliciara-se com os banquetes dos mortais. Cada vez mais, no entanto, escolhera se disfarçar e descer de seu palácio não para participar de festins, mas para estuprar. Fosse como chuva dourada, touro branco ou cisne, ele violara uma sucessão de mulheres e, com isso, criara uma raça de heróis. Guerreiros de habilidade incomparável, esses homens haviam livrado montanhas e pântanos de monstros, chegado aos limites do mundo e dado origem a povos inteiros, "os mais nobres e justos em gerações".[18] A ruína desses heróis, quando finalmente ocorreu, provou-se à altura de sua incomparável estatura, pois eles foram abatidos na mais renomada e terrível das guerras. Ela durou dez anos e, quando chegou ao fim, reduzindo Troia, a maior cidade da Ásia, a uma pilha de ruínas fumegantes, poucos eram os vitoriosos que não haviam eles mesmos sucumbido em razão de naufrágios, assassinatos ou um batalhão de pesares. Podia-se dizer de Zeus, com justiça: "Ninguém é mais destrutivo que ele."[19]

O destino de Troia jamais deixou de assombrar os gregos. Até mesmo Xerxes, chegando ao Helesponto, exigiu ver o local. A *Ilíada*, o poema que consagrou a memória daqueles que lutaram em meio à poeira da planície troiana, também forneceu aos gregos sua mais popular janela para as obras dos deuses e seu relacionamento com os mortais. Seu autor, um homem cuja data e local de nascimento foram infinitamente debatidos, também é uma figura tocada por certa qualidade divina. Alguns chegaram a afirmar que o pai de Homero era um rio, e sua mãe, uma ninfa, mas mesmo aqueles que aceitavam que suas origens eram mais que mundanamente humanas ficavam assombrados com suas realizações. Ele foi saudado como "o melhor e mais divino de todos os poetas".[20] Nunca houve um poema tão vívido, com um senso tão intenso de claridade, quanto a *Ilíada*. O jogo de luz está presente em todos os versos. Nenhuma mulher é tão insignificante que não possa ser descrita como tendo "alvos braços"; nenhum homem é mencionado tão casualmente que não possa vestir uma "armadura de bronze". A rainha usa vestidos que ofuscam o olhar. O guerreiro se preparando para a batalha se reveste de refulgência, "mais brilhante que o fogo".[21] A beleza está por toda parte — e invariavelmente sugere violência.

Brilhar como uma chama dourada e chegar a um nível quase divino de força e valor: na *Ilíada*, isso é ser integralmente homem. A suposição é a de que a perfeição física e a superioridade moral são inseparáveis. No campo de batalha em Troia, somente os inferiores eram feios. Tais homens podiam merecer uma ocasional zombaria ou pancada, mas dificilmente eram oponentes adequados para um herói. A medida mais garantida da grandeza estava em um embate digno desse nome: um *agon*. Era por isso que, na luta entre gregos e troianos, os próprios deuses às vezes desciam ao campo de batalha; não meramente para observar as fileiras de homens, com escudos e armas brilhantes, conforme avançavam para o golpe fatal, mas para lutar pela causa de seus favoritos — e, sempre que se engajavam, eles estremeciam de antecipação, "como pombas nervosas".[22] Também era por

DOMÍNIO

isso que, sentados em seus salões dourados, os deuses não hesitavam em sacrificar cidades e povos inteiros a seus inimigos. Quando Hera, a rainha dos deuses, exigiu que o marido entregasse Troia, que ele amava acima de todas as outras cidades, a seu ódio insaciável, e Zeus objetou, ela se recusou a ceder terreno.

> As três cidades que mais amo
> são Argos, Esparta e Micenas, com estradas tão amplas quanto
> as de Troia.
> Arrase-as, quando quer que instiguem ódio em
> seu coração.[23]

O que importava era a vitória, não o custo.

Esse espírito, esse feroz comprometimento em ser o melhor, era algo a que todos aspiravam. Na poesia de Homero, a palavra para "rezar", *euchomai*, também era a palavra para "vangloriar-se". Os deuses invariavelmente olhavam de modo favorável para um *agon*. Raro era o santuário que não servia como local de competição de dançarinos, poetas ou tecelões. Fossem campeonatos de atletismo ou beleza, todos tinham patronagem divina. Quando Aristófanes escreveu *Os acarnânios*, ele o fez como participante de um *agon*. As Leneanas eram organizadas em honra a Dioniso, um deus cujo amor pela bebedeira e pela companhia feminina o tornava um patrono mais que adequado ao tipo de comédia de Aristófanes. Reis e príncipes, como os que haviam ousado lutar com os deuses na planície de Troia, já não reinavam em Atenas. Menos de um século antes da época de Aristófanes, a revolução chegara à cidade e uma forma radicalmente nova de governo, na qual o poder era confiado ao povo, fora consagrada. Em uma democracia, o direito de competir com seus pares já não era prerrogativa dos aristocratas. De fato, quando visto através do prisma de uma era mais igualitária, o etos de deuses e heróis pode parecer mais que ligeiramente cômico. Aristófanes, que era muito competitivo, não hesitou em retratá-los como trapalhões, covardes ou mentirosos. Em uma de suas comédias, ele ousou mostrar Dioniso, disfarçado de escravo, borrando-se de medo ao ser ameaçado com tortura e então açoitado. A peça, assim como *Os acarnânios*, recebeu o primeiro prêmio.

Mas a tensão entre as antigas canções e os valores dos que não eram heróis não era simplesmente uma questão de riso. "Não existem diretrizes estabelecidas pelos céus para os homens mortais, nenhum caminho que possa agradar os deuses?"[24] Essa pergunta, feita pelos doentes, enlutados e oprimidos, não tinha resposta pronta. Os deuses, inescrutáveis e voluntariosos, raramente se dignavam a dar explicações. Eles certamente jamais pensaram em regular a moral. O oráculo de Delfos podia oferecer conselhos, mas não instruções éticas. "Os deuses não governam a partir de comandos."[25] As diretrizes que os homens mortais criavam para si mesmos derivavam da tradição, não da revelação. As leis eram tão dependentes dos costumes que se tornavam indistinguíveis deles. Com a chegada da democracia, no entanto, essa suposição foi desafiada. O direito de as pessoas determinarem a legislação emergiu como algo fundamental a sua autoridade. "Pois todos concordarão que são as leis da cidade as principais responsáveis por sua prosperidade, democracia e liberdade."[26] Somente nas assembleias, nas quais os cidadãos se reuniam como iguais para deliberar e votar, podia ser encontrada a fonte de legitimidade apropriada ao governo de Atenas pelo povo. De outro modo, qual seria o valor da liberdade?

Mesmo assim, os atenienses não conseguiam evitar certa ansiedade. Submeter-se a leis de origem humana era correr o risco de tirania, pois o que impediria um cidadão superambicioso de criar uma legislação destinada a subverter a democracia? Assim, não surpreende que as leis mais reconfortantes para os atenienses fossem as que pareciam surgir do próprio solo da pátria, como as oliveiras nos campos em torno de Atenas, com suas raízes agarradas à rocha. Foi por isso que, em uma tentativa de dar à legislação uma reconfortante pátina de antiguidade, se tornou um hábito atribuir sua autoria aos sábios do passado distante. Todavia, muitos acreditavam em algo infinitamente mais antigo, em uma lei tão transcendente que nem ao

DOMÍNIO

menos tinha origem. Quatro ou cinco anos antes da primeira apresentação de *Os acarnânios*, outra peça encenada em um teatro de Dioniso deu potente voz a essa convicção.* Sófocles, seu autor, não era, como Aristófanes, um autor de comédias. Não havia piadas em *Édipo rei*. A tragédia, o gênero no qual Sófocles era um mestre premiado, usava as antigas histórias de deuses e heróis de modo frequentemente desorientador, mas jamais para provocar riso. A queda de Édipo fora dramatizada muitas vezes, mas nunca com um efeito tão sombrio quanto na versão apresentada por Sófocles. Sendo rei de Tebas, uma cidade a noroeste de Atenas muito detestada pelos atenienses, Édipo matara o pai e se casara com a mãe. O fato de ter cometido esses crimes involuntariamente, tendo sido abandonado quando bebê e criado por pais adotivos, não amenizava a ofensa. Seus crimes contrariavam leis atemporais, eternas, sagradas. "Criadas no claro éter dos céus, geradas somente pelo Olimpo, nada tocado por mortais lhes deu origem, nem o esquecimento jamais as fará adormecer."[27]

Essas leis, ao contrário das leis de origem mortal, não estavam escritas; era precisamente a ausência de autor que as distinguia como divinas. "Elas não nasceram hoje ou ontem; são eternas, e ninguém sabe quando surgiram."[28] Como, na ausência de uma forma escrita, elas podiam ser reconhecidas e diferenciadas da legislação humana era uma questão que não preocupava muito o cidadão comum, a maioria dos gregos — cuja capacidade de ter dois pontos de vista dissonantes ao mesmo tempo era considerável — não ficava muito perturbada com as tensões resultantes. Mas alguns ficavam; entre eles, Sófocles. *Édipo rei* não foi sua única peça sobre a maldição que recaiu sobre Tebas como consequência dos crimes de seu herói. Em uma tragédia anterior, *Antígona*, ele retratara a ruína final da casa de Édipo. A peça começa após uma guerra civil. Os dois filhos de Édipo, que haviam lutado pelo reino, estão mortos em frente aos muros de Tebas. Mas somente um deles, Etéocles, receberá sepultamento apropriado, pois

---

* Presumindo que a epidemia que atingiu Tebas na peça seja um eco da epidemia que devastou Atenas em 430 a.C. Nenhuma fonte fornece a data específica da peça.

seu tio Creonte, sucessor do trono, decreta que o segundo irmão, Polinices, foi responsável pela guerra e, como punição, seu corpo servirá de alimento para cães e pássaros. O rei decreta que até ficar de luto pelo traidor levará à morte. Porém, nem todo mundo está convencido da legalidade desse edito, apesar de ele ter força de lei. Antígona, filha de Édipo, ousa desafiar o tio e oferece um sepultamento simbólico a Polinices, espalhando terra sobre seu corpo. Levada perante Creonte, ela desdenha do edito. "Você é somente um homem. Não acredito que suas leis sejam suficientes para superar os decretos divinos, não escritos e infalíveis."[29] Sentenciada a ser emparedada viva, Antígona se enforca. O filho de Creonte, noivo de Antígona, também comete suicídio. O mesmo faz a rainha. A ruína é total. O coro, testemunha da tragédia, enuncia a aparente lição: "a parte principal da felicidade é a sabedoria — e não insultar os deuses".[30]

Tal resolução, à luz da ruína que se abateu sobre a casa de Édipo, não parece muito condizente com a natureza aterrorizante da ordem divina que a sancionou. Mas parece improvável que, conforme o palco se esvaziava e os espectadores se levantavam para sair do teatro, muitos deles tenham questionado as óbvias contradições na maneira como concebiam os deuses. O fato de os imortais serem simultaneamente voluntariosos e resolutos, amorais e severamente morais, arbitrários e totalmente justos não perturbava a maioria dos atenienses. Saindo do teatro de Dioniso, eles podiam ver a brilhante coleção de monumentos na rocha acima deles, onde Atena, a virgem divina que dera nome à cidade, tinha seu maior templo. Nenhum deus exemplificava melhor os paradoxos que caracterizavam a maneira como a maioria dos gregos compreendia o divino. Entrar no Partenon e ver a colossal estátua de Atena, feita de ouro e marfim, magnífica, imperiosa e sublime, era contemplar uma deidade que refletia o próprio povo ateniense. Como eles, ela era famosa tanto por sua sabedoria quanto por suas variações de humor; como sua cidade, ela era patrona tanto do artesanato quanto do "clamoroso grito da guerra".[31] Embora, no teatro abaixo de seu templo, os atenienses estivessem contentes em assistir todos os anos a novas versões de histórias sobre os deuses e a rir ou chorar em função do espetáculo, isso não

DOMÍNIO

levava a maioria deles a remover as inconsistências de suas atitudes em relação ao divino. A maioria preferia não se preocupar. A maioria nem mesmo considerava que suas crenças talvez fossem um pouco inconsistentes.

A maioria, mas não todos.

Amantes da sabedoria

Mais de um século depois de Aristófanes ter zombado das pretensões do rei persa em *Os acarnânios*, uma grande variedade de estátuas de bronze começou a surgir em Atenas. Em 307 a.C., a cidade tinha mais de trezentas delas, algumas equestres, outras com carruagem, todas retratando o mesmo homem. Demétrio de Faleros era nativo do antigo porto de Atenas e vinha de um background resolutamente operário: de acordo com seus inimigos, já fora escravo.* Mesmo assim, quando tinha somente 30 e poucos anos, obtivera sobre a cidade uma autoridade mais absoluta que a de qualquer um desde a fundação da democracia. Abençoado com a beleza e os longos cílios que faziam os estadistas atenienses ficarem com as pernas bambas, Demétrio não hesitara em capitalizar essa vantagem. Embora continuasse a pintar o cabelo de loiro e a usar grandes quantidades de rímel, na década em que governara Atenas ele também se provara um legislador efetivo. Não sendo meramente estadista, ele era fruto da essência intelectual da cidade: um *philosophos*.

A palavra significa literalmente "amante da sabedoria". Embora a filosofia tivesse se tornado uma ocupação reconhecível somente algumas décadas antes, suas origens eram bastante antigas.** Durante mais de dois séculos, enquanto a maioria dos gregos se contentara em se apoiar em Homero, nas tradições locais e nos costumes que definiam os sacrifícios adequados a fim

---

* Observou-se, com razão, que isso era quase certamente "um rumor vingativo" (Fortenbaugh e Schütrumpf, p. 315).

** O primeiro uso da palavra é tradicionalmente atribuído a Pitágoras, mas ela parece ter se originado com Platão.

de entender os deuses, alguns haviam se inquietado. Para esses pensadores, as contradições entre as leis atemporais que presumivelmente prescreviam o comportamento correto e a disposição dos imortais da *Ilíada* de ignorá-las eram um escândalo. Homero e os outros poetas, queixou-se o filósofo Xenófanes, "atribuíram aos deuses muitas coisas que, entre os humanos, são vergonhosas e reprováveis: roubo, adultério, falsidade".[32] Se o gado fosse capaz de desenhar, zombou ele, retrataria suas deidades como touros e vacas. Mas esse revigorante ceticismo — embora, com o tempo, levasse alguns pensadores ao ateísmo — não resultou em um materialismo ateu. Antes o oposto. Se os filósofos se recusavam a acreditar nos imortais briguentos e destemperados das canções, geralmente era para contemplar melhor o que havia de verdadeiramente divino no universo e neles mesmos. Descobrir o que era subjacente à matéria também era descobrir como os seres humanos deviam se comportar. "Pois todas as várias leis dos homens são nutridas pela lei única, que é divina."[33]

Para além do zunir das moscas sobre um altar grudento, das estátuas dos deuses sorrindo ou franzindo o cenho nas sombras frescas dos templos e da imensa variedade e do fluxo dos costumes humanos, as coisas seguiam um padrão. Eterno e perfeito, ele só precisava ser identificado. E não seria localizado nas mentiras dos poetas ou nas obras do cosmos. Em nenhum lugar essa convicção foi mais frutiferamente explorada que em Atenas. Quando Demétrio de Faleros nasceu, por volta de 350 a.C., os mais celebrados filósofos da cidade haviam passado a aceitar que os movimentos aparentemente irregulares das estrelas seguiam leis geométricas imutáveis. O próprio universo se revelara racional — e, portanto, divino. Xenófanes, um século e meio antes, proclamara a existência de uma deidade não gerada e moralmente perfeita que tudo guiava com o poder de sua consciência, seu *nous*. Demétrio, como jovem estudante, conseguira encontrar nos movimentos das estrelas evidências de uma concepção mais sutil, mas não menos gélida, do divino. "Algo move sem ser movido, algo eterno."[34] Assim escreveu Aristóteles, um filósofo do norte da Grécia que, estabelecendo-se em Atenas, criou uma escola tão influente que continuou

DOMÍNIO

a florescer mesmo após sua morte, em 322 a.C. Nos céus, ensinou Aristóteles, para além do mundo sublunar ao qual os mortais estavam confinados, os corpos eram eternos e seguiam órbitas circulares e imutáveis; mas esses movimentos, por mais perfeitos que fossem, dependiam de um movedor que jamais era movido. "Esse, então, é deus: o princípio do qual os céus e a natureza dependem."[35] Tal deidade — por mais desalentadoramente metafísica que pudesse parecer a alguém que não estudara filosofia — era o adequado objeto de amor de todo mortal. Todavia, parecia extremamente improvável que esse amor fosse recíproco. Aristóteles achava que não era. O mundo sublunar, sem possuir a ordem infalível das estrelas e estando muito distante delas, dificilmente seria alvo do interesse do movedor imóvel.

Mesmo assim, a terra e os céus davam testemunho de seu *nous* controlador. Aristóteles, em um nível sem precedentes entre os filósofos, buscou descobrir seu funcionamento dissecando tudo que encontrava. Às vezes, examinando um choco ou o estômago de um elefante, ele o fazia literalmente, pois mesmo entre os escorregadios intestinos de uma criatura morta havia provas da estrutura eterna do cosmos. Amar a sabedoria, achava ele, era treinar a mente nas habilidades necessárias para rastrear suas leis. Foi por isso que, não contente em estudar tantos organismos quanto possível, ele também investigou as numerosas maneiras pelas quais a humanidade se organizava, "pois o homem é o único animal capaz de deliberação".[36] O objetivo, como sempre no caso de Aristóteles, era não meramente compilar um catálogo, mas distinguir os lineamentos de uma ordem cósmica. A necessidade de fazer isso era evidente. Somente a lei que permeava o universo e equivalia ao *nous* divino podia realmente fornecer governança adequada a uma cidade, "pois ser governado por homens, cujos apetites às vezes são ferozes e cujas paixões podem pervertê-los, por mais honrados que sejam, é ser governado por bestas selvagens".[37]

Mas, para qualquer filósofo disposto a procurar, havia nessa convicção um enigma familiar. Se os assuntos do mundo falhavam tão notavelmente em imitar o movimento suave e regular dos céus, como uma cidade podia ser ordenada? Naturalmente, todos concordavam sobre certos fundamen-

ATENAS

tos. Não era necessário um anatomista da genialidade de Aristóteles para observar as maneiras mais óbvias pelas quais a sociedade devia obedecer às leis da natureza. "Relata-se que ele costumava agradecer à Fortuna três coisas: 'primeiro, por ser humano e não uma fera; segundo, por ser homem e não mulher; e terceiro, por ser grego e não bárbaro'."[38] Aristóteles certamente não teria discordado dessa anedota tão amplamente repetida pelos filósofos. Convencido de que os seres humanos eram superiores a todas as 494 espécies que identificara durante suas pesquisas, que o homem era mestre da mulher e que os bárbaros eram inclinados por sua própria natureza a serem escravos dos gregos, ele chegou à lógica — de fato, à única possível — conclusão. "Que um deva comandar e outro obedecer é não somente necessário, mas vantajoso."[39]

E então, menos de uma década depois de sua morte, um filósofo governava Atenas. Demétrio, seguindo as prescrições de seu mestre, tinha pouca paciência com as massas. Aristóteles, desejando que as rédeas do Estado permanecessem nas mãos dos que tinham tempo e dinheiro para serem educados sobre a verdadeira natureza das coisas, torcera o nariz para a ideia de que marinheiros — homens mais habituados aos remos que aos salões dos filósofos — pudessem exercer influência sobre os assuntos públicos. "Tal turba jamais deveria ser contada entre os cidadãos."[40] Demétrio, apesar de ter crescido em um porto, seguiu entusiasticamente essa prescrição. Sob seu governo, os pobres foram destituídos de direitos. A propriedade era a qualificação para votar. As assembleias foram abolidas, as leis foram revisadas e cortes de gastos foram impostos. A maquinaria do governo, já não sujeita aos caóticos caprichos do povo, foi colocada em um curso mais regular. Depois que completou sua reforma, Demétrio devotou sua atenção às prostitutas e aos meninos. O que mais, afinal, havia para fazer? A nova Constituição de Atenas não fora criada por um filósofo por acaso. Como as estrelas em suas órbitas, revolvendo com precisão em torno da Terra, ela fora projetada para obedecer às leis eternas e imutáveis que governavam o cosmos.

Essa reflexão certamente deliciou os filósofos, mas talvez não as vastas massas que tinham pouco tempo para especulações abstratas. Para elas, a

DOMÍNIO

deidade colocada por Aristóteles no centro do universo, indiferente às preocupações da humanidade, permanecia tão impessoal e sem cor quanto sempre fora. Um povo com os ritmos da *Ilíada* em mente queria glamour quando olhava para o céu. E, de fato, bem além dos muros de Atenas, ocorriam eventos que para muitos pareciam quase divinos. Em 334 a.C., Alexandre, ex-aluno de Aristóteles e rei da Macedônia, na periferia norte da Grécia, cruzara o Helesponto à frente de um exército. Ao morrer, onze anos depois, ele humilhara a monarquia persa e conquistara um império que se estendia até o vale do Indo. As orgulhosas alegações de Dario, um século e meio antes, mostraram-se vãs. O domínio de sua dinastia não fora eterno. Divididas após a morte de Alexandre por predatórios generais macedônios, suas províncias agora financiavam as ambições de homens que não se importavam nem um pouco com Aúra Masda. "Os fortes fazem aquilo que têm poder para fazer, e aos fracos cabe suportar."[41] Essa sombria paródia da lei discernida pelos filósofos no funcionamento do universo — formulada por um ateniense um século antes — era algo que Demétrio, em seu íntimo, não tinha escolha senão reconhecer. Seu regime dependia não da aprovação de seus concidadãos, mas de lanças estrangeiras. O verdadeiro mestre de Atenas não era Demétrio, mas seu patrono, um nobre macedônio chamado Cassandro, que, após a morte de Alexandre, assumira o controle da Macedônia e, com ele, o governo da Grécia. Os filósofos, do mesmo modo que as mulheres e os escravos, também podiam ser dependentes. Qualquer enfraquecimento da posição de Cassandro poderia resultar em efeitos colaterais para Demétrio.

E foi o que aconteceu. Na primavera de 307 a.C., uma grande frota surgiu nas águas de Atenas. Tratava-se de outro comandante militar macedônio tentando conquistar a Grécia. Demétrio, em vez de lutar, imediatamente fugiu para Tebas. O povo ateniense, deliciado, celebrou derrubando suas estátuas, derretendo-as e convertendo-as em penicos. Mas não fora libertado. O homem chamado Demétrio fora meramente substituído por outro. Contudo, ao contrário do governante anterior, o segundo Demétrio ao menos era um herói autêntico. Jovem, elegante e bonito, ele lembrava

ATENAS

Alexandre. Inquieto demais para se demorar em Atenas, partiu assim que conquistou a cidade, lutando em uma série de batalhas épicas e conquistando um esplêndido honorífico: "o Sitiador". Ele sobreviveu a Cassandro, assassinou o filho do rival e se tornou rei da Macedônia. Retornando a Atenas em 295 a.C., o Sitiador reuniu o povo no teatro de Dioniso e subiu ao palco como se fosse o herói de um drama — ou um deus. Cinco anos depois, quando fez nova visita à cidade, sua reivindicação de divindade dificilmente poderia ser mais extravagante. Estrelas bordadas em sua capa o identificavam com o sol. Dançarinas adornadas com falos gigantescos o saudaram como se fosse Dioniso. Corais cantaram um hino que o proclamava deus e salvador. "Pois os outros deuses estão muito distantes, não nos ouvem, não existem ou nos ignoram, mas você, podemos vê-lo diante de nós. Você não é feito de pedra ou madeira. Não, você é real."[42]

A decepção viria em breve. Uma geada fora de época destruiu a colheita ateniense; um altar erigido a Demétrio foi tomado pela cicuta; o próprio Sitiador, tendo sido expulso do trono macedônio, morreu em 283 a.C. como prisioneiro de um comandante rival. Mesmo assim, o anseio dos gregos pelo que chamavam de *parousia*, a presença física de uma deidade, não se desvaneceu. Os deuses que haviam se manifestado no campo de batalha em Troia estavam ausentes havia tempo demais para reis como Demétrio não impressionarem muitos como sedutores substitutos. Os atenienses não estavam sozinhos ao sentir sua pequenez diante da imensidão do mundo, revelada pelas conquistas de Alexandre. Os descendentes de seus generais governavam capitais tão vastas e multiculturais que Atenas era diminuída pela comparação. A maior delas, uma cidade fundada por Alexandre na costa do Egito e chamada — com sua costumeira modéstia — de Alexandria, era conscientemente promovida como novo pulso da civilização grega. Quando Demétrio de Faleros, lambendo suas feridas, buscou um emprego alternativo, foi para Alexandria que se dirigiu. Lá, patrocinado por um general macedônio que se declarara faraó, ele ajudou a estabelecer aquele que permaneceria por séculos como maior repositório de aprendizado do mundo. No entanto, apesar do escopo e da escala de suas instalações

53

de pesquisa, Alexandria não era somente um monumento à filosofia de Aristóteles. Para além de sua incomparável biblioteca e dos claustros e jardins onde os acadêmicos gozavam da ricamente subsidiada oportunidade de catalogar a sabedoria das eras, a cidade servia como microcosmo não da perfeição indiferente das estrelas, mas da fervilhante diversidade do mundo sublunar. Plantada onde previamente só houvera areia e aves marinhas, suas fundações eram rasas. Seus deuses e cidadãos eram imigrantes. Estátuas de Apolo e Atena eram exibidas nas ruas ao lado de estranhas deidades com cabeça de crocodilo ou chifres de carneiro. Mas não demorou muito para que surgissem novos deuses, distintamente alexandrinos. Um em particular, que combinava a luxuriante barba de Zeus com ecos de Osíris, o juiz egípcio dos mortos, logo se tornou a face da megalópole. Serápis — cujo vasto templo, o serapeu, estava entre os maiores da cidade — forneceu à dinastia governante um patrono que ela avidamente promoveu como seu. Os filósofos, cientes da fonte de seu financiamento, alegremente fizeram sua parte. Quando Demétrio de Faleros, miraculosamente curado após ter ficado cego, escreveu um hino de agradecimento a Serápis, não houve nenhuma menção ao movedor imóvel no centro do cosmos. Até mesmo um discípulo de Aristóteles às vezes podia preferir um deus com um toque mais pessoal.

E não somente isso, mas poderia duvidar do próprio valor de seu papel como filósofo. "Não é a inteligência que guia os assuntos mortais, mas a Fortuna."[43] Essa alegação, feita pelo professor de Demétrio em Atenas, gerara muito ultraje entre seus pares; mas o próprio Demétrio, durante o curso de sua turbulenta vida, fora forçado a reconhecer sua força. Fortuna — *Tyche*, como os gregos a conheciam — se revelara a mais terrível e poderosa das deidades. "Sua influência em nossas vidas", escreveu Demétrio, "é tão impossível de calcular quanto são imprevisíveis as manifestações de seu poder."[44] Não surpreende que, em uma era que vira grandes impérios serem desmembrados e reis surgirem do nada e ascenderem ao nível dos deuses, ela fosse venerada como verdadeira senhora de todas as coisas. Mesmo enquanto os filósofos procuravam os padrões que governavam o cosmos, o pavor do que poderia ser causado por Tique lançava uma sombra sobre seus esforços. As questões do mundo não permaneciam imóveis. Demétrio, refletindo sobre o fim da grandeza persa, previra que os macedônios também cairiam — e foi o que aconteceu. Um novo povo emergiu para reivindicar o governo do mundo. Em 167 a.C., o rei da Macedônia — um descendente de Demétrio, o Sitiador — foi acorrentado e arrastado pelas ruas de uma capital bárbara. Cidades famosas foram incendiadas. Multidões de escravos foram leiloadas. O destino dos troianos foi partilhado por incontáveis gregos. Mesmo assim, os deuses que durante a batalha de Troia haviam se entregado tão liberalmente a seus caprichos letais pareciam inadequados para explicar a escala inacreditável da mudança. "Pois os eventos na Itália e na África, entremeados aos da Ásia e da Grécia, agora tendem na direção de um único fim."[45] Certamente somente uma deidade tão grandiosa quanto Tique poderia explicar a ascensão da República Romana a império mundial.

Mas mesmo Tique podia ser domada. Em 67 a.C., o mais celebrado general romano da época chegou a Rodes. Pompeu, o Grande, era, como implicava sua alcunha, um homem cuja arrogância sempre estivera à altura de suas realizações. Acostumado desde jovem a ser idolatrado, ele gostava de polir sua reputação com jogadas publicitárias bem planejadas. Foi por isso que, antes de embarcar para uma campanha que tinha como propósito livrar o Mediterrâneo dos piratas, ele visitou o filósofo mais famoso do mundo. Posidônio, como seu hóspede, tinha reputação internacional. Ele era um atleta de destaque, jantara com bárbaros caçadores de cabeças e calculara o tamanho da Lua. Entre a elite romana, entretanto, era famoso por um feito particular: a comparação das conquistas da cidade com a ordem do cosmos. Quinhentos anos depois de Dario ter promovido uma visão muito similar do império, Posidônio foi capaz de garantir a seus patronos romanos que seu triunfo não era mero acaso. Tique, que repetidamente concedera vitória a suas legiões, e recompensara-os com escravos capturados do outro lado do Mediterrâneo e lhes dera riquezas dignas de reis, não os abençoara meramente por capricho. Ela o fizera por causa do que um dos

DOMÍNIO

estudantes de Posidônio, o grande orador romano Cícero, descreveu como "razão mais elevada, enxertada da natureza".[46] Roma se tornara uma superpotência em obediência às "leis naturais".

Essa expressão não se originara com Posidônio. Como muitos outros filósofos eminentes, ele fora educado em Atenas e seu pensamento portava o signo da escola que frequentara. Zenão, o fundador dessa escola, chegara a Atenas, vindo do Chipre, em 312 a.C., quando Demétrio de Faleros ainda estava no poder. Em razão do hábito de Zenão de ensinar sob um pórtico [stoa] pintado, ele e seus seguidores passaram a ser conhecidos como "estoicos". Assim como fizera Aristóteles, eles se debatiam com a tensão entre a perfeição de uma ordem celestial governada por leis matemáticas e um reino sublunar governado pelo acaso. Sua solução era tão radical quanto simples: negar a existência de tal tensão. A natureza, argumentavam eles, era divina. Animando o universo inteiro, Deus era razão ativa, *Logos*. "Ele está misturado à matéria, permeando-a, modelando-a, estruturando-a e transformando-a no mundo."[47] Viver de acordo com a natureza, portanto, era viver de acordo com Deus. Homem ou mulher, grego ou bárbaro, livre ou escravo, todos eram igualmente dotados da habilidade de distinguir entre certo e errado. *Syneidesis* era como os estoicos chamavam a fagulha divina no interior de todo mortal: "consciência". "De todas as criaturas vivas que caminham pela terra, somente nós somos semelhantes aos deuses."[48]

Mas não era somente na consciência comum a toda a humanidade que as leis naturais se manifestavam. Se todo o tecido do cosmos era divino, disso se seguia que tudo estava destinado ao melhor resultado possível. Para aqueles que não entendiam isso, podia parecer que Tique era voluntariosa e sem propósito; mas, para os estoicos, que reconheciam o universo como algo vivo no qual as explicações para tudo que acontecia estavam unidas como os fios de uma rede infinita e lançada no futuro, nenhuma das ações de Tique era sem propósito. "Se um mortal fosse capaz de discernir os elos que unem as causas, nada jamais o enganaria. Pois o homem que compreende as causas dos eventos futuros necessariamente compreende o que jaz no futuro."[49] Assim escreveu Cícero, cuja admiração por Posidônio era tal

ATENAS

que, em determinado momento, ele implorou para que o filósofo escrevesse um tratado sobre seus feitos como estadista. A atração dos estadistas romanos pelos ensinamentos estoicos é fácil de compreender. Suas conquistas; seu domínio sobre o mundo; as riquezas que haviam conquistado; as populações de escravos que haviam transportado para a Itália; a posição, a dignidade e o renome de que gozavam — tudo isso estava fadado a acontecer.

Assim, talvez não surpreenda que os líderes romanos tenham passado a ver o império de sua cidade como ordem destinada a ser universal. Não pela primeira vez, a influência de escopo global gerou uma arrogância no mesmo nível. Mas Pompeu não se apresentava como agente da verdade e da luz. A noção de que o mundo era um campo de batalha entre o bem e o mal lhe era estranha. Coragem de ferro, disciplina inflexível, maestria sobre o corpo e a alma: essas eram as qualidades que haviam garantido o domínio do povo romano sobre o mundo. O papel dos filósofos gregos era meramente dourar essa autoimagem. "Sempre lute bravamente e seja superior aos outros."[50] Essa foi a admoestação que Posidônio fez a Pompeu antes de sua partida. Mas a frase não era sua. Viera da *Ilíada*. No campo de batalha em Troia ou na nova ordem mundial forjada por Roma, era somente ao subjugar outros que um homem podia ser integralmente homem. Navegando à frente de sua frota de guerra, Pompeu podia refletir com satisfação sobre a perfeita superposição entre suas ambições e uma Providência beneficente. Tudo daria certo. O mundo inteiro estava lá para ser colocado em ordem. O futuro pertencia aos fortes.

II

Jerusalém

63 a.C.: Jerusalém

UM VIOLENTO TREMOR, O COLAPSO DE uma torre inteira e uma grande rachadura abalaram a linha de fortificações. Quando a poeira assentou, os legionários já se amontoavam para entrar. Oficiais, ávidos para garantir glória para si mesmos, lideravam seus homens pelas pilhas de entulho, tropeçando pela fenda. Águias — os estandartes de batalha do exército romano — flutuavam sobre o conflito. Os defensores, cuja obstinação e coragem haviam sido incapazes de impedir o avanço dos aríetes de Pompeu, sabiam estar condenados. Muitos escolheram queimar suas casas, em vez de permitir que fossem saqueadas pelos conquistadores; outros se jogaram das muralhas. Quando a matança terminou, havia quase 12 mil corpos espalhados pela cidade. "Mas as perdas romanas foram muito leves."[1] Pompeu era um general eficiente. Quatro anos haviam se passado desde seu encontro com Posidônio e, nesse período, ele limpara o Mediterrâneo de piratas, humilhara uma sucessão de potentados do Oriente Próximo e colocara seus reinos sob influência direta de Roma. Agora, após um cerco de três meses, acrescentara outra vitória a sua formidável coleção de honrarias de batalha. Jerusalém era sua.

De muitos modos, a cidade, distante do mar e isolada das principais rotas de comércio, era atrasada. A Judeia era uma potência de segundo escalão. Para Pompeu, um homem que marchara arrogantemente por grande parte do Mediterrâneo, Jerusalém não tinha muito glamour. Mesmo assim, não era totalmente sem atrativos. Seu conquistador, um *connoisseur* fascinado pela arquitetura monumental e que via as estranhezas dos povos derrotados como combustível para sua própria fama, deliciava-se com tudo que era exótico. Os judeus, embora tivessem aparência e vestimentas muito parecidas com as dos outros povos, eram renomados por suas peculiaridades. Eles se recusavam a comer porco. Circuncidavam os filhos. Descansavam no sétimo dia da semana, para marcar o que chamavam de *shabat*. E, o mais perverso de tudo, recusavam-se a demonstrar respeito por qualquer deus que não o seu. Mesmo as obrigações demandadas por essa deidade ciumenta e exigente pareciam bizarramente exclusivas para gregos e romanos. No mundo inteiro, havia somente um santuário visto pela vasta maioria dos devotos como legítimo. O Templo, construído em um platô de rocha chamado monte Moriá, no flanco oriental de Jerusalém, havia séculos dominava o horizonte da cidade. Naturalmente — agora que o cerco fora concluído —, Pompeu estava ávido para visitá-lo.

Na verdade, sua atenção estivera fixada no Templo desde sua chegada com suas legiões aos muros que o cercavam. Muito depois de o restante de Jerusalém ter se rendido, os defensores do Templo insistiam em desafiá-lo, e agora a grande rocha sobre a qual ele se erguia estava recoberta de corpos e encharcada de sangue. Pompeu sabia que os judeus podiam ser dogmáticos em suas excêntricas crenças, pois sua recusa de lutar no *shabat* facilitara enormemente a tarefa dos engenheiros durante a preparação do cerco. Mas o Templo agora estava seguro, e Pompeu se aproximou dele com um espírito de respeito e curiosidade. O fato de os judeus terem dado a seu deus um nome bárbaro e lhe atribuído mandamentos incompreensíveis não significava que ele não merecesse reverência. Para os eruditos que estudavam os assuntos celestiais, estava claro que "os judeus reverenciam o deus supremo, a ser identificado com o rei de todos os deuses".[2] Os romanos o chamavam de Júpiter; os gregos o conheciam como Zeus. A prática de comparar os deuses reverenciados em diferentes terras era muito antiga. Por mais de um milênio, diplomatas haviam dependido dessa estratégia para tornar viável

DOMÍNIO

o próprio conceito de direito internacional. Como, afinal, duas potências poderiam concordar sobre um tratado sem invocar deuses que ambas reconhecessem como testemunhas válidas? Ritos diferentes podiam ser praticados em cidades diferentes, mas Pompeu, como outros conquistadores antes dele, jamais duvidou que, na veneração aos deuses dos vários povos do mundo, havia mais a uni-los que a separá-los. Por que, então, ele não deveria inspecionar o Templo?

"Foi como vencedor que ele reivindicou o direito de entrar."[3] Que os judeus, zelosos da santidade de seu santuário, proibissem a entrada de outsiders não era algo que incomodasse o conquistador de Jerusalém. Seus homens, ao capturarem o Templo, já haviam invadido o pátio interno. Os sacerdotes, surpreendidos fazendo libações e acendendo incensos, não haviam interrompido seus ritos. Durante todo o cerco, duas vezes ao dia, uma pela manhã e outra ao pôr do sol, trombetas haviam soado: o sinal de que um cordeiro seria queimado em um grande altar quadrado. Mas agora os corpos dos sacerdotes se empilhavam no pátio externo, e era seu sangue, misturado à água que esguichava da base do altar, que corria para longe. Pompeu admirou sua coragem em face da morte, mas nada em suas práticas teria lhe parecido particularmente notável. Afinal, sacrifícios eram praticados em todo o Mediterrâneo. O mistério pelo qual o Templo era notório aguardava nas profundezas do complexo: uma câmara venerada pelos judeus como lugar mais sagrado do mundo. Eles viam o salão com tal reverência que apenas o sumo sacerdote podia entrar, e somente uma vez ao ano. Para os eruditos gregos, a questão sobre o que havia no interior desse "Santo dos Santos" era tentadora. Posidônio, que tinha teorias sobre tudo, alegou que ele continha a cabeça de um asno de ouro. Outros acreditavam que continha "a imagem, feita de pedra, de um homem de barbas longas sentado em um burro".[4] Outros ainda relatavam que servia como prisão de um cativo grego que, após um ano sendo engordado, seria sacrificado com grande solenidade e devorado. Pompeu, parado diante da cortina que separava o salão da antecâmara repleta de tesouros, não tinha como saber com certeza o que encontraria por trás dela.

JERUSALÉM

Naquele evento, só encontrou vazio. Não havia estátua, nenhum tipo de imagem e certamente nenhum prisioneiro sendo engordado; somente um bloco de pedra sem adornos. Mesmo assim, embora confuso, Pompeu ficou impressionado com o que viu. Ele evitou privar o Templo de seus tesouros. Ordenou que seus guardiões limpassem os vestígios da batalha e permitiu que realizassem os sacrifícios diários. Também nomeou um novo sumo sacerdote. Então, carregado de prisioneiros, deixou Jerusalém em direção a Roma, onde seria recebido como herói. Ele podia refletir com dupla satisfação sobre suas realizações na Judeia. Os judeus estavam completamente derrotados, as fronteiras de seu reino haviam sido redesenhadas de acordo com os interesses romanos e um brutal tributo fora imposto. Simultaneamente, ele demonstrara o devido respeito a seu deus. Ele podia se regozijar na certeza de que cumprira seu dever não somente para com Roma, mas para com o cosmos. No navio a caminho de casa, parou em Rodes, onde visitou Posidônio pela segunda vez, apresentando ao filósofo a garantia viva de que a criação de um domínio universal que refletia a ordem atemporal dos céus prosseguia em ritmo acelerado. Posidônio, recusando-se a permitir que uma crise de artrite lhe negasse a chance de receber atenção, demonstrou sua aprovação fazendo um discurso de seu leito de enfermo. Seu tema, explorado entre numerosos e exagerados gemidos, foi: "somente o que é honorável é bom".[5]

Entrementes, em Jerusalém, as conquistas de Pompeu eram vistas — sem surpresa — de uma perspectiva bastante diferente. Quando os judeus tentaram entender a queda de sua cidade, eles não olharam para a filosofia. Em meio à dor e à confusão, eles se voltaram para seu deus.

> Quando o pecador se tornou orgulhoso, ele derrubou
> > as muralhas fortificadas
> > com um aríete,
> > e o Senhor não o impediu.
> Nações estrangeiras foram até Seu altar,
> > e cheios de orgulho o pisotearam com suas sandálias.[6]

61

DOMÍNIO

Esse brado de angústia, endereçado a um deus que permitira que sua casa fosse atacada e que seu santuário mais secreto fosse invadido, não era um que Pompeu pudesse realisticamente tentar acalmar. O respeito que ele acreditava ter demonstrado pela deidade judaica tinha pouquíssima importância para os judeus. A própria ideia de comparar o Templo aos santuários de deuses estrangeiros era inexprimivelmente ofensiva. Talvez, se o homem que Pompeu instalara como sumo sacerdote tivesse se encontrado com seu patrono como igual, ele pudesse ter explicado o motivo. Pudesse ter dito que só havia um Deus, e o Templo era uma réplica do universo que ele criara. Que nas vestes usadas pelo sumo sacerdote havia espelhos do cosmo e, nos rituais que realizava, um eco da divina obra de criação no início dos tempos. Que a placa dourada que usava na testa continha a maravilhosa inscrição do próprio nome de Deus, que os costumes sagrados ordenavam que só fosse pronunciado pelo sumo sacerdote, uma vez ao ano, quando ele entrava no Santo dos Santos. Profanar o Templo era profanar o próprio universo. Os judeus, tanto quanto Posidônio, reconheciam na expansão do poderio romano um evento que reverberava nos céus.

"Ao vitorioso é concedido o direito de estabelecer leis."[7] Tal era a máxima seguida por Pompeu quando depunha reis e redesenhava fronteiras. Mas os judeus, desafiando esse poder terreno, reivindicavam para si um status que nenhum império, mesmo um tão poderoso quanto Roma, podia emular. Muitas gerações antes, quando Troia sequer fora fundada e a Babilônia ainda era jovem, um homem chamado Abrão vivera na Mesopotâmia. Lá, ensinavam os eruditos judeus, ele tivera um profundo insight: o de que os ídolos eram meramente pedra ou madeira pintada e só existia uma única deidade, intangível e onipotente. Em vez de permanecer em uma cidade poluída pela idolatria, Abrão escolhera deixar sua casa, viajando com a esposa e os servos para uma terra que um dia seria chamada de Judeia, mas na época era conhecida como Canaã. Tudo isso era parte do plano divino. Deus, surgindo para Abrão, dissera-lhe que, a despeito da idade de sua esposa, ela lhe daria um filho, e seus descendentes um dia herdariam Canaã, a "Terra Prometida". Como símbolo disso, Abrão recebera um novo nome,

"Abraão", e Deus ordenara que ele e seus herdeiros do sexo masculino, por todas as gerações, fossem circuncidados. Abraão, obediente a toda instrução divina, fizera como mandado e, quando fora recompensado com um filho, Isaque, e Deus lhe dissera para levá-lo a um lugar elevado e sacrificá-lo, "seu filho, seu único filho, Isaque, a quem você ama",[8] ele se mostrara disposto. Porém, no último momento, quando Abraão estendia a mão para o cutelo, um anjo falara dos céus e lhe dissera para parar, e Abraão, vendo um carneiro que ficara preso nos arbustos, pegara o animal e o sacrificara no altar. E Deus, porque Abraão estivera disposto a oferecer em sacrifício a coisa mais preciosa que tinha, confirmara a promessa de que sua descendência seria tão numerosa quanto as estrelas no céu. "E, por meio dela, todos os povos da terra serão abençoados, porque você me obedeceu."[9]

Onde ocorrera esse episódio fatídico? Muitas gerações depois, quando os descendentes de Abraão já haviam se estabelecido na Terra Prometida, que chamavam de Israel, um anjo se materializara pela segunda vez no local onde Isaque quase perecera — e esse local, como registrado pelos eruditos judeus, não era outro senão o monte Moriá. Passado e futuro, terra e céu, esforço humano e presença divina: tudo se revelara entremeado. A própria Jerusalém, na época da aparição do anjo, acabara de ser colocada sob controle israelita. O homem que capturara a cidade, o outrora pastor e harpista chamado Davi, de uma cidadezinha chamada Belém, tornara-se rei de Israel e, no momento em que estabelecera Jerusalém como capital, um anjo fora enviado do alto para "mostrar-lhe o local onde o Templo deveria ser construído".[10] Davi fora proibido por Deus de participar do projeto, mas, sob seu filho Salomão — um rei de tal riqueza e sabedoria que, entre os judeus, seu nome seria para sempre sinônimo de esplendor —, o monte Moriá se tornara "o monte do templo do Senhor".[11] Fora Salomão, após o término do Templo, que colocara no Santo dos Santos o maior tesouro dos israelitas: uma caixa — ou arca — dourada construída de acordo com especificações precisas fornecidas pelo próprio Deus e na qual sua presença se manifestava na terra. Esta, então, era a glória de Israel: seu Templo era verdadeiramente a morada do Senhor Deus.

DOMÍNIO

Contudo, tal glória não fora meramente concedida; tinha de ser merecida. A obrigação imposta ao povo de Deus, de venerá-lo como devido, viera cheia de alertas. "Prestem atenção! Hoje estou pondo diante de vocês a bênção e a maldição. Vocês terão bênção, se obedecerem aos mandamentos do Senhor, o seu Deus, que hoje lhes estou dando; mas terão maldição, se desobedecerem aos mandamentos do Senhor, o seu Deus, e se afastarem do caminho que hoje lhes ordeno, para seguirem deuses desconhecidos."[12] Nos séculos que se seguiram à construção do Templo por Salomão, as pessoas repetidamente se desviaram e, após quatrocentos anos de desobediência, colheram amargos frutos. Primeiro, os assírios conquistaram o norte da Terra Prometida: dez das doze tribos descendentes de Israel foram capturadas e desapareceram na bocarra da Mesopotâmia. Nem mesmo a conquista da Assíria pela Babilônia, em 612 a.C., viu seu retorno. Então, em 587 a.C., foi a vez de Judá, o reino que retirara seu nome do quarto filho de Israel, e de sua capital, Jerusalém. O rei da Babilônia tomou a cidade de assalto. "Incendiou o templo do Senhor, o palácio real, todas as casas de Jerusalém e todos os edifícios importantes."[13] Nada foi poupado no Templo construído por Salomão, nem seus acessórios de cipreste, nem seus portões dourados, nem seus pilares de bronze ornamentados com romãs. Somente ruínas e ervas daninhas permaneceram. E quando, por sua vez, a Babilônia caiu, os persas tomaram dela o manto do império e Ciro deu permissão para que o Templo fosse reconstruído, o complexo que surgiu no monte Moriá era somente uma sombra do que houvera antes. "Quem de vocês viu este templo em seu primeiro esplendor? Comparado com ele, não é como nada o que vocês veem agora?"[14] O Santo dos Santos era a mais desoladora lembrança de glórias desaparecidas. A arca, sobre a qual a glória do próprio Deus costumava descer em uma nuvem de impenetrável escuridão, havia desaparecido. Ninguém sabia dizer com certeza qual fora seu destino. Somente o bloco de pedra visto por Pompeu quando entrara na câmara, nu e sem adornos, servia para marcar o local onde já estivera.

E agora invasores estrangeiros profanavam o monte Moriá novamente. Mesmo enquanto o sumo sacerdote e seus acólitos apagavam os traços do cerco romano e retomavam os ritos habituais, havia judeus que zombavam de seus esforços. Por que, afinal, Deus permitiria que um conquistador estrangeiro invadisse o Santo dos Santos, senão para expressar sua cólera contra os guardiões do Templo? Para os críticos, a explicação para a catástrofe parecia evidente: "os filhos de Jerusalém haviam maculado o santuário do Senhor e profanado as oferendas a Deus com sua desobediência".[15] Assim como em séculos anteriores, em meio às calamidades das conquistas assíria e babilônia, homens conhecidos como *nevi'im* ou "profetas" instaram seus compatriotas a modificar seus hábitos ou correr o risco de obliteração; após a conquista de Pompeu, havia judeus que se desesperavam com o establishment do Templo. "Porque você saqueou muitas nações, todos os povos que restaram o saquearão."[16] Os moralistas convencidos da cólera de Deus não hesitaram em aplicar esse aviso, feito muitos séculos antes, aos sacerdotes de Jerusalém. O fato de Pompeu ter poupado os tesouros do Templo não significava que as tropas de algum futuro comandante militar romano não os saqueariam. "Seus cavalos são mais velozes que os leopardos, mais ferozes que os lobos no crepúsculo. Sua cavalaria vem de longe. Seus cavalos vêm a galope; vêm voando como ave de rapina que mergulha para devorar."[17] Os sacerdotes só seriam poupados se se arrependessem de sua ganância e sua cobiça pelo ouro do mundo. De outro modo, o julgamento de Deus seria rápido e certeiro: "suas riquezas e pilhagens serão entregues nas mãos do exército dos romanos".[18]

É verdade que a maioria dos judeus não se desesperava com o Templo e seus guardiões. A própria escala da riqueza contida no monte Moriá testemunhava isso. Como indicavam os críticos, as ofertas feitas ao Templo vinham não somente da Judeia, mas de todo o mundo civilizado. Muito mais judeus viviam fora dos limites da Terra Prometida que em seu interior. Para a vasta maioria, o Templo permanecia o que sempre fora: a instituição central da vida judaica. Mas não a única. Se fosse, teria sido difícil para aqueles estabelecidos longe da Terra Prometida permanecerem judeus por muito tempo. A distância do Templo, dos rituais, dos sacrifícios e das preces faria com que, gradualmente, sua identidade judaica se desvanecesse. Mas eles não precisa-

DOMÍNIO

vam viajar até Jerusalém para um dos três festivais de peregrinação realizados anualmente para se sentirem na presença de Deus. Só precisavam ir a uma das numerosas casas de oração e instrução encontradas em qualquer lugar onde judeus se congregassem: uma "casa da assembleia" ou "sinagoga". Ali, meninos eram ensinados a ler e adultos aprendiam, por toda a vida, a interpretar alguns textos muito específicos. Quando não estavam sendo estudados, esses textos, amorosamente transcritos em pergaminhos, eram guardados em uma caixa que deliberadamente ecoava a havia muito desaparecida arca. Esse era um incrível sinal de sua santidade. Outros povos podiam alegar possuir textos provenientes dos deuses, mas nenhum deles era tão carregado do senso de santidade, tão atenciosamente seguido ou tão central para o autoentendimento de todo um povo quanto a coleção de escritos venerada pelos judeus como suas Escrituras sagradas. Eles a chamavam de *Torah*, "ensinamentos". Cinco rolos retratavam as obras originais de Deus, da criação do mundo à chegada às fronteiras de Canaã, após muitas dificuldades e caminhadas, dos descendentes de Abraão, prontos para finalmente reclamar sua herança. Mas a história não terminava aí. Muitos outros textos eram sagrados para os judeus. Havia histórias e crônicas, detalhando tudo, da conquista de Canaã à destruição e reconstrução do Templo. Havia registros de profecias feitas por homens que sentiram a palavra de Deus como um fogo queimando seus ossos. Havia coleções de provérbios, contos sobre homens e mulheres inspiradores e uma antologia de poemas chamados salmos. Todos esses textos, escritos por muitas mãos durante muitos anos, serviam para fornecer aos judeus fora da Terra Prometida uma garantia muito necessária: a de que viver em cidades estrangeiras não os tornava menos judeus. Tampouco, três séculos depois de Alexandre ter conquistado o mundo, o fato de a vasta maioria deles falar não a língua de seus ancestrais, mas grego. Apenas setenta anos após a morte de Alexandre, começaram a chegar a Alexandria muitos judeus que tinham dificuldade para entender o hebraico da maioria de suas Escrituras. Diz a história que a ordem para os traduzir veio do próprio Demétrio de Faleros. Ávido para enriquecer a grande biblioteca da cidade, ele ordenara que Jerusalém lhe enviasse 72 eruditos. Ao chegarem a Alexandria, eles diligentemente

JERUSALÉM

começaram a traduzir o texto mais sagrado de todos, composto de cinco rolos de pergaminho: o *pentateuch*, como era chamado em grego.* Outros logo se seguiram. Alegou-se, de modo muito improvável, que Demétrio os definira como "divinos e filosoficamente impecáveis".[19] Não sendo meramente livros, eles eram chamados pelos judeus falantes de grego de *ta biblia ta hagia*, "os livros santos".**

Eis aqui a manifestação de uma ironia sutil, mas importante. Um corpo de textos originalmente reunido e adaptado por eruditos, que dava como certa a centralidade de Jerusalém para a veneração de seu deus, fugia aos propósitos de seus editores: para os judeus de Alexandria, os *biblia* passaram a ter uma santidade que rivalizava com a do próprio Templo. Onde quer que houvesse um escriba para registrar seus versos em pergaminho, um estudante para memorizá-los ou um professor para explicar seus mistérios, sua santidade era afirmada. Assim como sua natureza eterna e indestrutível. Afinal, tal monumento não podia ser atacado. Não fora feito de madeira e pedra, para ser derrubado por um exército conquistador. Onde quer que judeus escolhessem viver, o corpo de suas Escrituras estaria presente. Aqueles em Alexandria ou Roma, por mais distantes que estivessem do Templo, sabiam possuir em seus livros sagrados — especialmente a Torá — um caminho mais certo para o divino do que qualquer ídolo poderia fornecer. "Pois que grande nação tem um Deus tão próximo como o Senhor, o nosso Deus, sempre que o invocamos?"[20]

Os romanos podiam governar o mundo, os gregos podiam ter sua filosofia, os persas podiam alegar ter descoberto as dimensões da verdade e da ordem, mas todos eles estavam iludidos. A escuridão reinava na terra, e sombras profundas encobriam as nações. Elas só encontrariam a luz e seus

---

* É possível que a categorização dos livros sagrados judaicos — o que os judeus chamam hoje de Tanakh e os cristãos de Antigo Testamento — derive originalmente da maneira como foram catalogados na biblioteca de Alexandria.

** Nesse estágio, a coleção judaica de textos sagrados ainda não correspondia integralmente ao que os judeus hoje reconhecem como Tanakh. A expressão *ta biblia ta hagia* surgiu pela primeira vez em 1 Macabeus 12:9.

DOMÍNIO

reis só veriam o brilho da aurora quando o Senhor Deus de Israel se erguesse sobre elas e sua glória as iluminasse.

Pois não havia nenhum outro deus, senão ele.

Morrerão como simples homens

Mais de meio milênio antes de Pompeu capturar Jerusalém, quando os babilônios atacaram e queimaram o Templo original, eles transportaram a elite do reino conquistado para a Babilônia. Lá, em uma cidade muito mais vasta do que teriam sido capazes de imaginar, os exilados encontraram templos tão altos que pareciam tocar os céus. O maior deles, o Esagila, era saudado pelos babilônios como o edifício mais antigo do mundo e eixo do próprio cosmos. Nenhuma mão mortal o construíra. Os deuses o haviam erigido, em sua estupefaciente altura, para servir de palácio a Marduk, o rei dos céus. No interior, havia esculturas criadas pelo próprio Marduk e um arco poderoso: "marcas para jamais serem esquecidas"[21] de sua vitória no início dos tempos. Fora então, alegavam os babilônios, que Marduk lutara contra um monstro vindo do mar revolto, uma fêmea de dragão de tamanho aterrorizante, e o partira ao meio com suas flechas, criando os céus e a terra a partir das duas metades. Em seguida, em vez de condenar os deuses à labuta eterna, Marduk encomendara outro ato de criação. "Criarei homens", declarara ele, "que habitarão a terra a fim de que os deuses sejam servidos e seus santuários sejam construídos."[22] A humanidade, nascida do pó e do sangue, fora criada para trabalhar.

Teria sido fácil para os exilados de Jerusalém, anestesiados pela derrota e pelo senso de sua própria pequenez, aceitarem esse desolador entendimento do propósito humano. Mas eles não o fizeram. Em vez de venerar Marduk, se agarraram à convicção de que fora seu próprio deus que criara a humanidade. Homem e mulher, nas várias histórias contadas pelos exilados, eram dotados de um status único e privilegiado. Somente eles haviam sido criados à semelhança de Deus; recebido maestria sobre todas as cria-

JERUSALÉM

turas vivas; e, após cinco dias de trabalho divino, visto os céus, a terra e tudo dentro dela, sido criados no sexto dia. Os seres humanos partilhavam da dignidade do Deus único, que não lutara contra um monstro marítimo antes de iniciar seus trabalhos, como Marduk, mas criara todo o cosmos sozinho e sem auxílio. Para os sacerdotes transportados das ruínas de Jerusalém, essa história fornecia uma garantia desesperadoramente necessária: a de que o objeto de sua veneração ainda reinava supremo. Geração após geração, diferentes versões dela foram contadas. Registrada por escrito, editada, transformada em um relato único e definitivo, ela se transformou no início da própria Torá. Muito depois de a grandeza de Marduk ter sido reduzida a pó e o Esagila ter se tornado um refúgio para os chacais, o livro conhecido por seus tradutores gregos como Gênesis continuou a ser copiado, estudado e reverenciado. "E Deus viu tudo o que havia feito, e tudo havia ficado muito bom."[23]

No entanto, para judeus lutando para entender a destruição que os esmagava periodicamente e as humilhações que haviam sofrido nas mãos de uma sucessão de conquistadores, essa afirmação suscitava um problema. Se o mundo criado por Deus era bom, por que ele permitia que tais coisas acontecessem? Quando Pompeu tomara o Templo, os eruditos judeus haviam chegado a uma sombria explicação. Toda a história da humanidade era de desobediência a Deus. Criando o homem e a mulher, ele lhes dera um jardim chamado Éden, repleto de plantas exóticas, e todos os seus frutos podiam ser consumidos, com exceção dos frutos de uma única árvore, "a árvore do conhecimento do bem e do mal".[24] Mas a primeira mulher, Eva, fora tentada pela serpente a provar do fruto da árvore; e o primeiro homem, Adão, também o provara. Deus, para puni-los, os expulsara do Éden e os amaldiçoara, decretando que, dali em diante, as mulheres sofreriam as agonias do parto, os homens teriam de trabalhar para conseguir alimento e homens e mulheres morreriam. Uma sentença severa, mas talvez não o limite da queda da humanidade. Banida do Éden, Eva dera à luz os filhos de Adão, e seu filho mais velho, Cain, matara o mais novo, Abel. Desse momento em diante, foi como se a nódoa da violência se tornasse endêmica na

DOMÍNIO

humanidade. O sangue jamais deixara de escorrer sobre a terra. Os eruditos judeus, rastreando a exaustiva incidência de crimes durante gerações, perguntavam-se de onde — ou de quem — vinha tal capacidade para o mal. Um século antes de Pompeu capturar Jerusalém, um sábio judeu chamado Jesus Ben Sira chegara à lógica e nefasta conclusão: "O pecado começou com uma mulher e, por causa dela, todos morremos."[25]

Para os judeus, essa inclinação à desobediência, essa tendência natural de ofender a Deus, representava um desafio particular. Afinal, eram somente eles, entre os muitos povos do mundo, os agraciados com seu favor especial. Eles não haviam esquecido, como outros, do Criador do universo. O mesmo Deus que caminhara com Adão e Eva no Éden surgira para seus ancestrais, dera-lhes Canaã e realizara muitos milagres em seu benefício. Todo judeu sabia disso. Registrada nos rolos de pergaminho que constituíam a própria essência da identidade judaica, essa história podia ser lida em qualquer sinagoga. Mas as Escrituras eram uma crônica tanto de motim quanto de submissão; de idolatria tanto quanto de lealdade a Deus. As narrativas da conquista de Canaã retratavam uma terra cheia de altares que precisavam ser quebrados e santuários que precisavam ser espoliados, mas que, mesmo ao serem destruídos, exerciam medonha fascinação. Nem mesmo o presente da Terra Prometida fora capaz de manter Israel afastado da idolatria. Eles "escolheram novos deuses".[26] Em livro após livro, o mesmo ciclo se repetia: apostasia, punição, arrependimento. Os judeus, lendo como seus antepassados haviam sido seduzidos pelos deuses dos povos vizinhos — canaanitas, sírios, fenícios —, sabiam muito bem qual fora a tremenda punição final: Israel escravizado, Jerusalém saqueada, Templo destruído. Esses eram os traumas que assombravam todo judeu. Por que Deus permitira que isso acontecesse? Tal fora a pergunta, feita após o exílio na Babilônia, que, mais que qualquer outra coisa, inspirara a compilação das Escrituras judaicas. Os judeus, ao lerem os pergaminhos que contavam a história de seu povo, não podiam duvidar da retribuição que seria imposta se abandonassem a veneração a Deus; mas também havia esperança nas Escrituras, e não somente alertas. Mesmo que a ruína recaísse sobre Jerusalém novamente, os judeus fossem dispersados pelos

JERUSALÉM

quatro cantos do mundo e sal e enxofre cobrissem seus campos, o amor de Deus perduraria. Como sempre, o arrependimento garantiria o perdão. "Então o Senhor, o seu Deus, lhes trará restauração e terá compaixão de vocês e os reunirá novamente de todas as nações por onde os tiver espalhado."[27]

Nessa deidade exigente, emotiva e volátil havia um patrono divino diferente de qualquer outro. Apolo podia favorecer os troianos, e Hera, os gregos, mas nenhum deus jamais se importara com um povo com a mesma obsessão ciumenta do Deus de Israel. Sábio, ele também era voluntarioso; todo-poderoso, também se magoava com facilidade; consistente, era alarmantemente imprevisível. Os judeus que analisavam as Escrituras não duvidavam se tratar de uma deidade com a qual era possível ter um relacionamento profundamente pessoal; mas a chave para sua identidade, vívida como era, estava em suas muitas contradições. Um guerreiro, que em sua ira podia apavorar exércitos, aniquilar cidades e comandar o massacre de povos inteiros, ele também erguia os pobres do pó e os necessitados das estrumeiras. Senhor dos céus e da terra, "aquele que cavalga sobre as nuvens",[28] também confortava os que o invocavam nas noites escuras da miséria e do terror. Criador e destruidor; marido e mulher; rei, pastor, jardineiro, ceramista, juiz: o Deus de Israel era saudado nos livros sagrados judaicos como todas essas coisas, e mais. "Eu sou o primeiro e eu sou o último; além de mim não há Deus."[29] Uma vanglória histórica. Registrada após a tomada da Babilônia por Ciro em 539 a.C., uma afirmação mais ousada jamais fora feita. Assim como Marduk reivindicava o crédito pela vitória persa, o Deus de Israel fazia o mesmo, e em termos quase idênticos. No entanto, a despeito de seus sacerdotes insistirem que fora ele quem escolhera Ciro para governar o mundo, Marduk era apenas um entre uma imensa variedade de deuses. Deuses e deusas, guerreiros e artesãos, da tempestade e da fertilidade: "vocês não são nada".[30] Muito depois da morte de Ciro, com os templos da Babilônia em ruínas e seus ídolos tombados na lama, os judeus podiam ler em suas sinagogas garantias oferecidas séculos antes ao rei persa, e saber que eram verdadeiras. "Eu o fortalecerei", anunciara a Ciro o Único Deus de Israel, "ainda que você não tenha me admitido, de forma

DOMÍNIO

que do nascente ao poente saibam todos que não há ninguém além de mim. Eu sou o Senhor, e não há nenhum outro."[31]

Mas se, na era de crescimento do poder romano, as Escrituras judaicas demonstravam a verdade dessa vanglória, também havia vestígios de suposições muito mais antigas. A imensa tapeçaria criada por sacerdotes e escribas após a destruição do Templo pelos babilônios fora tecida com muitos fios antigos. Nada ilustrava melhor essa variedade de fontes que os muitos nomes dados a Deus nos *biblia* judaicos: Javé, Shaddai, El. Que eles se referiam sempre à mesma deidade era, naturalmente, a suposição orientadora de todo erudito judeu e, mesmo assim, havia pistas suficientes para sugerir outra possibilidade. "Quem entre os deuses é semelhante a ti, Senhor?"[32] Esse era um eco de um mundo distante e quase inimaginável no qual Javé, a deidade a quem a pergunta fora feita, era somente um entre os vários deuses de Israel. Como, então, ele se tornara o Senhor universal dos céus e da terra, sem pares ou rivais? Os sacerdotes e escribas que compilaram os textos que contavam sua história teriam ficado horrorizados de sequer contemplar tal pergunta. Mesmo assim, a despeito de todo cuidado e atenção durante a edição, nem todos os traços da deidade que fora Javé em suas origens puderam ser apagados das Escrituras. Ainda era possível detectar, preservadas como insetos no âmbar, pistas de um culto muito diferente daquele praticado no Templo: o culto de um deus da tempestade venerado na forma de um touro, surgido dos "campos de Edom",[33] nas terras ao sul de Canaã, e que reinava supremo no conselho dos deuses.* "Pois quem nos céus poderá comparar-se ao Senhor? Quem dentre os seres celestiais assemelha-se ao Senhor?"[34]

Todos os povos davam como certa a existência de uma estrita hierarquia celestial. Se não fosse assim, como Marduk poderia ter pressionado os outros deuses a trabalharem para ele? Zeus, entronado no cume do Olimpo, também presidia uma corte. Mesmo assim, o resplendor de sua glória

---

* A veneração de Javé na forma de um touro é atestada por 1 Reis 12:28 e Oseias 8:6 [na *Nova versão internacional*, trata-se de um bezerro]. A descrição de Javé vinda de Edom aparece no Cântico de Débora, um hino que a maioria dos acadêmicos identifica como uma das mais antigas passagens da Bíblia.

JERUSALÉM

tinha limites. Os outros deuses do Olimpo não foram consumidos por ele. Zeus não absorveu seus vários atributos em seu próprio ser e então desdenhou de seus fantasmas, chamando-os de demônios. Quão diferente era o Deus de Israel! De que derivam, no fim das contas, as muitas complexidades e contradições de seu caráter? Talvez de um processo totalmente oposto ao celebrado pelos livros sagrados judaicos, através do qual, em um nível sem paralelos entre todas as outras deidades, ele passou a conter multidões dentro de si. Quando, na primeira frase do Gênesis, ele é descrito criando os céus e a terra, a palavra hebraica para Deus — *Elohim* — é reveladoramente ambígua. Usada nas Escrituras judaicas como singular, sua terminação indica plural. "Deus" já foi "deuses".

Que os israelitas, longe de anunciarem sua chegada a Canaã derrubando ídolos e destruindo templos, pudessem ter originalmente partilhado dos costumes de seus vizinhos e sido praticamente indistinguíveis deles era uma possibilidade que as Escrituras judaicas rejeitavam enfática e mesmo violentamente.* Mas será que seus protestos não eram intensos demais? Aliás, será que houve uma conquista de Canaã? O relato preservado pelos judeus, ao narrar a sucessão de vitórias espetaculares do general Josué, fala da queda de cidades que já haviam sido abandonadas ou ainda não haviam sido fundadas na época da suposta invasão israelita.** A convicção dos que compuseram o Livro de Josué, de que Deus concedera terras ao povo escolhido em troca de sua obediência, reflete os perigos de sua própria época, pois eles provavelmente o escreveram à sombra da grandiosidade assíria. Mas também reflete algo mais. A insistência, no Livro de Josué, de que os israelitas chegaram a Canaã como conquistadores sugere uma ansiedade incômoda e persistente: a de que a veneração de seu deus pudesse dever

---

* Talvez seja revelador o fato de o autor das Crônicas, uma história de Israel escrita no século 4 a.C., não descrever a conquista israelita de Canaã. "A presença de Israel na região é apresentada como fato estabelecido e não problemático" (Satlow, p. 93).

** Jericó, cujas muralhas teriam ruído graças às trombetas do exército de Josué, fora abandonada muitos séculos antes da suposta chegada desse exército. Gibeão, que, no Livro de Josué, fornece aos israelitas trabalhadores para "cortar lenha e recolher água" (9:21), foi fundada bem depois da Idade do Bronze.

DOMÍNIO

mais às práticas canaanitas do que os eruditos judeus estavam dispostos a reconhecer. Costumes que eles condenavam como inovações monstruosas — venerar outros deuses, alimentar os mortos, sacrificar crianças — talvez fossem o oposto, tradições veneráveis, ao passo que seu próprio culto em evolução constituía uma novidade.

A qualidade revolucionária disso tudo — da maneira como, do casulo das crenças canaanitas, sírias e edomitas surgira uma nova e portentosa concepção do divino — foi velada pelas Escrituras judaicas. Mas não inteiramente. No Livro dos Salmos, um poema em particular dramatiza o confuso e longo processo através do qual *elohim* — "os deuses" — transformaram-se no único e supremo Senhor: *Elohim*.

> É Deus quem preside na assembleia divina;
> no meio dos deuses, ele é o juiz.[35]

Injustiça; favorecer os iníquos; desprezar os pobres, os inferiores e os miseráveis: tais eram os crimes de que a assembleia dos deuses era culpada. Suas ofensas haviam estremecido o mundo e o lançado na escuridão. Sua punição: ser destronados dos céus para sempre. O próprio Elohim pronunciou a sentença:

> Eu disse: vocês são deuses,
> todos vocês são filhos do Altíssimo.
> Mas vocês morrerão como simples homens;
> cairão como qualquer outro governante.[36]

Consequentemente, dali em diante somente o único Deus governaria o conselho celeste.

O povo judeu podia ser insignificante, periférico nas preocupações das grandes potências, mas o domínio da deidade de suas Escrituras, que derrubara deuses do mesmo modo que conquistadores como Alexandre ou Pompeu derrubavam reis, estendia-se por toda a criação e não tinha rivais. "Pois do oriente ao ocidente grande é o meu nome entre as nações."[37] Isso foi dito, muito conscientemente, para ecoar o rei persa. A magnanimidade demonstrada por Ciro em relação aos exilados de Jerusalém não fora esquecida. Ao contrário dos governantes do Egito, da Assíria ou da Babilônia, ele demonstrara respeito pelo Deus de Israel. Mais que qualquer outro monarca estrangeiro nos anais da história dos exilados, Ciro lhes fornecera um modelo de monarquia. Quando retornaram da Babilônia, os céus haviam adquirido parte da aparência da corte persa. "De onde você veio?", perguntou Deus, no Livro de Jó, a um oficial de seu séquito intitulado Adversário, *Satan*. A resposta: "De perambular pela terra e andar por ela."[38] Em Atenas, o medo dos agentes secretos do Grande Rei inspirara Aristófanes a retratar um deles com um olho gigante, mas, nas Escrituras judaicas, ninguém ria dos espiões reais. Eles eram potentes e ameaçadores demais para isso. Quando Deus indica que Jó é "irrepreensível, íntegro, homem que teme a Deus e evita o mal",[39] Satã responde zombeteiramente que, para os prósperos, é fácil ser bom. "Mas estende a tua mão e fere tudo o que ele tem, e com certeza ele te amaldiçoará na tua face."[40] Então Deus, aceitando a aposta, entrega Jó nas mãos de Satã. Embora não tenha cometido nenhuma falta, seus bens terrenos são destruídos, seus filhos são mortos e sua pele se cobre de furúnculos. "Então Jó apanhou um caco de louça com o qual se raspava, sentado entre as cinzas."[41]

Um criminoso sentenciado ao *scaphe* não tinha mãos livres com as quais se raspar, mas o poder de fazer a carne apodrecer e se soltar dos ossos fora, na era da grandeza persa, um sinal peculiarmente aterrorizante do poder real. Mas o que pensar da alegação feita por Dario e seus herdeiros de que torturavam suas vítimas pela causa da verdade, da justiça e da luz? Jó, encolhido no meio das cinzas, é abordado por três companheiros que, após se sentarem a seu lado, em silêncio, durante sete dias e sete noites, tentam entender os tormentos que o afligem.

Acaso Deus torce a justiça?
Será que o Todo-Poderoso torce o que é direito?
Quando os seus filhos pecaram contra ele,
ele os castigou pelo mal que fizeram.[42]

Tal era a garantia oferecida em outra parte das Escrituras judaicas: a de que Deus só punia os malfeitores, assim como só favorecia os justos. Mas Jó ignora essa noção reconfortante. "Por que vivem os ímpios? Por que chegam à velhice e aumentam seu poder?" O mais surpreendente é que a história termina com o próprio Deus falando a Jó na forma de um turbilhão e rejeitando completamente a hipótese apresentada por seus companheiros. "Vocês não falaram o que é certo a meu respeito", informa ele, "como fez meu servo Jó."[43] Mas para a pergunta de por que Jó é punido tão cruelmente — a despeito de sua inocência — não há resposta. Deus devolve tudo que lhe foi tomado, em dobro, e o abençoa com filhos e filhas. Mas os filhos que perdeu não são redimidos do pó ao qual retornaram. O pai enlutado não os recebe de volta.

Quando Apolo matou os filhos de Níobe, ninguém pensou em reclamar que a vingança fora excessiva. Senhor do arco prateado, ele lidava como bem queria com aqueles que o ofendiam. Não era ao responder às queixas que Apolo manifestava sua divindade, mas ao realizar atos infinitamente além do escopo dos mortais. Como Marduk, ele até mesmo matara um dragão. Em Canaã também se contavam histórias sobre deuses que haviam lutado contra dragões e serpentes marinhas, assim demonstrando merecerem governar os céus. Para os autores do Gênesis, tal conceito era nonsense e blasfêmia, e foi por isso que, em seu relato da Criação, eles fizeram questão de especificar que Elohim criara as criaturas das profundezas e não lutara contra elas. "Assim Deus criou os grandes animais aquáticos."[44] Mas a superfície calma dos livros sagrados judaicos podia ser enganosa. De vez em quando, das profundezas de memórias e tradições que nem mesmo a mais cuidadosa edição podia apagar completamente, surgia um monstro sinuoso que lutara contra Deus. Chamado variadamente de Raabe, Tanin ou Leviatã, tratava-se sempre da mesma serpente de sete cabeças que se retorcia e espiralava em um poema composto quase um milênio antes do Livro de Jó. "Você consegue pescar com anzol o Leviatã ou prender sua língua com uma corda?"[45] A pergunta, feita a Jó pelo turbilhão, era retórica. Somente Deus podia domar o Leviatã. Retratado no Livro de Jó como governando à maneira de um rei persa, como Senhor dos agentes postados na terra e nos mares, ao falar com um homem que o acusara de injustiça ele empregou fontes muito mais antigas para articular seu poder. Não admira que Jó tenha ficado intimidado. "Sei que podes fazer todas as coisas."[46]

Mas Jó não duvidara do poder de Deus, somente de sua justiça. A esse respeito, Deus nada tem a dizer. O Livro de Jó — escrito quando, pela primeira vez, começou a ser contemplada a existência de uma deidade ao mesmo tempo onipotente e justa — ousou explorar as implicações desse silêncio com impávida profundidade. O fato de os eruditos judeus o terem incluído em sua grande compilação de Escrituras fala de sua dificuldade para enfrentar um novo e premente problema: a origem do mal. Para outros povos, com suas multidões de deidades, a questão tinha pouca importância. Afinal, quanto mais deuses houvesse no cosmos, mais explicações haveria para o sofrimento humano. Como, no entanto, explicá-lo em um cosmos com um único deus? Somente os devotos de Aúra Masda — que, como os judeus, acreditavam em um universo criado por uma deidade totalmente sábia e totalmente boa — haviam sido obrigados a lidar com uma pergunta dessa ordem. Talvez, na presença de Satá perante o trono de Deus — Satá, que inflige tantos sofrimentos a Jó e então desaparece misteriosamente da história —, haja um traço da solução proposta pelos persas para explicar a potência do mal: ele existe como princípio igual e rival ao bem. Mas os eruditos judeus não estavam dispostos a aceitar essa solução. Por mais pro-

DOMÍNIO

fundamente que reverenciassem a memória de Ciro, em suas Escrituras não havia lugar para nada parecido com a batalha cósmica entre *Arta* e *Drauga*. Só podia haver um Deus. Era menos blasfemo atribuir a ele a criação do mal que implicar que o mal podia ser uma ameaça a seu poder. Javé, falando a Ciro, foi retratado desdenhando a noção de um universo disputado pela Verdade e pela Mentira. "Eu formo a luz e crio as trevas, promovo a paz e causo a desgraça; eu, o Senhor, faço todas essas coisas."[47]

Em nenhum outro lugar das Escrituras judaicas havia algo sequer parecido com essa ousada afirmação. Deus era onipotente, mas também integralmente justo. Por mais patente que fosse a tensão entre elas, essas eram as convicções gêmeas que os judeus haviam consagrado como essência de seu entendimento do divino. Que Deus tivesse sancionado o ataque romano ao Templo não como punição ao povo escolhido mas porque era autor tanto da ordem quanto do caos era uma possibilidade tão grotesca que se tornava inconcebível. Todas as suas obras serviam à causa da ordem. O fato de seus propósitos às vezes estarem encobertos de mistério não o impedia de compreender o desespero humano, importar-se com os miseráveis e oferecer conforto onde houvesse pesar.

> O pobre e o necessitado buscam água,
> e não encontram!
> Suas línguas estão ressequidas de sede.
> Mas eu, o Senhor, lhes responderei;
> eu, o Deus de Israel, não os abandonarei.[48]

Nunca antes tais incongruidades haviam sido tão momentosamente combinadas em uma única deidade: poder e intimidade, ameaça e compaixão, onisciência e solicitude.

E esse deus — todo-poderoso, todo bom, que governava o mundo inteiro e mantinha a harmonia do cosmos — era o deus que escolhera e

JERUSALÉM

favorecera os judeus. Por mais impotentes que fossem perante o poderio das legiões romanas, incapazes de evitar que um conquistador invadisse seu santuário mais sagrado e sem perspectiva de jamais obter domínio global, eles tinham este consolo: a certeza de que seu Deus era o único Senhor.

Aliança

E as provas não tardariam a surgir. O castigo divino atingiu Pompeu. Em 49 a.C., o mundo romano foi tomado pela guerra civil e, no ano seguinte, na Grécia, o homem que dominara Roma por duas décadas foi derrotado em batalha por um comandante militar rival: Júlio César. Sete semanas depois, Pompeu, o Grande, estava morto. A velocidade e a escala de sua queda chocaram o mundo e foram saudadas com exultação na Judeia. Assim como Deus triunfara sobre o Leviatã, ele agora esmagara "o orgulho do Dragão".[49] Um poeta, emulando os Salmos, narrou os detalhes: como Pompeu buscara refúgio no Egito; como fora atravessado por uma lança; como seu corpo, balouçando sobre as ondas, fora deixado sem sepultura. "Ele falhou em reconhecer que somente Deus é grande."[50]

A cena da morte de Pompeu teve um efeito particularmente potente no imaginário judaico. Nenhum lugar testemunhara o poder de seu Deus de modo mais espetacular e importante que o Egito. Antes de reivindicarem sua herança e tomarem posse de Canaã, os filhos de Israel haviam sido escravos no Egito. O faraó, temendo sua proliferação, sujeitara-os à "cruel escravidão".[51] Mas ele e seus deuses haviam sido humilhados. Dez pragas haviam devastado seu reino. O Nilo se transformara em sangue, pragas haviam assolado suas terras e o país inteiro ficara na escuridão. Durante muito tempo, no entanto, o faraó permanecera obstinado. Fora somente após um horror culminante, quando os primogênitos de todos os egípcios haviam morrido durante uma única noite, "e também todas as primeiras crias do gado",[52] que ele finalmente permitira que os israelitas partissem. Mas logo voltara atrás. Perseguindo os escravos fugitivos, ele e seu esquadrão de car-

DOMÍNIO

ros os haviam encurralado à margem do mar Vermelho. Contudo, mesmo então os milagres não haviam cessado. Um poderoso vento leste soprara, dividindo as águas, e os filhos de Israel haviam cruzado o leito do mar e chegado à margem do outro lado. O faraó e seus guerreiros os haviam perseguido velozmente. Mas "as águas voltaram e encobriram os seus carros de guerra e os seus cavaleiros, todo o exército do faraó que havia perseguido os israelitas mar adentro. Ninguém sobreviveu".[53]

Ali, então, em um mundo no qual os deuses tendiam a favorecer reis e conquistadores, estava mais um sinal do caráter distinto do Deus de Israel: ele escolhera escravos como seus favoritos. A memória de como Deus libertara seus ancestrais sempre seria mantida e apreciada pelos judeus. Como nuvem durante o dia e fogo durante a noite, ele estivera mais visivelmente presente que nunca antes ou depois, primeiro como coluna guiando-os pelo deserto e então iminente, no interior de uma tenda erguida para servir como salão de seu trono. E concedera graças excepcionais a um homem em particular, "porque tenho me agradado de você e o conheço pelo nome".[54] Nenhum outro profeta da história de Israel teve com Deus uma ligação como a de Moisés. Foi ele quem falou do Senhor ao faraó, invocou as pragas que atacaram o Egito e ergueu seu cajado para separar as águas do mar Vermelho. O mais incrível de tudo — e o mais íntimo — foi o encontro entre Deus e Moisés sobre um monte chamado Sinai.* Enquanto os israelitas estavam reunidos na planície abaixo, pesadas nuvens encobriram o cume do monte, houve trovões e relâmpagos, e ouviu-se o ressoar de uma corneta feita de chifre de carneiro. "Tenham o cuidado de não subir ao monte e não tocar sua base. Quem tocar no monte certamente será morto." Mas a corneta de chifre de carneiro soou novamente, ainda mais alta, e o próprio Senhor Deus desceu sobre o monte em meio à fumaça e ao fogo. Moisés foi chamado a escalar até o cume. Céu e terra se encontraram, celeste e humano. O que se seguiu provou ser o eixo em torno do qual a própria história iria girar.

---

* No Deuteronômio, o Sinai é chamado de Horebe.

JERUSALÉM

Os judeus estavam profundamente convictos disso. Eles podiam acreditar no que acontecera quando Moisés escalara o Sinai porque os frutos ainda estavam em sua posse. Inscritos na Torá estavam os mandamentos originalmente escritos pelo dedo do próprio Deus em duas tábuas de pedra. "Vocês não terão outros deuses diante de mim."[55] Nove instruções similarmente lapidares se seguiam: ordens para guardar o *shabat* e honrar os pais, não criar esculturas nem usar o nome de Deus em vão, jamais cometer assassinato ou adultério e não roubar, prestar falso testemunho ou cobiçar. Mas todos os mandamentos dependiam da potência do primeiro. Afinal, havia outros deuses, e eles não davam aos princípios morais o mesmo valor que o Deus de Israel. Alguns valorizavam a beleza, outros, o conhecimento, outros ainda, o poder. Os Dez Mandamentos não eram meras instruções, mas uma expressão da própria identidade do Deus de Israel. Seu povo escolhido estava sendo chamado a viver não como seu escravo, mas como homens e mulheres levados para perto dele a fim de partilharem sua natureza. Foi por isso que, ao entregar os Dez Mandamentos a Moisés, ele alertou ser um "Deus zeloso".[56] Seu amor era tal que, se traído ou rejeitado, podia se tornar letalmente coercivo. Quando Moisés, descendo do Sinai após uma ausência de quarenta dias e quarenta noites, descobriu que os israelitas haviam começado a adorar um bezerro de ouro, ele ficou tão furioso que quebrou as tábuas de pedra e ordenou o massacre de 3 mil homens. Mas a cólera de Deus foi ainda mais terrível. Sua intenção inicial era destruir totalmente os israelitas. E só mudou de ideia quando Moisés escalou o monte Sinai novamente e implorou clemência.

Mesmo assim, os judeus jamais duvidaram que seu patrono divino os amava. "Pois vocês são um povo santo para o Senhor, o seu Deus. O Senhor, o seu Deus, os escolheu dentre todos os povos da face da terra para ser o seu povo, o seu tesouro pessoal." Como sinal disso, após os Dez Mandamentos ele dera a Moisés um conjunto completo de regulamentações. Entre elas, instruções sobre como os altares deviam ser construídos, como os sacerdotes deviam se purificar e como os sacrifícios deviam ser realizados. Entretanto, elas não eram somente para os sacerdotes. Serviam para todos

DOMÍNIO

os filhos de Israel. As leis dadas por Deus a Moisés especificavam quais alimentos eles podiam ou não comer, com quem podiam ter relações sexuais, como deviam guardar o *shabat* e tratar seus escravos. Também foram instruídos a deixar respigas para os pobres nos campos e a não usar cortes de cabelo arredondados [*pudding-bowl haircuts*, do tipo "tigelinha"]. Ir contra esses ditames era chamar sobre Israel as mais terríveis punições; todavia, assim como os Dez Mandamentos, serviam como expressão não de tirania, mas de devoção. Pois o Senhor Deus, criador dos céus e da terra, concedera aos filhos de Israel uma honraria extraordinária e sem precedentes: uma aliança. Nenhum outro povo imaginara que isso fosse possível. Afinal, os deuses serviam para testemunhar tratados, não para participar deles. Quem eram os mortais para achar que podiam fazer uma aliança com uma deidade? Somente os judeus ousaram criar um conceito tão novo e blasfemo. O fato de terem feito um acordo com o Senhor Deus era a pedra fundamental de seu entendimento do divino. Era essa aliança, escrita nas tábuas recebidas por Moisés, que a arca fora construída para conter; era essa aliança, reverentemente colocada no Santo dos Santos, que jazia no centro do Templo construído por Salomão. Mesmo depois que a ruína visitou Jerusalém pelas mãos dos babilônios, o tratado entre o Senhor Deus e seu povo escolhido não foi anulado. Os termos permaneceram. As Escrituras judaicas, editadas e reeditadas nos séculos que se seguiram ao desaparecimento da arca, foram compiladas em parte para consagrá-los. Todo judeu que os estudava renovava a aliança em seu coração.

Está registrado no fim da Torá que Moisés morreu um dia antes de Josué conquistar Canaã. A despeito de ter libertado os israelitas da servidão no Egito e então os liderado por quarenta anos pelos ermos selvagens, ele jamais pisou na Terra Prometida. E "até hoje ninguém sabe onde está o seu túmulo".[57] O mistério sobre a localização de sua sepultura ajudou a lançar um véu sobre a maneira como sua história passou a ser contada. Nenhuma menção a Moisés, a pragas ou à miraculosa travessia do mar Vermelho podia ser encontrada no Egito. Era como se, fora das Escrituras sagradas, ele não tivesse existido. Mas a qualidade do mito que se ligou a Moisés,

JERUSALÉM

o nível em que ele foi — nas palavras de um erudito — "uma figura de memória, mas não de história",[58] foi precisamente o que dotou o encontro no monte Sinai de seu incomparável poder transcendental. Os autores da Torá, ao formularem a aliança que os unia ao Senhor Deus, naturalmente empregaram as convenções da época. "Eu sou o Senhor, o teu Deus, que te tirou do Egito, da terra da escravidão."[59] Esse era o costume no Oriente Próximo: os reis iniciavam suas proclamações com grande vanglória. Quando o Senhor Deus disse que a desobediência faria o céu sobre Israel se transformar em bronze e a terra sob seus pés se transformar em ferro, ele ecoava os termos ameaçadores de um conquistador assírio. Quando prometeu flagelar "todos os povos que agora vocês temem",[60] ofereceu proteção como faria um faraó entrando em uma aliança. Mas o registro de sua aliança, embora expresso em termos familiares aos diplomatas do Oriente Próximo, dava aos judeus algo totalmente sem paralelos: uma legislação criada diretamente por um deus.

Ela não precisava de qualquer suplementação por parte dos mortais. Tal era a clara lição dos livros sagrados judaicos. Nem mesmo o óleo com que Davi e Salomão haviam sido ungidos, como sinal de sua eleição, dotara-os daquilo que Hamurabi e seus herdeiros na Babilônia sempre deram como certo: o direito real de criar leis. Comparada à Mesopotâmia, a monarquia israelense fora pálida e castrada. Somente abandonando a aliança ela poderia ter a esperança de se afirmar — e isso, registravam as Escrituras judaicas, fora precisamente o que acontecera. Os reis haviam se tornado arrogantes. Haviam queimado incenso para outros deuses que não o Senhor Deus e criado leis próprias. Então, algumas décadas antes de Jerusalém ser conquistada pelos babilônios, um rei chamado Josias relatara a descoberta de algo surpreendente no Templo: o perdido havia muito tempo "livro da Lei".[61] Convocando os sacerdotes e "todo o povo, dos mais simples aos mais importantes",[62] ele lera o que fora decretado. O misterioso livro provara ser o registro da própria aliança. Josias, urgindo seu povo à veneração apropriada do Senhor, não o fizera em seu próprio nome. Ele, assim como o mais inferior de seus súditos, estava sujeito aos ditames da lei de Deus. A legislação

DOMÍNIO

era uma prerrogativa divina. Repetidamente nas Escrituras judaicas, havia dúvidas sobre se Israel, como povo de Deus, sequer precisava de reis. "O Senhor reinará sobre vocês."[63]

E assim foi. A monarquia em Jerusalém foi extirpada em 587 a.C. pelo triunfante rei da Babilônia, mas a Torá permaneceu. Grandes potências surgiram e caíram, conquistadores chegaram e partiram e, mesmo assim, em meio às oscilações dos séculos, os judeus se mantiveram firmes na aliança. Sem ela, eles, como muitos outros povos, certamente teriam se dissolvido no incessante redemoinho dos impérios: Babilônia, Pérsia, Macedônia, Roma. Mesmo assim, muitos judeus eram tomados pelo temor. E se esquecessem os detalhes precisos da aliança? Como justificativa para sua ansiedade, os moralistas indicavam os habitantes do que, até sua destruição pelos assírios, fora o reino de Israel e que haviam presumido, como os judeus, reivindicar um Pentateuco. As similaridades entre os dois povos só enfatizavam suas diferenças. Os samaritanos ignoravam a santidade de Jerusalém, desdenhavam da autoridade de Escrituras registradas desde Moisés e insistiam ser os únicos a preservar a lei imaculada de Deus. Não surpreende, portanto, que parecessem aos judeus uma raça de mestiços e perversos, e, como tais, um alerta. Abandonar a lei de Deus era deixar de ser um povo capaz de "sabedoria e discernimento".[64] Era a aliança, e somente ela, que permitia que os judeus entendessem os assuntos do mundo. Que as infrações seriam punidas tão rapidamente quanto sempre foram ficara evidente quando as legiões haviam capturado Jerusalém; que o Senhor Deus cumpria sua parte da barganha ficara evidente no fim miserável de Pompeu.

Não era, porém, meramente o fluxo dos eventos passados que os eruditos judeus acreditavam poder explicar ao contemplar as implicações da aliança. Também havia o futuro. Nos livros dos profetas, vívidas visões do que aconteceria ao fim dos tempos: ruína sobre a terra, parreiras secando e vinho azedando, o leopardo deitado com o bode e uma criança pequena conduzindo "o bezerro, o leão e o novilho gordo".[65] Um reino de justiça universal estava destinado a emergir; Jerusalém seria sua capital e um

JERUSALÉM

príncipe da linha de Davi seria seu rei. "Com retidão julgará os necessitados, com justiça tomará decisões em favor dos pobres. Com suas palavras, como se fossem um cajado, ferirá a terra; com o sopro de sua boca matará os ímpios."[66] Era como ungido de Deus que o príncipe estava destinado a governar; como seu "messias" ou — traduzindo para o grego — *christos*. Nas visões de um profeta chamado Isaías, esse título já fora aplicado a Ciro; depois que Pompeu profanara o Templo, ele adquirira um significado muito mais urgente. Vibrava no ar a expectativa por um messias da linha de Davi, que imporia a aliança com novo vigor, separando o joio do trigo e retornando as tribos perdidas a Jerusalém. Todas as práticas estrangeiras seriam purgadas de Israel. O messias destruiria a arrogância dos governantes injustos como se fosse um pote de barro. "E todos os povos das nações servirão sob seu jugo, e ele dará glórias ao Senhor à vista de toda a terra e purificará Jerusalém em santidade, como era no início."[67]

E, por um breve período, logo após o assassinato de Pompeu, pareceu que o fim dos tempos estava próximo. As rivalidades entre os comandantes militares romanos continuavam a agitar o Mediterrâneo. Legiões lutavam contra legiões, frotas contra frotas. E os judeus não eram os únicos a olhar para os céus e sonhar com tempos melhores.

Agora a Justiça virginal e a era dourada retornam,
agora seu primogênito é enviado dos céus.
Com o nascimento desse menino, a geração de ferro chegará ao fim.
E uma geração de ouro herdará o mundo.[68]

Essas linhas, escritas por um poeta romano chamado Virgílio, falavam da esperança por uma era dourada, presente tanto na Itália quanto na Judeia. Quando, alguns anos depois, essa esperança se realizou, não foi um messias judeu que se sentou no trono como mestre do mundo, mas um homem que alegava descender de um deus.

DOMÍNIO

Augusto era filho adotivo de Júlio César, o homem que derrotara Pompeu e cujas realizações haviam feito com que, após sua morte, ele fosse instalado nos salões celestiais por proclamação oficial. E isso não era tudo. Alguns alegavam, só para garantir, que Augusto era filho de Apolo na forma de uma serpente. Certamente, não era difícil acreditar que ele podia ser *Divi Filius*, "filho de um deus". O domínio do povo romano, que parecia prestes a se desintegrar, recebeu dele um novo e formidável fôlego. A paz, para um homem como Augusto, não era uma virtude passiva, e a ordem que ele deu ao mundo foi imposta pela espada. Os governadores romanos, encarregados de manter a ordem nas várias províncias do império, tinham o monopólio da violência. Eles podiam ordenar sanções apavorantes e condenar qualquer um que ofendesse Roma a ser queimado vivo, jogado às feras selvagens ou pregado a uma cruz. No ano 6, quando o governo direto foi imposto à Judeia, ao prefeito enviado para administrar a província foram "confiados todos os poderes de Augusto, inclusive a imposição da pena capital".[69] Os narizes dos judeus foram humilhantemente esfregados na realidade brutal de sua subordinação. Contudo, em vez de diminuir sua expectativa de que alguma grande mudança estivesse chegando e o fim dos tempos estivesse próximo, a ocupação romana só serviu para intensificá-la. Os judeus responderam de várias maneiras. Alguns, indo para as terras desabitadas a leste de Jerusalém, afastaram-se do mundo; outros se apegaram ao Templo e à esperança de serem salvos a partir de ritos e serviços ministrados pelos sacerdotes. Outros ainda — eruditos conhecidos como "fariseus" — sonharam com um Israel onde a obediência às leis dadas por Deus a Moisés seria tão absoluta e universal que todo judeu passaria a ser um sacerdote. "Pois não teria mais desculpas para a ignorância."[70]

A singularidade, na era de um império que se proclamava universal, podia muito bem ser sinônimo de desafio. Quanto mais povos diferentes se viam unidos sob o governo de Roma, mais os judeus, apertando a aliança contra o peito, afirmavam seu status como povo à parte. Para a elite romana, escolada nos costumes humanos como somente os mes-

86

tres do mundo podiam ser, eles pareciam paradigmas da perversidade. "Eles desprezam tudo que consideramos sagrado e permitem tudo que vemos como tabu."[71] Mas essas idiossincrasias, embora certamente provocassem suspeita, também eram capazes de inspirar admiração. Entre os intelectuais gregos, os judeus havia muito eram vistos como uma nação de filósofos. Sua presença em Alexandria, nas movimentadas ruas atrás da biblioteca, transformaram a história de como os israelitas fugiram do Egito — o *Exodos*, como era chamado em grego — em tópico de particular fascinação. Alguns filósofos alegavam que Moisés fora um sacerdote renegado, e seus seguidores, um bando de leprosos; outros o declaravam um visionário que buscara entender os mistérios do cosmos. Ele era elogiado tanto por ter proibido que os deuses fossem retratados em forma humana quanto por ter ensinado que existia somente uma deidade. Para os eruditos da era de Augusto, Moisés parecia um pensador adequado a um mundo em rápida globalização. "Pois aquilo que nos abarca a todos, incluindo a terra, o mar, o que chamamos de céus, o mundo e a essência das coisas, somente isso é Deus."[72]

Que tal interpretação dos ensinamentos de Moisés devesse mais aos estoicos que à Torá não alterava uma verdade importante: a concepção judaica do divino era bastante adequada a uma era que, como nunca antes, viu as distâncias encolherem e as fronteiras se dissiparem. O Deus de Israel era o "grande Rei sobre toda a terra".[73] Autor de uma aliança que o ligava unicamente aos judeus, ele ao mesmo tempo era capaz de prometer amor aos "estrangeiros que se unirem ao Senhor".[74] E, no grande cadinho cultural do Mediterrâneo romano, havia um número cada vez maior deles. A maioria, é verdade, optava por ficar nas laterais da sinagoga e estava contente com seu status não de judeus, mas de *theosebeis*, "tementes a Deus". Os homens, em particular, recuavam do último passo. A admiração por Moisés não necessariamente se traduzia em disposição para passar pela faca. Muitos dos aspectos da vida judaica que pareciam mais ridículos para os *outsiders* — circuncisão, proibição de comer porco — eram considerados, pelos admiradores de Moisés, acréscimos muito posteriores, obra de "tira-

DOMÍNIO

nos e sacerdotes supersticiosos".[75] Naturalmente, os judeus discordavam, mas, mesmo assim, no amplo entusiasmo por seus profetas e Escrituras, havia uma pista do quão rapidamente a veneração a seu deus poderia se disseminar se as prescrições da Torá fossem menos exigentes.

Mesmo com essas exigências, havia convertidos. Em uma era na qual mais judeus falavam grego que hebraico, era perfeitamente possível para um grego — ou qualquer outro — tornar-se judeu. Em nenhum lugar isso era mais evidente que em Alexandria, a cosmópole original, mas, cada vez mais, onde quer que houvesse sinagogas, havia convertidos. Em Roma, onde a suspeita da elite pelos cultos estrangeiros havia muito era uma medida de seu apelo entre as massas, a tendência era particularmente forte. Os conservadores não precisavam consultar a Torá para reconhecer a incompatibilidade fundamental entre o deus judaico e os deuses de sua própria cidade. "A primeira lição absorvida pelos convertidos é desprezar os deuses, renunciar a seu país e ver seus pais, filhos e irmãos como dispensáveis."[76] Os judeus dificilmente estavam sozinhos ao se perguntarem para onde um mundo multicultural poderia levar.

Uma tensão que sempre existira no interior das Escrituras judaicas chegava ao ápice. Como era mais bem entendida a deidade cujas palavras e atos as Escrituras registravam: como Deus da aliança ou Criador de toda a humanidade? A questão fervilhava havia muito, mas a ascensão de um domínio tão global quanto o de Roma a tornou urgente. A suspeita mútua entre judeus e gentios — os vários outros povos do mundo — coexistia com uma fascinação igualmente mútua. As terras ermas a leste de Jerusalém, onde homens se reuniam entre as colinas solitárias para viver de acordo com a Torá e tendiam a odiar os ímpios, tinham sua contrapartida em Alexandria, onde eruditos falantes de grego que estudavam Moisés não hesitavam em expressar admiração pela ordem romana ou saudar Augusto como "devoto exemplar".[77] Assim como os fariseus sonhavam com um Israel transformado em nação de sacerdotes, havia eruditos que imaginavam os povos unidos na obediência às leis de Moisés: "bárbaros, gregos, habitantes dos continentes e das ilhas, das nações orientais e oci-

88

dentais, da Europa e da Ásia; em resumo, todo o mundo habitado, de uma extremidade à outra."[78]

Talvez, longe de falar da cólera de Deus, a absorção dos judeus no império universal governado por Augusto assinalasse algo muito diferente: a iminente realização do plano divino para a humanidade.

III

Missão

19 d.C.: Galácia

CINCO ANOS APÓS A MORTE DE Augusto, os dignitários da *Koinon Galaton* — a "*commonwealth* gálata" — se reuniram em assembleia solene. Leais à memória do César que, ao lado de seu pai divino, agora reinava nos céus, eles o honraram como Senhor e Salvador. Dava-se na Galácia o mesmo que no restante do império: havia paz e ordem onde antes sempre houvera guerra. Durante a maior parte de sua existência, os gálatas haviam sido amplamente definidos por sua aptidão para a violência. Três séculos antes da morte de Augusto, 20 mil deles, migrando da distante Gália, haviam atravessado os estreitos que ligavam a Europa à Ásia Menor, uma terra celebrada pela riqueza de suas cidades, pela mansidão de seus cidadãos e pelos talentos de seus celebrados cozinheiros. Ali, nas montanhas centrais do que agora é a Turquia, os gálatas rapidamente construíram um novo lar. As montanhas eram escassas em recursos, mas tinham excelente localização. Embora a Galácia fosse árida, estava em posição ideal para iniciar ataques contra os reinos vizinhos. Altos, ruivos e acostumados a lutar nus, os gálatas ganhavam a vida com "seu talento para inspirar terror".[1] Não era por acaso que os habitantes de uma das tribos que constituíam seu reino se chamavam *tectosages*: "saqueadores".

Mas então chegaram as legiões. Roma rapidamente pôs fim à tradição de fanfarronice e bandidagem dos gálatas. No devido tempo, após mais de um século de patronagem, eles foram privados por Augusto até mesmo da ilusão de independência. As fronteiras da nova província foram estendidas para muito além do reino original, colônias habitadas por soldados aposentados surgiram no sul e estradas começaram a cruzar as montanhas e as planícies desertas. Engenheiros, domando a selvageria da terra, finalizaram a grande pacificação. A *Via Sebaste*, um imenso talho de rocha e cascalho compactado que serpenteava por 6.500 quilômetros no sul da Galácia, servia à província como símbolo e garantidora do poderio romano. A estrada recebera um nome honrado, pois, em grego, *Sebastos* significava "Augusto". Meramente viajar por ela era homenagear o *Divi Filius*: o filho de um deus que, com seus esforços e sua sabedoria, conduzira a humanidade a uma era dourada.

Mesmo após sua morte, ele não abandonara o mundo. Era nessa convicção que as cidades da Galácia encontravam um senso partilhado de identidade e propósito. E ele era muito necessário. A ordem que Augusto impusera à região trouxera tranquilidade, mas também incerteza. No passado, nos altivos dias de sua independência, os chefes se reuniam em clareiras nas florestas de carvalhos para se banquetear sob as estrelas e oferecer prisioneiros adornados com flores como sacrifício aos deuses. Não mais. Agora os gálatas viviam em cidades de mármore do tipo que seus ancestrais adoravam saquear, em uma província salpicada de colônias romanas onde a língua comum era o grego. A *Koinon Galaton* já não podia se definir exclusivamente nos termos de seu passado. Em vez disso, as três tribos gálatas tinham um novo marcador de identidade. O título de *Sebastenos* — "favorecidos por Augusto" — lhes fora concedido pelo próprio César. Assim, para a elite gálata, honrar o patrono divino era não somente uma questão de interesse, mas também uma obrigação profundamente emocional. Foi por isso que, cinco anos após a ascensão de Augusto aos céus, se decretou que o relato de sua carreira — o qual, no ano de sua morte, fora inscrito em placas de bronze pregadas a seu mausoléu em Roma — fosse reproduzido em toda a Galácia.[2] Uma transcrição foi entalhada nos muros de um recém-consagrado templo a Roma; outro foi gravado em vermelho nas pilastras de um portal com três arcos; outro ainda foi adornado com estátuas do *Divi Filius*

DOMÍNIO

e vários membros de sua família a cavalo. Visitar as cidades da Galácia era ser constantemente lembrado da imensa escala das realizações de Augusto. Seu nascimento colocara a ordem das coisas em um novo curso. A guerra chegara ao fim. O mundo fora unificado. Essa, proclamavam as inscrições para um povo grato, era a *evangelion*, a "boa-nova".*

O renome de um deus jamais se disseminara tanto e tão rapidamente. "Em ilhas e continentes inteiros, toda a humanidade o reverencia com templos e sacrifícios."[3] Na Galácia, com o passar das décadas, o culto a Augusto e aos césares que o sucederam no trono terreno lançou raízes cada vez mais profundas. Elas serviam como seiva vital que sustentava a vida cívica. As cidades, construídas entre estepes áridas e montanhas denteadas, não eram características naturais. Nos ermos da Galácia, onde viviam os *pagani* — as pessoas do interior —, as praças e fontes das cidades criadas por Augusto pareciam estar a um mundo de distância. Muito antes da chegada dos gálatas, a região fora notória pela selvageria de seus habitantes, pelo poder de suas bruxas e pelo caráter vingativo de seus deuses. Um deles era temido por cegar os mentirosos ou fazer apodrecer seus genitais, outro, por socar os seios das mulheres que o ofendiam. Deidades tão assustadoras estavam perfeitamente adaptadas à vida nos ermos. Bandos de sacerdotes itinerantes, dançando e tocando flautas e timbales enquanto caminhavam, eram uma visão comum nas estradas gálatas. Alguns eram famosos por enunciar profecias após participarem de espetaculares ritos orgíacos; mas não havia cópula para os mais celebrados deles. Os *Galli*, homens vestidos como mulheres, eram servos de Cibele, a deusa-mãe que se sentava em um trono nos picos mais altos da Galácia, e a marca de sua submissão à mais antiga e poderosa deusa da região era o fato de extirparem seus testículos com uma faca ou pedra afiada. A mesma pacificação que dera início ao culto a César no Mediterrâneo encorajara os *Galli* a ampliar seus horizontes e partir pelas

---

* "Ele põe fim à guerra, ele comanda a paz. Ao se manifestar, ele supera as expectativas de todos que ansiavam por boas-novas." Essa inscrição, do ano 29, foi feita em uma rocha na cidade de Priene, na costa egeia da Ásia Menor. Ela usa a forma plural de *euangelion*: *euangelia*.

MISSÃO

estradas recém-construídas. Cada vez mais, eles podiam ser vistos até mesmo em Roma, para óbvio desânimo dos conservadores da capital. "Se uma deusa deseja ser venerada dessa maneira", disse um deles com severidade, "ela não merece veneração."[4]

Mas os *Galli*, embora certamente ofensivos aos valores romanos, não apresentavam nenhuma ameaça concebível ao culto a Augusto. A própria Cibele fora venerada em Roma durante dois séculos, e Virgílio, descrevendo a nova "era dourada",[5] a imaginara olhando para o mundo de modo terno e benevolente. Somente os judeus, com sua obstinada insistência na existência de um único deus, recusavam-se, como questão de princípio, a reconhecer a divindade de Augusto. Assim, talvez não surpreenda que, nas décadas que se seguiram à construção de seus templos na Galácia, o visitante mais subversivo tenha sido um judeu. "Antes, quando vocês não conheciam Deus, eram escravos daqueles que, por natureza, não são deuses."[6] Assim escreveu Paulo, um visitante da Galácia que, cerca de quatro décadas após a morte de Augusto, adoeceu em algum lugar da província — não sabemos precisamente onde — e foi acolhido por anfitriões atenciosos. O visitante, um homem tão indomável quanto carismático, não era do tipo que fica calado, nem mesmo doente. O fato de seus cuidadores, longe de meramente tolerarem sua desdenhosa indiferença aos césares, terem ouvido suas palavras como se ele fosse "um anjo de Deus"[7] sugere que ele encontrara refúgio entre *theosebeis*. Paulo, fluente em grego e na Torá, era um homem idealmente qualificado para educar seus anfitriões sobre a glória da deidade judaica. "Vocês teriam arrancado os próprios olhos para dá-los a mim", lembrou ele com ternura.[8] Mesmo na Galácia, uma província onde as realizações de Augusto haviam sido publicamente transcritas em cidade após cidade e as honras devidas a César estabeleciam os ritmos dos meses, das estações e dos anos, havia pessoas ávidas para aprender tudo que pudessem com um judeu.

Mas os judeus vinham em muitas formas, e aquilo que Paulo tinha a dizer era tão subversivo em relação à Torá quanto era em relação a César. Cerca de uma década antes de sua chegada à Galácia, sua vida sofrera uma

DOMÍNIO

reviravolta. Quando jovem, ele fora fariseu, ferozmente comprometido com seus estudos, e como erudito "extremamente zeloso das tradições de meus antepassados"[9] patrulhara as fronteiras daquilo em que um judeu podia aceitavelmente acreditar. Fora inevitável, portanto, que os seguidores de um professor itinerante chamado Jesus, que insistiam, a despeito da crucificação do miserável, que ele se erguera dos mortos e ascendera aos céus para reinar como Filho de Deus, causassem nele profundo choque e repulsa. Aquela alegação não podia ser aceita. Era uma loucura repugnante. Tinha de ser silenciada. Paulo se dedicara zelosamente a destruir o culto. Mas então, de modo inesperado, traumático e extático, ocorreu o ponto de virada de sua existência. Algumas décadas depois, uma versão do que aconteceu seria relatada por um de seus seguidores, um historiador que a tradição chamaria de Lucas: como, na estrada entre Jerusalém e Damasco, certas palavras haviam sido ditas por uma luz ofuscante. "Não vi Jesus, nosso Senhor?",[10] perguntara o próprio Paulo ao ser desafiado pelos críticos. A visão que lhe fora concedida — de um novo entendimento de Deus e do amor divino; de como o próprio tempo, como as asas de um pássaro ou as velas de um navio, dobrara-se sobre si mesmo; e de como tudo mudara — o deixara atordoado. Em sua correspondência com os que partilhavam de sua nova convicção — a de que Jesus realmente era Cristo, o Ungido de Deus —, Paulo sempre mencionava seu espanto. O fato de ter sido chamado a espalhar as boas-novas, a servir como apóstolo de Cristo, causava nele profundo orgulho, mas também grande humildade. "Pois sou o menor dos apóstolos e nem sequer mereço ser chamado apóstolo, porque persegui a Igreja de Deus."[11]

Se o próprio Paulo reconhecia a estranheza de sua história, era inevitável que ela causasse muitas sobrancelhas arqueadas na Galácia. Seu desprezo pelas pretensões do *Divi Filius* era total. O Filho de Deus proclamado por ele não partilhava sua soberania com outras deidades. Não existiam outras deidades. "Para nós, há um só Deus, o Pai, do qual procedem todas as coisas e para o qual vivemos, e um só Senhor, Jesus Cristo, por quem todas as coisas existem e através do qual vivemos."[12] A convicção de que um crimi-

MISSÃO

noso crucificado era parte da identidade do Deus de Israel — uma convicção que Paulo, em toda a sua correspondência, exibiu de maneira inabalável — era tão chocante para os gálatas quanto fora para os judeus. Autoridade e arrogância eram a própria essência do culto aos césares. Governar como um imperador — um *imperator* — era governar como um general vitorioso. Em toda cidade e praça da Galácia, estátuas de César lembravam a seus súditos que ser filho de um deus era, por definição, personificar a grandeza terrena. Não surpreende, portanto, que Paulo, ao dizer aos gálatas que havia somente um Filho de Deus e que ele tivera a morte de um escravo, sem resistir ao açoite, mas submetendo-se a ele, descrevesse a crucificação como um "escândalo".[13] Paulo jamais tentou amenizar essa ofensa. O fato de ela ser "escândalo para os judeus e loucura para os gentios"[14] não o inibia. Antes o oposto. Paulo aceitava a zombaria e os perigos causados por seu evangelho. Enquanto se recuperava de sua doença, ele não escondeu de seus anfitriões a treliça de cicatrizes em suas costas: marcas das chicotadas que recebera pelo bem de Cristo. "Trago em meu corpo as marcas de Jesus."[15]

Por que isso deveria persuadir qualquer um na Galácia a aceitar como verdadeira a mensagem de Paulo? Abandonar o culto aos césares era não meramente cortejar o perigo, mas colocar em risco a própria costura social da colcha de retalhos que eram as cidades da província. Mesmo assim, alguns acharam a nova identidade proclamada por Paulo não uma ameaça, mas uma libertação. O amor sentido pelo deus judaico pelo povo que escolhera — tão diferente de qualquer coisa exibida pelos indiferentes deuses da Galácia — havia muito suscitava inveja e suspeita entre os gálatas. Agora, percorrendo cidades por toda a extensão do mundo romano, Paulo espalhava a notícia de mudanças paroxísmicas nas questões do céu e da terra. No passado, como uma criança sob a proteção de um tutor, os judeus haviam sido agraciados com a guarda de uma lei divina; mas agora, com o advento de Cristo, não havia mais necessidade dessa guarda. Os judeus já não eram os únicos "filhos do Senhor, do seu Deus".[16] O caráter exclusivo de sua aliança fora ab-rogado. As antigas distinções entre eles e todos os outros — das quais a circuncisão masculina sempre fora o símbolo preeminente —

DOMÍNIO

haviam sido transcendidas. Dali em diante, judeus e gregos, gálatas e citas, desde que se abrissem para a crença em Jesus Cristo, seriam todos o povo sagrado de Deus. Paulo informou a seus anfitriões que essa era a mensagem histórica que Cristo o encarregara de proclamar aos quatro cantos do mundo. "Porque em Cristo Jesus nem circuncisão nem incircuncisão têm efeito algum, mas sim a fé que atua pelo amor."[17]

O apelo de tal sentimento para os que já simpatizavam com os ensinamentos das Escrituras judaicas era evidente. Certa vez, em uma cidade chamada Górdio, antes da chegada dos gálatas, que a haviam adornado com as cabeças e os corpos retorcidos de seus inimigos, Alexandre, o Grande, fora apresentado a uma celebrada maravilha: um carro que, havia gerações, estava amarrado a uma estaca com um nó. "Quem quer que consiga desatar o nó", dizia uma profecia, "está destinado a conquistar o mundo."[18] Alexandre, em vez de perder tempo tentando desmanchar o nó com os dedos, cortou-o com a espada. Agora, pregando que Jesus era a realização dos planos de Deus para o mundo, havia muito anunciado pelos profetas, Paulo fazia o mesmo. Um único e hábil golpe pareceu solucionar toda a tensão que sempre se manifestara nas Escrituras judaicas entre as alegações dos judeus sobre o Senhor de toda a terra e as alegações de todos os outros, entre um Deus que favorecia um povo e um Deus que se importava com toda a humanidade, entre Israel e o mundo. Em uma era que — à sombra primeiro do império de Alexandre e depois do império de Roma — se habituara ao anseio por uma ordem universal, Paulo pregava sobre uma deidade que não reconhecia fronteiras nem divisões. Paulo não deixara de se reconhecer judeu, mas passara a ver as marcas que o distinguiam como judeu — circuncisão, evitar a carne de porco e tudo o mais — como "esterco".[19] Era a confiança em Deus, e não a linhagem, que distinguia os filhos de Abraão. Os gálatas tinham tanto direito a esse título quanto os judeus. Os poderes maléficos que os mantinham escravizados haviam sido derrotados pela vitória de Cristo sobre a cruz. O tecido das coisas fora rasgado, um novo tempo começara e, como consequência, tudo que separava as pessoas se dissolvera. "Não há judeu nem grego, escravo nem livre, homem nem mulher; pois todos são um em Cristo Jesus."[20]

MISSÃO

Somente um mundo virado de cabeça para baixo sancionaria tal anúncio revolucionário e sem precedentes. Se, em uma província adornada com monumentos a César, Paulo insistia em descrever todo o horror e a humilhação da morte de Jesus, era porque, sem a crucificação, ele não teria evangelho para proclamar. Cristo, ao se reduzir a nada, ao assumir a própria natureza de um escravo, mergulhara nas profundezas às quais somente os mais inferiores, os mais pobres, os mais perseguidos e abusados dos mortais estavam confinados. Se Paulo não conseguia parar de falar sobre esse fato assombroso, se arriscava tudo para proclamá-lo a estranhos que provavelmente o achavam repulsivo, insano ou ambos, era porque, com sua visão de Cristo ascenso, ele fora levado a contemplar diretamente o que tal fato significava para ele mesmo e para o mundo. O fato de Cristo — cuja participação na soberania divina sobre o espaço e o tempo jamais fora posta em dúvida — ter se tornado humano e sofrido a morte no instrumento último de tortura era precisamente a medida do entendimento que Paulo tinha de Deus: o de que Ele era amor. O mundo fora transformado como resultado. Tal era o evangelho. Ao proclamá-lo, Paulo se oferecia como medida mais segura de sua verdade. Pois ele era nada, menos que nada, um homem que perseguira os seguidores de Cristo, tolo e desprezível, e, mesmo assim, fora perdoado e salvo. "A vida, que agora vivo no corpo, vivo-a pela fé no filho de Deus, que me amou e se entregou por mim."[21]

E, se fora assim para Paulo, por que não seria para os outros?

O espírito da lei

Naturalmente, ele não podia ficar e instruir os gálatas sobre o evangelho para sempre. O mundo inteiro precisava ouvir. A ambição de Paulo era fruto de sua era. Nunca antes uma única potência controlara todas as terras navegáveis do Mediterrâneo e nunca antes houvera tal rede de estradas ao longo de sua costa. Paulo, nascido na cidade portuária de Tarso, na costa sul da Galácia, sempre soubera que horizontes existiam para ser alcançados.

DOMÍNIO

Assim, sacudindo o pó da Galácia de suas sandálias, ele rumou para oeste, na direção das cidades cintilantes que circulavam o Egeu: Éfeso, Tessalônica, Filipos. Admitidamente, não foi fácil. "Nos tornamos a escória da terra, o lixo do mundo."[22] Paulo falou como homem sempre na estrada, sofrendo espancamentos, prisões, naufrágios e extorsão de bandidos. Mas, a despeito dos muitos perigos da viagem, ele não tinha a intenção de parar. Como poderia se queixar das dificuldades quando, para seu benefício, seu Salvador fora torturado até a morte? Assim, continuou em frente.

Estima-se que, ao fim de sua vida, Paulo viajara quase 16 mil quilômetros.[23] Sempre havia novas igrejas a criar e novos povos a ser conquistados para Cristo. Mas ele não era meramente um visionário. Também entendia o valor da estratégia. Como qualquer bom general, sabia que era preciso não negligenciar a retaguarda. Diariamente, pelas estradas construídas com tanto esforço e proficiência pelos engenheiros de César, cartas eram transportadas a serviço do Estado romano. Paulo, a serviço de seu próprio Senhor, também enviava um fluxo constante de mensagens. Suficientemente educado na arte da retórica para negar tê-la estudado, ele era um autor brilhante, expressivo e altamente emotivo. Uma carta podia estar borrada por suas lágrimas; outra, marcada pela raiva; outra ainda, conter sinceras declarações de amor pelos destinatários; muitas eram as três coisas ao mesmo tempo. Em momentos de particular estresse, Paulo tirava a pena do escriba e escrevia ele mesmo, em letras grandes e pesadas. Ler sua correspondência permite não somente rastrear o padrão de seus pensamentos, mas quase ouvir sua voz.

Quando soube de perturbadoras notícias vindas da Galácia, sua resposta imediata foi escrever uma carta frenética e passional. "Ó gálatas insensatos! Quem os enfeitiçou?"[24] Paulo conhecia muito bem a sinistra aura de feitiçaria que pairava sobre a Galácia, mas não foram as bruxas locais que provocaram seu ultraje. Foram homens que alegavam pregar o evangelho de Cristo e ameaçavam arruinar sua missão. Aceitar Jesus como Senhor, instruíam esses homens nas igrejas da Galácia, era aceitar integralmente a Lei de Moisés. Essa clara contradição a tudo que Paulo dizia atingia a própria

MISSÃO

essência de seu entendimento da morte de Cristo na cruz. Não surpreende, portanto, que, em sua determinação de combater os "falsos irmãos"[25] e seus ensinamentos, ele não tenha escolhido palavras. "Quanto a esses que os perturbam, quem dera que se castrassem!"[26] Escabrosa e amarga, a tirada dramatizava para os gálatas o duplo perigo que Paulo achava pairar sobre eles. A circuncisão era pouco melhor que a castração. Submeter-se à Lei de Moisés era uma traição tão certa a Cristo quanto sair pelas ruas louvando Cibele. E isso não porque Paulo duvidasse que a Torá viera de Deus, mas porque — após a grande ruptura entre os assuntos dos céus e da terra que ele se acreditava comandado a proclamar — "nem circuncisão nem incircuncisão têm efeito algum".[27] Exigir que os gálatas passassem pela faca era assumir que Cristo fora inadequado para salvá-los. Seria reinstituir precisamente a divisão entre os judeus e os outros povos do mundo que Paulo acreditava ter chegado ao fim com a crucificação de seu Senhor. Seria acabar com qualquer noção de que sua missão era universal. Assim, não surpreende que, em sua carta aos gálatas, ele tenha alternadamente tentado persuadi-los e implorado para que permanecessem fiéis a seus ensinamentos. "Irmãos, vocês foram chamados para a liberdade."[28]

Tal slogan, porém, era uma faca de dois gumes. Não surpreende que, depois que Paulo foi embora da Galácia, alguns dos que conquistara para Cristo tenham passado a sentir certa insegurança. Repudiar os deuses da cidade era repudiar os ritmos da vida cívica. Era colocar em risco as relações com a família e os amigos. Era demonstrar desrespeito pelo próprio César. A crise na Galácia ensinou a Paulo uma grave lição: a sensação de deslocamento experimentada pelos convertidos podia ser tão extrema que alguns deles, tentando encontrar uma maneira de se reorientar, pensavam seriamente na circuncisão. Afinal, os judeus eram um povo antigo e suas leis eram famosamente estritas. O apelo de uma identidade que era simultaneamente antiga e exclusiva talvez fosse mais forte do que Paulo imaginara. Mesmo assim, ele se recusou a ceder. Ao contrário, redobrou seus esforços. Ao urgir os convertidos a não se considerarem nem gálatas nem judeus, mas somente o povo de Cristo, cidadãos dos céus, ele os impelia a adotar uma

DOMÍNIO

identidade tão globalista quanto inovadora. Essa estratégia, em uma era que prezava as lealdades locais e tendia a suspeitar das novidades, era muito ousada, mas Paulo se recusou a abandoná-la. Se estava disposto a conceder qualquer autoridade à Lei de Moisés, era somente para insistir que o que Deus mais queria era a fraternidade universal. "Toda a lei se resume num só mandamento: 'Ame o seu próximo como a si mesmo.'"[29] Tudo de que você precisa é amor.

O fato de, na mesma carta, ter fantasiado abertamente sobre seus oponentes castrando a si mesmos não o incomodou. Afinal, a verdade de sua mensagem lhe fora garantida pelo próprio Cristo, não somente na estrada para Damasco, mas também em uma ocasião subsequente, em uma visão celestial, na qual ouvira "coisas indizíveis, coisas que ao homem não é permitido falar".[30] Na Galácia, ocorreram novas maravilhas. O Espírito de Deus, que, no início, antes da criação das coisas, pairara sobre a face das águas primordiais, descera sobre os convertidos de Paulo. Milagres haviam sido realizados: o sinal infalível de uma nova aliança entre os céus e a terra. Está aqui, na profunda convicção de Paulo de que o sopro de Deus descera sobre a Igreja gálata, a explicação para sua certeza interior e seu desprezo pelos oponentes. "A letra mata, mas o Espírito vivifica."[31] Por que, então, gentios tocados pelo divino deveriam obedecer à Lei de Moisés? "Ora, o Senhor é o Espírito, e, onde está o Espírito do Senhor, ali há liberdade."[32]

Então Paulo escreveu a uma segunda igreja, pregando a redenção das antigas identidades, que era o centro de sua mensagem. Corinto, ao contrário da Galácia, tinha uma reputação internacional de glamour. Dominando o estreito istmo que ligava o sul ao norte da Grécia e com uma história que tivera início antes da guerra de Troia, Corinto era rica como somente uma cidade com dois portos movimentados, a sede do governo provincial e muitos bancos podia ser. Mesmo em Roma, a excelência de seus bronzes e a proficiência de suas prostitutas eram comentadas com assombro. "Nem todo mundo tem a boa fortuna de visitar Corinto."[33] Mas, a despeito da antiguidade de seu nome, a cidade era pouco mais antiga que as criadas por Augusto na Galácia. Como elas, era uma colônia, fundada no local do

MISSÃO

assentamento original, onde, em uma brutal exibição de força, fora destruído por um exército romano dois séculos antes. Assim como toda a Grécia naquela época, Corinto era um caldeirão de culturas. Os descendentes dos libertos romanos assentados por Júlio César se misturavam com plutocratas gregos; magnatas dos transportes com sapateiros; filósofos itinerantes com eruditos judeus. Em uma cidade assim, a identidade não tinha raízes muito profundas. Ao contrário de Atenas, onde até mesmo os maiores admiradores de Paulo achavam difícil fingir que ele alcançara uma grande audiência, em Corinto ele fizera sucesso. Sua estada na cidade, onde se sustentara trabalhando com toldos e tendas e dormindo entre as ferramentas de seu ofício, rendera vários convertidos. A Igreja que fundara — frequentada por judeus e não judeus, ricos e pobres, com nomes romanos e gregos — servia como monumento de sua visão de um novo povo: cidadãos dos céus.

Para muitos em Corinto, não havia nada particularmente surpreendente em tal seita. A cidade tinha uma longa tradição de acolher excêntricos. Na época de Alexandre, o filósofo Diógenes notoriamente proclamara seu desprezo pelas normas da sociedade ao viver em um barril e se masturbar em público. Mas Paulo exigiu dos coríntios a recalibração total de suas suposições mais básicas. Assumir um compromisso com Cristo era ser imerso na água, ser batizado. As velhas identidades eram lavadas. Os convertidos renasciam. Em uma cidade famosa por sua riqueza, Paulo proclamou que as "coisas insignificantes do mundo, as desprezadas e as que nada são"[34] vinham primeiro. Entre um povo que sempre celebrara o *agon*, a competição para ser o melhor, anunciou que Deus escolhera os tolos para envergonhar os sábios e os fracos para envergonhar os fortes. Em um mundo que aceitava a hierarquia de proprietários e possuídos, insistiu que a distinção entre escravo e livre, agora que o próprio Cristo sofrera a morte de um escravo, não tinha mais importância que a distinção entre grego e judeu. "Pois aquele que, sendo escravo, foi chamado pelo Senhor, é liberto e pertence ao Senhor; semelhantemente, aquele que era livre quando foi chamado é escravo de Cristo."[35] A própria Corinto, vista pelos olhos de Paulo, surge transfigurada. Seus teatros e arenas serviam como monumentos não aos antigos

DOMÍNIO

festivais da cidade, mas à novidade de sua mensagem. Pregar o evangelho de Cristo era se apresentar, como um ator, perante os olhos de um povo inteiro; era treinar para os grandes jogos realizados no istmo de Corinto como corredor ou boxeador. Certa vez, no ano mais sombrio da história da cidade, fora um general romano que conduzira os coríntios em longas filas como marca de seu triunfo; mas agora era Deus. Não havia vergonha em se unir a tal procissão. Antes o contrário. Caminhar, perfumado de incenso, na fila divina não era ser cativo, mas ser realmente livre.

Mas, como Paulo estava descobrindo, a liberdade podia facilmente gerar suas próprias angústias. Se na Galácia ela deixara alguns convertidos tão confusos que a Lei de Moisés passara a ser vista como muleta bem-vinda, em Coríntio ela inspirara a vertiginosa sensação de que tudo era permitido. Alguns anos depois de Paulo deixar a cidade, ele foi informado de algo chocante: um de seus convertidos dormira com a mulher do pai. Sem surpresa, ficou horrorizado. Porém, quando escreveu à Igreja de Coríntio prevenindo contra o incesto, a prostituição, a cobiça, a bebedeira e a deslealdade, Paulo não pôde ignorar a acusação de que ele mesmo os sancionara. O que era a liberdade, afinal, se não a licença para fazer tudo que se quisesse? Paulo, que nunca recuava de um desafio, enfrentou a questão. "'Tudo é permitido'", escreveu ele aos coríntios, "mas nem tudo convém. 'Tudo é permitido', mas nem tudo edifica."[36] Aqui, retirado da aparente implosão da Igreja em Corinto, estava um argumento importante: a lei era mais propriamente "lei de Cristo"[37] quando fazia bem àqueles que obedeciam a ela. Os mandamentos eram justos não porque Deus os decretara, porque os enunciara a um profeta em meio a fogo e trovões em alguma distante montanha no deserto, mas porque serviam ao bem comum.

Entretanto, como os seguidores de Paulo saberiam o que era mutuamente benéfico? O apóstolo fez com os coríntios o mesmo que fizera com os gálatas: tentou responder essa pergunta pregando a primazia do amor. Sem amor, proclamou ele de maneira estimulante, de nada valia saber o que era certo ou errado. "Ainda que eu fale as línguas dos homens e dos anjos, se não tiver amor, serei como o sino que ressoa ou como o prato que

102

MISSÃO

retine. Ainda que eu tenha o dom da profecia e saiba todos os mistérios e todo o conhecimento, e tenha uma fé capaz de mover montanhas, mas não tiver amor, nada serei."[38] Por mais consistente que fosse ao pregar essa mensagem, Paulo permanecia assombrado por um dilema que lutava para solucionar. Ele viajara o suficiente para saber como eram variados os costumes entre os diferentes povos. Como o grande vendedor que era, sempre se assegurava de adequar sua mensagem à plateia. "Para com os fracos tornei-me fraco, para ganhar os fracos. Tornei-me tudo para com todos, para de alguma forma salvar alguns."[39] A despeito dessa alegação e da convulsiva transformação de seu entendimento sobre o que significava ser judeu, em seus instintos e preconceitos ele permanecia reconhecivelmente como fruto de sua educação. Confrontado pelas tradições gregas sobre o que significava amar, a repulsa que sentia era claramente a de um fariseu. Educado para ver o casamento monogâmico como única forma aceitável de relacionamento sexual e o sexo entre dois homens como impensável, ele não hesitou em identificar esses ensinamentos com a vontade de Deus. O fato de já não poder usar a Lei de Moisés para apoiar suas convicções não o inibiu. De fato, parece tê-lo tornado ainda mais assertivo. Paulo, no fim das contas, não confiava em seus convertidos para reconhecer por si mesmos o que era benéfico e construtivo.

O resultado, alojado no âmago de seus ensinamentos, foi um paradoxo com implicações sísmicas. Entre a ruptura pregada por Paulo e os intermináveis desafios da vida cotidiana, entre a explosão vulcânica da revolução e o abrigo fornecido pela tradição, existia uma tensão que ele não podia solucionar inteiramente. Por que, por exemplo, se homem e mulher eram "um em Cristo Jesus",[40] as mulheres não podiam ter as mesmas prerrogativas que os homens? Paulo, lutando com essa questão, viu-se dividido. A revelação e a educação o empurravam em direções opostas. Sua fé no impacto transformador do evangelho de Cristo podia ser vista entre seus convertidos: sempre que se acreditava que o Espírito descera sobre uma mulher, a posição dela era igual à de um homem. O próprio Paulo achava que devia ser assim. As mulheres arriscavam a vida por ele,

DOMÍNIO

ajudavam a financiar suas missões e eram líderes de suas igrejas. Mas era inevitável que ele hesitasse diante da noção de equivalência entre os dois sexos, tão espantosa para os judeus quanto era para os gregos. Afinal, que os homens se tornassem indistinguíveis das mulheres fora a maldição que ele rogara a seus oponentes na Galácia. Compreensivelmente, ele se recusava a contemplar a possibilidade de que a igreja de Corinto estivesse servindo para incubar uma imagem invertida dos *Galli*, ou seja, mulheres que pareciam homens. Paulo informou severamente aos coríntios que cabelo curto era tão repelente em uma mulher quanto cabelo comprido em um homem, e que era inaceitável que as mulheres orassem sem véu, porque — entre outros horrores — isso ofenderia um possível anjo visitante. Ele era como um sobrevivente que, após o naufrágio, discute a onda que afundou seu navio. "O cabeça de todo homem é Cristo, e o cabeça da mulher é o homem."[41]

Mesmo enquanto fornecia diretrizes, Paulo jamais esquecia suas próprias limitações. Ele não era hipócrita a ponto de se apresentar como o segundo Moisés. Quando lhe pediam conselhos, ele os dava, mas tais conselhos não deviam ser confundidos com mandamentos de Deus. Sua correspondência não era uma segunda Torá. Em vez de estabelecer a lei de Cristo, seu papel como apóstolo era bem mais modesto: ajudar os convertidos a reconhecer essa lei no interior de si mesmos. "Vocês demonstram que são uma carta de Cristo, resultado do nosso ministério, escrita não com tinta, mas com o Espírito do Deus vivo, não em tábuas de pedra, mas em tábuas de corações humanos."[42] Paulo, esforçando-se para articular o que queria dizer com isso, naturalmente olhou para as Escrituras, pois lá, nos textos dos profetas, havia garantias fornecidas em uma época na qual Deus, fazendo uma nova aliança com o povo escolhido, gravara sua lei "nos seus corações".[43] Mas essas assombrosas promessas não lhe forneciam o único precedente para o que tentava expressar, e ele sabia disso. Escrevendo de Corinto às igrejas de Roma, ele reconheceu livremente que os judeus não estavam sozinhos no senso de certo e errado. Outros povos também o possuíam, embora de maneira vaga. Como o haviam

MISSÃO

adquirido? Como Deus jamais lhes dera uma lei, eles só podiam tê-lo derivado "naturalmente".[44] Para um judeu, reconhecer isso era assombroso. O conceito de lei natural não tinha lugar na Torá. Mas Paulo — enquanto se esforçava para definir a lei que, após a crucificação e ressurreição, ele acreditava estar escrita no coração de todos que reconheciam Cristo como Senhor — não hesitou em adaptar os ensinamentos dos gregos. A palavra que usou — *syneidesis* — assinalava claramente quais filósofos tinha em mente. Paulo estava consagrando, no âmago de seu evangelho, o conceito estoico de consciência.

Na grande batalha para definir o que o advento de Cristo significava para o mundo, esse foi um momento decisivo. Os oponentes tão completamente desdenhados por Paulo na carta aos gálatas, os missionários que pregavam que ser batizado significava se submeter também à circuncisão, ainda não estavam derrotados, mas recuaram. Nas igrejas que Paulo trabalhara tão duramente para estabelecer ao longo do Mediterrâneo, seria seu entendimento sobre o propósito de Deus que prevaleceria. Nunca antes a moralidade judaica e a filosofia grega haviam sido unidas com efeitos tão momentosos. Que a lei do Deus de Israel pudesse ser lida nos corações humanos, lá escrita por seu Espírito, era uma noção que derivava igualmente dos ensinamentos de fariseus e estoicos — e, ao mesmo tempo, era estranha a ambos. Seu impacto tornaria as cartas de Paulo — a correspondência de um nômade, sem posição ou reputação nos assuntos do mundo — as mais influentes, transformadoras e revolucionárias já escritas. Seu impacto reverberaria por todo o milênio e em sociedades e continentes sequer imaginados por ele. Seu conceito de lei passaria a infundir toda uma civilização.

Ele realmente era — como proclamava ser — o anunciador de um recomeço.

DOMÍNIO

Acenda meu fogo

"A noite está quase acabando; o dia logo vem."[45] Foi isso que Paulo escreveu aos *Hagioi*, ou santos, que constituíam as igrejas de Roma. A urgência com que viajava pelo Mediterrâneo — agora uma viagem à Judeia, depois uma expedição à Espanha — refletia sua constante ansiedade com a noção de que o mundo estava ficando sem tempo. Toda a criação estava em movimento. A revolução nas questões do céu e da terra pregada por ele era de uma ordem literalmente cósmica. Com um grande ressoar de trombetas, com a aclamação dos anjos, Cristo logo retornaria. Paulo, embora ansiasse pelo retorno de seu Senhor, também tremia perante essa perspectiva. "Que todo o espírito, alma e corpo de vocês", urgiu ele aos convertidos, "seja conservado irrepreensível na vinda de nosso Senhor Jesus Cristo."[46] A palavra que ele usou para descrever essa vinda, *parousia*, estava cheia de ressonâncias para qualquer grego. A ânsia de ver um deus caminhando pela terra, que fizera com que comandantes militares extravagantes como Demétrio fossem honrados como divindades, fora unida por Paulo à natural reverência dos judeus pelo Deus de Israel. Aqui, na perspectiva do retorno de Cristo, estava uma mensagem repleta de apelo multicultural.

Mas Roma já tinha o palco pronto para uma *parousia* espetacular. Enquanto Paulo viajava de cidade em cidade avisando que o tempo era curto, na capital chegara ao poder um jovem César que sentia grande prazer em diluir as fronteiras entre humano e divino. Tataraneto de Augusto, Nero — como cortesia de um pai adotivo que, após sua morte, fora rapidamente promovido aos céus — também era filho de um deus. A graça divina o tocara no momento de seu nascimento, quando os primeiros raios de uma aurora de dezembro o haviam banhado em luz dourada. Lisonjeadores o comparavam a Apolo, dizendo que fizera as estrelas se esconderem, iniciara uma nova era de alegria e "dera novo fôlego a leis silenciadas".[47] Mais literalmente do que Augusto jamais fizera, ele levou tal propaganda a seus mais ferozes limites. Quando Nero levou suas *euangelia* à Grécia, ele o fez da maneira mais espalhafatosa possível, diminuindo os impostos da província, iniciando um canal no istmo de Corinto e participando dos jogos olímpi-

MISSÃO

cos. Os recursos do mundo inteiro estavam a seu dispor. Moedas, estátuas, estandartes: tudo o promovia como aureolado pelo fogo divino. Nas ruas da capital, ele posava como cocheiro do sol. Quando fez sua estreia pública com a lira, um instrumento ao qual devotara muita prática, explicitamente escolheu cantar a punição de Níobe. Para seus deslumbrados admiradores, era como se Apolo, radiante em sua crueldade e esplendor, tivesse se manifestado na terra.

Para Paulo, isso era pior que loucura — e não somente para ele. Nero, ao surgir em público como cocheiro ou músico, submetia-se a um antigo preconceito romano, o de que entreter o público era uma ocupação inferior. Mas a ofensa, longe de fazê-lo hesitar, servia a seu propósito. Em ao menos uma coisa o imperador e apóstolo concordavam: em um mundo recém-tocado pelo divino, nada podia ser como antes. Nero, como filho de um deus e governante do mundo, não era limitado pelas convenções cansativas e sem graça que regiam a vida dos mortais. Em vez disso, como figura saída de uma tragédia, ele assassinou a mãe, chutou a esposa grávida até a morte e se casou, vestido de mulher, com um homem. Tal era a vida do herói de um mito. Em uma cidade governada por uma figura sobre-humana, de que servia o decoro? A própria Roma se tornou cúmplice da repetida e espetacular subversão de sua moral. No verão de 64, foi realizada uma grande festa pelas ruas, a fim de celebrar a nova ordem de coisas. No coração da cidade, um lago foi povoado por monstros marinhos. Em suas margens, os bordéis ofereciam mulheres que iam das mais baratas prostitutas de rua a aristocratas de sangue azul. Por uma única noite, para delícia dos homens que as visitavam e sabiam que elas não podiam recusar ninguém, não houve escravos nem homens livres. "Agora um servo toma a amante na presença de seu mestre; agora um gladiador toma uma jovem de família nobre sob os olhos de seu pai."[48]

Não obstante, na vastidão da capital, nos quartos e oficinas da maior cidade do mundo, havia comunidades que, em sua rejeição das convenções e das normas, superavam até mesmo Nero. Paulo não foi o fundador das igrejas de Roma. Seguidores de Cristo haviam surgido muito antes de sua

DOMÍNIO

chegada. Mesmo assim, a carta que ele enviou de Corinto a esses *Hagioi*, contendo uma longa declaração de suas crenças que servia simultaneamente de apresentação a "todos os que em Roma são amados de Deus",[49] foi diferente de tudo que eles já tinham visto. Sendo a mais detalhada da carreira de Paulo, ela prometia a seus destinatários uma dignidade mais revolucionária que qualquer artimanha de Nero. Quando o imperador convidava as massas a participar de suas festas de rua, o objetivo era que partilhassem brevemente dos prazeres de um César; mas Paulo, em sua carta aos romanos, tinha algo mais espantoso a oferecer. "O próprio Espírito testemunha ao nosso espírito que somos filhos de Deus."[50] Aqui, declarado do modo mais ousado, estava um status que Nero jamais pensara em partilhar. Não cabia aos homens sujos e fedendo ao suor de seu trabalho, habitantes, no melhor dos casos, de um cubículo ou oficina na periferia da cidade, reivindicar o título de César. E, mesmo assim, Paulo proclamou que essa era sua prerrogativa. Eles haviam sido adotados por um deus.

E não somente os homens. Nas grandes festas oferecidas por Nero ao povo romano, a subversão das tradições patrocinada pelo imperador tinha limites manifestos. A filha do nobre obrigada a trabalhar como prostituta e servir quem quer que quisesse usá-la era o emblema de uma verdade brutal partilhada pela maioria dos habitantes da cidade: a potência do pênis romano. O sexo era um exercício de poder. Os corpos daqueles usados sexualmente eram para os homens romanos o que as cidades capturadas eram para as espadas das legiões. Ser penetrado, sendo homem ou mulher, era ser marcado como inferior, efeminado, bárbaro, servil. O corpo de um romano nascido livre era sacrossanto, mas o corpo dos restantes era um alvo fácil. "Aceita-se que todo mestre tem o direito de usar seu escravo como desejar."[51] Nero, ao privar as mulheres aristocratas que trabalhavam em suas festas da inviolabilidade a que tinham direito perante a lei, certamente brincava de forma escandalosa — ao menos por uma noite — com o sistema de classes romano, mas não desafiava uma suposição muito mais fundamental. Em Roma, os homens não hesitavam em usar escravos e prostitutas para satisfazer suas necessidades sexuais, assim como não hesitavam

MISSÃO

em usar as laterais das estradas como banheiro. Em latim, a mesma palavra, *meio*, significava tanto ejacular quanto urinar. Mas Paulo deu uma perspectiva radicalmente diferente às suposições subjacentes a essa prática. Ele perguntou aos coríntios: "Vocês não sabem que os seus corpos são membros de Cristo?"[52] Como um homem, sabendo que seus membros estavam consagrados ao Senhor, podia pensar em entrelaçá-los aos de uma prostituta, misturar seu suor ao dela, unir sua carne à dela? Porém, ao proclamar que o corpo é "um santuário do Espírito Santo",[53] Paulo não estava meramente considerando sacrílegas as atitudes sexuais da maioria dos homens coríntios e romanos. Ele também estava dando àqueles que serviam a tais homens, às meninas dos bares, aos meninos pintados dos bordéis, aos escravos usados sem remorso por seus mestres, um vislumbre da salvação. Sofrer como Cristo sofrera, ser espancado, degradado e abusado, era partilhar de sua glória. Paulo garantiu a seus ouvintes romanos que a adoção por Deus prometia a redenção de seus corpos. "E, se o Espírito daquele que ressuscitou Jesus dentre os mortos habita em vocês, aquele que ressuscitou Cristo dentre os mortos também dará vida a seus corpos mortais, por meio do seu Espírito, que habita em vocês."[54]

As implicações revolucionárias dessa mensagem suscitaram questões urgentes entre os que a ouviram. Nas oficinas apertadas que eram os locais de reunião dos *Hagioi* de Roma, onde eles se encontravam para celebrar a prisão e o sofrimento de Cristo com uma refeição comunal, homens ficavam ao lado de mulheres, e cidadãos, ao lado de escravos. Se todos haviam sido igualmente redimidos por Cristo, se todos eram igualmente amados por Deus, como ficavam as hierarquias das quais dependia o funcionamento mesmo da mais humilde residência romana? Paulo, ao dar sua resposta, traiu certa ambivalência. Ele refutou a noção de que a justiça prometida aos batizados em nome de Cristo podia ser determinada por sua posição hierárquica. "Pois em Deus", declarou ele com firmeza, "não há parcialidade."[55] Todos estavam igualmente redimidos da escravidão ao pecado e à morte. O chefe de uma residência não era mais nem menos filho de Deus que seus escravos. Todo mundo estava unido pelo amor comum.

DOMÍNIO

Paulo, no entanto, não levou o radicalismo de sua mensagem a sua conclusão lógica. Um escravo podia ser amado por seu mestre como um irmão, renomado por sua santidade e abençoado com o dom da profecia — mas continuava a ser escravo. "Temos diferentes dons", explicou Paulo, "de acordo com a graça que nos foi dada. Se alguém tem o dom de profetizar, use-o na proporção da sua fé. Se o seu dom é servir, sirva." E, se tiver os dois, então exerça ambos.

Ao fazer esse manifesto, Paulo podia ao menos argumentar que praticava aquilo que pregava. Ele abandonara voluntariamente os privilégios de sua criação. Além de ser escriba e erudito, herdara do pai — a se acreditar na história de Lucas — os direitos de um cidadão romano.* Mas raramente os reivindicou. Destemido ao proclamar suas crenças, ele aceitava que as autoridades tinham o direito de puni-lo pelo que dizia. Repetidamente, em vez de abrir mão do direito de falar nas sinagogas, ele se submeteu a seus códigos de disciplina. "Cinco vezes recebi dos judeus 39 açoites."[56] Em um espírito similar, a despeito de seu desdém pelas pretensões dos césares, Paulo advertiu as igrejas de Roma a não oferecer resistência a Nero. "Todos devem sujeitar-se às autoridades governamentais, pois não há autoridade que não venha de Deus; as autoridades que existem foram por ele estabelecidas."[57] Sua convicção de que a única cidadania verdadeira era a dos céus vinha acompanhada pela determinação de explorar as manifestações de autoridade terrena tão efetivamente quanto possível. Se as sinagogas lhe ofereciam a chance de conquistar judeus para Cristo, ele aproveitava. Se os proprietários em Corinto ou Roma forneciam apoio financeiro, espaços onde os convertidos podiam se reunir e fundos para ajudar a aliviar a fome na Judeia, ele tirava vantagem integral de sua generosidade. Se o poder romano mantinha a paz que lhe permitia viajar pelo mundo, ele não colocava sua missão em risco urgindo os convertidos a se rebelarem contra tal

---

* Mesmo que não acreditemos na história de Lucas — e as opiniões acadêmicas estão divididas sobre se Paulo era ou não verdadeiramente cidadão romano —, o fato de que tal alegação podia ser feita diz muito sobre seu *background*.

MISSÃO

poder. Muita coisa estava em jogo. Não havia tempo para tecer novamente todo o tecido da sociedade. O que importava, na breve janela de oportunidade concedida a Paulo, era estabelecer tantas igrejas quanto possível e, consequentemente, preparar o mundo para a *parousia*. "Pois vocês mesmos sabem perfeitamente que o dia do Senhor virá como ladrão à noite."[58]

E, cada vez mais, parecia que as fundações do mundo realmente começavam a estremecer. No verão de 64, algumas semanas após a notória festa de rua de Nero, houve um incêndio letal em Roma. O fogo ardeu por dias. Quando finalmente foi extinto, um terço da cidade fora reduzido a ruínas fumegantes. Nero, buscando culpados, fixou-se nos *Hagioi*. As acusações contra eles — incêndio e "ódio pela humanidade"[59] — não continham nenhum questionamento detalhado de suas crenças. Eles eram bodes expiatórios, nada mais. Nero, que adorava espetáculos, exibiu um desejo de vingança digno de Ártemis e Apolo. Alguns condenados, usando peles de animais, foram estraçalhados por cães. Outros, amarrados a cruzes, foram lambuzados com breu e usados como tochas para iluminar a noite. Nero, montado em seu carro, misturou-se à multidão boquiaberta. Entre os condenados à morte, diria a tradição posterior, havia dois nomes famosos. Um era Pedro. O outro — decapitado, como cabia a um cidadão romano — era Paulo. Não está claro se ele realmente pereceu após o grande incêndio ou antes dele, mas parece certo que foi executado. Trinta anos após sua morte, ele começou a ser saudado em Roma como arquétipo de uma testemunha da glória de Deus: um *martus* ou "mártir". "Pois, depois que foi acorrentado sete vezes, exilado e apedrejado, depois que pregou no Leste e no Oeste, depois que ensinou a virtude ao mundo todo, mesmo nos limites mais extremos do Ocidente, ele recebeu a nobre glória que foi a recompensa por sua fé."[60]

Paulo morreu sem testemunhar o retorno glorioso de Cristo. Todavia, o mais revolucionário de seus ensinamentos — o de que o Senhor dos Exércitos, em vez de se preparar em meio ao fogo e aos trovões para resgatar Israel da opressão estrangeira, optara por enviar seu Filho para perecer em uma cruz romana e dar início a uma nova era — receberia o que, para seus

DOMÍNIO

seguidores, só podia parecer uma medonha confirmação. No ano 66, os ressentimentos dos judeus da Judeia se transformaram em revolta aberta. A vingança de Roma foi terrível. Quatro anos após o início da rebelião, Jerusalém foi tomada pelas legiões. As riquezas do Templo foram levadas para Roma e o edifício foi destruído pelo fogo. "Nem sua antiguidade, a extensão de seus tesouros, o alcance global daqueles que o viam como seu ou a incomparável glória de seus ritos se provaram suficientes para impedir sua destruição."[61] Deus, com cujo apoio os rebeldes contavam, não salvou seu povo. Muitos judeus, lançados no abismo da miséria e do desespero, abandonaram totalmente a fé. Outros, em vez de culpar Deus, escolheram acusar a si mesmos, considerando-se culpados de desobediência e se voltando com renovada intensidade para o estudo das Escrituras e das leis. Outros ainda — que acreditavam que Jesus era o Cristo e aos quais as autoridades romanas cada vez mais davam o nome de *Christiani** — encontraram na tragédia do povo escolhido de Deus o eco de um espetáculo ainda mais pavoroso: o do Filho de Deus no patíbulo. Paulo, embora não tenha vivido para ver a destruição do Templo, esperara por ela. Após sua primeira visão de Cristo, abandonara a convicção de que Deus era um guerreiro que, em função de uma aliança imemorial, defenderia um povo particular. Ele pregara uma nova aliança. O Filho de Deus, ao se tornar mortal, redimira toda a humanidade. O Messias chegara não como líder de exércitos ou conquistador de césares, mas como vítima. A mensagem fora tão inédita quanto chocante e se provaria adequada a uma era de traumas. "Os judeus pedem sinais miraculosos e os gregos procuram sabedoria; nós, porém, pregamos a Cristo crucificado."[62]

---

* De acordo com os Atos dos Apóstolos, "em Antioquia, os discípulos foram pela primeira vez chamados cristãos" (11:26). A implicação dessa declaração, combinada à forma distintiva da palavra grega *Christianos*, sugere fortemente que "ela foi cunhada primeiro em latim, na esfera da administração romana" (Horrell, p. 364). De fato, Tácito declara explicitamente que os condenados por Nero foram abusivamente chamados de *Chrestiani*. Não surpreende, portanto, que a palavra não surja nem nas cartas de Paulo, nem nos evangelhos; contudo, no mais tardar no ano 100, os cristãos começaram a se apropriar dela.

MISSÃO

Não surpreende, portanto, que, após a destruição de Jerusalém e com Jesus começando a esmaecer da memória viva, os cristãos tenham decidido transcrever os relatos de sua vida e seus ensinamentos. Paulo, em suas cartas, frequentemente aludira à paixão de Cristo — a noite da prisão, o açoitamento, a crucificação —, mas, acreditando que seus correspondentes conheciam os detalhes, não a transformara em foco de suas comunicações. Os evangelhos escritos nos tensos e terríveis anos imediatamente antes e depois da aniquilação de Jerusalém eram diferentes.* Os quatro primeiros e mais influentes tinham como clímax a morte e a ressurreição de Cristo. Mas esses não eram seus únicos temas. "Vocês têm um só Chefe",[63] declarou Jesus em um dos evangelhos. No entanto, seu modo de ensinar não era o de um filósofo. Ele comparou aqueles que exibiam sua virtude e condenavam as faltas alheias a tumbas decoradas mas tomadas por vermes e podridão. Os padrões da virtude que pregava — amar os inimigos e abandonar todos os bens terrenos — eram tão altos que pareciam impossíveis de atingir. Ele era peculiarmente terno com os pecadores. Jantava com judeus que violavam a lei e conversava com adúlteras ao lado de poços. Era um gênio dos símiles. O reino de Deus era como uma semente de mostarda, como o mundo visto pelos olhos de uma criança, como o fermento da massa. Uma vez após a outra, nas histórias que adorava contar, em suas parábolas, o enredo era retirado tanto do mundo dos abastados e sábios quanto do mundo dos humildes, dos guardadores de porcos, servos e semeadores. E, mesmo assim, tinham uma qualidade misteriosa. Repetidamente, o familiar se transformava em estranho. Sementes caindo entre espinhos, uma ovelha perdida, damas de honra esperando pelo início da cerimônia: todos esses elementos dos ensinamentos de Jesus lançavam uma luz perturbadora sobre os propósitos de Deus. Mas nada era tão incomum quanto o caráter do próprio Jesus. Ninguém como ele jamais fora retratado pela literatura. Uma medida

---

* Os quatro evangelhos canônicos continuam a desafiar a datação precisa. As estimativas vão da década de 50 à década de 90. As evidências que falam de datas posteriores já não são tão sólidas quanto pareciam ser.

DOMÍNIO

disso era que os cristãos, ao lerem os evangelhos, eram capazes de acreditar que o homem cuja vida narravam; um homem que descreviam chorando, suando e sangrando; um homem cuja morte relatavam vividamente e sem poupar detalhes de fato era o que Paulo afirmara ser: "o Filho de Deus."[64]

Seis séculos e meio antes da tomada romana de Jerusalém, quando os babilônios haviam feito um ataque similar à cidade, os cativos levados para longe haviam mantido a fé em seu deus, imaginando que tudo terminaria bem. Israel seria restaurado e princesas se curvariam a ele. A escuridão se dissiparia. O próprio Senhor Deus dissera isso.

Também farei de você uma luz para os gentios,
para que leve a minha salvação até os confins da terra.[65]

Após a segunda destruição do Templo, as trevas pareceram se intensificar. Haveria perspectiva de luz? Os evangelhos forneceram uma resposta assombrosa a essa pergunta: ela já surgira. "A luz brilha nas trevas, e as trevas não a derrotaram."[66] Assim começava o evangelho que os cristãos, no devido tempo, atribuiriam a João, o mais jovem dos doze discípulos originais de Jesus e aquele que ele mais amara. O *Logos*, que estava com Deus, que era Deus e através do qual o mundo fora criado, viera até o mundo, e o mundo não o reconhecera. Assim como nas cartas de Paulo, esse evangelho era — em sua fusão de Escrituras judaicas e filosofia grega — um monumento reconhecível àquela era. Certamente, a noção de que a luz e a verdade eram sinônimas não surgiu com João. Ela podia ser atribuída a Dario. No entanto, o que se seguia não tinha paralelo nas declarações dos reis persas, dos filósofos gregos ou dos profetas judeus. O *Logos* — a Palavra — se tornara carne. Seus discípulos haviam sido pescadores e coletores de impostos. Juntos, haviam caminhado por estradas poeirentas e dormido em chão duro. Então, na noite da prisão de Jesus, o haviam abandonado. Até mesmo Pedro,

114

MISSÃO

em pé ao lado da fogueira em um pátio próximo de onde Jesus fora preso, o negara três vezes antes do cantar do galo. A traição parecia imperdoável. Mas, no fim do evangelho, era perdoada. João descreve como o Cristo ascenso surgira para os discípulos que pescavam em um lago e acendera uma fogueira, convidando-os a assar seus peixes. Então, quando terminaram de comer, ele se voltara para Pedro e perguntara três vezes: "Você me ama?" Pedro respondera três vezes que sim. E três vezes Jesus ordenara: "Cuide das minhas ovelhas."[67]

Assim terminava o evangelho que começava com a Palavra que estava com Deus e era Deus, no momento da criação: ao lado de um churrasco à beira do lago. Esperança depois do desespero, reconciliação depois da traição, cura depois do trauma.

Entre as convulsões daquela era, essa era uma mensagem à qual muitos se sentiriam atraídos e pela qual, como o tempo provaria, muitos estariam dispostos a morrer.

IV

Crença

177 d.C.: Lyon

As igrejas do vale do Ródano estavam com problemas. Notícias de sua agonia seguiam Ireneu em sua jornada. Alguns anos antes, viajando de sua nativa Ásia Menor, ele se estabelecera em Vienne, a 30 quilômetros de Lyon. Os gálicos — como seus primos distantes, os gálatas — havia muito se submeteram às forças romanas. Vienne fora originalmente fundada por Júlio César, ao passo que Lyon servia como capital efetiva da Gália desde os tempos de Augusto. Ireneu, chegando ao vale do Ródano a partir do mar Egeu, encontrara um lar longe do lar. Lyon, em particular, era orgulhosamente cosmopolita. Possuía um templo dedicado a Augusto tão impressionante quanto qualquer um visto na Ásia Menor; era povoada por oficiais, administradores e mercadores de todo o mundo romano; e tinha até mesmo um altar para Cibele. Ainda mais significativos, do ponto de vista de Ireneu, eram os cristãos. Sua companhia fornecera as fundações de sua própria vida. Quando jovem, ele se sentara aos pés do bispo local, Policarpo, "uma testemunha inabalável da verdade",[1] que, segundo ele, conhecera o evangelista João. "Eu me lembro de como ele falava de suas conversas com João e outros que haviam visto o Senhor, como recitava suas palavras de memória e lembrava do que ouvira deles em relação ao Senhor, suas grandiosas obras e seus ensinamentos."[2] Ao chegar ao vale do Ródano, Ireneu

CRENÇA

levara consigo algo incalculavelmente precioso para as igrejas recém-nascidas da região: reminiscências, originadas de uma testemunha renomada, da geração dos apóstolos. A igreja de Vienne o recebera de braços abertos. Seu conhecimento e seu palpável compromisso com Cristo estabeleceram sua reputação. Fora por isso que, ansiosos para solucionar as várias discordâncias entre as igrejas do vale do Ródano e ávidos para consultar as igrejas de Roma, os anciões de Lyon e Vienne haviam escolhido Ireneu como seu embaixador na capital. E assim ele partira.

Chegando a Roma, Ireneu ficou comovido com o testemunho de Cristo prestado havia tanto tempo pelos cristãos. Doze homens consecutivos presidiram "a venerável e universalmente renomada Igreja fundada pelos dois apóstolos mais gloriosos, Pedro e Paulo".[3] A perseguição estatal iniciada por Nero havia muito terminara. Os cristãos da cidade foram deixados em paz e se tornaram moderadamente mais romanos. Os inebriantes dias nos quais Paulo pregara o retorno iminente de Cristo ficaram mais de um século no passado. Os cristãos ainda esperavam a *parousia*, mas o radicalismo original e perturbador da mensagem de Paulo fora diluído. Cartas escritas em seu nome e no nome de Pedro agora instruíam severamente as mulheres a se submeter aos maridos e os escravos a obedecer "em tudo a seus senhores terrenos".[4] Os cristãos de Roma eram aconselhados a não cortejar a morte nas mãos de César, mas sim a honrá-lo.[5] O próprio Ireneu, como viajante experiente, sabia muito bem do que a ordem do mundo dependia, e não hesitou em reconhecer isso. "É graças a elas", escreveu ele, falando das autoridades imperiais, "que o mundo está em paz. É graças a elas que somos capazes de caminhar sem medo por boas estradas e viajar de navio sempre que desejamos."[6]

Mas uma infraestrutura de transporte eficientemente organizada pode ter um custo. Ireneu sabia, enquanto realizava sua missão, que as igrejas que deixara para trás estavam em perigo mortal. A falta de perseguição sistemática não significava que os cristãos podiam relaxar. A despeito da obrigação legal imposta aos governadores de não perturbar a ordem em suas províncias tentando expulsá-los, as multidões ficavam felizes em as-

DOMÍNIO

sumir essa tarefa. Os cristãos, que se orgulhavam da singularidade de sua devoção, eram — sem surpresa — alvo de boatos lascivos. Eles cometiam incesto, reverenciavam os genitais de seus anciões e bispos e realizavam "monstruosos rituais envolvendo um cão acorrentado".[7] Por mais indignadamente que refutassem essas calúnias, estava presente a convicção de que não existia fumaça sem fogo. Também não ajudava o fato de, em Lyon e Vienne, as igrejas serem amplamente frequentadas por imigrantes. Era fácil alimentar a hostilidade por estrangeiros que se recusavam a participar dos rituais de sacrifício das cidades, desdenhavam tanto da "fortuna de César"[8] que a haviam transformado em xingamento e louvavam como Senhor um criminoso crucificado. No vale do Ródano, a ameaça era particularmente severa. Em 177, quando a tempestade finalmente irrompeu, a violência se disseminou de maneira tão meticulosa e selvagem que parecia que suas vítimas haviam surgido de um reino das trevas para além do meramente humano. Brutamontes percorriam as ruas, caçando cristãos onde quer que os encontrassem. Homens e mulheres de todas as idades e classes sociais eram arrastados, em meio a socos e pedradas, até a praça central de Lyon e jogados em celas nas quais esperavam pela decisão do governador.

Fora da cadeia que os anciões das duas igrejas gálicas tinham enviado Ireneu em sua missão, e foi da cadeia que — quando os cristãos aprisionados mais corajosos recusaram a oferta do governador de recusar Cristo e garantir sua liberdade — eles foram conduzidos a um anfiteatro. Cidades do tamanho de Lyon sempre tinham um, pois era em sua arena, onde multidões alegres se reuniam para assistir a criminosos sendo lançados a animais ferozes, lutando uns contra os outros até a morte ou suportando formas cruelmente inventivas de tortura, que a genialidade romana para transformar a morte em espetáculo atingia sua quintessência. Mas essa genialidade encontrara sua rival nos cristãos de Lyon. "Temo-nos tornado um espetáculo para o mundo, tanto diante de anjos como de homens."[9] Assim escrevera Paulo, comparando-se a um homem condenado à morte na arena. Em oposição ao poder brutalmente coercivo do Estado romano, os cristãos apresentavam uma convicção tão poderosa quanto subversiva: a

CRENÇA

de que eram atores de um drama cósmico. Eles não recuavam dos gritos da multidão nem se encolhiam perante as revoltantes humilhações que lhes eram impostas. Ao contrário, transformavam suas provações em exibições públicas de devoção a Cristo. Fossem chifrados por touros, estraçalhados por cães ou queimados por correntes de ferro incandescentes, gritavam somente "as palavras que sempre repetiam, as declarações de sua fé". Ou ao menos foi isso que se disse em relação às igrejas da Ásia Menor, em um relato muito possivelmente escrito pelo próprio Ireneu.* Com essa carta, uma descoberta importante foi colocada em prática: a de que ser vítima podia ser fonte de força. Invertendo as suposições que orientavam as autoridades romanas, a submissão podia ser redefinida como triunfo, a degradação, como glória, e a morte, como vida. Em Lyon, durante aquele terrível verão, o paradoxo de um rei crucificado foi apresentado no palco mais público da Gália.

Não que o conceito cristão de martírio — embora muito original — fosse desconhecido dos espectadores do anfiteatro. Gregos e romanos estavam familiarizados com o autossacrifício. Suas histórias mais edificantes estavam repletas dele. Um filósofo podia arrancar a própria língua com os dentes e cuspi-la no rosto de um tirano; um guerreiro, capturado pelo inimigo, podia demonstrar sua determinação colocando a mão nas chamas. Exemplos assim sempre estiveram presentes nas salas de aula romanas. Precisamente os valores que instilavam nos jovens permitiram que Roma conquistasse o mundo. Eles serviam para ilustrar as qualidades de aço que tornavam os romanos um povo grandioso. Assim, era ainda mais grotesco que criminosos condenados à arena, obrigados a se submeter às ministrações dos torturadores, penetrados por lanças ou espadas, tivessem a presunção de reivindicá-los. Para as autoridades romanas, a presunção dos

---

* A carta é citada por Eusébio, um historiador da Igreja escrevendo um século e meio após os eventos que descreve. É perfeitamente possível, e mesmo provável, que ele tenha acrescentado seus próprios toques, mas, apesar disso, alusões a controvérsias doutrinárias contemporâneas a Ireneu deixam claro que a maior parte da carta deve ser autêntica. E pode até mesmo ter sido escrita pelo próprio Ireneu.

DOMÍNIO

mártires parecia ridícula, tão profundamente ofensiva que chegava a ser incompreensível. Se o governador que sentenciara os cristãos de Lyon e Vienne à morte tivesse lido o relato de suas ações enviado à Ásia Menor, teria ficado enojado. "As coisas que os homens consideram inferiores, invisíveis e desprezíveis", proclamava a carta, "são precisamente as que Deus considera merecedoras de grande glória."[10] Como ilustração dessa mensagem subversiva, a carta se demorava particularmente em uma jovem escrava chamada Blandina. Ela suportara sem medo cada tortura e tormento que lhe haviam sido infligidos. O brilho de seu heroísmo superava até mesmo o dos outros mártires. A dona de Blandina, embora também sentenciada à arena, não mereceu ser nomeada. Outros cristãos, os que haviam perdido a coragem e renunciado a Cristo, foram chamados de "atletas preguiçosos que não treinaram".[11] Foi Blandina quem venceu todas as partidas e competições e, por isso, garantiu a coroa.

Que uma escrava, "uma mulher pequena, frágil, insignificante",[12] pudesse estar entre a elite celestial, sentada no esplendor do palácio radiante de Deus, à frente daqueles que, no mundo caído, haviam sido imensuravelmente seus superiores, era uma potente ilustração do mistério que jazia no âmago da fé cristã. Na arena, como relatado às igrejas da Ásia, o corpo alquebrado de Blandina parecera transfigurado. Os outros mártires, em meio a sua própria agonia, "olharam para sua irmã e viram em sua pessoa Aquele que foi crucificado por eles".[13] Ireneu não tinha dúvidas de que uma mulher como Blandina, ao ser açoitada, sentia a mesma dor que Cristo sentira. Era essa garantia que permitia que um mártir enfrentasse a morte. A disposição dos cristãos de sofrerem torturas excruciantes — o que, para aqueles que os haviam sentenciado a elas, só podia parecer loucura — estava fundamentada em uma magnífica convicção: a de que seu Salvador estava a seu lado. Mais que os templos e os campos pelos quais os antigos heróis de Roma haviam se mostrado dispostos a se sacrificar, a presença de Cristo era real. Ele estava lá, na arena, como já estivera pregado à cruz. Emular seus sofrimentos era impor sentido à inexpressividade e à inescrutabilidade da morte.

CRENÇA

Mas e se ele não tivesse sofrido? Ireneu sabia que essa pergunta era infinitamente mais perturbadora que qualquer uma que um governador romano pudesse pensar em fazer. Para alguns cristãos, o ensinamento das cartas de Paulo e dos quatro evangelhos iniciais — o de que Jesus, um homem torturado até a morte na cruz, também era, de algum modo misterioso, parte da identidade do único Deus de Israel — era simplesmente radical demais para tolerar. Quem, então, ele poderia ter sido? Em vez de combinar terreno e divino, argumentavam alguns cristãos, não era mais provável que sua humanidade tivesse sido meramente ilusão? Como o Senhor do Universo poderia ter nascido de uma mulher mortal e experimentado a dor e a morte? Vários professores cristãos tentaram encontrar soluções para esse enigma. Em Roma, Ireneu encontrara vários eruditos, cada um com suas próprias opiniões, suas próprias *haereses*. Alguns ensinavam que Cristo era puro espírito; outros, que o Jesus mortal "foi meramente um receptáculo de Cristo";[14] outros ainda, que Cristo e Jesus, embora distintos, eram ambos entidades sobrenaturais, partes de um conjunto espantosamente complexo de seres divinos que, muito além dos limites do mundo material, habitavam a *pleroma* ou "plenitude". Mas todas essas "heresias" tendiam a ter algo em comum: a repulsa pela ideia de que Cristo podia ter literalmente morrido. "O homem que acredita nisso ainda é um escravo."[15] Tal era a opinião de Basílides, um cristão que vivia em Alexandria e ensinava que Jesus, no momento de ser sacrificado, trocara de forma com um desafortunado passante. "E Jesus riu quando o homem, por ignorância e erro, foi crucificado em seu lugar."[16] Para Ireneu, em sua determinação de definir o verdadeiro caminho da crença para o povo cristão, a *orthodoxia*, doutrinas como a de Basílides constituíam um desvio traiçoeiro. Elas transformavam em farsa qualquer noção de que Cristo pudesse ser imitado. Aqueles que ensinavam que ele nada fora além de espírito, relatou Ireneu, "zombam dos mártires".[17] As implicações eram devastadoras. Blandina, longe de partilhar da glória de Cristo, estivera pateticamente iludida. Sua agonia havia sido em vão. Ela morrera como escrava.

DOMÍNIO

Que diferentes cristãos tivessem diferentes visões da natureza de seu Salvador talvez fosse inevitável. Ireneu sabia perfeitamente que competia por clientes em um mercado aberto. Donde seu entusiasmo pelo novo e importante conceito de ortodoxia. Afinal, as crenças não patrulhavam a si mesmas. Tinham de ser promovidas e defendidas contra rivais. Esse era o caso tanto na Gália quanto em Roma. Havia cristãos em Lyon, mesmo após a devastadora perseguição de 177, que zombavam da ideia de martírio e negavam a autoridade do bispo local. Em resposta, Ireneu, que fora eleito para o cargo após a morte de seu predecessor na prisão, previsivelmente os ignorava. E desprezava seus ensinamentos como algaravias em linguagem elevada e seus rituais como pretexto para ministrarem afrodisíacos a mulheres crédulas. "A malícia dos necromantes é composta pela bufonaria."[18]

Porém, a despeito de suas ocasionais manifestações de desdém, Ireneu jamais duvidou estar envolvido em uma autêntica batalha de ideias. Condenar as *haereses* desvairadas e infundadas era aprovar a *orthodoxia*. A verdade brilhava ainda mais por estar cercada de mentiras. Foi com essa convicção que ele catalogou sistematicamente os ensinamentos dos autoproclamados cristãos que condenava como falsos. Se foi injusto ao afirmar que todos derivavam de uma única fonte — um necromante samaritano chamado Simão, supostamente convertido por Pedro —, não o foi totalmente. Professores como Basílides afirmavam que a origem de suas doutrinas remontava ao tempo dos apóstolos. Mas esse era um campo de batalha onde Ireneu podia exibir uma força esmagadora. Quando Basílides alegou que recebera seu evangelho de um único seguidor de Pedro por um canal secreto de comunicação, isso inevitavelmente destacou quão numerosas e públicas eram as fontes da autoridade reivindicada por bispos como Ireneu. "Embora dispersas por todo o mundo, chegando aos confins da terra, as igrejas receberam dos apóstolos e dos discípulos dos apóstolos uma única fé."[19] Para Ireneu, que em sua Ásia nativa se sentara aos pés de Policarpo e em Roma analisara gerações inteiras de bispos, até chegar a Pedro, a continuidade entre suas crenças e o primórdio da Igreja parecia autoevidente. Ele não reivindicava qualquer fonte privilegiada de sabedoria. Antes o oposto.

CRENÇA

Em sua tentativa de definir a ortodoxia, desdenhava desafiadoramente das especulações radicais. A Igreja que defendia tinha fundações que se espalhavam por todo o mundo romano. Décadas antes, enquanto viajava pela Ásia Menor a caminho de Roma, Inácio, um bispo da Síria, orgulhosamente a definira como *katholikos*, "universal".[20] Era com essa Igreja — católica — que Ireneu se identificava.

Mesmo assim, a despeito de sua alegação de estar defendendo uma tradição cristã primal, ele não deixou de se apropriar das inovações de seus rivais quando isso servia a seus propósitos. Embora a maioria, como desdenhosamente indicou, alegasse que "a verdade não deve ser derivada de documentos escritos",[21] o mais formidável deles não o fez. Marcião era um cristão da costa do mar Negro, um rico magnata dos transportes cuja chegada a Roma, quatro décadas antes de Ireneu viajar para lá, causara sensação. Ultrajado e indignado com o fato de as igrejas da capital se recusarem a acomodar seus ensinamentos, ele lhes dera as costas e fundara sua própria igreja. Marcião, como vários outros intelectuais cristãos, ficava revoltado com qualquer noção de que Cristo pudesse ter tido um corpo humano, com limitações e funções humanas, mas esse dificilmente fora o mais revelador de seus ensinamentos. Muito mais reveladora era a afirmação de que o Deus de Israel não era uma deidade suprema, mas o menor de dois deuses. O Deus supremo, o Deus que era o verdadeiro pai de Cristo, não criara o mundo nem tivera nada a ver com ele até que, em sua infinita misericórdia, enviara seu filho para redimi-lo. Essa era uma doutrina nova e surpreendente, mas, segundo Marcião, estava manifesta nas contradições entre as Escrituras judaicas e as cartas de Paulo. Em vez de tentar solucionar essas diferenças, ele propôs, como modo de calibrar o verdadeiro propósito de Deus, um mecanismo tão preciso e infalível quanto o barbante recoberto de giz usado pelos carpinteiros para traçar uma linha reta: em grego, um *canon*. Marcião ensinara que os cristãos deviam considerar definitivos somente alguns textos seletos: dez cartas de Paulo e uma versão cuidadosamente editada do evangelho escrito por seu seguidor Lucas. Aqui, no lugar das Escrituras judaicas, estava uma testemunha do propósito divino que

DOMÍNIO

os cristãos podiam autenticamente ver como sua: um novo testamento.[22] Essa foi uma inovação importantíssima. Até onde sabemos, nenhum cristão propusera um cânone antes. Ireneu achou esse conceito sugestivo demais para ignorar.

Naturalmente, não partilhando da atitude desdenhosa de Marcião em relação às Escrituras judaicas, ele as retomou como ponto principal de seu próprio cânone. Segundo ele, tratava-se de uma leitura essencial para todos os cristãos, "um campo no qual um tesouro oculto é revelado e explicado pela cruz de Cristo".[23] Mas, ao tentar repudiar a influência de Marcião, Ireneu acabou por reforçá-la. Afinal, em que papel ele colocava as Escrituras judaicas, senão como "antigo testamento"? Que esperança haveria de encontrar nelas um tesouro, a não ser que fosse à luz de um novo testamento? Foi por isso que, como Marcião fizera cinquenta anos antes, Ireneu promoveu um corpo de textos da era dos apóstolos. Além do evangelho de Lucas, ele incluiu o de João e os outros dois mais aceitos como definitivos: um atribuído a Mateus, um coletor de impostos que Jesus chamara a segui-lo, e o outro atribuído a Marcos, o renomado fundador da igreja em Alexandria. Comparados a eles, declarou Ireneu, todos os outros relatos da vida e dos ensinamentos de Cristo eram "cordas feitas de areia".[24] Com o suceder das gerações e o desvanecimento das memórias daqueles que haviam conhecido os apóstolos, os fiéis podiam encontrar nos evangelhos do cânone de Ireneu uma ligação segura com os fundamentos do passado: um novo testamento.

"Sou cristão."[25] Foi isso que, no ano 177, um prisioneiro de Vienne respondeu a todas as perguntas feitas por seus interrogadores. Em vez de dizer seu nome, onde nascera ou se era escravo ou livre, ele repetidamente insistiu que não tinha outro status além do de seguidor de Cristo. Para seus juízes, tal obstinação era tão desconcertante quanto enfurecedora. A recusa dos cristãos de se identificarem como pertencendo a um dos povos familiares da terra — romanos, gregos, judeus — os marcava como desenraizados, assim como os bandidos e fugitivos. Seu deleite em se apresentar como estrangeiros, transientes, transformava em vanglória o que deveria ser causa

CRENÇA

de vergonha. "Para eles, a pátria é um país estrangeiro, e um país estrangeiro é a pátria."[26] Apesar disso, os cristãos acreditavam pertencer a um *ethnos*, um povo comum. Os elos de sua identidade partilhada se espalhavam por todo o mundo e percorriam gerações. Quando os mártires de Lyon e Vienne aceitaram a morte em nome de seu Senhor, eles sabiam estar ligados a outros que haviam sofrido destinos similares em Jerusalém, na Ásia Menor e em Roma. Sabiam descender dos mártires que os haviam precedido: Policarpo, Inácio, Paulo. Sabiam ser cidadãos dos céus.

O feito de Ireneu, após a morte desses mártires, foi dar substância e solidez a suas convicções. Durante sua própria vida, as realizações de Ireneu e dos cristãos que o ensinaram se tornaram evidentes até mesmo para os observadores hostis. Eles lideravam uma organização que, em escala e escopo, não era meramente uma entre inúmeras igrejas, mas algo muito mais imponente: a "Grande Igreja".[27] Nunca antes houvera algo assim, uma cidadania obtida não pelo nascimento, pela descendência ou por prescrições legais, mas somente pela crença.

Pedras vivas

A elite romana, é claro, tinha sua própria visão sobre como devia ser constituída uma ordem universal apropriada. A maneira mais segura de criá-la a partir dos vários povos do mundo — como Posidônio havia muito dissera a Pompeu — era fazer com que Roma os governasse. Em 212, foi publicado um edito que teria alegrado o coração do antigo estoico. De acordo com seus termos, todo homem livre na vasta extensão do império receberia cidadania romana. Seu autor, um César agressivo chamado Marco Aurélio Antonino, era a personificação viva do caráter cada vez mais cosmopolita do mundo romano. Filho de um nobre africano, ele fora proclamado imperador na Britânia e apelidado de *Caracala* — "Capuz" — em função de sua predileção pelos trajes gálicos. Ele entendia, como somente um homem que viajara o mundo podia entender, como eram variados os costumes da

DOMÍNIO

humanidade, e isso o perturbava. Caracala, que assumira o poder sobre o cadáver do irmão assassinado, sabia que devia agradecer aos deuses seu apoio, e jamais lhe ocorreu que os sacrifícios feitos em seu nome pudessem não os agradar. Foi por isso que, a despeito de seus críticos dizerem que só estava interessado em ampliar sua base de impostos, ele concedeu cidadania a todos os povos do império. Quanto mais romanos eles se tornassem, mais agradáveis aos céus seriam seus cultos. "E é por isso que considero meu ato digno da majestade dos deuses."[28] Os patronos divinos de Caracala, que haviam concedido a ele e a Roma o governo do mundo, finalmente receberiam o que lhes era devido: sua *religio*.

Na imaginação dos devotos romanos, essa palavra cheirava a incenso e estava impregnada de um profundo senso de antiguidade. Ela conjurava visões de ritos primordiais, de homenagens prestadas aos deuses nos primeiros dias da cidade, conquistando o favor divino para Roma. Como nas cidades gregas, havia o temor do que aconteceria se os rituais fossem negligenciados. Qualquer obrigação devida aos deuses em troca de sua proteção, qualquer tradição ou costume constituía uma *religio*. "Oferendas sacrificiais, a castidade das virgens, todos os títulos e dignidades concedidos aos sacerdotes"[29] eram *religiones*. Mas mesmo Roma era somente uma entre muitas cidades. Caracala sabia disso tão bem quanto qualquer um — daí a necessidade de *religiones* que pudessem unir todos os povos. Em seu decreto, o imperador afirmou que os lideraria em uma procissão "até os santuários dos deuses". O fato de que tinha um santuário particular em mente ficou claro quando, no outono de 215, ele chegou ao Egito. Sua entrada noturna em Alexandria, com "procissões à luz de tochas e guirlandas",[30] teve o esplendor do festival mais celebrado da cidade, durante o qual as ruas eram iluminadas em homenagem a Serápis. O deus tinha um lugar especial nos afetos de Caracala. Mesmo antes de viajar para o Egito, ele encomendara a construção de um serapeu em Roma. Inscrições em Alexandria o proclamavam *Philoserapis*, "devoto de Serápis". O apelo do deus mais multicultural da cidade era evidente. Mesmo assim, o culto que o imperador desejava promover não era primariamente o de Serápis. Nas

CRENÇA

moedas, o deus era mostrado passando o cetro do cosmos para outra figura: o próprio imperador. Assim como Serápis, o pai divino, governava os céus, Caracala, aureolado e radiante, exercia um domínio não menos universal na terra. Após a concessão de cidadania a todos os povos do império, somente César podia fazer a mediação entre eles e os vários deuses. A grande rede de deveres e obrigações que sempre ligara o povo romano à dimensão sobrenatural agora se espalhava pelo mundo. Rasgar essa rede era não meramente um sacrilégio, mas uma traição.

As implicações desse fato em breve encharcariam de sangue as ruas de Alexandria. Caracala, que supostamente ordenava a morte de qualquer um que urinasse na presença de um de seus bustos, não tolerava desrespeito. Os alexandrinos, que faziam questão de demonstrar que achavam seus maneirismos risíveis, descobriram isso tarde demais. Caracala, convocando-os para uma reunião pública, fez com que fossem cercados por suas tropas e retalhados. A lição não poderia ser mais brutal. O sacrilégio era intolerável. Ser cidadão romano trazia consigo não somente honra, mas também responsabilidade. Qualquer insulto a César era um insulto aos deuses. Durante todo aquele inverno, a indignação de Caracala continuou a fervilhar. Seus soldados, patrulhando as ruas, matavam e saqueavam à vontade. A maioria dos alexandrinos não tinha opção senão se encolher e esperar a partida do imperador. Mas nem todos. Alguns — os capazes de encontrar refúgio no exterior — optaram por fugir. Entre eles estava um homem particularmente renomado por suas meditações sobre a natureza do divino e o relacionamento entre os mortais e os céus: o mais brilhante erudito de uma cidade famosa por sua erudição.

Mas Orígenes não gozava de mordomias, como acontecia tradicionalmente com os intelectuais de Alexandria. Bem antes da chegada de Caracala, ele aprendera a temer a violência do Estado romano. Em 202, quando tinha apenas 17 anos, seu pai fora preso e degolado; o próprio Orígenes, nos anos que se seguiram, frequentemente tivera de fugir de multidões raivosas, "mudando de casa em casa, fugindo de um lugar para o outro".[31] Filho de pais cristãos, seu comprometimento precoce com a defesa de sua

DOMÍNIO

fé foi fortalecido pela adversidade. Como Ireneu — cujos textos chegaram até Alexandria apenas alguns anos após sua composição —, ele achava que a Grande Igreja estava constantemente sob cerco. Somente ao delinear e fortificar suas fronteiras ela teria a esperança de ser defendida. A necessidade era tão premente em Alexandria quanto no restante do mundo cristão. A cidade estava repleta de adversários. Fora onde Basílides fundara sua escola. Fora onde, por muitos séculos, a sociedade judaica mostrara sua face mais cosmopolita. Acima de tudo, fora onde o grande conquistador que a fundara erigira seu principal monumento, uma visão da Grécia estampada em solo egípcio, de modo que não havia nenhum outro lugar, nem mesmo Atenas ou Roma, onde o estudo de Homero e Aristóteles fosse mais frutiferamente estimulado. Viver em Alexandria — mesmo para os mais devoto seguidor de Cristo — era experimentar toda a potência da cultura grega.

Mas Orígenes não se sentia intimidado. Os cristãos podiam não ter monumentos comparáveis aos que haviam atraído Caracala para a cidade, nem templos que pudessem rivalizar com um grande serapeu, mas não precisavam deles. "Todos os que acreditam em Cristo Jesus são pedras vivas."[32] Construído com os cristãos do mundo e tendo o próprio Cristo como "pedra fundamental"[33] estava o grande templo que Orígenes planejava fortalecer contra seus adversários. Ao contrário da pátria dos outros povos, a pátria cristã estava para além das dimensões dos altares, das lareiras e dos campos. Aliás, sem a crença em Cristo como Senhor, ela nem sequer existiria. Fora Inácio, um século antes de Orígenes, que escolhera o nome que duraria para sempre.[34] *Christianismos*, ele a chamara: "cristianismo".

"Toda vez que compreendemos", escreveu Orígenes, "devemos essa compreensão a nossa fé."[35] O que os cristãos queriam dizer com *Christianismos* era algo tão novo que inevitavelmente coloria a maneira como viam o restante do mundo. Na opinião de Orígenes, as várias *haereses* ensinadas por Basílides e outros não constituíam simplesmente diferentes opiniões e filosofias, mas sim uma paródia multifacetada da verdadeira Igreja. O *Ioudaismos*, uma palavra que, nos séculos antes de Cristo, significara o modo de vida judaico ou sua propagação e defesa, adquiriu para os cristãos um

CRENÇA

significado muito mais preciso, que considerava os judeus membros de um suposto contraponto ao "cristianismo", o "judaísmo". Mas os mais nefastos eram os cultos daqueles que Paulo chamara "de fora",[36] aqueles que, do nascer ao pôr do sol, adoravam ídolos. Os cristãos, precisamente por se definirem em termos de sua fé, presumiam o mesmo dos que veneravam outros deuses. Que um *Philoserapis* como Caracala estivesse preocupado não com a existência ou não de Serápis, mas em honrá-lo da maneira correta, respeitando os tabus que cercavam sua veneração e fazendo os sacrifícios devidos, era algo que tendia a ser ignorado por eles. Mesmo Orígenes, que sabia perfeitamente bem que muitos daqueles que faziam oferendas a ídolos "não os tomam por deuses, mas como oferendas dedicadas aos deuses",[37] estremecia perante os horrores que tais rituais pareciam implicar. Espalhar entranhas sobre um altar dizia muito sobre os seres que exigiam tal oferenda: eles devoravam carcaças e eram vampirescos em seus apetites. "Eles se deliciam com o sangue."[38] Fazer tais oferendas era alimentar as próprias forças que ameaçavam a humanidade com a escuridão.

Contudo, havia um paradoxo. Orígenes, apesar de toda a hostilidade em relação às seduções e suposições da grande cidade onde vivia, permanecia um nativo. Talvez mais completamente que qualquer um, ele unia as várias tradições de Alexandria dentro de si mesmo. A cidade — por mais multicultural que fosse — jamais fora um verdadeiro caldeirão de culturas. O interesse que muitos gregos sentiam pelos ensinamentos judaicos e que muitos judeus sentiam pela filosofia sempre fora circunscrito às prescrições da aliança mosaica. O cristianismo, porém, fornecia uma matriz na qual judeus e gregos eram capazes de se encontrar e se unir. Ninguém demonstrou isso de maneira mais frutífera que Orígenes. A devoção à herança judaica do cristianismo estava presente em tudo que escrevia. Ele não somente se esforçou para aprender hebraico com um professor judeu como saudou o próprio povo judaico como sua família, como "irmão mais novo" da Igreja ou "irmão da noiva".[39] Orígenes não necessariamente teria disputado a sarcástica afirmação de Marcião de que os cristãos ortodoxos eram amantes dos judeus. Ele certamente fez mais que qualquer outro, antes ou depois,

DOMÍNIO

para incluir no cânone cristão o grande corpo das Escrituras judaicas, o "Antigo Testamento". Crítico honesto e sutil, não negou o desafio que isso representava. E reconheceu que os livros sagrados dos judeus, suas *biblia*, estavam cheios de "enigmas, parábolas, expressões nebulosas e várias outras formas de obscuridade".[40] Mas todos eles vinham de Deus. As contradições indicavam verdades ocultas. O desafio para o leitor era acessá-las. As Escrituras eram como uma mansão com inúmeros quartos trancados e um número igual de chaves espalhadas em seu interior. Orígenes declarou que essa imagem lhe fora sugerida por seu professor de hebraico e, mesmo assim, em seu esforço para localizar as chaves e abrir as portas trancadas, ele usou métodos retirados de uma fonte muito diferente. Na grande biblioteca de Alexandria, eruditos haviam aperfeiçoado métodos para compreender os textos antigos, tratando-os como alegorias e estudando metodicamente sua linguagem. Orígenes, em seus próprios comentários, adotou ambas as técnicas. A grande mansão do Antigo Testamento podia ser judaica, mas o método mais eficiente de explorá-la era grego.

"O que quer que os homens tenham dito de correto, não importa quem ou onde, é propriedade dos cristãos."[41] A teoria de que Deus falara tanto aos gregos quanto aos judeus não pertencia a Orígenes. Assim como Paulo, em sua correspondência, citara com aprovação o conceito estoico de consciência, muitos cristãos haviam encontrado na filosofia vislumbres autênticos do divino. Mas ninguém na Igreja jamais tivera a maestria de Orígenes nessa disciplina. Estudante dos clássicos da literatura grega desde a infância e familiarizado com as obras mais inovadoras dos filósofos contemporâneos, ele identificou nelas aquilo a que devotara toda a sua vida: a busca por Deus. Em sua opinião, o cristianismo não era meramente compatível com a filosofia, mas sua expressão final. "Ninguém cumpre realmente seus deveres para com Deus sem pensar como filósofo",[42] declarou ele. Mesmo quando partiu de Alexandria, ele jamais esqueceu de suas raízes na capital do ensino grego. Primeiro em 215, em uma fuga temporária de Caracala, e depois novamente em 234, de forma permanente, ele se estabeleceu em Cesareia, um porto na costa do que chamou de "Terra Santa", e criou uma

CRENÇA

escola que incorporava o melhor de sua cidade natal. "Nenhum assunto era proibido", lembrou mais tarde um de seus estudantes, "e nada era escondido ou deixado de lado. Éramos encorajados a estudar todas as doutrinas, gregas ou não. Podíamos gozar de todas as boas coisas da mente."[43]

Naturalmente, Orígenes não propunha que a filosofia fosse estudada como fim em si. Isso seria vaguear para sempre em um pântano, um labirinto ou uma floresta. Por mais permeadas de erros que fossem as especulações dos filósofos, elas podiam ajudar a iluminar a verdade cristã. Assim como as tradições da pesquisa textual aperfeiçoadas em Alexandria o haviam ajudado a elucidar as complexidades das Escrituras judaicas, ele usou a filosofia para lançar luz sobre um enigma ainda mais profundo: a natureza de Deus. O evangelho proclamado por Paulo, a convicção que animara toda a primeira geração de cristãos, a revelação de que um criminoso crucificado era, de uma maneira não especificada, mas manifesta, um aspecto do próprio Criador dos céus e da terra, era o âmago do cristianismo. Mas suscitava uma questão óbvia. Se os cristãos concediam a Jesus um status divino, como podiam alegar venerar um único deus? Filósofos gregos e eruditos judeus, quando se dignavam a notar a nova fé, falavam incessantemente sobre esse ponto. O desafio não podia ser evitado. A solução era encontrar uma maneira adequada de expressar um mistério que parecia desafiar a expressão. Não era somente Jesus que tinha de ser integrado à unicidade de Deus, mas também seu Espírito. Quando Orígenes se debruçou sobre esse enigma, a solução já estava no horizonte. A unidade de Deus ocorria não a despeito de seu Filho e seu Espírito, mas através deles. Um era Três e Três era Um. Deus era uma Trindade.

Mas foi Orígenes quem, mais abrangente e brilhantemente que qualquer outro antes, usou os recursos da filosofia para criar para a Igreja toda uma *theologia*, uma ciência de Deus. Ele sabia muito bem como fora usada por Xenócrates ou Zenão a linguagem que empregava para explorar os paradoxos do divino. Sua escola em Cesareia, apesar da insistência no cânone cristão como auge supremo da sabedoria, pertencia reconhecivelmente a uma linha que remontava a Aristóteles e além. Ninguém, após os esforços

131

DOMÍNIO

de Orígenes a serviço de sua fé, seria capaz de dizer que o cristianismo atraía somente "o ignorante, o estúpido, o deseducado".[44] A potência de seu feito, em uma sociedade que considerava a educação um indicativo de status, era imensa. O desdém pelos não versados em filosofia era profundo. O conhecimento — *gnosis* — era visto como marcador definitivo de classe. Nem mesmo os cristãos eram imunes a esse preconceito. Quando Ireneu chamou professores como Basílides de "gnósticos", ele identificou como sua característica definidora a alegação de estarem mais bem informados que todos os outros. "Eles desprezam a tradição, insistindo saber coisas que nem os anciões da Igreja ou os apóstolos sabiam, pois somente eles identificaram a verdade inadulterada."[45] Essa era a tentação que Orígenes, ao tentar formatar uma teologia que satisfizesse os eruditos, tinha de evitar. Havia muito em jogo. Os cultos, afinal, raramente eram categorizados como filosofias ou as filosofias como cultos. A alegação do cristianismo de ser uma mensagem universal não podia se apoiar meramente na presença de igrejas da Mesopotâmia à Espanha. Tinha de atrair pessoas de todas as classes e níveis de educação. Em uma sociedade que colocava a filosofia, ao lado das estátuas antigas e das especiarias exóticas, como privilégio dos ricos, Orígenes era um paradoxo vivo: um filósofo que desafiava o elitismo.

O fato de uma identidade ser definida por uma crença já era uma grande inovação, mas que eruditos e ignorantes podiam se unir nela, "tornando-se um único corpo apesar de serem multidão",[46] era uma lição igualmente surpreendente. A genialidade de Orígenes foi criar, a partir do legado da filosofia grega, um universo mental inteiramente novo que mesmo os menos educados podiam partilhar. Quando saudou Deus como "pura inteligência",[47] nada disse que Aristóteles já não dissera. Mas a filosofia era somente o início do que ele tinha a ensinar. O *nous* divino, longe de permanecer imóvel em gélida perfeição, descera à terra. Seu mistério ao mesmo tempo estava além da compreensão do maior erudito e era uma maravilha que servos e criadas podiam admirar. Se Orígenes, usando o grande tesouro das literaturas grega e judaica, descreveu Cristo às vezes como razão divina e às vezes como "espelho sem manchas da atividade de Deus",[48] também houve

CRENÇA

vezes nas quais se confessou tão estupefato quanto uma criança pequena. Ao contemplar como a Sabedoria de Deus entrara no útero de uma mulher, nascera como bebê e chorara por leite, o paradoxo era grande demais até mesmo para ele. "Pois, como vemos em Cristo algumas coisas tão humanas que parecem partilhar em todo aspecto a fragilidade comum à humanidade e algumas coisas tão divinas que são manifestamente a expressão da natureza primal e inefável do Divino, a estreiteza do entendimento humano é inadequada para compreender. Tomada pelo maravilhamento e pela admiração, ela não sabe para onde se voltar."[49]

Aqui, nessa fusão entre profunda sofisticação intelectual e olhos arregalados de espanto, há algo reconhecivelmente pertencente à sementeira de Alexandria — e, no entanto, também desconcertantemente novo. Ao não ver a contemplação dos mistérios dos céus como os filósofos haviam feito tradicionalmente, ou seja, como domínio exclusivo dos educados e abastados, Orígenes criara uma matriz de propagação de conceitos filosóficos que provaria ter imenso alcance. Longe de prejudicar sua reputação, sua recusa em se comportar como filósofo convencional aumentou sua fama. Ao fazer 60 anos, ele pôde refletir com orgulho sobre uma carreira tão influente que até mesmo a mãe do imperador, intrigada com sua celebridade, certa vez o convocara para instruí-la sobre a natureza de Deus. Mas tal fama podia gerar tanto admiração quanto hostilidade. Aquela foi uma época traiçoeira. A violência levada por Caracala às ruas de Alexandria fora um portento ominoso de tempos ainda mais sombrios. Nas décadas que se seguiram, os pesares não chegaram sozinhos, mas em batalhões. O próprio Caracala, assassinado enquanto se aliviava durante uma campanha, foi somente um de uma sucessão de imperadores mortos em assassinatos e guerras civis. Entrementes, tirando vantagem do caos cada vez maior, grupos de bárbaros começavam a cruzar as fronteiras. No extremo leste do império, uma nova dinastia persa — a mais formidável desde os tempos de Dario — infligiu sucessivas humilhações ao poder romano. Aparentemente, os deuses estavam zangados. As *religiones* corretas haviam sido negligenciadas. A culpa, após a concessão em massa de cidadania feita por Caracala, cabia não so-

DOMÍNIO

mente a Roma, mas a todo o império. Consequentemente, no início de 250, um decreto formal ordenou que todo mundo — com a única exceção dos judeus — oferecesse sacrifícios aos deuses. A desobediência equivalia à traição, e a punição para a traição era a morte. Pela primeira vez, os cristãos se viram confrontados por uma legislação que os obrigava a escolher entre suas vidas e sua fé. Muitos escolheram salvar a pele — mas muitos outros, não. Entre os presos estava Orígenes. Embora acorrentado e torturado, ele se recusou a ceder. Poupado da execução, ao ser solto após dias de tratamento brutal, era um homem alquebrado. Jamais se recuperou. Um ano e pouco depois, o erudito idoso morreu em função do sofrimento infligido pelos torturadores.

O magistrado que presidira seu caso, respeitando sua reputação, não sentira prazer em infligir tormentos a um homem tão brilhante. Como sempre, as autoridades romanas acharam a recusa dos cristãos de oferecer sacrifícios aos deuses tanto estupidamente obstinada quanto subversiva. O fato de cidadãos que insistiam em sua lealdade ao império se recusarem a demonstrá-la os confundia. Que um ritual santificado tanto pela tradição quanto pelo patriotismo pudesse ofender alguém era uma ideia que tinham dificuldade para entender. Orígenes foi torturado com raiva, mas também com pesar.

Quão diferente seria se o próprio império fosse cristão! Essa possibilidade era remota e fantástica, mas, mesmo assim, alguns anos antes de sua prisão, o próprio Orígenes a aventara. "Se os romanos adotassem a fé cristã", declarara ele, "suas preces os fariam vencer seus inimigos; ou, antes, passando a estar sob a proteção de Deus, eles não teriam mais inimigos."[50]

No entanto, acreditar que seria possível conquistar um César para Cristo era, de fato, acreditar em milagres.

CRENÇA

Mantendo a fé

No verão de 313, Cartago era uma cidade no limite. Antiga rival de Roma pelo governo do Mediterrâneo ocidental, destruída pelas legiões e então — como Corinto — refundada como colônia romana, sua posição superior na costa oposta à Sicília lhe rendera o indiscutível status de capital da África. Como Roma e Alexandria, ela se tornara um dos maiores centros do cristianismo, uma posição conseguida, nas palavras de um cartaginês, com "o sangue dos mártires".[51] Na África, a Igreja havia muito exibia as cicatrizes da perseguição. A execução judicial, em 258, do mais celebrado bispo de Cartago, um renomado erudito chamado Cipriano, confirmara seu entendimento peculiarmente militante da fé. Pureza era tudo. Não podia haver compromisso com os males do mundo. A crença de nada valia se não merecesse que se morresse por ela. Foi por isso que, em 303, quando um edito imperial ordenara que os cristãos entregassem seus livros de Escrituras ou enfrentassem a morte, a África fora a vanguarda da resistência. As autoridades provinciais, determinadas a quebrar a Igreja, haviam expandido o edito para exigir que todos fizessem sacrifícios aos deuses. Cristãos recalcitrantes foram capturados, acorrentados e levados a Cartago. Grupos inteiros foram executados. Quando, dois anos depois, a perseguição finalmente amainou, a convicção dos cristãos da África de que Deus exigia a crença pura, absoluta e imaculada fora fertilizada com o sangue de ainda mais mártires. Dez anos depois da mais selvagem perseguição sofrida pela igreja de Cartago, o clima na cidade era ansioso, irascível, tenso. A morte de seu bispo, Majorino, servira como para-raios de várias tensões. Uma questão predominava. Como, após o esforço concentrado para varrer a Igreja da face da África, os cristãos podiam defender a santidade de sua fé?

Três séculos após o nascimento de Cristo, as ramificações dessa questão iam muito além da Igreja. Os bispos das grandes cidades estavam se tornando figuras públicas. Embora o Estado às vezes os perseguisse, ocasionalmente o imperador também lhes concedia favores. Em 260, somente uma década após a prisão e tortura de Orígenes, uma mudança de regime fizera com que as igrejas obtivessem um privilégio particularmente signifi-

135

DOMÍNIO

cativo: o direito de propriedade. Os bispos, já armados com consideráveis poderes de patronato, adquiriram ainda mais peso. O fato de serem eleitos só enfatizava a potência e o escopo de sua liderança. Autoridade como a deles, exercida sobre rebanhos crescentes, era algo que os oficiais romanos respeitavam, mesmo que a contragosto. A devastadora perseguição iniciada em 303 nada fizera para diminuí-la. Ao contrário, o fracasso das autoridades provinciais em sua tentativa de destruir a Igreja servira para aumentar o prestígio dos líderes que as haviam desafiado. Quando, no verão de 313, um novo bispo foi eleito para suceder Majorino, ele podia não parecer uma figura impressionante pelos padrões tradicionais das classes governantes romanas. Donato viera de Casa Nigra, uma cidade obscura ao sul de Cartago, à beira do deserto, "onde as terras queimadas não dão nada além de cobras venenosas".[52] Mas esse provinciano severo e rústico — precisamente por rejeitar todos os marcadores de status — tinha em Cartago uma influência comparável à dos ricos e bem-nascidos. O poder o tornava perigoso, e ser perigoso o tornava temido.

No entanto, os inimigos mais amargos do bispo não eram as autoridades provinciais, mas outros cristãos. Donato não fora o único a reivindicar a liderança da igreja cartaginesa. Ele tinha um rival. Ceciliano obtivera o bispado dois anos antes, mas sua eleição fora furiosamente contestada. Embora fosse um administrador hábil, assertivo e experiente, ele era notório por não acreditar que os mártires eram os favoritos de Deus. Essa reputação, mesmo no melhor dos tempos, o teria tornado inaceitável para muitos cristãos de Cartago — e os tempos não eram bons. A Igreja africana estava dividida. Embora muitos líderes partilhassem a convicção expressa por um bispo, de que era melhor que "ele queimasse no fogo, e não as Sagradas Escrituras", outros não o faziam. Eles eram os cristãos que, no auge da perseguição, haviam entregado suas Escrituras. Para Donato e seus seguidores, isso fora uma traição imperdoável. Os que fizeram isso — *traditores*, como eram desdenhosamente chamados — já não eram vistos como cristãos. Haviam salvado a pele à custa da alma. Suas vozes eram cancerosas. Somente uma nova imersão nas águas batismais poderia limpá-los de seus pecados.

CRENÇA

Mas, longe de reconhecer seu erro, os *traditores* haviam elegido Ceciliano, um homem que, segundo sombrios rumores, não fora meramente um *traditor*, mas colaborara na perseguição dos que se recusavam a entregar as Escrituras. Entre dois pontos de vista tão opostos, entre os que insistiam em desafiar o mundo e os que preferiam chegar a um compromisso, entre donatistas e cecilianistas, como poderia haver reconciliação? Uma verdade nefasta e perturbadora foi revelada: as crenças partilhadas podiam tanto unir quanto dividir o povo cristão.

Donato, em sua ambição de reparar o cisma, naturalmente se voltou para os céus. Seus seguidores acreditavam, com devoto liberalismo, que seu bispo tinha uma linha direta de comunicação com Deus. Mesmo assim, na ausência de uma resposta divina capaz de persuadir os cecilianistas, Donato enfrentou a urgente necessidade de uma fonte alternativa de autoridade. Felizmente, somente um ano antes de sua eleição como bispo, ocorrera um milagre. Ou fora isso que os eventos de 312 haviam parecido aos estupefatos cristãos. Naquele ano, uma nova guerra civil estremecera a Itália. Um pretendente ao trono de Roma chamado Constantino marchara pela cidade. Lá, às margens do rio Tibre, ao lado da ponte Mílvia, obtivera uma vitória decisiva. Seu rival morrera afogado no rio. Constantino entrara na antiga capital com a cabeça do inimigo derrotado na ponta de uma lança. Os oficiais provinciais da África, convocados por seu novo mestre, obedientemente admiraram o troféu. Logo depois, como símbolo da grandeza de Constantino, a cabeça foi enviada para Cartago. Juntamente com algo muito inesperado. Um pacote de cartas claramente simpáticas aos cristãos chegou à cidade. Nelas, o governador foi instruído a devolver à igreja qualquer posse confiscada. Ceciliano — que, como grande político, escrevera a Constantino oferecendo profusas congratulações — foi pessoalmente assegurado da simpatia do imperador pela "muito sagrada Igreja católica".[53] Pouco depois, chegou a Cartago outra carta do imperador. Nela, o governador foi instruído a poupar Ceciliano e os outros padres do fardo dos deveres cívicos. Donato, escandalizado com o favoritismo demonstrado a seu rival, mesmo assim estava alerta para suas implicações mais amplas. Constantino

DOMÍNIO

não estava meramente agraciando a Igreja com tolerância; era quase como se escrevesse como cristão. E foi o que aconteceu. Com o tempo, seriam contadas histórias notáveis sobre como Constantino fora conquistado para Cristo; sobre como, na véspera de sua grande vitória na ponte Mílvia, ele vira uma cruz no céu e, em seus sonhos, fora visitado pelo próprio Salvador. Durante o resto de sua vida, o imperador jamais esqueceria a quem devia o governo do mundo. Mesmo assim, por mais devotamente grato que fosse, ele levaria tempo para compreender integralmente o caráter radical e desorientador de seu novo patrono. Inicialmente, viu o deus cristão como mera variação de um tema. Afinal, a alegação de que só existia uma única e todo-poderosa deidade não era feita somente por judeus ou cristãos. Os filósofos ensinavam isso ao menos desde o tempo de Xenófanes. Que o Ser Supremo governava o universo como o imperador governava o mundo, delegando autoridade a seus funcionários, era algo que muitos romanos davam como certo. Caracala, chegando a Alexandria, essencialmente oferecera o cargo a Serápis. Outros o haviam concedido a Júpiter ou Apolo. A ambição, como fora por um século, era definir para todos os cidadãos romanos um conjunto único e universalmente aceito de *religiones* e, consequentemente, fornecer ao império, em meio a todas as suas crises, o favor dos céus. Constantino, ao reconhecer a primazia de Cristo, queria que os cristãos se unissem aos outros cidadãos na busca por esse urgente objetivo. Em 313, em uma proclamação que, pela primeira vez, forneceu posição legal ao cristianismo, ele astutamente se recusou a nomear "a divindade que se senta nos céus".[54] A vagueza foi deliberada. Cristo ou Apolo: Constantino queria que seus súditos escolhessem quem era, para eles, a "suprema divindade".[55] Ele queria amenizar as divisões.

Mas então, partindo de Cartago, chegou Donato. Seria difícil imaginar um homem menos inclinado ao compromisso. Mesmo antes de sua eleição como bispo, ele e seus seguidores haviam feito queixas contra Ceciliano e exigido sua deposição. O imperador, confuso por encontrar tais divisões entre os cristãos, permitiu que Donato expusesse seu caso perante um painel de bispos em Roma. O painel prontamente decidiu contra ele. Donato

CRENÇA

apelou e, novamente, seu caso foi rejeitado. Mesmo assim, ele perseguiu Constantino com queixas. Quando, em 316, conseguiu fugir dos guardas que o seguiam por ordem do exausto imperador e voltou para a África, sua fuga somente confirmou a sombria opinião de Constantino sobre a contumácia do bispo. Dali em diante, no amargo conflito entre donatistas e cecilianistas, seriam os últimos a ter o poder do Estado romano a seu lado. "Que direito tem o imperador de interferir na Igreja?"[56] A pergunta de Donato, por mais ultrajada e ressentida que fosse, era apenas retórica. Constantino, assim como qualquer bispo, acreditava ter recebido a missão celestial de manter a unidade do povo cristão. A tradição personificada por Donato, a convicção de que a Igreja agradava mais a Deus quando seus membros repudiavam os pecadores, o confundia e enfurecia. "Tais brigas e altercações", inquietava-se ele, "talvez provoquem a suprema deidade não somente contra a raça humana, mas também contra mim."[57] Ao apoiar Ceciliano, Constantino assegurava aos bispos de todo o império que, desde que concordassem com o desejo do imperador por uma Igreja unificada, também poderiam contar com seu apoio. Donato, entrementes, tinha de viver com a dolorosa realização de que sua reivindicação de liderança dos cristãos da África era aceita por poucos além dos limites da província. Aos olhos do mundo, eram os seguidores de Ceciliano os autênticos "católicos"; os que seguiam Donato eram "donatistas".

Porém, se os bispos tiveram de se ajustar às novas circunstâncias iniciadas com a vitória de Constantino na ponte Mílvia, o mesmo teve de fazer o imperador. Empenhado em compreender o que significava ser servo de Cristo, ele passou por uma curva de aprendizado muito acentuada. Suas altercações com Donato haviam lhe mostrado o que teria de enfrentar na Igreja, uma organização sobre a qual, a despeito de governar o mundo, não tinha nenhum controle formal. Ao contrário dos sacerdotes que tradicionalmente mediavam entre Roma e os céus, os bispos não se preocupavam com ritos durante os quais ele, como herdeiro de Augusto, poderia assumir a liderança. Em vez disso, para sua intensa frustração, insistiam em discutir questões que pareciam mais adequadas aos filósofos. Em 324, alertado para

DOMÍNIO

a inveterada tendência dos teólogos de Alexandria de debater a natureza de Cristo, ele não tentou esconder sua impaciência. "Se toda sua sutil disputa trata de questões de pouca ou nenhuma significância, por que se preocupar em harmonizar suas visões? Por que não consignar suas diferenças à custódia secreta de suas mentes e de seus pensamentos?"[58] Mas Constantino percebeu que suas perguntas podiam ser ingênuas. Afinal, as questões sobre quem Cristo realmente fora, de que maneira pudera ser tanto humano quanto divino e como a Trindade era definida dificilmente eram ociosas. Como Deus podia ser adequadamente venerado, e sua aprovação pelo domínio romano sobre o mundo ser assegurada, se sua própria natureza estava em disputa? Os predecessores de Constantino, com suas tentativas de apaziguar os céus oferecendo sacrifícios e honrarias, haviam compreendido mal o que era exigido de um imperador. "Não importa como se venera, mas o que se venera."[59] Constantino começava a entender que a verdadeira *religio* era uma questão menos de ritual, de cobrir altares de sangue ou fumigá-los com incenso, que de crença correta.

Esse foi um momento decisivo. Em 325, somente um ano depois de ter aconselhado teólogos rivais a resolverem suas diferenças, Constantino convocou bispos de todo o império, e mesmo fora dele, para um concílio. Sua ambição era adequadamente imperiosa: estabelecer uma declaração de crenças, um credo, que as igrejas de toda parte então poderiam manter. Cânones, medidas para prescrever o comportamento dos fiéis, também seriam definidos. O local desse grandioso projeto, a cidade de Niceia, no noroeste da Ásia Menor, propositalmente não era uma base de poder cristão. O próprio Constantino, "vestindo um traje que brilhava como raios de luz",[60] deu boas-vindas a seus convidados com uma exibição mista de graciosidade e leve ameaça. Quando, após um mês de debates, um credo foi finalmente estabelecido e vinte cânones foram esboçados, os poucos delegados que se recusaram a aceitá-los foram formalmente banidos. A fusão entre teologia e a mais controladora burocracia romana resultou em uma inovação jamais tentada antes: uma declaração de crenças que se proclamava universal. O grande número de delegados, vindos de locais que iam da Mesopotâmia

CRENÇA

à Britânia, deu a suas deliberações um peso com o qual nenhum bispo ou teólogo podia rivalizar. Pela primeira vez, a ortodoxia possuía aquilo que nem mesmo a genialidade de Orígenes conseguira lhe fornecer: uma definição do deus cristão que podia ser usada para medir a heresia com precisão. Com o tempo, pesadas na balança contra o credo de Niceia, as próprias formulações de Orígenes sobre a natureza da Trindade seriam condenadas como heréticas. Uma nova formulação, escrita, como a dele, na linguagem da filosofia, declarava que Pai e Filho eram *homoousios*, "de uma única substância". Cristo, proclamava o credo de Niceia, era "o único Filho de Deus, eternamente gerado do Pai, Deus de Deus, Luz da Luz, verdadeiro Deus de verdadeiro Deus, gerado, não criado". Nunca antes um comitê criara frases de tão grande impacto. O longo esforço dos cristãos para articular o paradoxo que jazia no âmago de sua fé — como um homem torturado até a morte em uma cruz também podia ser divino — chegara finalmente a uma resolução duradoura. O credo, que, muitos séculos após ser escrito, continuaria a unir igrejas de outro modo divididas e dar substância ao ideal de um único povo cristão, superara as expectativas de Constantino. Somente um experiente administrador imperial poderia ter feito isso. Um século depois de Caracala conceder cidadania a todo o mundo romano, Constantino fizera uma descoberta excepcional: a de que a maneira mais segura de unir um povo não era por meio dos rituais compartilhados, mas da crença compartilhada.

A fé, contudo, como ele já descobrira, podia tanto unir quanto dividir. Seu triunfo em Niceia foi somente parcial. Bispos e teólogos continuaram a discutir. O próprio Constantino, nos anos finais de sua vida, sentiu-se menos leal às provisões do credo de Niceia. Em sua morte, em 337, ele foi sucedido no governo da parte oriental do império por seu filho Constâncio, que as rejeitou ativamente e promoveu um entendimento de Cristo como subordinado ao Deus Pai. Disputas que previamente haviam preocupado somente sectários obscuros agora faziam parte da política imperial. A aprovação ou o repúdio ao credo de Niceia deram ao infinito turbilhão das ambições dinásticas uma dimensão inteiramente nova de rivalidade. Mas

141

DOMÍNIO

não se tratava apenas de ambição pessoal. Constantino e seus herdeiros acreditavam que todo o futuro da humanidade estava em jogo. O dever do imperador de garantir a estabilidade do mundo praticando a *religio* correta significava que, cada vez mais, ele se preocupava tanto com teólogos quanto com generais ou burocratas. Afinal, a menos que o favor de Deus pudesse ser assegurado, qual era o valor de exércitos ou impostos? O cristianismo era "a verdadeira veneração do verdadeiro deus"[61] ou nada.

Em Cartago, é claro, eles sabiam disso havia muito. Em 325, quando Ceciliano retornou de Niceia, sua participação no grande concílio lá realizado nada fez para diminuir o desprezo que os seguidores de Donato sentiam por ele. Mesmo quando Donato morreu no exílio, três décadas mais tarde, o cisma não foi superado. E não é de surpreender. Não eram as ambições pessoais dos bispos rivais que alimentavam o ódio mútuo de seus seguidores, nem nada que os oficiais provinciais, desesperados para manter a ordem na África, conseguissem entender. Quando donatistas despiram um bispo católico no topo de uma torre e o empurraram para que caísse em uma pilha de excrementos, prenderam um colar de cães mortos no pescoço de outro ou arrancaram a língua e cortaram a mão direita de um terceiro, eles se comportaram de uma maneira que parecia calculada para confundir o burocrata romano médio. Que as diferenças doutrinárias podiam dividir o povo cristão fora algo que Constantino percebera rapidamente, mas não eram as doutrinas que os dividiam na África. O ódio era muito mais profundo. Os donatistas que tomavam uma igreja dos católicos se asseguravam de pintar as paredes de branco, esfregar o piso com sal e lavar os móveis. Eles acreditavam que somente assim o prédio podia ser limpo da contaminação de oponentes que haviam feito um compromisso com o mundo.

Qual era a maneira mais garantida de plantar um novo Jardim do Éden na terra? Era, como argumentavam os donatistas, erguer um muro contra as roseiras bravas e as urtigas e só cuidar das estreitas floreiras manifestamente livres de ervas daninhas? Ou era, como insistam seus oponentes, tentar espalhar sementes por todo o mundo? "Permitam que o jardim de Deus se espalhe por toda parte", foi o que urgiu um bispo católico ao responder

142

CRENÇA

à acusação donatista de que aceitara o mundo como era, em vez de como devia ser. "Por que vocês negam a Deus os povos cristãos do leste, do norte, das províncias do Ocidente e de todas as inumeráveis ilhas com as quais não partilham a fraternidade de comunhão e às quais — rebeldes como são, e poucos em número — se opõem?"[62] Os ódios gerados por essa amarga discordância, por mais desconcertantes que fossem para qualquer um que não tivesse sido criado nas tradições da igreja africana, provaram-se impossíveis de solucionar. O próprio Constantino, após sua breve intervenção na controvérsia donatista, terminara distraído por questões mais prementes. O terrorismo praticado por católicos e donatistas, embora tenha rapidamente se tornado endêmico, não atrapalhava o transporte de grãos da província para Roma, e por isso eles foram deixados em paz. Décadas após a morte tanto de Ceciliano quanto de Donato, os assassinatos continuaram, as divisões se amplificaram e o senso de certeza moral de ambos os lados se tornou ainda mais intenso.

Pela primeira vez, duas dimensões fundamentais do comportamento cristão entraram em conflito direto no palco público de uma província imperial. Se o povo de Deus era mais bem entendido como grupo de devotos eleitos ou como rebanho de pecadores era uma pergunta sem resposta conclusiva. Apesar do sucesso da liderança católica em isolar seus rivais do mainstream da Igreja, o apelo da causa representada pelos donatistas não podia ser inteiramente suprimido. Um sinal indicava um novo e radical futuro. Por toda a história cristã, a ânsia de rejeitar um mundo corrupto e contaminado, de recusar qualquer compromisso com ele e aspirar a uma condição de pureza imaculada se manifestaria repetidamente. Com o tempo, as implicações dessa tendência se estenderiam para além da própria Igreja. Estabelecera-se um padrão que, durante milênios, modelaria os contornos da política. Constantino, ao aceitar Cristo como Senhor, importara diretamente para o coração do império uma nova, imprevisível e físsil fonte de poder.

V

Caridade

362 d.C.: Pessino

O NOVO IMPERADOR, CRUZANDO A GALÁCIA, encontrou sinais de decadência em todo templo que visitou. A pintura das estátuas estava descascada e os altares já não eram cobertos de sangue. Em décadas recentes, o andar arrogante dos antigos deuses se transformara em encurvado claudicar. Talvez em nenhum lugar isso fosse mais evidente que em Pessino. Ali, desde tempos primordiais, fora o trono de Cibele. Seus sacerdotes castrados já haviam governado a cidade. Fora de Pessino, em 204 a.C., que chegara a primeira estátua da deusa enviada a Roma. Meio milênio mais tarde, os peregrinos ainda percorriam as estradas para homenagear a Mãe Divina. Mas em números cada vez menores. Mesmo em Pessino, o domínio de Cibele estava diminuindo. Seu imenso templo, que durante séculos dominara a cidade, cada vez mais era um monumento não a seu poder, mas a seu desvanecimento.

Isso deixou Flávio Cláudio Juliano profundamente chocado. Sobrinho de Constantino, ele fora criado como cristão, com eunucos que o acompanhavam para mantê-lo constante em sua fé. Mas ainda jovem repudiara o cristianismo e, depois de se tornar imperador, em 361, decidira reconquistar os que haviam "abandonado os deuses vivos pelo cadáver de um judeu".[1] Erudito brilhante e general arrojado, Juliano era tão devoto

CARIDADE

a suas crenças quanto qualquer um dos que chamava desdenhosamente de "galileus". Cibele era o objetivo particular de sua devoção. Ele acreditava que ela o resgatara da escuridão de suas crenças infantis. Assim, não surpreende que, ao se dirigir para leste a fim de se preparar para a guerra contra a Pérsia, ele tenha feito um desvio até Pessino. O que encontrou por lá o deixou estarrecido. Mesmo após fazer sacrifícios e honrar os que haviam permanecido constantes em sua veneração aos deuses da cidade, ele continuou a sentir raiva e melancolia pela negligência demonstrada por Cibele. Claramente, o povo de Pessino não merecia o patronato da deusa. Deixando os gálatas para trás, ele fez o mesmo que Paulo fizera três séculos antes: ele lhes enviou uma carta.

Ou melhor, enviou uma carta ao sumo sacerdote dos gálatas. Juliano, tentando explicar por que a veneração a Cibele caíra em desuso, não se contentou em culpar os ignorantes e ingênuos. A verdadeira culpa era dos sacerdotes. Longe de se devotarem aos pobres, eles viviam com selvagem abandono. Isso tinha de acabar. Em um mundo tomado pelo sofrimento, por que os sacerdotes estavam bebendo nas tavernas? Seu tempo seria mais bem empregado, informou Juliano severamente, no auxílio aos necessitados. Para esse fim, subsídios para alimentos e bebidas seriam fornecidos dos fundos pessoais do imperador e enviados anualmente à Galácia. "Ordeno que um quinto seja dado aos pobres que servem aos sacerdotes e o restante seja distribuído entre viajantes e mendigos."[2] Ao se comprometer com esse programa de bem-estar social, Juliano tinha certeza de que Cibele aprovaria. Ele insistiu que cuidar dos fracos e desafortunados sempre fora a principal preocupação dos deuses. Se os gálatas pudessem ser levados a compreender isso, renovariam seus antigos hábitos de veneração. "Ensinem a eles que as boas obras são uma prática antiga entre nós."[3]

Isso sem dúvida seria novidade para os próprios celebrantes de Cibele. Por trás do ascetismo altruísta das fantasias de Juliano havia uma realidade muito menos sóbria: sacerdotes cujo entusiasmo era não pela caridade, mas pela dança, pelos trajes femininos e pela autocastração. Os deuses não davam a mínima para os pobres. Pensar de outro modo era "conversa desmiolada".[4]

145

DOMÍNIO

Quando Juliano, escrevendo ao sumo sacerdote da Galácia, citou Homero sobre as leis da hospitalidade e como até mesmo mendigos podiam apelar a ela, ele meramente chamou atenção para a escala de suas ilusões. Os heróis da *Ilíada*, favoritos dos deuses, dourados e predatórios, desdenhavam dos fracos e dos oprimidos. Assim como os filósofos, apesar de todas as homenagens que Juliano lhes prestava. Os famintos não mereciam simpatia. Os mendigos deviam ser deportados. A pena podia minar o autocontrole de um homem sábio. Somente cidadãos de bom caráter que passavam por dias ruins sem os terem causado concebivelmente mereciam assistência. Certamente, havia muito pouco no caráter dos deuses que Juliano venerava ou nos ensinamentos dos filósofos que admirava para justificar qualquer suposição de que os pobres, somente por serem pobres, tinham direito a auxílio. O jovem imperador, por mais que fosse sincero em seu ódio pelos ensinamentos do "galileu" e em seu lamento pelo impacto que haviam tido sobre as coisas que lhe eram mais caras, estava cego para a ironia de seu plano para combatê-los: o fato de que tal plano era irredimivelmente cristão.

"Quão aparente para todos, e quão vergonhoso, é o fato de nosso próprio povo não receber apoio, ao passo que nenhum judeu jamais tem de mendigar e os ímpios galileus auxiliam não somente seus próprios pobres, mas também os nossos."[5] Juliano estava dolorosamente consciente disso. As raízes da caridade cristã eram profundas. Os apóstolos, obedecendo tanto às tradições judaicas quanto aos ensinamentos de seu mestre, haviam solenemente encarregado as novas igrejas de sempre se lembrarem dos pobres.[6] Geração após geração, os cristãos haviam permanecido verdadeiros a essa injunção. Todas as semanas, em igrejas por todo o mundo romano, eram feitas coletas para órfãos, viúvas, prisioneiros, náufragos e doentes. Quando as congregações se expandiram e os mais ricos passaram a receber o batismo, os fundos disponíveis para auxiliar os pobres também cresceram. Sistemas inteiros de seguridade social começaram a emergir. Elaborados e bem organizados, eles passaram a permear as grandes cidades do Mediterrâneo. Constantino, ao recrutar bispos para seus propósitos, também recrutara as redes de caridade das quais eles eram os principais patronos. Juliano, apesar

CARIDADE

de seu desprezo pelos galileus, entendia isso muito bem. No mundo romano, as clientelas sempre foram um índice de poder e, por essa medida, os bispos haviam se tornado muito poderosos. Os abastados, homens que, nas gerações anteriores, fortaleciam seu status financiando teatros, templos ou banhos públicos, haviam começado a encontrar na Igreja uma nova válvula para suas ambições. Fora por isso que Juliano, em uma quixotesca tentativa de dar à veneração dos antigos deuses um apelo similar, instalara um sumo sacerdote na Galácia e urgira seus subordinados a praticar o auxílio aos pobres. Os cristãos inspiravam em Juliano um desprezo profundo, mas também o enchiam de inveja.

Seus adversários o apelidaram de Apóstata, traidor da fé, mas Juliano também se sentia traído. Deixando a Galácia, ele continuou para leste até a Capadócia, uma região escarpada e famosa pela qualidade de seus cavalos e suas alfaces que ele conhecia muito bem. Quando criança, fora mantido lá, em detenção efetiva, por um Constantino cheio de suspeitas, e estava perfeitamente familiarizado com o caráter dos notáveis locais. Um, em particular, era quase uma imagem espelhada dele mesmo. Basílio, como Juliano, era muito versado em literatura e filosofia gregas. Já estudara em Atenas e era renomado por seus poderes de oratória. Ele era, em suma, precisamente o tipo de homem que o imperador esperava recrutar. O problema era que tomara o caminho oposto. Longe de repudiar sua criação como cristão, ele abandonara a carreira de advogado. Comprometendo tanto suas energias quanto sua fortuna com Cristo, ele e seu irmão mais novo, um teólogo brilhantemente original chamado Gregório, rapidamente adquiriram reputação internacional. Embora Basílio não tenha se encontrado com Juliano durante a viagem do imperador pela Capadócia, ele era tão célebre que muitos, sentindo que os dois homens mais famosos daquela era deviam se enfrentar, decidiram cuidar do assunto por si mesmos.* Quando, um ano após deixar a Ásia Menor, Juliano morreu na Mesopotâmia lutando con-

---

* Subsequentemente, foi forjada uma carta de Juliano para Basílio na qual o imperador expressava admiração pelo destinatário.

DOMÍNIO

tra os persas, um soldado de seu séquito escreveu um relato sobre como, em uma visão, Basílio vira Cristo enviar um santo para matá-lo com uma lança. Embora, após a morte do imperador, não houvesse ninguém para continuar sua contrarrevolução, Basílio e Gregório se tornaram cada vez mais influentes. Em 370, o irmão mais velho foi eleito bispo de Cesareia, a capital da Capadócia; dois anos depois, o mais jovem foi nomeado para um novo bispado na principal estrada para a Galácia, em Nissa. Ambos foram renomados por seu trabalho em benefício dos pobres; ambos, como consequência, passaram a exercer uma influência que se estendia muito além das fronteiras de sua terra natal. O insight de Juliano fora confirmado: a caridade de fato gerava poder.

Mas isso não significa que sua própria estratégia não estivesse fadada ao fracasso. A preocupação com os oprimidos não podia ser meramente convocada à existência a partir do nada. A lógica que inspirara dois homens ricos e educados como Basílio e Gregório a devotar suas vidas aos pobres derivava dos próprios fundamentos de sua fé. "Não despreze essas pessoas por sua abjeção, não ache que elas não merecem respeito", urgira Gregório. "Reflita sobre quem são e você entenderá sua dignidade; elas tomaram sobre si a pessoa de nosso Salvador. Pois ele, o compassivo, deu a elas sua própria pessoa."[7] Gregório, mais claramente que qualquer outro antes dele, levou as implicações da escolha de Cristo de viver e morrer como um pobre a sua conclusão lógica. A dignidade, que nenhum filósofo jamais ensinara ser possuída pelas massas fedorentas de trabalhadores, era para todos. Não havia nenhuma existência humana tão miserável, desprezível ou vulnerável que não fosse uma imagem de Deus. O amor divino pelos párias e desabrigados exigia que os mortais também os amassem.

Foi essa convicção que, em 369, na periferia de uma Cesareia devastada pela fome, levou Basílio a embarcar em um novo e radical projeto de construção. Outros líderes cristãos haviam construído *ptocheia*, ou "casas dos pobres", mas nenhuma em escala tão ambiciosa. A *Basileias*, como passou a ser conhecida, foi descrita por um admirador maravilhado como verdadeira cidade e incorporava, além dos abrigos para os pobres, o que foi na prática

CARIDADE

o primeiro hospital. Basílio, que estudara medicina em Atenas, não se esquivava de cuidar dos doentes. Até mesmo os leprosos, cujas deformidades e supurações causavam particular repulsa, podiam ser acolhidos pelo bispo com um beijo e receber refúgio e cuidados. Quanto mais alquebrados eram os homens e mulheres, mais prontamente Basílio via neles um vislumbre de Cristo. O espetáculo, em um mercado de escravos, de um menino sendo vendido pelos pais famintos para que seus irmãos pudessem comer levou o bispo a uma condenação particularmente cáustica dos ricos. "O pão em sua mesa pertence aos famintos; a capa em seu armário, aos nus; os sapatos que você deixou apodrecer, aos descalços; o dinheiro em seus cofres, aos destituídos."[8] Os dias em que um homem rico só tinha de financiar uma autoengrandecedora peça de arquitetura para ser saudado como benfeitor público haviam ficado definitivamente para trás.

O irmão de Basílio foi ainda mais longe. A existência da escravidão levou Gregório a não somente condenar os extremos de riqueza e pobreza, mas também a definir a própria instituição como ofensa imperdoável a Deus. A natureza humana, pregava ele, fora constituída pelo Criador como algo livre. Como tal, era literalmente inestimável. "Nem o universo inteiro seria pagamento adequado pela alma de um mortal."[9] Para sua congregação, essa perspectiva era radical e sediciosa demais para ser levada a sério; pois, como, perguntou o próprio Basílio, os que possuíam inteligência e capacidades inferiores poderiam sobreviver, se não como escravos? Não surpreende, portanto, que o abolicionismo de Gregório tenha encontrado pouco apoio. A existência da escravidão como condenável mas necessária continuou a ser aceita pela maioria dos cristãos, incluindo Basílio. Somente quando os céus se unissem à terra ela deixaria de existir. A passional insistência de Gregório de que possuir escravos era "colocar o próprio poder acima do poder de Deus"[10] e pisotear uma dignidade que era direito de todo homem e mulher foi como uma semente entre espinhos.

Mas outra semente caiu em solo fértil. Leprosos e escravos não eram os mais vulneráveis dos filhos de Deus. Em todo o mundo romano, chorando à beira das estradas ou em lixeiras, bebês abandonados pelos pais

DOMÍNIO

eram um sinal comum. Outros podiam ser jogados nos drenos, perecendo às centenas. Com exceção de um ou outro filósofo excêntrico, poucos questionavam essa prática. Aliás, havia cidades onde leis muito antigas a haviam transformado em virtude: condenar à morte os bebês deformados para o bem do Estado. Esparta, uma das mais celebradas cidades gregas, era a epítome dessa política, e o próprio Aristóteles lhe dera todo o peso de seu prestígio. As meninas, em particular, estavam sujeitas a uma seleção impiedosa. As que eram resgatadas da beira da estrada invariavelmente eram criadas como escravas. Os bordéis estavam cheios de mulheres abandonadas pelos pais — tanto que havia muito forneciam aos romancistas o material básico de sua ficção. Somente alguns povos — uma ou outra tribo germânica e, inevitavelmente, os judeus — evitavam o abandono das crianças indesejadas. Quase todos os outros a aceitavam como fato da vida. Até o surgimento do povo cristão.

As implicações para os bebês jogados no lixo eram demonstradas melhor não por Basílio ou Gregório, mas por sua irmã. Macrina, a mais velha dos nove irmãos, era de muitos modos a mais influente. Fora ela quem persuadira o irmão a abandonar a carreira legal e se devotar a Cristo; similarmente, era louvada por Gregório como mais brilhante de seus instrutores. Erudita, carismática e formidavelmente ascética, ela se devotava a uma renúncia tão absoluta aos prazeres do mundo que maravilhava seus contemporâneos e, mesmo assim, não abandonava totalmente o mundo. Quando a fome atingiu a Capadócia e "a carne se pendurou dos ossos dos pobres como teias de aranha",[11] Macrina começou a percorrer as lixeiras. As bebês que resgatava eram levadas para casa e criadas como suas filhas. Tenha sido Macrina a ensinar Gregório ou Gregório a Macrina, ambos acreditavam que no interior da mais vulnerável criança recém-nascida podia ser vislumbrado um toque do divino. Talvez não seja coincidência que a Capadócia e as regiões vizinhas, onde, mesmo para os padrões de outras terras, o abandono de bebês era um costume particular, tenham sido aquelas onde as primeiras visões da mãe de Cristo foram relatadas. Maria, a virgem *Theotokos*, "portadora de Deus", soubera como era ter um bebê sendo pobre e estando

CARIDADE

desabrigada e com medo. Assim fora registrado nos evangelhos de Mateus e Lucas. Obrigada, por uma exigência fiscal romana, a viajar de sua nativa Galileia até Belém, Maria tivera Cristo em um estábulo e o deitara sobre a palha. Macrina, tomando nos braços a frágil forma de um bebê esfaimado, tinha certeza de estar fazendo o trabalho de Deus.

Mas Gregório, quando louvou a irmã após sua morte, não a comparou a Maria. Mesmo sendo de boa família e nascida na riqueza, ela sempre dormira sobre tábuas, como se dormisse sobre a cruz, e foi assim que, em seu leito de morte, pedira que Deus a recebesse em seu reino, "porque fui crucificada convosco".[12] Não foi seu irmão, o celebrado bispo, o fundador da *Basileias*, que Gregório comparou a Cristo, mas sua irmã. Aqui, em um mundo no qual leprosos podiam ser tratados com dignidade e a abolição da escravidão podia ser urgida aos ricos, estava mais uma subversão da maneira tradicional de ordenar as coisas. Sólidas como eram essas hierarquias, extremamente antigas e com fundações muito profundas, elas não seriam derrubadas tão facilmente quanto desejava Gregório; apesar disso, em suas homilias havia uma intimação de reverberações muito distantes no futuro. Na nova fé adotada pelas classes governantes romanas, estavam imanentes muitas coisas que elas mal conseguiam compreender. "Dê ao faminto o que você nega a seu próprio apetite."[13] O conselho de Gregório, que teria parecido loucura para as gerações anteriores, se tornaria cada vez mais influente entre os abastados.

Partilhando e cuidando

Em 397, em um vilarejo à margem do Loire, dois grupos rivais se encontraram em frente a uma câmara de pedra onde jazia um homem moribundo. Já era fim de tarde quando ele finalmente deu seu último suspiro; e imediatamente teve início uma violenta discussão sobre para onde seu corpo seria levado. Os dois grupos, um de Poitiers, outro de Tours, defenderam suas respectivas cidades. As sombras se alongaram, o sol se pôs e a disputa

DOMÍNIO

continuou. Os homens de Poitiers, combinando que roubariam o cadáver à primeira luz do dia, sentaram-se para a vigília, mas gradualmente adormeceram. Os homens de Tours, aproveitando a oportunidade, entraram na cela. Erguendo o corpo das cinzas em que estava deitado, eles o passaram por uma janela e correram rio acima. Chegando a Tours, foram saudados pela multidão exultante. O enterro do velho em uma tumba ao lado dos muros da cidade seria a culminação de uma expedição triunfante.

Histórias como essa, contadas por pessoas orgulhosas do poder do morto em seu meio, tinham origens muito antigas.* Na Grécia, os ossos dos heróis — facilmente distinguíveis por seu tamanho colossal — eram considerados troféus. Não era incomum que esqueletos inteiros fossem removidos da rocha e sequestrados. As tumbas, grandes montes de terra erguidos sobre as cinzas dos heróis caídos, havia um milênio eram locais de peregrinação. Juliano, mesmo antes de se tornar imperador e tornar pública sua devoção pelos antigos deuses, fizera questão de visitar Troia. Lá, vira as tumbas dos heróis de Homero e os templos em sua homenagem, acompanhado por ninguém menos que o bispo local. Vendo as sobrancelhas arqueadas de Juliano, o bispo dera de ombros. "Não é natural que as pessoas venerem um homem corajoso que foi seu compatriota?"[14] O orgulho pelos guerreiros ancestrais era muito profundo.

O velho cujo corpo fora reivindicado pelo grupo de Tours já fora soldado. Aliás, servira na cavalaria de Juliano. Mas não era por quaisquer feitos no campo de batalha que Martinho era admirado por seus seguidores. Nem por sua linhagem, sua beleza, seu esplendor ou qualquer uma das qualidades tradicionalmente atribuídas aos heróis. Entre os notoriamente arrogantes nobres da Gália, Martinho fizera muitos torcerem o nariz. "Sua aparência era a de um camponês, suas roupas de má qualidade e seu cabelo uma desgraça."[15] Mas seu carisma e sua mística haviam sido tais que vários

---

* A confiabilidade dessa história, que foi escrita dois séculos após os eventos que relata, é difícil de determinar. Pelo que possa valer, um relato daquela época não menciona qualquer disputa entre os homens de Poitiers e Tours.

CARIDADE

aristocratas, longe de desprezá-lo, haviam sido inspirados por seu exemplo a abandonar suas propriedades e viver como ele. A cinco quilômetros de Tours, em uma planície relvada chamada Marmoutier, podia ser encontrada uma comunidade inteira de tais aristocratas, acampados em barracos de madeira ou nas cavernas do rochedo em frente. Essa aventura levava um sabor do distante Egito para as margens do Loire. Lá fora no deserto, entre bandidos e bestas selvagens, homens e mulheres viviam havia muitos anos. Sua ambição era rejeitar as ilusões da civilização, comprometer-se com uma vida de castidade e autoabnegação e viver como *monachoi*, "os que vivem sozinhos". É verdade que o vale do Loire não era nenhum deserto. Os *monachoi* — os monges — que haviam se assentado por lá não tinham sacrificado tudo. Eles mantiveram suas terras. Camponeses ainda trabalhavam para eles. Como poderiam ter feito nos momentos de lazer em suas vilas, eles passavam o tempo lendo, conversando e pescando. E, apesar disso, viver como viviam, após terem nascido para a grandiosidade, o luxo e as expectativas terrenas, era indubitavelmente um sacrifício. Visto a certa luz, poderia ser quase heroico.

E, se era, então Martinho — julgado pelos padrões tradicionais da aristocracia na Gália — representava um novo e desconcertante tipo de herói: um herói cristão. Essa era a própria essência de seu magnetismo. Ele era admirado por seus seguidores não a despeito, mas por causa da rejeição das normas terrenas. Em vez de aceitar um prêmio em dinheiro de Juliano, ele exigira publicamente seu desligamento do exército. "Até agora servi a você; desse momento em diante, sou servo de Cristo."[16] Quer Martinho realmente tenha dito isso ou não, seus seguidores achavam fácil acreditar que dissera. O fato de ter dado seu último suspiro deitado no chão de terra, com a cabeça apoiada em uma pedra, era uma medida da maneira como vivera. Nem mesmo os mais exigentes padrões de disciplina militar se comparavam às austeridades a que ele consistentemente se submetera. Em uma era na qual os ricos, vestidos de ouro e seda, brilhavam como pavões, os seguidores de Martinho, acampados em suas celas, vestindo nada além de túnicas ásperas, olhavam para ele com a admiração de recrutas por um capitão en-

DOMÍNIO

durecido pelas batalhas. Ao escolher viver como mendigo, ele obtivera uma fama maior que a de qualquer outro cristão da Gália. Em 371, até mesmo fora eleito bispo de Tours. O choque — para a elite da cidade, consciente do status dessa posição, e para o próprio Martinho — fora imenso. Emboscado pelos que chegavam com notícias de sua elevação, ele fugira e se escondera em um celeiro, ao menos até seu esconderijo ser revelado pelos gansos. Ou é isso que diz a história. É uma evidência de sua celebridade o fato de tantas histórias assim serem contadas a seu respeito. Primeiro monge da Gália a se tornar bispo, ele era uma figura de rara autoridade, elevado às alturas precisamente porque não o queria.

Para qualquer um criado para o esnobismo característico da sociedade romana, isso era um choque. Mas não era somente o espetáculo de um ex-soldado fedorento e malvestido presidindo os homens mais poderosos de Tours que provocava a sensação de mundo de cabeça para baixo, de último se tornando o primeiro. O desdém de Martinho pelos acessórios do poder — palácios, roupas finas — era mais que um mero tapa na cara dos que mensuravam o status pela posse de tais coisas. Ele o dotava de um poder que, na opinião de seus admiradores, nada devia à agência humana. Foram contadas histórias fabulosas sobre a extensão desse poder: como o fogo recuava sob seu comando; como as aves aquáticas, tendo-o ofendido ao se lançarem sofregamente sobre os peixes, haviam sido ordenadas a migrar; e assim por diante. Nenhum de seus seguidores tinha dúvidas sobre a fonte de tal autoridade. Eles acreditavam que Martinho fora tocado pelo próprio Cristo.

"Se você quer ser perfeito, vá, venda os seus bens e dê o dinheiro aos pobres, e você terá um tesouro no céu."[17] Fora isso que Jesus respondera quando um jovem rico lhe perguntara como obter a vida eterna. O jovem, muito entristecido, recuara; mas não Martinho. Mesmo como bispo, ele seguira integralmente o conselho de seu Salvador, recusando o palácio a que tinha direito em função do cargo e vivendo em um barraco em Marmoutier. O fato de que realmente obtivera para si um tesouro celestial ficou evidente graças ao som, ouvido enquanto morria, de salmos sendo cantados

CARIDADE

nos céus, mas também nos serviços miraculosos que prestara aos doentes e miseráveis. Relatos de seus feitos eram repetidos carinhosamente: como os paralíticos voltaram a andar com seu toque; como os leprosos foram curados por seu beijo; como até mesmo um suicida, pendurado do teto, retornara dos mortos. Nessas histórias havia um desafio aos ricos que se tornava mais pronunciado toda vez que eram contadas. Anedotas e homilias instruíam os fiéis. Martinho não era, como fora Gregório de Nissa, um erudito. Eram seus feitos, não suas palavras, que seus discípulos tendiam a admirar. Ao contrário de Gregório, cuja visão de Deus como "auxiliador dos inferiores, protetor dos fracos, refúgio dos desesperados, salvador dos rejeitados"[18] fora poderosamente informada por Orígenes, a genialidade de Martinho consistia em gestos memoráveis. Esse foi seu legado mais verdadeiro e influente: as histórias a seu respeito.

Uma delas se destaca. O cenário era o auge do inverno, durante a juventude de Martinho, antes de ele se desligar do exército. Naquele ano, o frio fora excepcionalmente intenso. Um mendigo coberto de trapos tremia na entrada de Amiens, uma cidade no norte da Gália. Os moradores, bem-agasalhados para andarem na neve, nada lhe deram. Então chegou Martinho. Vestido para o dever, ele não tinha dinheiro, somente seus braços. Mas, como soldado, tinha uma pesada capa militar. Usando a espada, ele a cortou ao meio e deu metade ao mendigo. Nenhuma outra história sobre ele seria mais querida ou repetida que essa. E isso não surpreende, pois ela ecoava uma parábola contada pelo próprio Cristo. O cenário, como registrado no evangelho de Lucas, fora a estrada que partia de Jerusalém para o leste. Dois viajantes, um sacerdote e um frequentador do Templo, haviam passado por um judeu que fora atacado por bandidos e deixado para morrer. Então chegara um samaritano, que acudira o homem ferido, o levara para uma hospedaria e pagara para que o hospedeiro cuidasse dele. Chocante para as sensibilidades dos ouvintes originais de Jesus, que acreditavam conhecer o caráter desprezível dos samaritanos, a história era igualmente chocante para os ouvintes na distante Gália. O urbanismo romano acrescentara suas próprias suposições ao tribalismo que sempre fora profundo na região: a de que os abastados, se

DOMÍNIO

sentiam alguma responsabilidade pelos desafortunados, deviam-na somente aos de sua própria cidade. Mas Martinho não era de Amiens. Nascido no sopé leste dos Alpes e criado na Itália, sequer era gálico. Mais que qualquer prescrição legal, mais que qualquer sermão, a compaixão que demonstrara por um estranho tremendo de frio na neve enfatizava os princípios a que devotara sua vida: os que possuíam bens tinham um dever de caridade para com os que não possuíam, e esse dever não conhecia limites. Dizia-se que, naquela noite, Martinho sonhara com Cristo vestindo a metade da capa que ele dera ao mendigo. "E o Senhor disse a ele, como fizera na terra, 'o que você faz pelo menor de meus irmãos, é a mim que o faz."[19]

Assim, não havia dúvidas sobre o imenso poder da reputação de Martinho ou sobre o prêmio que os sequestradores de seu corpo haviam conquistado para Tours. Os milagres que supostamente realizara em vida não cessaram após sua morte. Em sonhos, ele aparecia para os doentes e os desprovidos, endireitando membros retorcidos e dando voz aos mudos. Contudo, se inspirava devoção, também inspirava desconforto entre as principais famílias de Tours. Em Marmoutier, os monges colocavam placas indicando onde ele rezara, onde se sentara e onde dormira, mas, em Tours, ele tendia a ser lembrado com menos ternura. O bispo que o sucedeu, embora tivesse construído um pequeno santuário sobre sua tumba, não promoveu sua fama. Nos níveis superiores de uma igreja dominada pela elite urbana, Martinho era um constrangimento. Sua aldrabice, sua falta de berço, sua exigência de que a distância entre ricos e pobres desaparecesse: nada disso era bem-vindo. Segundo seus seguidores, isso se dava porque ele envergonhara os outros bispos ao servir como sua reprimenda viva, mas os bispos, é claro, discordavam. Eles tinham um senso mais elevado de seu papel, considerando-se defensores da ordem natural das coisas. Se entregassem todas as posses aos pobres, como manteriam a autoridade? Por que Deus desejaria a destruição do próprio tecido social? Sem os ricos, de onde viria a caridade?

Essas eram perguntas insistentes em um mundo no qual cada vez mais ricos se tornavam cristãos.

CARIDADE

Tesouro no céu

Muito além dos horizontes de uma cidade provinciana como Tours, em vilas espargidas com caros perfumes, adornadas com mármore de todas as cores e decoradas com ouro e prata, brilhava a dimensão dos super-ricos. As famílias mais abastadas tinham propriedades centenárias por todo o mundo romano. Em virtude de sua linhagem e sua renda, os homens que as lideravam eram membros do clube mais exclusivo do império. O Senado, uma assembleia cujas origens datavam dos primeiros dias de Roma, era o ápice de uma sociedade rigidamente estratificada. Seus membros — embora em caráter privado — chegavam a desdenhar dos imperadores, considerando-os novos-ricos. Não havia ninguém mais esnobe que um senador.

Como, para os plutocratas cristãos, isso podia ser harmonizado com um dos avisos mais assustadores de seu Salvador, o de que era mais fácil um camelo passar pelo buraco de uma agulha que um homem rico entrar no reino dos céus? Em 394, surgiu para essa pergunta uma resposta tão radical que enviou ondas de choque por toda a elite do império, animando alguns e horrorizando muitos outros. Merópio Pôncio Paulino era o epítome do privilégio. Fabulosamente bem-relacionado e dono de muitas propriedades na Itália, na Gália e na Espanha, ele gozava de todas as vantagens que a educação podia fornecer. Também tinha talento. Tanto na Cúria, o antigo edifício no centro de Roma onde o Senado se reunia, quanto como administrador, ainda jovem Paulino obtivera excelente reputação. Mesmo assim, era atormentado pela dúvida. Grande admirador de Martinho, que miraculosamente o curara de um problema nos olhos, Paulino passara a acreditar que a maior cegueira era a causada pelos bens terrenos. Encorajado pela esposa, Terásia, ele começou a contemplar um espetacular gesto de renúncia. Quando, após tentar por muitos anos, o casal teve um filho, somente para perdê-lo oito dias depois, eles chegaram a uma decisão. Seu plano era "comprar Cristo e o céu pelo preço de riquezas frágeis".[20] Todas as suas propriedades e posses, anunciou Paulino, seriam vendidas, e o dinheiro seria dado aos pobres. Adicionalmente, ele renunciou ao cargo de senador e às relações sexuais com a esposa. Quando partiram da Espanha nativa de Te-

157

DOMÍNIO

rásia e se dirigiram para a Itália, o fizeram como casal comprometido com a pobreza. "As correntes mortais da carne e do sangue foram rompidas."[21]

Pelo resto da vida, Paulino viveria em um casebre simples perto da baía de Nápoles, na cidade de Nola. Lá, onde ainda jovem ele cumprira um mandato como governador, ele se devotou às orações, vigílias e esmolas. Ouro que outrora seria usado em sedas ou especiarias agora era gasto em roupas e pão para os pobres. Quando chegavam viajantes abastados, com "caravanas brilhantes, cavalos ricamente decorados e carruagens douradas para as mulheres",[22] Paulino se apresentava como censura visual a essa extravagância. Pálido em função de sua dieta de feijões, com o cabelo malcortado como o de um escravo, sua aparência era calculada para chocar. Seu odor corporal também. Em uma era na qual não existia marcador mais garantido de riqueza que estar banhado e perfumado, Paulino saudava o fedor dos sujos como "o cheiro de Cristo".[23]

Mas, para um bilionário, feder era tanto uma questão de estilo quanto usar fragrâncias caras. Décadas após declarar que disporia de todas as suas posses, e a despeito de seu indubitável comprometimento com esse curso de ação, os detalhes precisos de seus negócios permaneciam opacos. Uma coisa era evidente: ele sempre tinha dinheiro para gastar em seus projetos. Os pobres não eram o único foco de suas ambições. Na tradição exibicionista dos romanos super-ricos, ele gostava de *grands projets*. O fato de financiar igrejas, e não templos, não diminuía a espetacular extravagância dos materiais escolhidos. A despeito de sua recusa em cumprir os deveres que lhe cabiam como senador, Paulino permanecia uma figura reconhecivelmente patrícia, um homem grandioso distribuindo dádivas. Talvez seja por isso que, a despeito de seu renome como camelo que passara pelo buraco da agulha, ele raramente fizesse alusão a essas famosas palavras. Ele preferia outra passagem dos evangelhos. Jesus contara a história de Dives, um homem rico, que se recusou a alimentar um mendigo chamado Lázaro. Os dois morreram. Dives se viu no fogo, ao passo que Lázaro ficou bem acima dele, ao lado de Abraão. "Tem misericórdia de mim", disse Dives a Abraão, "e manda que Lázaro molhe a ponta do dedo na água e refresque a minha

CARIDADE

língua, porque estou sofrendo muito neste fogo." Mas Abraão recusou. "Filho, lembre-se de que durante a sua vida você recebeu coisas boas, enquanto Lázaro recebeu coisas más. Agora, porém, ele está sendo consolado aqui e você está em sofrimento."[24] Era esse destino que atormentava Paulino e que ele decidira evitar a qualquer custo. Todo ato de caridade, toda doação de moedas de ouro, prometia uma gota de água fria em sua língua. A riqueza entregue aos necessitados podia apagar as chamas da vida após a morte. Era a essa esperança que Paulino se agarrava. "Não são as riquezas em si que se mostram ofensivas ou aceitáveis para Deus, mas o modo como são usadas pelos homens."[25]

Como maneira de diminuir a ansiedade dos cristãos ricos, essa proposta parecia boa para todo mundo. Os pobres se beneficiavam da generosidade dos ricos e os ricos armazenavam um tesouro no céu ao ser caridosos com os pobres. Quanto mais um homem tinha para dar, maior seria sua recompensa final. Dessa maneira — apesar das perturbadoras reflexões sobre camelos e buracos de agulha —, as propriedades tradicionais podiam ser preservadas. A hierarquia, mesmo para cristãos tão literais quanto Paulino em sua interpretação dos evangelhos, ainda tinha algum valor. Mas nem todos estavam certos disso. A ordem fixa das coisas estava ruindo. Antigas certezas estavam literalmente sob cerco. Em 410, uma década e meia após Paulino ter renunciado a suas riquezas, um espetáculo muito maior de humilhação chocou o mundo. A própria Roma, a antiga senhora do império, foi esfaimada até a submissão por um povo bárbaro, os godos, e privada de seu ouro. Os senadores gastaram tudo que tinham para pagar o resgate da cidade. O choque foi sentido em todo o Mediterrâneo. No entanto, alguns cristãos, em vez de sentirem ultraje, viram no saque de Roma meramente a última expressão de um desejo primordial por riquezas. "Piratas nas ondas do oceano, bandidos nas estradas, ladrões nas cidades e nos vilarejos, saqueadores por toda parte: todos são motivados pela cobiça."[26] Sendo verdade no caso do rei godo, não era menos verdade no caso dos senadores. Rara era a fortuna que não fora construída nas costas das viúvas e dos órfãos. A própria existência da riqueza era uma conspiração contra os pobres. As

DOMÍNIO

esmolas, não importando o que os plutocratas cristãos pudessem pensar, não a santificavam. O fogo estava à espera. Os ricos jamais ficariam ao lado de Abraão.

Essa interpretação dos propósitos de Deus, por mais sombria que parecesse a Paulino, também derivava da leitura cuidadosa dos evangelhos. Aqueles que a proclamavam citavam seu Salvador. "Cristo não disse 'Desafortunados os ricos maus', mas simplesmente 'Desafortunados os ricos'."[27] Mas, na década do saque de Roma, os radicais não se confinaram a citar as Escrituras. Em sua ambição de determinar o que os ensinamentos de Cristo sobre a riqueza e a pobreza podiam significar para uma sociedade dominada por bilionários e como as diferenças entre ricos e pobres podiam ser apagadas, eles buscaram inspiração no asceta mais famoso daquela era. Pelágio, um bretão robusto e intelectualmente brilhante, fizera tanto sucesso ao chegar a Roma que se tornara uma celebridade entre a alta sociedade. Mas seus ensinamentos tinham um apelo que se estendia muito além dos salões exclusivos. Pelágio acreditava que o homem fora criado livre. Se vivia ou não em obediência às instruções de Deus, era decisão sua. O pecado era meramente um hábito, o que significava que a perfeição podia ser atingida. "Não há razão para não fazermos o bem, além do fato de termos nos acostumado a fazer coisas erradas desde a infância."[28] Ao formular essa máxima, Pelágio tinha em mente a vida individual do cristão, mas alguns de seus seguidores a aplicaram também à história. Eles argumentavam que, ao ser expulsa do Éden, a humanidade adquirira o hábito fatal da cobiça. Os fortes, roubando dos fracos, haviam monopolizado as fontes de riqueza. Terras, rebanhos e ouro haviam se tornado propriedade de poucos, não de muitos. A possibilidade de que a riqueza pudesse ser uma bênção concedida por Deus, não contaminada pela exploração, era uma autoilusão grotesca. Não havia uma única moeda colocada na palma enrugada de um mendigo que não tivesse sido adquirida por meios criminosos: chicotes com pontas de chumbo, porretes e ferros de marcar. Mas se, como Pelágio argumentava, os pecadores individuais podiam se limpar do pecado e conquistar a perfeição ao obedecerem aos comandos de Deus, a humanidade podia fazer o

CARIDADE

mesmo. Evidências do que isso podia significar em termos práticos podiam ser encontradas nos Atos dos Apóstolos, o livro escrito por Lucas no qual ele descrevia a visão de Paulo na estrada de Damasco e que fora incorporado ao Novo Testamento. Lá, preservada para a edificação de todos, estava registrada a história de como a primeira geração de seguidores de Cristo partilhara seus bens. "Vendendo suas propriedades e bens, distribuíam a cada um conforme sua necessidade."[29] Uma sociedade justa e igualitária era uma ambição para a qual existia aprovação direta nas próprias Escrituras. Se ela fosse conquistada, não haveria necessidade de caridade. Filantropos ostentatórios como Paulino seriam iguais aos mendigos que se aglomeravam em suas igrejas. "Livre-se dos ricos e onde haverá pobres?"[30]

É claro que, na prática, como manifesto, isso era quase tão implausível quanto o desejo de Gregório de Nissa de abolir a escravidão. De fato, nos anos após o saque de Roma, a metade ocidental do império se transformou ainda mais em um playground para os fortes. Os elos que a mantinham unida haviam se rompido. Ela começou a ruir. Um século após o grande ato de renúncia de Paulino, a complexa infraestrutura que sustentara a existência dos super-ricos deixara de existir. Em lugar de uma única ordem romana se estendendo do Saara ao norte da Britânia, havia uma colcha de retalhos de reinos rivais, conquistados por vários povos bárbaros: visigodos, vândalos, francos. Nesse novo mundo, os nobres cristãos que haviam conseguido evitar a privação raramente estavam inclinados a se sentir culpados. A pobreza adotada por Martinho e Paulino lhes parecia mais um destino a ser evitado a todo custo que um exemplo a ser seguido. O que eles queriam dos bispos e homens santos não eram admoestações sobre o mal inerente da riqueza, mas algo muito diferente: a garantia de que sua riqueza era um presente de Deus. E foi isso que, nos vários reinos bárbaros do Ocidente, os homens da Igreja começaram a fornecer.

Por trás deles estava a maciça autoridade de um homem que, quando Paulino ainda era o assunto do império e Pelágio o queridinho de Roma, servira como bispo em um porto isolado da costa africana — e, mesmo assim, era muito mais influente que ambos. Para Agostinho de Hipona, era precisamente a diversidade do povo cristão, a união de todas as classes sociais, que constituía sua principal glória. "Todos ficam pasmos de ver a raça humana convergindo para o Crucificado, de imperadores a mendigos andrajosos."[31] O próprio Agostinho sabia o que era ser levado a Cristo. Sua conversão ocorrera após os 30 anos. Se não tivesse procurado uma passagem do evangelho de Paulo após ouvir, como em uma alucinação, uma criança cantar "Pegue e leia" em um jardim, talvez jamais tivesse se tornado cristão. Certamente tivera uma vida agitada. Antes de seu batismo, escavara seu caminho da obscuridade provincial até as bordas da corte imperial; mudara-se de cidade em cidade, de Cartago para Roma, e depois para Milão; conhecera vários cultos e filosofias; seduzira mulheres em igrejas. Um homem assim sabia perfeitamente bem como era variada a humanidade. Mesmo assim, retornando da Itália para sua África nativa e, no devido tempo, eleito bispo de Hipona, ele ousara sonhar com um catolicismo propriamente católico — universal — tanto na prática quanto no nome. "Está na hora de todos entrarem para a Igreja."[32] Mas essa convicção não o encorajara, como fizera com os seguidores mais radicais de Pelágio, a alegar que as divisões de classe e riqueza podiam ser apagadas e todos os bens podiam ser de posse comum. Antes o oposto. A visão que o bispo de Hipona tinha da humanidade era sombria e pessimista demais para imaginar que a caridade pudesse se tornar desnecessária. "Pois os pobres vocês sempre terão consigo."[33] O próprio Cristo dissera isso. Os ricos e os miseráveis estavam destinados a existir enquanto o mundo existisse.

A desconfiança de Agostinho em relação ao tumulto social era fruto da experiência pessoal. Em Hipona, como no restante da África, o cisma na Igreja permanecia intenso e violento. Emboscadas nas estradas eram um perigo constante, particularmente os ataques com ácido. Agostinho, como bispo católico, sempre fora um alvo potencial. Ele acusava os donatistas radicais de se rebelarem não somente contra sua autoridade, mas contra toda a ordem. Ao atacarem vilas, eles capturavam os proprietários, "homens bem-educados e de nascimento superior", e os acorrentavam aos moinhos, "forçando-os, com o chicote, a andar em círculos como os mais inferiores

CARIDADE

animais de carga".[34] Agostinho também não acreditava que os pobres tivessem corações mais puros que os ricos. Todos eram igualmente caídos. As divisões de classe nada eram se comparadas ao pecado que toda a humanidade tinha em comum. Isso significava que um bilionário que, como Paulino, doava toda a sua fortuna não estava mais certo da salvação que uma viúva destituída que, de acordo com os evangelhos, fora observada por Jesus doando ao Templo tudo o que tinha: duas moedinhas de cobre. Também significava que qualquer sonho de estabelecer uma sociedade terrena na qual os extremos de riqueza e pobreza fossem banidos e todos fossem iguais era somente isso, um sonho.

Aliás, para Agostinho, o ensinamento de Pelágio de que os cristãos podiam viver sem pecado era não meramente uma fantasia, mas uma perniciosa heresia. Os que acreditavam nela corriam o risco de danação. Em um mundo caído, homens e mulheres não podiam atingir a perfeição. A doutrina formulada séculos antes por Jesus Ben Sira, de que a desobediência de Eva no Éden condenara seus descendentes a partilhar seu pecado original, fora esquecida pelos eruditos judeus, mas não por Agostinho. Todo dia exigia penitência, na forma não somente de orações pedindo perdão, mas também de esmolas. Aí estava, para todos que pudessem, da mais pobre viúva ao mais rico senador, a maneira mais garantida de expiar a nódoa fatal do pecado original. Posição e riqueza, desde que confiadas aos que as empregavam para bons propósitos, não eram inerentemente más. As desvairadas demandas dos pelagianos mais radicais de que todas as posses fossem partilhadas podiam ser ignoradas como tolices e ilusões. "Livre-se do orgulho e as riquezas não farão mal nenhum."[35] Nos séculos que se seguiram ao colapso do domínio romano no Ocidente, a mensagem de Agostinho encontrou muitos ouvintes. Entre os escombros da ordem imperial, ela oferecia tanto aos aristocratas locais quanto aos comandantes militares bárbaros um vislumbre de como sua autoridade podia ser estabelecida sobre novas e mais sólidas fundações. Se a era das vilas de mármore ficara no passado, surgira um novo índice de grandeza, mais apto a receber a bênção de Deus: a habilidade de defender os dependentes e lhes conceder não somente esmolas,

163

DOMÍNIO

mas proteção armada. O poder, se empregado para defender os impotentes, podia garantir o favor dos céus.

A maior evidência disso podia ser encontrada em Tours. Lá, mais de um século após a morte de Martinho, o foco da devoção dos peregrinos já não era sua cela em Marmoutier, mas sua tumba. Todas as reservas em relação a sua memória haviam sido abandonadas. Uma sucessão de bispos ambiciosos adornara o local de seu sepultamento com um grande complexo de igrejas, pátios e torres. Sobre a própria tumba, brilhava um domo dourado.* Dominando o caminho que conduzia a Tours, havia um monumento que proclamava um grau espantoso de autoridade. Martinho, que em vida abandonara os acessórios do poder terreno, na morte se tornara o próprio modelo de um poderoso lorde. Como sempre, ele continuou a cuidar dos doentes, dos sofredores e dos pobres com muitos atos de caridade; crônicas de seus milagres, amorosamente registradas, narravam como curara crianças e auxiliara viúvas empobrecidas. Mas Martinho, como qualquer lorde nos inquietantes anos que se seguiram ao colapso da ordem romana, sabia cuidar de si mesmo. Mesmo os reis mais gananciosos, temendo seu poder, tratavam Tours com relutante respeito. Clóvis, o comandante militar franco que nos últimos anos do século V conseguira estender seu domínio sobre grande parte da Gália, ostensivamente orou a Martinho pedindo apoio nas batalhas e, após recebê-lo, enviou presentes adequadamente esplêndidos. Seus herdeiros, governantes de um reino que passaria a ser chamado de Frância, tenderam a evitar Tours completamente — e com razão. Sensíveis à qualidade emergente de sua própria dinastia, eles sabiam não poder competir com o carisma de seu patrono. Quando, no devido tempo, um deles obteve a *capella*, a capa que Martinho cortara ao meio para dar ao mendigo em Amiens, ela rapidamente se tornou um símbolo da grandeza franca. Guardada por uma classe especial de sacerdotes, os *capellani* ou "capelães", e levada no comboio real em tempos de guerra, ela dava um intimidante

---

* Presumindo-se que o domo que foi descrito no século X como "brilhando ao sol como uma montanha de ouro" já fora folhado a ouro no século VI.

CARIDADE

testemunho de como a santidade se tornara fonte de poder. A morte de Martinho, longe de diminuir sua autoridade, a intensificara. Os "santos" já não eram, como nos tempos de Paulo, fiéis ainda vivos. Agora o título se aplicava àqueles que, como Martinho, haviam morrido e se unido a seu Salvador. Mais que qualquer César, eles eram amados, peticionados, temidos. Entre as sombras de uma era empobrecida e violenta, sua glória frequentemente oferecia conforto ao rei e ao escravo, ao ambicioso e ao humilde, ao guerreiro e ao leproso.

Em um mundo caído, parecia não haver canto tão sombrio que não pudesse ser iluminado pelas luzes celestiais.

VI

Paraíso

492: monte Gargano

A HISTÓRIA TRAZIDA DA MONTANHA PARECIA inacreditável. Um touro, afastando-se do rebanho, descobrira a entrada de uma caverna. O dono, indignado porque o animal fugira, atirara nele uma flecha envenenada. A flecha, tendo sua trajetória revertida por uma súbita rajada de vento, "atingira aquele que a lançara". Tudo isso, relatado pelos camponeses que testemunharam o miraculoso evento, deixou o bispo local intrigado. Ansioso para entender o que acontecera, ele iniciou um jejum. Após três dias, uma figura de radiante beleza, vestindo uma armadura de luz, surgiu diante dele. "Saiba que o que aconteceu foi um sinal", disse a figura ao bispo. "Sou o guardião deste lugar. Eu olho por ele."[1]

Gargano, um promontório rochoso no mar Adriático, no sul da Itália, havia muito era assombrado. Em tempos antigos, peregrinos subiam ao cume da montanha e sacrificavam um carneiro preto, antes de dormirem enrolados em sua pele. Vislumbres do futuro eram concedidos em sonhos. Perto dali, estava enterrado um adivinho que, de acordo com Homero, interpretara a vontade de Apolo para os gregos e, quando o deus arqueiro os cobrira de flechas carregando a peste, ensinara como apascentar a raiva divina. Mas os tempos haviam mudado. Em 391, os sacrifícios haviam sido proibidos por ordem de um César cristão. A presença dourada de Apolo

PARAÍSO

fora removida da Itália. Paulino, em sua poesia, celebrara repetidamente o banimento do deus. Os templos de Apolo haviam sido fechados, suas estátuas, quebradas, e seus altares, destruídos. Em 492, ele já não visitava os sonhos dos que dormiam nos declives do Gargano.

Mas seu desvanecimento fora muito anterior à conversão de Constantino. As mesmas convulsões que, no século III, inspiraram vários imperadores a tentarem erradicar o cristianismo se provaram devastadoras para o culto dos antigos deuses. Em meio à guerra e ao caos financeiro, os templos literalmente começaram a ruir. Alguns desmoronaram totalmente; outros foram convertidos em alojamentos ou depósitos militares. A decadência testemunhada por Juliano em Pessino devia menos a qualquer crise de fé que à erosão dos padrões tradicionais de patronato cívico. Naturalmente, dada a oportunidade, alguns bispos não hesitaram em pressionar pelo *coup de grâce*. A fome dos deuses pelos sacrifícios, pelo perfume do sangue nos altares enegrecidos, sempre horrorizara os cristãos. Perante sua indignação virtuosa e militante, até mesmo os cultos mais antigos se provaram impotentes. Em 391, a vocação endêmica dos alexandrinos para o tumulto se voltou contra o serapeu e o destruiu; quatro décadas depois, a veneração de Atena foi proibida no Partenon. O tempo o veria convertido em igreja. Mesmo assim, a despeito da ruidosa vanglória dos cristãos, esses celebrados monumentos eram exceções que comprovavam a regra. Não importava o quanto os biógrafos dos santos reivindicassem para seus heróis a triunfante aniquilação de muitos templos ou sua conversão para a veneração de Cristo, a realidade era muito diferente. A maioria dos santuários, privada do patrocínio de que sempre dependera para sua manutenção e seus rituais, simplesmente foi abandonada. Afinal, blocos de alvenaria não eram facilmente derrubados. Era muito mais fácil deixá-los para as ervas daninhas, os animais selvagens e os excrementos dos pássaros.*

---

* "Como resultado de trabalhos recentes, pode-se declarar com confiança que os templos não foram amplamente convertidos em igrejas nem demolidos na Antiguidade tardia" (Lavan e Mulryan, p. xxiv).

DOMÍNIO

No fim do século V, era somente nas partes mais distantes do interior, onde velas ainda eram acesas ao lado de córregos ou encruzilhadas e oferendas ainda eram feitas a ídolos gastos pelo tempo, que ainda existiam homens e mulheres ligados aos "costumes depravados do passado".[2] Em suas cidades, os bispos chamavam tais deploráveis de *pagani*: não meramente "interioranos", mas "caipiras". Todavia, o nome "pagão" logo começou a ter aplicações mais amplas. Cada vez mais, da época de Juliano em diante, ele foi usado para se referir a todos — senadores ou servos — que não eram cristãos nem judeus. A palavra reduzia todos os que não veneravam o Deus de Israel — de filósofos ateus a camponeses carregando talismãs encardidos e muito manuseados — a uma massa vasta e indiferenciada. O conceito de "paganismo", muito como o conceito de "judaísmo", foi invenção dos eruditos cristãos, uma invenção que lhes permitia voltar um espelho contra a própria Igreja.

E muito mais. Refletida nos ídolos e cultos dos pagãos, os cristãos viam uma escuridão que ameaçava até mesmo o tempo e o espaço. Assim como Orígenes, em meio aos altares esfumaçados de Alexandria, temera os apetites vampirescos de seres que exigiam sangue, Agostinho, mesmo com os sacrifícios tendo sido banidos, advertira contra os antigos deuses e "o jugo infernal daqueles poderes poluídos".[3] O perigo era particularmente agudo em um cenário como Gargano. Ali, onde os deuses havia muito tinham o hábito de assombrar os sonhos, existia precisamente o tipo de local selvagem onde se poderia esperar que eles se refugiassem. Os cristãos certamente não podiam achar que bastava fechar os templos. As forças das trevas eram maliciosas e resolutas em sua maldade. Que elas se esgueiravam de maneira predatória, esperando que cristãos falhassem em seu dever para com Deus e buscando uma oportunidade de seduzi-los ao pecado, estava manifesto nos ensinamentos do próprio Cristo. Sua missão, declarara ele, era "expulsar os demônios".[4] Tal conflito não estava restrito às dimensões mortais. O desafio de derrotar os demônios se espalhava pela terra e pelos céus. E foi por isso que o bispo de Gargano, visitado por uma figura envolta em luz ofuscante, ficou tão aliviado porque não fora Apolo quem surgira, mas um general

PARAÍSO

do exército celestial de Deus. Os anjos serviam como mensageiros desde o tempo de Abraão. Era isso que a palavra significava em grego. A maioria, mesmo o anjo que surgira para Abraão quando ele levantara o cutelo para matar Isaque, mesmo o anjo que levara a morte para os primogênitos do Egito na véspera do êxodo, não tinha nome. Repetidamente, no Antigo Testamento, foram descritas visões da corte celestial; dos serafins, anjos de seis asas que louvavam o Todo-Poderoso acima de seu trono; e de incontáveis habitantes dos céus reunidos a sua esquerda e a sua direita. Quando os cristãos tentavam imaginar a aparência dos anjos, era natural vê-los como burocratas a serviço de César, usando medalhões e túnicas vermelhas, assim como para o autor do Livro de Jó fora natural assemelhar a corte de Deus à corte do rei persa. Mas nem todos os anjos eram anônimos. Dois anjos do Antigo Testamento haviam sido nomeados. Um deles, Gabriel, informara a Maria que ela seria mãe do Cristo. O outro, Miguel, fora definido simplesmente como "arcanjo",[5] o maior de todos os servos de Deus. Carismático como somente um lorde dos céus podia ser, ele tinha um apelo multicultural. Os judeus o saudavam como "grande príncipe",[6] supervisor dos mortos, guardião de Israel; os pagãos entalhavam seu nome em amuletos e o conjuravam em feitiços. Em Pessino, ele até mesmo dividira um santuário com Cibele. Os cristãos, advertidos por Paulo a jamais venerarem anjos, não honravam Miguel abertamente. Porém, cada vez mais, no que ainda permanecia do Império Romano no leste do Mediterrâneo, sua fama começava a se disseminar. Dizia-se que ele fora visto na Galácia e depois em Constantinopla, a grande capital fundada em 330 para servir como segunda Roma, em uma igreja construída pelo próprio Constantino. Mas Miguel jamais fora visto no oeste — até que revelou sua luz em Gargano e se proclamou seu guardião.

Novas maravilhas logo se seguiram. No interior da caverna descoberta pelo touro errante, da noite para o dia surgiram primeiro uma igreja inteira e depois a misteriosa impressão em mármore dos pés do arcanjo. O povo de Gargano era afortunado por contar com um guardião celestial. O século que se seguiu à aparição de Miguel na montanha viu o próprio tecido da

DOMÍNIO

civilização italiana começar a desfiar e se desfazer. A guerra e a peste varreram a península. Bandos de milícias rivais arrasaram regiões que foram perdidas para os pântanos e as ervas daninhas. Vilarejos e cidades inteiras desapareceram. Até mesmo nos declives de Gargano, onde o nevoeiro cerrado protegia a montanha da depredação dos flibusteiros e a peste jamais chegava, as pessoas sabiam que o patronato de Miguel tinha limites. Elas só precisavam olhar para o céu e "para as chamas que anunciavam o sangue que seria derramado"[7] a fim de reconhecer que não havia como escapar do choque cósmico entre o bem e o mal. Apesar do poder de Miguel, ele e os exércitos celestiais enfrentavam adversários que não se rendiam facilmente. Os demônios também tinham seu capitão. E ele estava à altura de Miguel. Apesar de seu cheiro pútrido e de ter "os chifres avermelhados de um touro"[8] e a pele negra como a noite, o chefe dos demônios nem sempre vivera na escuridão. No início, quando o Senhor Deus criara a fundação da terra, as estrelas da manhã haviam cantado e os anjos gritado de alegria, ele, como Miguel, fora um príncipe de luz.

Muitos séculos haviam se passado desde que o Livro de Jó fora escrito. Inevitavelmente, após as conquistas de Alexandre, as lembranças sobre o Grande Rei da Pérsia e seus agentes secretos haviam começado a se desvanecer. A palavra *satan* passara a ser usada por muitos judeus não como título de um oficial da corte divina, mas como nome próprio. Mesmo assim, nem toda a influência persa desaparecera. A convicção de Dario de que o cosmos era um campo de batalha entre o bem e o mal, a luz e as trevas, a verdade e a mentira, passara a ser partilhada por muitos judeus. Satã — o "Adversário", ou *Diabolos*, como era chamado em grego — passara a assombrar o imaginário de muitas seitas judaicas. A primeira geração de cristãos, ao tentar entender por que seu Salvador se tornara homem e para que, precisamente, servira seu sofrimento na cruz, havia identificado como resposta mais provável a necessidade de colocar Satã em seu lugar. Cristo assumira a carne e o sangue, explicara um deles, "para que, por sua morte, derrotasse aquele que tem o poder da morte, isto é, o diabo".[9] Não surpreende, portanto, que nos séculos que se seguiram eruditos cristãos tenham estudado as Escrituras

PARAÍSO

com muito cuidado, em busca de pistas sobre a história de Satã. Foi Orígenes quem organizou o relato definitivo, sobre como o Diabo originalmente fora Lúcifer, a estrela da manhã, o filho da alvorada, mas quisera se sentar no trono de Deus e fora lançado dos céus como um relâmpago, caindo no "fundo do abismo".[10] Mais vividamente do que os eruditos persas ou judeus jamais fizeram, os cristãos deram ao mal uma face individual. Nunca antes ele fora retratado de modo tão dramático e lúgubre; nunca antes fora dotado de tal poder e carisma.

"Duas companhias de anjos são designadas pelos termos 'Luz' e 'Trevas'."[11] Ao escrever isso, Agostinho sabia a heresia que estava ladeando: a convicção persa de que bem e mal eram princípios que estavam no mesmo nível. Quando jovem, ele subscrevera essa doutrina. Mas a abandonara após a conversão. Ser cristão, afinal, era acreditar em um único e onipotente deus. Agostinho argumentara que o mal não possuía existência independente, sendo meramente a corrupção do bem. Aliás, tudo que era mortal era meramente uma débil centelha do celestial. "Aquela Cidade, na qual foi prometido que reinaremos, difere desta cidade terrena tão amplamente quanto o céu diverge da terra, a vida eterna da alegria temporal, a glória substancial dos elogios vazios, a sociedade dos anjos da sociedade dos homens, a luz do Criador do sol e da lua da luz do sol e da lua."[12] Os demônios, quando tentavam os mortais com grandeza, com as trombetas e os estandartes de batalha tão amados por reis e imperadores, ofereciam somente ilusões feitas de fumaça. Afinal, o que eram os anjos das trevas senão sombras dos anjos da luz?

Mesmo assim, na imaginação de muitos cristãos, parecia haver mais em Satã que meramente a ausência do bem. Quanto mais vividamente ele era evocado, mais autônomo parecia se tornar. Seu grande império de pecado parecia difícil de conciliar com a soberania de um Deus Todo-Poderoso e beneficente. Por que, se Cristo derrotara a morte, o alcance de Satã ainda era tão grande? Como, quando os próprios exércitos celestiais permaneciam em campo contra ele, armados e prontos para a guerra, mortais em um mundo caído podiam ter a esperança de resistir a seus poderes? Quais eram as perspectivas, se é que havia alguma, de vencer o Diabo para sempre?

DOMÍNIO

Respostas a essas perguntas existiam, mas não eram fáceis. Isso, claro, não era surpresa. Os cristãos sabiam não serem meros espectadores no grande drama da disputa de Satã pelo mundo, mas participantes — e sabiam que as apostas eram cosmicamente altas. As sombras lançadas por essa convicção eram profundas e estavam destinadas a se estender por grande parte do futuro.

Guerra no céu

Em novembro de 589, o Tibre extravasou suas margens. Celeiros foram inundados, igrejas foram varridas pelas águas e cobras aquáticas — com a maior sendo como "um dragão maciço do tamanho de um tronco"[13] — invadiram as margens. Dois meses depois, a peste retornou a Roma. O papa foi um dos primeiros a morrer. Sua morte fez um calafrio percorrer a cidade. Embora ela fosse nominalmente governada pelo imperador na distante Constantinopla, a responsabilidade pela proteção de Roma cabia efetivamente a seu bispo. Os cidadãos, arrasados pela peste e ameaçados por bárbaros predatórios, não demoraram a eleger um substituto. Sua escolha foi unânime. Em meio aos males de uma era degradada, eles ansiavam por um toque de classe. Na primavera de 590, na grande basílica que Constantino construíra sobre a tumba de São Pedro, um homem no próprio coração do establishment romano foi consagrado papa.

Os ancestrais de Gregório — relatavam, maravilhados, seus admiradores na Frância — haviam sido senadores. A alegação, embora exagerada, era compreensível. O novo papa realmente tinha algo da desaparecida grandeza romana. Ele herdara um palácio no monte Célio, no coração da cidade, e várias propriedades na Sicília; fora prefeito, um cargo que vinha do tempo de Rômulo; e vivera por seis anos entre a elite imperial em Constantinopla. Mas não tinha ilusões sobre a escala do declínio de Roma. Uma cidade que, em seu auge, tivera mais de 1 milhão de habitantes agora não chegava a 20 mil. Ervas daninhas brotavam das colunas erigidas por Augusto

PARAÍSO

e o lodo cobria os frontões construídos para homenagear Constantino. A vasta expansão de palácios, arcos triunfais, pistas de corrida e anfiteatros, construída ao longo dos séculos para servir como centro do mundo, estava abandonada e coberta de ruínas. Até mesmo o Senado deixara de existir. Quando Gregório, emergindo de sua consagração nas ruas devastadas pela peste, ergueu os olhos para o céu, ele alegou ver flechas sendo disparadas por um arco invisível. Com o tempo, ele passaria a temer que todos os traços de vida fossem eliminados da cidade. "Pois, desde que o Senado faliu, as pessoas perecem e os sofrimentos e gemidos dos poucos sobreviventes se multiplicam a cada dia. Roma, agora vazia, arde!"[14]

Contudo, Gregório não se desesperou. Ele jamais duvidou de que a redenção da peste fosse possível. "Deus é cheio de misericórdia e compaixão, e é sua vontade que obtenhamos o perdão através da prece."[15] A multidão, ouvindo essa mensagem de esperança da boca do novo papa, estava disposta a acreditar. A ligação do povo romano com suas antigas *religiones*, os ritos e rituais que por tanto tempo haviam governado o calendário da cidade, fora decisivamente rompida. Somente um século antes, em fevereiro de 495, um predecessor de Gregório ficara escandalizado com o espetáculo de jovens em tangas minúsculas correndo por Roma, batendo nos seios das mulheres com tiras de pele de bode, assim como jovens faziam todo fevereiro desde os tempos de Rômulo; meio século antes disso, outro papa ficara igualmente chocado ao ver alguns membros de seu rebanho saudarem a alvorada curvando-se para o sol. Mas aqueles dias estavam no passado. Os ritmos da cidade — seus dias, semanas e anos — agora eram cristãos. A própria palavra *religio* tivera seu significado alterado, passando a significar a vida de um monge ou uma freira. Gregório, ao convocar sua congregação para a penitência, o fez como homem que convertera seu palácio no monte Célio em monastério e lá vivera como monge comprometido com a pobreza e a castidade, em uma personificação viva da *religio*. O povo romano, ouvindo o novo papa urgi-lo à penitência, não hesitou em obedecer. Dia após dia, eles caminharam pelas ruas, rezando e cantando salmos. Oitenta morreram em função da peste enquanto seguiam a procissão. Então, no

DOMÍNIO

terceiro dia, finalmente chegou a resposta dos céus. As flechas carregando a peste pararam de cair. As mortes diminuíram. O povo romano foi poupado da obliteração.

Os pagãos, criados com as histórias de Homero, haviam sido perfeitamente capazes de atribuir a pestilência ao ânimo assassino de um Apolo indignado e vingativo. Mas os cristãos sabiam que não era assim. Gregório jamais duvidou que o sofrimento do tempo em que vivia era parcialmente causado pelos pecados humanos. Deus, cuja presença podia ser sentida em cada brisa e na passagem de cada nuvem, estava sempre próximo, e ninguém podia escapar de seu julgamento. Gregório só precisava lembrar de suas próprias faltas para reconhecer isso. "Todos os dias, eu transgrido."[16] Mas isso não significava que a salvação estava fora do alcance da humanidade pecadora. Cristo não morrera em vão. Ainda havia esperança. Gregório, ao tentar entender as calamidades que se abateram sobre a Itália, voltou-se principalmente para o Livro de Jó. Seu herói, entregue mesmo sem culpa nas mãos de Satã e mergulhado em abjeta miséria, suportara seus sofrimentos com constante coragem. Ali, argumentou Gregório, estava a chave para entender os choques de sua própria era. Satã estava no mundo novamente. Assim como Jó fora lançado ao pó, os inocentes agora sofriam desastres ao lado dos pecadores. "Cidades são saqueadas, fortalezas derrubadas, igrejas destruídas, campos esvaziados de fazendeiros. As espadas vibram incessantemente contra os poucos de nós que — ao menos por agora — permanecem, e golpes vindos do alto nos atingem." Gregório, após listar essas tribulações, não hesitou em declarar o que elas anunciavam: "males há muito prenunciados. A destruição do mundo".[17]

Que a ordem terrena estava destinada a ter fim e a dimensão mortal a ser unida eternamente à dimensão divina era algo em que a grande massa da humanidade não pensava. A maioria das pessoas presumia que o tempo era cíclico. Nem mesmo os estoicos, que ensinavam que o universo estava destinado a ser consumido pelo fogo, jamais duvidaram que um novo universo emergiria da conflagração, como fizera antes e faria novamente. Mas os filósofos jamais tiveram uma razão particular para esperar algo diferente.

PARAÍSO

Primeiro sob Alexandre e seus sucessores e depois sob Roma, eles eram valorizados, financiados, celebrados. Homens para os quais o *status quo* sempre fora bom podiam ver com alguma equanimidade a perspectiva de sua perpétua renovação. Mas nem todo mundo se contentava em ver o tempo como ciclo incessante. Os persas, após serem conquistados por Alexandre, passaram a acreditar que ele estava destinado a terminar e que Aúra Masda, em um acerto de contas final, triunfaria definitivamente sobre a Mentira. No ano 66, o anseio por uma consumação muito similar impulsionara os judeus em sua malfadada revolta contra Roma. O próprio Jesus, somente algumas décadas antes, proclamara que o Reino de Deus estava próximo. Desde o início, os cristãos haviam sonhado com o retorno de seu Salvador, quando os mortos se levantariam de suas tumbas, toda a humanidade seria julgada e o reino dos justos seria estabelecido para sempre, tanto na terra quanto nos céus. Por seis séculos, esse sonho jamais se desvanecera. Quando Gregório, contemplando as misérias do mundo, previu sua iminente destruição, ele o fez com temor, mas também com esperança.

"Assim acontecerá no fim desta era. Os anjos virão, separarão os perversos dos justos e lançarão aqueles na fornalha ardente, onde haverá choro e ranger de dentes."[18] Fora isso que o próprio Cristo dissera. Profecias similares — sobre como, no dia do julgamento, tanto vivos quanto mortos seriam separados em dois grupos, os dos bons e maus frutos, como trigo e joio, como ovelhas e cabras — estavam presentes nos evangelhos. Assim como, igualmente assustadoras, listas dos sinais que prenunciariam esse momento fatídico. Eram esses portentos que Gregório, ao olhar para as agonias daquela era, conseguia reconhecer: guerras, terremotos, fome, pragas, terrores e maravilhas no céu. Para além disso, no entanto, não havia detalhes nos evangelhos. Para os cristãos que desejavam contemplar integralmente o fim dos tempos, era uma obra muito diferente que fornecia um *apocalypsis*, um "afastamento do véu". As revelações de São João — que Ireneu identificara confiantemente como discípulo amado de Jesus — ofereciam o relato decisivo do futuro julgamento. Como em um sonho inquietante, elas não forneciam uma narrativa clara, mas sim uma sucessão de visões assombro-

DOMÍNIO

sas e alucinantes. Visões da guerra celestial entre Miguel e seus anjos e "a antiga serpente chamada diabo ou Satanás, que engana o mundo todo".[19] Sobre como Satã seria derrotado e aprisionado por mil anos. Sobre como os mártires, ressurgidos dos mortos e entronados, reinariam com Cristo por um milênio. Sobre uma meretriz, bêbada com o sangue dos santos, sentada sobre uma besta escarlate e cujo nome era Babilônia. Sobre a grande batalha no lugar "que, em hebraico, é chamado Armagedom".[20] Sobre como Satã, após mil anos, seria libertado e iludiria os quatro cantos do mundo, antes de ser jogado para sempre em um lago de enxofre incandescente. Sobre como os mortos, grandes e pequenos, ficariam perante o trono de Cristo e seriam julgados por seus atos. Sobre como alguns seriam inscritos no livro da vida e outros — os que não fossem registrados em suas páginas — seriam jogados em um lago de fogo. Sobre como haveria um novo céu e uma nova terra. Sobre como a Cidade Santa, a nova Jerusalém, desceria dos céus, vinda de Deus. Sobre como o céu e a terra seriam um.

Nesse apocalipse, havia uma visão do futuro mais impactante que a de qualquer oráculo pagão. Nenhum pronunciamento enigmático de Apolo jamais servira para reconfigurar o próprio conceito de tempo. Mas fora isso que, no mundo romano, o Antigo e o Novo Testamento haviam se combinado para realizar. Agostinho escrevera que aqueles que não possuíam o entendimento cristão da história estavam fadados a "vaguear em um labirinto sinuoso, sem encontrar entrada nem saída".[21] A trajetória do tempo, certa e direta como o voo de uma flecha, era em linha reta: do Gênesis para o Apocalipse, da Criação para o Dia do Julgamento. Gregório não estava sozinho ao mensurar os eventos do mundo contra seu conhecimento de onde o tempo estava destinado a terminar. Na Galácia, um bispo — um notável asceta chamado Teodoro, que insistia em usar uma cinta de metal de 23 quilos e só comer alface — previra a materialização iminente da Besta; em Tours, outro, que partilhava com o papa o nome de Gregório, antecipara "o momento anunciado por nosso Senhor como início de nossos pesares".[22] De leste a oeste, manifestava-se a mesma ansiedade, a mesma esperança. O fim dos dias estava próximo. O tempo estava acabando.

PARAÍSO

Não obstante, havia certo comedimento. Os bispos, embora encarregados de conduzir o povo cristão até o dia do julgamento, evitavam calcular sua hora exata. Notadamente, eles se recusavam a estabelecer uma correspondência precisa entre os eventos descritos no Apocalipse e as convulsões de sua própria era. A chance de identificar a Besta ou a Meretriz da Babilônia era ignorada. Os líderes da Igreja havia muito temiam as especulações que a visão do apocalipse descrita por São João podia suscitar entre aqueles que possuíam imaginações vívidas e violentas. Orígenes, sempre um filósofo, rejeitara a ideia de que o reinado de mil anos dos santos devia ser entendido literalmente. Agostinho concordara: "Os mil anos simbolizam a história do mundo."[23] No Oriente grego, os concílios negavam ao Apocalipse um lugar no Novo Testamento. Poucos no Ocidente latino chegavam tão longe: a visão descrita por João estava firmemente inscrita em seu cânone. Mas os líderes da Igreja ocidental temiam a maneira como os ignorantes e excitáveis podiam interpretar as profecias. O véu fora afastado, mas era perigoso olhar muito de perto para o que havia por trás dele. Cristo, afirmou Gregório, "quer que a hora final nos seja desconhecida".[24]

O que não significava que os cristãos não devessem estar preparados. Muito ao contrário. A visão do fim dos dias era também a visão do que aguardava após a morte. Como tal, estava fadada a ser inquietante. "Muitos são chamados, mas poucos os escolhidos",[25] avisara Cristo. A nova Jerusalém e o lago de fogo eram dois lados da mesma moeda. Para os primeiros cristãos, uma minúscula minoria em um mundo repleto de pagãos hostis, essa reflexão tendera a ser reconfortante. Os mortos, convocados de seus túmulos, onde haviam mofado por anos, séculos, milênios, teriam somente duas opções. A ressurreição de seus corpos físicos garantiria uma eternidade de êxtase ou tormento. A justiça, que em vida poderia lhes ter sido negada, seria feita por Cristo no fim dos tempos. Somente os mártires, que haviam morrido em nome de seu Salvador, seriam poupados desse período de espera. No momento de sua morte, eles seriam levados por anjos de asas douradas, em uma grande explosão de glória, diretamente para o palácio de Deus. Todos os outros, santos ou pecadores, estavam sentenciados a esperar até a hora do julgamento.

DOMÍNIO

Mas essa não foi a visão de vida após a morte que prevaleceu no Ocidente. Muito mais que no mundo grego, a formidável majestade do fim dos dias, da ressurreição corpórea e do julgamento final foi diluída. E, ironicamente, isso se deveu em grande parte à influência de um filósofo ateniense. "Quando a morte chega para um homem, a parte mortal dele perece, ou é isso que nos parece. Mas a parte imortal se afasta no momento da morte e escapa, ilesa e indestrutível."[26] Assim escrevera Platão, um contemporâneo de Aristófanes e professor de Aristóteles. Nos anos formativos da Igreja ocidental, nenhum outro filósofo exercera influência tão profunda sobre seus maiores pensadores. Agostinho, que na juventude se classificara como platônico, muito após sua conversão ao cristianismo ainda saudava seu antigo mestre como o pagão "que mais se aproxima de nós".[27] A alma era imortal, incorpórea e imaterial: essas eram suposições que Agostinho derivara não das Escrituras, mas do maior filósofo de Atenas. A longo prazo, a influência de Platão sobre a Igreja ocidental se provou decisiva. A insistência dos oponentes de Agostinho de que somente Deus era verdadeiramente imaterial e mesmo os anjos eram criados de um fogo delicado e etéreo terminou morta e enterrada. Assim como, com o passar do tempo, o ensinamento primordial da Igreja de que somente os mártires podiam ser recebidos diretamente no céu. A convicção de que até mesmo as almas dos mais santificados dos santos estavam destinadas a se unirem a Abraão, como fizera Lázaro, e lá esperarem pelo julgamento se desvaneceu. Agostinho ensinou que eles também iam diretamente para o paraíso. Porém, mesmo os santos, antes de serem recebidos entre os anjos por Miguel, tinham de ser julgados. Gregório, o bispo de Tours, ao elogiar seu santo patrono, descreveu como Martinho, ao morrer, fora visitado pelo Diabo e obrigado a prestar contas de sua vida. Naturalmente, isso não levara muito tempo. Martinho rapidamente se unira aos outros santos no paraíso. O episódio teve impacto direto em sua glória. Mesmo assim, ao descrevê-lo, Gregório de Tours não conseguiu evitar certa ansiedade. Afinal, se mesmo Martinho podia ser sujeitado ao interrogatório de Satá ao morrer, o que aconteceria aos pecadores? Simplesmente ao fazer essa pergunta, Gregório falava por uma nova era: uma

PARAÍSO

na qual todos os mortais, e não somente os mártires e os santos, podiam esperar pelo julgamento no momento de sua morte.

Assim, no momento em que os cristãos ocidentais começaram a trilhar seu próprio caminho, surgiu um profundo paradoxo: quanto mais distintiva se tornava sua visão da vida após a morte, mais ela exibia suas origens orientais. As Escrituras judaicas e a filosofia grega haviam se unido novamente, com efeitos poderosos. De fato, naquelas que já haviam sido províncias romanas, em terras pontilhadas por vilas abandonadas e basílicas em ruínas, poucos aspectos da vida eram tão coloridos pelo passado quanto o medo da morte. O que esperava a alma depois que ela abandonava sua casca mortal? Se não anjos, então demônios tão negros quanto os persas haviam imaginado os agentes da Mentira; Satã e seu livro de contas, igual ao que os oficiais do império desaparecido haviam usado; uma vala de fogo na qual os tormentos dos condenados ecoariam os sofrimentos descritos não pelos autores das Sagradas Escrituras, mas pelos poetas pagãos de Atenas e Roma. Essa era uma visão tecida a partir de muitos elementos antigos, mas não uma que os primeiros cristãos teriam reconhecido. Revolucionária em suas implicações para os mortos, ela também se provaria revolucionária em suas implicações para os vivos.

Usinas de orações

Em lugares mais selvagens que Gargano, aqueles que amavam suficientemente a Deus quase tinham um vislumbre dos anjos. Mas isso era perigoso. Nos limites do mundo, onde o oceano cinzento e revolto se estendia até onde a visão alcançava, os monges eram a vanguarda de Cristo e, com suas orações, serviam como sentinelas contra o Diabo e suas legiões. Eram contadas histórias sobre aqueles que navegavam para além do horizonte e encontravam tanto montanhas de fogo eterno, onde flocos ardentes caíam sobre os condenados, quanto campos paradisíacos, cheios de frutas e pedras preciosas. Verdadeiras ou não, o certo é que alguns monges, viajando pelas

DOMÍNIO

águas traiçoeiras do Atlântico, haviam chegado a uma grande rocha pontia-guda — ou *sceillec*, como era chamada na língua local — e lá viviam em ce-las sem conforto. O frio e a fome, que os reis construíam grandes salões de banquete para manter a distância, eram valorizados por aqueles que haviam se assentado em Skellig como caminhos até a presença radiante de Deus. Os monges que se ajoelhavam por horas sob a chuva ou se dedicavam, de estômago vazio, a tarefas mais adequadas a escravos o faziam na esperança de transcender as limitações do mundo caído. Para seus admiradores, o véu que separava o celestial do terrestre parecia quase se erguer em função de seus esforços. "As pessoas acreditavam que homens mortais viviam a vida dos anjos."[28] Em nenhum outro lugar do Ocidente cristão os santos eram tão rijos e tão manifestamente santificados quanto na Irlanda.

O fato de terem conquistado a ilha para Cristo era em si mesmo um milagre. O domínio romano jamais chegara a suas costas. Em meados do século V, o cristianismo fora pregado na região por um escravo fugido. Patrício, um jovem bretão capturado por piratas e vendido do outro lado do mar da Irlanda, era reverenciado pelos cristãos irlandeses não somente por ter levado Cristo até eles, mas também pelo modelo de santidade que lhes fornecera. Estivesse trabalhando como pastor, fugindo a navio de seu mestre ou retornando à Irlanda para difundir a palavra de Deus, os anjos falavam com ele e o guiavam em tudo que fazia. Ele tampouco hesitara, ao justificar sua missão, em evocar a iminência do fim do mundo. Um século após sua morte, os monges e freiras da Irlanda ainda portavam sua marca. Eles só tinham deveres para com Deus e para com seu "pai", seu "abade". Os monastérios, como as fortalezas que pontilhavam o país, eram orgulhosamente independentes. Uma disciplina férrea ajudava a mantê-los. Somente uma ordem "estrita, santificada e constante, exaltada, justa e ad-mirável"[29] podia levar homens e mulheres à dimensão celestial. Esperava-se que os monges fossem tão proficientes na estranha e livresca língua latina quanto em derrubar árvores; tão familiarizados com os poucos e ferozmen-te valorizados clássicos da literatura cristã que chegavam à Irlanda quanto com o trabalho no campo.

180

PARAÍSO

Como Patrício, eles acreditavam estar à sombra do fim dos dias; como Patrício, viam o exílio de suas famílias e de sua pátria nativa como caminho mais garantido para a dependência total de Deus. Nem todos iam para o isolamento açoitado pelos ventos de uma rocha no Atlântico. Alguns cruzavam o mar até a Grã-Bretanha e pregavam o evangelho para reis e povos bárbaros que ainda criavam ídolos e chafurdavam no paganismo: pictos, saxões, anglos. Outros, indo para o sul, pegavam navios para a terra dos francos.

Columbano — o "Pombinho" — chegou à Frância em 590, o mesmo ano em que Gregório foi eleito papa. O monge irlandês, ao contrário do aristocrata romano, nascera no fim do mundo, sem status nem linhagem familiar famosa, mas, em função de seu carisma, colocaria o Ocidente latino em uma nova e importante trajetória. Educado no ferozmente exigente sistema monacal de sua terra natal, Columbano parecia, para os francos, uma figura de espantosa e mesmo aterrorizante santidade. Ao contrário dos monges francos, ele conscientemente buscava regiões ermas para viver. Seu primeiro refúgio foi uma velha fortaleza romana em Vosges, no leste da Frância, havia muito tomada por árvores e arbustos; seu segundo local de abrigo, as ruínas de uma cidade queimada um século e meio antes por invasores bárbaros. Luxeuil, o monastério que fundou no local, foi construído como portal para o céu. Columbano e seu minúsculo grupo de seguidores, arrancando espinheiros, drenando pântanos e construindo um claustro com restos de alvenaria, pareciam possuir uma força moral sobrenatural. Quando estavam com fome, mastigavam cascas de árvore; quando se cansavam após um longo dia de trabalhos físicos, devotavam-se ao estudo, às preces e às penitências. Essa rotina, longe de assustar os potenciais recrutas, passou a atrair muitos deles. Entrar no claustro do monastério e se submeter à ordem de Columbano era se saber na companhia dos anjos. A disciplina imposta aos noviços não se destinava meramente a quebrar seu orgulho e aniquilar sua arrogância, mas a lhes oferecer, pecadores que eram, a esperança de paraíso. Columbano trouxera da Irlanda uma nova doutrina: a de que os pecados, se regularmente confessados, eram administráveis.

DOMÍNIO

As penitências, calibradas em detalhes exatos, permitiam que os pecadores reganhassem o favor do Deus. Por mais punitivo que fosse, o regime de Columbano também era medicinal. Para aqueles que temiam a hora do julgamento e o livro de contas do Diabo, ele prometia uma preciosa garantia: a de que a fraqueza humana podia ser perdoada.

"Como viajantes e peregrinos neste mundo, tenhamos sempre em mente o fim de nossa estrada, pois a estrada é a vida e em seu fim está nosso lar."[30] Não viajar, não viver exilado do mundo, era trocar as recompensas celestiais pelas terrestres. Columbano, ao pregar essa mensagem, o fazia como homem que literalmente dera as costas para a família e a terra natal. Como resultado, era capaz de servir seus admiradores francos como personificação viva do poder da *religio*, de uma vida totalmente dedicada a Deus. O brilho do sobrenatural permeava quase tudo que fazia. Histórias miraculosas foram contadas a seu respeito: como ursos obedeciam a sua ordem de não roubar frutas e esquilos se sentavam em seus ombros; como o simples toque de sua saliva podia aliviar o mais doloroso acidente de trabalho; como suas orações tinham o poder de curar os doentes e manter vivos os moribundos. Embora favorecido pelos reis, que reconheciam autoridade quando a viam, Columbano não jogava pelas regras. Em 610, quando lhe pediram para abençoar os quatro filhos que o rei tivera com várias concubinas, ele se recusou. Em vez disso, enunciou sua ruína e, ao fazer isso, um grande trovão soou nos céus. Mesmo confrontado por soldados, ele não recuou. Escoltado até a costa e colocado em um navio com destino à Irlanda, suas preces fizeram com que por três vezes os ventos jogassem o navio de volta para os alagadiços. Libertado pelos guardas, que passaram a temer seu poder muito mais que o poder real, ele cruzou os Alpes e se dirigiu para a Itália. Chegaram-lhes notícias de que, como profetizara, os quatro príncipes sofreram mortes miseráveis. Mesmo assim, ele não retornou. Enquanto viajava, continuamente buscava as regiões mais inóspitas, lugares remotos assombrados por lobos e pagãos, longe das tentações do mundo, e, sempre que parava, iniciava um mosteiro. O último, construído em um desfiladeiro escavado por um rio chamado Bobbio, a 80 quilômetros de Milão, foi onde, em 615, o idoso exilado finalmente morreu.

PARAÍSO

Mas, para o pecador longe do céu, a própria vida era exílio. Apesar disso, o fato de Columbano ter abandonado sua pátria pareceu a francos e italianos um gesto peculiarmente drástico de penitência, um gesto distintamente irlandês que encontrava ressonâncias no passado do Ocidente latino. Agostinho, olhando para as grandes cidades do mundo, para Roma, Cartago e Milão, imaginara a Cidade de Deus como peregrino despreocupado com os assuntos terrenos. "Lá, em vez da vitória, está a verdade; em vez da hierarquia, a santidade; em vez da paz, a felicidade; em vez da vida, a eternidade."[31] Quando suplicantes se aventuravam pelos bosques que cercavam Luxeuil e se aproximavam do assentamento fundado por Columbano, era isso que esperavam encontrar. O próprio muro que cercava o monastério, erguido pelas mãos do próprio santo, proclamava o triunfo da cidade de Deus sobre as cidades dos homens. Fragmentos de banhos públicos e templos faziam parte de sua construção: estátuas, pilares e frontões quebrados. Convertidos para os usos da *religio*, eram o bricabraque que Agostinho, dois séculos antes, identificara como sendo da ordem do *saeculum*. A palavra tinha vários significados. Originalmente, significara a duração da vida humana, fosse definida como uma geração ou como o número máximo de anos que um indivíduo podia esperar viver: cem. Cada vez mais, no entanto, passara a denotar os limites da memória viva. Durante a história de Roma, de seus dias iniciais à época de Constantino, foram realizados jogos para marcar a passagem do *saeculum*, um espetáculo que ninguém testemunhara antes ou testemunharia novamente.[32] Fora por isso que Agostinho, procurando uma palavra para contrapor à eternidade imutável da Cidade de Deus, a escolhera. Ele declarara que as coisas que acompanhavam o fluxo da existência mortal, limitadas por suas memórias e sempre mudando ao sabor das gerações, eram *saecularia*, "coisas seculares".[33]

O poder da missão de Columbano estava na maneira vívida com que ele dera expressão física à concepção dessas dimensões gêmeas, *religio* e *saeculum*. Mesmo após sua morte, histórias sobre os homens e mulheres que se submetiam a sua ordem não deixavam nos admiradores nenhuma dúvida de que ela realmente podia abrir os portões do céu. Durante a vida de

DOMÍNIO

Columbano, um irmão moribundo lhe dissera ver um anjo esperando ao lado de seu leito e implorou para que ele parasse de rezar, pois suas preces mantinham o anjo afastado; em um convento fundado por um de seus discípulos, uma irmã à beira da morte pedira que a vela de sua cela fosse apagada. "Vocês não veem o esplendor que se aproxima? Não ouvem os corais cantando?"[34] Histórias como essa, contadas sempre que Columbano ou um de seus seguidores estabelecia uma fundação, davam a seus monastérios e conventos uma carga e um senso de poder com os quais nem mesmo as maiores basílicas podiam rivalizar. Aqueles que se abrigavam neles eram as personificações vivas da *religio*: *religiones*. Ultrapassar seus muros e cruzar as valas e paliçadas que marcavam seus limites era deixar o terreno para trás e se aproximar do celestial.

Não surpreende, portanto, que as asas douradas do anjo mais poderoso de todos tenham sido ouvidas sobre a terra natal de Columbano. Quase certamente foram os monges irlandeses que estudavam em Bobbio que levaram consigo o culto a São Miguel. Da Itália e da Irlanda, o carisma do arcanjo guerreiro passou a se irradiar para todo o Ocidente. Com o tempo, até mesmo o mais distante espigão rochoso, tão distante no oceano quanto era possível para os monges chegarem e não desaparecem além do horizonte, terminaria sob sua proteção. A ilha Skellig se tornou Skellig Michael [Miguel em inglês]. Parecia não haver nenhum lugar tão remoto ou distante dos centros do poder terreno que a presença de um anjo — e talvez até mesmo sua voz — não pudesse ser sentida por lá.

A convocação para renascer, para se arrepender e ser absolvido do pecado, seria atendida por muitos.

VII

Êxodo

632: Cartago

NA PRIMAVERA DE 632, UM NAVIO carregando uma carta de César chegou ao grande porto de Cartago. Navios faziam isso desde os tempos de Augusto. Gerações após a desintegração do governo romano no Ocidente, as sombras do passado ainda eram profundas na África. Cartago, como Roma, ficava na periferia de uma grande aglomeração de províncias que se estendiam pelo leste do Mediterrâneo e tinham como capital Constantinopla, a segunda Roma. Perdida por décadas, como Roma, para conquistadores bárbaros, Cartago fora recapturada para o império — novamente, assim como Roma — havia quase um século. Mas, ao contrário do que ocorrera na Itália, onde o domínio imperial se via sitiado e corroído por traças, a província africana permanecia seguramente sob controle romano. O próprio imperador, um capadócio endurecido pela guerra chamado Heráclio, capturara o trono após um golpe. Em 632, ele estava no poder havia 22 anos. Os comandos de um homem assim não eram facilmente ignorados. O prefeito da África, abrindo a missiva imperial, certamente não hesitou em obedecer. Em 31 de maio, o comando de Heráclio foi colocado em vigor. Todos os judeus na África — "visitantes ou residentes, além de suas esposas, filhos e escravos"[1] — foram batizados à força.

Ali estava uma solução brutal para o que sempre fora fonte de frustração. Desde os tempos de Paulo, os cristãos se preocupavam com a obstinada

DOMÍNIO

recusa do povo originariamente escolhido por Deus de aceitar seu Filho como Messias. Sua perplexidade era amplificada pelo fato de os judeus, de acordo com evidências indisputáveis fornecidas pelos evangelhos, terem aceitado voluntariamente a responsabilidade pela morte de Cristo. "Que o sangue dele caia sobre nós e sobre nossos filhos!"[2] Por que, então, confrontado por esse transparente ato de deicídio, o Todo-Poderoso não impusera uma terrível vingança? A resposta dos teólogos era insistir que ele o fizera. O Templo já não existia e a antiga pátria dos judeus — cujo nome muito antes fora alterado pelos romanos, de Judeia para Palestina — fora reconsagrada como "Terra Santa" cristã. Entrementes, os próprios judeus viviam como exilados, "testemunhas de sua própria iniquidade e da verdade".[3] Claras e terríveis eram as provas da desaprovação divina. Desse modo, as autoridades imperiais, ávidas para servir à vontade do Todo-Poderoso, naturalmente haviam acrescentado alguns refinamentos próprios. O local do Templo fora convertido em lixeira, um despejo para porcos mortos e fezes; os próprios judeus — com exceção de uma vez ao ano, quando uma delegação podia escalar o monte Moriá para chorar e se lamentar — haviam sido banidos de Jerusalém; e as restrições legais a seu status civil se tornavam cada vez mais opressivas. Eles eram proibidos de servir no exército, ter escravos cristãos e construir novas sinagogas. Em troca, tinham o direito de viver de acordo com suas próprias tradições, mas somente para poderem servir melhor ao povo cristão como espetáculo e aviso. Com a nova e abrupta política, Heráclio lhes negava até mesmo isso.

É verdade que muitos cristãos ficaram horrorizados; alguns porque temiam o dano que os convertidos relutantes podiam causar à Igreja; outros porque acreditavam, como dissera Gregório, que "humildade, gentileza, ensino e persuasão são as maneiras de conquistar os inimigos da fé cristã".[4] Porém, mesmo antes do decreto de Heráclio, muitos temiam que fosse tarde demais para tal abordagem. A mesma consciência de estar vivendo o fim dos dias que assombrara Gregório já levara alguns bispos na Frância a forçar os judeus locais a se batizarem. Em 612, na Espanha, o rei visigodo fizera o mesmo. Durante todo o seu reinado, Heráclio sabia que o mundo

ÊXODO

estava chegando ao fim. "O império cairá."[5] Fora o que Teodoro, o asceta comedor de alface da Galácia, profetizara no ano da ascensão de Heráclio — e quase fora assim. A guerra devastara o Império Romano. As ondas da grande invasão persa haviam chegado aos muros de Constantinopla. Síria, Palestina e Egito haviam caído. Jerusalém fora atacada. Somente uma série espetacular de campanhas lideradas pelo próprio Heráclio conseguira afastar o império da beira do abismo. Retomando as províncias perdidas para os persas, cavalgando pela Síria, entrando em Jerusalém, ele repetidamente ouvira histórias sobre a deslealdade judaica — e mesmo sobre o ocasional cristão que, perdendo a esperança em Cristo, submetera-se à circuncisão. Assim, os judeus não eram meramente amaldiçoados por Deus; eles eram uma ameaça clara e ativa. Heráclio, cansado do longo conflito para salvar o povo cristão da ruína, não estava disposto a mostrar clemência. Agora que os persas haviam sido derrotados, estava na hora de eliminar o inimigo interno. Sua ambição era criar um domínio impregnável e exclusivamente cristão.

Em Cartago, a política do imperador foi meticulosamente implementada. Qualquer judeu que chegasse à cidade corria o risco de ser preso e batizado à força. Tudo que ele precisava fazer para se denunciar era dar um grito em hebraico ao torcer o tornozelo ou tirar a roupa nos banhos públicos. A maioria dos judeus permanecia não batizada em seus corações, mas alguns, persuadidos por argumentos ou pela ocasional visão, realmente passaram a sentir que haviam sido levados a Cristo.[6] Foi com consternação, portanto, que no verão de 634 esses convertidos ouviram notícias espantosas da Palestina. Os judeus celebravam um novo insulto a Heráclio. A província fora invadida pelos "sarracenos", ou seja, árabes. Eles haviam assassinado um eminente oficial. Eram liderados por um "profeta". É verdade que alguns judeus duvidavam de seu direito a esse título, "pois profetas não chegam com espadas e carros de guerra".[7] Muitos outros vibravam de empolgação. Eles, assim como os cristãos, eram capazes de reconhecer as convulsões de uma era na qual o fim dos dias parecia iminente. Talvez, perguntavam-se eles, o advento do profeta sarraceno prenunciasse finalmente

DOMÍNIO

a libertação do povo escolhido de Deus, a reconstrução do Templo e a chegada do Messias?

O que ela certamente prenunciava era um tumulto no Oriente Próximo, em uma escala não testemunhada desde os tempos de Alexandre. A Palestina, alvo inicial dos invasores, não fora o fim da linha. As províncias dos impérios romano e persa, exaustas em função da guerra, caíram nas mãos dos combatentes árabes como carne cozida se soltando dos ossos. Da Mesopotâmia à Ásia Central, as terras governadas pelo Rei dos Reis foram engolidas pelos conquistadores; as governadas por César foram reduzidas a um retângulo ensanguentado. Heráclio, antes tão triunfante, mal conseguira manter a linha nas montanhas de sua nativa Capadócia. O destino da Gália e da Espanha — serem governadas por comandantes militares bárbaros — não foi imposto à Síria e ao Egito.

Os árabes, contudo, a despeito de seu grande desdém pelos povos de terras mais assentadas, não ignoravam a existência da civilização. A influência de Roma e da Pérsia fora profunda na Arábia. Mesmo as tribos cujos membros não eram mercenários nas fronteiras dos impérios rivais sentiam o apelo sedutor do ouro e dos deuses das superpotências. Os árabes tinham particular razão para se sentirem lisonjeados pelas Escrituras judaicas e cristãs. Somente eles, entre os povos bárbaros que se esgueiravam pelas fronteiras do Império Romano, surgiam nelas. Isaque, como registrado no Gênesis, não fora o único filho de Abraão. O patriarca tivera outro filho, Ismael, com uma escrava egípcia. Isso significava que os árabes — que os comentadores haviam identificado tempos antes como descendentes de Ismael — podiam reivindicar descendência direta do primeiro homem a rejeitar a idolatria. E não somente isso: eram primos dos judeus. Os eruditos cristãos não demoraram a acordar para as inquietantes implicações desse fato. Paulo, advertindo os gálatas contra a circuncisão, declarara que todos os povos — desde que aceitassem somente Cristo como Senhor — eram herdeiros de Abraão. Mas agora, como se em repúdio direto a essa afirmação, um povo circuncidado dominava o mundo, e fazia isso reivindicando a herança "prometida por Deus a seus ancestrais". Ou foi isso que relatou um cristão escrevendo da Armênia cerca de três décadas após a conquista da Palestina pelos sarracenos. Seu misterioso "profeta" — que não fora nomeado no relato enviado aos judeus de Cartago — foi identificado como um homem chamado Maomé. "Ninguém será capaz de resistir durante a batalha", teria dito ele a seus seguidores, "pois Deus está com vocês."[8]

Mas isso, claro, não era nada que os cristãos já não tivessem ouvido. Constantino oferecera uma garantia idêntica, e o mesmo fizera Heráclio durante a campanha contra os persas. Mesmo nos limites mais distantes do mundo, nos monastérios fustigados pela chuva e nas celas dos monges irlandeses, muitas das alegações feitas pelo profeta dos sarracenos não teriam parecido estranhas. Que um anjo surgira para ele. Que ele, diferentemente dos judeus, reconhecera Jesus como Messias e tinha particular devoção por Maria. Que lhe haviam sido reveladas visões do céu e do inferno e a certeza de que o Dia do Julgamento estava aterradoramente próximo. Assim como Columbano, Maomé pregara a importância da peregrinação, da oração e da caridade. "O que explicará a vocês o caminho íngreme? É libertar um escravo, alimentar um órfão ou uma pessoa pobre durante a fome e ser um dos que acreditam e urgem uns aos outros à firmeza e à compaixão."[9] Esses são ensinamentos com os quais Gregório de Nissa teria facilmente se identificado. Mas Maomé não fora cristão. Em 689, no monte Moriá, começou a construção de um edifício que proclamava isso da maneira mais pública possível. O Domo da Rocha, como passaria a ser conhecido, ocupava exatamente o lugar onde supostamente ficara o Santo dos Santos e era uma maneira deliberada de esfregar o nariz dos judeus na destruição, mais uma vez, de todas as esperanças de que um messias pudesse surgir e o Templo ser reconstruído. Ainda mais direta, no entanto, era a lição ensinada aos cristãos: eles se apegavam a uma fé corrupta e superada. De ambos os lados da arcada do edifício, uma série de versos zombava da doutrina da Trindade. "O Messias, Jesus, filho de Maria, foi somente um mensageiro de Deus."[10] Esses versos não meramente reiniciavam debates teológicos que os cristãos acreditavam terem sido solucionados séculos antes, mas também condenavam todo o Novo Testamento, evangelhos e

DOMÍNIO

tudo mais como invenção. As rixas entre aqueles que haviam escrito os evangelhos, declarava severamente o Domo da Rocha, haviam poluído os ensinamentos originais de Jesus. Esses ensinamentos, como as revelações concedidas aos profetas antes dele, a Abraão, Moisés e Davi, originalmente eram idênticos aos proclamados por Maomé. Havia somente um único *deen*, uma única expressão de lealdade a Deus: a submissão a ele ou, em árabe, *islam*.[11]

Ali estava uma doutrina com a qual os "muçulmanos" — os que praticavam islã — estavam familiarizados. Ela não era encontrada somente em edifícios. A maioria dos versos do Domo da Rocha derivava de uma série de revelações que os seguidores de Maomé acreditavam ter sido feitas pelo anjo Gabriel. Essas revelações, reunidas após sua morte em uma única recitação, ou *qur'an*, constituíam para seus seguidores o que Jesus constituía para os cristãos: uma intrusão do divino no mundo mortal, no sublunar, no diurno. Maomé não escrevera o texto miraculoso. Ele meramente servira como porta-voz. Cada palavra, cada letra do Alcorão vinha do mesmo autor: Deus. Isso dava a seus pronunciamentos sobre os cristãos e sobre todas as outras coisas uma força terrível e irrevogável. Ao contrário dos pagãos, mas como os judeus, os cristãos mereciam respeito por possuir suas próprias Escrituras, ser um "povo do livro". Mas, evidentemente, os erros nessas Escrituras asseguravam que Deus não tinha escolha senão ordenar sua perpétua subjugação. O próprio acordo que as autoridades romanas haviam prescrito aos judeus agora era imposto aos cristãos. Estava escrito no Alcorão que tolerância devia ser concedida a ambos os povos do livro, mas somente em troca do pagamento de uma taxa, uma *jizya*, e do humilde reconhecimento de sua própria inferioridade. A teimosia não podia ficar sem punição. Por que, por exemplo, se fora revelado conclusivamente no Alcorão que Jesus, em vez de sofrer execução, só parecera ser crucificado, os cristãos persistiam em glorificar a cruz? Paulo, os autores dos evangelhos canônicos, Ireneu, Orígenes, os autores do credo de Niceia e Agostinho estavam errados; Basílides estava certo. "Os que discordam disso nada sabem e meramente seguem conjecturas."[12]

190

ÊXODO

Contudo, ainda mais ameaçadora para as suposições cristãs que a clara recusa do Alcorão em aceitar que Jesus fora crucificado era o imperioso, para não dizer aterrorizante, tom de autoridade com que fazia isso. Muito pouco no Antigo ou no Novo Testamento podia usar o mesmo tom. Apesar de toda a reverência que os cristãos sentiam por suas Escrituras e de sua crença de que eram iluminadas pela chama do Espírito Santo, eles aceitavam que a maior parte, incluindo os evangelhos, era de autoria de mortais. Somente a aliança representada pelas tábuas de pedra, entregues a Moisés em meio a fogo e fumaça no cume do monte Sinai e "escritas pelo dedo de Deus",[13] nada devia à mediação humana. Talvez não seja surpresa, portanto, que Moisés, de todas as figuras do Antigo e do Novo Testamento, surgisse com mais proeminência no Alcorão. Ele era mencionado 137 vezes. Muitas das palavras atribuídas a ele haviam servido de inspiração direta para os seguidores de Maomé. "Meu povo! Entrem na terra santa que Deus prescreveu para vocês!"[14] Os conquistadores árabes, nas primeiras décadas de seu império, haviam enfaticamente se referido a si mesmos como *muhajirun*, "aqueles que passaram pelo êxodo". Cem anos após a morte de Maomé, quando os eruditos muçulmanos fizeram as primeiras tentativas de escrever sua biografia, o modelo que instintivamente seguiram foi o de Moisés. A idade em que o Profeta recebera a primeira revelação de Deus; a fuga de seus seguidores de uma terra de ídolos; a maneira pela qual — contradizendo diretamente as notícias levadas a Cartago em 634 — ele supostamente morrera antes de entrar na Terra Santa: todos esses elementos ecoavam a vida do profeta judeu mais favorecido por Deus.[15] De fato, os biógrafos muçulmanos usaram tão brilhantemente a paleta de tradições de Moisés que os vagos contornos do Maomé histórico se perderam sob suas pinceladas. Sendo o último e mais abençoado dos profetas enviados por Deus para colocar a humanidade no caminho correto, havia somente um predecessor ao qual ele podia ser adequadamente comparado. "E foi enviada a ele a maior Lei enviada a Moisés; certamente ele é o profeta de seu povo."[16]

Heráclio, dois anos antes da invasão árabe da Palestina, ordenara que os judeus fossem batizados à força por temer pela segurança do império

DOMÍNIO

cristão. Nem mesmo em seus pesadelos mais sombrios ele poderia ter antecipado as calamidades que se seguiriam e privariam Constantinopla de suas províncias mais ricas. Mas a ameaça ao domínio cristão representada pelos sarracenos não era meramente militar. O desafio era muito maior. Essencialmente, era o mesmo que levara Paulo, séculos antes, a escrever em termos tão desesperados aos gálatas. O princípio pelo qual Paulo lutara e que tornara o cristianismo irrevogavelmente distinto do judaísmo talvez estivesse mais claro para os judeus convertidos que para os cristãos, a maioria dos quais jamais conhecera ou conversara com um judeu. Aceitar Cristo era aceitar que Deus podia escrever seus mandamentos no coração dos homens. Uma vez após a outra, entre os judeus de Cartago cujo batismo compulsório fora seguido pela conversão autêntica, essa era a reflexão, a mudança de suposições, que eles achavam mais difícil de aceitar. "Não foi pela Lei de Moisés que a criação foi salva, mas pelo surgimento de uma nova e diferente Lei."[17] A morte de Cristo na cruz oferecera salvação universal à humanidade. Já não havia necessidade de os judeus — ou quaisquer outros — se submeterem à circuncisão, evitarem comer porco ou seguirem detalhadas regras de sacrifício. As únicas leis que importavam eram as inscritas por Deus na consciência de um cristão. "Ame e faça o que quiser."[18]

Fora o que Agostinho declarara. Em nenhum lugar do Ocidente latino as implicações dos ensinamentos cristãos haviam sido mais brilhantemente elucidadas e se tornado mais influentes que na África. O fato de haver em Cartago judeus que as aceitavam talvez se devesse às qualidades distintivas do cristianismo local: austero e passional, autocrático e turbulento. Sua autoconfiança era a de uma Igreja que tinha certeza de ter compreendido as leis de Deus.

Mas agora emergia um novo entendimento dessas leis, e aqueles que o proclamavam possuíam, ao contrário dos judeus, a força de um império poderoso e em expansão. Em 670, chegaram a Cartago relatos aterrorizados de um ataque na África que capturara milhares de cristãos como escravos. Nas décadas seguintes, ainda mais incursões foram registradas. Fortalezas, cidades e regiões inteiras da província foram permanentemente ocupadas.

ÊXODO

Finalmente, no outono de 695, sentinelas nos muros de Cartago viram uma nuvem de poeira no horizonte — e ela crescia rapidamente. Depois o brilho das armas refletindo o sol. Então, emergindo da poeira, homens, cavalos e máquinas de cerco.

Os sarracenos haviam chegado.

Os ingleses

Foram necessários dois cercos para arrancar Cartago do domínio cristão. Depois que a cidade foi capturada pela segunda vez, e seus habitantes, massacrados ou escravizados, os conquistadores destruíram os edifícios. A alvenaria foi colocada em vagões e levada até a baía. Lá, em uma colina, ficava a pequena cidade de Túnis. Após longo período à sombra de Cartago, seu tempo chegara. A construção de uma nova capital a partir dos escombros da antiga proclamou o triunfo do islã em uma das fortalezas do Ocidente cristão, o lar de Cipriano, Donato e Agostinho. Algo assim não devia acontecer. Por muitos séculos, os cristãos da África haviam alimentado a chama de sua fé. Assim como os israelitas haviam seguido Moisés pelo deserto, os membros da Igreja peregrina haviam sido guiados pelo Espírito Santo. Mas agora um novo povo, composto por guerreiros que afirmavam estar em êxodo, assumira o controle da África, e os africanos, pela primeira vez em quatrocentos anos, se viam sob o domínio de mestres que desdenhavam o nome "cristão". Em Túnis, assim como haviam feito em Jerusalém, os conquistadores não hesitaram em proclamar que uma nova revelação, feita por Deus e não corrompida, superara a antiga. Não eram igrejas a ser construídas a partir das muralhas e colunas destruídas de Cartago, mas locais de veneração chamados pelos árabes de *masajid*, "mesquitas".

Mas, mesmo enquanto as áreas centrais do cristianismo eram submetidas ao domínio sarraceno, novas fronteiras se abriam. Refugiados dos *muhajirun* que se assentaram em Roma não necessariamente permaneceram por lá. Cerca de três décadas após a queda de Cartago, um grego da

DOMÍNIO

cidade natal de Paulo, Tarso, um celebrado erudito que estudara tanto na Síria quanto em Constantinopla, pegou um navio para Marselha. Teodoro levou consigo o senso de antigos horizontes. Ele podia falar sobre camelos carregados de melancias na Mesopotâmia, sobre os talheres usados pelos persas e as cidades visitadas por Paulo. Quanto mais para o norte ia, viajando com permissão real através da Frância, mais evocativas das Escrituras suas memórias tendiam a ser. Mas Teodoro, enviado pelo papa para assumir um posto distante e árduo, jamais foi meramente um estrangeiro. Os laços da Igreja universal eram fortes. Em Paris, durante o inverno, ele foi hospedado pelo bispo da cidade. Então, com a chegada da primavera, partiu para o norte. Com mais de 60 anos e sentindo o cansaço da viagem, ele embarcou para seu destino final: "uma ilha no meio do oceano, bem distante do mundo."[19] Teodoro estava indo para a Grã-Bretanha.

Mais especificamente para o reino de Kent. Canterbury, um complexo de ruínas romanas e salões com teto de palha no extremo sul da ilha, podia não parecer uma sede óbvia para um bispado que alegava ter primazia sobre toda a Grã-Bretanha. Mas era convenientemente bem-localizado para Roma, e fora de Roma, em 597, que um grupo de monges enviados pelo papa Gregório chegara a Kent. A Grã-Bretanha, lar de Pelágio e Patrício, tinha raízes cristãs antigas, mas muitas delas, nos séculos que se seguiram ao colapso do domínio romano, haviam secado ou sido arrancadas e pisoteadas. Os comandantes militares falantes de alemão, criando reinos para si, haviam tomado o controle do terço mais rico da ilha. Chamando a si mesmos de anglos, saxões ou jutos, eles haviam sido orgulhosa e arrogantemente pagãos. Em vez de aceitar o cristianismo dos nativos conquistados, como os francos haviam feito, eles o desprezavam. Mesmo assim, prestavam muita atenção ao mundo para além de suas terras. Estavam conscientes do poder da monarquia franca e do apelo de Roma. Quando o emissário do papa chegara à Grã-Bretanha, fora recebido com cautela. O rei de Kent, após contemplar os mistérios revelados por Agostinho e avaliar todas as oportunidades prometidas por sua aceitação, submetera-se ao batismo. Nas décadas seguintes, uma sucessão de comandantes militares na parte leste da ilha fizera o mesmo. Naturalmente, não sem incidentes. A maré subira e descera; o ocasional bispo, pego por uma abrupta inversão da política real, fora obrigado a fugir; o ocasional rei, derrubado por um rival pagão, fora ritualmente desmembrado. Mesmo assim, quando Teodoro chegou a Canterbury, a maioria das elites saxãs e ânglicas havia testado o deus cristão e o considerado satisfatório. Para aqueles lordes, a breve vida do homem era como um pardal atravessando velozmente um salão e retornando às tempestades de inverno. "Pois nada sabemos sobre o que aconteceu antes ou sobre o que virá depois. Consequentemente, se esses novos ensinamentos puderem nos dar mais informações, parece certo segui-los."[20]

Mas as dimensões abertas por essa decisão não estavam relacionadas exclusivamente à vida após a morte. A entronização de um erudito que estudara na Síria como arcebispo de Canterbury fornecia aos convertidos da Grã-Bretanha vislumbres de um mundo excitantemente exótico. Chegara de Roma com Teodoro um segundo refugiado, um africano chamado Adriano, e juntos eles criaram uma escola que ensinava latim e grego. "Avidamente, as pessoas buscavam as recém-descobertas alegrias do reino dos céus, e todos que desejavam aprender a ler as Escrituras encontravam professores dispostos."[21] Tal foi o tributo que Bede, um jovem monge ânglico, prestou a eles após sua morte. O próprio Bede, um jovem prodigiosamente culto, era um testemunho vivo do senso de possibilidades que os dois exilados haviam criado. Em seus comentários sobre as Escrituras, ele lamentava melancolicamente o fato de jamais ter visto a Arábia, a Índia, a Judeia ou o Egito, mas também se alegrava por poder ler a respeito dessas terras. O tempo, do início ao fim, também era seu para mensurar e calibrar. Confrontado com uma confusa variedade de sistemas de datação, Bede viu, mais claramente que qualquer erudito cristão antes dele, que só havia um ponto fixo em meio aos éons, um único eixo. Usando tabelas de datas compiladas dois séculos antes por um monge do mar Negro, ele fixou a Encarnação, a entrada do divino no útero da Virgem Maria, como momento de virada da história. Pela primeira vez, os anos passaram a ser mensurados em antes de Cristo e *anno Domini*, ano do Senhor. O feito se provaria tão momentoso quanto duradouro: a cristianização do próprio tempo.

DOMÍNIO

Assim como o general muçulmano que saqueara Cartago para construir mesquitas em Túnis, Bede acreditava viver em uma era de transformação divinamente ordenada. Jarrow, o monastério onde passou a maior parte da vida, ficava no que já fora o limite norte do poderio romano e fora construído por arquitetos francos com material retirado de antigas fortificações. Bede se maravilhava com a grande improbabilidade de tudo que fora realizado. Somente uma geração se passara desde a fundação de Jarrow. Agora, na lama e na areia de um grande estuário, o canto dos salmos podia ser ouvido acima dos pássaros marinhos; agora, em uma terra só tardiamente conduzida a Cristo, encontrava-se uma biblioteca tão ampla quanto qualquer outra em Roma. O assombro de tudo isso jamais deixou de comover Bede. Reis haviam quebrado baixelas de prata e dividido os fragmentos entre os pobres; nobres haviam distribuído generosamente os frutos de suas viagens pelos grandes centros de aprendizado cristão. O fundador de Jarrow, um lorde ânglico chamado Biscop Baducing, viajara seis vezes para Roma, trazendo de volta consigo "uma quantidade infinita de livros",[22] assim como sedas bordadas, relíquias de santos e um mestre de canto italiano. Quando Teodoro e Adriano viajaram para Canterbury, Biscop estava a seu lado. A requisição de que fosse o guia do novo arcebispo viera do topo, do próprio papa. Até mesmo o nome de Biscop fora latinizado para Benedito. Havia muito tempo que ninguém na Grã-Bretanha era tão romano.

Bede e seu monastério, no entanto, haviam sido duplamente atingidos pela maré cheia de Cristo. Nem todas as bênçãos de Jarrow haviam fluído das regiões centrais do cristianismo. Elas também haviam fluído da Irlanda. A conversão da Nortúmbria, o grande reino ânglico ao qual Jarrow pertencia, devia tanto aos monges irlandeses quanto aos bispos mediterrâneos. O mesmo indomável espírito de autoabnegação que impressionara tanto os francos comovera e assombrara os nortúmbrios. Bede, apesar de dedicado aos estudos, registrou com amor e honra os feitos de monges que, inspirados pelo exemplo irlandês, levavam uma vida mais severa: fazendo vigílias nas águas geladas do mar; enfrentando a peste para

ÊXODO

confortar e curar os doentes; convivendo nos ermos com corvos, águias e lontras. Embora, na ordenação de seu calendário e seus festivais, a Igreja da Nortúmbria tivesse sido persuadida a adotar a prática romana, e não a irlandesa, Bede jamais duvidou que ela se beneficiara de ambas as tradições. O espírito de Columbano merecia respeito. Teodoro, encontrando-se com um bispo que insistia em viajar humildemente a pé, ordenara que ele usasse cavalos sempre que a jornada fosse longa, mas então o ajudara a montar como se fosse um mero servo. "Pois o arcebispo", explicou Bede, "reconhecera perfeitamente sua santidade."[23]

Mas o que essa confluência, essa mistura entre romano e irlandês, poderia implicar sobre os planos de Deus para o povo de Bede? Nos anos finais de sua vida, essa foi a pergunta que o grande erudito tentou responder. Após uma vida inteira estudando as Escrituras, ele sabia exatamente onde procurar. Assim como os eruditos árabes haviam analisado a vida de Moisés para compor a biografia de seu profeta, Bede, ao tentar entender a história de seu próprio povo, voltou-se para o Antigo Testamento. Como o Pentateuco, sua grande obra foi dividida em cinco livros. Ela retratava a Grã-Bretanha, uma ilha rica em metais preciosos, bons pastos e búzios, como terra prometida. Contava como os bretões, considerados falhos por Deus, haviam sido privados de seu legado. Relatava como os ânglicos, os saxões e os jutos, chegando à Grã-Bretanha após um êxodo pelo mar, haviam servido como vara da raiva divina e, consequentemente, recebido seu próprio legado. Descrevia como os reis da Nortúmbria, redimidos da idolatria, haviam lidado com os inimigos pagãos da mesma maneira que Moisés lidara com o faraó, não meramente massacrando-os, mas consignando-os a uma cova líquida. "Mais pereceram afogados enquanto tentavam fugir que pela espada",[24] disse Bede com satisfação, falando de uma vitória cristã particularmente decisiva. Se o batismo transformara os ânglicos em membros da Igreja universal, também trouxera consigo a possibilidade de que fossem um povo escolhido. É claro que Bede não podia reivindicar descendência de Abraão, como os eruditos árabes haviam feito. Na Nortúmbria, não havia nada parecido com as tradições judaicas,

DOMÍNIO

samaritanas e cristãs que durante tanto tempo haviam fervilhado juntas no grande caldeirão do Oriente Próximo. Mas Bede fez o que pôde. Por que Gregório fora enviado em uma missão para salvar seu povo? Porque vira meninos loiros à venda em um mercado de Roma e, afetado por sua beleza, perguntara de onde eram; ao saber que eram ânglicos, fizera um trocadilho profético. "Isso é adequado", dissera ele, "porque eles têm a face dos anjos e, portanto, devem partilhar com os anjos a herança nos céus."[25] Sem surpresa, esse jogo de palavras foi muito apreciado pelos nortúmbrios. Quando chegasse o Dia do Julgamento, alegavam eles, Gregório ficaria ao lado de Cristo e intercederia por eles. Mas Bede foi ainda mais longe. Em sua história, ele lançou o glamour angelical sobre todos os reinos fundados na Grã-Bretanha por aqueles que haviam feito seu êxodo atravessando o mar do Norte: saxões e jutos, além de ânglicos. Não sendo meramente um novo Israel, eles eram iluminados pelo brilho celestial. Ou essa era a esperança de Bede. Para muitos, ela pareceria vã. Os ânglicos, e principalmente os saxões e jutos, não pensavam em si mesmos como um único povo. Depois do batismo, suas terras permaneceram o que sempre haviam sido: uma colcha de retalhos de reinos rivais, governados por ambiciosos comandantes militares. Mas a atração da visão de Bede se provaria grande demais para ser extinguida. Com o tempo, os saxões e os jutos realmente passariam a pensar em si mesmos como partilhando uma identidade com os ânglicos, e mesmo a aceitar seu nome. Seus reinos, após a união, seriam conhecidos como Ânglia ou, em sua própria língua, *Englalonde*. Assim como a herança das Escrituras inspirara uma momentosa reconfiguração de identidades no Oriente Próximo, o mesmo se deu na Grã-Bretanha. Os elementos do Êxodo, tão evidentes nas histórias que os muçulmanos contavam sobre suas origens, modelaram, no outro lado do mundo, a crisálida de mito na qual outro povo seria formado: os ingleses.

ÊXODO

Um choque de civilizações

Bede nada sabia sobre o Islã. Seu império estava distante demais. Mesmo os bizantinos, como os habitantes de Constantinopla chamavam a si mesmos, importavam-se pouco com aquilo em que seus inimigos muçulmanos realmente acreditavam. Eles presumiam que o Islã era meramente outra cabeça da hidra da heresia. Como tal, só merecia desdém e desprezo. Mas Bede, em seu monastério em frente ao remoto mar do Norte, não tinha certeza nem mesmo disso. Vagamente, a partir do estudo das Escrituras e dos relatos dos peregrinos à Terra Santa, ele tinha uma noção dos sarracenos como povo pagão, adoradores da Estrela da Manhã, mas era sua habilidade como conquistadores que o preocupava. Bede sabia que a destruição de Cartago fora somente o começo. Em 725, na entrada final de uma crônica que começara com a Criação, ele registrou detalhes dos massacres cometidos pelos sarracenos. Eles haviam iniciado um ataque contra a própria Constantinopla e só haviam sido rechaçados após um cerco de três anos; piratas sarracenos haviam infestado a parte ocidental do Mediterrâneo; o corpo de Agostinho fora transportado para a Itália, em uma desesperada tentativa de mantê-lo a salvo da depredação. Então, quatro anos depois, o surgimento no céu de dois cometas, espalhando fogo como se quisessem incendiar todo o norte, pareceu a Bede um portento de algo pior: a aproximação dos sarracenos. E realmente foi.

Em 731, o grande monastério fundado por Columbano em Luxeuil foi atacado por cavaleiros árabes. Os monges que não conseguiram fugir morreram pela espada. Meras duas décadas haviam se passado desde que o primeiro grupo de guerreiros muçulmanos desembarcara em solo espanhol. Nesse curto espaço de tempo, o reino dos visigodos fora destruído. Lordes cristãos em toda a península Ibérica haviam se submetido ao domínio muçulmano. Somente algumas regiões montanhosas no longínquo norte se mantinham rebeldes. Entrementes, para além dos Pirineus, a riqueza da Frância tentara os árabes a *razzias* ainda mais ousadas. A filha do duque da Aquitânia fora capturada e enviada para a Síria como troféu de guerra. Em 732, o próprio duque fora derrotado em batalha. Bordeaux fora incendia-

DOMÍNIO

da. Mas os árabes ainda não haviam terminado. No Loire, tentadoramente próximo, estava o maior prêmio da Frância. A tentação se provou forte demais para resistir. Em outubro, apesar de a temporada de campanhas já estar chegando ao fim, os árabes pegaram a estrada para o norte. Seu alvo: o santuário de São Martinho em Tours.

Jamais chegaram. Martinho não era um santo a ser impunemente ameaçado. A perspectiva de mãos sacrílegas em seu santuário era suficiente para chocar qualquer franco. E assim, ao norte de Poitiers, os árabes haviam encontrado um grupo de guerreiros. A falange permanecera imóvel "como uma geleira no norte congelado".[26] Os árabes, em vez de se retirarem e cederem a vitória ao santo cristão, tentaram rompê-la. Não conseguiram. Derrotados pelas espadas francas e com seu general entre os mortos, os sobreviventes fugiram durante a noite. Queimando e saqueando, recuaram para al-Andalus, como chamavam a Espanha. A grande onda de sua expansão para oeste chegara ao fim. Nunca mais cavaleiros árabes ameaçariam o local de repouso de São Martinho. Embora seus ataques continuassem durante décadas por todos os Pirineus, quaisquer esperanças de conquistar o reino franco como haviam conquistado al-Andalus foram abandonadas definitivamente. Em vez disso, os francos passaram ao ataque. Os vitoriosos de Poitiers tinham talento para devastar terras inimigas. Embora Carlos "Martel" — o "Martelo" — não fosse da realeza, ele forjara para si mesmo um domínio capaz de humilhar os herdeiros de Clóvis. Ao norte do Loire, ele era mestre de um território que unia dois reinos francos distintos, um centrado em Paris, o outro, no Reno; após Poitiers, ele decidiu colocar a Provença e a Aquitânia sob seu domínio. As guarnições árabes foram expulsas das grandes fortalezas em Arles e Avignon. Uma força anfíbia de resgate enviada de al-Andalus foi aniquilada perto de Narbonne. Os fugitivos, tentando desesperadamente retornar a seus navios, foram perseguidos pelos francos vitoriosos e mortos com lanças nas lagunas. Em 741, quando Carlos Martel morreu, os exércitos francos dominavam terras que se estendiam dos Pirineus ao Danúbio.

Mas foi a vitória em Poitiers que promoveu mais duradouramente a fama do Martelo. É verdade que ele não era universalmente popular na

ÊXODO

Frância. Alguns, suspeitando de seu desejo por poder, alegavam que seu corpo fora retirado da tumba por um dragão e carregado para o submundo. Mas essa era uma visão minoritária. A maioria dos francos via nas grandiosas realizações de Carlos evidências do conceito favorito daquela era: o de que Deus os ungira como povo escolhido. Em 751, quando o filho de Carlos, Pepino, depôs definitivamente a linhagem de Clóvis, o golpe se baseou nas proezas de seu pai. "O nome de nosso povo foi elevado acima do nome de todas as outras nações",[27] garantiu o papa ao rei. Era comum, nas auto-congratulações dos francos, dizer que Carlos Martel fora um segundo Josué, conquistando uma terra prometida. Os sarracenos haviam sido como restolho para sua espada. Surgiram estimativas cada vez mais assombrosas de quantos haviam perecido em Poitiers. Apenas algumas décadas após a batalha, o total já chegava a 400 mil.

Assim, os francos tinham muito em comum com seus adversários mais formidáveis. Ambos acreditavam possuir permissão de Deus para subjugar os outros povos e usavam o legado das Escrituras judaicas para substanciar essa vocação militante. Um pagão vindo das fronteiras a leste do império franco, como um saxão ou um danês, certamente acharia difícil distinguir entre os rivais no campo de batalha em Poitiers. Cristãos e muçulmanos veneravam uma única e onipotente deidade, alegavam lutar sob a proteção dos anjos e acreditavam ser herdeiros de Abraão.

Mas as próprias similaridades entre eles serviam para acentuar as diferenças. Em Poitiers, houvera mais na balança do que os francos percebiam. Muito distantes de seu reino, nas grandes cidades do Oriente Próximo, eruditos muçulmanos estavam no processo de modelar uma nova e momentosa legitimidade para o islã e sua tentativa de domínio global. Os árabes, após conquistarem o que durante milênios fora a maior concentração de tradições imperiais e legais do mundo, enfrentavam um desafio inevitável. Como forjar um Estado funcional? Nem toda solução para o funcionamento de um grande império podia ser encontrada no Alcorão. Similarmente ausentes estavam orientações sobre os aspectos mais básicos da vida cotidiana: se era aceitável que os fiéis urinassem atrás de um arbusto, usassem seda ou tivessem cães; se os homens podiam se barbear e as mulheres tingir o cabelo de preto; e qual era a melhor maneira de escovar os dentes. Se os árabes simplesmente adotassem as leis e os costumes dos povos subjugados, colocariam em risco o caráter exclusivo de seu domínio. Pior ainda, isso comprometeria fatalmente a alegação de possuírem uma autoridade divinamente sancionada. Assim, quando adotavam as legislações dos povos que conquistavam, eles não reconheciam o empréstimo, como francos e visigodos haviam feito, mas as atribuíam à mais respeitada e autenticamente muçulmana das fontes, o próprio Profeta. Mesmo enquanto a batalha de Poitiers ainda estava em curso, eram reunidas coleções de ditos atribuídos a Maomé que, no devido tempo, constituiriam um corpo legal, a *Sunna*. Qualquer detalhe de legislação romana ou persa e qualquer fragmento de costumes sírios ou mesopotâmios podiam ser incorporados a ela. O único requerimento era que fossem convincentemente apresentados como tendo sido enunciados pelo Profeta, pois qualquer coisa dita por Maomé supostamente tinha o selo da aprovação divina.

Para os cristãos, havia aí um desafio fatídico. Sua prolongada convicção de que a verdadeira lei de Deus era encontrada no coração não poderia ter sido mais decisivamente repudiada. Já não era prerrogativa dos judeus acreditar no grande *corpus* de legislação divina que tocava cada faceta da existência humana e prescrevia, em detalhes exatos, como Deus desejava que homens e mulheres vivessem. O Talmude, um imenso *corpus* legal compilado pelos eruditos judeus — os *rabbis* — nos séculos anteriores à conquista árabe do Oriente Próximo, jamais ameaçara o legado dos ensinamentos de Paulo como fazia a Suna. Os muçulmanos não eram uma minoria perseguida, presa fácil para imperadores e reis cristãos. Eles haviam conquistado um vasto e rico império e desejavam conquistar mais. Se a Frância tivesse sido removida do domínio cristão, como fora a África, eventualmente os francos também teriam sido levados a um entendimento muçulmano de Deus e sua lei. As suposições fundamentais que governavam a cristandade latina seriam radical e gravemente transformadas. Poucos, se algum, dos que lutaram em Poitiers perceberam isso, mas naquela batalha estava em jogo nada menos que o legado de São Paulo.

ÊXODO

"Vocês, porém, são geração eleita, sacerdócio real, nação santa, povo exclusivo de Deus."[28] O papa, quando citou essa passagem das Escrituras em uma carta a Pepino, não estava meramente lisonjeando os francos, mas reconhecendo uma realidade brutal. Cada vez mais, era o império governado pelos herdeiros de Carlos Martel — os carolíngios — que definia para o papado o próprio caráter do domínio cristão. Ao ser eleito, Paulo I, ao contrário de seus predecessores, não notificou o imperador em Constantinopla. Em vez disso, escreveu a Pepino. Os bizantinos, lutando para sobreviver contra os massacres muçulmanos, pareciam para os cristãos em Roma — quem dirá na Frância ou na Nortúmbria — um povo ainda mais estranho e distante. Ainda mais espectrais eram as terras que, durante séculos, haviam sido as grandes fontes da fé cristã: a Síria, a Palestina, o Egito e a África. Os dias nos quais um homem como Teodoro podia viajar livremente de Tarso a Canterbury estavam no passado. O Mediterrâneo era agora um mar sarraceno. Suas águas eram perigosas para os cristãos. O mundo estava dividido ao meio. Uma era chegara ao fim.

CRISTANDADE

VIII

Conversão

754: Frísia

QUANDO O SOL NASCEU, O CAMPO às margens do rio Boarn começava a se movimentar. Bonifácio, seu líder, já tinha quase 80 anos, mas permanecia incansável. Quarenta anos após sua primeira jornada à Frísia, ele retornara na esperança de obter, em seus solitários alagadiços e pântanos, uma grande colheita de almas. O trabalho missionário sempre fora sua vida. Nascido em Devon, no reino saxão de Wessex, ele via os pagãos do outro lado do mar do Norte como membros de sua família. Nas cartas para casa, regularmente pedia preces por sua conversão. "Tenham pena deles, pois dizem: 'Somos do seu sangue e dos seus ossos.'"[1] Após semanas percorrendo as dispersas propriedades da Frísia, Bonifácio convocara todos os que ganhara para Cristo para confirmarem seus votos batismais. Aquele prometia ser um dia feliz.

O primeiro barco chegou quando o sol começava a atravessar as nuvens do início da manhã. Após desembarcar, uma massa de homens caminhou ao longo do rio e se aproximou do campo. Então, abruptamente, viu-se o brilho de espadas. Um ataque. Gritos. Bonifácio saiu de sua tenda. Mas já era tarde demais. Os piratas estavam no campo. Desesperadamente, os auxiliares de Bonifácio reagiram. Mas não o velho. Ao ser preso, Cristo ordenara que Pedro deixasse a espada; agora Bonifácio, seguindo o exemplo

DOMÍNIO

de seu Senhor, ordenou que seus seguidores largassem as armas. Sendo um homem alto, ele reuniu os padres a sua volta e os urgiu a serem gratos pelo momento da libertação. Atingido pela espada de um pirata, foi retalhado. Os golpes que o atingiram foram táo violentos que o livro que tinha nas mãos foi atravessado duas vezes. Encontrado muito depois na cena de seu assassinato, o volume seria reverenciado como testemunha de seu martírio.

Cristo ordenara: "Portanto, váo e façam discípulos de todas as nações."[2] Agostinho, insistindo que a Igreja era para toda a humanidade, usara o Gênesis para enfatizar esse argumento. Nele, contava-se a história de como Deus enviara um dilúvio que cobrira o mundo inteiro, mas também como um homem íntegro chamado Noé, avisado sobre o que estava prestes a acontecer, construíra uma grande arca na qual dois representantes de cada criatura viva haviam se refugiado. A missáo dos cristáos era construir uma arca na qual o mundo inteiro pudesse se refugiar. "A Cidade Celestial chama cidadáos de todas as nações para formarem uma sociedade de estrangeiros, falando todas as línguas."[3] No entanto, Agostinho, por mais que fosse leal ao espírito missionário de Paulo, fora a exceção que comprovava a regra. A maioria de seus contemporâneos, sentindo profundo desprezo pelos bárbaros, vira o cristianismo como precioso demais para ser compartilhado com os selvagens que se esgueiravam para além dos limites do poderio romano. As poucas missóes que ousavam atravessar a fronteira eram enviadas náo para converter os nativos, mas para ministrar para os cativos cristáos. Em 340, por exemplo, o padre Úlfilas — descendente de capadócios escravizados um século antes por invasores góticos — fora nomeado "bispo dos cristáos que vivem entre os góticos". A despeito de ministrar do outro lado do Danúbio por sete anos, ele náo hesitara, ao enfrentar súbita perseguição, em liderar seu rebanho de volta a solo romano. Era lá, afinal, o verdadeiro lugar dos cristáos. Mesmo séculos depois, muito após o colapso do império no Ocidente, tais atitudes persistiam. A divisáo entre reinos que já haviam sido romanos e o mundo além era aceita até mesmo pelos bispos mais progressistas. Gregório, ao enviar uma missáo a Kent, fora motivado em parte pela consciência de que a Grã-Bretanha já

208

CONVERSÃO

fora uma província imperial. O paganismo dos novos governantes o ofendera não somente como cristão, mas como romano.

Porém, para os ânglicos e saxões, tais considerações eram insignificantes. Embora estivessem gratos a Gregório por seu papel em conduzi-los a Cristo, sua lealdade ao papado não implicava nenhuma devoção a qualquer ordem imperial romana havia muito desaparecida. Para os monges anglo-saxões, as trevas pagãs que cobriam a extensão leste da Alemanha, da costa do mar do Norte às grandes florestas do interior, falavam não de uma selvageria invencível nem de um barbarismo com o qual era perigoso mexer, mas da necessidade urgente de luz. O mundo inteiro devia ser iluminado pelo brilho de Cristo. Não era o legado do imperialismo romano que os inspirava, e sim o exemplo de Patrício e Columbano. Passar por dificuldades era o próprio objetivo das missões. Histórias assustadoras eram contadas sobre o que os missionários poderiam enfrentar. Havia o rumor sombrio de que Wodan [Odin], rei dos demônios que os alemães veneravam como deuses, exigia um dízimo de vidas humanas. Nos Países Baixos, prisioneiros eram afogados na maré cheia; na Saxônia, eram pendurados em árvores e atravessados por espadas. Runas eram pintadas com sangue cristão. Ou era isso que se dizia. Tais rumores, longe de intimidar os monges anglo-saxões, só confirmavam seu senso de propósito: banir os demônios das terras que pertenciam a Cristo.

Tão vividamente quanto qualquer um, eles entendiam o que significava renascer. "As coisas antigas já passaram; eis que surgiram coisas novas!"[4] O tom de revolução no grito de Paulo, o senso de que toda uma ordem fora julgada e considerada falha, ainda retinha frescor para homens como Bonifácio, de uma maneira que não ocorria nos locais mais antigos do mundo cristão. A presença da Igreja em Roma ou Constantinopla era tão augusta que as pessoas tinham dificuldade para imaginar que ela já fora insurgente. E, todavia, presente nas Escrituras e nos rituais, continuava a se irradiar o retrato da mudança como força do bem, como processo a ser acolhido, como estrada capaz de levar a humanidade a um futuro melhor. Bonifácio, como saxão ocidental, um homem cujo povo

DOMÍNIO

fora conduzido tardiamente a Cristo, estava maravilhado pela mudança. Ele não sentia nenhuma ansiedade ao contemplar um mundo virado de cabeça para baixo. Antes o oposto. Caminhando pelas estradas, sentia-se chamado a servir como Paulo servira: como agente da perturbação.

Banir o passado e subverter os costumes era um projeto espantoso, quase incompreensível para pessoas de outros lugares e tempos. A vasta massa da humanidade sempre acreditara que a novidade merecia desconfiança. Os próprios compatriotas de Bonifácio pensavam assim. Muitos ânglicos e saxões tinham medo de abandonar o passado: reis que se orgulhavam de descender de Wodan e camponeses que se ressentiam contra os monges por "abolir as antigas formas de veneração".[5] Mas agora o próprio tempo estava sendo transfigurado. Uma década após a chegada de Bonifácio aos Países Baixos, missionários começaram a calcular as datas ao modo de Bede: *anno Domini* ou ano do Senhor. A antiga ordem, que parecia eterna para os pagãos, podia ser colocada em seu lugar: na antiguidade de um calendário cristão. Embora a figura de Wodan concedesse prestígio demais aos reis para ser totalmente apagada de suas linhagens, os monges não hesitaram em demovê-lo de seu status divino e confiná-lo ao início remoto das coisas. Os ritmos da vida e da morte e os ciclos do ano se provaram adaptáveis aos propósitos da Igreja anglo-saxã. Foi assim que, nos textos dos monges, *hel*, o submundo pagão onde ficavam todos os mortos, tornou-se a morada dos condenados; e foi assim que Eostre, o festival da primavera que Bede achara poder derivar de uma deusa, emprestou seu nome ao mais sagrado festival cristão. Inferno [*hell*] e Páscoa [*Easter*]: vestir os ensinamentos da Igreja em trajes anglo-saxões sinalizou não a rendição ao passado pagão, mas a derrota desse passado. O poder de atração dos deuses só podia ser seguramente usado para fins cristãos se eles fossem derrubados de seus tronos, derretidos pela luz de Cristo ou banidos para os locais que os monstros habitavam, em pântanos ou colinas solitárias. A vitória do novo foi adornada com os troféus do antigo.

Foi Bonifácio quem demonstrou isso da maneira mais ressonante. Em 722, ele foi consagrado bispo pelo papa em Roma e recebeu formalmente

CONVERSÃO

a tarefa de converter os pagãos a leste do Reno. Chegando à Alemanha central, alcançou os limites extremos do mundo cristão. Em Geisner, onde a Turíngia se unia às terras dos pagãos saxões, havia um grande carvalho consagrado a Thunor [Thor], um deus particularmente poderoso e assustador cujos golpes de martelo podiam dividir montanhas e cujo carro puxado por um bode fazia toda a terra estremecer. Bonifácio o derrubou. Com a madeira, construiu uma igreja. O machado do lenhador havia muito servia para humilhar demônios. Em Utrecht, uma fortaleza na margem norte do Reno que fornecera aos monges anglo-saxões a base para sua missão entre os frísios, um machado feito de pedra polida fora confiantemente identificado como pertencente a São Martinho. Contavam-se histórias sobre como, para demonstrar o poder do nome de Cristo, o santo ficara no caminho de uma árvore que caía e, mesmo assim, sobrevivera. Bonifácio, ao derrubar o carvalho de Thunor, demonstrou coragem similar. O fato de não ter sido atingido por raios nem morto por sua temeridade pelos ultrajados habitantes locais foi amplamente comentado. O toco do carvalho servia como prova do que ele alegava: Cristo triunfara sobre Thunor. Os peregrinos ainda viajavam até Geisner, mas agora para venerar um oratório feito de tábuas de carvalho recém-cortadas.

Bonifácio não era ingênuo a ponto de achar que sua missão estava concluída. A tarefa de conquistar pessoas para Cristo não podia ser realizada meramente derrubando árvores. Mesmo após o batismo, os convertidos continuavam a ter costumes pestíferos: eles ofereciam sacrifícios a riachos, inspecionavam entranhas e diziam poder ler o futuro. Tal retrocesso não era o pior. Viajando pelas terras a leste do Reno que estavam sob domínio dos francos — Hesse, Turíngia, Suábia —, Bonifácio ficou horrorizado com o que encontrou. Igrejas que, em muitos casos, tinham séculos de idade pareciam tomadas por práticas pagãs. Mercadores vendiam escravos para os sacrifícios realizados pelos saxões; nobres escondiam a veneração por ídolos "sob a capa do cristianismo";[6] padres sacrificavam bodes e touros; bispos fornicavam, herdavam as sés de seus pais e participavam de feudos espetaculares. Aqueles não eram cristãos nos quais Bonifácio pudesse confiar. Em

211

DOMÍNIO

vez de avançar pelas florestas da Saxônia, como havia muito sonhava fazer, ele iniciou uma grande reforma. Severo, irascível e meticuloso, não poupou esforços para que as igrejas do leste da Frância seguissem o caminho que considerava adequado. O ódio dos bispos locais por suas repreensões foi respondido com igual desdém. Ele não somente era um homem de princípios inamovíveis, como também tinha o raro talento de conseguir patronos poderosos. Assim como o papa, conseguira o apoio de Carlos Martel. O comandante militar franco, não menos ávido que o bispo anglo-saxão para submeter os habitantes do leste a seus propósitos, encontrara em Bonifácio um igual. Por mais que Bonifácio se sentisse torturado pela necessidade de ganhar favores na corte e por seu frustrado anseio de salvar as almas dos pagãos, no fim de sua vida ele conseguira transformar as igrejas a leste do Reno em algo parecido com o que tinha em mente. Retornando, nos últimos anos de vida, à missão que sempre lhe fora mais cara, ele o fez como figura dominante da Igreja franca.

Converter era educar. Essa lição, ensinada por Bonifácio, não seria esquecida pelos francos. Tocada pela aura de santidade que cabia a ele como mártir, ela daria a reis e padres um severo e implacável senso de dever para com Deus. No entanto, mesmo enquanto Bonifácio era estraçalhado entre a lama e os bambus da Frísia, a liderança dos missionários na disseminação do cristianismo para leste chegava ao fim. Uma abordagem mais militante do paganismo estava sendo preparada. A disposição de Bonifácio de encontrar a morte, em vez de permitir que seus seguidores sacassem as espadas, não era uma que as autoridades francas tendessem a partilhar. Três dias após seu assassinato, um esquadrão de guerreiros cristãos rastreou e eliminou os assassinos. Suas esposas e filhos foram tomados como escravos. Suas pilhagens foram pilhadas. A notícia, espalhando-se pelos redutos pagãos da Frísia, conseguiu o que o próprio Bonifácio não conseguira: "Cheios de terror pela vingança de Deus, os pagãos adotaram, após a morte do mártir, os ensinamentos que haviam rejeitado enquanto ele ainda vivia."[7]

Esse era um modelo de conversão que a monarquia carolíngia não esqueceria.

CONVERSÃO

A pena e a espada

No verão de 772, cinquenta anos depois de Bonifácio destruir a árvore de Thunor, outra árvore — o maior totem saxão — foi derrubada. Os devotos dos antigos deuses acreditavam que o Irminsul — assustador, fálico e famoso em toda a Saxônia — sustentava o céu. Não sustentava. O céu continuou no lugar mesmo depois que o santuário foi demolido. Mas, para os saxões, pode muito bem ter parecido que os pilares do mundo estavam desmoronando. Uma devastação nunca vista em suas terras se aproximava. O profanador de Irminsul não fora um missionário, mas o rei à frente da mais ameaçadora máquina de guerra da Europa. Carlos, o filho mais novo de Pepino, tornara-se o único governante dos francos em dezembro. Nunca, desde a era desaparecida dos césares, alguém no Ocidente comandara tantos recursos. Prodigioso tanto em suas energias quanto em suas ambições, ele tinha uma influência que era romana em escopo. Em 800, o papa consagrou essa comparação na própria Roma, pois lá, no dia de Natal, ele coroou o comandante militar franco e o saudou como "Augusto". Tendo feito isso, ajoelhou-se a seus pés. Durante séculos, tal reverência só fora devida a um homem: o imperador de Constantinopla. Agora, o Ocidente mais uma vez tinha seu próprio imperador. Carlos, a despeito da relutância em admitir que podia dever algo a um bispo italiano e da insistência de que jamais teria permitido o gesto se soubesse o que o papa tinha em mente, não rejeitou o título. Rei dos francos e "imperador cristão",[8] ele seria lembrado pelas gerações posteriores como Carlos, o Grande: Carlos Magno.

Muitas foram suas conquistas. Durante as mais de quatro décadas de seu reinado, ele conseguiu anexar o norte da Itália, capturar Barcelona dos árabes e penetrar profundamente na bacia Cárpata. No entanto, de todas as suas muitas guerras, a mais sangrenta e exaustiva foi a que iniciou contra os saxões. Ela durou anos. A despeito de sua esmagadora força militar, Carlos Magno descobriu que era impossível forçar seus adversários à submissão. Os tratados eram descumpridos assim que eram assinados. A Saxônia inteira parecia um brejo. Tendo de escolher entre recuar ou drená-la definitivamente, ele optou pelo curso mais inflexível, prolongado e

DOMÍNIO

impiedoso. Todo outono, seus homens queimavam as colheitas e deixavam os camponeses locais passando fome. Assentamento após assentamento foi destruído. Populações inteiras foram deportadas. Essas foram atrocidades em escala romana, mas Augusto, cujos esforços para pacificar as terras a leste do Reno haviam terminado em um fracasso sangrento, não era o único modelo disponível. A posição de Carlos Magno fora santificada como a dos reis de Israel, com óleo sagrado sendo derramado sobre sua cabeça. Ele reinava como o novo Davi, um ungido de Deus. O registro israelita de combates era formidável. Séculos antes, traduzindo as Escrituras para o gótico, Úlfilas o censurara deliberadamente, partindo do princípio de que os povos bárbaros não precisavam de encorajamento para lutar, mas os francos, como novo Israel, havia muito já não eram considerados bárbaros. Em 782, quando Carlos Magno ordenou a degola de 4.500 prisioneiros em um único dia, foi o exemplo de Davi, que fizera algo similar com seus cativos, que ele seguiu: os "que ficavam dentro das duas primeiras medidas da corda foram mortos, mas os que ficavam dentro da terceira foram poupados".[9]

No entanto, havia mais nos ritmos sangrentos da campanha franca que meramente o objetivo de apascentar um flanco preocupante para o novo Israel. Carlos Magno também queria algo novo: conquistar os saxões para Cristo. Ele só chegara gradualmente a essa ambição. Como qualquer rei do mundo pós-romano, fora educado para ver os pagãos primariamente como incômodo. A razão para atacar os bárbaros era primariamente mantê-los em ordem e conseguir muitas pilhagens. Ao contrário de Bonifácio, Carlos Magno não podia converter os pagãos de graça. Ao derrubar Irminsul, ele estivera tão ansioso para destituí-lo do ouro e da prata que o adornavam quanto para ferir o orgulho de Thunor. Porém, quanto mais tempo levava para subjugar os saxões e mais sangue e riquezas isso lhe custava, mais ele percebia que seus adversários tinham de renascer. Raro era o levante que não começava com a queima de igrejas e o massacre de padres. A nódoa demoníaca era grande entre os saxões. Eles só se submeteriam adequadamente se tudo que haviam sido fosse lavado e sua existência anterior fosse inteiramente apagada. Em 776, Carlos Magno impôs aos saxões

CONVERSÃO

um tratado que os obrigava a aceitar o batismo. Incontáveis homens, mulheres e crianças foram levados aos rios e se tornaram cristãos. Nove anos depois, após esmagar mais uma rebelião, Carlos Magno declarou que dali em diante "a recusa do batismo"[10] seria punida com a morte. Assim como oferecer sacrifícios aos demônios, cremar corpos ou comer carne durante os quarenta dias que antecediam a Páscoa. Impiedosa e determinadamente, o próprio tecido da vida saxã estava sendo rasgado. Seria impossível remendá-lo. Tingidos de sangue, seus farrapos ficariam para sempre jogados na lama. Como programa para levar todo um povo pagão até Cristo, ele foi selvagem como nenhum outro. Um precedente sangrento e imperioso fora criado.

Mas era cristão? Afinal, forçar pagãos a se converterem pela ponta da espada dificilmente era a causa pela qual Bonifácio morrera. Talvez seja revelador, então, que a mais severa crítica a essa política tenha vindo de um compatriota do mártir santificado. "A fé surge da vontade, não da compulsão",[11] escreveu Alcuíno, um brilhante erudito da Nortúmbria que, em 781, conhecera Carlos Magno ao retornar de uma visita a Roma e fora recrutado para sua corte. Os pagãos, disse ele ao rei, tinham de ser persuadidos, e não forçados, a se converter. "Deixe que as pessoas recém-conduzidas a Cristo sejam nutridas de maneira suave, como bebês recebendo leite, pois, como suas mentes são fracas, instruí-las brutalmente pode fazer com que vomitem tudo."[12] Carlos Magno, longe de objetar a esse conselho, parece tê-lo aceitado de boa vontade. Em 796, a política do batismo obrigatório foi relaxada; um ano depois, as leis que governavam os saxões conquistados receberam uma versão mais amena. O rei, que adorava discutir teologia com Alcuíno enquanto relaxava em um banho quente, tinha total confiança em seu conselheiro. Ele sabia que o comprometimento do nortúmbrio com a criação de um povo propriamente cristão era absoluto. A convicção de Alcuíno de que nenhum aprimoramento era tão radical que não pudesse ser realizado pela educação era precisamente a razão para Carlos Magno tê-lo empregado. "Pois, sem conhecimento, ninguém pode fazer o bem."[13] Alcuíno, educado nas severas tradições intelectuais nortúmbrias,

DOMÍNIO

desejava que todo mundo no império de seu patrono partilhasse os frutos do aprendizado cristão. Em sua opinião, quando se tratava da pacificação dos saxões, os monastérios tinham a desempenhar um papel maior que o das fortalezas. Mas não eram só os saxões que lhe causavam ansiedade. Em terras de onde o paganismo fora varrido havia muitos séculos, os cristãos ainda caminhavam nas trevas. Como, sendo eles mesmos analfabetos e seus padres semialfabetizados, poderiam receber os benefícios da grande herança de textos do passado, o Antigo e o Novo Testamentos, os cânones de Niceia e de outros concílios e os ensinamentos dos Pais da Igreja? Como, sem esses textos atemporais, poderiam conhecer adequadamente os propósitos e desejos de Deus? Como poderiam saber o que era o próprio cristianismo? Não bastava levar a luz de Cristo para as florestas da Saxônia. Era preciso levá-la às casas senhoriais, às fazendas e aos sítios da Frância. Uma sociedade inteira precisava de reforma.

Carlos Magno não recuou do desafio. Ele sabia que a grandeza trazia consigo graves responsabilidades. Um rei que permitia que seu povo saísse do caminho, que se mostrava indulgente com seus erros, que não o guiava, certamente teria de responder por isso perante o trono de Deus. O rei, declarando em 789 a ambição de ver seus súditos "se esforçarem para ter uma vida boa", citou como seu modelo um rei do Velho Testamento: Josias, que descobrira no Templo uma cópia da lei entregue a Moisés. "Pois lemos como o santificado Josias, por visitação, correção e admoestação, esforçou-se para lembrar ao reino que Deus lhe dera a veneração do verdadeiro Deus."[14] Mas ele não podia citar uma aliança escrita, como fizera Josias. Seus súditos não eram governados por uma lei entregue a Moisés. Os povos de seu império tinham diferentes sistemas legais — e, desde que não subvertessem a supremacia franca, ele não objetava. A única lei que desejava que seus súditos obedecessem, a única lei que existia para guiar todo o povo cristão, não podia ser contida em um único livro. Só podia ser escrita em seus corações. Mas isso lhe impôs uma feroz obrigação, pois como a lei de Deus poderia ser escrita nos corações do povo cristão se esse povo não fosse propriamente cristão? Sem educação, eles estavam condenados; sem educa-

CONVERSÃO

ção, não podiam ser levados a Cristo. Carlos Magno chamou sua missão de *correctio*, a instrução de seus súditos no autêntico conhecimento de Deus.

"Que possam se sentar aqui aqueles que copiam os pronunciamentos da lei sagrada e os dizeres sacrossantos dos pais."[15] Essa foi a prece que Alcuíno, após sua nomeação como abade de Tours em 797, ordenou que fosse inscrita sobre a sala onde os monges trabalhavam diariamente em sua grande tarefa de escrita. Sob sua liderança, o monastério se tornaria uma usina de caligrafia. Seu foco particular era a produção das Escrituras em um único volume. Editadas pelos próprio Alcuíno, elas eram muito acessíveis. As palavras já não estavam grudadas umas nas outras. Letras maiúsculas eram usadas para indicar o início das novas sentenças. Pela primeira vez, um único traço, como um relâmpago, foi introduzido para indicar dúvida: o ponto de interrogação. Um monge declarou que cada compêndio das Escrituras era "uma biblioteca sem comparação".[16] Na antiga Alexandria, elas haviam sido chamadas de *ta biblia ta hagia*, "os livros sagrados". Com o tempo, a fim de enfatizar a santidade única do que produziam, os monges da Frância começaram a transliterar a palavra grega *biblia* para o latim. O Antigo e o Novo Testamentos passaram a ser conhecidos simplesmente como *Biblia*, "*os* Livros". O número de edições produzidas em Tours era prodigioso. Grandes, fáceis de ler e distribuídas amplamente por todo o império de Carlos Magno, elas deram aos vários povos do Ocidente latino algo novo: um senso partilhado da palavra de Deus como fonte de revelação que podia ser contida entre duas capas.

Mas Alcuíno e seus colegas não queriam que as Escrituras e o grande legado do ensino cristão estivessem disponíveis somente para os alfabetizados. Familiarizados com os assentamentos reduzidos no interior até mesmo dos mais imponentes muros romanos, eles sabiam que não poderia haver *correctio* se o ensino não chegasse ao interior profundo. Todo o Ocidente latino, das antigas regiões centrais às mais novas e rústicas fronteiras, precisava funcionar como uma grande colmeia de dioceses. O mais ínfimo dos camponeses, lutando para sobreviver em um bosque úmido, tinha de ter fácil acesso à instrução cristã. Era por isso que, sempre que os rebeldes saxões

DOMÍNIO

queimavam uma igreja, as autoridades francas corriam para reconstruí-la. E também era por isso que, sob o olhar severo e tutelar de Carlos Magno, o projeto de *correctio* focava particularmente na educação do clero. Esse era um tópico sobre o qual Bonifácio, apenas uma geração antes, expressara robustas visões. Os padres francos, acusara ele, "passam a vida na devassidão, no adultério e em todo tipo de sujeira".[17] Alguns mal se distinguiam dos servos: ordenados por instrução de seus lordes, tinham mais prática em segurar as guias dos cães de caça ou as rédeas dos cavalos das damas que em ensinar a palavra de Deus. Com cada vez mais instruções fluindo da corte de Carlos Magno, isso começou a mudar. O rei ordenou que todos no império soubessem o Credo. E todos tiveram de aprender as palavras que o próprio Cristo ensinara ao ser questionado pelos discípulos sobre a maneira de rezar: o Pai Nosso. Pequenos livros escritos especificamente para atender às necessidades dos padres rurais começaram a surgir em números cada vez maiores. Surrados, sujos e muito manuseados, esses guias eram o índice de um inovador experimento de educação em massa. A morte de Carlos Magno em 814 nada fez para retardá-lo. Quatro décadas mais tarde, o arcebispo de Reims pôde urgir os padres sob sua supervisão a saberem todas as quarenta homilias de Gregório, o Grande, e esperar ser obedecido. Um foi preso por ter esquecido "tudo que aprendera".[18] A ignorância se tornara literalmente crime.

Cada vez mais, nas profundezas da área rural franca, não havia aspecto da existência que o ensino cristão não tocasse. Fosse na hora de desenhar um mapa, cuidar de uma vaca doente ou escolher o melhor lugar para cavar um poço, raro era o padre que não representava para seu rebanho a fonte suprema de conhecimento. Os ritmos do Pai Nosso e do Credo, repetidos diariamente em todo o Império Franco e além, nos reinos da Grã-Bretanha, da Irlanda e da Espanha, falavam de um povo cristão se tornando ainda mais cristão. A virada do ano, a aragem, a semeadura, a colheita e a passagem da vida humana, do nascimento à morte, tudo estava a cargo de Cristo. Conforme as gerações se sucediam, os ensinamentos dos padres aos trabalhadores nos campos, às grávidas, aos idosos em seus leitos de morte

CONVERSÃO

e às crianças que aprendiam as primeiras orações pareciam cada mais estabelecidos sobre fundações que transcendiam o tempo. A ordem cristã se proclamava eterna, e todos acreditavam.

A ordem terrena, por sua vez, era como um arco-íris, "que adorna a abóbada celeste com cores deslumbrantes e rapidamente desaparece". Assim escreveu Sedúlio Escoto, um professor irlandês que chegou à corte franca em algum momento da década de 840. Os tempos começavam a ficar sombrios. O império de Carlos Magno, dividido entre seus herdeiros, tornara-se uma colcha de retalhos. Enquanto isso, as fronteiras do mundo latino sangravam por toda parte. Os piratas sarracenos, que havia muito pilhavam a costa italiana e capturavam gado humano para os mercados de escravos da África, em 846 navegaram até o Tibre e saquearam a própria basílica de São Pedro. Na Grã-Bretanha e na Irlanda, reinos inteiros foram derrubados por exércitos de ladrões, *wicingas*, vindos do outro lado do mar do Norte: vikings. Nos céus, exércitos fantasmas eram vistos lutando entre as nuvens, com suas fileiras sendo compostas por plumas de fogo. "O reino terreno, por ser transitório e passageiro, jamais revela a verdade, mas somente a mais leve semelhança com a verdade e o reino eterno." Sedúlio Escoto, escrevendo para o bisneto de Carlos Magno, não escolheu palavras: "Só é real o reino que dura para sempre."[19]

O tempo, portanto, seria o teste decisivo para a solidez das fundações estabelecidas pela ordem cristã.

Invertendo a maré

A crise vinha se preparando havia muito. Ano após ano, bandos de pagãos cruzavam as estepes da bacia Cárpata e entravam na Suábia e na Bavária, com seus cavaleiros revelando uma velocidade assustadora e a aterrorizante habilidade de atirar flechas da sela. "De aspecto repulsivo, com olhos fundos e baixa estatura",[20] os rumores diziam que se alimentavam de sangue humano. Eles certamente tinham talento para devorar os bens dos cristãos.

219

DOMÍNIO

Aonde quer que fossem, deixavam para trás um rastro de igrejas fumegantes e campos queimados. Várias políticas foram tentadas para interromper o massacre: cenouras, na forma de subsídios financeiros, e porretes, na forma de controles de fronteira mais rígidos. Nada parecia funcionar. Para as autoridades do leste da Frância, o momento da verdade se aproximava. Tinham uma escolha difícil pela frente: garantir uma solução definitiva para a crise ou perder o controle sobre as fronteiras.

A tempestade finalmente chegou no verão de 955. "Uma multidão de húngaros, em quantidade tal que nenhuma pessoa viva se lembrava de ter visto naquela região, invadiu o reino dos bávaros, que foi devastado e simultaneamente ocupado do Danúbio até a floresta escura ao pé das montanhas."[21] Não foi somente a escala da força invasora que assustou os observadores cristãos, mas também o evidente escopo de sua preparação. Previamente, quando os húngaros saíam de suas estepes, eles o faziam exclusivamente a cavalo, investindo na velocidade a fim de roubar tudo que a região tinha a oferecer e então recuar para o Danúbio antes que a cavalaria alemã, com armaduras mais pesadas, pudesse acuá-los. A pilhagem, e não as aquisições territoriais, fora seu objetivo. Mas agora eles pareciam ter uma estratégia diferente. Entrando em território bávaro, os cavaleiros assumiram um ritmo moderado. A seu lado, marchavam longas colunas de infantaria. Máquinas de cerco rangiam e estalavam atrás deles. Dessa vez, os húngaros haviam chegado para conquistar.

No início de agosto, eles chegaram aos muros de Augsburgo. A cidade, embora rica e estrategicamente vital, estava perigosamente exposta. Na hora de seu maior perigo, foi Ulrico, o idoso e formidavelmente culto bispo da cidade, quem assumiu o comando da defesa. Enquanto os homens barricavam os muros e as mulheres caminhavam em procissão murmurando temerosas preces, o velho erudito percorria as ameias, inspirando a guarnição a confiar em Cristo. Mas as forças que cercavam a cidade eram tão esmagadoras e seus preparativos tão ameaçadores que, para muitos, parecia que Augsburgo estava fadada a cair. Em 8 de agosto, enquanto as máquinas de cerco se arrastavam na direção das fortificações e a infantaria era im-

CONVERSÃO

pulsionada a chicotadas, o portão sobre o rio Lech foi derrubado. Ulrico, "usando apenas suas roupas, sem ser protegido por escudo, cota de malha ou capacete",[22] saiu a cavalo para bloquear o caminho dos húngaros. Miraculosamente, a despeito do assobiar das flechas e do baque das pedras ao seu redor, ele conseguiu manter os agressores a distância. O portão aberto foi guarnecido. Os húngaros não entraram na cidade.

E a ajuda estava a caminho. Otão, um rei coroado no salão do trono do próprio Carlos Magno, famoso por sua devoção, sua coragem marcial e a bastante espetacular quantidade de pelos em seu peito, fora informado da invasão da Saxônia e marchara furiosamente para o sul, a fim de confrontar os invasores. Levava consigo 3 mil cavaleiros com armaduras pesadas e o tesouro mais precioso de seu reino: a lança que perfurara o tórax de Cristo. Na batalha que se seguiu, essas vantagens lhe deram uma vitória espantosa e contra todas as probabilidades. Um grande ataque da cavalaria esmagou os húngaros; a cavalaria cristã perseguiu seus inimigos até a planície aluvial do Lech e os destruiu com lanças e espadas; quase nada restou da poderosa força que cercara Augsburgo. Mais tarde, os húngaros alegariam que somente sete homens haviam escapado do massacre. A glória foi tanta que, entre a confusão de corpos e estandartes no campo de batalha, os exultantes vitoriosos triunfantemente chamaram seu rei de "imperador". E, de fato, sete anos depois, Otão foi coroado pelo papa, em Roma.

Foi um momento portentoso. Muito antes, cerca de duas décadas após a morte de Carlos Magno, em 814, um poeta saxão, elogiando o deus trazido pelos francos para seu povo, comparara "a luz brilhante e infinitamente bela" de Cristo ao bruxuleio dos mortais. "Aqui neste mundo, na Terra Média, eles vêm e vão, com os velhos morrendo e os jovens os sucedendo, até também ficarem velhos e serem levados pelo destino."[23] A coroação de Otão na antiga capital do mundo comprovava poderosamente quão imprevisíveis eram os assuntos humanos. O trono do império estava vazio havia mais de meio século. O último descendente de Carlos Magno a ocupá-lo fora deposto, cegado e aprisionado em 905. O *Regnum Francorum*, o "reino dos francos", fora fraturado em vários sub-reinos. Os dois maiores situavam-se

DOMÍNIO

nos flancos oeste e leste do antigo Império Franco e, mais tarde, ficariam conhecidos como França e Alemanha. A dinastia a que Otão pertencia e que fora eleita para governar a Frância oriental em 919 não tinha ligação com Carlos Magno. Aliás, nem sequer era franca. Otão, o Grande, herdeiro de Constantino, escudo do Ocidente, portador da Lança Sagrada, viera do próprio povo que, menos de dois séculos antes, fora tão obstinado em sua resistência às armas cristãs: os saxões.

"Sou soldado de Cristo; não é lícito que eu lute."[24] Fora isso que Martinho, o futuro bispo de Tours, dissera ao imperador Juliano ao abandonar seu posto militar. Não surpreende que Otão, descendente de homens e mulheres forçados ao batismo pela espada, não sentisse ter para com seu Salvador o dever de governar como pacifista. Mesmo que sentisse, os tempos não permitiriam. Por um século, as fronteiras do Ocidente latino haviam sido repetidamente retalhadas, extirpadas e queimadas. Tentar repará-las e defender o povo cristão era lutar contra "demônios que assaltam permanentemente a Igreja de Deus".[25] A derrota de tais adversários, supostamente vindos do inferno, naturalmente exigia um esforço incessante de coragem e força moral. A grande vitória de Otão às margens do Lech não foi o único sinal de que a maré podia finalmente estar virando. Quatro décadas antes, às margens de outro rio, o Garigliano, a menos de 160 quilômetros de Roma, um grande covil de piratas sarracenos fora descoberto. Em sua empolgação, o próprio papa, cavalgando atrás do exército vitorioso, atacara o inimigo duas vezes. O fato de os céus terem perdoado sua ofensa fora demonstrado pela surpreendente mas muito reportada aparição de São Pedro e São Paulo na frente de batalha.

Entrementes, nos mares do norte, as forças da ordem cristã se recuperavam da quase implosão. Em 937, a grande invasão viking da Grã-Bretanha fora derrotada pelo rei de Wessex, um guerreiro formidável chamado Etelstano. Mas o triunfo não fora somente seu. Por três gerações, sob seu avô e seu pai, os saxões do oeste haviam lutado desesperadamente para sobreviver. De todos os povos anglo-saxões, haviam sido os únicos a preservar seu reino da conquista viking — e por muito pouco. Durante algum

CONVERSÃO

tempo, o próprio futuro do cristianismo nas terras chamadas por Bede de novo Israel parecera estar por um fio. Mas Deus as salvara. Não somente os vikings haviam se submetido aos cristãos, como um novo reino cristão fora construído sobre as ruínas do antigo. Etelstano emergira de uma vida inteira de campanhas incessantes como primeiro rei de um reino que, na época de sua morte, estendia-se da Nortúmbria até o canal. "Através da graça de Deus, ele reinou sozinho sobre o que previamente pertencera a muitos."[26] Redimida do desastre, a visão de Bede de anglos e saxões como um único povo fora realizada.

Grandes conquistadores como Otão e Etelstano não ficavam à sombra de nenhum bárbaro. Após um longo século de recuos e derrotas, a monarquia cristã recuperou sua arrogância, sua mística. Que deus poderia rivalizar com o poder do imperador celestial que levara os saxões da sinistra obscuridade até tal grandeza, ou a Casa de Wessex a alimentar tantos lobos e corvos com seus inimigos? Era natural que um comandante militar pagão derrotado pelas armas cristãs pensasse longamente sobre tais questões. A batalha era o teste final da autoridade de um deus. Não somente isso era evidente, como também as recompensas por aceitar os termos de Cristo. Aceitar o batismo era entrar em uma comunidade de reinos definida por sua antiguidade, sofisticação e riqueza. Da Escandinávia à Europa Central, os comandantes militares pagãos começaram a contemplar a mesma possibilidade: a de que o caminho mais garantido para lucrar com o mundo cristão fosse não rasgá-lo em pedaços, mas ser incluído em sua tessitura. E, de fato, duas décadas após o grande massacre de seu povo às margens do Lech, Geza, o rei dos húngaros, tornou-se cristão. Reprovado por um monge por continuar a oferecer sacrifícios "a vários falsos deuses", ele alegremente reconheceu que dividir as apostas "lhe trouxera riqueza e grande poder".[27] Somente uma geração mais tarde, o compromisso com Cristo de seu filho Waik foi maior. O novo rei adotou o nome Estêvão; construiu igrejas no interior da Hungria; ordenou que fosse raspada a cabeça de qualquer um que ousasse zombar dos ritos realizados nessas igrejas; e fez com que um lorde pagão rebelde fosse esquartejado e que as partes de seu corpo

223

DOMÍNIO

fossem pregadas em vários locais proeminentes. Grandes recompensas rapidamente fluíram dessas medidas devotas. Estêvão, neto de um chefe pagão, recebeu como rainha a sobrinha-neta de Otão, o Grande. O imperador, neto de Otão, deu-lhe uma réplica da Lança Sagrada. O papa lhe enviou uma coroa. Após um longo e próspero reinado, ele foi proclamado santo.

Em 1038, ano de sua morte, os líderes da Igreja latina podiam ver o mundo com um inebriante senso de possibilidades. Os húngaros não haviam sido os únicos levados até Cristo. O mesmo se dera com boêmios, poloneses, dinamarqueses e noruegueses. Chefes ambiciosos, ao serem recebidos na ordem da realeza cristã, raramente eram tentados a renovar a veneração por seus deuses ancestrais. Nenhum ritual pagão podia rivalizar com a unção de um rei batizado. O governante que sentia o óleo sagrado em sua pele, penetrando seus poros e sua alma, sabia-se unido pela experiência a Davi e Salomão, a Carlos Magno e Otão. Quem era Cristo, senão o maior dos reis? Com o passar dos séculos, ele "ganhara muitos reinos, triunfara sobre os mais poderosos governantes e, com seu poder, esmagara o pescoço dos orgulhosos e dos sublimes".[28] Não era vergonha, mesmo para o mais incomparável dos reis, mesmo para o imperador, reconhecer isso. De leste a oeste, das mais profundas florestas ao oceano mais bravio, das margens do rio Volga às geleiras da Groenlândia, Cristo governava a todos.

No entanto, havia aí um paradoxo. Mesmo enquanto os reis se curvavam, o horror do que ele sofrera pela humanidade, a dor e o desamparo que suportara no Gólgota, a agonia de tudo aquilo obcecava os cristãos como nunca antes. A réplica da Lança Sagrada enviada a Estêvão servia como grave lembrança do sofrimento de Cristo. O próprio Cristo — ao contrário de Otão — jamais a usara em batalha. Ela era sagrada porque um soldado romano, vigiando a crucificação, o ferira com ela. Sangue e água haviam escorrido da ferida. Cristo ficara pendurado na cruz, morto. Desde então, os cristãos evitavam representar seu Salvador como cadáver. Mas agora, mil anos depois, artistas começavam a quebrar esse tabu. Em Colônia, sobre o túmulo do arcebispo que a encomendara, havia uma grande escultura retratando Cristo na cruz, com os olhos fechados, sem vida. Outros tinham

CONVERSÃO

visões similares. Um monge de Limoges, acordando no meio da noite, vira, "por meia hora, a imagem do Crucificado e a cor do fogo e do sangue"[29] contra o céu do sul, como se plantada no paraíso. Quanto mais se aproximava 1033, o aniversário milenar da morte de Cristo, mais vastas multidões, em um êxtase de anseio, esperança e medo, começavam a se reunir. Nunca antes um movimento de tal magnitude fora testemunhado nas terras do Ocidente. Muitos se reuniram nos campos perto das cidades francesas, "estendendo as mãos para Deus e gritando a uma só voz 'Paz! Paz! Paz!', em sinal da aliança perpétua que haviam feito com Deus".[30] Outros, tirando vantagem do caminho aberto pela conversão dos húngaros, seguiam a estrada até Constantinopla e de lá para Jerusalém. O maior número partiu em 1033, "uma inumerável multidão vinda de todo o mundo, maior que qualquer homem esperaria ver".[31] O destino de sua jornada: o local da execução de Cristo e a tumba que testemunhara sua ressurreição.

Qual era sua esperança? Se a declaravam, era sussurrando. Os cristãos sabiam da proibição de Agostinho. Eles conheciam a ortodoxia: o reinado de mil anos dos santos, mencionado no Apocalipse, não devia ser interpretado literalmente. Naquela ocasião, o milênio da morte de Cristo chegou e passou, e ele não desceu dos céus. Seu reino não foi estabelecido na terra. O mundo caído continuou como antes. Mesmo assim, o anseio por reforma, renovação e redenção não se desvaneceu. Em certo nível, não se tratava de nada novo. Cristo, afinal, convidara seus seguidores a renascerem. O anseio de ver todo o povo cristão purgado de seus pecados tinha raízes profundas. Fora o que, cerca de dois séculos e meio antes, inspirara Carlos Magno em seu grande projeto de *correctio*. No entanto, embora seus herdeiros ainda reivindicassem o direito de servir como pastores de seu povo, de governar — como fizera ele — também como padres, e não somente como reis, a ambição de estabelecer o mundo cristão sobre novas fundações já não se restringia às cortes. Tornara-se uma febre que enchia os prados de multidões se balançando e gemendo, e inspirava exércitos de peregrinos a caminharem por estradas poeirentas. Cruzar a Hungria durante o reinado de Estêvão era saber o quanto o mundo podia mudar. Ela se tornara um

225

DOMÍNIO

local de milagres. Em 1028, um monge da Bavária chamado Arnold viajou até lá e ficou pasmo ao ver um dragão pairando sobre as planícies húngaras, "com a cabeça emplumada da altura de uma montanha e o corpo coberto de escamas como escudos de ferro".[32] Mas isso era pouco comparado à verdadeira maravilha: uma terra que já havia sido o lar de demônios bebedores de sangue levada até Cristo, com seu rei servindo como guardião de milhares de peregrinos indo para Jerusalém e suas cidades cheias de catedrais e igrejas entoando louvores a Deus. Arnold podia reconhecer o choque do novo quando o via. Longe de inquietá-lo, a perspectiva de ainda mais mudanças o enchia de vertiginosa excitação. Em um mundo animado como nunca antes pelo fogo do Espírito Santo, por que algo ficaria parado? "Tal é a provisão do Todo-Poderoso: que muitas coisas que já existiram sejam deixadas de lado por aqueles que vêm depois delas."

Arnold estava certo em prever tumultos. Muito do que era dado como certo estava à beira de uma perturbação titânica. Uma nova e irreversível revolução se iniciava no Ocidente latino.

IX

Revolução

1076: Cambrai

O ESPÍRITO FEBRIL DOS TEMPOS ERA perigoso. Gerardo, bispo de Cambrai, não tinha dúvidas disso. Os cristãos que, através da revelação, acreditavam ter insights sobre os propósitos de Deus eram uma ameaça à Igreja e sua ordem, construída com tanto cuidado e esforço nos mil anos desde Cristo. À sombra do milênio, a grande serpente da heresia, que durante séculos permanecera imóvel, começara novamente a se movimentar. Vários clérigos de Orleans, um deles contando com o favor real, supostamente teriam alegado que "não existe Igreja";[1] os habitantes de um castelo perto de Milão, prometendo castidade, haviam reivindicado uma pureza que envergonhava os padres casados; um camponês, a somente 160 quilômetros de Cambrai, sonhara que um enxame de abelhas entrara em seu ânus e revelara as iniquidades do clero. Essa loucura parecia capaz de infectar todos os níveis da sociedade. Mas costumeiramente a acusação era a mesma: padres indignos não estavam qualificados para praticar os ritos e rituais da Igreja; estavam poluídos, enodoados, corrompidos; não eram verdadeiros cristãos. O eco dos donatistas, reverberando através dos séculos, era palpável.

Gerardo, temendo para onde tais delírios poderiam levar, estava alerta. Sabendo que um homem chamado Ramirdo "pregava muitas coisas fora da fé e conquistara muitos discípulos de ambos os sexos",[2] o bispo agiu

DOMÍNIO

rapidamente. Ramirdo foi convocado a Cambrai. Lá foi interrogado por um painel de abades e eruditos. Porém suas respostas se provaram impecavelmente ortodoxas. Então foi convidado a celebrar com Gerardo o ritual da eucaristia, a transformação, através de um mistério sublime, do pão e do vinho no corpo e no sangue de Cristo. Somente um padre podia realizar tal milagre, mas Ramirdo, acusando o bispo de estar sujo de pecado, recusou-lhe o título de padre. O tumulto resultante explodiu em violência. Os servos de Gerardo, agarrando o homem que insultara seu mestre, o prenderam em um casebre de madeira. Uma multidão colocou fogo no casebre. Ramirdo, rezando de joelhos, foi queimado vivo.

Esse espasmo de violência — embora obviamente fosse um constrangimento para Gerardo — teve efeitos salutares. Havia precedentes para matar hereges. Meio século antes, os clérigos de Orleans, acusados de zombar da existência da Igreja, haviam sido queimados publicamente: as primeiras pessoas a serem executadas por heresia em toda a história do Ocidente latino.* Um clima sombrio exigia medidas sombrias. A pressa dos seguidores de Ramirdo em recolher suas cinzas e o consagrar como mártir sinalizava um entusiasmo por seus ensinamentos que se tornara uma espécie de loucura. A demanda — desmedida e impraticável! — era por uma Igreja que pudesse brilhar entre as trevas dos caídos de maneira tão radiante quanto o mais disciplinado monastério. Os padres, ao contrário dos santos, jamais haviam sido obrigados a se comprometer com o celibato — mas, em anos recentes, isso se tornara tema de violenta agitação. Em Milão, onde o clero havia tempos vivia abertamente com as esposas, os tumultos ainda convulsionavam a cidade duas décadas depois. Os padres casados eram boicotados, agredidos, atacados. Seu toque era publicamente evitado como "fezes de cachorro".[3] Paramilitares haviam barricado o arcebispo no interior de sua própria catedral e, depois que ele morrera, tentado impor seu candidato à cidade. Gerardo, que só fora investido bispo havia alguns meses,

---

* Prisciliano, um bispo espanhol executado em 385, às vezes é citado como o primeiro, mas ele foi condenado por feitiçaria, não heresia.

REVOLUÇÃO

não queria ver tal tumulto em Cambrai. Foi por isso que, em vez de punir os assassinos de Ramirdo, ele se contentou em vê-los como agentes de um propósito mais elevado. Afinal, a heresia tinha de ser destruída. Os admiradores de Ramirdo eram tecelões, camponeses, trabalhadores. O que eram as queixas de gente assim para um bispo?

Ocorre que Ramirdo tinha admiradores em posições mais elevadas. No início de 1077, chegou a Paris uma carta endereçada ao arcebispo. Ela relatava, em tons chocados, o destino de Ramirdo. "Consideramos isso monstruoso."[4] A carta declarava que ele não fora um criminoso. Criminosos eram os que o haviam assassinado. Para Gerardo, isso não foi meramente uma reprimenda, mas um golpe físico. A carta fora escrita por um bispo, e não qualquer um. O assassinato de Ramirdo fora condenado pelo próprio papa.

Hildebrando sempre fora radical. Filho de um carpinteiro toscano, alguns diziam que sua futura grandeza fora pressagiada por centelhas miraculosas em suas roupas e uma chama em sua cabeça. Desafiando suas origens humildes, ele sempre acreditara ter recebido uma missão de Deus. Quando, ainda jovem, fora agraciado com uma visão de São Paulo recolhendo estrume em um monastério romano, ela confirmara a ambição que teria por toda a vida: limpar a Igreja de toda a sujeira. Em outros lugares, isso seria suficiente para condená-lo por heresia, mas Roma, durante sua juventude, era uma cidade tomada por um inebriante senso de renovação. Durante muito tempo, o papado fora uma instituição disputada por dinastias locais. Papa após papa fora sinônimo de escândalo. Essa vergonha finalmente levara à intervenção do próprio imperador. Henrique III, um homem formidavelmente devoto e com a autoconfiança natural de um rei ungido, rapidamente depusera e nomeara vários papas antes de, em 1048, promover um primo distante. Essa política certamente fora autoritária, mas servira para tirar o papado da sarjeta. Uma sucessão de papas tão astutos quanto devotos trabalhara para estabelecer um novo curso. Eles chamaram esse grande projeto de *reformatio*, "reforma". Sua ambição era redimir não somente o papado, mas todo o mundo do cancro da mundanidade e do provincianismo. Agentes papais — os "legados" — foram enviados para o

DOMÍNIO

norte dos Alpes. Entrementes, clérigos talentosos eram recrutados para servir o papado em todo o Ocidente latino. Cada vez mais, eles davam a Roma uma sensação que ela não tinha havia muitos séculos: a de ser a capital dos assuntos mundiais.

Hildebrando, escalando a hierarquia da Igreja romana, não hesitou em ver seu alcance como universal. Sério, austero e implacável em seus propósitos, ele era um homem perfeitamente adequado ao espírito cada vez mais ambicioso da Igreja. Em 1073, emergiu como mais formidável agente de um papado pronto para reivindicar autoridade suprema sobre todo o povo cristão. Nesse ano, quando o trono de São Pedro ficou vago, ninguém pensou em esperar que o filho de Henrique III, o jovem e obstinado Henrique IV, nomeasse um novo papa. "Hildebrando para bispo!",[5] gritaram as multidões. Ele foi levado em seus ombros para a coroação em Latrão, um antigo palácio doado ao bispo de Roma por Constantino séculos antes. Como sinal de sua ambição, Hildebrando adotou o nome do aristocrata romano que famosamente devotara a vida a preparar a Igreja para o fim dos dias. Ele foi o sétimo papa a usar esse nome. "Ele foi o homem sobre quem o espírito do primeiro Gregório verdadeiramente repousou."[6]

Porém, na verdade, as ambições de Gregório VII para o papado eram ponderosamente originais. Apesar de seus predecessores terem consistentemente reivindicado uma posição de liderança entre o povo cristão, nenhum deles jamais a proclamara tão ousada ou vigorosamente. Entre a grande coleção de documentos arquivados nas bibliotecas papais — os cânones dos concílios da Igreja, as proclamações dos sucessivos papas —, havia numerosos precedentes adequados às necessidades de Gregório, e ele os empregou devidamente. Mas, quando necessário, não hesitou em introduzir inovações. Afirmar que somente o papa tinha licença para ser chamado de "universal"; permitir que inferiores julgassem seus superiores; liberar de seus votos os que haviam jurado obediência a um lorde: aí estavam prerrogativas para colocar o mundo inteiro de cabeça para baixo. Mesmo antes de se tornar papa, Gregório estivera ansioso para colocá-las em prática. Longe de condenar os militantes em Milão, ele lhes dera sua bênção pessoal. Gre-

230

REVOLUÇÃO

gório acreditava não ser pecado amplificar a exortação moral ao ameaçar com violência os que a ignoravam. O herdeiro de São Pedro não hesitaria em lançar mão dos fiéis militantes. O próprio futuro do povo cristão estava em jogo. As provas disso eram evidentes. Um dos apoiadores de Gregório relatou que um anjo surgira em uma igreja no momento em que o padre celebrava a eucaristia e começara a esfregá-lo. A água ficara preta. Finalmente, o anjo jogara o sujo conteúdo do balde sobre a cabeça do padre. O padre, um homem de reputação até então impecável, começara a chorar e confessara que na noite anterior dormira com uma criada. Gregório, assim como o anjo, sentia-se chamado a um grande trabalho de limpeza. Os clérigos eram leprosos. Somente ele, o herdeiro de São Pedro, podia levá-los à pureza. Os padres tinham de ser virginais, como os monges. A missão de Gregório era "arrancar, despedaçar, arruinar e destruir; edificar e plantar".[7]

Nunca antes um papa abalara de maneira tão palpável as fundações do mundo cristão. A excitação dos seguidores de Gregório era superada apenas pelo alarme de seus oponentes. Gerardo não estava sozinho ao se sentir desorientado. A heresia parecia estar no comando da Igreja. As hierarquias das quais os bispos retiravam sua autoridade eram atacadas pelo próprio homem que as liderava. Padres que poluíam a si mesmos ao se render à luxúria não eram os únicos objetos do zelo reformista de Gregório. Ramirdo, recusando-se a celebrar a eucaristia com Gerardo, fizera isso por uma razão muito particular. O bispo de Cambrai, após sua eleição em junho de 1076, viajara para a corte alemã. Lá, obedecendo a um antigo costume, jurara lealdade a Henrique IV. O rei, por sua vez, o presenteara com um cajado e um anel, o símbolo do casamento. Durante muito tempo, era esperado que os bispos em terras governadas pelo imperador devessem suas investiduras a ele. Mas Gregório não concordava com isso. Quando Ramirdo se recusara a reconhecer Gerardo como padre, ele o fizera em direta obediência a um decreto da Igreja romana. Emitido no ano anterior, ele formalmente proibia "o rei de conferir bispados".[8] Foi um passo importante, pois proibir a interferência dos reis nos assuntos da Igreja atingia o âmago da ordenação do mundo.

DOMÍNIO

E fora precisamente por isso, é claro, que Gregório o defendera. A corrupção ocorria de muitas maneiras. Um bispo que devia sua investidura a um rei não era menos leproso que um padre que dormia com uma criada. Prostituir-se por quinquilharias, propriedades e cargos era trair o Rei dos Céus. A escala da mudança que Gregório impôs ao Ocidente latino podia ser mensurada pelo fato de que, três décadas antes, até mesmo reformadores como ele haviam dependido de Henrique III para garantir o papado. O fato de que imperadores eram saudados como *sanctissimus*, "santíssimos", e que bispos, havia muito tempo, administravam feudos imperiais não importava para ele. As dimensões rivais dos apetites terrenos e do comprometimento com Cristo, da corrupção e da pureza, de *saecularia* e *religio* haviam se entremeado por tempo demais. Tal poluição não podia continuar. Os bispos eram servos somente de Deus ou não eram nada. A Igreja tinha de ser libertada do Estado.

"O papa tem permissão para depor imperadores." Essa proposição, uma entre muitas sobre a autoridade papal esboçadas para uso privado de Gregório em março de 1075, mostra que ele estava mais que preparado para a inevitável reação. Nenhum papa jamais reivindicara tal licença, mas nenhum papa tampouco ousara desafiar a autoridade imperial de modo tão incontritamente direto. Ao reivindicar a liderança exclusiva do povo cristão e pisotear antigas prerrogativas reais, Gregório ofendeu Henrique IV gravemente. Herdeiro de uma longa linhagem de imperadores que jamais haviam hesitado em depor papas problemáticos, o jovem rei agiu com a segurança de um homem supremamente confiante de que tanto o direito quanto a tradição estavam a seu lado. No início de 1076, quando convocou uma conferência de bispos imperiais na cidade alemã de Worms, os clérigos reunidos sabiam exatamente o que se esperava deles. A eleição de Hildebrando, decidiram eles, fora inválida. Nem bem haviam chegado a essa decisão e os escribas de Henrique pegaram suas penas. "Deixe que outro se sente no trono de São Pedro." A mensagem a Gregório em Roma não poderia ter sido mais direta. "Renuncie, renuncie!"

Mas Gregório também tinha talento para a brusquidão. Recebendo a ordem para abdicar, ele não somente se recusou como prontamente aumen-

REVOLUÇÃO

tou as apostas. Falando de Latrão, declarou que Henrique estava "preso pela corrente do anátema"[9] e excomungado da Igreja. Seus súditos estavam absolvidos de todos os juramentos de lealdade. O próprio Henrique, como tirano e inimigo de Deus, estava deposto. O impacto desse pronunciamento se provou devastador. A autoridade de Henrique se desfez. Vários príncipes vassalos, ávidos pela oportunidade criada pela excomunhão, começaram a desmembrar seu reino. No fim do ano, Henrique estava encurralado. Sua autoridade fora tão reduzida que ele se viu obrigado a uma manobra desesperada. Cruzando os Alpes no auge do inverno, ele foi até Canossa, um castelo no norte dos Apeninos onde sabia que Gregório estava hospedado. Durante três dias, "descalço e com trajes de lã",[10] o herdeiro de Constantino e Carlos Magno tremeu perante o portão dos muros internos do castelo. Finalmente, ordenando que o portão fosse aberto e convocando Henrique à sua presença, Gregório absolveu o penitente com um beijo. "O Rei de Roma, em vez de ser honrado como monarca universal, foi tratado meramente como ser humano, uma criatura feita de barro."[11]

O choque foi sísmico. O fato de Henrique ter renegado suas promessas, capturado Roma em 1084 e forçado seu grande inimigo a fugir nada fez para diminuir o impacto do papado de Gregório sobre o povo cristão. Pela primeira vez, as questões públicas do Ocidente latino tinham uma audiência que incluía todas as regiões e classes sociais. "De que outra coisa se fala, mesmo nos salões de tear das mulheres e nas oficinas dos artesãos?"[12] Ali estava, acusaram os oponentes de Gregório, outra marca negativa em seu nome. Encorajar tecelões e sapateiros a julgarem seus superiores era brincar com fogo. A violência da propaganda contra Henrique — dizendo que ele era pervertido, incendiário, violador de freiras — ameaçou o próprio tecido da sociedade. Juntamente, é claro, com a disposição de Gregório de instigar a multidão contra os padres que se opunham a seu programa de *reformatio*. Se as pessoas começassem a exigir a deposição do clero, onde as coisas poderiam acabar?

As agruras do bispo de Cambrai sugeriam uma resposta particularmente alarmante: a rebelião de cidades inteiras. Em 1077, desesperado para não

DOMÍNIO

ser deposto por ter aceitado um anel de Henrique IV, Gerardo percorrera a longa estrada até Roma e apresentara seu caso. Gregório, contudo, se recusara a recebê-lo. Somente depois que ele voltara para o norte e implorara misericórdia ao legado papal em Borgonha sua eleição fora finalmente aprovada. Entrementes, durante sua ausência, trabalhadores e camponeses haviam assumido o controle de Cambrai. Declarando-se uma comuna, eles juraram jamais aceitá-lo de volta. Gerardo, enfrentando insurreição declarada, não teve escolha a não ser pedir ajuda a um conde vizinho. Esse foi um recurso humilhante: mesmo depois que os rebeldes foram dominados e seus líderes mortos, a sensação de mundo de cabeça para baixo não foi superada. "Os cavaleiros estão armados contra seus lordes e as crianças se erguem contra seus pais. Súditos se agitam contra reis, certo e errado se confundem e a santidade dos juramentos foi violada."[13]

Entretanto, após a pacificação de Cambrai, Gerardo não repudiou o juramento de lealdade que fizera a Gregório. Assim que a rebelião foi esmagada, ele impôs a seu clero as próprias medidas que, somente um ano antes, haviam feito com que Ramirdo fosse linchado. Nem mesmo a morte de Gregório logo após a fuga de Roma abalou o comprometimento de Gerardo com a *reformatio*. Seus olhos, assim como os de outros bispos do império, haviam sido abertos. A humilhação de Henrique IV tornara visível um grande e maravilhoso prêmio. O sonho de Gregório e seus colegas reformadores — de uma Igreja decisivamente distinta da dimensão terrena, de cima a baixo, dos palácios aos menores vilarejos — já não parecia uma fantasia, mas algo eminentemente realizável. Um clero celibatário, livre das armadilhas e teias do mundo caído, era mais adequado para servir como modelo de pureza para o povo cristão e conduzi-lo a Deus. Já não seriam apenas os monastérios e conventos a se manterem separados do fluxo do *saeculum*, mas toda a Igreja. Os bispos que se comprometiam com o radicalismo dessa visão podiam conter a própria ansiedade dizendo a si mesmos que ela não era nova e estava em sintonia com os ensinamentos de seu Salvador. Afinal, nos evangelhos, estava registrado que Jesus fora abordado por pessoas que, querendo flagrá-lo em contradição, haviam perguntado se era

REVOLUÇÃO

permitido pagar impostos a Roma. Pedindo que lhe mostrassem uma moeda, ele perguntara que imagem estava impressa nela. A "de César", haviam respondido. "Portanto, deem a César o que é de César", dissera Jesus, "e a Deus o que é de Deus."[14]

Mesmo assim, por mais profundas que fossem as raízes da *reformatio* no solo dos ensinamentos cristãos, a flor realmente era nova. O conceito de "secular", plantado por Agostinho e nutrido por Columbano, florescera de modo espetacular. Gregório e seus colegas reformadores não inventaram a distinção entre *religio* e *saeculum*, entre sagrado e profano, mas a tornaram fundamental para o futuro do Ocidente, "pela primeira vez e permanentemente".[15] Esse foi um momento decisivo. Terras que existiam à sombra da ordem desaparecida de Roma e dos muito mais ricos e sofisticados impérios do flanco oriental finalmente tinham curso próprio. E não foi meramente a divisão da sociedade europeia nas dimensões gêmeas da Igreja e do Estado que se mostrou destinada a durar. O mesmo se deu com a demonstração de quão convulsivo e transformador o cristianismo podia ser. Já não era suficiente para Gregório e seus colegas reformadores que os pecadores individuais, ou mesmo os grandes monastérios, fossem consagrados à dimensão da *religio*. Todo o mundo cristão requeria idêntica consagração. Os pecados deviam ser lavados; os poderosos deviam ser derrubados de seus tronos; o mundo inteiro tinha de ser reordenado em obediência a uma concepção de pureza que era tão militante quanto exigente: eis aqui um manifesto que resultou em um César se humilhando perante um papa. Gregório escrevera que "qualquer costume, não importa quão antigo ou comum, deve ceder totalmente à verdade e, se for contrário a ela, deve ser abolido."[16] Ele chamara seus ensinamentos de *nova consilia*, "novos conselhos".

Triunfara um modelo de *reformatio* que, reverberando pelos séculos, abalaria muitas monarquias e levaria muitos visionários a sonhar com uma sociedade renascida. O terremoto chegaria muito longe e causaria muitos abalos secundários. O Ocidente latino tivera um gosto primal da revolução.

DOMÍNIO

Estabelecendo a Lei

O mais inebriante dos slogans reformistas era *libertas*, "liberdade". Um lugar, acima de todos os outros, servia como seu emblema: um monastério carregado de um senso de santidade tão intenso que Gregório o tomou como modelo para toda a Igreja. Criado em 910, nas colinas arborizadas de Borgonha, Cluny fora colocado por seu fundador sob a proteção do distante papado. O bispo local, para todos os efeitos práticos, fora deixado de lado. A independência de Cluny rapidamente se tornou o esteio de sua grandeza. Uma sucessão de abades formidavelmente hábeis, desafiando a violência e a rapacidade pelas quais os comandantes militares locais eram notórios, conseguira estabelecer seu monastério como impregnável posto avançado da Cidade de Deus. Tão imaculados que lavavam os sapatos e os pés dos visitantes, tão angelicais que eram conhecidos por levitar quando cantavam os salmos, os monges de Cluny pareciam a seus admiradores tão celestiais quanto mortais caídos podiam ser. Quase dois séculos após sua fundação, o monastério não somente perdurara, mas florescera grandiosamente. Como uma crisálida, uma imensa nova igreja, em uma escala jamais testemunhada, emergia da concha da antiga. As vigas de sua abóbada semicompletada pareciam se estender em direção aos céus. Visitá-la era ver proclamado em pedra o que a liberdade podia realmente significar.

Em 1095, a parte leste da igreja estava suficientemente terminada para permitir a consagração de seus dois grandes altares. Como se tratava de Cluny, o homem convidado para a cerimônia foi um papa. Urbano II já fora prior da abadia, mas partira para a Itália, onde servira Gregório como conselheiro notavelmente astuto e comprometido antes de ser elevado ao papado em 1087. Viajando para Cluny, o novo papa honrava não somente o monastério, mas também o grande ideal de uma Igreja independente e livre. Chegando em 18 de setembro e consagrando os dois altares uma semana depois, ele a saudou como reflexo da Jerusalém celestial. O elogio foi sincero, mas a atenção de Urbano estava em um horizonte mais distante. Partindo de Borgonha, ele viajou para a França central, para a cidade de Clermont. Lá, como em Cluny, falou sobre liberdade. Em um grande con-

REVOLUÇÃO

cílio de bispos e abades, os padres foram formalmente proibidos de prestar homenagem aos lordes terrenos. Então, em 27 de novembro, o papa cruzou os muros da cidade e se dirigiu a uma ávida multidão em um campo lamacento. Assim como Gregório, Urbano entendia o valor do fervor popular. A grande causa da *reformatio* não podia envolver somente os concílios. Se não conseguisse libertar o povo cristão de todo o globo, iluminar o céu e a terra e preparar o mundo caído para o retorno de Cristo e o dia do julgamento, nada seria. Os bispos e abades reunidos em Clermont proclamaram que a Igreja devia ser "casta em relação a todo contágio do mal".[17] Tratava-se de uma excelente ambição, mas como realizá-la quando a própria Jerusalém estava sob domínio sarraceno? Nem toda a radiante pureza de Cluny podia compensar o horror desse fato. Urbano, que se regozijava com as convulsões que a *reformatio* levara aos reinos cristãos, sonhou com uma revolução ainda maior. Ousadamente, ele ofereceu a seus ouvintes uma nova e eletrizante fórmula para a salvação. Apresentada como decreto oficial do concílio realizado em Clermont, ela prometia aos guerreiros um caminho no qual seu ofício, em vez de ofender a Cristo e exigir penitências para merecer perdão, podia livrá-los do pecado. "Pois, se qualquer homem partir — em função da devoção, e não de qualquer ganho monetário ou em reputação — para libertar a Igreja de Deus em Jerusalém, sua jornada equivalerá a todas as penitências."[18]

No Livro do Apocalipse, estava previsto que, no fim dos tempos, um anjo colheria uvas nas vinhas da terra e as esmagaria no lagar da ira de Deus. O sangue escorreria da prensa e chegaria à altura das rédeas de um cavalo. Os seguidores de Gregório conheciam bem essa passagem. Um bispo que viajara a Clermont com o séquito de Urbano perguntou abertamente se os destinados a serem esmagados na colheita final eram os inimigos da *reformatio*. Naquela ocasião, porém, não seria nos campos de batalha do grande conflito entre o papado e Henrique IV que o sangue correria pelas ruas, mas em Jerusalém. O discurso de Urbano teve efeitos miraculosos. Uma grande multidão de guerreiros de todo o Ocidente latino partiu por uma estrada familiar. Assim como os peregrinos faziam desde a celebração

DOMÍNIO

do milênio, eles atravessaram a Hungria até Constantinopla e de lá para a Terra Prometida. Todas as tentativas sarracenas de impedi-los foram vãs. Finalmente, no verão de 1099, o grande exército de peregrinos guerreiros chegou a Jerusalém. Em 15 de julho, eles atacaram as muralhas e tomaram a cidade. Depois que o massacre terminou e eles limparam o sangue de suas espadas, foram até a tumba de Cristo. Lá, em alegria e incredulidade, ofereceram preces a Deus. Após séculos de domínio sarraceno, Jerusalém era novamente cristã.

O feito era tão extraordinário que parecia inacreditável, e a notícia resultou em glorioso crédito para o papado. O próprio Urbano morreu quinze dias após a captura da cidade, cedo demais para saber da grande vitória que inspirara, mas o programa de reforma a que devotara a vida se beneficiou muito da conquista da Cidade Sagrada. Desde os tempos de Carlos Magno, imperadores lutavam guerras de conquista sob o estandarte de Cristo, mas nenhum deles jamais enviara um exército inteiro em peregrinação. Os guerreiros presentes à captura de Jerusalém relatavam ter visto "uma pessoa muito bela sentada em um cavalo branco",[19] e alguns estavam prontos para se perguntar se não fora o próprio Cristo. Qualquer que fosse a identidade do cavaleiro misterioso, uma coisa estava clara: a Cidade Sagrada fora conquistada em nome não de algum rei ou imperador, mas de uma causa muito mais universal.

Mas que nome dar a essa causa? No Ocidente latino, a palavra que começou a ser usada era uma que, até a captura de Jerusalém, raramente fora ouvida. Os peregrinos guerreiros haviam lutado sob o estandarte da *Christianitas*, a cristandade. Tal categorização — divorciada das dinastias dos reis terrenos e dos territórios dos lordes feudais — era adequada às ambições do papado. Quem melhor para ocupar a liderança da cristandade que o herdeiro de São Pedro? Menos de um século depois de Henrique III ter deposto três papas em um único ano, a Igreja romana conseguiu para si um papel de liderança tão poderoso que, em 1122, o neto de Henrique, filho de Henrique IV, foi levado a negociar a paz. Naquele ano, em Worms, onde seu pai já exigira a abdicação de Gregório VI, Henrique V assinou um im-

238

REVOLUÇÃO

portante pacto. Com seus termos, o conflito de cinquenta anos sobre a investidura dos bispos imperiais chegou ao fim. Embora fosse ostensivamente um compromisso, o tempo mostraria que a vitória fora decisivamente do papado. Também foi decisiva a crescente aceitação de outra demanda-chave dos reformadores: a de que o clero se distinguisse da grande massa do povo cristão — os *laicus* ou "laicos" — adotando o celibato. Em 1148, quando outro decreto papal proibindo os padres de terem esposas ou concubinas foi promulgado, a resposta de muitos foi revirar os olhos. "Fútil e ridículo, pois quem ainda não sabe que isso é ilegal?"[20]

Cada vez mais, a separação entre Igreja e Estado passou a se manifestar em toda a cristandade. Sempre que um padre era chamado para ministrar aos laicos, mesmo no mais humilde e isolado vilarejo, o impacto da *reformatio* podia ser sentido. O estabelecimento da Igreja romana como algo mais que meramente a primeira entre iguais, como "fórum geral de todo o clero e todas as igrejas",[21] deu aos clérigos do Ocidente latino uma identidade comum que até então não possuíam. Nos vários reinos, feudos e cidades que constituíam a grande colcha de retalhos da cristandade, algo inédito estava surgindo: uma classe que devia lealdade não aos lordes locais, mas a uma hierarquia que exultava em ser "universal e se espalhar por todo o mundo".[22]

Imperadores e reis, sempre que tentavam assumir uma posição contra essa hierarquia, viam-se repetidamente feridos pela tentativa. Desde a época de Constantino e seus herdeiros não se via um homem exercer sobre a Europa uma autoridade tão ampla quanto a do bispo da antiga capital do mundo. Ele reivindicava "direitos sobre os impérios terrestre e celestial";[23] seus legados viajavam para terras bárbaras e esperavam ser ouvidos; sua corte, em um eco do edifício onde o Senado romano já se reunira, era conhecida como "cúria". Mas o papa não era César. Sua afirmação de superioridade não estava fundada na força das armas ou na posição hierárquica, na linhagem ou na riqueza de seus ministros. A Igreja que emergiu da *reformatio* gregoriana era uma instituição inédita, que não somente passara a pensar em si mesma como soberana, mas desejara ser. "O papa", afirmara Gregório

239

DOMÍNIO

VII, "não pode ser julgado por ninguém."[24] Todos os cristãos, incluindo reis e imperadores, estavam sujeitos a suas decisões. A cúria forneceu à cristandade seu tribunal superior de apelações. Tratava-se de um paradoxo supremo: a Igreja, ao se livrar da secularidade, tornara-se um Estado.

E um tipo muito novo de Estado. A autoridade papal era, acima de tudo, autoridade legal. Sua supremacia sobre o clero, a regulamentação das fronteiras entre Igreja e corte, e a provisão de justiça para os que buscavam o que, um século após Canossa, passara a ser chamado de "braço secular", dependiam de exércitos de advogados. As tropas de choque do papado eram oficiais com penas, não cavaleiros com lanças. "Quem, senão Deus, escreveu as leis da natureza no coração dos homens?",[25] perguntara Agostinho. Aqui, uma convicção que vinha desde São Paulo fornecia a base mais segura para a alegação de autoridade universal do papado. A ordem definida pela Igreja romana conscientemente se posicionava contra costumes primordiais enraizados na fossa do paganismo, códigos efêmeros criados pelos caprichos dos reis ou estatutos mofados. Somente uma lei podia manter em toda a cristandade os laços de justiça e caridade que uniam uma sociedade propriamente cristã: "a lei eterna, que cria e rege o universo".[26] Essa era uma ordem que não podia ser administrada somente por sacerdotes.

Durante a primeira onda de *reformatio*, no entanto, os advogados desempenharam papel menor. Sua entrada no grande palco da cristandade — comparada à dos peregrinos guerreiros que, inspirados por Urbano II, marcharam sobre Jerusalém — era pouco celebrada em crônicas ou canções, mas, a longo prazo, se provaria incalculavelmente mais decisiva. Em 1088, o mesmo ano em que Urbano se tornara papa, uma de suas mais eminentes apoiadoras ajudara a estabelecer um novo centro nervoso para a transfiguração da sociedade cristã: uma escola de Direito na cidade italiana de Bolonha. A condessa Matilda, herdeira de muitas terras na Toscana e tão indomável quanto devota, estivera consistentemente no olho do furacão gregoriano. Fora ela que, em 1077, hospedara Gregório em Canossa; e fora ela que, na década após a morte dele, infligira tantos danos militares a Henrique IV que ele recuara definitivamente da Itália. Mas talvez a contri-

240

REVOLUÇÃO

buição mais duradoura de Matilda para a causa da *reformatio* tenha sido o apadrinhamento de Irnério, um jurista de Bolonha. Seus comentários sobre o vasto corpo de regras romanas descoberto alguns anos antes mofando em uma antiga biblioteca disponibilizaram para o Ocidente cristão algo que o mundo islâmico possuía havia tempos: um sistema de leis que cobriam todos os aspectos da existência humana. O fato de os textos estudados por Irnério terem origem humana, e não divina, não o impediu de presumir que eram atemporais, tão aplicáveis no presente quanto haviam sido nos dias dos césares. O entusiasmo por suas pesquisas e pelo grande campo de estudo aberto por elas se provou imenso. Jovens empreendedores começaram a chegar a Bolonha. Ansiosos para terem uma posição legal segura, aqueles da Itália e aqueles do norte dos Alpes formaram duas guildas gêmeas, as *universitates*. Em algumas décadas, Bolonha se tornou o protótipo de algo nunca visto: uma cidade universitária. Embora o próprio Irnério não fosse um entusiasta da *reformatio*, não havia dúvidas sobre a causa sendo beneficiada por sua iniciativa. E certamente não demorou muito para se criar um caminho muito trilhado entre a universidade e a cúria.

Bolonha, entretanto, não era meramente uma escola para os oficiais papais. Havia na cidade eruditos com horizontes mais amplos. Partidários da *reformatio*, ao analisar o redescoberto *corpus* do direito romano, notaram uma ausência óbvia. Durante séculos, desde a grande assembleia de bispos convocada por Constantino em Niceia, concílios da Igreja haviam se reunido e publicado cânones. Mas ninguém jamais pensara em reuni-los. Vários esforços para corrigir essa falha foram feitos nas décadas que se seguiram à virada do milênio, mas somente após a iniciativa de Irnério obteve-se sucesso. O *Decretum* — tradicionalmente atribuído a um único monge chamado Graciano e completado por volta de 1150 — foi uma obra de décadas.[27] Indiscutivelmente, o esforço requerido foi prodigioso. A lei canônica não consistia meramente em cânones. Havia também decisões papais, decretos promulgados por outros bispos e compilações de penitências. Eles estavam dispersos e frequentemente eram contraditórios. O desafio enfrentado por Graciano ao tentar entendê-los

241

DOMÍNIO

foi reconhecido no título alternativo dado ao *Decretum*: *Concordância de cânones dissonantes.*

Como eliminar as inconsistências? Graciano e seus colegas tinham dois recursos: a orientação fornecida pelas Escrituras e as palavras dos Pais da Igreja — homens como Ireneu, Orígenes e Agostinho. Mas mesmo essas autoridades não forneciam a Graciano aquilo com que contavam os advogados muçulmanos: um corpo abrangente de regras escritas supostamente derivadas do próprio Deus. Nenhum cristão jamais tivera tal recurso. Eles acreditavam que Deus escrevia suas regras nos corações humanos. A autoridade de Paulo a respeito era absoluta. "Toda a lei é resumida em um único comando: 'Ame seu vizinho como a si mesmo.'" Para Graciano, aí estava a pedra fundamental da justiça. Esse comando era tão importante que foi citado na abertura do *Decretum*. Ecoando os estoicos, como fizera Paulo, ele optou por defini-lo como lei natural e chave para criar um sistema legal propriamente cristão. Todas as almas eram iguais aos olhos de Deus. Somente com base nessa suposição poderia haver justiça. Qualquer coisa que a obstruísse tinha de ser eliminada. "Decretos, sejam eclesiásticos ou seculares, que se provarem contrários à lei natural devem ser totalmente excluídos."[28]

Dessa formulação fluiu muita coisa que as eras anteriores teriam dificuldade para compreender. Suposições antiquíssimas foram decisivamente contraditas, como as de que o costume era a autoridade final, os grandes recebiam uma justiça diferente da dos humildes e a desigualdade era natural e devia ser aceita. Oficiais clericais treinados em Bolonha eram agentes tanto da revolução quanto da ordem. Legalmente constituídos e treinados em universidades, eles constituíam uma nova raça de profissionais. Graciano, ao lhes fornecer tanto um critério quanto uma sanção para remover costumes objetáveis, transfigurou o próprio entendimento da lei. Ela já não existia para manter as diferenças de status que juristas romanos e reis francos aceitavam como naturais. Em vez disso, seu propósito era fornecer igual justiça a todos os indivíduos, independentemente de posição hierárquica, riqueza ou linhagem, pois todo indivíduo era igualmente filho de Deus.

REVOLUÇÃO

Ao inscrever essa convicção no *Decretum*, Graciano colocou o estudo do direito em uma trajetória nova e radical. A tarefa do advogado canônico, como a do jardineiro, nunca terminava. As ervas daninhas estavam sempre brotando e ameaçando as flores. Ao contrário do grande *corpus* do direito romano, que os eruditos em Bolonha viam como completo e, consequentemente, imutável, o direito canônico estava orientado tanto para o futuro quanto para o passado. Os comentadores do *Decretum* trabalhavam com a suposição de que ele sempre seria melhorado. Citar uma autoridade antiga podia exigir reflexão sobre como lhe fornecer sanção legal no aqui e agora. Como, por exemplo, o povo cristão devia conciliar a imensa desigualdade entre ricos e pobres com a insistência de numerosos Pais da Igreja de que "o uso de todas as coisas deve ser comum a todos"?[29] Durante décadas, esse problema exigiu a atenção dos mais distintos eruditos de Bolonha. Em 1200, meio século após a finalização do *Decretum*, uma solução finalmente foi encontrada — com férteis implicações para o futuro. Um indigente esfaimado que roubava de um homem o fazia, de acordo com um número crescente de estudantes de direito, *iure naturali*, "de acordo com a lei natural". Assim, não podia ser considerado culpado de crime, pois meramente tomara o que lhe pertencia. Era o avaro rico, e não o ladrão esfaimado, o objeto da desaprovação divina. Qualquer bispo confrontado com tal caso, concluíram os advogados canônicos, tinha o dever de assegurar que o homem rico contribuísse com sua parte das esmolas. A caridade, não mais voluntária, transformou-se em obrigação legal.

Que o rico tinha o dever de dar ao pobre era um princípio tão antigo quanto o próprio cristianismo. O que ninguém pensara em argumentar antes era o princípio equivalente: que o pobre tinha direito à satisfação de suas necessidades vitais. Em uma formulação cada vez mais empregada pelos advogados canônicos, esse era um "direito" humano.

No Ocidente latino, o direito se tornou uma ferramenta essencial para a revolução em curso.

DOMÍNIO

Sobre os ombros de gigantes

Em 1140, meio século após a visita de Urbano II a Cluny, o homem mais famoso da cristandade chegou à abadia. A celebridade de Pedro Abelardo era baseada não em feitos bélicos, mas na vocação para o aprendizado que, ainda jovem, ele adotara exuberantemente no lugar da cavalaria. Renomado por sua "inestimável esperteza, insuperável memória e super-humana capacidade",[30] Abelardo fizera nome no grande palco da cidade mais glamourosa do mundo latino: Paris. Sede da corte do rei francês, Paris também era uma usina de erudição. Nenhum outro lugar, nem mesmo Bolonha, podia rivalizar com o brilhantismo, a arrogância e a ousadia de seus intelectuais. A estrela de Abelardo brilhara com particular intensidade. Dizia-se que milhares de pessoas compareciam a suas palestras. Pescoços se viravam quando ele caminhava pelas ruas. Garotas sentiam vertigem. Ninguém contribuíra mais para o brilho das escolas de Paris e sua reputação internacional que o mestre que, com típica modéstia, gostava de pensar em si mesmo como "único filósofo do mundo".[31]

Mas sua fama havia muito se transformara em notoriedade. Tão combativo quanto vaidoso, sua habilidade de se recuperar das crises só se comparava à habilidade de causá-las. Seu status como principal luminar das escolas de Paris fora garantido através de repetidos conflitos com seus professores. Então, em 1115, ele embarcara em sua aventura mais escandalosa: um romance secreto com uma aluna brilhantemente precoce, "suprema na abundância de seu aprendizado e de bela aparência",[32] chamada Heloísa. Logo depois do casamento clandestino, Abelardo fora encurralado por bandidos contratados pelo pai da esposa e castrado. A vítima humilhada se retirara para um monastério. Heloísa, por insistência dele, fora para um convento. Porém, mesmo como monge, Abelardo não conseguira ficar longe dos problemas. Era uma medida de seu prestígio que Saint-Denis, o monastério 10 quilômetros ao norte de Paris que lhe oferecera santuário, fosse a sede do próprio reino da França; e mesmo assim Abelardo, investigando a história, deliciara-se em demonstrar que os relatos tradicionais sobre as origens do monastério eram quase certamente falsas. Naturalmente, isso

REVOLUÇÃO

não fora bem aceito pelos outros monges, e Abelardo, desafiando a regra que requeria que *religiones* jamais deixassem o monastério sem permissão expressa, voltara para a estrada. Vivera alternadamente como eremita, abade na bravia costa atlântica e novamente professor em Paris. Seu carisma, a despeito da passagem dos anos, permanecia imenso. Assim como sua capacidade de atrair tanto hostilidade quanto adulação. Finalmente, em sua sétima década, deu-se a crise mais grave de todas: sua condenação formal como herege. Os termos de sua punição foram expressos em duas cartas enviadas de Roma no verão de 1140. O erudito mais brilhante da cristandade foi sentenciado a ter seus livros queimados "onde quer que sejam encontrados".[33] O orador mais brilhante da cristandade foi submetido ao silêncio perpétuo.

Abelardo já escapara desse destino antes. Em 1121, ele fora condenado por ensinamentos heréticos sobre a Trindade e ordenado a queimar os próprios livros; subsequentemente diria que a sentença lhe causara mais agonia que a perda dos testículos. O juiz na época, como em 1140, fora um legado papal. O papado, em sua determinação de fornecer justiça a toda a cristandade, estava decidido a patrulhar as fronteiras aceitáveis da crença. Isso não surpreende. Sem a sanção fornecida pela grande estrutura do ensino cristão, o direito da Igreja romana de julgar tanto reis quanto camponeses não existiria. Um erudito como Abelardo, cuja carreira fora um desafio constante às reivindicações de autoridade de bispos e abades, estava fadado a causar alarme. Em 1140, quando foi conduzido ao segundo julgamento, a capacidade dos advogados papais de definir as fronteiras da ortodoxia era maior que duas décadas antes. O próprio rei da França compareceu ao segundo julgamento. Abelardo, em vez de responder a seus acusadores, apelou diretamente ao papa. Quando chegaram notícias de sua sentença, ele prontamente viajou para Roma, uma vez que — a longo prazo — sua justiça "jamais falhara a ninguém". Seu julgamento, alvo das fofocas públicas mais que qualquer outro administrado pelos advogados papais, pareceu ter confirmado decisivamente o controle deles sobre aquilo em que os cristãos podiam ou não acreditar.

245

DOMÍNIO

E, mesmo assim, não havia consenso sobre se Abelardo merecia ser silenciado. As acusações de heresia foram furiosamente discutidas, inclusive pelo próprio Abelardo. Muito embora ele tivesse levado mais de uma década para se recuperar da primeira condenação e retornar ao ensino em Paris, jamais duvidara que seus críticos estavam errados. Sua devoção a Deus era tão grande quanto sua arrogância. Quando Heloísa, escrevendo-lhe do convento, confessara sonhar com ele mesmo enquanto participava da eucaristia e dissera preferir renunciar ao paraíso que à paixão por ele, sua resposta fora apenas aparentemente severa. Ao urgi-la a devotar-se não às memórias de seu amor, mas a seus deveres como freira, a esperança de Abelardo era recolocar a esposa no caminho da salvação. Em um espírito muito semelhante, ele embarcara em um grande estudo dos Pais da Igreja. Descobrindo em seus textos repetidas contradições e desafios aos princípios da fé cristã, compilara listas inteiras dessas falhas, cuidadosamente catalogadas e ordenadas, mas não com a ambição de desafiar os ensinamentos da Igreja. Antes o contrário. Abelardo, assim como os compiladores do direito canônico, não tinha o objetivo de rasgar o grande tecido da ortodoxia cristã. Seu propósito, a exemplo de Graciano, era levar harmonia para os pontos de discórdia. Ele também acreditava no progresso. "Ao duvidar chegamos à investigação, e pela investigação percebemos a verdade."[34] Essa máxima definia toda a sua teologia e lhe permitia prometer a seus alunos um entendimento mais profundo que o dos próprios Pais da Igreja. Ao aplicar os padrões da razão aos textos clássicos, um erudito podia aspirar a compreender a verdade cristã em sua perspectiva adequada: clara, inteira e logicamente ordenada. Nem mesmo Abelardo era imodesto a ponto de reivindicar uma estatura equivalente à de Orígenes ou Agostinho, mas, ao ficar sobre seus ombros, aspirava a ver mais longe do que eles. Para seus acusadores, isso era a expressão de uma arrogância monstruosa que, "ao presumir que toda a natureza de Deus pode ser compreendida pela razão humana, ameaça o bom nome da fé cristã".[35] Todavia, para seu admiradores, era revigorante. E, entre seus admiradores, havia alguns em posição muito elevada na Igreja.

REVOLUÇÃO

Foi por isso que, no verão de 1140, quando Abelardo parou em Cluny a caminho de Roma, ele foi tratado como convidado de honra. Ninguém poderia lhe oferecer um santuário mais seguro que o abade. Pedro, o Venerável, era, como implicava sua alcunha, um homem de santidade inatacável, e a grandiosidade de seu monastério lhe concedia uma posição talvez só inferior à do próprio papa. Embora Pedro não pudesse evitar a condenação das heresias de Abelardo, ele foi capaz, em função de seu cargo e suas conexões, de garantir a absolvição pessoal do fugitivo sitiado. Quando, dois anos após sua chegada a Cluny, Abelardo finalmente sucumbiu à exaustão e à idade, o respeito demonstrado por sua memória foi espantoso. Pedro, contra todas as convenções, não somente enviou seu corpo para que Heloísa o enterrasse como escoltou o caixão. Em um epitáfio destinado a ser lido por muitos, o abade descreveu o filósofo morto como o "Aristóteles de nossa era". A tentativa de seus inimigos de arruinar sua reputação e condenar como herética sua insistência de que os mistérios da palavra divina podiam ser decifrados pela lógica sofreu uma derrota decisiva. Sua mística sobreviveu a sua morte. Quando, cerca de duas décadas após enterrar o marido, Heloísa o seguiu à sepultura, diz-se que ele a abraçou quando ela foi depositada a seu lado. Gerações de estudantes também se aninharam no abraço póstumo de Abelardo. Em 1200, Paris podia se vangloriar de uma universidade tão vibrante quanto as de Bolonha. A convicção que Abelardo defendera por toda a vida — a de que a ordem divina era racional e governada por regras que os mortais podiam aspirar a compreender — se tornou, menos de um século após sua morte, uma ortodoxia defendida pelos legados papais. Aqueles que a ensinavam, longe de serem vistos como ameaça, eram agora aliados a serem defendidos. Em 1215, foi promulgado um estatuto papal afirmando legalmente a independência da universidade de Paris em relação ao bispo. Um ano antes, uma medida similar estabelecera o status legal das faculdades que, nas décadas precedentes, haviam começado a surgir na cidade inglesa de Oxford. Logo universidades se espalhariam por toda a cristandade. Os métodos de investigação introduzidos por Abelardo passaram a ser não meramente tolerados, mas institucionalizados.

247

DOMÍNIO

"É pelas leis de Deus que todo o esquema das coisas é governado",[36] declarara Agostinho ao contemplar a imensidão do cosmos. Embora a teologia, sem surpresa, reinasse em Paris e Oxford como rainha das ciências, não faltavam campos de estudo nos quais as leis de Deus eram investigadas. As obras da natureza — o sol, a lua, as estrelas, os elementos, a distribuição da matéria, os animais selvagens e o corpo humano — davam testemunho de sua existência. Assim, não era ofensa a Deus argumentar, como fizera Abelardo, "que a constituição e o desenvolvimento de tudo que se origina sem milagres podem ser adequadamente conhecidos".[37] Antes o contrário. Identificar as leis que governavam o universo era honrar o Senhor Deus que as formulara. Essa convicção, longe de perturbar os guardiões das novas universidades, era precisamente o que os animava. A filosofia, que para muitos dos oponentes de Abelardo fora um palavrão, passou a habitar o centro do currículo. A investigação sobre o funcionamento da natureza era sua fundação particular. O estudo dos animais, das plantas, da astronomia e mesmo da matemática foi categorizado como filosofia natural. O milagre mais verdadeiro não era o fato milagroso, mas o oposto: o funcionamento ordenado do céu e da terra.

Acreditar nisso não era duvidar do poder absoluto de Deus. Qualquer coisa era possível para ele, e seu poder era incomensurável. Sobre isso, as Escrituras eram claras. Ele dividira mares e interrompera a passagem do sol pelo céu, e poderia muito bem fazer isso de novo. Mas as Escrituras também eram claras ao dizer que mesmo o Deus Todo-Poderoso podia se submeter a obrigações legais. Fora assim que, após inundar o mundo, ele colocara um arco-íris nas nuvens como símbolo da promessa de que nunca mais enviaria águas "para destruir toda forma de vida";[38] e também fora assim que, conversando com Abraão, comprometera-se com uma aliança cujos termos combinaria com Moisés. Mas a mais profunda e chocante submissão não era nenhuma dessas. "Ele nos libertou de nossos pecados, de sua própria ira, do inferno e do poder do Diabo, que venceu por nós, porque éramos incapazes, e comprou para nós o reino dos céus; ao fazer todas essas coisas, manifestou a grandiosidade de seu amor por nós."[39]

REVOLUÇÃO

Fora assim que Anselmo, escrevendo na época em que Abelardo chegava à maioridade, descrevera a crucificação. A humanidade, perdida em meio ao pecado, fora redimida por Cristo. Mas como? A pergunta assombrara Abelardo e sua geração. Várias respostas haviam sido tentadas. Alguns haviam descrito a morte de Cristo como resgate pago a Satã; outros, como resolução de uma disputa legal entre o céu e o inferno. Abelardo, escrevendo após Anselmo, fora mais sutil. Cristo se submetera à tortura na cruz não para satisfazer as demandas do Diabo, mas para despertar a humanidade para o amor. "Para nos libertar da escravidão ao pecado e ganhar para nós a verdadeira liberdade dos filhos de Deus."[40] As demandas da justiça haviam sido cumpridas e, ao cumpri-las, Cristo afirmara para toda a humanidade que céu e terra eram de fato estruturados por leis. Mas fizera mais. Abelardo, escrevendo a Heloísa, a urgira a contemplar os sofrimentos de Cristo e, com eles, aprender sobre a verdadeira natureza do amor. Apresentar esse argumento para a angustiada e abandonada esposa não tinha o objetivo de atormentá-la nem significava renegar seu compromisso de vida inteira com a razão. Abelardo não vira contradições entre sua carreira como lógico e seu passional comprometimento com o Cristo torturado. A estrada para a sabedoria partia da cruz.

Mistério e razão: o cristianismo adotava ambos. Deus, que criara a luz e as trevas com o poder de sua voz e separara os mares da terra, também ordenara que a criação fosse um monumento à harmonia. "É de distinções de número que dependem os princípios subjacentes de tudo",[41] escrevera Abelardo. Um século após sua morte, monumentos à ordem cósmica criada por Deus, à fusão de miraculoso e geométrico, começaram a surgir nas cidades de toda a cristandade. Entrar em Saint-Denis, onde Abelardo vivera como monge, era encontrar uma abadia completamente transformada. Os raios do sol, filtrados através das janelas com vitrais belamente decorados, iluminavam o interior com uma luz sem precedentes, radiante como, no fim dos dias, desceria dos céus a Nova Jerusalém, com um brilho "como o de uma joia muito preciosa, como jaspe, clara como cristal".[42] Mas se, no jogo de raios coloridos em seu interior, Saint-Denis oferecia aos visitantes

DOMÍNIO

um vislumbre da revelação, na altura de seus arcobotantes e na extensão de seus arcos abobadados ela também proclamava a maestria de seu arquiteto em termos de proporção e geometria. Consagrada em 1144, na presença do próprio rei da França, a abadia foi o modelo para um novo e espetacular estilo de catedrais. Nas portas de Saint-Denis estava escrito que "a mente opaca ascende à verdade através das coisas materiais".[43] As catedrais construídas segundo esse modelo forneciam uma expressão física, em escala jamais tentada antes, à ordem distinta que emergira no Ocidente latino. Seus entusiastas a chamavam de *modernitas*: a era final dos tempos. Eles eram porta-vozes de uma revolução triunfante.

X

Perseguição

1229: Marburgo

O CONDE DE PÁVIA FICOU CHOCADO com a natureza extenuante do trabalho no hospital. Todos os dias, vestidas em ásperas túnicas cinzentas, as mulheres cuidavam dos doentes: banhando seus corpos, trocando seus lençóis e limpando suas feridas. Uma delas, preocupada com o caso de um menino paralisado que estava com disenteria, chegou ao ponto de colocá-lo em sua própria cama e carregá-lo para fora sempre que ele começava a ter cólicas. Como isso acontecia até seis vezes por noite, seu sono era repetidamente interrompido, mas ela era ocupada demais para dormir durante o dia. Quando não estava trabalhando no hospital, era obrigada a ajudar na cozinha, cortando vegetais, lavando louça e ouvindo os gritos de uma governanta surda e exigente. Se não houvesse trabalho a ser feito na cozinha, ela se sentava à roca e fiava lá: era sua única fonte de renda. Mesmo quando estava doente e confinada à cama, fiava com as mãos. O conde, entrando em seu quarto, persignou-se de admiração. "Nunca antes", exclamou ele, "a filha de um rei foi vista fiando lá."[1]

Lady Isabel nascera para a grandeza. Descendente de um primo de Estêvão, o primeiro rei verdadeiramente cristão da Hungria, ela fora enviada ainda criança para a corte de Turíngia, na Alemanha central, e preparada para o casamento. Aos 14 anos, unira-se a Luís, o rei de 24 anos, no trono.

DOMÍNIO

O casal fora muito feliz. Isabel dera três filhos ao marido; Luís se regozijava com a evidente proximidade entre sua esposa e Deus. Mesmo quando era acordado por uma criada puxando seu pé, ele suportava pacientemente, sabendo que a criada o confundira com a esposa, que tinha o hábito de se levantar bem cedo para rezar. A insistência de Isabel em dar suas joias aos pobres e o fato de limpar saliva e muco do rosto dos doentes e usar seus melhores véus de linho para fazer mortalhas para os pobres eram gestos que prefiguravam sua mais espetacular auto-humilhação após a morte do marido. Seu único arrependimento era não ter ido longe o bastante. "Se houvesse uma vida mais desprezível, eu a teria escolhido."[2] Quando o conde de Pávia a urgiu a abandonar os rigores da existência em Marburgo e retornar à corte do pai, ela recusou imediatamente.

Ela era herdeira de uma longa tradição, a tradição de Basílio, Macrina e Paulino. A Turíngia também lhe fornecera um modelo monárquico: Radegunda, uma rainha que, na era de Clóvis, limpara banheiros e catara piolhos do cabelo de mendigos. Mas Isabel tinha uma fonte muito mais imediata de inspiração. Ela vivia em um mundo virado de cabeça para baixo por reformadores que, por mais de um século, haviam trabalhado para limpar a sujeira da cristandade e cuidar de suas feridas leprosas. O exemplo supremo que Isabel tinha diante de si não era um santo, mas uma instituição: a própria Igreja. Como ela, a Igreja fugira do abraço dos príncipes. Como ela, dedicara-se à castidade perpétua. Como ela, elegera a pobreza como ideal. "Os únicos homens dignos de pregar são os que não possuem riquezas terrenas, pois, nada tendo de seu, eles têm tudo em comum."[3] Tal fora o grito de batalha que, na era de Gregório VII, ajudara a iniciar as grandes convulsões da *reformatio*. Era o mesmo grito de batalha que Isabel, doando toda a sua riqueza e vivendo entre zeladores e criadas de cozinha, escolhera para si.

Ela, contudo, procedia com cautela. Todos os que seguiam o caminho da pobreza voluntária tinham de ser cautelosos. O fluxo de lava ardente da *reformatio*, que durante décadas destruíra tudo diante de si, começava a esfriar e endurecer. Seu feito supremo — o estabelecimento de uma única

PERSEGUIÇÃO

e soberana hierarquia em toda a cristandade — já não requeria o zelo da revolução. A vitória de seus líderes fora grandiosa demais para que eles aceitassem a perspectiva de novos levantes. Eles precisavam de estabilidade. Os oficiais a serviço da burocracia papal e os eruditos do direito canônico havia muito se esforçavam para fortalecer as fundações da autoridade da Igreja. Eles compreendiam a terrível responsabilidade que tinham nos ombros. Sua tarefa era levar o povo cristão até Deus. "Existe uma Igreja católica dos fiéis, e fora dela não há absolutamente nenhuma salvação."[4] Isso fora declarado formalmente durante a infância de Isabel, em 1215, no quarto de uma série de concílios reunidos em Latrão. Desafiar esse cânone, rejeitar as estruturas de autoridade que o mantinham e desobedecer ao clero, que tinha a solene prerrogativa de pastorear almas, era seguir o caminho para o inferno.

No entanto, o fato de isso precisar ser declarado por uma assembleia de bispos e abades "de todas as nações sob o céu"[5] só enfatizava uma verdade constrangedora: a autoridade da Igreja não era universalmente reconhecida. No século que se seguiu ao papado de Gregório VII, muitos sentiam que o potencial da *reformatio* ainda não fora realizado. As paixões da revolução não eram facilmente acalmadas. Quanto mais os reformadores que haviam chegado ao poder na Igreja tentavam estabilizar a condição da cristandade, mais aqueles que estavam nas bordas extremas da *reformatio* os acusavam de traição. Um grave padrão começara a se formar. A revolução dera origem a uma elite, e essa elite dera origem a demandas por revolução.

A maioria dos agitadores — pregadores que se agarravam ao ideal de viver como os apóstolos haviam vivido, de partilhar todas as suas posses e desdenhar qualquer coisa terrena — reclamava do novo modelo da Igreja tanto quanto Gregório reclamara do antigo. Andando descalços pelo interior, carregando cruzes rústicas de ferro, eles censuravam os clérigos por não praticarem o que pregavam, por serem leprosos em função da lubricidade, do orgulho e da cobiça. Os mais radicais iam ainda mais longe. Em vez de exigir mais reformas, eles condenavam o próprio edifício da Igreja. Construída com sangue por papas e bispos, ela estava além da salvação. Todo o seu tecido estava corrompido. Não

DOMÍNIO

havia alternativa a não ser destruí-la. Os prelados, temendo a disseminação desses ensinamentos, naturalmente os condenavam como heresias. Quando Isabel nasceu, o pânico nos círculos papais era grande. Os hereges pareciam estar por toda parte. Em 1215, no Quarto Concílio de Latrão, o programa criado para combater sua disseminação foi exposto em um cânone detalhado. "Execramos e excomungamos toda heresia surgida contra a fé sagrada, ortodoxa e católica. Condenamos todos os hereges, como quer que sejam chamados."[6]

Porém, as fronteiras entre heresia e santidade podiam ser estreitas. Lady Isabel, quando ainda estava na corte, partilhara com as criadas a fantasia de se tornar mendiga. Com a ajuda delas, até mesmo usara andrajos em seu salão privado. Mas em segredo. Isabel não desejara constranger o marido. E não eram somente os cortesãos que ela corria o risco de escandalizar. Nas estradas para além do grande castelo de Wartburg onde Luís estabelecera sua corte, bandos de pregadores convocavam os ricos a fazer como eles e dar suas riquezas aos pobres. Embora houvesse algumas mulheres em tais grupos, Isabel sabia que não podia se unir a elas. Tornar-se valdense era correr o risco de danação. Nomeados em homenagem a Valdo, um rico mercador de Lyons que em 1173 fora inspirado pelos ensinamentos de Cristo a vender todas as suas posses, os valdenses haviam sido repetidamente proibidos de divulgar seus ensinamentos. Ao apelarem ao papa, haviam se tornado motivo de riso na corte. Os clérigos não passavam por uma exaustiva educação universitária somente para que leigos — *idiotae* — começassem a pontificar sobre as Escrituras. "Pérolas de sabedoria devem ser jogadas aos porcos?"[7] Os valdenses, em vez de se submeterem obedientemente a esse veredito, voltaram-se contra seus juízes. Denunciando o orgulho e a corrupção do clero com uma mordacidade à altura dos donatistas, eles logo passaram a proclamar seu desdém pelo próprio conceito de sacerdócio. Cristo era seu único bispo. Essa heresia, tão extrema e grosseira, ofereceu a Isabel uma assustadora demonstração de quão longe a desobediência à Igreja podia chegar. O fato de os valdenses adotarem precisamente o estilo de vida a que ela aspirava, dividindo tudo e sobrevivendo de esmolas, só os transformava em exemplo ainda mais salutar.

PERSEGUIÇÃO

Valdo, contudo, não fora o único mercador a adotar a pobreza em nome de Cristo. Em 1206, um "ex-playboy" chamado Francisco, nativo da cidade italiana de Assis, renunciara espetacularmente a seu patrimônio. Ele tirara as roupas e as entregara ao pai. "Não manteve nem mesmo as ceroulas, ficando nu na frente de todos."[8] O bispo local, mais impressionado que chocado com o espetáculo, ternamente o cobrira com a própria capa e o mandara embora com sua bênção. O episódio estabelecera o padrão da carreira de Francisco. A habilidade de interpretar os ensinamentos de Cristo literalmente, dramatizar seus paradoxos e complexidades e combinar simplicidade e profundidade em um único e memorável gesto jamais o abandonaria. Ele cuidava dos leprosos, pregava para os pássaros e resgatava cordeiros dos matadouros. Raros eram os imunes a seu carisma. A admiração por sua missão chegou à cúpula da Igreja. Inocêncio III, o papa que em 1215 convocara o Quarto Concílio de Latrão, não era um homem fácil de impressionar. Imperioso, ousado e brilhante, ele não cedia a ninguém, derrubando imperadores e excomungando reis. Assim, não surpreende que tenha se recusado a receber Francisco quando ele chegou a Roma à frente de doze "irmãos" ou "frades" vestidos de trapos. O cheiro de heresia, para não mencionar blasfêmia, parecia forte demais. Mas Francisco, ao contrário de Valdo, jamais deixou de respeitar a Igreja ou reconhecer sua autoridade. As dúvidas de Inocêncio se extinguiram. Imaginativo e dominador, ele passou a ver em Francisco e seus seguidores não um perigo, mas uma oportunidade. Em vez de tratá-los como seus predecessores haviam tratado os valdenses, ele os transformou em ordem legalmente constituída da Igreja. "Vão e que o Senhor esteja com vocês, irmãos. Preguem arrependimento a todos da maneira como Ele se dignar a inspirá-los."[9]

Em 1217, menos de uma década depois dessa proclamação, uma missão franciscana chegou à Alemanha. Isabel foi profundamente inspirada por seu exemplo. Ela prestava tributo a Francisco vestindo-se secretamente como mendiga. Outras demonstrações de seu entusiasmo pelos ensinamentos dele foram mais públicas. Em 1225, ela forneceu aos franciscanos uma base aos pés de Wartburg, na cidade de Eisenach. Três anos depois,

DOMÍNIO

após a morte do marido, foi até lá e renunciou formalmente a seus laços com o mundo. Mas, por mais desesperadamente que desejasse fazer isso, não passou a mendigar de porta em porta. Ela absorvera adequadamente as lições de Francisco. Entendera que abraçar a pobreza sem obediência era correr o risco de ter o mesmo destino dos valdenses. Nenhuma mortificação, nenhum gesto de auto-humilhação podia ser feito sem a ordem de um superior. Para uma princesa no comando de muitos criados, perceber isso já foi uma forma de submissão. Isabel, mesmo enquanto se sentava no trono ao lado do marido, tivera um *magister disciplinae spiritualis* — um "mestre da disciplina espiritual". E não qualquer um. "Eu poderia ter jurado obediência a um bispo ou abade com posses, mas achei melhor jurar obediência a um que nada tinha e dependia totalmente da mendicância. Assim, submeti-me a mestre Conrado."[10]

Mas a austeridade pessoal não era a qualidade pela qual mestre Conrado era famoso. Em toda a Alemanha, e mesmo na distante Roma, ele era celebrado acima de tudo como o "mais amargo crítico do vício".[11] De origem humilde e formidável eloquência, era incansável na defesa da Igreja e de sua autoridade. E chamara a atenção dos caçadores de talentos do establishment papal. Em 1213, munido de uma permissão pessoal de Inocêncio, Conrado pegara a estrada para a Alemanha, montado em uma minúscula mula, pregando de vilarejo em vilarejo. "Inumeráveis multidões de todos os sexos e de várias províncias o seguiam, atraídos por seus ensinamentos."[12] Em 1225, quando Isabel o recrutou como mestre, ele tinha anos de experiência na educação de hereges. Com uma princesa para disciplinar, não hesitou em usar a palmatória. Mesmo antes da morte de Luís, ele a puniu por perder um de seus sermões com pancadas tão violentas que as marcas ainda estavam visíveis três semanas depois. Foi por ordem de seu mestre que Isabel, após renunciar ao mundo, viajou para Marburgo, a cidade natal dele, no extremo leste da Turíngia, e fundou um hospital. Privada primeiro dos filhos e depois de suas muito amadas criadas, ela pacientemente suportou todas as tentativas de desmoralização. Mesmo quando era punida por ofensas que não cometera, ela se regozijava em sua submissão. "Ela su-

PERSEGUIÇÃO

portou voluntariamente repetidos golpes e chicotadas de mestre Conrado, lembrando-se do espancamento sofrido pelo Senhor."[13]

Sofrer era obter redenção. Em 1231, quando Isabel morreu em função desses rigores à tenra idade de 24 anos, Conrado não hesitou em declará-la santa. Assim como o ouro é purificado pelo fogo, ela fora purgada de pecado. O mesmo rigor que a levara precocemente para o túmulo a conduzira ao paraíso. Prova disso eram os numerosos milagres relatados após sua morte. Uma mulher que enfiara uma ervilha no ouvido quando criança começou a ouvir novamente; numerosos corcundas foram curados. Mas, do ponto de vista de Conrado, a história mais reveladora era a de uma viúva valdense cujo nariz terrivelmente desfigurado fora endireitado graças a Lady Isabel. A lição ensinada por esse edificante relato garantiu a Conrado que sua severidade e sua dureza eram justificadas. Dezesseis anos antes, no Quarto Concílio de Latrão, fora prescrito pela primeira vez que todos os cristãos deviam fazer confissões anuais e individuais de seus pecados. A antiga garantia de Columbano de que qualquer falta podia ser perdoada recebera aprovação oficial da Igreja. A misericórdia de Deus era para todos. Tudo que se requeria era o arrependimento genuíno. Mesmo o mais obstinado herege podia ser levado ao paraíso.

Assim, foi com um renovado senso de urgência que, após a morte de Isabel, Conrado embarcou em uma nova campanha para reconduzir os hereges a Cristo. Ele o fez armado com um inovador conjunto de poderes. Durante décadas, uma sucessão de papas tentara ampliar os recursos legais na luta contra a heresia. Impacientes com uma tradição que tendia a enfatizar mais a caridade que a perseguição, eles haviam introduzido uma bateria de medidas punitivas. Em 1184, bispos que previamente podiam ter se contentado em ignorar os hereges foram instruídos a procurar ativamente por eles. Então, em 1215, no grande Concílio de Latrão presidido por Inocêncio III, sanções que visavam explicitamente à heresia foram formuladas pela Igreja, juntamente com toda uma maquinaria de perseguição. Assim, em 1231, chegava a um novo refinamento. O novo papa, Gregório IX, autorizou Conrado a não meramente pregar contra a heresia, mas procurar

DOMÍNIO

por ela: uma *inquisitio*. A responsabilidade de levar os hereges a julgamento já não era dos bispos, mas de clérigos especialmente nomeados para tanto. Embora, como padre, Conrado não pudesse "decretar ou pronunciar sentenças envolvendo derramamento de sangue",[14] ele tinha autorização de Gregório para compelir as autoridades seculares a impô-las. Nunca antes um poder dessa ordem fora dado a um combatente da heresia. Agora, quando Conrado ia de vilarejo em vilarejo em sua mula, convocando os locais a responderem ao interrogatório sobre suas crenças, ele o fazia não meramente como pregador, mas como um novo tipo de oficial: um *inquisitor*.

"Em todas as coisas ele a subjugou, a fim de assegurar que se ampliasse o mérito de sua obediência."[15] Fora assim que Conrado justificara o tratamento dado a Isabel. Agora, com a Alemanha inteira para disciplinar, ele não podia se dar ao luxo de abrandar. A bondade mais verdadeira era a crueldade; a misericórdia mais verdadeira era a severidade. O enxame de hereges enfrentado por ele não seria prontamente redimido da danação. Somente o fogo poderia derrotá-lo. Piras precisavam ser acesas como nunca antes. A morte dos hereges na fogueira — até então um expediente raro e esporádico, relutantemente aprovado — foi a marca registrada da inquisição de Conrado. Em cidades e vilarejos ao longo do Reno, o fedor de carne queimada pairava no ar. "Tantos hereges foram queimados na Alemanha que seu número não pode ser determinado."[16] Os críticos, sem surpresa, diziam que Conrado iniciara uma onda de assassinatos. Eles o acusaram de acreditar em todas as acusações que lhe eram apresentadas, apressar os processos legais e sentenciar inocentes às chamas. Mas ninguém era inocente. Todos eram caídos. Era melhor sofrer como Cristo sofrera, torturado em um local público de execução por um crime que não cometera, que sofrer a danação eterna. Era melhor sofrer por alguns momentos que queimar por toda a eternidade.

Com mestre Conrado, a ânsia de limpar o mundo do pecado e curá-lo de sua lepra se mostrara assassino. Mas isso não a tornava menos revolucionária. A suspeita em relação à ordem terrena que levara Gregório VII a humilhar um rei ungido perante os portões de Canossa era partilhada por

PERSEGUIÇÃO

Conrado. Como mestre de Isabel, ele a proibira de ingerir qualquer alimento "em relação ao qual sua consciência não estivesse limpa". E ela obedientemente recusara qualquer coisa na mesa do marido que pudesse derivar da exploração dos pobres ou ter sido extraída dos camponeses na forma de tributo ou taxa. "Como resultado, frequentemente sofria grande penúria, não comendo nada além de pão e mel."[17] Lady Isabel fora uma santa. Seus pares não eram. No verão de 1233, Conrado ousou acusar um deles, o conde de Sayn, de heresia. Um sínodo freneticamente reunido de bispos, na presença do próprio rei da Alemanha, rejeitou o caso. Conrado, sem se perturbar, começou a preparar acusações contra outros nobres. Então, em 30 de julho, quando retornava do Reno para Marburgo, foi emboscado por um grupo de cavaleiros e morto. A notícia foi saudada com alegria em toda a Alemanha. Mas em Latrão houve indignação. Quando Conrado foi enterrado em Marburgo, ao lado de Lady Isabel, Gregório lamentou sua morte em termos sombrios. O papa avisou que os assassinos eram arautos das trevas. Céus e terra haviam estremecido por seu crime. Seu patrono era literalmente infernal: ninguém menos que o próprio Diabo.

Uma grande guerra santa

Quando os clérigos ponderavam sobre o misterioso surto de heresia, eles tendiam a considerar seus indistintos contornos ainda mais perturbadores por não serem totalmente familiares. Conrado, ao interrogar os valdenses, recusara-se a aceitar que enfrentava uma nova e minúscula seita. Em vez disso, distinguira algo muito mais ameaçador. Acreditava que eles pertenciam a uma instituição que era quase uma imagem espelhada da Igreja; hierárquica em sua organização e universal em suas alegações. Escrevendo a Gregório IX, avisara que a real lealdade dos hereges pertencia ao Diabo, "que eles afirmam ser o criador dos corpos celestiais e que retornará em glória quando o Senhor for removido do poder".[18] Rituais sinistros parodiavam os da Igreja. Os iniciados nas fileiras dos seguidores de Satã eram

DOMÍNIO

obrigados a sugar a língua de um sapo gigantesco. A fé em Cristo era banida com o beijo de um homem cadavérico cujos lábios eram frios como gelo. Durante uma refeição ritual, os devotos lambiam o ânus de um gato preto do tamanho de um cachorro. Toda a congregação então saudava Satã como seu Senhor.

Ao ler esse relato sensacional, Gregório IX fez algo inédito: concedeu seu imprimátur. Histórias similares eram contadas havia muito, mas nunca receberam confirmação papal. Eruditos cristãos tradicionalmente condenavam histórias de adoração ao diabo como tolices supersticiosas. Ninguém com bom senso ou educação as levava a sério. Elas fediam a paganismo. Somente camponeses ingênuos e noviços com medo da própria sombra temiam que demônios caminhassem pela terra, recrutando adeptos e realizando conciliábulos. Acreditar em tal nonsense era a verdadeira obra do Diabo. Tal fora o veredito solene de Graciano e outros advogados canônicos. "Quem nunca foi levado para fora de si mesmo em sonhos e visões noturnas e, dormindo, viu coisas que jamais veria acordado?"[19]

Mas esse revigorante ceticismo não impediu os cultos de temerem a existência de uma conspiração infernalmente inspirada. Os valdenses não foram os únicos hereges no Reno que, nas décadas anteriores ao ministério de Conrado, se acreditava pertencerem a uma seita distintiva e perniciosa. Em 1163, seis homens e duas mulheres haviam sido queimados em Colônia por pertencerem a um obscuro grupo chamado *Cathari*, "os puros". Mais execuções de cátaros se seguiram, aqui e ali, mas nunca em grandes números. A natureza precisa de suas crenças permanecia obscura. Alguns, à maneira de Conrado, os identificavam com adoradores do Diabo e sugeriam que derivavam seu nome do gato cujo ânus os devotos de Satã supostamente beijavam. Alguns os confundiam com os valdenses. Ou os equiparavam a grupos igualmente enigmáticos de hereges, "aqueles que alguns chamam de patarenes, outros, de publicanos, e outros ainda, por diferentes nomes".[20] Somente os eruditos versados na história da Igreja sabiam quem haviam sido os cátaros: cismáticos que, na época de Constantino, receberam uma menção desdenhosa em um cânone do Concílio de Niceia. Que

260

PERSEGUIÇÃO

agora, quase mil anos depois, estivessem surgindo subitamente na Renânia só enfatizava quão perigosa e rediviva a heresia podia ser. Sempre nas sombras, um perigo constante, ela sobrevivia ao espaço e ao tempo.

Exceto que, em sua maioria, os cristãos identificados pelos nervosos oficiais da Igreja como "cátaros" não pensavam em si mesmos, nem sequer remotamente, como hereges — muito menos, aliás, como cátaros. Assim como o medo da adoração do Diabo se alimentava das fantasias dos incultos, o medo de uma heresia fantasma, ressurgida da tumba, era nutrido pela erudição. Os clérigos da cúria, que forneciam ao imenso aparato da Igreja católica seus burocratas, advogados e professores, haviam esquecido muito rapidamente que também eram inovadores. Radicais que os criticavam por trair a causa da *reformatio* eram contrabalançados pelo grande número de cristãos que ainda ignoravam ou se ressentiam de suas alegações. Longe das catedrais e universidades, os velhos hábitos de veneração demoravam a morrer. Isso era especialmente verdadeiro nas regiões da cristandade onde uma autoridade central mal existia e a presença de reis e bispos era débil. Clérigos educados nas salas de aula de Paris ou Bolonha, aventurando-se por uma trilha, podiam se ver entre populações inteiras que não se importavam com a *reformatio* e sentiam somente desdém por aqueles que ela levara ao poder. Rotular esses deploráveis de "cátaros" era ignorar explicitamente o que de fato eram: cristãos deixados para trás pelas novas ortodoxias.

Em nenhum lugar as tensões resultantes eram mais evidentes que no sul da França. Lá, onde as lealdades locais eram tão intensas quanto divididas, Paris parecia realmente muito distante. Em 1179, um concílio convocado pelo papa especificou "as terras em torno de Albi e Toulouse"[21] como incubadoras de heresias especialmente nocivas. Os legados papais que visitavam a região encontravam um povo rebelde e questionador que se ressentia de muitos ideais fundadores da *reformatio*: a alegação de autoridade da hierarquia internacional da Igreja; sua demanda por obediência, deferência e dízimo; e a insistência de que uma divisão insuperável distinguia o clero daqueles a quem ministrava. A autoridade sacra, entre os desdenhosamente chamados de "albigenses" pelos agentes papais, não era vista como prerro-

DOMÍNIO

gativa dos padres. Qualquer um podia reivindicá-la. Nos campos que cercavam Albi e Toulouse, um camponês podia muito bem ser mais honrado que um bispo. Um viúvo que ficara famoso como modelo de cortesia e autocontrole e uma matrona que se isolara do mundo eram honrados como *boni homines*, "bons homens", "boas mulheres". Acreditava-se que os mais pios se aproximavam da perfeição do próprio Cristo e se tornavam "amigos de Deus". Nenhum gesto seu era tão humilde ou cotidiano que não estivesse imbuído de um senso do divino. Profundamente enraizado no solo local, o cristianismo dos bons homens achava que heresia era a *reformatio*, uma coisa de "lobos esfomeados, hipócritas e sedutores".[22]

Em 1165, 16 quilômetros ao sul de Albi, o bispo confrontara seus oponentes na praça de um vilarejo, perante uma grande plateia de nobres e prelados. Muito do que os bons homens haviam revelado sobre suas crenças naquele dia fora profundamente chocante para o clero reunido. Em termos claros, eles haviam dito que o Antigo Testamento não tinha valor; que "qualquer bom homem, fosse clérigo ou laico", podia presidir a eucaristia; que eles não deviam aos padres "nenhuma obediência, pois são iníquos e não são bons professores, mas sim servos contratados".[23] Mesmo assim, muito do que acreditavam era perfeitamente ortodoxo. "Acreditamos em um Deus vivo e verdadeiro, três em um e um em três, Pai, Filho e Espírito Santo."[24] Cristo se tornara carne; ele sofrera, morrera e fora enterrado; ressurgira no terceiro dia e ascendera aos céus. Os bispos também subscreviam esse credo. Mas isso não os reassegurou. Em vez disso, serviu somente para confirmar seu pior medo: a heresia era uma peste, corroendo aqueles que nem sequer podiam perceber que estavam infectados. E, sem controle, a peste tendia a se espalhar.

"Feridas que não respondem ao tratamento do cataplasma devem ser removidas com a faca."[25] Em novembro de 1207, quando essa sombria regra médica foi pronunciada por Inocêncio III, o medo de que a heresia envenenasse todo o povo cristão se tornara febril. O próprio Inocêncio, graças a uma combinação de sorte e habilidade, detinha uma autoridade com a qual Gregório VII só poderia sonhar. Mais plausivelmente que qual-

PERSEGUIÇÃO

quer papa antes dele, ele aspirava a influenciar o destino do mundo. Mas o próprio escopo de seu poder parecia zombar dele. Olhando de leste para oeste e dolorosamente consciente do impressionante mandato que lhe fora confiado por Deus, ele temia que a sorte dos cristãos estivesse mudando. Na Terra Santa, Jerusalém fora perdida para os sarracenos. Uma campanha para recuperá-la, liderada pelos reis da França e da Inglaterra, fracassara. Uma segunda expedição, iniciada em 1202 em obediência à convocação do próprio Inocêncio, fora desviada para Constantinopla. Em 1204, essa expedição atacara e saqueara a cidade. A fortaleza, que durante longos séculos sobrevivera à inveja dos comandantes militares pagãos, finalmente caíra — e nas mãos de um exército cristão. Seus captores haviam justificado o ataque à cidade dizendo que seus habitantes se rebelavam contra o papado, pois, desde a época de Gregório VII, as igrejas de Roma e Constantinopla estavam divididas por um cisma cada vez maior. Mas Inocêncio, chocado com a espoliação de um baluarte cristão, lamentara a queda de Constantinopla como obra infernal. Entrementes, na Espanha, onde as armas cristãs havia séculos empurravam determinadamente a fronteira de al-Andalus, o avanço fora interrompido. Em 1195, uma derrota particularmente desastrosa — na qual um exército inteiro fora destruído e três bispos haviam sido mortos — inspirara o general muçulmano a dizer que estabularia seus cavalos em Roma. Para Inocêncio, a razão da cólera de Deus era óbvia. Não haveria perspectiva de se retomar Jerusalém enquanto houvesse heresia. Por piores que fossem os sarracenos, eles não eram tão maus quanto os hereges. Em janeiro de 1208, o assassinato de um legado papal às margens do Ródano fez com que Inocêncio se decidisse. Seu dever era claro. Ele não podia correr o risco de que todo o povo cristão fosse contaminado pelos albigenses. A única alternativa era destruir sua heresia com a espada.

Em 1095, quando Urbano II convocara os guerreiros da cristandade para irem até a Terra Santa, ele os instruíra a usar o sinal da cruz como símbolo de seu juramento. Agora, em julho de 1209, quando um imenso exército de cavaleiros, sem igual desde os tempos de Urbano, reuniu-se em Lyon, eles também foram *crucesignati*: "assinalados com a cruz". Ela os mar-

DOMÍNIO

cava como peregrinos que, como seu Salvador, estavam tão tomados pelo amor à humanidade que se mostravam dispostos a morrer por sua redenção do inferno. "A cruz fixada em suas capas com um fio macio", lembrou um pregador, "foi fixada na carne d'Ele com cravos de ferro."[26] Mesmo os que estavam no caminho da grande força que se moveu pelo Ródano e então ao longo da costa, na direção da cidade de Béziers, reconheciam nos invasores um formidável senso de identificação com os sofrimentos de Cristo. Eles chamaram a campanha de *crozada*, "cruzada". Mas, embora mais tarde a palavra fosse aplicada retrospectivamente à grande expedição iniciada por Urbano, a cruzada contra os albigenses era um tipo de guerra que os cristãos jamais haviam lutado antes. Não se tratava, como nas campanhas de Carlos Magno contra os saxões, de um exercício de expansão territorial; nem, à maneira das cruzadas que visavam à libertação de Jerusalém, da peregrinação armada a um destino de transcendente santidade. Seu objetivo era a extirpação de crenças perigosas. Somente o sangue podia lavar a cristandade da poluição causada pela heresia.

Entrando em Béziers, alguns se perguntaram como distinguir os fiéis dos hereges. "Senhor", perguntaram eles ao legado papal, "o que devemos fazer?" "Matem todos", foi a resposta direta. "Deus conhece os seus."[27] Ou, ao menos, foi isso que se relatou mais tarde. A história falava poderosamente de um horror peculiar que assombrava a mente dos cruzados. Que à primeira vista um herege pudesse parecer um cristão zeloso, que a doença pudesse ser confundida com a saúde e a infecção se provasse impossível de diagnosticar, era precisamente o que fortalecia sua determinação. O risco era assustador: o de que eles mesmos, se não removessem totalmente a pestilência daquelas terras, pudessem se tornar suas vítimas. O massacre em Béziers, impiedoso e total, estabeleceu o precedente. Mesmo os que se abrigavam nas igrejas caíram sob as espadas dos cruzados; o sangue escureceu as águas do rio; o fogo, incinerando os sobreviventes e transformando a catedral em uma ruína derretida, completou o holocausto. "A vingança divina", relatou o legado de Inocêncio em Roma, "foi maravilhosamente devastadora."[28]

PERSEGUIÇÃO

Béziers foi reduzida a destroços cobertos de cadáveres em uma única tarde. Os ciclos de massacre e ruína prenunciados durariam duas décadas. Somente em 1229, quando Inocêncio já havia morrido e Gregório IX era o papa, um tratado assinado em Paris finalmente poria fim aos assassinatos. A guerra superara a habilidade papal de controlá-la. O terror se tornara a ordem do dia. Guarnições eram cegadas, prisioneiros, mutilados, mulheres, jogadas em poços. Inocêncio, sem cujo férreo senso de missão a cruzada jamais teria começado, oscilara entre a exultação pelas vitórias conquistadas para Cristo e a agonia por seu custo. Os cruzados haviam demonstrado poucos escrúpulos. Embora, durante a campanha, a ambição sempre tivesse sido reconquistar os hereges para a Igreja, seus líderes jamais haviam lamentado a obrigação de punir o desafio obstinado com a morte. Em 1211, após a captura do castelo de Casses, os bispos haviam pregado aos bons homens da região e os urgido a darem as costas ao erro. Mas sem resultado. O esforço dos bispos fora um fracasso. "E como eles não conseguiram converter nem um único herege, os peregrinos capturaram todos. E então os queimaram. E fizeram isso com grande alegria."[29]

Quando Gregório deu suas ordens a Conrado de Marburgo e outros inquisidores, ele o fez com total confiança de que a perseguição funcionava. A cirurgia realizada por Inocêncio no corpo doente da cristandade fora manifestamente bem-sucedida. Os inimigos de Cristo recuavam por toda parte. Na Espanha, aos pés de Sierra Morena, a grande cadeia de montanhas que se estende pelo sul da península Ibérica, o favor de Deus dera uma vitória decisiva às armas cristãs. A derrota dos sarracenos em Las Navas de Tolosa no verão de 1212 os deixara fatalmente expostos. Duas décadas depois, suas maiores cidades — Córdoba e Sevilha — estavam prestes a ser capturadas pelo rei de Castela. Entrementes, nas terras centrais dos albigenses, os bons homens que haviam sobrevivido ao zelo exterminador dos cruzados eram fugitivos se esquivando por florestas e currais, com seus dias de discutir com bispos em praças de vilarejo tendo ficado definitivamente para trás. Para Gregório e muitos outros, parecia evidente que uma grande conspiração fora derrotada. Antes da derrota em Las Navas de Tolosa, os sarracenos

DOMÍNIO

supostamente pretendiam marchar em auxílio dos albigenses. Os próprios albigenses — agora que os bons homens estavam derrotados e a realidade do que haviam sido fora distorcida para sempre — cada vez mais eram vistos como agentes de uma igreja herege. Dizia-se que essa igreja existia desde os tempos antigos e que se espalhara da Bulgária para o restante do mundo. Eruditos que conheciam as heresias da Antiguidade atribuíam suas origens a um profeta na Pérsia. "Eles o seguem na crença de que há duas fontes de vida: um deus bom e um deus mau; em outras palavras, o Diabo."[30]

A medida da vitória dos cruzados era o fato de fantasmas da era inimaginavelmente distante de Dario passarem a ter uma presença mais vívida na imaginação do povo cristão que a dos próprios bons homens e mulheres. A fantasia de que os albigenses haviam pertencido a uma antiga igreja consagrada à crença em princípios rivais de bem e mal, uma igreja que com o tempo receberia o nome de "cátara", se provaria particularmente vívida, mas nem por isso deixaria de ser fantasiosa. A disposição de Gregório IX de sancionar a crença em conspirações satânicas foi nutrida pelo sangue dos que haviam perecido na cruzada albigense. O massacre demonstrara que um membro doente realmente podia ser amputado do corpo da cristandade, mas também quão difícil era distinguir a podridão da solidez, a escuridão da luz, o herege do cristão.

O pavor causado por essa percepção — e pelo que ela poderia significar para aqueles que confiavam a Deus a defesa de seu povo — não seria superado rapidamente.

O judeu eterno

Pouco antes da grande vitória em Las Navas de Tolosa, outro exército cristão, preparando-se para uma batalha contra os sarracenos na costa portuguesa, vira cavalgando em sua vanguarda uma força de cavaleiros angelicais. "Vestidos de branco, eles usavam cruzes vermelhas em suas capas."[31] A crença de que a Espanha era um grande campo de batalha entre o bem

PERSEGUIÇÃO

e o mal, entre o terreno e o celestial, tinha uma longa linhagem na cristandade. A reconquista das terras perdidas para os sarracenos fora analisada pelos líderes da *reformatio* com obsessivo interesse. Ela literalmente ajudara a construir Cluny. A igreja da abadia, a maior do mundo, fora paga com o saque de al-Andalus. Em 1142, seu grande abade, Pedro, o Venerável, cruzara os Pirineus para entender melhor no que os sarracenos realmente acreditavam. Reunindo-se com eruditos fluentes em árabe, ele os empregara em um projeto grandioso: a primeira tradução do Alcorão para o latim. Seu lema sempre fora que a persuasão era melhor que a compulsão. E, de fato, quando a tradução fora entregue, ele se dirigira diretamente aos sarracenos, "não como nossos homens frequentemente fazem, com armas, mas com palavras; não com violência, mas com razão; não com ódio, mas com amor".[32] No entanto, esses sentimentos brandos não o haviam impedido de ficar profundamente chocado com o Alcorão. Era impossível imaginar um conjunto mais monstruoso de heresias, confeccionado a partir de "fábulas judaicas e professores hereges".[33] Até mesmo sua visão do paraíso misturava banquetes e sexo. Era tudo muito diferente de Cluny. Em vez de construir pontes, a tradução do Alcorão feita por Pedro só confirmara as suspeitas mais sombrias dos cristãos sobre seu conteúdo. O islã era a fossa de todas as heresias, e Maomé, "o mais fétido dos homens".[34]

Mas o Alcorão não fora o único livro tomado das bibliotecas sarracenas. Em 1085, Toledo, a antiga capital da monarquia visigoda e celebrado centro de ensino, fora conquistada pelo rei de Castela, o maior reino espanhol. Em somente algumas décadas, uma vasta equipe de tradutores fora reunida pelo arcebispo da cidade: muçulmanos, judeus e monges de Cluny. Eles tiveram muito com que se ocupar. Além de textos de eruditos muçulmanos e judeus, Toledo possuía um tesouro de clássicos gregos, obras de antigos matemáticos, médicos e filósofos. Embora estivessem disponíveis em traduções para o árabe havia tempos, essas obras estiveram perdidas para o Ocidente latino por muitos séculos. Um autor em particular era o foco da obsessão cristã. "Somente dois livros de Aristóteles são conhecidos pelos latinos",[35] lamentara Abelardo um pouco antes de 1120. Uma década

DOMÍNIO

depois, sua queixa estava ultrapassada. Iacopo, um clérigo veneziano que morava em Constantinopla, iniciara um trabalho espantoso que, na época de sua morte, em 1147, resultaria em várias obras de Aristóteles traduzidas diretamente do grego.* A escola de Toledo rapidamente transformara esse fio de tradução em inundação. Em 1200, quase todas as obras conhecidas de Aristóteles estavam disponíveis em latim. Os professores universitários que acreditavam que a criação de Deus era governada por regras e que a razão permitia que os mortais as compreendessem caíram sobre os textos do mais renomado filósofo da Antiguidade com uma mistura de avidez e alívio. Que uma autoridade como Aristóteles fosse ouvida novamente prometia colocar suas próprias investigações sobre o funcionamento do universo em uma posição mais rigorosa que nunca. Paris, em particular, rapidamente se tornara um centro de estudos aristotélicos. A excitação gerada por suas escolas atraíra estudantes de toda a cristandade. Entre eles, estavam dois futuros papas: Inocêncio III e Gregório IX.

Mas a ressurreição de um sábio que vivera muito antes de Cristo e não tinha nenhuma familiaridade com as Escrituras apresentava desafios, e não somente oportunidades. Embora numerosos aspectos de seus ensinamentos — a fixidez das espécies ou o movimento imutável do Sol, da Lua e das estrelas em torno da Terra — pudessem ser facilmente integrados ao tecido do ensino cristão, outros eram mais problemáticos. A própria noção de um cosmos racionalmente ordenado, tão atraente para os filósofos naturais, continuava a inquietar muitos membros da Igreja. A insistência de Aristóteles de que não houvera criação, de que o universo sempre existira e existiria, era uma contradição particularmente óbvia às Escrituras cristãs. Como, quando cruzados se esforçavam para limpar o sul da França da heresia, os estudantes na capital do reino podiam ter permissão para estudar uma doutrina tão nociva? A ansiedade em Paris aumentou com a descoberta, em 1210, de vários hereges que haviam lido Aristóteles

---

* É igualmente possível que ele fosse um grego residindo em Veneza. Sua autodescrição — *Iacobus Veneticus Graecus* — é ambígua.

PERSEGUIÇÃO

e passado a acreditar que não havia vida após a morte. A reação do bispo da cidade foi rápida. Dez hereges foram queimados na fogueira. Vários comentadores de Aristóteles tiveram o mesmo destino. Os livros de filosofia natural do próprio Aristóteles foram oficialmente proscritos. "Eles não devem ser lidos em Paris, nem publicamente, nem em privado."[36]

Mas a proibição não teve efeito. Em 1231, Gregório IX publicou um decreto que garantia às universidades independência efetiva da interferência dos bispos e, em 1255, todos os textos de Aristóteles voltaram ao currículo. E, como se viu, as pessoas mais qualificadas para aprender com eles não eram os hereges, mas os inquisidores. Os dias de aniquilar cidades inteiras porque Deus conhecia os seus haviam acabado. A responsabilidade de desenraizar a heresia foi confiada aos frades. À frente estava uma ordem estabelecida por decreto papal em 1216 para fornecer à Igreja uma força de choque de intelectuais. Seu fundador, um espanhol chamado Domingos, percorrera os locais onde bons homens eram encontrados, igualando-se a eles em seus rigores e vencendo-os nos debates. Em 1207, dois anos antes da aniquilação de Béziers, ele se encontrara com um bom homem ao norte da cidade e argumentara publicamente com ele durante uma semana. Para os frades educados nessa tradição de pregação militante, Aristóteles era uma dádiva divina. A obrigação dos dominicanos era questionar, investigar e avaliar evidências. Quem melhor para servir como modelo dessa abordagem que o mais famoso filósofo da história? Aristóteles, longe de auxiliar os inimigos da Igreja, foi convocado em sua defesa. Institucionalizado pelas universidades e sancionado pelo papa, o estudo de sua filosofia foi tornado ainda mais seguro pelos eruditos cristãos. Se o padrão das investigações de heresia se beneficiou dessa tendência, também o fez a investigação sobre o funcionamento do universo. Revelar esse funcionamento era revelar as regras do próprio Deus.

O trabalho de reconciliar a filosofia de Aristóteles com a doutrina cristã não foi fácil. Muitos contribuíram para ele, mas ninguém mais que um dominicano chamado Tomás, nativo de Aquino, uma pequena cidade ao sul de Roma. O livro no qual ele trabalhou entre 1265 e sua morte em

DOMÍNIO

1274, um grande compêndio "das coisas pertinentes ao cristianismo",[37] foi a mais abrangente tentativa já feita de amalgamar fé e filosofia. O próprio Tomás de Aquino morreu achando que falhara em seus esforços e que, perante a radiante incognoscibilidade de Deus, tudo que escrevera fora inútil; em Paris, dois anos após sua morte, várias de suas propostas foram condenadas pelo bispo. Mas não demorou muito para que a imensa escala de seu feito fosse reconhecida e admirada. Em 1323, sua reputação recebeu um selo de aprovação quando o papa o proclamou santo. O resultado foi a consagração, como fundação da teologia católica, da convicção de que revelação e razão podiam coexistir. Um século após a proibição dos livros de filosofia natural de Aristóteles em Paris, ninguém mais precisava temer que seu estudo levasse à heresia. As dimensões que eles haviam aberto — do tempo, do espaço e da ordem imutável das estrelas — tornaram-se tão cristãs quanto as próprias Escrituras.

Para aqueles que o leram nas décadas após sua morte, a voz de Aquino parecia ter a radiância dos céus. Para cristãos que havia muito temiam a heresia, ele ofereceu uma garantia dupla: os ensinamentos da Igreja eram verdadeiros e a luz da verdade se manifestava mesmo em dimensões que pareciam ameaçá-la. Aristóteles não foi o único filósofo citado em sua grande obra. Também havia outros pagãos, até mesmo sarracenos e judeus. Sua disposição para reconhecê-los como autoridades foi sinal não de bajulação cultural, mas do oposto: a absoluta certeza de que a sabedoria era cristã, onde quer que fosse encontrada. A razão era um presente de Deus. Todo mundo a possuía. Os Dez Mandamentos serviam não como prescrições, mas como lembranças de algo que a humanidade já sabia. Eles estavam manifestos no próprio tecido do universo. O amor de Deus por sua criação era o centro de um círculo, em relação ao qual todas as partes da circunferência tinham o mesmo valor. "Tudo que gira através da mente e do espaço foi tão bem ordenado que contemplar sua harmonia é ter um gosto de Deus."[38]

Mas essa sublimidade tinha uma sombra. Se toda a eternidade era cristã, então os que persistiam na heresia, obstinados em sua loucura, eram ainda mais condenáveis. O massacre dos albigenses estabelecera um pre-

PERSEGUIÇÃO

cedente que não seria facilmente esquecido. Os dominicanos, apesar de todo o cuidado com que realizavam seu trabalho como inquisidores e da maneira minuciosa como aplicavam os métodos de Aristóteles à tarefa de identificar hereges, não eram imunes às fantasias de extermínio em massa. Em 1274, o mesmo ano em que Aquino se convencera de que a obra de sua vida fora vã, um ex-líder de sua ordem, Humberto de Romans, urgira os cruzados, durante um concílio realizado em Lyon, a se inspirarem em Carlos Magno, "que matou 370 mil dos que se levantaram contra ele, com pouquíssimas perdas entre seus próprios homens".[39] Sarracenos, hereges, pagãos: se ameaçassem a cristandade, todos deviam ser vistos como alvos legítimos de erradicação.

Porém os mais determinados inimigos de Cristo não seriam vítimas de massacre. Os judeus, lembrou Humberto de Romans ao Concílio de Lyon, não deviam ser eliminados. Fora previsto que, no fim dos dias, eles seriam batizados; até então, seu destino serviria ao povo cristão como demonstração da justiça divina. "Embora", como dissera Inocêncio III, "a perfídia dos judeus seja digna de condenação, através deles a verdade de nossa fé é comprovada e, por isso, eles não devem ser severamente oprimidos pelos fiéis."[40] Fora uma pálida e zombeteira demonstração de misericórdia. Como estava baseada na convicção de que os judeus, ao contrário dos sarracenos, não eram uma ameaça à cristandade, ela considerava que eles e seus costumes, ensinamentos e leis haviam sido superados e jaziam no pó. Mas o atraso dos judeus não era tão manifesto quanto as autoridades da Igreja gostavam de pensar. Ao contrário dos valdenses, eles tinham um nível de erudição capaz de envergonhar a maioria dos cristãos. Aquino não fora o único a admirar seus feitos intelectuais. Até mesmo a residência do papa era administrada por judeus. Como um pupilo de Abelardo reconhecera, "um judeu, por mais pobre que seja, se tiver dez filhos ensinará todos a ler, não para obter ganhos, como fazem os cristãos, mas para que entendam a lei de Deus — e fazem isso não somente com os filhos, mas também com as filhas".[41]

Assim, não surpreende que a *reformatio*, tão impaciente com seus rivais, tenha causado tanto sofrimento aos judeus. Em vilarejos e cidades de

DOMÍNIO

toda a Europa, os ideais que ela proclamava — de uma cristandade livre da corrupção e uma Igreja revestida de luz — provocavam em muitos cristãos uma hostilidade cada vez maior pelos vizinhos judeus. Muito antes da carta de Conrado de Marburgo a Gregório IX avisando que os hereges estavam se associando a demônios, os judeus eram acusados de serem agentes voluntários do Diabo. Eles eram feiticeiros, blasfemos, inimigos da Igreja que, sempre que tinham a chance, poluíam os vasos sagrados usados na eucaristia com seu cuspe, seu esperma, suas fezes. E, ainda pior, eram assassinos. Em 1144, a descoberta do corpo de um menino em um bosque perto da cidade inglesa de Norwich levara o padre, ávido por um mártir local, a inventar uma série de acusações sensacionalistas: o menino fora sequestrado pelos judeus locais; torturado como Cristo; oferecido em sacrifício. A história, embora despertasse ceticismo, não foi totalmente desacreditada e, como a peste, começou a se disseminar. Com o tempo, conforme casos similares eram relatados, um refinamento infernal foi adicionado: os judeus, em uma grotesca paródia da eucaristia, tinham o hábito de misturar sangue de crianças a seu pão ritual. O fato de essa alegação ter sido condenada como difamação primeiro por uma comissão imperial e depois, em 1253, pelo próprio papado nada fez para conter sua disseminação. Dois anos depois — novamente na Inglaterra —, foi dado outro golpe mortal no bom nome dos judeus. A descoberta, em Lincoln, do corpo de um menino chamado Hugo no fundo de um poço fez com que noventa judeus fossem presos, por ordem do próprio rei. Dezoito foram enforcados. O menino, sepultado na catedral de Lincoln, foi saudado como mártir pelos locais. O fato de o papado ter explicitamente se recusado a confirmar a canonização pouco fez para impedir o crescimento do culto ao Pequeno São Hugo.

Abelardo imaginara um judeu se lamentando: "Estamos confinados e oprimidos, como se o mundo inteiro conspirasse contra nós. É espantoso que tenhamos permissão para viver." Um século depois, poucos cristãos estavam dispostos a seguir o exemplo de Abelardo e se colocar no lugar dos judeus. Como nunca antes, a ambição da Igreja de fornecer salvação aos povos de todas as raças e backgrounds se tornara uma arma a ser usada

PERSEGUIÇÃO

contra os que rejeitavam a oferta. Os judeus, cuja reivindicação do grande legado das Escrituras era igualmente passional e cuja devoção ao aprendizado havia muito servia como reprovação aos cristãos, representavam um adversário infinitamente mais formidável que os bons homens. Mas a Igreja, confrontada por tal ameaça, não precisou de cruzados para fazer o trabalho. Os clérigos da era de Aquino se sentiam mais confiantes que nunca para a tarefa de colocar os judeus em seu devido lugar. Com a teologia entronada como rainha das ciências nas universidades europeias e com os frades especialmente licenciados pelo papa para defender e promover a fé, eles passaram a ver as pretensões judaicas com crescente desprezo. Talvez fosse por isso que, cada vez mais, ao se referir às Escrituras, sua herança comum com os judeus, os cristãos já não usassem a palavra *biblia* como plural, mas como singular: a Bíblia. Também de outras maneiras, qualquer indício da fraternidade que os judeus pudessem já ter partilhado com os cristãos foi sistematicamente destruído. No Quarto Concílio de Latrão, concluiu-se que eles já não deviam se vestir como aqueles entre os quais viviam, mas "em todos os momentos serem distinguidos dos outros povos, aos olhos do público, através do caráter de suas vestes".[42] Pela primeira vez, os artistas cristãos passaram a representá-los como fisicamente distintos: encurvados, com lábios grossos e narizes aduncos. Em 1267, as relações sexuais entre judeus e cristãos foram banidas pelo decreto formal de um concílio da Igreja; em 1275, um franciscano na Alemanha criou um código legal que as transformava em crime capital. Em 1290, o rei da Inglaterra, seguindo a lógica dessa nefasta tendência a sua inevitável conclusão, ordenou que todos os judeus de seu reino partissem para sempre. Em 1306, o rei da França fez o mesmo.*

Uma Igreja que se proclamava universal parecia não ter resposta àqueles que a rejeitavam, salvo a perseguição.

---

* Alternadamente perseguidos e esquecidos durante o século XIV, os judeus foram definitivamente expulsos da França em 1394.

XI

Carne

1300: Milão

QUANDO OS DOMINICANOS E SEUS AGENTES chegaram à abadia de Chiaravalle, eles foram diretamente ao local de repouso final de Guilhermina. Quase vinte anos haviam se passado desde sua morte e, nesse período, houvera um fluxo constante de peregrinos em sua tumba. Embora ela não fosse nativa de Milão — de fato, só chegara à Itália em 1260, aos 50 anos —, a aura de mistério que a envolvia contribuíra muito para sua fama. Dizia-se que ela tivera sangue real; que fora filha do rei da Boêmia; que passara algum tempo na Inglaterra, casada com um príncipe. Verdade ou não, é certo que em Milão tivera uma vida de impecável pobreza. E foi assim que, após sua morte, as pessoas passaram a deixar velas e oferendas em sua tumba. Duas vezes por ano, os monges de Chiaravalle celebravam publicamente sua memória. Multidões iam até lá para lhe prestar homenagem. Como Isabel da Hungria, uma mulher de similar poder milagroso e muito possivelmente sua prima, Guilhermina era saudada como santa.

Mas os inquisidores sabiam a verdade. Eles não tinham ido até lá para acender velas. Em vez disso, usando pés de cabra, abriram a tumba de Guilhermina e recolheram seu corpo apodrecido. Uma grande fogueira foi acesa. Os ossos foram queimados até virarem cinzas e então espalhados ao vento. A tumba de Guilhermina foi destruída. Suas imagens foram piso-

CARNE

teadas e esmigalhadas. Por mais brutais que as medidas pudessem parecer, eram urgentemente necessárias. Revelações chocantes tinham vindo à luz. Durante todo o verão, os inquisidores haviam sentido o cheiro de uma heresia verdadeiramente monstruosa. Seguindo seu rastro, haviam chegado à cúpula da sociedade milanesa. A líder, uma freira chamada Maifreda de Pirovano, era prima de Mateo Visconti, o senhor efetivo da cidade. Porém, quando a verdade foi revelada, ninguém — nem mesmo seu primo — foi capaz de salvá-la. Ela foi queimada na fogueira. Essa era uma punição adequada a uma mulher cuja ambição não poderia ter sido mais subversiva, arrogante e grotesca. Tal ambição teria sido chocante em qualquer herege, mas especialmente em uma mulher. Maifreda dissera a seus seguidores estar destinada a governar toda a cristandade: ela seria papisa.

Milão estivera incubando um culto de rara e medonha ousadia. Guilhermina, como se relatou um ano após a execução de Maifreda, chegara à cidade "dizendo ser o Espírito Santo transformado em carne para a redenção das mulheres; e batizou mulheres em nome do Pai, do Filho e de si mesma".[1] A convicção de que a cristandade estava à beira de um reinício radical não era nova. Na época de Inocêncio III, um monge chamado Joaquim, estudando a Bíblia na abadia de Fiore, no interior bravio do sul da Itália, descobrira em suas páginas uma mensagem profética. O mundo passaria por três eras. A primeira, incluindo os éons que separavam a Criação da chegada de Cristo, fora a Era do Pai. Depois viera a Era do Filho, que também se aproximava do final. Em seu lugar, surgiria a Era do Espírito. Muitos achavam tal perspectiva absolutamente sedutora. Grande número de franciscanos presumia que se referia a eles. Mas ninguém lhe dera um brilho tão distintivo quanto Guilhermina. A data prevista por Joaquim como início da nova era fora 1260, o ano de sua chegada a Milão. Sancionados ou não por Guilhermina, seus seguidores passaram a acreditar que ela era "o Espírito Santo e o verdadeiro Deus".[2] Sua morte nada fizera para minar essa convicção. Seus discípulos, sob a liderança carismática de Maifreda, alegavam tê-la visto ressuscitar. A Igreja, na nova era do Espírito, seria libertada da corrupção. Bonifácio VIII, o papa reinante e homem no-

DOMÍNIO

tório por sua crueldade, cobiça e corrupção, seria deposto e substituído por Maifreda. Os cardeais — oficiais seniores da Igreja que, de 1179 em diante, tinham o direito exclusivo de votar nas eleições papais — seriam todos mulheres. A Era do Espírito seria feminina. Ali estava uma heresia destinada a ser vista, por qualquer inquisidor, quase como ofensa pessoal. Pensar em padres do sexo feminino, quem dirá em um papa do sexo feminino, era risível. Deus, ao expulsar Eva do Éden, a sentenciara não somente a sofrer a dor do parto, mas também a ser dominada pelo marido. Essa sentença era defendida por numerosos Pais da Igreja: "Vocês não sabem que são Evas?"[3] Agostinho, especialmente, ao incluir em suas obras a doutrina do pecado original, legara uma sombria noção do músculo e do sangue de todo útero como infectados pela indelével nódoa da desobediência a Deus. Por mais formidavelmente que as mulheres tivessem servido como patronas da Igreja — como rainhas, regentes, abadessas —, elas raramente haviam pensado em aspirar ao sacerdócio. A grande convulsão da *reformatio*, ao consagrar a castidade como prova suprema da proximidade entre um homem e Deus, só confirmara nos padres o temor das mulheres como tentações. O monge, libertado da luxúria ao sonhar que um homem "correra até ele com terrível velocidade e o mutilara cruelmente com uma faca",[4] era típico em seu anseio de ser poupado de qualquer senso de dependência das mulheres. Os frades, que não se isolavam em monastérios, mas percorriam as ruas lotadas com membros do sexo oposto, observando seus cabelos, seios, quadris, tinham de se manter ainda mais severamente em guarda. A mulher, dissera um dominicano, era "a confusão do homem, uma besta insaciável, uma ansiedade contínua, um combate incessante, uma ruína diária, uma casa de tempestade, um obstáculo à devoção".[5] Confrontados por tal ameaça, o que podiam fazer os padres, senão manter o sexo oposto em seu divinamente sancionado estado de submissão?

Isso, é claro, só confirmava preconceitos que sempre haviam sido naturais entre os homens. Teólogos que justificavam a masculinidade do clero ao indicar que nem Jesus nem os apóstolos haviam sido mulheres podiam citar uma autoridade ainda mais antiga que os evangelhos. "A mulher", es-

CARNE

crevera Aristóteles, "é, como sempre foi, um homem inadequado."[6] Assim como o grande filósofo fornecera aos inquisidores um modelo de como conduzir interrogatórios, seus textos sobre biologia colocavam o imenso peso de seu prestígio por trás de uma perspectiva da inferioridade feminina que muitos clérigos estavam mais que dispostos a adotar. Determinados como estavam a ver em sua própria virgindade a prova de uma força moral quase angelical, eles encontraram no modelo fisiológico ensinado pelos antigos a confirmação de seus mais sombrios e envenenados medos. As mulheres exsudavam; elas sangravam; como os pântanos mais traiçoeiros, eram molhadas, moles e engoliam homens inteiros. Cada vez mais, sempre que Aristóteles era ensinado, as filhas de Eva eram mensuradas por padrões menos bíblicos que gregos.

As mulheres, o sexo fisicamente mais fraco e destinado pela natureza à gestação, jamais podiam ser consideradas iguais aos homens. O protesto de Guilhermina contra essa suposição foi radical, mas não único. Eruditos que citavam Aristóteles como justificativa para ver as mulheres como biologicamente inferiores tinham de lidar com profundas ambivalências no interior da própria Bíblia. A sanção dada aos maridos para mandarem em suas mulheres não era a única perspectiva oferecida pelas Escrituras sobre as relações entre os dois sexos. Tomás de Aquino — embora grande admirador de Aristóteles — tivera dificuldades para conciliar a suposição de que a mulher era meramente uma versão defeituosa do homem com a insistência do Gênesis de que ambos haviam sido divinamente criados com propósitos precisos e específicos. O corpo de Eva, "ordenado pela natureza ao propósito da gestação", era tanto uma criação de Deus, "que é o autor universal da natureza", quanto o de Adão.[7] As implicações desse fato para o entendimento do divino eram óbvias demais para serem ignoradas. "Mas Jesus, meu bom senhor, não sois também mãe?", perguntara Anselmo. "Não sois a mãe que, como uma galinha, coloca os pintinhos debaixo de suas asas? Sim, mestre, sois verdadeiramente mãe."[8] Os abades, apesar de viverem em castidade, não hesitavam em se comparar a amas, com os seios cheios "do leite da doutrina".[9] Não era vergonha para um padre falar de si

277

DOMÍNIO

mesmo dessa maneira, pois feminino e masculino eram reflexos do divino. Deus Pai também era mãe.

Mas o que tais ensinamentos significavam para as mulheres? Paulo, escrevendo aos gálatas, insistira que já não havia homem ou mulher, pois todos eram um em Jesus Cristo. E mesmo ele ficara perturbado com o caráter subversivo dessa mensagem. A igualdade entre homens e mulheres perante Deus era um conceito que ele frequentemente hesitava em colocar em prática. Donde suas prevaricações sobre a aborrecida questão de mulheres conduzindo orações e profetizando, em um momento insistindo que não deviam fazer isso e no outro dizendo que podiam — desde que usassem véu. Cartas escritas em seu nome após sua morte e incorporadas ao cânone das Escrituras forneceram uma resolução mais enfática: "Não permito que a mulher ensine, nem que tenha autoridade sobre o homem. Esteja, porém, em silêncio."[10] Aqui, nesse único versículo, estava toda a justificativa que os inquisidores precisavam para suprimir o culto a Guilhermina, remover seu corpo da tumba e condenar Maifreda às chamas.

Mas os dominicanos, sendo grandes eruditos e versados nos ensinamentos de Paulo, não ignoravam o valor que ele dera ao papel das mulheres em suas igrejas. O próprio Domingos, somente dois anos após o estabelecimento de sua ordem, fundara um convento em Madri. Seu sucessor como superior-geral, um nobre saxão chamado Jordano, fora um grande incentivador das freiras dominicanas. Escrevendo regularmente a uma delas, a prioresa de um convento em Bolonha, ele o fizera não meramente como diretor espiritual, mas também como admirador de seu frequentemente imperioso carisma. O padrão estabelecido por esse relacionamento foi seguido por muitos dominicanos. Embora fossem padres, eles ficavam maravilhados com a proximidade que suas contrapartes femininas pareciam ter com Deus. Eles sabiam que seu Senhor, ressuscitado dos mortos, revelara-se primeiro não aos discípulos, mas a uma mulher. O evangelho de João contava como Maria Madalena, uma seguidora de Jesus curada da possessão por demônios, inicialmente confundira Cristo ressuscitado com um jardineiro, mas então o reconhecera. "Eu vi o Senhor!"[11] Os dominicanos, embora jamais duvidassem de sua autoridade como clérigos, sabiam que essa autoridade tinha limites. O poder — mesmo o poder de um homem sobre sua esposa — era necessariamente ambivalente e traiçoeiro. Os favoritos de Deus eram quase certamente aqueles que não o possuíam.

"Então disse Maria: 'Minha alma engrandece ao Senhor e o meu espírito se alegra em Deus, meu Salvador, pois atentou para a humildade da sua serva.'"[12] Assim cantara a Virgem Maria ao saber que seria mãe do Filho de Deus. Nenhum ser humano jamais fora tão honrado ou exaltado. Mesmo enquanto os ossos de Guilhermina eram reduzidos a cinzas, o status legal e político das mulheres da cristandade se deteriorava constantemente e o corpo feminino era criticado em termos ainda mais abusivos por pregadores e moralistas como sendo recipiente da corrupção, a luz da Rainha dos Céus, cheia de graça e abençoada entre as mulheres, fulgurava como a estrela mais brilhante. "Ó útero, ó carne, na qual e da qual o criador foi criado e Deus se fez encarnado."[13] Mãe virgem que redimira o erro de Eva, mortal que concebera no interior de seu útero a atemporal infinitude do divino, Maria podia personificar, mesmo para o mais humilde e iletrado camponês, todos os numerosos paradoxos que jaziam no centro da fé cristã. Não eram necessários anos de estudo ou familiaridade com as obras de Aristóteles para compreender a devoção que uma mãe podia sentir pelo filho. Talvez tenha sido por isso que, quanto mais os eruditos trabalhavam para elucidar, em vastas e intimidantes obras de teologia, as sutilezas dos propósitos de Deus, fundindo revelação e lógica de maneiras profundas e cultas, mais Maria e seu filho eram retratados nas obras de arte como unidos em simples alegria. Do mesmo modo, nas cenas da morte de Cristo, a Virgem passou a ser representada como estando à altura do sofrimento e da dignidade do filho. O olhar da Rainha dos Céus já não era sereno como antes. Emoções comuns a todos se tornavam ainda mais cristãs. Consagrado no âmago dos grandes mistérios elucidados pelo cristianismo, os mistérios do nascimento e da morte, da felicidade e do sofrimento, da comunhão e da perda, estava o amor de uma mulher por seu filho.

DOMÍNIO

Para os cristãos temerosos de para onde o mundo caminhava, ali estava uma garantia preciosa, que não dependia de qualquer policiamento da heresia ou demanda por *reformatio*. Maifreda, ensinando a seus seguidores que estava destinada a ser papisa, fizera parte de uma tradição totalmente familiar, que pretendia colocar toda a cristandade sobre as fundações corretas e livrá-la da corrupção. Confiante de que o papado era o veículo mais seguro para a reforma, ela sonhara em fazer como fizera Gregório VII e assumir o controle da Igreja romana. Sua ambição seria vã, mas os próprios papas, em meio aos desafios e tumultos daquela era, descobriam os limites de sua autoridade. Dois anos após a execução de Maifreda, enfrentando a rebeldia declarada de Filipe IV, rei da França, Bonifácio VIII proclamou a mais ressoante declaração de supremacia papal já feita: "Declaramos, afirmamos e definimos que é absolutamente necessário para a salvação que todas as criaturas humanas se submetam ao pontífice romano." O que nos lábios de Inocêncio III poderia ter soado intimidante, nos de Bonifácio parecia meramente estridente. Em setembro de 1303, os agentes de Filipe capturaram o papa em seu refúgio de verão, perto de Roma. Embora tenha sido libertado após três dias de cativeiro, o choque foi excessivo e, um mês depois, ele estava morto. O papa seguinte, um francês, permaneceu ainda mais seguramente sob o controle de Filipe. Em 1309, ele se estabeleceu em Avignon. Décadas se passaram, papas chegaram e partiram, mas nenhum retornou a Roma. Um imenso palácio, com salões de banquete, jardins e sauna privativa, espalhou-se sobre o Ródano. Moralistas chocados com essa exibição de luxo e riqueza começaram a falar em cativeiro babilônico. A esperança de uma era do Espírito Santo parecia ter sido amargamente frustrada.

Choques ainda piores estavam por vir e, para enfrentá-los, os cristãos seriam obrigados a encontrar novas e relevantes maneiras de lidar com o relacionamento entre o espírito e a carne.

CARNE

Noivas de Cristo

Quando trabalhadores escavando as fundações para uma nova casa encontraram a estátua, especialistas do outro lado do Sena chegaram correndo para admirar a descoberta. Não demorou para que a mulher nua fosse identificada como Vênus, a deusa do amor. Enterrada e esquecida durante séculos, ela constituía um raro troféu para a cidade: uma autêntica obra-prima da Antiguidade. Poucos estavam mais qualificados para apreciá-la que os sieneses. Renomados na Itália e no mundo pelo brilhantismo de seus artistas, eles reconheciam beleza quando a viam. Todo mundo concordou que seria um escândalo esconder tal prêmio. Em vez disso, a estátua foi levada a Campo, a grande praça central da cidade, e colocada no topo de uma fonte. "E recebeu grandes honrarias."[14]

Imediatamente, tudo começou a dar errado. A uma crise financeira se seguiu a derrota do exército sienês. Então, cinco anos após a descoberta da Vênus, um horror quase incompreensível devastou a cidade. Uma peste, chegando do leste e se disseminando com tal virulência por toda a cristandade que passaria a ser conhecida simplesmente como Grande Morte, chegou a Siena em maio de 1348. Durou meses. "Os infectados pereciam quase imediatamente, inchando nas axilas e na virilha e caindo mortos no meio das frases."[15] As valas comuns transbordavam de mortos. As obras na catedral foram abandonadas. Quando a peste finalmente passou, mais da metade da população de Siena tinha perecido. Mesmo assim, os desastres continuaram. Um exército de mercenários arrancou muito dinheiro do governo. Houve um golpe. Uma humilhante derrota militar foi imposta à cidade por sua rival mais próxima e mais amarga, Florença. Os líderes do novo conselho governante, olhando do Palazzo Pubblico para a estátua na praça Campo, sabiam a quem culpar. "Desde que encontramos a estátua, os males foram incessantes."[16] Essa paranoia nada tinha de surpreendente. A admiração pela escultura antiga não podia superar as devastadoras evidências de cólera divina. Quase oitocentos anos antes, durante o pontificado de Gregório, o Grande, somente os gritos de arrependimento haviam sido capazes de pôr fim à peste. Dizia-se que São

DOMÍNIO

Miguel pairara sobre o Tibre com uma espada flamejante na mão, mas, aceitando as preces dos romanos, embainhara novamente a espada e a peste imediatamente chegara ao fim. Sobrecarregados pela calamidade, os sieneses se esforçaram para demonstrar arrependimento. Em 7 de novembro de 1357, trabalhadores removeram a estátua de Vênus. Retirando-a da praça, eles a reduziram a pedaços. Cacos foram enterrados para além da linha fronteiriça com Florença.

O insulto feito ao honrar Vênus fora imenso. Siena era a cidade da Virgem. Sua presença tutelar estava por toda parte. No Palazzo Pubblico, um imenso afresco seu dominava o salão onde o conselho governante se reunia; na praça Campo, o projeto em forma de leque evocava as dobras de seu manto protetor. Aqueles que exigiam a destruição da Vênus estavam certos ao ver em sua deleitável e incontrita nudez um desafio a tudo que Maria representava. Mil anos haviam se passado desde a derrubada original da estátua. Nesse período, o entendimento do erótico fora transfigurado de uma maneira inimaginável para os que, em cidades de todo o mundo romano, haviam oferecido sacrifícios à deusa do amor. Por mais convulsiva que tivesse sido a experiência da *reformatio*, ela fora somente o abalo secundário de um evento muito mais sísmico: o surgimento do próprio cristianismo. Em nenhum lugar isso era mais evidente que nas dimensões do desejo. Não fora somente Vênus a ser banida. O mesmo havia acontecido com os deuses celebrados por seus estupros. Chegara ao fim uma ordem sexual enraizada na suposição de que qualquer homem em posição de poder tinha o direito de explorar seus inferiores e usar os orifícios de um escravo ou uma prostituta para satisfazer suas necessidades, do mesmo modo que usaria um mictório. A insistência de Paulo de que o corpo de todo ser humano era um vaso sagrado triunfara. Instintos tidos como naturais pelos romanos haviam sido transformados em pecado. Gerações de monges e bispos, imperadores e reis, tentando domar as correntes violentas do desejo humano, haviam construído grandes represas e diques para redirecioná-las e canalizá-las. Nunca antes houvera uma tentativa tão grandiosa de recalibrar a moralidade sexual. Nunca antes uma tentativa obtivera tanto sucesso.

CARNE

"Dizemos, com o querido apóstolo Paulo: 'Através de Cristo crucificado, que está comigo e me fortalece, posso fazer qualquer coisa.' Quando fazemos isso, o Diabo é derrotado."[17] Três décadas após o surto de peste em Siena, Catarina, uma jovem da cidade, escreveu a um monge muito preocupado com quão frio e inescrutável parecia o funcionamento do universo. Nada, garantiu ela, nem doença, nem desespero, podia destruir o presente que, por amor, Deus dera a todos os mortais: o livre-arbítrio. A expressão era antiga. Cunhada por Justino, seu grande apologista na geração anterior a Ireneu, ela oferecera aos cristãos uma garantia transformadora: a de que eles não eram escravos das estrelas, do destino ou dos demônios, mas mestres de si mesmos. Não existia maneira mais certa de demonstrar isso, de permanecer livre e autônomo em desafio aos muitos males do mundo caído, que exercer a continência. Em 1377, a própria Catarina se tornara o mais celebrado exemplo dessa prática. Desde a infância, ela sacrificara seus apetites. Jejuava por dias seguidos e sua dieta, nas raras ocasiões em que comia, consistia exclusivamente em ervas cruas e na eucaristia; ela também usava uma corrente apertada em torno da cintura. Naturalmente, era com anseios sexuais que o Diabo mais a tentava. "Ele colocava imagens vis de homens e mulheres comportando-se imoralmente em sua mente, figuras sórdidas perante seus olhos, palavras obscenas em seus ouvidos, multidões desavergonhadas dançando a sua volta, uivando e rindo, convidando-a a participar."[18] Mas ela jamais o fez.

No entanto, para ela, a virgindade não era um fim em si. Era um estado ativo e heroico. Protegido dos toques masculinos, seu corpo era um recipiente para o Espírito Santo, radiante de poder. Catarina, a filha analfabeta de um tintureiro, foi reconhecida como *donna*, "mulher livre", "dona e senhora de si". No "mar tempestuoso que é a vida das sombras",[19] seu corpo virginal era seu barco. Navegando pelas marés e correntes de uma era cruelmente tumultuada, ela ofereceu a muitos cristãos uma garantia preciosa: a de que a santidade podia se manifestar na terra. Nem os grandes eram imunes a seu carisma. Em junho de 1376,

DOMÍNIO

ela chegou a Avignon, onde urgiu o papa Gregório XI a demonstrar seu comprometimento com os propósitos de Deus retornando a Roma. Três meses depois, ele estava a caminho. Mas a iniciativa, para amarga decepção de Catarina, provou-se um desastre. Gregório XI morreu menos de um ano depois de chegar a Roma. Dois papas rivais, um italiano e um aristocrata de Genebra, foram eleitos em seu lugar. Em jogo estava a questão de onde o papado deveria ser baseado: Latrão ou Avignon. Catarina, leal ao papa italiano, Urbano VI, correu para seu lado. Sua presença em Roma se provou um fator-chave para fortalecer as bases de Urbano. Em certo momento, ele até mesmo convocou os cardeais a uma das igrejas da cidade, a fim de ouvirem o sermão de Catarina sobre os erros e acertos do cisma. "Essa frágil mulher", declarou ele com admiração, "envergonha a todos nós."[20]

A morte de Catarina, na primavera de 1380, nada fez para abalar essa convicção. Seu corpo emaciado, resultado de seus espetaculares jejuns, serviu ao papa e sua corte como salutar lembrança do que a Igreja devia ser. Não meramente uma virgem, ela fora uma noiva. Como jovem prometida a Cristo, desafiara os planos de casamento feitos por seus pais cortando todo o cabelo. E dissera já estar noiva. A fúria e consternação que eles demonstraram não foram capazes de fazê-la mudar de ideia. E, em 1367, quando ela tinha 20 anos e Siena celebrava o fim do carnaval, sua recompensa chegara. No quartinho da casa dos pais onde jejuava, meditava e rezava, Cristo fora até ela. A Virgem e vários santos, incluindo Paulo e Domingos, haviam servido de testemunhas. O rei Davi tocara sua harpa. O anel fora o prepúcio de Cristo, removido quando fora circuncidado na infância, ainda úmido de seu sangue sagrado.* Embora ele fosse invisível para os outros, Catarina o usara a partir de então. Esse nível de intimidade com o divino estava além do alcance de qualquer homem. É verdade que alguns zombaram de suas alegações. Em Avignon, quando ela entrara

---

* De acordo com o confessor de Catarina, o anel era de ouro, mas, em suas cartas, ela dizia que não.

CARNE

em um de seus êxtases, a amante de um cardeal espetara seu pé com um alfinete para ver se estava fingindo. Mas Gregório XI e Urbano VI não duvidaram. Eles entendiam o mistério revelado por ela. A Igreja também era noiva de Cristo. "Mulheres, sujeitem-se a seus maridos, como ao Senhor", instruíra uma carta atribuída a Paulo e incluída no cânone das Escrituras, "pois o marido é o cabeça da mulher, como também Cristo é o cabeça da igreja, que é o seu corpo, do qual ele é o Salvador."[21] Na devoção de Catarina por seu Senhor — uma devoção que ela não hesitara em definir, em tons ardentes e exultantes, como desejo — havia tanto uma censura quanto uma inspiração para toda a Igreja.

Nesse entendimento sacro do matrimônio estava outra marca da revolução que o cristianismo promovera no erótico. A insistência das Escrituras de que um homem e uma mulher, sempre que se deitavam no leito matrimonial, uniam-se como Cristo e sua Igreja, tornando-se uma só carne, fornecia a ambos rara dignidade. Se a mulher era instruída a se submeter ao marido, o marido era instruído a ser fiel à mulher. Pelos padrões da era na qual o cristianismo nascera, essa era uma obrigação que exigia um nível quase heroico de autonegação. O fato de o direito romano — ao contrário do Talmude e dos costumes da maioria dos outros povos antigos — definir o casamento como instituição monogâmica nem por um momento significara que os homens deviam ser fiéis por toda a vida. Os maridos tinham direito legal ao divórcio — e, é claro, a se impor a seus inferiores — quando quisessem. Fora por isso que, em seu longo e árduo esforço para conter os apetites sexuais dos cristãos, a Igreja transformara o casamento no foco particular de sua atenção. Os dois pesos e duas medidas que durante tanto tempo haviam sido uma característica da ética marital passaram a ser severamente patrulhados. Unidos sob o olhar vigilante de Cristo, os homens foram ordenados a ser tão fiéis a suas mulheres quanto elas eram fiéis a eles. O divórcio — com a exceção de circunstâncias muito raras — foi proibido. Abandonar a esposa "faz com que ela se torne adúltera",[22] declarara o próprio Jesus. Os elos do casamento cristão, mútuos e indissolúveis, serviam para unir homens e mulheres como jamais antes.

DOMÍNIO

Cristo, ao colocar seu anel no dedo de Catarina, definira a salvação como "eterno banquete de casamento nos céus".[23] A Igreja levou muitos séculos para convencer os cristãos de que o casamento era um sacramento, um símbolo divino da graça de Deus. A suposição — universal e primordial — de que ele existia para cimentar alianças entre duas famílias não foi superada com facilidade. Somente quando o grande aparato do direito canônico foi instaurado a Igreja se viu em posição de controlar firmemente essa instituição. Catarina, ao recusar o casamento com o homem que seus pais haviam escolhido, insistindo que já estava prometida a outro, exercera seus direitos como cristã. Nenhum casal podia ser forçado ao noivado, ao casamento ou às relações sexuais. Os padres estavam autorizados a unir casais sem o conhecimento ou a permissão dos pais. Era o consentimento, e não a coerção, a única fundação adequada para o matrimônio. A Igreja, ao se comprometer com essa convicção e transformá-la em lei, irritou patriarcas por toda parte. Ali estava um desenvolvimento repleto de futuras implicações. Abriu-se para o povo cristão o caminho para uma concepção radical do casamento, fundada na atração mútua, no amor. Inexoravelmente, os direitos do indivíduo superaram os direitos da família. A autoridade de Deus foi identificada não com a antiga autoridade paterna, de impor sua vontade aos filhos, mas com um princípio muito mais subversivo: a liberdade de escolha.

A concepção cristã de matrimônio era tão estranha que sempre causara espanto nas terras para além da cristandade. Desde os primeiros dias de ensino islâmico, os muçulmanos — cuja licença para ter várias esposas e escravas era sancionado diretamente pelo Alcorão — haviam encarado a insistência da Igreja na monogamia com divertida confusão. Mas os cristãos, longe de se sentirem constrangidos por tal desdém, ficaram ainda mais determinados em colocar ordem nos apetites pagãos. São Bonifácio, reconhecendo o apelo da poligamia para os homens caídos, estremecera de repulsa pela bestialidade que ela representava, "a profanação vulgar de tudo, como se fossem cavalos relinchando ou burros zurrando enquanto se misturam em sua luxúria adúltera".[24] Essa repulsa pelo entrelaçamento de membros

CARNE

que jamais deveriam se entrelaçar, pela união de carnes que deviam ser mantidas distantes, era muito profunda. O mais repulsivo de tudo, e uma ameaça constante entre os que ignoravam o amor e as leis de Cristo, era o pendor para o incesto. Vezes sem conta, escrevendo a Roma, Bonifácio exigira garantias sobre uma questão urgente: o grau de parentesco que um casal podia ter a fim de se casar legitimamente. Em suas respostas, o papa dera uma grande demonstração de liberalidade. "Como a moderação é melhor que a disciplina severa, especialmente em relação a um povo tão incivilizado, eles podem contrair matrimônio após o quarto grau."[25] Quase meio milênio depois, os cânones do grande concílio convocado por Inocêncio III em Latrão ordenaram o mesmo. Isso também foi divulgado como medida liberalizante. Afinal, como notificou um cânone do concílio, durante muito tempo o grau de parentesco antes do qual os casamentos eram proibidos fora o sétimo.

De todas as medidas adotadas pela Igreja para modelar e moldar o povo cristão, poucas tiveram consequências tão duradouras. Nos tempos antigos, quando a estátua de Vênus recuperada em uma obra em Siena era adorada como retrato de uma deusa viva, a palavra *família* significava um domicílio vasto e em expansão. Clãs, dependentes, escravos: todos eram família. Mas isso mudara. A Igreja, em sua determinação de colocar os casais casados, e não os patriarcas ambiciosos, no âmago de uma sociedade propriamente cristã, havia domado o instinto das dinastias de casar primos entre si. Somente relacionamentos sancionados pelos cânones eram legítimos. Nenhuma família podia se unir a outra pelo matrimônio se não tivesse licença da Igreja: "*in-laws*" ["pela lei", parentes por afinidade]. Como consequência, o controle dos clãs começou a diminuir. Os laços de parentesco enfraqueceram gradualmente. Os domicílios encolheram. O tecido da cristandade adquiriu uma tessitura muito distintiva.

Maridos, mulheres, filhos: nas terras centrais do Ocidente latino, eles passaram a ser considerados famílias.

DOMÍNIO

Atirando a primeira pedra

Em certa ocasião, quando Cristo surgiu para Catarina de Siena, ele o fez acompanhado de Maria Madalena. Catarina, chorando de amor, lembrou como Maria, ajoelhando-se perante seu Senhor, lavara seus pés com lágrimas e os secara com os cabelos, antes de beijá-los e perfumá-los. "Filha dulcíssima", disse-lhe Cristo, "para seu conforto entrego Maria Madalena para ser sua mãe." Grata, Catarina aceitou a oferta. "E daquele momento em diante", relatou seu confessor, "ela se sentiu totalmente unida a Madalena."[26]

É claro que ser associada à mulher que primeiro testemunhara a ressurreição de Cristo era uma rara marca de favor divino. Desde criança, Catarina adotara Madalena como modelo. Longe de ser um sinal de complacência, isso testemunhava o oposto: a persistente noção de pecado da própria Catarina. Como relatado por Lucas, a mulher que chorara perante Jesus e perfumara seus pés era "uma 'pecadora'".[27] Embora nunca fosse nomeada, sua identificação com Madalena se disseminara desde que Gregório, o Grande, a anunciara em um sermão em 591. Com o tempo — e a despeito da falta de qualquer evidência nos evangelhos —, o caráter preciso da "vida de pecado" se tornara conhecimento comum. Ajoelhada perante Jesus, buscando seu perdão, ela o fizera como prostituta penitente. Catarina, ao aceitar Madalena como mãe, aceitava também o radicalismo espantoso de um aviso dado por Cristo: o de que as prostitutas entrariam no reino de Deus antes dos sacerdotes.

Para uma Igreja que exigia celibato de seus sacerdotes e pregava a santidade do casamento, essa era uma inquietante lembrança de que seu Salvador estivera tão disposto a perdoar os pecados da carne quanto a condená-los. Compreensivelmente, muitos moralistas tinham dificuldade para aceitar essa lição. As mulheres que ganhavam a vida tentando homens à transgressão pareciam a manifestação última de tudo que os Pais da Igreja haviam condenado em Eva. Quanto mais atraente fosse uma prostituta, argumentara um dos alunos de Abelardo, menos onerosa devia ser a penitência por comprar seus serviços. O pulso acelerado da *reformatio* só intensificara essa caracterização do abraço da prostituta como fossa sépti-

CARNE

ca na qual os homens não podiam evitar cair. Acompanhando a crescente campanha contra a heresia, uma série de iniciativas tentou drenar essa fossa. Em Paris, por exemplo, enquanto a grande catedral de Notre-Dame era construída, a oferta de um grupo de prostitutas de pagar por um dos vitrais e dedicá-lo à Virgem foi recusada por um comitê dos principais teólogos da universidade. Duas décadas depois, em 1213, um desses eruditos, após sua nomeação como legado papal, ordenou que todas as mulheres condenadas por prostituição fossem expulsas da cidade, como se fossem leprosas. Então, em 1254, um rei notavelmente devoto tentara bani-las de toda a França. O previsível fracasso dessa medida só aumentou a determinação das autoridades da Igreja de isolar as profissionais do sexo. Assim como os judeus, as prostitutas foram ordenadas a divulgar sua infâmia. Elas foram proibidas de se cobrir com véus e ordenadas a usar no vestido, caindo sobre os ombros, um cordão cheio de nós. Seu toque era tão temido que, em cidades tão distantes quanto Londres e Avignon, elas foram proibidas de tocar nas mercadorias expostas nas bancas do mercado.

Mas sempre, espreitando na mente do mais severo pregador, estava o exemplo do próprio Cristo. No evangelho de João estava registrado que uma mulher flagrada em adultério fora levada até Jesus pelos fariseus. Tentando fazê-lo cair em uma armadilha, eles perguntaram se, de acordo com a Lei de Moisés, ela devia ser apedrejada. Ele se agachou e começou a escrever no pó com o dedo. Quando os fariseus insistiram, ele se levantou e disse: "Se algum de vocês estiver sem pecado, seja o primeiro a atirar pedras nela." A multidão, envergonhada por essas palavras, recuou e se dissolveu. Finalmente, só restou a mulher. "Ninguém a condenou?", perguntou Jesus. "Ninguém, Senhor", respondeu ela. "Eu também não a condeno. Agora vá e abandone sua vida de pecado."

Assim, o desprezo não era a única resposta que mulheres que haviam sucumbido às tentações sexuais podiam provocar entre os cristãos zelosos. Também havia simpatia e compaixão. Inocêncio III, o mais formidável inimigo da heresia, jamais esquecera que seu Salvador caminhara entre os inferiores: coletores de impostos e prostitutas. Fazendo uma doação a um

DOMÍNIO

hospital em Roma, especificara que ele oferecia refúgio às trabalhadoras do sexo nas ruas. Casar-se com uma, pregara ele, era uma obra da mais sublime devoção. Frades — embora impedidos por seus votos de irem tão longe — se sentiam encarregados da particular missão de fazer como fizera Cristo e receber as mulheres caídas no reino de Deus. O apelido francês dos dominicanos — *jacobins* — rapidamente se tornou também o apelido das prostitutas. Elas mesmas, perfeitamente conscientes do exemplo oferecido por Madalena, oscilavam entre chorosas demonstrações de arrependimento e a convicção de que Deus as amava tanto quanto a qualquer outro pecador. Catarina, sempre que se encontrava com uma trabalhadora do sexo, falava da misericórdia de Cristo. "Volte-se para a Virgem. Ela a levará diretamente para a presença de seu filho."[28]

Mas alguns pecados não podiam ser perdoados. Nas décadas após a morte de Catarina, o povo cristão continuou a olhar para os céus e estremecer perante a evidente cólera divina. Peste, guerra, cisma papal: males de toda ordem só podiam ser Deus julgando a cristandade. Moralistas versados no Antigo Testamento sabiam bem o que podia acontecer em seguida. No Gênesis, estava registrada a aniquilação de duas cidades: Sodoma e Gomorra. Como estavam podres de pecado, Deus as condenara a uma terrível punição coletiva. Enxofre ardente chovera dos céus; fumaça como a de uma fornalha se erguera da planície onde ficavam as duas cidades; tudo que vivia, incluindo ervas daninhas, fora destruído. Somente rocha derretida restara para marcar o local. Daquele momento em diante, a memória de Sodoma e Gomorra servira ao povo de Deus como terrível aviso sobre o que poderia acontecer se sua sociedade fosse similarmente tomada pelo mal. Os profetas do Antigo Testamento, acusando seus compatriotas de pecado, sempre profetizavam sua ruína. "Para mim são todos como Sodoma."[29]

Contudo, qual precisamente fora o pecado de Sodoma? A chave para entendê-lo está não no Gênesis, mas nas cartas de Paulo. Escrevendo aos cristãos de Roma, o apóstolo identificara como mais garantida e aterrorizante medida da alienação da humanidade em relação ao amor de Deus a depravação sexual da sociedade gentia. Um aspecto o enojava

CARNE

mais que todos os outros: eles "começaram a cometer atos indecentes, homens com homens".[30] Nessa formulação, estava uma perspectiva das relações sexuais que os homens romanos mal conseguiam reconhecer. A chave para seu senso erótico de si mesmos não era o gênero das pessoas com quem dormiam, mas se, durante a relação sexual, eles assumiam papel ativo ou passivo. A perversão, para os romanos, era preeminentemente um homem que se permitia ser usado como se fosse mulher. Paulo, ao condenar tanto o mestre que ejaculava casualmente em um menino escravo quanto o homem que se oferecia para a penetração oral ou anal, impusera aos padrões da sexualidade romana um paradigma totalmente estrangeiro que derivava, em grande parte, de sua criação como judeu. Paulo estudara a Torá. Duas vezes a Lei de Moisés proibia que um homem se deitasse com outro homem "como quem se deita com uma mulher".[31] Mas Paulo, em sua carta aos romanos, introduzira uma novidade a essa proibição. Entre os gentios, avisara ele, não eram somente os homens que cometiam atos indecentes com pessoas do mesmo sexo. "Até suas mulheres trocaram suas relações sexuais naturais por outras, contrárias à natureza."[32] Essa foi uma denúncia importante. Ao comparar as mulheres que dormiam com mulheres aos homens que dormiam com homens, Paulo efetivamente criou uma nova categoria de comportamento sexual. A consequência foi outro pico da revolução causada pelo cristianismo na dimensão do erótico. Assim como o conceito de paganismo jamais teria existido sem a furiosa condenação da Igreja, a noção de que homens e mulheres que dormiam com pessoas do mesmo sexo partilhavam o mesmo pecado, um pecado que parodiava obscenamente a ordem natural das coisas, era puramente cristã.

A originalidade da concepção de Paulo ficou evidente, nos primeiros séculos da Igreja, na dificuldade para encontrar uma palavra que a descrevesse. Nada existia em grego, latim, hebraico ou no Antigo Testamento. Convenientemente à mão, porém, estava a história de Sodoma. Os eruditos cristãos, notando o destino da cidade, não puderam deixar de se perguntar o que haviam feito seus habitantes para levar Deus a obliterá-los. "Que

DOMÍNIO

devemos entender o enxofre como significando o fedor da carne", opinara Gregório, o Grande, "é confirmado pela história das próprias Escrituras sagradas quando narram que Deus fez com que chovesse fogo e enxofre sobre Sodoma."[33] Mesmo assim, foi somente entre as convulsões daquele período revolucionário, na era de Gregório VII, que a palavra "sodomia" ficou amplamente conhecida,[34] embora sua definição permanecesse imprecisa. Intercurso entre pessoas do mesmo sexo, embora fosse seu significado primário, não era o único. Os moralistas regularmente usavam a palavra para descrever uma ampla variedade de sinistras perversões. Talvez inevitavelmente, coube a Tomás de Aquino esclarecer a questão. "A cópula com um membro do mesmo sexo, homem com homem ou mulher com mulher, como declarado pelo apóstolo, é chamada de vício da sodomia."

O efeito desse esclarecimento entre os encarregados da supervisão moral do povo cristão foi dar uma nova e mais aguçada definição a seu medo de encolerizar Deus. Na Itália, onde as cidades eram mais ricas e numerosas que no restante da cristandade, a sombra da ruína que acometera Sodoma e Gomorra era particularmente escura. Em 1400, em meio a recorrentes surtos da peste, o medo de que o fracasso em limpar as cidades da sodomia causasse a aniquilação de toda a população percorreu a península. Em Veneza, uma sucessão de escândalos sexuais espetaculares levou ao estabelecimento, em 1418, do *Collegium Sodomitarum*, uma magistratura especificamente encarregada da erradicação de "um crime que ameaça a cidade de ruína".[35] Em escolas de dança e aulas de esgrima, seus agentes tentavam descobrir sodomitas onde quer que se escondessem. Seis anos depois, em Florença, o maior pregador da época foi convidado a marcar a aproximação da Páscoa com três sermões consecutivos sobre a sodomia. Ele aceitou com alacridade. Bernardino, um franciscano de Siena, era mestre na arte de manipular a multidão, "ora doce e gentil, ora triste e grave, com uma voz tão flexível que podia fazer com ela o que quisesse",[36] e os males da sodomia eram um tema sobre o qual se mostrava particularmente passional.

Caminhando pelas ruas de sua cidade nativa, ele às vezes ouvia o chamado espectral dos bebês não nascidos aos quais os sodomitas haviam ne-

CARNE

gado existência. Certa noite, acordando sobressaltado, ele ouvira seus gritos ecoando pelos pátios, ruas e torres de Siena: "Ao fogo, ao fogo, ao fogo!"[37] Agora, pregando em Florença, Bernardino chegara a uma cidade tão notória por suas depravações que a palavra alemã para sodomita era, muito simplesmente, *Florenzer*. O frade, manipulando as emoções dos ouvintes como só ele era capaz, levou-os a repetidos clímaces de vergonha, nojo e medo. Quando avisou aos membros de sua congregação que o destino de Sodoma e Gomorra os ameaçava, eles cambalearam, gemeram e soluçaram. Quando os urgiu a demonstrarem o que pensavam dos sodomitas cuspindo no chão, o barulho das expectorações foi como uma trovoada. Quando, na grande praça em frente à igreja, colocou fogo em uma grande pilha de enfeites e roupas dos quais os sodomitas notoriamente gostavam, a multidão observou solenemente, sentindo o calor das chamas no rosto, fascinada pela fogueira das vaidades.

Setenta anos antes, em 1348, quando Florença cambaleava sob o primeiro e devastador impacto da peste e suas ruas estavam tomadas por cadáveres, um homem chamado Agostino di Ercole fora condenado, como as vaidades de Bernardino, à fogueira. Sendo um "dedicado sodomita",[38] ele chafurdara no pecado por anos. Mesmo assim, em uma época na qual a mais aterradora prova da cólera divina que se poderia imaginar devastava Florença, ele se recusara a demonstrar arrependimento. Aliás, mal reconhecera sua culpa. Era quase impossível, insistira Agostino, extinguir a fornalha de seus desejos. Ele era incapaz de se controlar. Naturalmente, essa desculpa não funcionara com seus juízes. Ninguém pecava a não ser por escolha. A possibilidade de que um homem pudesse dormir com outros homens não por qualquer inclinação perversa para o mal, mas simplesmente por ser de sua natureza era um paradoxo grande demais para que qualquer cristão decente a sancionasse. Até mesmo Bernardino, a despeito de sua obsessão em desenraizar a sodomia, tinha dificuldade para manter a definição de Aquino claramente em mente. Em várias ocasiões, ele usara a palavra para descrever bestialidade, masturbação ou sexo anal entre um homem e sua esposa. Aquino e Agostino, o santo e o pecador, o celibatário e o sodomita,

DOMÍNIO

estavam à frente de seu tempo. Quase 1.500 anos depois de Paulo, a noção de que homens ou mulheres pudessem ser definidos sexualmente por sua atração por pessoas do mesmo sexo permanecia nova demais, incompreensível demais, para a maioria das pessoas.

Nas questões da carne — como em tantas outras —, a revolução cristã ainda tinha um longo caminho a percorrer.

XII

Apocalipse

1420: Tabor

NUNCA HOUVERA NADA ASSIM. O CASTELO, pendurado em uma rocha sobre o rio Lužnice, fora abandonado décadas antes, e as ruínas enegrecidas do assentamento que já o cercara estavam cobertas de mato. Aquele não era um local óbvio para se procurar abrigo. O local tinha de ser limpo, e uma nova cidade, construída do zero. Havia necessidade urgente de fortificações. As noites eram terrivelmente frias. Mesmo assim, os refugiados chegavam. Durante todo o mês de março, eles haviam feito a jornada, vindos de todas as classes sociais e de todos os cantos da Boêmia. No fim do mês, acampados em tendas no interior dos semiconstruídos muros do perímetro, encontravam-se contingentes de homens que haviam sangrado em batalhas a caminho de lá; mulheres com seus filhos, fugindo de vilarejos queimados; taverneiros de Praga; camponeses armados com manguais; cavaleiros, clérigos, operários e vagabundos. "Vendendo suas propriedades e bens, distribuíam a cada um conforme sua necessidade."[1] Era como nos Atos dos Apóstolos. Todos partilhavam o perigo comum — e um status comum. Todo homem era chamado de irmão, e toda mulher, de irmã. Não havia hierarquias, salários ou impostos. A propriedade privada era ilegal. Todas as dívidas eram perdoadas. Parecia que os pobres haviam herdado a terra.

A cidade era chamada, por aqueles que haviam se mudado para lá, de Tabor. O nome enviava uma mensagem de desafio a seus inimigos cada vez

DOMÍNIO

mais numerosos. Na Bíblia, estava registrado que Jesus escalara uma montanha para rezar. "Enquanto orava, a aparência de seu rosto se transformou, e suas roupas ficaram alvas e resplandecentes como o brilho de um relâmpago."[2] O local desse milagre havia muito fora identificado pelos eruditos cristãos como uma montanha na Galileia: Tabor. A radiância do divino cobrira seu cume e o céu se unira à terra. Agora isso acontecia novamente. Os boêmios que rumavam para o solitário penhasco sobre o Lužnice seguiam os passos das multidões que certa vez, sob céu aberto, haviam se reunido para ouvir os ensinamentos de seu Senhor. "Mas ai de vocês, os ricos, pois já receberam sua consolação. Ai de vocês, que agora têm fartura, porque passarão fome."[3] Essas eram as palavras às quais os seguidores de Pelágio haviam se agarrado e que preocupavam os ricos desde os tempos de Paulino, mas ninguém — Martinho, Francisco ou Valdo — pensara em fazer como os taboritas e, a partir delas, tentar construir uma nova sociedade. Quando lordes trabalhavam ao lado de camponeses, labutando dia e noite para proteger Tabor com fortificações impregnáveis, eles não estavam meramente construindo uma fortaleza, mas tentando reconstruir todo o mundo.

Nessa ambição, ao menos, eles seguiam um caminho muito trilhado. O imenso edifício da Igreja católica, construído em desafio aos monarcas terrenos, com muita ousadia e esforço, para atender às necessidades do povo cristão, era o monumento último àquilo que uma revolução podia realizar. Mas a lava de seu radicalismo esfriara tempos antes. Por uma ironia que ainda não era familiar, a ordem papal se tornara *status quo*. Mais de três séculos após a heroica era de Gregório VII, um número cada vez maior de cristãos, ao contemplar a reivindicação de domínio universal do papado, já não reconhecia nele um agente da *reformatio*. Em vez disso, temia-se que ele tivesse se tornado um obstáculo a mudanças que eram tão clara e desesperadamente necessárias. A sombra da desaprovação divina era inconfundível. Estimava-se que um terço da cristandade morrera por causa da peste. Guerras destruíam os reinos mais prósperos. Em seu flanco leste, o Império Bizantino — que, após a expulsão dos cruzados de sua capital, em 1261, tentava se recuperar do terrível golpe infligido durante o pontificado

APOCALIPSE

de Inocêncio III — era ameaçado por um inimigo ainda mais formidável. Uma nova potência muçulmana, o império dos turcos otomanos, expandira-se pelo Helesponto, ameaçando diretamente Constantinopla. Seus exércitos haviam começado a testar as defesas da Hungria. Mas nada debilitava mais as alegações da Igreja romana de ser a noiva de Cristo que a persistente abominação do cisma papal. Tentativas de solucioná-lo só pioraram a crise. Em 1409, um concílio de bispos e mestres universitários, reunindo-se em Pisa, depusera os dois papas rivais e coroara um candidato próprio. Porém, em vez de dar à cristandade um único papa, isso a deixara com três. Assim, não surpreende que, em face de tal escândalo, algumas almas ousadas, indo aos limites do que era aceitável pensar, tivessem começado a contemplar uma possibilidade apavorante: a de que o papado, longe de ter as chaves dos portões do céu, fosse na verdade um agente do inferno.

E, em particular, que fosse o Anticristo. No fim dos dias, previra São João, uma besta com dez chifres e sete cabeças emergiria do mar; essa mesma besta, de acordo com uma antiga tradição, seria um falso profeta, uma blasfêmia contra a Igreja, e estaria destinada a governar o mundo. Os papas rivais, reconhecendo uma maneira óbvia de conquistar apoiadores, haviam chamado um ao outro de Anticristo, mas alguns cristãos, ignorando a propaganda de guerra, rejeitaram ambos. Sua dissidência, comunicada a partir da mesma rede de universidades que fornecia à Igreja sua elite clerical, ressoara pela cristandade. Fora em Oxford que o teólogo John Wycliffe ousara denunciar abertamente as duas facções do cisma como demoníacas, e o papado, como destituído de fundação divina; mas foi em Praga que essas centelhas de subversão deram início a uma explosiva reação. Na época da morte de Wycliffe, em 1384, a cidade já era um barril de pólvora. A nobreza boêmia, sujeita a imperadores que descendiam de Otão, o Grande, ressentia-se do domínio alemão. Na universidade, eruditos falantes de tcheco, similarmente prejudicados, alimentavam suas próprias queixas. Entrementes, nas favelas, o ressentimento era contra os ricos. Os pregadores mais populares eram os que condenavam a riqueza de monastérios adornados com ouro e suntuosas tapeçarias e exigiam o retorno da severa simplicidade dos

DOMÍNIO

primeiros dias da Igreja. O povo cristão, avisavam eles, tomara um caminho desesperadoramente errado. As reformas de Gregório VII, longe de redimir a Igreja, haviam-na conduzido à corrupção. O papado, seduzido pelas tentações da glória terrena, havia esquecido que os evangelhos falavam mais intensamente aos pobres, humildes e sofredores. "A cruz de Jesus Cristo e o nome do Jesus crucificado foram lançados na infâmia e tornados estranhos e vazios entre os cristãos."[4] Somente o Anticristo poderia ter provocado tal abominação fatídica e infernal. E foi assim que, nas ruas de Praga, tornou--se comum retratar o papa como a besta prevista por São João e mostrá-lo usando a coroa papal, mas com os pés de um pássaro monstruoso.

As pessoas raramente imaginavam que toda uma ordem pudesse ser derrubada. Na Babilônia, o ideal de um reinado honrado por seus habitantes era antiquíssimo, remontando ao início da civilização; na Grécia, os filósofos haviam considerado a sociedade a expressão de um padrão divinamente ordenado; em Roma, qualquer coisa que cheirasse a *res novae*, "coisa nova", fora invariavelmente vista como catástrofe a ser evitada a todo custo. Um dos aspectos mais revolucionários do cristianismo fora sua sanção à noção de revolução. Mas o papado, que na era de Gregório VII fora usado como arma de uma maneira que nenhuma outra instituição jamais pensara fazer, tornara-se a personificação do status quo. Os *moderni*, os reformadores que, no século XII, haviam proclamado que o mundo estava no limiar da eternidade, provaram-se errados. A *modernitas* — a nova era que anunciaria o fim dos tempos — não chegara. Mas isso não significava que jamais chegaria. O prognóstico do Livro do Apocalipse era claro. Ler nas rachaduras do mundo os eventos previstos por São João era inevitavelmente estremecer de medo, mas também, talvez, sonhar que o tumulto e a transformação trariam dias melhores.

Mais que qualquer outro, um homem servira como para-raios da tempestade iminente. Em 1414, quando líderes da Igreja de toda a cristandade se reuniram na cidade imperial de Constança, na borda dos Alpes suíços, sua agenda era especialmente exigente. Além da ferida aberta do cisma papal, havia um segundo desafio: a rebelde heresia do pregador

APOCALIPSE

mais celebrado de Praga. Jan Hus, um homem de imenso carisma, brilhantismo intelectual e integridade pessoal, emergira dos confins acadêmicos da universidade da cidade para se tornar uma celebridade na Boêmia. Denunciando tanto a hierarquia da Igreja em Praga quanto as elites falantes de alemão que tiravam proveito do favor imperial, ele ajudara a levar um humor já febril ao ponto de ebulição. Quanto mais arrebatadamente seus ensinamentos eram saudados, mais radicais eles se tornavam. Inspirado por Wycliffe, Hus zombara abertamente da reivindicação de primazia sancionada por Deus feita pelo papado. O fato de ter se contido e não o ter denunciado como Anticristo não evitara sua excomunhão; nem a excomunhão, por sua vez, servira para diminuir sua rebeldia. Antes o oposto. Gozando de apoio adulatório tanto nas favelas de Praga quanto nos castelos dos nobres tchecos, Hus permaneceu firme. Cada vez mais, parecia que as próprias estruturas de autoridade estavam ruindo na Boêmia. Se isso era causa de pânico nos círculos papais, também o era no alto comando imperial. Particularmente alarmado estava Sigismundo, um ruivo veterano da frente turca e príncipe de sangue real que, em 1410, fora proclamado imperador eleito. Desesperado para criar um compromisso que todas as várias facções da Boêmia pudessem aceitar, ele convidou Hus para viajar até Constança e negociar diretamente com os delegados. Hus aceitou. Ao deixar o castelo na Boêmia onde se refugiava dos agentes papais, ele o fez sob um salvo-conduto garantido pessoalmente por Sigismundo. Em 3 de novembro, chegou a Constança. Três semanas depois, foi preso. Julgado, recusou-se a se retratar. Sentenciado à morte por heresia, foi queimado na fogueira. Suas cinzas foram jogadas no Reno.

"O tempo dos maiores sofrimentos, profetizado por Cristo em suas Escrituras, pelos apóstolos em suas cartas, pelos profetas e por São João no Apocalipse, agora se aproxima; começou; está nos portões!"[5] Cinco anos após a morte de Hus, os taboritas haviam se reunido em sua fortaleza rochosa, confiantes de que em breve o veriam novamente — ele e todos os santos ascensos. Longe de extinguir a chama da subversão hussita, o Concí-

DOMÍNIO

lio de Constança só servira para avivá-la. Nem mesmo seu sucesso em finalmente pôr fim ao cisma e recolocar um único papa no trono de São Pedro fora suficiente para redimir sua reputação na Boêmia. Após a execução de Hus, denúncias de que o papado era o Anticristo haviam começado a ser feitas abertamente em Praga. E também contra Sigismundo, pois se presumia que fora por sua traição que Hus acabara na fogueira. Então, em 1419, a tentativa de repressão dos conservadores precipitara a revolta aberta. Os hussitas haviam atacado os muros da cidade, atirado seus oponentes de janelas e tomado o controle das igrejas de Praga. Mas fora nas montanhas que a verdadeira revolução chegara ao auge. Lá, quando os fiéis se reuniam após fugirem de suas casas, era com a convicção de que Praga era a Babilônia. O passado e o futuro, manifestos nos livros da Bíblia, agora eram mapeados nos contornos da Boêmia. Em nenhum lugar isso era mais evidente que nos muros cada vez mais altos de Tabor. Assim como as roupas de Cristo haviam sido recobertas de luz, a fortaleza emergente brilhava com todo tipo de pedra preciosa, como fora previsto que brilharia a Nova Jerusalém. Ou era o que parecia aos taboritas. Trabalhando na lama, misturando argamassa e carregando pedras, eles sabiam o que se aproximava. Cristo estava destinado a retornar em alguns meses. Todos os pecadores pereceriam. O reinado dos santos teria início. "Somente os eleitos de Deus permanecerão na terra, aqueles que fugiram para as montanhas."[6]

Os taboritas dificilmente eram os primeiros cristãos a acreditar que viviam à sombra do apocalipse. A novidade estava na escala da crise que dera origem a essa crença, uma crise na qual todos os alicerces da sociedade e todas as estruturas estabelecidas de autoridade pareciam fatalmente comprometidos. Confrontados por uma Igreja que era o corpo inchado do Anticristo e um imperador culpado da mais descarada traição, os taboritas haviam partido para a revolução. Mas não bastava retornar aos ideais da primeira Igreja, viver igualmente como irmãos e irmãs, partilhar todas as coisas. A sujeira do mundo fora de Tabor, onde aqueles que não haviam fugido para as montanhas ainda chafurdavam na corrupção, também tinha de ser limpa. Toda a sua ordem estava podre. "Todos os reis, príncipes e prelados da Igreja deixarão de existir." Esse manifesto, contra

APOCALIPSE

o pano de fundo da determinação de Sigismundo de destruir os hussitas e a declaração do papado de uma cruzada contra eles, fora calculado para fortalecer os taboritas para o conflito iminente. Mas não eram somente imperadores e papas que eles aspiravam a eliminar. Todos os que haviam rejeitado as convocações a Tabor, os chamados para se redimirem do mundo caído, eram pecadores. "Todos os fiéis devem lavar as mãos no sangue dos inimigos de Cristo."[7]

Muitos hussitas, encontrando essa impiedosa recusa em oferecer a outra face, ficaram chocados. Um deles a chamou de "heresia e tirânica crueldade". Outros murmuraram sombriamente sobre o renascimento do donatismo. Mas o verão de 1420 não foi uma época propícia para moderados defenderem seus princípios. O perigo era grande demais. Em maio, à frente de um imenso exército de cruzados de toda a cristandade, Sigismundo avançara sobre Praga. Uma devastação do tipo que acometera Béziers dois séculos antes agora ameaçava diretamente a cidade. Moderados e radicais aceitaram que sua única escolha era unir esforços. Os taboritas, deixando para trás somente uma guarnição mínima, marcharam em auxílio da Babilônia. Eram liderados por um comandante genial. O general Jan Žižka, de 60 anos e apenas um olho, provaria ser o salvador militar que os albigenses jamais haviam encontrado. Em julho, a fim de frustrar a tentativa dos sitiantes de subjugar Praga pela fome, ele iniciou um ataque-surpresa tão devastador que Sigismundo não teve escolha senão recuar. Outras vitórias rapidamente se seguiram. Žižka se provou irresistível. Nem mesmo a perda, no fim de 1421, de seu olho remanescente para uma flecha conseguiu pará-lo. Cruzados, guarnições imperiais, facções hussitas rivais: ele derrotou todos. Tanto inovador quanto brutal, Žižka era a personificação da revolução taborita. Os nobres em seus cavalos ele enfrentava com círculos de vagões blindados, retirados dos pátios enlameados das fazendas e manobrados por camponeses equipados com mosquetes; os monges ele ordenava que fossem queimados na fogueira ou os espancava até a morte, usando um porrete. O velho embrutecido jamais conheceu a derrota. Em 1424, quando finalmente adoeceu e morreu, toda a Boêmia estava sob domínio taborita.

DOMÍNIO

Em seu leito de morte, relataram seus inimigos, Žižka ordenara que os taboritas esfolassem seu corpo, dessem a carne aos animais carniceiros e usassem a pele para fazer um tambor. "Então, com esse tambor na liderança, eles deveriam ir à guerra. Seus inimigos fugiriam assim que ouvissem o instrumento."[8] A história era um tributo tanto à assustadora reputação de Žižka quanto ao continuado sucesso de seus seguidores nos campos de batalha. Na verdade, o tambor taborita já começara a soar abafado quando Žižka ainda estava vivo. No verão de 1420, após a grande vitória sobre Sigismundo, ainda era possível acreditar que o retorno de Cristo era iminente. Preparando Praga para a chegada de seu Senhor, os taboritas haviam sistematicamente se voltado contra símbolos do privilégio. Monastérios haviam sido destruídos; os bastos bigodes favorecidos pelos boêmios haviam sido raspados à força; o crânio de um rei morto recentemente fora desenterrado e coroado com palha. Porém, conforme meses e anos se passavam, e, mesmo assim, Cristo não aparecia, o radicalismo dos taboritas começou a esmorecer. Eles haviam elegido um bispo; negociado para conseguir um rei; acusado os mais extremos em suas fileiras de heresia e os expulsado de Tabor. Žižka, exibindo uma brusca falta de preocupação com o processo legal que nenhum inquisidor ousaria emular, queimara cinquenta deles.* Muito antes da abrupta e esmagadora derrota dos taboritas por uma força de hussitas mais moderados, em 1434, a flama de seu movimento já começava a tremeluzir. Cristo não retornara. O mundo não fora purgado de reis. Tabor não fora coroada a Nova Jerusalém. Em 1436, quando embaixadores hussitas — em um surpreendente e inédito feito para uma seita supostamente herética — conseguiram negociar uma concordata diretamente com o papado, os taboritas tiveram pouca escolha senão aceitá-la. No fim dos dias, haveria tempo suficiente para desafiar a ordem do mundo. Até lá, até que Cristo retornasse em glória, que opção eles tinham senão o compromisso?

---

* Somente um homem fora poupado, a fim de fornecer um relato sobre as crenças de sua seita.

APOCALIPSE

Uma nova terra

Afastar o véu das profecias da Bíblia era perigoso. Os franciscanos, por mais que admirassem Joaquim de Fiore, haviam aprendido a ser cautelosos. Qualquer frade tentado a agir como os taboritas e usar as Escrituras para especular sobre o fim dos dias era cuidadosamente monitorado. Em 1485, quando um franciscano alemão chamado Johann Hilten concluiu um estudo detalhado das passagens proféticas da Bíblia, seus superiores não ficaram satisfeitos. O papado, previu Hilten, estava em seus últimos dias. Sua "interrupção e destruição"[9] estava garantida. Quando foi colocado em prisão domiciliar em Eisenach, em um convento doado à ordem por Santa Isabel, Hilten foi ainda mais longe. Não era somente o papado que estava condenado, previu ele. O monacato também. Em breve chegaria um homem, um grande reformador, destinado a destruí-los. Hilten estava tão seguro disso que até forneceu uma data: "o ano de 1516 após o nascimento de Cristo."*

Não era somente a condição deteriorada da Igreja que pesava em sua mente. Também havia a geopolítica. Em 1453, Constantinopla finalmente caíra nas mãos dos turcos. O grande baluarte da cristandade se tornara a capital de um império muçulmano. Os otomanos, levados pela conquista da Segunda Roma a se lembrarem das profecias de Maomé sobre a derrota da própria Roma pelo islã, haviam avançado para oeste. Em 1480, capturaram Otranto, no calcanhar da Itália. A notícia deixara os círculos papais em pânico; nem mesmo a expulsão dos turcos no ano seguinte os acalmara totalmente. Relatos terríveis emergiram de Otranto: o arcebispo da cidade fora degolado em sua própria catedral e cerca de oitocentos outros haviam sido martirizados por Cristo. Verdadeiras ou não, essas histórias deram uma ênfase decisiva a outra das profecias de Hilten. Tanto a Itália quanto a Alemanha, avisara ele, estavam destinadas a ser conquistadas pelos turcos. Suas ruas, como as de Otranto, seriam lavadas com o sangue dos mártires. Tais

---

* Embora alguns relatos alternativos apresentem 1514.

DOMÍNIO

horrores pressagiariam a chegada do Anticristo. Mais uma vez, Hilten fizera questão de fornecer datas precisas para suas profecias. O fim do mundo ocorreria na década de 1650.

Os agouros de Hilten bebiam de fontes antigas. São João, ao avisar que, no fim dos dias, Satã lideraria nações inteiras nos quatro cantos do mundo, tão numerosas que seriam "como a areia do mar",[10] também estivera canalizando medos primordiais. O medo dos migrantes era natural para os povos das terras assentadas. Dario, condenando os bárbaros como agentes da Mentira, articulara uma perspectiva que os césares também passaram a partilhar. Mas os cristãos não eram meramente os herdeiros da paranoia romana. "Vão pelo mundo todo e preguem o evangelho a todas as pessoas":[11] assim Jesus ressuscitado instruíra seus discípulos. Somente quando o evangelho tivesse sido levado aos confins da terra ele finalmente retornaria em glória. O sonho de um mundo unido em Cristo era tão antigo quanto Paulo. Hilten, profetizando a queda da cristandade para os turcos, previra também sua conversão. Que o islã estava destinado a desaparecer com a aproximação do fim dos dias e os judeus seriam levados a Cristo havia muito era a devota convicção de todos os cristãos que ousavam mapear os contornos do futuro. Hilten, apesar da qualidade horripilante de suas predições, jamais duvidara disso.

Por toda a cristandade, portanto, o temor do que o futuro poderia trazer continuava a acompanhar a esperança de uma nova era, na qual toda a humanidade se uniria sob as asas do Espírito, a pomba sagrada que, durante o batismo de Jesus, descera sobre ele vinda dos céus. A mesma sensação de estar no limiar do fim dos tempos que na Boêmia levara os taboritas a esposarem o comunismo em outros lugares levou os cristãos a anteciparem que o mundo inteiro logo estaria unido sob Cristo. Na Espanha, onde a guerra contra os potentados muçulmanos fora um modo de vida por mais de setecentos anos, esse otimismo era particularmente forte. Os homens falavam do *El Encubierto*, o Encoberto, o último imperador cristão. No fim dos tempos, ele se revelaria e uniria os vários reinos da Espanha, a fim de destruir definitivamente o islã, conquistar Jerusalém, subjugar "reis brutais

304

APOCALIPSE

e raças bestiais"[12] e governar o mundo. Mesmo enquanto o povo de Otranto reparava os sacrilégios cometidos contra sua catedral e Johann Hilten previa a conquista da Alemanha pelos turcos, rumores de que El Encubierto finalmente chegara percorriam a Espanha. Isabel, rainha de Castela, não governava sozinha. A seu lado, igual em tudo, estava seu marido, rei do reino vizinho: Fernando de Aragão. Antes do poderio combinado desses dois monarcas, o truncado flanco de al-Andalus estivera perigosamente exposto. Do grande império muçulmano que já chegara aos Pirineus e além, somente o reino montanhoso de Granada, na costa sul da Espanha, sobrevivera. Sua continuada independência, para monarcas devotos e ambiciosos como Fernando e Isabel, era uma afronta. Em 1482, portanto, suas forças embarcaram para conquistá-lo, fortaleza por fortaleza, porto por porto. Em 1490, somente a cidade de Granada ainda resistia. Dois anos depois, em 2 de janeiro de 1492, o rei finalmente se rendeu. Fernando, recebendo as chaves do palácio real, tinha razões para estar satisfeito. A conquista da última fortaleza muçulmana na Espanha era um feito digno de El Encubierto.

Último imperador ou não, Fernando agora estava livre para contemplar horizontes mais amplos. Entre as multidões animadas que observaram a entrada real em Granada estava um marinheiro genovês chamado Cristóvão Colombo. Seu próprio humor era sombrio. Durante anos, ele tentara persuadir Fernando e Isabel a financiar uma expedição pelas águas não mapeadas do oceano ocidental. Confiante de que o mundo era menor do que os geógrafos haviam calculado, ele era notório em cortes de toda a cristandade por sua alegação de que, do outro lado do Atlântico, havia uma rota curta e disponível para as riquezas do Oriente; para a "Índia", como os europeus a chamavam. Mas a riqueza não era um fim em si mesma. Logo antes da queda de Granada, Colombo, defendendo sua causa, prometera os lucros de sua empreitada a uma causa muito particular: a conquista de Jerusalém. Fernando e Isabel, ouvindo isso, haviam sorrido e dito que a ideia de uma cruzada os agradava e também fazia parte de seus planos. E depois nada. O pedido de financiamento de Colombo fora rejeitado por um painel de especialistas nomeado pelos dois monarcas para estudar a

DOMÍNIO

proposta. Dando as costas a Granada, cujo palácio agora era encimado por uma cruz, ele partiu melancolicamente a cavalo. Porém, após somente um dia na estrada, foi alcançado por um mensageiro da corte real. Houvera uma mudança de planos. Os dois monarcas estavam dispostos a financiá-lo.

Colombo partiu em agosto. Na ocasião, a despeito de alcançar terra firme somente dois meses depois de deixar a Espanha, não chegou à Índia. Um dia depois de seu primeiro Natal nas Índias Ocidentais (como passaria a chamar as ilhas às quais chegara), ele pediu a Deus para encontrar em breve o ouro e as especiarias prometidos em seu prospecto, mas os ricos entrepostos do Oriente permaneceriam para sempre fora de seu alcance.* Mesmo quando começou a perceber isso, no entanto, Colombo não deu sinais de decepção. Ele entendia seu destino. Em 1500, escrevendo à corte espanhola, ele falara despudoradamente sobre o papel que fora chamado a desempenhar no grande drama do fim dos tempos. "Deus me fez o mensageiro do novo céu e da nova terra de que falou no Apocalipse de São João, após tê-los mencionado pela boca de Isaías. E me mostrou onde encontrá-los."[13] Três anos depois, durante uma viagem marcada por tempestades, nativos hostis e um ano parado na Jamaica, a missão de Colombo foi confirmada por uma voz vinda diretamente dos céus. Falando gentilmente, ela o censurou por seu desespero e o saudou como novo Moisés. Assim como a Terra Prometida fora dada aos Filhos de Israel, o Novo Mundo fora concedido à Espanha. Escrevendo a Fernando e Isabel sobre esse espantoso desenvolvimento, Colombo insistiu que tudo fora profetizado por Joaquim de Fiore. Não era à toa que seu nome significava "a pomba", o emblema do Espírito Santo. Notícias de Cristo seriam levadas ao Novo Mundo, e seus tesouros seriam usados para reconstruir o Templo em Jerusalém. Então o fim dos dias chegaria. Colombo podia até mesmo identificar a data. Como fizera Johann Hilten, ele mencionou a década de 1650.

---

* Colombo usou pela primeira vez a expressão *Indias Occidentales* — "Índias Ocidentais" — no fim de 1501 ou início de 1502. Era um reconhecimento implícito de que elas estavam em um hemisfério totalmente diferente do da Índia.

APOCALIPSE

Essa noção do tempo como flecha veloz, com destino certo, sempre acompanhara Colombo. Ela lhe dava — mesmo quando ele se sentia pequeno diante da inelutável potência dos planos de Deus e das incertezas de sua própria carreira — uma sensação de autoconfiança, propósito, destino. Mas existia no Novo Mundo, em cidades ainda não vislumbradas para além do horizonte ocidental, um entendimento muito diferente do tempo. Em 1519, mais de uma década depois da morte de Colombo, um aventureiro espanhol chamado Hernán Cortés desembarcou com quinhentos homens na costa de uma imensa massa de terra que já passara a ser chamada de América. Informado de que no interior estava a capital de um grande império, Cortés tomou a assombrosamente ousada decisão de ir até lá. Ele e seus homens ficaram pasmos com o que encontraram: uma fantástica visão de lagos e templos muito altos, irradiando "flashes de luz como plumas de quetzal",[14] imensamente mais vastas que qualquer cidade espanhola. Os canais, adornados com flores, estavam repletos de canoas. Tenochtitlán, rica e bela, era um monumento à formidável habilidade dos conquistadores que a haviam erigido: os mexicas. A cidade, construída recentemente, existia à sombra de cidades mais antigas, outrora igualmente magníficas, mas abandonadas. O imperador dos mexicas frequentemente fazia peregrinações até essas maciças ruínas. Ele não poderia ter recebido um aviso mais formidável de que o mundo era infinitamente mutável, governado por ciclos de grandeza e colapso, que contemplar as ruínas de tais cidades. A ansiedade dos mexicas de que seu próprio poder pudesse desaparecer se transformara rapidamente em um temor ainda mais profundo: o de que o próprio mundo escurecesse e virasse pó. Fora por isso que, em frente a Tenochtitlán, eles haviam construído imensas pirâmides; em seu cume, em tempos de grande perigo, quando o próprio futuro do cosmos parecia em jogo, sacerdotes enfiavam facas de pedra no peito de prisioneiros. Sem sacrifícios, acreditavam os mexicas, os deuses enfraqueceriam, o caos surgiria e o sol minguaria. Somente *chalchiuatl*, a "água preciosa" bombeada por um coração ainda batendo, podia alimentá-lo. Somente o sangue, no fim das contas, podia impedir o universo de perder a força.

DOMÍNIO

Para os espanhóis, o espetáculo do sangue seco nos degraus das pirâmides de Tenochtitlán e dos crânios sorrindo nas prateleiras era literalmente infernal. Quando Cortés, em um feito de audácia e agressão sem paralelos, conseguiu se tornar mestre da grande cidade, seus templos foram totalmente destruídos, assim como Carlos Magno, atravessando as florestas úmidas com seus cavaleiros de armadura, pisoteara os santuários de Wodan e Thunor. Os mexicas, que não tinham cavalos nem aço, quem dirá canhões, viram-se tão vulneráveis quanto os saxões que haviam enfrentado as armas cristãs no passado. Mas o verdadeiro conflito não foi entre a espada de Toledo e o machado de pedra, mas entre visões rivais sobre o fim do mundo. Os espanhóis estavam preparados para ele como nenhum outro povo cristão. Uma década antes da conquista de Granada, Fernando proclamara sua intenção "de dedicar a Espanha ao serviço de Deus".[15] Em 1478, ele conseguira permissão do papa para estabelecer, como única instituição comum a Aragão e Castela, uma inquisição diretamente sob controle real. O ano de 1492, o mesmo da queda de Granada e da primeira viagem de Colombo, testemunhara outro passo fatídico na preparação da Espanha para a missão de levar o evangelho ao mundo. Os judeus, cuja conversão estava destinada a pressagiar o retorno de Cristo, tiveram de escolher entre se tornarem cristãos ou irem para o exílio. Muitos haviam optado por deixar a Espanha; muitos mais, incluindo o rabino-chefe de Castela, aceitaram o batismo. Dificilmente se poderia esperar, portanto, que, três décadas depois, agentes da monarquia espanhola poupassem os altares de um povo que nada sabia sobre o Deus de Israel. Viajando para o México após a conquista de Cortés, os franciscanos ficaram revoltados com os sacrifícios exigidos pelos deuses dos mexicas. Ninguém duvidou que eram demônios. Havia Huitzilopochtli, o grande patrono dos mexicas, cujo templo em Tenochtitlán supostamente fora consagrado com o sangue de 8 mil vítimas; Xipe-Totec, "o Esfolado", cujos devotos vestiam as peles dos que sacrificavam a seu patrono e perfuravam seus pênis com espinhos de cactos; Tlaloc, o deus da chuva, cujos favores só podiam ser conquistados com o sacrifício de crianças pequenas forçadas a chorar antes de morrer. Tais crueldades gritavam aos céus. "Foi

308

APOCALIPSE

o clamor de tantas almas e tanto sangue derramado em afronta a seu Criador", escreveu um franciscano, que inspirou Deus a enviar Cortés às Índias "como outro Moisés no Egito."[16]

Mesmo Cortés lamentou o custo. As glórias de Tenochtitlán foram obliteradas e seus canais se encheram de cadáveres flutuantes. Depois, chegaram assassinos ainda mais terríveis: doenças originadas na Europa, contra as quais os índios não tinham qualquer resistência. Milhões morreriam. E então havia os próprios espanhóis. A riqueza dos índios, caída em mãos cristãs, não foi gasta levando o mundo para as igrejas de Cristo. Enviada à Espanha, foi usada para financiar guerras contra o rei da França. Os índios, esmagados sob os cascos da grandeza espanhola, foram transformados em escravos. A resistência era selvagemente punida. Frades que viajaram para o Novo Mundo, esforçando-se para conduzir os nativos a Cristo, relataram com consternação as atrocidades que encontraram: homens enrolados em palha e incendiados; mulheres cortadas em pedaços como ovelhas no abatedouro; bebês recém-nascidos esmagados contra rochas ou jogados em rios borbulhantes.

Que tipo de Moisés haviam se provado Colombo e Cortés?

Ovelhas entre lobos

Em 1516, quaisquer esperanças de que Fernando pudesse ser o último imperador se desvaneceram com sua morte. Ele não liderara uma grande cruzada para reconquistar Jerusalém e o islã não fora destruído. Mesmo assim, as realizações de seu reinado haviam sido formidáveis. Seu neto, Carlos, sucedeu-o no governo do mais poderoso reino da cristandade, com uma influência muito mais global que a dos césares. Os espanhóis não sentiam nenhuma inferioridade quando comparavam seu crescente império ao de Roma. Antes o oposto. De terras desconhecidas para os antigos chegavam notícias de feitos que teriam orgulhado Alexandre: a conquista, contra todas as possibilidades, de poderosos reinos; a obtenção de deslumbrantes fortunas; homens que haviam saído do nada vivendo como reis.

DOMÍNIO

Sob o brilho dessas realizações, havia uma mortalha de ansiedade. Nenhum povo da Antiguidade jamais conquistara um império sem se acreditar dotado de permissão para massacrar e escravizar os vencidos, mas os cristãos não podiam ser inocentados tão prontamente de sua crueldade. Quando eruditos de toda a Europa tentaram justificar a conquista espanhola do Novo Mundo, eles se voltaram não para os Pais da Igreja, mas para Aristóteles. "Como disse o filósofo, está claro que alguns homens são naturalmente escravos e outros naturalmente livres."[17] Mesmo nas Índias, contudo, havia espanhóis que se perguntavam se isso era verdade. "Digam-me", perguntou um dominicano aos outros colonizadores, oito anos depois de Cortés pegar a estrada para Tenochtitlán, "com que direito ou justiça vocês mantêm esses índios em tão horrível e cruel servidão? Em nome de que autoridade iniciaram uma guerra detestável contra eles, que viviam tranquila e pacificamente em suas próprias terras?"[18] A maior parte da congregação do frade, zangada demais para refletir sobre suas perguntas, contentou-se em fazer queixas loquazes ao governador local e exigir sua remoção, mas alguns sentiram um peso na consciência. Cada vez mais, os aventureiros no Novo Mundo tinham de lidar com a condenação de suas explorações como cruéis, opressoras e gananciosas. O mais dramático exemplo ocorreu em 1514, quando um colonizador das Índias Ocidentais teve sua vida virada de cabeça para baixo por um súbito e estarrecedor insight: a escravização dos índios era pecado mortal. Como Paulo na estrada para Damasco, como Agostinho no jardim, Bartolomeu de las Casas renasceu. Libertando seus escravos, ele se devotou, daquele momento em diante, a defender os índios da tirania. Somente a causa de levá-los a Deus, argumentou ele, podia possivelmente justificar o domínio espanhol no Novo Mundo, e somente pela persuasão eles podiam ser legitimamente levados a Deus. "Pois eles são nossos irmãos, e Cristo deu sua vida por eles."[19]

Las Casas, estivesse de um lado do Atlântico, defendendo seu caso no tribunal real, ou do outro, em assentamentos coloniais recobertos de palha, jamais duvidou que suas convicções derivavam dos ensinamentos cristãos tradicionais. Formulando suas objeções ao imperialismo espanhol, ele

APOCALIPSE

lançou mão da obra de Aquino. "Jesus Cristo, o rei dos reis, foi enviado para conquistar o mundo não com exércitos, mas com pregadores devotos, como ovelhas entre lobos."[20] Tal era o julgamento de Tomás Caetano, um frade italiano cujos comentários sobre Aquino foram a grande obra de sua vida.* Nomeado chefe dos dominicanos em 1508 e cardeal em 1517, ele falava com rara autoridade. Notícias sobre o sofrimento infligido aos índios o enchiam de particular raiva. "Você duvida que seu rei está no inferno?",[21] perguntou ele a um visitante espanhol em Roma. Aqui, em seu choque com o fato de um governante cristão ter pensado em justificar a conquista e a selvageria em nome do Cristo crucificado, estava a expressão de uma tradição erudita que podia ser remontada a Alcuíno. Caetano, em seus esforços para fornecer aos índios um recurso legal contra seus opressores, jamais imaginou estar inovando. A descoberta de continentes e povos inimaginados por Aquino não tornava o grande dominicano menos qualificado para servir como guia de como deviam ser tratados. Os ensinamentos da Igreja tinham alcance universal. Na opinião de Caetano, os princípios adequados para governar em uma era globalizada eram os seguintes: os reinos dos índios eram Estados legítimos; o cristianismo devia ser imposto não pela força, mas somente pela persuasão; e nem reis, imperadores ou a própria Igreja tinham o direito de ordenar sua conquista.

Nesse inovador programa de direito internacional havia a consciente tentativa de estabelecer as fundações de algo duradouro. Caetano não achava que a descoberta do Novo Mundo pressagiava o retorno de Cristo. Os dias nos quais papas se imaginavam vivendo o fim dos tempos haviam ficado para trás. Agora, a preocupação do papado e daqueles que o serviam era investir no longo prazo. Evidências disso podiam ser encontradas no barulho de martelos e cinzéis em Roma. Do outro lado do Tibre, em frente a Latrão, no Vaticano, o antigo bairro onde São Pedro fora enterrado, haviam se iniciado em 1506 as obras de uma imensa igreja, projetada para

---

* Nascido de Vio, ele adotou o nome "Tomás" em tributo a Tomás de Aquino. "Caetano" derivava de Gaeta, uma cidade entre Roma e Nápoles, onde nascera.

DOMÍNIO

ser a maior do mundo. Em Latrão, em um concílio realizado em 1513, fora publicada a proibição formal de pregar a iminência do Anticristo. Na primavera de 1518, quando Caetano chegou a Augsburgo em sua primeira missão estrangeira, seu objetivo era preeminentemente diplomático: unir a Alemanha contra os turcos. Em vez de interpretar o massacre otomano da cristandade como realização de profecias do Livro do Apocalipse, ele preferira vê-lo como algo bem diferente: um desafio militar a ser respondido com aumento de impostos.

Caetano, agora que estava do outro lado dos Alpes, sentia o turbilhão das expectativas apocalípticas em torno de si. Hilten morrera na virada do século, confinado a uma cela em Eisenach e, no fim — ou era o que se dizia —, escrevendo com o próprio sangue, mas profecias como as que ele articulara tão vigorosamente, sobre a ruína do papado e a chegada de um grande reformador, ainda circulavam amplamente. O ano previsto por Hilten para o surgimento do grande reformador, 1516, chegara e passara, mas Caetano não podia se dar ao luxo de relaxar. Mesmo enquanto pressionava os príncipes alemães a investirem em uma cruzada contra os turcos, ele sabia que as exigências financeiras da Igreja geravam ressentimento disseminado. Em 1517, uma disputa teológica sobre os métodos empregados pelos dominicanos para gerar fundos para o programa papal de construção haviam levado a um grande alvoroço na cidade-fortaleza saxã de Wittenberg. Lá, um frade que trabalhava na recém-fundada universidade como professor de estudos bíblicos apresentara uma objeção formal em 95 teses escritas. Vários dominicanos, unindo-se contra essa manifestação de insolência, haviam respondido com indignadas contraexplosões. Conflitos acadêmicos como esse não eram incomuns, e as tentativas de solucioná-los seguiam um processo que teria sido perfeitamente familiar a Abelardo. O papado, ao receber as 95 teses do arcebispo local, ponderara por oito meses antes de finalmente pronunciar, em agosto de 1518, que elas realmente eram heréticas. O autor fora convocado a Roma. Longe de resolver a questão, isso só avivara as chamas. Em Wittenberg, textos do inquisidor local já haviam sido queimados na praça do mercado. Caetano, acompanhando os eventos

APOCALIPSE

de sua residência em Augsburgo, temia que o fogo da controvérsia pudesse sair de controle. Como legado papal, era sua responsabilidade apagá-lo. A melhor e mais cristã maneira de fazer isso, decidiu ele, era convocar o autor das 95 teses a Augsburgo e persuadi-lo pessoalmente a recuar. Austero, culto e devoto, Caetano era um homem no qual mesmo aqueles que normalmente suspeitavam dos inquisidores sabiam poder confiar. Seu convite foi aceito. Em 7 de outubro de 1518, Martinho Lutero chegou a Augsburgo.

Talvez, ao saudar seu problemático convidado, Caetano tenha refletido sobre como, quase quatro séculos antes, Pedro, o Venerável, similarmente recebera um monge convocado a Roma sob acusação de heresia e lhe proporcionara paz. Como Abelardo, Lutero era um teólogo cuja capacidade para as especulações ousadas se combinava a um talento igualmente excepcional para a autopromoção. Era típico dele ter viajado até Augsburgo a pé. Intelectualmente brilhante, ele sabia como se apresentar como homem do povo. Tão rápido com as piadas quanto era com as desinências latinas, versado tanto na linguagem das tavernas quanto no debate com os eruditos, ele dera seguimento a suas 95 teses com um número cada vez maior de panfletos. De fato, o entusiasmo público pelo que tinha a dizer era tal que Wittenberg, uma cidade tão pobre e remota que mal possuía uma economia, estava a caminho de se tornar o mais improvável centro europeu da indústria editorial. Em menos de um ano, como o próprio Lutero modestamente observou, "os céus decidiram que eu devia me tornar o assunto do povo".[22] Retirar tal homem da beira da heresia seria tão glorioso para a ordem de Caetano quanto a redenção de Abelardo fora para Cluny. Assim, havia pouco de inquisidor na recepção inicial do cardeal. Ele falou com o homem emaciado e frugal diante de si com a ternura de um pai falando com o filho. Longe de repreender Lutero, Caetano tentou, em tons gentis, persuadi-lo de seus erros e poupá-lo do julgamento em Roma. Reconhecivelmente, o cardeal falou como o filósofo que condenara o uso da força contra os índios.

Suas esperanças seriam amargamente frustradas. Durante seu primeiro encontro com Lutero, Caetano se viu erguendo progressivamente a voz.

DOMÍNIO

Ao fim, estava gritando. O que estava em jogo, percebeu ele, não eram os detalhes das 95 teses de Lutero, mas uma questão muito mais fundamental: como os cristãos deviam buscar a santidade. Para Caetano, a resposta parecia autoevidente. Fora da Igreja romana, não havia salvação. Sua imensa estrutura era nada menos que a Cidade de Deus. Gerações de cristãos haviam trabalhado para construí-la. Os papas que se seguiram ao próprio São Pedro, os advogados que compilaram livros de cânones e comentários e os eruditos que integraram revelação divina e filosofia pagã haviam contribuído para sua edificação. Mas Caetano começou a perceber que Lutero queria questionar tudo isso. Ele parecia desprezar cada pilar da autoridade da Igreja: Aquino, o direito canônico e até mesmo o papado. Acima deles, desafiadora e inflexivelmente, ele colocava as Escrituras. "Pois o papa não está acima, mas abaixo da palavra de Deus."[23] Caetano, pasmo com a ideia de que um monge obscuro pensasse em colocar sua interpretação pessoal da Bíblia em tal pedestal, ignorou o argumento como "meras palavras", mas Lutero, citando versículos com a facilidade natural de um professor das Escrituras, apelou pela primeira vez a um conceito que descobrira em Paulo: "Devo acreditar de acordo com o testemunho de minha consciência."[24]

O resultado foi o impasse. Após três encontros, durante os quais Lutero manteve obstinadamente sua posição, Caetano perdeu a paciência. Expulsando o monge de sua presença, ordenou que só retornasse quando estivesse pronto a se retratar. Lutero o levou a sério. Liberado dos votos monásticos pelo chefe de sua ordem, que o acompanhara até Augsburgo, ele pulou os muros da cidade e fugiu. Naturalmente, assim que retornou a Wittenberg, publicou um relato completo de suas conversas com Caetano. Lutero entendia, infinitamente melhor que seu adversário, como era importante assumir o controle da narrativa. Sua vida parecia depender disso. "Eu estava com medo porque estava sozinho."[25] Mas medo não era sua única emoção. Ele também sentia júbilo e exultação. Agora que já não era monge e seus laços com a dimensão da *religio* católica haviam sido rompidos definitivamente, ele estava livre para forjar algo diferente: um entendimento novo e pessoal da *religio*.

APOCALIPSE

A necessidade era urgente. O tempo estava acabando. A hora do julgamento se aproximava. Os sinais estavam por toda parte. Dois meses após partir de Augsburgo, Lutero confessou, em privado, uma sombria e crescente suspeita: "a de que o Anticristo mencionado por Paulo reina na corte de Roma".[26]

Lutero passou a acreditar que somente por meio de uma nova *reformatio* o povo cristão poderia ter a esperança de redenção de sua sombra cada vez mais escura.

XIII

Reforma

1520: Wittenberg

O PAPADO DERA A MARTINHO LUTERO sessenta dias para se retratar ou ser condenado como herege. Em 10 de dezembro, o prazo acabou. Naquela manhã, às 9 horas, Lutero atravessou um dos três portões da cidade, chegando a uma vala. Uma grande multidão estava reunida. Um dos colegas de Lutero na universidade, um teólogo chamado Johannes Agricola, acendeu uma fogueira. Aquele era o lugar onde as roupas dos que haviam morrido no hospital próximo eram queimadas, mas, em vez de trapos, Agricola usou livros. Por toda a manhã ele e Lutero haviam vasculhado bibliotecas em busca de coleções de direito canônico. Se tivessem encontrado um volume de Aquino, também o teriam queimado. Mas seu combustível se provou suficiente. O fogo pegou. Agricola continuou a alimentar as chamas com livros. Então Lutero se separou da multidão. Tremendo, ergueu o decreto papal que condenara seus ensinamentos. "Por que você confundiu a verdade de Deus", disse ele em voz ressoante, "hoje o Senhor o confunde. Para o fogo."[1] Ele jogou o decreto nas chamas. O pergaminho escureceu, se retorceu e virou fumaça. Enquanto Lutero atravessava novamente o portão da cidade, cinzas voaram e rodopiaram na brisa de inverno.

Ele se opusera à queima de hereges muito antes de o autointeresse o levar a isso. Entre as 95 teses que publicara em Wittenberg três anos

REFORMA

antes, estava a denúncia da prática como contrária à vontade do Espírito. Era um sinal ominoso, portanto, que em seu decreto o papado tivesse condenado especificamente essa proposição. Lutero, ao fugir de Augsburgo, temera que Caetano planejasse prendê-lo. Wittenberg, seu lar, era reconfortantemente distante de Roma. Também oferecia a proteção de um patrono formidável. Frederico da Saxônia era um dos sete eleitores que, por ocasião da morte de um imperador, estavam encarregados de escolher um novo; uma responsabilidade que lhe trouxera muita influência e respeito. Mas Frederico queria mais. Dolorosamente consciente de quão atrasadas eram suas terras, comparadas às de outros eleitores, ele fundara a universidade de Wittenberg para agir como farol de sofisticação entre os ermos enlameados da Saxônia. A crescente celebridade de Lutero a colocara espetacularmente no mapa. Frederico não queria perder seu astro-professor para a fogueira. E decidiu que o melhor curso de ação era apresentar o caso de Lutero ao imperador. Naquele janeiro, uma grande assembleia de poderosos do império, uma "dieta", foi realizada às margens do Reno, em Worms. Ela foi presidida por Carlos da Espanha, o neto de Fernando e Isabel que, somente um ano e meio antes, se tornara o quinto portador desse nome a ser eleito imperador. Frederico, como um dos que o escolhera, estava em boa posição para pedir favores. E, de fato, em 26 de março, uma convocação chegou a Wittenberg, instruindo Lutero a "responder sobre seus livros e ensinamentos".[2] Ele tinha três semanas para obedecer. Também recebeu a garantia pessoal de Carlos V de que teria salvo-conduto até a dieta.

Viajando até Worms, Lutero naturalmente se sentia à sombra do destino de outro reformador. "Somos todos hussitas, e não percebemos. Até mesmo Paulo e Agostinho eram, na realidade, hussitas."[3] Lutero passara a entender que era impossível servir aos propósitos de Deus sem ver o passado sob uma luz nova e radical. Durante séculos, no jardim da cristandade, flores haviam sido arrancadas como ervas daninhas e ervas daninhas haviam sido cultivadas como flores. Agora, e para sempre, isso tinha de mudar. Mesmo antes de seu encontro com Caetano, Lutero passara a acreditar que

DOMÍNIO

a verdadeira *reformatio* seria impossível sem consignar os cânones, os decretos papais e a filosofia de Aquino às chamas. Depois de conversar com o cardeal, chegara a uma conclusão ainda mais subversiva. Não bastava meramente renovar o tecido da Igreja, corrigindo seus abusos e limpando seus escândalos. Sua própria arquitetura estava corrompida. Toda a estrutura precisava ser condenada, demolida. Que Caetano, um homem de clara santidade, tivesse colocado a obediência ao papa acima do testemunho das Escrituras ilustrava precisamente o problema. Mesmo em seus melhores aspectos, a Igreja romana era uma perversão do que o cristianismo devia ser. Longe de aproximar o povo cristão de Deus, ela o seduzia para o paganismo e a idolatria. Lutero, contemplando seu aterrorizante alcance e a maneira como infectara todos os aspectos da vida com sua podridão, não tinha dúvidas sobre quem culpar. "A marca do inferno, a máscara do diabo, também chamada Gregório VII, é o Monstro dos Monstros, o primeiro Homem de Pecado e Filho da Perdição."[4] Seu papado apressara a última e fatal era do mundo. O mundo modelado por Hildebrando e seus herdeiros, avisou Lutero, o mundo de uma Igreja que, durante mais de quatro séculos, fora motivada somente pelo esfomeado apetite pelo poder, era literalmente uma abominação infernal: "puro roubo e violência".[5]

Mas, na própria selvageria dessa agressão, havia o espectro de um elogio. A condenação da estrada assumida pela Igreja na era de Gregório VII também era um reconhecimento do caráter revolucionário de suas ambições e realizações. Ao se colocar abertamente contra o papado e suas obras, Lutero visava a uma *reformatio* igualmente sísmica. Sua maestria da publicidade, a prontidão para usar o tumulto para seus propósitos e a tentativa de remover a autoridade do cargo mais elevado de toda a cristandade eram exibições de uma ousadia digna de Hildebrando. Em Wittenberg, no dia em que Lutero fizera sua fogueira, estudantes haviam construído um carro alegórico, enfeitado com paródias dos decretos papais, e, após tê-lo exibido pela cidade e recebido estridente encorajamento, queimado tudo. Um homem vestido de papa atirara sua tiara ao fogo. Viajando para a dieta, Lutero foi recebido com demonstrações similares de exuberância. Comitês

REFORMA

de boas-vindas o saudavam nos portões de cidade após cidade; multidões se apertavam nas igrejas para ouvi-lo pregar. Quando entrou em Worms, milhares foram às ruas para ter um vislumbre do homem da hora. Na tarde seguinte, levado perante Carlos V e perguntado se iria se retratar, Lutero ficou tão desapontado de não ter a chance de defender seu caso que pediu 24 horas para pensar. As multidões do lado de fora continuaram a incentivá-lo. Quando deixou o palácio do bispo, onde a reunião fora realizada, "foi aconselhado por várias vozes a ter coragem, agir como homem e não temer os que podiam matar seu corpo, porque não podiam matar sua alma".[6] Um entusiasta até mesmo o comparou a Jesus.

Com que bases, perguntara Caetano, ele pretendia desafiar a sabedoria acumulada da Igreja? Naquela noite em Worms, a questão pairava ainda mais urgentemente no ar. A missão de Lutero, como fora a de Hildebrando, era redimir a cristandade da escuridão, purificá-la da corrupção e batizá-la novamente. Mas ele não podia, como os primeiros reformadores haviam feito, assumir o controle da Igreja romana, pois essa era precisamente a estratégia que resultara em tudo que planejava reverter. Ao se apresentar ao imperador, ele o fizera como contrarrevolucionário que lamentava o fato de Gregório VII ter conseguido colocar Henrique IV "sob seus pés, pois Satã estava com ele".[7] O fato de Carlos V parecer imune ao apelo dessa mensagem sem dúvida foi uma decepção, pois Lutero passara a acreditar que era dever do imperador enfrentar a arrogância do papado e negar suas alegações de jurisdição universal. Felizmente, a responsabilidade não cabia unicamente aos príncipes. A convocação de Lutero era para todo o povo cristão. Durante séculos, os padres o haviam enganado. A alegação fundadora da ordem promovida por Gregório VII, de que o clero era uma ordem composta por homens radicalmente distintos dos laicos, era enganosa e blasfema. "Um homem cristão é perfeitamente livre, senhor de todos e sujeito a ninguém", declarara Lutero um mês depois de sua excomunhão, em um panfleto que enviara deliberadamente ao papa. "Um cristão é perfeitamente obediente, servo de todos e sujeito a todos."[8] As cerimônias da Igreja não podiam redimir homens e mulheres

DOMÍNIO

do inferno, pois somente Deus possuía tal poder. Um padre que o reivindicava em função de seu celibato estava enganando tanto sua congregação quanto a si mesmo. Os mortais estavam tão perdidos para o pecado que nada que fizessem, nenhuma exibição de caridade, nenhuma mortificação da carne, nenhuma peregrinação para se maravilhar com relíquias podia salvá-los. Somente o amor divino podia fazer isso. A salvação não era uma recompensa. Era um presente.

Como monge, Lutero vivera com medo do julgamento, passando fome, rezando todas as noites, confessando seus pecados por longas horas e exaurindo seus superiores, em uma desesperada tentativa de se tornar digno dos céus. Mas, quanto mais estudava a Bíblia e refletia sobre seus mistérios, mais passara a ver esse esforço como vão. Deus não tratava os pecadores de acordo com seu merecimento, pois, se o fizesse, ninguém seria salvo. Essa sombria lição, ensinada por Agostinho, era ainda mais evidente nas Escrituras. Paulo, um fariseu arrogante, não fora redimido em função de seu zelo pela lei. Somente após ser diretamente confrontado pelo Cristo ascenso, ofuscado por ele e colocado em um caminho espetacularmente diferente, Deus o marcara como um dos eleitos. Lutero, lendo Paulo, fora tomado por uma consciência similar da graça divina. "Senti que havia renascido e entrado pelos portões do paraíso."[9] Por mais indigno que fosse, desamparado e apto a ser condenado, Deus o amara. Lutero, por sua vez, incendiado por essa alegre e inebriante improbabilidade, também amara Deus. Não existia nenhuma outra fonte de paz e consolação. Foi com essa certeza que, no dia seguinte a seu primeiro encontro com Carlos V, Lutero retornou ao palácio do bispo. Perguntado novamente se iria se retratar por seus escritos, ele respondeu que não. Quando anoiteceu e tochas foram acesas no salão lotado, Lutero fixou os brilhantes olhos escuros em seu interrogador e ousadamente desdenhou de todas as pretensões de papas e concílios. Ele se declarou leal somente ao entendimento das Escrituras que lhe fora revelado pelo Espírito. "Minha consciência é cativa da Palavra de Deus. Não posso e não vou me retratar, pois não seria seguro nem certo ir contra minha própria consciência."[10]

REFORMA

Dois dias após ouvir essa corajosa exibição de rebeldia, Carlos V escreveu uma resposta. Obediente ao exemplo de seus antepassados, ele jurara defender a fé católica, "os rituais, decretos, comandos e costumes sagrados".[11] Assim, não hesitou em confirmar a excomunhão de Lutero. Mas era um homem de palavra e manteve a promessa de salvo-conduto. Lutero estava livre para partir. Ele tinha três semanas para retornar a Wittenberg. Depois disso, estaria sujeito à "liquidação".[12] Lutero partiu de Worms tanto como herói quanto como fora da lei. O drama, relatado em panfletos que inundaram o império, só aumentou sua celebridade. Então, a meio caminho de Wittenberg, outra guinada surpreendente. Viajando em seu coche pela Turíngia, Lutero e seus acompanhantes foram emboscados em uma ravina. Um grupo de cavaleiros, apontando balestras para os viajantes, sequestrou Lutero e dois de seus companheiros. O barulho dos cascos só deixou poeira para trás. Não havia pistas sobre quem o sequestrara, ou por quê. Meses se passaram e ninguém tinha notícias. Era como se ele tivesse simplesmente desaparecido.

Mas, durante todo esse tempo, Lutero estava em Wartburg. O castelo pertencia a Frederico, cujos homens o haviam sequestrado para sua segurança. Disfarçado de cavaleiro, com dois jovens criados para servi-lo, mas ninguém com quem conversar, ele se sentia miserável. O Diabo o atormentava com tentações. Em certa ocasião, um cão estranho entrou em seu quarto. Lutero — que adorava cães — o reconheceu como demônio e o jogou pela janela da torre. Também sofria com uma terrível constipação. "Fico aqui sentado como uma mulher no parto, rasgado, sangrando."[13] Ele não deu boas-vindas ao sofrimento, como fizera Santa Isabel ao viver no castelo, pois sabia que jamais poderia ser salvo por suas boas obras. Foi em Wartburg que Lutero abandonou de vez a disciplina de sua vida como monge. Em vez disso, escrevia. Sozinho em sua torre, podia ver a cidade de Eisenach, onde Hilten profetizara a chegada de um grande reformador, e acreditar ser — a despeito de seu isolamento e das grandes convulsões que ele mesmo iniciara — tal reformador. Em Worms, o imperador o acusara de arrogância e quisera saber como um simples monge podia estar certo em

321

DOMÍNIO

uma opinião "de acordo com a qual toda a cristandade sempre está errada, tanto mil anos no passado quanto, ainda mais, no presente".[14] Era para responder a essa pergunta, para partilhar a boa-nova sobre a graça de Deus, que ele se mantinha sentado à escrivaninha.

Foi somente em outubro, no entanto, que finalmente iniciou um projeto capaz de acalmar sua angústia. Ao ler as Escrituras, ele abrira seu coração ao Espírito e lhe fora revelado o surpreendente fato do amor de Deus. O que poderia ser melhor, então, que destruir a barreira que por tanto tempo separara os cultos dos incultos e dar aos cristãos não familiarizados com o latim a experiência de uma alegria similar? Em 1466, a Bíblia fora impressa em alemão, mas com uma péssima tradução. A ambição de Lutero era não meramente traduzir diretamente do original grego, mas também prestar um tributo à beleza da fala cotidiana. Ele levou onze meses para produzir sua versão do Novo Testamento. As palavras fluíam de sua pena em frases que poderiam ser ouvidas em uma cozinha, um campo ou um mercado, curtas, simples, em uma linguagem que todo mundo podia entender. Com facilidade e fluência. Quando Lutero finalmente terminou, até mesmo sua constipação havia passado.

"Se comparamos a Bíblia a uma grande árvore e cada palavra a um pequeno galho, o que fiz foi sacudir esses galhos, pois queria saber o que eram e o que significavam."[15] Com a tradução, Lutero deu aos alemães de toda parte a chance de fazer o mesmo. Todas as estruturas e tradições da Igreja romana, seus cânones, hierarquias e filosofias, haviam servido meramente para transformar as Escrituras em algo aprisionado e frágil, assim como o visgo podia impedir um pássaro de voar. Ao liberá-las, Lutero permitiu que todos os cristãos as experimentassem como ele fizera: como maneira de ouvir a voz viva de Deus. Abrindo seus corações para o espírito, eles entenderiam o verdadeiro significado do cristianismo, assim como ele entendera. Não haveria necessidade de disciplina ou autoridade. O Anticristo seria derrotado. Todo o povo cristão finalmente seria unido.

REFORMA

Essa é minha posição

Eles o haviam encontrado escondido no sótão de uma casa fora dos portões de Frankenhausen. Quando ele insistira ser inválido e nada saber sobre a terrível batalha, eles esvaziaram o conteúdo de sua bolsa. A carta encontrada não deixava dúvidas sobre sua identidade: Thomas Müntzer, o notório revolucionário que pregava o iminente extermínio dos poderosos e o reinado dos oprimidos, no qual tudo — como nos dias dos apóstolos — seria dividido entre todos. Arrastado pelas ruas da cidade, onde pilhas de corpos demonstravam a terrível escala do massacre infligido a seu desorganizado exército, ele fora levado à presença de seu conquistador. O duque Jorge da Saxônia, primo do príncipe Frederico, havia muito temia os resultados do favoritismo por Lutero demonstrado pelo eleitor; agora, no matadouro de Frankenhausen, parecera ter sua resposta. Ao interrogar o prisioneiro, suas mais sombrias suspeitas haviam se confirmado. Müntzer insistira em chamá-lo de "irmão", citara repetidamente o Antigo Testamento e justificara a insurreição dos pobres contra os ricos como separação necessária entre o joio e o trigo. O duque ouvira o bastante. Müntzer fora torturado. Alguns diziam que negara suas visões, mas nada em sua mensagem final sugeria isso. "Não permitam que minha morte seja um obstáculo", escrevera ele a seus seguidores. "Ela ocorreu para benefício dos bons e incompreendidos."[16]

Lutero, ao saber que Müntzer fora executado e sua cabeça exibida em uma estaca, ficou soturnamente deliciado. Durante três anos, desde que finalmente conseguira fugir de Wartburg e retornar à Saxônia, ele estivera lidando com um enigma perturbador: a falha do Espírito em iluminar aqueles inspirados por seus ensinamentos da mesma maneira como ele fora inspirado. Quando Argula von Grumbach, uma nobre bávara, elogiara publicamente a tradução do Novo Testamento, ela o fizera em termos que correspondiam perfeitamente ao senso elevado que Lutero tinha de sua própria missão: "Como é esplêndido quando o espírito de Deus nos ensina e nos ajuda a entender primeiro uma passagem, depois outra — Deus seja louvado! —, revelando a real e autêntica luz."[17] Mas essa iluminação

323

DOMÍNIO

revelava coisas diferentes a pessoas diferentes. Muitos dos seguidores de Lutero, inspirados pelo valor que ele dera à liberdade, reclamavam porque ele se recusava a agir. Que um homem que ousara se opor tanto ao papa quanto ao imperador agora fosse visto recuando da campanha pela liberdade universal, na qual os pobres estariam livres para sempre das imposições dos ricos, era uma séria decepção. Müntzer, um ex-padre que acreditava ter sido nomeado por Deus para conduzir os oprimidos ao domínio do mundo, fora particularmente agressivo. Aludindo ao peso cada vez elevado do ex-monge, ele o chamara de monte de carne macia e fantasiara cozinhá-lo como quitute para o Diabo.

Mas as fantasias culinárias de Müntzer não haviam sido necessárias para inspirar em camponeses e mineiros dos vários territórios do império um humor de insurreição. O levante esmagado com tanto derramamento de sangue em Frankenhausen fora somente uma de tais revoltas. Uma vez após a outra, a rebelião era justificada como obediência à Bíblia. Em 1525, quando milhares de camponeses se reuniram em Baltringen, um vilarejo no norte da Suábia, eles proclamaram sua ambição "de ouvir o evangelho e viver de acordo com ele".[18] Não eram somente os responsáveis pela guerra, mas os lordes e abades que os oprimiam como o faraó oprimira os israelitas. Eles não queriam nada que não tivesse sido prometido pelas Escrituras. Assim, não surpreende que, quando a nobreza imperial se voltou brutalmente contra a revolta campesina, massacrando milhares de pessoas e devastando regiões inteiras do império, os críticos tenham atribuído a responsabilidade a Lutero. "Muitos dos camponeses que foram massacrados durante o levante, muitos dos fanáticos banidos, dos falsos profetas enforcados, queimados, afogados ou degolados talvez ainda vivessem como bons e obedientes cristãos se ele nada tivesse escrito."[19] A acusação pesava na consciência de Lutero. A possibilidade de ser responsável por enviar milhares de pessoas ao inferno o atormentava. Ele estava tão desesperado para não ser responsabilizado pelo levante que, quando os eventos chegaram a seu clímax sangrento, ele condenou os rebeldes em termos tão histéricos que até mesmo seus admiradores ficaram chocados. Lutero não se importou. Ele sabia o que

REFORMA

estava em jogo. Sabia que reconhecer os rebeldes como seus seguidores seria ameaçar a obra de toda a sua vida. Sem o apoio dos príncipes, não haveria futuro para seu grande projeto de *reformatio*.

"As rãs precisam das cegonhas."* Lutero não tinha ilusões sobre a beneficência dos governantes terrenos. Ele sabia quão abençoado era por ter um patrono como o seu. Poucos príncipes eram resolutos ou sábios como Frederico. A maioria compunha, no melhor dos casos, "os carcereiros e carrascos de Deus".[20] Mas bastava. Em um mundo caído, não havia perspectiva de obtenção de uma lei que refletisse adequadamente a lei eterna de Deus, nem era tarefa da Igreja fazer tal tentativa. Uma das mais grotescas empreitadas do papado fora criar um sistema legal e impô-lo ao povo cristão. Fora por isso que Lutero consignara volumes inteiros de direito canônico à fogueira em Wittenberg. Era dever dos príncipes, não dos papas, manter as estruturas da justiça. Mas quais eram as estruturas adequadas da justiça? Lutero, precisamente porque não pensava em si mesmo como advogado, considerava favas contadas muito daquilo que, no curso de longos séculos, fora conquistado pelos próprios eruditos cujos livros ele tão publicamente queimara. Os governantes que adotavam seu programa de *reformatio* tinham pouca opção a não ser fazer o mesmo. Ansiosos para governar seus súditos de maneira adequadamente cristã, eles usavam uma estratégia simples: apropriar-se de grandes partes do direito canônico e torná-las suas.

O resultado não foi o fim da grande divisão entre os reinos do profano e do sagrado que caracterizara a cristandade desde a era de Gregório VII, mas seu fortalecimento. Governantes inspirados por Lutero, reivindicando autoridade exclusiva sobre seus súditos, projetaram um modelo de Estado que já não cedia soberania a Roma. Entrementes, na privacidade de suas almas, os verdadeiros cristãos nada tinham perdido. No lugar dos advogados canônicos, eles agora tinham Deus. Por mais submetidos que fossem ao novo e fortalecido entendimento do secular, eles eram livres em uma dimensão paralela, a única que realmente importava. Somente aqueles que

---

*Referência à fábula de Esopo intitulada *As rãs que queriam ter um rei*. [*N. do E.*]

DOMÍNIO

abriam seus corações para o presente da graça divina, para uma comunhão direta com o Todo-Poderoso, podiam se sentir realmente livres. Já não eram as *religiones* — os monges, os frades, as freiras — que tinham *religio*. Todos os crentes a tinham — mesmo aqueles que, sem conhecer latim e falando somente alemão, chamavam-na de "religião".

O mundo consistia em dois reinos. Um era o cercado das ovelhas, no qual todos que haviam respondido à convocação de Cristo, o Bom Pastor, eram alimentados e governados em paz; o outro pertencia aos que vigiavam as ovelhas, a fim de protegê-las de cães e ladrões com porretes. "Esses dois reinos devem ser severamente distintos, e ambos devem permanecer, um para produzir devoção, o outro para promover a paz externa e evitar malfeitos; nenhum deles é suficiente no mundo sem o outro."[21] Não surpreende que governantes ambiciosos tenham percebido o potencial de tal formulação. A iniciativa mais alarmante e ultrajante de todas foi a tomada por um rei que, longe de ser admirador de Lutero, não meramente escrevera um panfleto de muito sucesso contra ele como fora elogiado pelo papa após sua publicação. Henrique VIII — que, como rei da Inglaterra, sentia grande ressentimento pelo prestígio muito maior gozado pelo imperador e rei da França — ficara extremamente satisfeito ao receber de Roma o título de Defensor da Fé. Mas não demorara muito para que suas relações com o papado se deteriorassem. Em 1527, deprimido com a falta de filhos e obcecado por uma jovem nobre chamada Ana Bolena, Henrique se convencera de que Deus amaldiçoara seu casamento. Tão voluntarioso quanto autocrático, ele exigira sua anulação. O papa recusara. Não somente o caso de Henrique faria qualquer advogado canônico bufar de desdém como sua esposa, Catarina de Aragão, era filha de Fernando e Isabel — o que significava que era tia de Carlos V. Por mais que o papa quisesse manter o rei da Inglaterra a seu lado, sua principal preocupação era não ofender o mais poderoso monarca da cristandade. Sob circunstâncias normais, Henrique não teria opção senão admitir a derrota. Mas as circunstâncias dificilmente eram normais. Henrique tinha um recurso. Ele não precisava aceitar as visões de Lutero sobre a graça ou as Escrituras para desfrutar da hostilidade do reformador em relação ao papa. Oportunista ao ponto da megalomania, o rei aproveitou a oportunidade. Em 1534, a autoridade papal foi formalmente repudiada por uma lei do Parlamento. Henrique foi declarado "o único líder supremo, em toda a terra, da Igreja da Inglaterra". Qualquer um que discutisse sobre seu direito ao título era culpado de traição capital.

Simultaneamente, na cidade alemã de Münster, outro rei levara as implicações dos ensinamentos de Lutero ao extremo oposto, mas não menos radical. Jan Bockelson — "João de Leiden" — não tinha palácios nem parlamentos. Ele era alfaiate. Durante um ano, enquanto as forças do bispo expulso cercavam a cidade, tentando subjugá-la pela fome, ele governara Münster como segundo Davi, um autonomeado rei do mundo. Confiantes de que o reinado de mil anos dos santos profetizado no Apocalipse era iminente, pregadores da cidade convocavam os fiéis para o massacre dos iníquos. "Deus estará com seu povo e lhe dará trombetas de ferro e garras de bronze contra seus inimigos."[22] Esse era um grito de guerra familiar. Müntzer o usara somente uma década antes em Frankenhausen. Fugindo do massacre daquela terrível batalha, um punhado de homens sobrevivera para inspirar uma nova geração. Um deles, um ex-livreiro chamado Hans Hut, refugiara-se em Augsburgo, onde pregara a inflexível rejeição das tradições que não tinham sanção das Escrituras. Um objeto particular de sua ira fora o batismo de crianças. Embora o costume remontasse aos primeiros dias da Igreja, não era mencionado na Bíblia e, portanto, Hut o denunciara como "artimanha maliciosa contra toda a cristandade".[23] Em 1526, no dia de Pentecostes, a festa que comemorava a descida do Espírito sobre os primeiros apóstolos, ele recebera um segundo batismo, um *anabaptismos*. Sua morte na prisão no ano seguinte não impedira milhares de cristãos de seguirem seu exemplo. O reinado de Bockelson em Münster fora um golpe anabatista. Várias políticas para as quais a sanção das Escrituras podia ser prontamente citada, mas que a Igreja rejeitara havia muito foram instituídas: a quebra de imagens, o comunismo, a poligamia. Os levantes se alternavam com a opressão. João de Leiden degolara pessoalmente um suspeito de espionagem. O escândalo e o horror reverberaram por toda a cristan-

DOMÍNIO

dade. Em junho de 1535, quando Münster finalmente caiu, os príncipes luteranos haviam juntado forças com os bispos, e o anabatismo se tornara sinônimo de violência e depravação.

"Essa é minha posição. Não posso agir de outro modo", assim Lutero supostamente declarara, comparecendo perante o imperador em Worms. João de Leiden, igualmente convencido de sua obediência à Palavra de Deus, sofrera muito mais terrivelmente por isso. Sua carne fora torturada com tenazes incandescentes, sua língua fora arrancada e seu corpo fora deixado para apodrecer em uma jaula de ferro. Onde quer que notícias de Münster fossem relatadas, da Inglaterra à Áustria, anabatistas eram caçados. Eles também morreram certos de sua obediência à Palavra de Deus. Também não podiam agir de outro modo. Mas os homens que os condenavam, tanto luteranos quanto católicos, imaginando estarem evitando uma nova Münster, frequentemente entendiam mal suas vítimas. Os anabatistas, quando ponderavam sobre os textos que haviam inspirado João de Leiden e seus seguidores a impor a vingança de Deus contra os iníquos, concluíam o exato oposto: jamais empunhar uma espada. Os versículos das Escrituras eram muitos, e as maneiras de interpretá-los, tão numerosas quanto aqueles que os liam. Se alguns anabatistas encontraram na Bíblia a convocação para esmagar os inimigos de Deus no lagar de sua ira, muitos outros, ponderando sobre a vida e a morte de seu Salvador, absorveram uma lição muito diferente. O próprio Hut, escapando do massacre em Frankenhausen, arrependera-se de seu tempo como soldado. Outros anabatistas, comprometendo-se com o pacifismo absoluto, haviam buscado não derrubar a ordem do mundo, mas retirar-se dela. Fosse na solidão de vales isolados ou no anonimato das cidades apinhadas, eles deram aos costas ao poder terreno. Parecia-lhes a única coisa adequada, cristã, a fazer.

"Onde está o Espírito do Senhor", escrevera Paulo aos coríntios, "ali há liberdade."[24] Sempre houvera tensão entre essa afirmação e a insistência de que só existia um caminho até Deus, uma verdade e uma vida. A genialidade de Gregório VII e seus colegas radicais fora tentar solucionar essa tensão

REFORMA

com um programa de reforma tão amplo que toda a cristandade fora colocada em um novo e decisivo curso. Mas a alegação do papado de personificar tanto o ideal de liberdade quanto o princípio da autoridade jamais fora universalmente aceita. Durante séculos, vários grupos de cristãos haviam desafiado sua jurisdição apelando ao Espírito. Lutero acendera o fósforo, mas outros antes dele haviam espalhado a pólvora. Foi por isso que, após sua desafiadora declaração em Worms, ele se vira impotente para controlar as explosões que iniciara. Tampouco estava sozinho. Toda reivindicação de autoridade sobre os outros cristãos feita por um reformador correspondia a um apelo ao Espírito; todo apelo ao Espírito, a uma reivindicação de autoridade. A consequência, detonando por toda a cristandade, foi uma verdadeira reação em cadeia de protestos.

Cinco príncipes luteranos haviam tentado oficializar esse processo. Em 1529, convocados para uma dieta imperial, haviam ousado objetar a medidas aprovadas pela maioria católica fazendo um "protesto" formal. Em 1546, quando Lutero morreu, entregando seu espírito nas mãos do Deus da Verdade, outros príncipes também passaram a ser vistos como "protestantes" — e não somente no império. A Dinamarca era luterana desde 1537; a Suécia estava a caminho. Em outros lugares, porém, o espectro do que poderia significar ser protestante se mostrava tão intransigente quanto sempre. Lutero, um homem cuja habilidade para a vituperação ajudara a fazer toda a cristandade estremecer, jamais se contentara em meramente insultar o papa. Aqueles que, como ele, haviam ousado repudiar a Igreja romana, mas eram culpados do que Lutero condenava como falha em entender adequadamente o Espírito, também haviam sido objetos de sua ira. Teólogos em cidades suíças ou alemãs que tentavam discutir suas visões sobre a eucaristia; anabatistas, com seu imenso desprezo pelo batismo infantil e pela autoridade secular; Henrique VIII, que parecia se achar Deus. Lutero, temendo para onde tudo isso poderia levar, não fugira da contemplação de uma perspectiva aterrorizante: um mundo no qual o próprio conceito de verdade terminaria se dissolvendo e tudo pareceria relativo. "Pois quem quer que se perca na fé pode acreditar no que quiser."[25]

329

DOMÍNIO

Certamente, nos anos que se seguiram à morte de Lutero, a tarefa de conduzir o grande projeto de *reformatio* por entre rochas e bancos de areia pareceu ainda mais desesperadora. Os príncipes luteranos foram esmagados em batalha por Carlos V, e cidades que havia muito ecoavam os passionais debates entre reformadores rivais foram subjugadas. Muitos exilados, em seu desespero para encontrar santuário, foram para a Inglaterra, onde, após a morte de Henrique VIII, em 1547, seu jovem filho Eduardo VI era saudado pelos protestantes como novo Josias.* Isso não era apenas bajulação. Eduardo podia ser apenas um menino, mas estava comprometido com a causa. De fato, o único aspecto do qual parecia não gostar era o estilo da barba usada pelos protestantes alemães. Como herdeiro do título de líder da Igreja da Inglaterra, o jovem rei forneceu aos radicais em seu conselho um formidável instrumento de reforma. E eles o exploraram integralmente. "Uma mudança maior jamais foi realizada em um espaço tão curto de tempo, em nenhum país desde o início do mundo."[26] Mas o fio do qual pendia essa mudança era delicado. O que uma monarquia encarregada da administração da Igreja podia dar, também podia retirar. Em 1553, Eduardo morreu e foi sucedido por sua irmã mais velha, Maria, filha de Catarina de Aragão. Devotamente católica, ela não demorou muito para reconciliar a Inglaterra com Roma. Muitos líderes reformadores foram queimados; outros fugiram para o exterior. A lição para os protestantes sobre os perigos de confiar em uma autoridade secular foi dura. Mas também havia perigo em ser um exilado apátrida. Para os refugiados fugindo da Inglaterra de Maria, a situação parecia impossível. A liberdade para venerar de uma maneira agradável a Deus nada era sem a disciplina requerida para preservá-la — mas como combinar as duas? Seria possível, entre as tempestades daquela era, construir uma arca digna?

A tentativa mais formidável e influente de responder a essas questões foi feita por um reformador também exilado. João Calvino era francês,

---

* Décimo sexto rei de Judá, Josias é apontado por historiadores como aquele que estabeleceu, ou ao menos compilou, as Escrituras hebraicas, de grande importância durante a reforma deuteronômica, que ocorreu ao longo de seu reinado. [*N. do E.*]

REFORMA

um erudito cujo brilhantismo intelectual só rivalizava com sua genialidade para a administração detalhista e esforçada. Educado em direito, em circunstâncias normais poderia ter tido uma lucrativa carreira nos tribunais, mas, adotando o que as autoridades francesas condenavam como heresia sinistra e estrangeira, em 1534, aos 25 anos, fora obrigado a abandonar sua pátria. Felizmente para o jovem fugitivo, logo após a fronteira havia várias cidades renomadas por serem incubadoras de reformas. Calvino, inquieto e ansioso para fazer sua parte, passara por todas elas: Zurique, Estrasburgo, Berna. Porém, quando finalmente lançou raízes, foi em uma cidade que mal aparecia na consciência da maioria dos protestantes: Genebra. Calvino a visitara pela primeira vez em 1536, mas, após dois anos tentando criar uma comunidade devota, fora expulso. Convidado a retornar em 1541, exigira uma garantia oficial de apoio dos magistrados. E recebera. Genebra era uma cidade tomada por tensões políticas e sociais, e Calvino — que evidentemente possuía formidáveis talentos — parecia o homem apropriado para solucioná-las. E assim se deu. Reconhecendo uma rara oportunidade, agiu com velocidade decisiva. Calvino levou somente alguns meses para estabelecer novas fundações para a Igreja de Genebra, recalibrar seu relacionamento com as autoridades civis e envolver toda a cidade em um inflexível programa de regeneração moral. "Se vocês me desejam como pastor", avisara ele ao conselho, "terão de corrigir a desordem em suas vidas".[27] E cumpriu sua palavra.

Naturalmente, houve oposição. Calvino a superou brusca e mesmo brutalmente. Mas os meios que empregou sempre foram legais, nunca violentos. Ele vivia sem armamento ou guardas. Oferecia a outra face quando seus inimigos cuspiam nele pelas ruas. Sua única arma era o púlpito. Sem qualquer cargo civil ou mesmo — até 1559 — cidadania, baseava-se somente em sua autoridade como ministro da Palavra para dobrar os genebrinos a seus propósitos. Para o crescente número de admiradores de fora da cidade, isso só confirmava que suas realizações gozavam de sanção divina. Em 1555, quando exilados da Inglaterra chegaram a Genebra, eles se viram no que parecia, a seu olhar estupefato, um modelo de comunidade cristã:

DOMÍNIO

uma sociedade na qual a liberdade e a disciplina estavam tão perfeitamente equilibradas que nenhum deles jamais esqueceria a experiência.

Em um grau excepcional entre os reformadores, Calvino sempre lidara com os aspectos práticos de definir uma ordem devota. Ele sabia que todos os cristãos tinham direito ao "privilégio da liberdade".[28] Consequentemente, em sua visão do que a Igreja devia ser, valorizava a liberdade dos cristãos de se unirem a ela ou deixarem-na. Os ditames da consciência sempre haviam sido, "mesmo quando o mundo inteiro estava envelopado pelas espessas trevas da ignorância, um pequeno raio de luz que permanecia brilhando";[29] mesmo assim, nem todo mundo estava salvo. Somente alguns eleitos, tentando alcançar Deus por meio da fé, conheceriam a graça divina. Todos os descendentes de Adão estavam predestinados aos céus ou à morte eterna. Calvino admitia livremente que esse decreto era "pavoroso",[30] mas não recuava. Era precisamente porque sabia que muitos recusariam os presentes do Espírito que trabalhava tanto, não somente para reunir uma comunidade de eleitos, mas também para harmonizá-la com os planos de Deus. Quatro cargos a mantinham. Havia ministros para pregar a palavra de Deus, professores para instruir os jovens, e diáconos para atender as necessidades dos desafortunados. E também guardiões para manter a moral entre os laicos: os "anciões" ou "presbíteros". Reunindo-se todas as quintas-feiras, eles e os ministros representavam o tribunal da Igreja, seu "consistório". Se alguém não comparecesse ao serviço no domingo, transgredisse os Dez Mandamentos ou descumprisse as leis criadas por Calvino para definir as doutrinas da Igreja, uma convocação era enviada, não importando a posição do transgressor. Todos os anos, quase um em cada quinze genebrinos comparecia perante o consistório.[31] Para os que odiavam Calvino, rejeitavam sua teologia ou se ressentiam dos infinitos sermões proferidos do púlpito, essa era a pior intrusão: o medo de que os olhos do consistório estivessem sempre sobre eles, observando, marcando, julgando. Inversamente, para os protestantes que fugiam da perseguição, arrancados de suas casas e desesperados para acreditar que a desordem do mundo caído ainda podia ser harmonizada com os planos de Deus, era precisamente a

REFORMA

preocupação de Calvino em retificar os pecadores que tornava Genebra um modelo. Ele criara, disse um admirador, "a mais perfeita escola de Cristo que já existiu na terra desde os dias dos apóstolos".[32]

O abrigo que a cidade podia oferecer aos refugiados era como um riacho para uma corça ofegante. A caridade estava no âmago da visão de Calvino. Mesmo um judeu, se precisasse de auxílio, podia recebê-lo. "Lembrem-se: aquele que semeia pouco também colherá pouco, e aquele que semeia com fartura também colherá fartamente."[33] A disposição de Genebra de oferecer socorro aos refugiados era, para Calvino, uma medida crítica de seu sucesso. Ele jamais duvidou que muitos genebrinos se ressentiam profundamente do influxo de estrangeiros pobres em sua cidade. Tampouco questionou sua responsabilidade de reeducá-los. O feito de Genebra, ao abrigar inúmeros refugiados, se provaria importante. O exemplo de caridade que forneceu, a demonstração de que uma sociedade devota realmente era possível e a garantia oferecida aos exilados perseguidos de que havia propósito em seu sofrimento e tudo na vida era modelado pelas intenções divinas eram tópicos discutidos sempre que chegavam refugiados. Seus inimigos os chamavam de "calvinistas", uma agressão que também era um tributo. Leais aos propósitos de Deus como os entendiam, aqueles inspirados por Calvino se provariam dispostos a seguir seus ensinos mesmo ao maior custo: abandonar seu passado, deixar suas casas para trás e viajar, se necessário, até os confins da terra.

A névoa se dissipa

Em certa noite de 1581, um grupo de homens carregou o cadáver de um ladrão executado pelas ruas escuras de Shrewsbury. À frente deles, em uma colina sobre o rio Severn, erguia-se um dos mais altos pináculos da Inglaterra. Fundada na época de Etelstano, a igreja de Santa Maria fora onde, durante os séculos turbulentos que precederam a conquista inglesa de Gales, cerca de 16 quilômetros a oeste, uma sucessão de legados papais mantivera

DOMÍNIO

sua base. Mas aqueles dias eram história. O que os protestantes passaram a chamar de "papismo" havia sido banido da Inglaterra. A rainha católica Maria morrera em 1558, e sua meia-irmã, Elizabeth, filha de Ana Bolena, agora se sentava no trono inglês. Sobre uma das portas da igreja haviam sido esculpidos seu brasão e um versículo da Bíblia: "Muitas mulheres são exemplares, mas você a todas supera."[34] No entanto, nem toda nódoa do papismo fora apagada. No pátio da igreja havia uma cruz gigantesca. O fato de ela ser muito querida em Shrewsbury tornava sua destruição ainda mais urgente. Trabalhando sob o disfarce da noite, o grupo de ladrões de cadáveres começou a derrubá-la. Então, com a cruz demolida, eles cavaram uma cova e lá jogaram o cadáver. Antes um criminoso executado que um monumento ao papismo.

Calvino descrevera a mente humana como "forja perpétua de ídolos".[35] A convicção de que os mortais caídos eram eternamente suscetíveis a dar as costas a Deus, poluir a pura radiância de seus comandos e erigir bezerros dourados em seus santuários era o temor que perseguia constantemente suas reformas. Agora, mais de uma década após sua morte, seus avisos contra a superstição haviam encontrado leitores muito além dos limites de Genebra. Em Londres, onde mais edições de suas obras foram publicadas que em qualquer outro lugar, os editores corriam para acompanhar a demanda. Um deles, especialmente empreendedor, até mesmo encomendara uma compilação de seus maiores sucessos. E não foi somente na Inglaterra que Calvino se tornou um best seller da noite para o dia. As reverberações de sua influência chegaram tão longe quanto a Escócia — uma terra famosa, entre sua própria nobreza, por estar "quase além dos limites da raça humana".[36] Em 1559, as pregações de John Knox, um exilado que retornara de Genebra, haviam inspirado uma erupção de vandalismo devoto em todo o reino. Uma congregação, após ouvir Knox invectivar contra a idolatria, prontamente começara a destruir a catedral local. Outros bandos de entusiastas haviam incinerado abadias, derrubado os pomares dos frades e arrancado as flores dos jardins dos monastérios. Um ano depois — após uma curta, mas feroz guerra civil e uma votação no Parlamento escocês pela

REFORMA

reforma da Igreja nacional cujo tom era inconfundivelmente calvinista —, a ambição de derrotar a idolatria se tornara oficial. Não havia na Grã-Bretanha uma relíquia da superstição papista que fosse remota demais para merecer destruição legal. Fosse nas ilhas varridas pelos ventos atlânticos nas quais monges irlandeses da época de Columbano haviam erigido cruzes entre as urzes e pedras ou nos ermos selvagens de Gales, onde capelas cobertas de musgo guardavam riachos, trabalhadores armados com marretas chegavam e faziam seu trabalho. O alcance dos magistrados inspirados por Calvino se tornara muito amplo.

Por que, então, no pátio da igreja de Santa Maria, houvera a necessidade de destruir a cruz clandestinamente? Porque isso fora feito por homens que temiam que o tempo estivesse acabando. Do outro lado do canal, as forças das trevas, infernais e predatórias, afogavam famosas cidades cristãs no sangue dos eleitos. Em 1572, durante a festa de São Bartolomeu, milhares de protestantes haviam sido mortos nas ruas de Paris. Em outras cidades da França nativa de Calvino também houvera massacre generalizado de seus seguidores. Novos mártires haviam sido criados em Lyon. Nos Países Baixos, um conflito ainda mais letal estava em curso. Suas cidades, brilhantes e ricas, havia muito eram incubadoras de todas as nuances de protestantismo. Ainda em 1523, em Antuérpia, Carlos V enforcara dois monges e destruíra seu monastério. O rei de Münster, João de Leiden, fora holandês. Nas décadas seguintes, mais protestantes haviam sido mortos nos Países Baixos que em qualquer outro lugar. Mas as fileiras de devotos continuavam a crescer. Insurgentes contra uma monarquia com toda a riqueza do Novo Mundo atrás de si, muitos haviam encontrado nos ensinamentos de Calvino uma garantia que mudara suas vidas: a de que estar em menor número não significava estar errado. Pegar em armas contra a tirania era não pecado, mas dever. Deus cuidaria dos seus. Se a derrubada de uma cruz em uma cidade-mercado da Inglaterra dificilmente podia ser comparada à bem-sucedida rebeldia contra a mais formidável máquina militar da cristandade, não era menos devota por isso. A lealdade demonstrada pelos rebeldes holandeses à vontade divina, sua prontidão para arriscar fortunas e vidas e a coragem e a

DOMÍNIO

inteligência que haviam levado para a luta contra a idolatria eram inspirações para qualquer um com olhos para ver.

Na Inglaterra, assim como na conflituosa República das Sete Províncias Unidas dos Países Baixos, o anseio era por pureza. Um ano após a destruição da cruz de Santa Maria, um novo ministro chegou para liderar a igreja e saudou a monarca como serva fiel de Deus, "que triunfou valorosamente contra a tirania espiritual".[37] Mas em sua própria congregação, e por toda a extensão do reino, muitos discordavam. A Inglaterra não era a República Holandesa, onde os esforços dos calvinistas pela causa da independência haviam ajudado a garantir para sua igreja — a "Igreja Reformada", como orgulhosamente a chamavam — um status público e preeminente. O protestantismo de Elizabeth era distintamente voluntarioso. Sua predileção pelos acessórios do papismo — bispos, corais, crucifixos — horrorizava os devotos. Quanto mais ela ignorava seus pedidos por reformas, mais eles se perguntavam se a Igreja da Inglaterra, que ela presidia como governadora suprema, realmente era protestante. O nome que lhes fora dado por um exilado católico em 1565 — puritanos* — parecia cada vez menos um insulto e mais uma justa descrição. Sabendo que somente um pequeno número estava destinado a ser salvo, eles viam na obstinação da rainha e seus ministros toda a confirmação de que precisavam de seu próprio status como núcleo interno de eleitos. Arcar com a responsabilidade pela reforma era não somente seu direito, mas seu dever. O que eram todos os títulos dos bispos senão meras vaidades "retiradas da loja do papa"?[38] O que eram as afetações da monarquia senão tirania? A verdadeira autoridade jazia na fraternidade dos devotos liderados por pastores e presbíteros eleitos. A eles cabia continuar o grande trabalho de limpar o mundo da ilusão e raspar da arca do cristianismo todas as cracas e algas marinhas da invenção humana. Perante a urgência de tal missão, toda a violência dos guardiões tradicionais da Igreja e do Estado, de arce-

---

* Prova da duradoura obsessão dos cristãos com a pureza e da maneira como isso foi repetidamente usado como insulto é o fato de "cátaro" [*Cathar*] poder ser traduzido como "puritano".

REFORMA

bispos e reis, nada era. A tarefa era nada menos que consertar a desordem do cosmos. Unir Deus e homens.

Todavia, apesar do caráter revolucionário do programa dos puritanos — seu desdém pelos costumes e superstições —, ele não representava um rompimento tão radical com o passado quanto seus apoiadores e inimigos insistiam ser. Exemplos de devotos destruindo ídolos dificilmente estavam confinados à Bíblia. Em 1554, enquanto Maria ainda estava no trono, o legado papal enviado para receber a Inglaterra de volta ao rebanho falara aos membros do Parlamento e lembrara como fora do papado que eles haviam recebido o presente de Cristo, que redimira seu país da adoração da madeira e da pedra. Entrementes, nos Países Baixos, líderes católicos desesperados para animar sua congregação urgiam à veneração de São Bonifácio, que levara a luz dos evangelhos a seus antepassados e construíra igrejas com o carvalho de Thunor. Essa linha de ataque deixava os protestantes inquietos. Várias defesas foram empregadas contra ela. Alguns insistiam que a primeira missão católica à Inglaterra chegara não durante o papado de Gregório, o Grande, mas muito antes, na era dos apóstolos, e consequentemente nada devia ao Anticristo de Roma; outros, que os santos celebrados por Bede não existiam, tendo sido fabricados para preencher o vazio deixado pelos deuses banidos. A tese não obteve sucesso. Para muitos protestantes, o passado da Igreja anglo-saxã era um modelo e uma inspiração. Claramente, sua corrupção, assim como da cristandade como um todo, fora culpa de Gregório VII. Assim, mesmo enquanto rejeitavam o antigo e familiar, os puritanos não podiam negar inteiramente o seguinte paradoxo: sua rejeição da tradição era, em si mesma, uma tradição cristã.

Nos primeiros dias do cristianismo inglês, quando o primeiro rei da Nortúmbria a ouvir o evangelho consentira em ser batizado e se dirigira ao rio com seus seguidores, uma gralha aparecera, grasnando de uma maneira que todo pagão sabia ser um aviso. Mas o missionário que pregava para eles, um romano enviado por Gregório, o Grande, ordenara que o pássaro fosse morto. "Se aquele descuidado pássaro não pôde evitar a morte", declarara ele, "então tampouco teria sido capaz de revelar o futuro de homens que

DOMÍNIO

renasceram e foram rebatizados à imagem de Deus."[39] Nenhum puritano discordaria disso. O fato de zombarem das pretensiosas histórias contadas pelos papistas, da loucura de suas alegações de que as pegadas do Diabo podiam ser encontradas em rochas, que os ossos de santos podiam ser considerados sagrados ou de que Cristo, durante a eucaristia, estava fisicamente presente entre a congregação não implicava qualquer dúvida de que o divino estivesse manifesto em todos os aspectos do universo. Calvino acreditara nisso tão devotamente quanto Abelardo. Se a razão não tinha papel a desempenhar no entendimento dos mistérios da fé, em sua própria esfera, na qual as estrelas se moviam em seu curso inexorável, os pássaros cantavam canções de amor a seu criador e "a relva e as flores riam para ele",[40] ela existia para revelar aos mortais as evidências e os propósitos de Deus.

Um século depois de Lutero, os protestantes podiam se considerar herdeiros de uma revolução que transformara profundamente a cristandade. Já não um mero ponto de parada no longo processo da *reformatio*, ela era comemorada como episódio tão único quanto convulsivo, como *a* Reforma. Ela representara, na opinião de seus admiradores, a libertação da humanidade da ignorância e do erro. Outrora, quando o mundo estava perdido nas trevas, não houvera limites para as histórias de espantos e maravilhas que os cristãos consumiam gulosamente, mas então, "quando a névoa começou a se dissipar, elas passaram a ser consideradas fábulas de mulheres velhas, imposturas do clero, ilusões do espírito e emblemas do Anticristo".[41] Se Deus era encontrado na experiência interior dos fiéis, também podia ser apreendido na imensidão e complexidade do cosmos.

Os milagres mais verdadeiros não precisavam do papismo para ser miraculosos.

XIV

Cosmos

1620: Leiden

O SENSO DE SI COMO POVO redimido dos carros e cavalos do faraó jamais abandonara os holandeses. Quarenta e seis anos após a libertação de Leiden, lembranças do terrível cerco ainda eram orgulhosamente cultivadas na cidade. De como as tropas enviadas pelo filho de Carlos V, Filipe II, rei da Espanha, quase haviam subjugado seus habitantes pela fome. De como, desesperados, os rebeldes holandeses haviam rompido os diques a fim de que uma força de auxílio pudesse navegar por cima dos muros da cidade. De como uma grande tempestade forçara os sitiantes a fugir da enchente. Todos os anos, em 3 de outubro, o aniversário desse evento miraculoso era celebrado publicamente com expiação e agradecimento. Ao passo que muitos escolhiam jejuar, outros preferiam comemorar com refeições o modo como Leiden, "pela vontade onipotente de Deus, fora miraculosamente salva e liberta".[1] Arenque e pão, que haviam sido distribuídos ao povo esfaimado pela força de auxílio em 1574, eram escolhas populares, mas também roedores cozidos. Em 1620, Leiden se tornara uma cidade "transbordante de abundância de todos os tipos de fortuna e riqueza",[2] mas, para seus cidadãos, isso era fonte tanto de ansiedade quanto de conforto. Eles sabiam que todas as coisas boas eram tentações. Assim como era dever do homem trabalhar em sua vocação, era sua responsabilidade lembrar que todas as re-

DOMÍNIO

compensas vinham do Todo-Poderoso. Profundamente versados na Bíblia, os holandeses não precisavam ser lembrados do que acontecera aos filhos de Israel que haviam rompido sua aliança com Deus. A mesma cólera divina que fizera os espanhóis fugirem das águas e dos ventos podia ser uma vara em suas costas. Se sucumbisse ao pecado e à extravagância, o povo de Leiden poderia novamente se ver reduzido a comer ratos.

Os calvinistas da cidade tinham boas razões para se preocupar. Apesar de todo o seu prestígio como membro da Igreja estabelecida da República Holandesa, Leiden não era Genebra. Seu consistório só exercia disciplina sobre os que se submetiam voluntariamente. Isso provavelmente representava cerca de 10% da população. Para os devotos, as consequências pareciam tão malignas quanto autoevidentes. Professores da universidade tentavam amenizar o impacto dos ensinos de Calvino sobre a predestinação. Facções rivais se enfrentavam nas ruas. Os ânimos haviam se inflamado tão violentamente que, em 1617, barricadas foram erguidas em torno da prefeitura. Nem mesmo a purga de pregadores dissidentes em 1619 acalmara totalmente a controvérsia. Entrementes, outros em Leiden se devotavam a dançar, assistir a peças de teatro ou consumir queijos enormes. Os pais ninavam os filhos em público. Luteranos, anabatistas e judeus veneravam como bem queriam. Em 1620, a relutância dos magistrados em regular esses excessos se tornara alvo de loquazes protestos dos membros da Igreja Reformada. A identificação dos holandeses com os filhos de Israel era, nos púlpitos de Leiden, menos um conforto que um aviso.

Porém, mesmo na ambição de se separar da idolatria e criar uma terra que pudesse agradar ao Todo-Poderoso, ao mesmo tempo devota e abundante, havia um toque de reprovação. "Ó Senhor, quando tudo ia mal, o Senhor nos levou a uma terra onde enriquecemos através das trocas e do comércio e lidou amavelmente conosco."[3] Mas e quanto aos que não haviam permanecido de pés secos durante a inundação e, para além dos limites da república que os holandeses haviam criado para si mesmos com tanto esforço e força moral, ainda sofriam opressão nas mãos do faraó? Naquele outubro, enquanto as pessoas de Leiden celebravam sua libertação dos es-

COSMOS

panhóis, e pregadores reformados insistiam ainda mais determinadamente para que seu país se tornasse digno de ser um novo Israel, a guerra ameaçava os protestantes da Renânia e da Boêmia. Como nos dias de Žižka, um imperador católico reunira exércitos para marchar sobre Praga. Sua ambição: extirpar o protestantismo. Os holandeses, convictos de que as promessas feitas por Deus haviam sido feitas ao mundo todo e de que nada na existência humana possuía qualquer autoridade que não derivasse de sua vontade, prepararam-se para a luta. Tropas foram enviadas para o outro lado da fronteira a fim de apoiar os príncipes protestantes. Uma coluna de cavalaria avançou sobre o Reno. Perto de Praga, no cume de uma montanha perfurada por minas de calcário, o exército que assumiu posição para defender a cidade do ataque do Anticristo incluía cerca de 5 mil homens financiados ou fornecidos pelos holandeses.

O centro não resistiu. Em 8 de novembro, a linha das forças protestantes na Montanha Branca foi rompida. Praga caiu no mesmo dia. Mas a guerra estava longe de terminar. Como as lâminas rotatórias de uma máquina terrível, as rivalidades entre príncipes católicos e protestantes continuaram a ceifar, estraçalhando outras partes do império, sugando para o húmus dos cadáveres ainda mais exércitos estrangeiros, girando e girando, só parando trinta anos depois. Os ensinamentos cristãos, longe de embotarem o ódio, pareciam uma pedra de afiar. Milhões pereceram. Lobos rondavam as ruínas de cidades queimadas. Atrocidades tão terríveis que, como disse um pastor, "aqueles que vierem depois de nós jamais acreditarão nas misérias que sofremos",[4] foram cometidas em escala entorpecedora: homens castrados; mulheres assadas em fornos; criancinhas conduzidas por cordas como se fossem cães. Os holandeses, cada vez mais expostos ao perigo em seus próprios refúgios, abandonaram qualquer ideia de enviar exércitos ao matadouro para além de suas fronteiras. Isso não era meramente uma estratégia razoável, mas a coisa devota a fazer. O dever principal da república era manter sua independência e, consequentemente, sua Igreja, para o bem de toda a cristandade. Em Leiden, onde as necessidades do orçamento de defesa fizeram com que impostos extorsivos fossem cobrados sobre o pão e

DOMÍNIO

a cerveja, mesmo os cidadãos mais pobres sentiam estar fazendo sua parte. Calvinistas que se mantinham firmes nos fundamentos de sua fé e tinham dinheiro para custeá-los forneciam caridade aos refugiados. Ali, portanto, entre as trevas que se espalhavam por aquela era, estava um modelo de comportamento cristão que podia servir como inspiração para o mundo todo.

Essa perspectiva não era partilhada por todos. Para muitos nos campos de morte da Alemanha e da Europa Central, parecia que as raízes da grandeza da república estavam sendo alimentadas com sangue. Munição, ferro e as letras de câmbio que financiavam os exércitos rivais eram monopolizados pelos empreendedores holandeses. O grande sonho dos devotos — de que, com seu exemplo, pudessem inspirar a humanidade angustiada a buscar a alegria e a regeneração que somente a graça divina podia fornecer — era obscurecido pelo pesadelo de uma cristandade despedaçada. Como, em meio a tal calamidade, os eleitos poderiam evitar a nódoa do compromisso e da hipocrisia? Como poderiam se isolar dos males daquela era e, ao mesmo tempo, servirem como luz do mundo — como uma cidade na colina?

Aumentar o imposto sobre a cerveja não foi a única tentativa de responder a essas perguntas em Leiden. Em 9 de novembro de 1620, um dia após a batalha da Montanha Branca, um navio chamado *Mayflower* chegou a um estreito trecho de terra na costa norte do Novo Mundo. Espremidos em seu interior estavam cem passageiros que, nas palavras de um deles, haviam feito a penosa viagem de dois meses pelo Atlântico porque "sabiam que eram peregrinos"[5] — e metade saíra de Leiden. Mas aqueles viajantes não eram holandeses, e sim ingleses. Leiden fora somente uma parada em uma longa jornada, que começara em uma Inglaterra que lhes parecia infestada de pecados. Primeiro, em 1607, eles haviam partido de sua terra natal; então, navegando para o Novo Mundo treze anos depois, deram as costas também para Leiden. Nem mesmo a devota República Holandesa fora capaz de satisfazer seu anseio por pureza, por um senso de harmonia com o divino. Os peregrinos não duvidavam da escala do desafio que enfrentavam. Eles sabiam perfeitamente bem que, se não fossem valorosos, a nova Inglaterra que pretendiam fundar poderia sucumbir aos pecados da antiga. Mas ela

COSMOS

lhes oferecia um novo fôlego, uma chance de se consagrarem a um novo Israel em solo virgem. Assim como o pecador individual, buscando Deus, podia ser abençoado com o presente de sua graça, o mesmo podia acontecer com um povo inteiro. Foi com essa convicção que os peregrinos, chegando à América, fundaram um assentamento que chamaram de Plymouth, para servir de modelo ao mundo todo. Quando, uma década depois, um segundo assentamento foi estabelecido costa acima, na baía de Massachusetts, seus líderes estavam igualmente determinados a demonstrar que o sonho de uma comunidade devota podia ser mais que um sonho. "Essa é a causa entre nós e Deus", declarou um deles, um advogado e pregador chamado John Winthrop, na viagem até o Novo Mundo. "Entramos em uma aliança com ele para essa obra."[6] A liberdade consistia em se submeter livremente a essa aliança e participar de uma sociedade de devotos favorecida pela graça.

Desde o início, entretanto, os líderes da Nova Inglaterra se viram negociando um paradoxo. Seu olhar, por mais que eles tivessem se assentado às margens do que lhes parecia um ambiente selvagem, imenso e inexplorado, estava fixado em toda a expansão do globo. Se eles não mantivessem a aliança, avisou Winthrop aos outros colonos, o escândalo os transformaria em história e lema em todo o mundo. O destino da humanidade caída estava em seus ombros. Eles eram sua última e melhor esperança. Não obstante, e por essa mesma razão, eles tinham de ser exclusivos. Ninguém que pudesse ameaçar o status da comunidade como assembleia de eleitos podia ser aceito. Havia coisas demais em jogo. Sendo responsabilidade dos magistrados eleitos guiar a colônia em seu caminho até a devoção, somente os visivelmente santificados podiam ter direito ao voto. "A aliança entre nós", disse Winthrop a seu eleitorado, "é o juramento que fizemos de os governarmos e julgarmos suas causas de acordo com as regras das leis de Deus e de nossas próprias leis, no limite de nossas habilidades."[7] A responsabilidade era imensa: repreender e encorajar o povo de Deus como os antigos profetas de Israel haviam feito, com a absoluta garantia de que seu entendimento das Escrituras estava correto. Nenhum esforço foi poupado para permanecer fiel a essa missão. Às vezes, ela podia ser expressa da maneira mais liberal

DOMÍNIO

possível. Em 1638, quando foi fundada uma nova colônia em New Haven, os colonizadores a copiaram diretamente do plano que Deus fornecera a Moisés. Aquele seria seu povo escolhido.

Exceto que a Nova Inglaterra não era, como fora o deserto em torno do Sinai, um ermo. Mesmo nos primeiros dias de colonização, havia colonos que não queriam viver como puritanos. Para os devotos, essa era uma causa constante de ansiedade. Quando, durante seu segundo inverno, os peregrinos encontraram não regenerados celebrando o Natal com um jogo de críquete, eles prontamente confiscaram os tacos. Conforme as colônias cresciam, crescia também a determinação de manter sob controle a natureza pecadora daqueles que não pertenciam aos eleitos. O fato de não poderem votar não os excluía da responsabilidade de ajudar os ministros, frequentar a igreja e ouvir os sermões nos quais suas faltas eram severamente criticadas. A ânsia de educar e disciplinar era profunda, uma expressão da profunda certeza de que o presente que Deus dera aos puritanos do Novo Mundo, o de ser um jardim e um vinhedo, era precioso demais para ser invadido por ervas daninhas.

O Novo Mundo lhes parecera "fértil e adequado à habitação". "Sendo destituído de quaisquer habitantes civilizados, lá só havia homens selvagens e brutos, que vagueavam de um lado para o outro, pouco diferentes dos animais selvagens que faziam o mesmo."[8] O fato de o Todo-Poderoso lhes ter dado uma Nova Inglaterra para colonizar, a fim de iluminarem o mundo todo com a perfeição de seu exemplo, não significava que eles não tinham deveres para com os índios (como os ingleses, seguindo o exemplo dos espanhóis, insistiam em chamar os nativos da América). No sinete da expedição liderada por John Winthrop havia um índio vestido como Adão no Éden, e de sua boca saía um apelo: "Venham e nos ajudem." A graça de Deus era livre e voluntariosa, e não havia razão para que não fosse concedida tão facilmente a um selvagem quanto a um inglês. A imagem do Senhor estava em todos, afinal, e não havia nenhum ministro na Nova Inglaterra que não conhecesse a ordem para amar os inimigos. Décadas após a chegada dos primeiros peregrinos a Plymouth, puritanos se dedicavam à tarefa de

COSMOS

levar a palavra de Deus às tribos locais com o mesmo senso de dever com que realizavam todas as suas tarefas. Missionários pregavam aos índios em suas próprias línguas e trabalhavam em traduções da Bíblia. Porém, se Deus ordenara aos cristãos que levassem sua palavra a toda a humanidade, ele também revelara sua ira na defesa de seu povo escolhido. Em 1622, um soldado inglês eleito para servir como capitão descobrira que um bando de guerreiros massachusetts pretendia invadir a colônia e iniciara um ataque preventivo. Muitos em Plymouth expressaram reservas, mas a cabeça do líder dos massachusetts fora colocada em uma estaca e exibida no forte do assentamento. Quinze anos depois, uma força de colonizadores se uniu a aliados nativos para iniciar um ataque devastador contra a tribo hostil dos pequots. Quatrocentos homens, mulheres e crianças foram mortos durante a queima de suas tendas. "Foi assustador vê-los fritando no fogo, com seu sangue abafando as chamas e aquele fedor horrível." Mais uma vez, alguns puritanos expressaram repulsa e, mais uma vez, receberam como resposta que Deus permitira massacres em defesa de Israel. "Às vezes, as Escrituras declaram que mulheres e crianças devem perecer com seus pais", foi a garantia que receberam. "Temos luz suficiente, vinda da Palavra de Deus, para nossas ações."[9]

Carlos Magno poderia ter dito o mesmo a Alcuíno. Os puritanos podiam estar colonizando um novo mundo, fugindo da degeneração do mundo antigo e orgulhosamente renascidos, mas os desafios que enfrentavam como cristãos e a ambivalência das soluções que encontravam eram muito antigos.

Todas as coisas para todos os homens

Em certa manhã do verão de 1629, do outro lado do mundo em relação às rústicas casas e paliçadas de sarrafos, o céu começou a escurecer sob a maior cidade da terra. Os astrônomos de Beijing estavam acostumados a acompanhar os eclipses. No Ministério dos Ritos, um dos edifícios que ficavam ao

DOMÍNIO

sul do grande complexo de palácios do imperador, registros eram mantidos desde as próprias origens da China. *Lifa* — a ciência de calcular corretamente um calendário — fora assiduamente financiada por uma dinastia após a outra. Negligenciar o movimento das estrelas era correr o risco de calamidade, pois os eruditos chineses acreditavam que nada acontecia no céu sem estar ligado a um padrão de eventos na terra.

Era por isso que, na China, a compilação e promulgação de calendários era um monopólio estrito do Estado. Somente ao acompanhar corretamente os eclipses um imperador podia evitar os desastres. Em décadas recentes, no entanto, o Ministério dos Ritos cometera uma série de erros constrangedores. Em 1592, suas predições sobre um eclipse haviam errado por um dia inteiro. A reforma começava a parecer essencial. Com um eclipse previsto para 23 de junho, o vice-presidente do Ministério de Ritos insistira em uma competição. Xu Guangqi, um eminente erudito de Xangai, passara a desconfiar de toda a metodologia que os astrônomos da China empregavam. Outra maneira de entender o funcionamento do cosmos, desenvolvida nas terras bárbaras do distante Ocidente, havia sido introduzida recentemente em Beijing. Xu Guangqi — que não era meramente patrono, mas amigo de astrônomos estrangeiros — havia anos tentava lhes oferecer cargos oficiais. Aquela era sua chance. Depois que o eclipse chegou e partiu e a luz do dia retornou a Beijing, a previsão dos astrônomos chineses foi comparada à dos bárbaros, e estes venceram. Sua recompensa foi rápida. No mês de setembro, o próprio imperador lhes pediu para reformarem o calendário. Usando as longas túnicas que eram o uniforme dos eruditos chineses, eles tomaram posse do observatório de Beijing e começaram a trabalhar. Seu triunfo era prova de sua cultura, de seu conhecimento dos céus e de sua habilidade de rastrear as estrelas. Também era prova de seu entendimento dos propósitos de seu deus. Não eram somente os estrangeiros do distante Ocidente que acreditavam nisso; Xu Guangqi também acreditava. Os astrônomos bárbaros e o ministro chinês tinham o batismo em comum. Eles eram servos leais da Igreja católica.

A notícia de que cristãos podiam ser encontrados no coração de um império tão remoto, poderoso e enigmático quanto a China, em uma cidade que ficava a três anos inteiros de viagem da Europa, naturalmente foi causa de grande regozijo em Roma. E também de tranquilidade. Os tempos não haviam sido fáceis. Durante mais de um século, todo o tecido da cristandade parecera sob risco de apodrecer. Antigos reinos haviam sido perdidos para a heresia. Outros haviam sido engolidos pelos turcos. Grande parte da Hungria — a terra de Santo Estêvão e Santa Isabel — estava sob domínio do sultão otomano. Combatendo em muitas frentes, os católicos haviam feito todos os esforços para estabilizá-las. O risco, em caso contrário, era se tornar — como os hereges com seu enxame de seitas — somente uma entre muitas Igrejas: menos católica que romana. Confrontados por essa perspectiva infernal, o papado e seus funcionários haviam adotado uma estratégia dupla. Em suas próprias terras, houvera renovada insistência na disciplina. Em 1542, uma inquisição que seguia o exemplo espanhol fora estabelecida em Roma; em 1558, ela publicara uma longa lista de livros proibidos; um ano depois, 10 mil volumes haviam sido publicamente queimados em Veneza. Simultaneamente, além-mar, nos novos mundos desbravados pelos aventureiros espanhóis e portugueses, grandes colheitas de almas haviam sido feitas pelos missionários católicos. A queda do México para as armas cristãs fora seguida pela subjugação de outras terras fantásticas: Peru, Brasil e ilhas chamadas — em homenagem a Filipe II — de Filipinas. Que Deus ordenara essas conquistas e os cristãos tinham não meramente o direito mas o dever de levá-las adiante permanecia para muitos uma devota convicção. A idolatria, os sacrifícios humanos e todas as outras fétidas excrescências do paganismo ainda eram amplamente citados como justificativas para o império global da Espanha. A antiga doutrina de Aristóteles — de que era benéfico para os bárbaros serem governados por "príncipes civilizados e virtuosos"[10] — continuava a ser afirmada por teólogos usando trajes cristãos.

Mas havia uma maneira alternativa de interpretar Aristóteles. Em 1550, em um debate realizado na cidade espanhola de Valladolid sobre se os índios tinham ou não direito ao autogoverno, o idoso Bartolomeu de las Casas fora firme em sua posição. Quem eram os verdadeiros bárba-

DOMÍNIO

ros, perguntara ele, os índios, um povo "gentil, paciente e humilde", ou os conquistadores espanhóis, cujo desejo por ouro e prata era tão grande quanto sua crueldade? Pagão ou não, todo ser humano fora igualmente criado por Deus e dotado da mesma centelha de razão. Argumentar, como os oponentes de las Casas haviam feito, que os índios eram tão inferiores aos espanhóis quanto os macacos aos homens era pura blasfêmia. "Todos os povos do mundo são humanos, e há somente uma definição para todos os humanos: eles são racionais!"[11] Todo mortal — cristão ou não — tinha direitos que derivavam de Deus. Las Casas os chamara de *derechos humanos*, "direitos humanos". Era difícil para qualquer cristão que aceitava tal conceito acreditar-se superior aos pagãos simplesmente por ser cristão. A vastidão do mundo, para não mencionar a natureza aparentemente infinita dos povos que o habitavam, servia para os missionários como incentivo e admoestação. Se os índios eram desprezados como bárbaros por aventureiros espanhóis e portugueses, em outras terras os europeus podiam parecer bárbaros. Em nenhum lugar isso era mais gravemente evidente que na China. Mesmo viver a suas margens era se maravilhar com "um povo tão civilizado e engenhoso nas ciências, no governo e em muitas outras coisas que de modo algum são inferiores ao que fazemos na Europa".[12] Viajar pelas estradas e pelos rios do império, espantar-se com sua riqueza, ficar boquiaberto com o tamanho de suas cidades era, para um missionário, sentir-se como Paulo se sentira viajando pelo mundo governado por Roma. "Tornei-me tudo para com todos."[13] Fora assim que o apóstolo definira sua estratégia para levar o mundo a Cristo. Cortés, esmagando os mexicas, não se sentira na obrigação de seguir seu exemplo; mas a China não podia ser tratada como os espanhóis haviam tratado o Novo Mundo. Ela era antiga, poderosa e sofisticada demais para isso. "Ela é", disse o primeiro missionário a chegar a Beijing após cruzar os oceanos, "muito diferente das outras terras."[14] Se os missionários, obedientes ao comando de seu Salvador de pregar o evangelho para toda a criação, quisessem viajar até lá, eles não podiam se dar ao luxo de ser definidos como europeus. A mensagem cristã era universal ou não era nada.

COSMOS

O homem indicado por Xu Guangqi para reformar o calendário dedicara toda a sua vida a essa convicção. Johann Schreck era um polímata incrivelmente hábil: não somente astrônomo, mas médico, matemático e linguista. Acima de tudo, porém, era um sacerdote, um membro de uma ordem que, desde sua fundação, em 1540, desejara operar em escala global. Como os frades, aqueles que se uniam à Sociedade de Jesus faziam votos de pobreza, castidade e obediência, além da promessa de aceitar qualquer missão que o papa lhes desse. Alguns jesuítas expressavam seu comprometimento devotando suas vidas ao ensino; outros, correndo o risco de martírio para redimir a Inglaterra da heresia; outros ainda, navegando para os confins da terra. Sua incumbência, quando viajavam para terras fora da Europa, era — sem jamais contrariar qualquer ensinamento cristão — absorver tantos costumes quanto possível. Na Índia, eles deviam viver como indianos; na China, como chineses. A política fora levada a extremos notáveis. O primeiro jesuíta a chegar a Beijing se integrara tão bem à elite chinesa que após sua morte, em 1610, o próprio imperador concedera um terreno para seu enterro, em uma honraria sem precedentes para um estrangeiro. Matteo Ricci, um italiano que chegara à China em 1582 sem falar uma palavra de chinês, transformara-se em Li Madou, um erudito tão versado nos textos clássicos de seu lar adotivo que passou a ser considerado um colega pelos mandarins. Embora Confúcio, o antigo filósofo cujos ensinamentos serviam como fonte da moralidade chinesa, claramente não fosse cristão, Ricci se recusara a considerá-lo meramente um pagão. O fato de que ele pudera fazer isso de boa-fé se devia em grande parte a duas convicções particulares: a primeira convicção era a de que Confúcio fora iluminado pelo mesmo presente divino da razão que estava evidente nos escritos de Aristóteles; a segunda, que seus ensinamentos haviam sido corrompidos por seus seguidores ao longo dos séculos. Ricci acreditava que bastava remover os acréscimos e os confucionistas poderiam ser conduzidos a Cristo. A filosofia confucionista, em seus aspectos fundamentais, era perfeitamente coerente com o cristianismo. Foi por isso que, pedindo que Roma enviasse astrônomos, Ricci não se desculpara por tentar servir ao imperador chinês na reforma do calendário. "De acordo com a disposição da

DOMÍNIO

divina Providência, várias maneiras foram empregadas, em diferentes épocas e com diferentes práticas, para fazer com que as pessoas se interessassem pela fé cristã."[15] Schreck, viajando de sua nativa Constança para Beijing, dedicara a vida a essa política.

No entanto, alguns de seus superiores tinham dúvidas. Alguns meses depois de o fatídico eclipse ter garantido para Schreck a nomeação para o Gabinete de Astronomia, um jesuíta sênior chegara a Beijing para inspecionar a missão. Embora muito impressionado com o calibre dos vários padres que lá trabalhavam, André Palmeiro ficou perplexo com sua suposição orientadora. Não estava aparente para ele que a filosofia confucionista, para além das características superficiais, parecia-se com o cristianismo. "Se os sacerdotes acreditam que entre os livros chineses há documentos morais que servem para instilar virtude, eu respondo perguntando qual seita atual ou do passado não tem regras para a vida correta."[16] Partindo de Beijing uma semana antes de a manhã escurecer sobre a cidade, Palmeiro pôde refletir sobre os vários aspectos do comportamento chinês que o haviam perturbado: a arrogância demonstrada pelos mandarins em relação aos pobres; sua inabilidade de compreender a distinção entre Igreja e Estado; e seu número obsceno de esposas. Ainda mais inquietante, Palmeiro não pudera distinguir o menor traço de veneração pelo Deus Único Criador de Israel. Os chineses pareciam não ter conceito de criação ou deus. Em vez de um universo obediente às leis de uma deidade onipotente, eles acreditavam em uma ordem natural, formada por elementos constituintes — fogo, água, terra, metal, madeira — que aumentavam e diminuíam em sucessão. Tudo ocorria em ciclos. Unidos pelos laços da influência mútua, cosmos e humanidade oscilavam eternamente entre polos rivais: *yin* e *yang*. O dever do imperador, imposto pelos céus, era administrar essas oscilações e manter a ordem tão bem quanto pudesse. Daí a necessidade de um calendário acurado. Sem isso, como ele poderia realizar os rituais que mantinham o céu e a terra em harmonia? Essa era uma pergunta para a qual Schreck, agora que entrara formalmente no funcionalismo imperial, tinha a responsabilidade de fornecer uma resposta.

COSMOS

Palmeiro, embora desdenhasse a filosofia confucionista, não proibira os jesuítas de assumirem cargos em Beijing. Ele podia aceitar que, em um império imenso como a China, qualquer chance de conduzir o governante a Cristo era preciosa demais para ser desperdiçada. Ele também podia aceitar que havia esperança. Xu Guangqi era um exemplo do que podia ser realizado. Outrora, como qualquer outro mandarim, ele acreditara que a humanidade era feita da mesma substância que as estrelas. "O homem nasceu entre o céu e a terra, o que significa que sua origem é fundamentalmente a mesma do céu."[17] Foi então que Xu conhecera Matteo Ricci. Em 1603, ele fora batizado e adotara o nome Paulo. Ricci, notando os efeitos da conversão sobre seu amigo, observara com satisfação a atenção que o mandarim dava aos convertidos de classes inferiores. Mas fora seu entendimento do cosmos que sofrera a maior transformação. Sua avidez para recrutar os jesuítas para o Gabinete de Astronomia refletia seu novo, e muito cristão, entendimento do universo: ele tivera um início e teria um fim; seu funcionamento era governado por leis divinas; e o Deus que o criara era um geômetra. Gerações de mandarins, lamentava Xu, haviam operado nas trevas. "Temos sido ignorantes em relação ao Autor do mundo. Temos nos interessado por isso e por aquilo, naturalmente perdendo de vista a Fonte Primeira. Ai de nós! Quantas perdas e quantos enganos!"[18]

Ainda assim, mesmo Xu falhara em reconhecer a escala da ameaça que as suposições cristãs sobre o universo representava para as tradições chinesas. Servidor fiel de seu monarca, ele jamais duvidara que o papel do imperador era manter a harmonia cósmica. Assim como seus pares não batizados, Xu acreditava que seria simples derreter a astronomia dos jesuítas e despejá-la em um molde chinês. Bastava traduzir os livros bárbaros e obter seus mais atualizados instrumentos de observação das estrelas. Depois que o imperador dera sua permissão, fora precisamente isso que Xu ordenara. Mas a tarefa de transformar Beijing em um avançado centro de astronomia europeia era mais desafiadora do que ele imaginava. Os mandarins não eram os únicos a ter sido modelados por uma tradição distinta de erudição. O entendimento de Schreck sobre como e por que as

351

DOMÍNIO

estrelas giravam em seus cursos também derivava de uma tradição assim. A universidade de Pádua, que ele frequentara antes de se tornar jesuíta, era a mais antiga da Itália, depois de Bolonha. Como ele, muitas gerações de estudantes haviam feito cursos de Medicina e Matemática em universidades de toda a cristandade. A autonomia de tais instituições, garantida já em 1215 por um estatuto papal, sobrevivera à guerra e à reforma. Nada na China, onde o acesso ao ensino sempre fora estritamente regulamentado pelo Estado, podia se comparar a isso. Se ser jesuíta era servir em obediência ao papa, também era saber que os propósitos de Deus eram revelados por meio do estudo livre e sem interferência da filosofia natural.

"As Sagradas Escrituras", escrevera Aquino, "naturalmente levam os homens a contemplar os corpos celestiais."[19]

Trilhar esse caminho era a própria essência de ser cristão.

O mensageiro estrelado

Explorar o desconhecido às vezes significava correr riscos. Schreck, um homem fascinado pelo funcionamento tanto do corpo humano quanto do cosmos, não se limitou a observar estrelas e, em 11 de maio de 1630, investigando uma erva que supostamente causava sudorese, ele a testou em si mesmo. Horas depois, estava morto. A perda de um astrônomo tão brilhante menos de um ano após sua nomeação para reformar o calendário chinês foi grave, mas não, como se viu, fatal para a missão dos jesuítas. Schreck se preparara. Dois de seus colegas mais jovens, enviados à China precisamente por causa de seu domínio da filosofia natural, provaram-se à altura do desafio de substituí-lo. Isso se deveu em parte a seus próprios talentos e em parte aos estreitos laços que Schreck conseguira estabelecer com as figuras mais brilhantes de seu campo. Embora fabulosamente distantes da Europa, os jesuítas em Beijing não estavam isolados. Graças aos esforços de Schreck, eles tinham os equipamentos mais avançados do mundo para observar os céus. Também tinham as cartas celestes mais atualizadas. Os jesuítas sabiam o que estavam vivendo: uma revolução sem precedentes na maneira de estudar o cosmos.

Schreck, alguns anos antes de sua morte, tentara explicar isso aos leitores chineses. "Nesses últimos anos", escrevera ele, "um matemático celebrado dos reinos do Ocidente construiu uma lente que permite ver longe."[20] Schreck conhecia bem o "matemático celebrado". Em 14 de abril de 1611, os dois haviam se conhecido durante um jantar realizado em uma montanha sobre o Vaticano. Professor previamente obscuro da Universidade de Pádua, onde fora um dos professores de Schreck, Galileu Galilei se tornara famoso da noite para o dia. Sua "lente" — o aperfeiçoamento de um protótipo holandês — havia lhe permitido compreender os céus como nunca antes. Ele observara que a superfície da Lua apresentava alternadamente crateras e montanhas; que a Via Láctea consistia em um grande número de estrelas; que Júpiter tinha quatro luas. Essas alegações, publicadas em um panfleto animadamente autoengrandecedor, haviam causado sensação. O jantar do qual Schreck participara com Galileu, e no qual os convidados haviam concordado que sua lente devia ser batizada de "telescópio", fora organizado em sua homenagem por ninguém menos que um príncipe. Embora suas descobertas fossem brindadas, elas também provocaram alarme. O golpe dado ao modelo aristotélico do universo, que durante séculos fora a autoridade suprema da cosmologia cristã, parecia mortal. Como a aparência de uma Lua cheia de crateras podia ser conciliada com o entendimento do filósofo de que ela era imutável, imperecível e incorruptível?

Galileu, um homem tão impaciente pela fama quanto desdenhoso de qualquer um que tentasse impedir sua obtenção, não via isso como problema. Seu desprezo por Aristóteles, que ele colocava ao lado das coisas mais miseráveis da vida — "peste, urinóis, dívidas"[21] — só estava à altura de sua impaciência com os admiradores do filósofo, "os teólogos barrigudos que localizam os limites da genialidade humana nos textos dele".[22] Mas Galileu não era Lutero. Seus instintos eram os de um alpinista social, não um rebelde. Ele ansiava pela celebridade que obteria se pudesse persuadir os líderes da Igreja católica — os superiores jesuítas, os cardeais, o papa — a

DOMÍNIO

permitirem que substituísse Aristóteles como autoridade sobre o funcionamento do cosmos. Fora por isso que, na primavera de 1611, ele viajara até Roma e fizera propaganda de seu telescópio. Seus esforços para criar um nome para si mesmo entre os decisores da cidade tiveram espetacular sucesso. A cosmologia de Aristóteles fora efetivamente derrubada. Schreck era um entre uma multidão de fãs. Outros jesuítas — incluindo alguns dos mais eminentes matemáticos da cristandade — haviam corroborado suas alegações. O cardeal Maffeo Barberini chegara ao ponto de elogiá-lo em versos. Outros indicativos de sucesso, ainda mais decisivos, seguiram-se doze anos depois, em 1623, quando Barberini foi eleito para o trono de São Pedro. Como Urbano VIII, ele decidiu honrar seu amigo como só um papa podia fazer: audiências privadas, pensões, medalhas. Galileu, naturalmente, é claro, adorou a atenção. E queria mais.

Schreck, elogiando o grande astrônomo para os chineses, o celebrara por uma descoberta em particular. O telescópio de Galileu permitira-lhe observar o planeta Vênus. "Às vezes ele é obscuro, outras vezes, completamente iluminado, outras ainda, iluminado somente no quarto superior ou inferior." Caso as implicações não estivessem claras, Schreck as explicara. "Isso prova que Vênus é um satélite do Sol e viaja em torno dele."[23] Aqui, prontamente aceito pelos jesuítas, estava outro golpe no modelo de cosmos que a Igreja herdara de Aristóteles. A possibilidade de que planetas pudessem girar em torno do Sol, e não da Terra, nem ao menos fora aventada pelo filósofo. Como, então, ela podia ser explicada? O modelo favorecido por Schreck, que existia havia uns quarenta anos, colocava os planetas em órbita em torno do Sol, e o Sol e a Lua, em órbita em torno da Terra. Por mais complexo que fosse, esse modelo parecia, para a maioria dos astrônomos, o que melhor correspondia às evidências disponíveis. Alguns, no entanto, preferiam uma possibilidade muito mais radical. Entre eles estava um jesuíta tcheco, Wenceslas Kirwitzer, que conhecera Galileu em Roma e então viajara com Schreck para a China, onde morrera em 1626. Antes da partida, ele escrevera um curto panfleto defendendo o heliocentrismo: a hipótese de que a Terra, como Vênus e os outros planetas, girasse em torno

354

do Sol.[24] A tese não pertencia a Kirwitzer. O primeiro livro a propô-la fora publicado em 1543. Seu autor, o astrônomo polonês Nicolau Copérnico, a retirara da obra de outros eruditos de Paris e Oxford, filósofos naturais que haviam defendido a possibilidade de que a Terra pudesse girar em torno de seu eixo, o cosmos pudesse ser governado pelas leis do movimento e mesmo que o espaço pudesse ser infinito. Por mais ousada que parecesse a hipótese de Copérnico, ela descendia reconhecivelmente de uma longa e antiga tradição de erudição cristã. Kirwitzer não foi o único astrônomo persuadido por ela. Vários outros também o foram e, entre eles, o mais conhecido, prolífico e belicoso foi Galileu.

O fato de o heliocentrismo ser contrário aos ensinamentos de Aristóteles era parte de sua atração, mas havia uma autoridade mais formidável que não podia ser ignorada tão facilmente. No Livro de Josué, estava registrado que Deus ordenara que o Sol permanecesse imóvel; no Livro dos Salmos, estava dito que o mundo "está firme e não se abalará".[25] Galileu, a sua própria maneira um cristão devoto, jamais pensou em dizer que a Bíblia estava errada. Todas as Escrituras eram verdadeiras. Mas isso não significava que toda passagem tinha de ser lida literalmente. Em apoio a essa opinião, Galileu podia citar a autoridade dos Pais da Igreja: Orígenes, Basílio, Agostinho. "Assim, dado que em muitas passagens as Escrituras são não somente capazes de, mas necessariamente requerem interpretações diferentes do significado aparente das palavras, parece-me que em disputas sobre fenômenos naturais elas devem ser deixadas em último lugar."[26]

Galileu não estava dizendo nada novo. Seu argumento servia como licença para o estudo da filosofia natural desde o tempo de Abelardo. Mesmo assim, em círculos neuroticamente alertas para o fedor de enxofre do luteranismo, foi o bastante. A Inquisição, embora estivesse perfeitamente contente em permitir que Galileu relatasse o que via em seu telescópio, não tinha intenção de permitir que ele interpretasse as Escrituras como bem quisesse. Mesmo assim, ansiosos para não dizer tolices, os inquisidores romanos se deram ao trabalho de investigar os detalhes da hipótese de Copérnico — mais especificamente, se ela parecia ou não ser contradita

DOMÍNIO

pela filosofia natural e pelas Escrituras. Astrônomos eminentes foram consultados e opiniões especializadas sobre a questão foram escrupulosamente ouvidas. Em 24 de fevereiro de 1616, um painel de onze teólogos proferiu seu ponderado julgamento: não existiam provas conclusivas sobre o heliocentrismo e, consequentemente, ele seria condenado como "filosofia tola e absurda".[27] Alguns dias depois, houve outro alerta para Galileu. Roberto Belarmino, um cardeal endurecido pela guerra contra a heresia e o mais eminente teólogo jesuíta, o convidou para uma conversa amigável. Qualquer continuada promoção do heliocentrismo como fato estabelecido, em vez de mera hipótese, explicou Belarmino polidamente, seria recebida sem entusiasmo pela Inquisição. O astrônomo, reconhecendo o brilho do aço por trás do sorriso de seu anfitrião, curvou-se ao inevitável. "O mesmo Galileu", registrou o secretário de Belarmino, "aquiesceu a essa injunção e prometeu obedecer."[28]

A exigência de evidências empíricas enfrentou suposições desvairadas — e venceu. De qualquer modo, era isso que parecia à Inquisição. Especulações sobre a Terra girando em torno do Sol continuavam sendo perfeitamente lícitas. O heliocentrismo — a despeito dos pedidos do comitê criado para investigá-lo — tampouco foi condenado como herético. Belarmino assegurou a Galileu que, se ele fornecesse provas, a Igreja reconsideraria sua opinião. "Mas não acreditarei na existência de tal demonstração até que ela me seja feita."[29] Para frustração de Galileu, esse era um desafio que ele não podia superar.

Conforme os anos se passavam, sua impaciência aumentava. Dolorosamente consciente de que os astrônomos protestantes defendiam o heliocentrismo sem risco ou censura, ele ansiava por redimir o papado de um erro que, temia ele, poderia transformá-lo em motivo de riso. Após a eleição papal de 1623, Galileu foi capaz de apresentar esse argumento ao próprio papa. Urbano VIII se convenceu de que não haveria dano em permitir que seu amigo revisitasse a questão do heliocentrismo, desde que ele o rotulasse inequivocamente como hipótese. Durante seis anos, Galileu trabalhou em sua obra-prima: um diálogo fictício entre um aristotélico e um copernicano. Seguindo as instruções de Urbano, ele se assegurou de equilibrar o transparente entusiasmo de seu livro pelo heliocentrismo com citações do próprio papa, que avisara severamente que seria tolice para qualquer filósofo natural "limitar e restringir a sabedoria e o poder divinos com alguma fantasia própria".[30] Mas, no *Diálogo*, essa declaração foi colocada na boca de um aristotélico, um homem tão claramente estúpido que Galileu o chamou de Simplício. O papa, alertado para o que seu amigo escrevera, foi persuadido por conselheiros hostis a Galileu de que sua generosidade estava sendo usada contra ele.[31] Consciente de sua dignidade pessoal como somente um nobre italiano podia ser, Urbano se sentiu compelido a defender a autoridade da Igreja Universal. Galileu, convocado a Roma pela Inquisição, foi levado a julgamento. Em 22 de junho de 1633, foi condenado por ter defendido como "provável" a hipótese de que "a Terra se move e não é o centro do mundo".[32] Vestindo a túnica branca dos penitentes e ajoelhado artriticamente perante seus juízes, ele abjurou, com a voz trêmula, todas as suas heresias. Sua obra foi colocada no índice dos livros que os católicos estavam proibidos de ler. O próprio Galileu foi sentenciado ao aprisionamento a critério da Inquisição. Poupado do calabouço por Urbano, o mais celebrado filósofo natural do mundo passou seus nove anos restantes de vida em prisão domiciliar.

Todo o fiasco foi uma concatenação de mal-entendidos, rivalidades e egos feridos, mas, mesmo assim, o escândalo reverberou pela cristandade. As apostas pareciam ferozmente altas. A questão jamais fora as alegações rivais das Escrituras e da filosofia natural, pois, como dissera o cardeal Belarmino em 1616, ambas serviam para confirmar que não existia suporte definitivo para Copérnico. A questão tampouco foi, no fim das contas, um argumento sobre se o Sol se movia, pois uma questão muito mais sísmica estava em jogo. Galileu fora julgado em um momento no qual, nos campos de morte da Alemanha, o destino católico parecia desesperador. Uma sucessão de dramáticas vitórias do rei luterano da Suécia em defesa de seus colegas hereges o levara ao sul, chegando aos Alpes. Embora o próprio rei tivesse sido morto em batalha em 1632, o destino católico ainda estava na balança. Urbano, preso em uma complexa rede de alianças e rivalidades,

DOMÍNIO

não estava disposto a ceder um milímetro de sua autoridade a um filósofo natural presunçoso e egocêntrico. Isso, por sua vez, garantiu que os protestantes — que temiam o resultado da guerra na Alemanha tanto quanto os católicos — atribuíssem ao papa os motivos mais sombrios. Em vez de desesperada tentativa de manter a autoridade do papado, eles viram na condenação de Galileu uma ilustração de tudo que mais detestavam e temiam na Igreja católica. Em 1638, quando John Milton, um jovem puritano inglês, visitou a Itália, ele fez questão de visitar Florença.

"Foi lá que encontrei e visitei o famoso e agora idoso Galileu, prisioneiro da Inquisição por pensar na astronomia de maneira diferente dos censores franciscanos e dominicanos."[33] Nos anos seguintes, seria assim que os protestantes retratariam consistentemente seus oponentes católicos: como fanáticos preconceituosos demais para permitir o estudo dos céus. Galileu, entrementes, seria saudado como um dos seus. Mártir da superstição, ele também era um titã que, na nobre tradição de Lutero, usara o brilho de sua descoberta para dissipar as trevas do papismo e de Aristóteles.

Mas os filósofos naturais sabiam que não era assim. Eles sabiam estar, como católicos, unidos em uma única empreitada. Os jesuítas de Beijing certamente não hesitavam em consultar hereges se achassem que isso podia auxiliar sua causa. Schreck dependera intensamente das cartas celestiais enviadas a ele por um luterano. Protestantes e católicos, comunicando-se de um lado ao outro do globo, haviam partilhado a esperança de que os chineses pudessem ser levados a Cristo. Talvez não houvesse maneira melhor de compreender quão distintivo era o entendimento cristão da filosofia natural, quão profundamente enraizado no solo da cristandade, do que sendo um jesuíta na China. Em 1634, a apresentação do telescópio ao imperador chinês forneceu a Galileu um selo de aprovação inesperadamente global, mas em Beijing não houve nenhuma onda de excitação, nenhuma corrida de príncipes e eruditos para observar as crateras da Lua, como ocorrera em Roma. "É melhor não ter boa astronomia que ter ocidentais na China."[34] Foi isso que Yang Guangxian, um erudito ressentido com a posição dos jesuítas no Gabinete de Astronomia, disse

COSMOS

após a morte de Schreck. Ele identificou corretamente o nível em que a habilidade deles de compreender os céus estava enraizada em suposições que eram exclusivas aos cristãos. A obsessão dos jesuítas em descobrir leis que pudessem governar o cosmos, acusou Yang, levara-os a negligenciar o que a erudição confucionista sempre soubera ser o adequado objeto da astronomia: a adivinhação. Em pouco tempo, conseguiu fazer com que eles fossem demovidos de seus cargos. Por seis meses, foram mantidos na prisão, algemados a estacas de madeira. Somente a fortuita intervenção de um terremoto impediu sua execução. Mas, quatro anos depois, os jesuítas estavam de volta ao cargo. As tentativas de Yang de prever eclipses haviam se provado um constrangedor fracasso. Não havia outros astrônomos chineses capazes de aprimorar seus esforços. Parecia que o entendimento do cosmos subjacente à habilidade dos jesuítas de criar calendários acurados não se estendia facilmente a eruditos de uma tradição radicalmente diferente. O legado cristão de filosofia natural se revelara nada além de completamente cristão.

Entre os massacres daquela era, a comunicação dos eruditos entre as linhas que separavam protestantes de católicos foi uma lembrança de que, a despeito de seus ódios mútuos, eles ainda tinham muito em comum. 1650, a data que tanto Colombo quanto Lutero haviam anunciado como fim dos dias, viu a paz ser restaurada na Alemanha após trinta anos de guerra. O mundo não acabou. Os turcos foram mantidos a distância; o cristianismo persistiu. Certamente, muito foi perdido. O antigo ideal de unidade partilhada em Cristo — com o qual tantos, ao longo dos séculos, haviam se comprometido, mesmo ao custo de suas vidas — fora irreparavelmente destruído. Seria impossível soldar os fragmentos da cristandade ou reverter o processo de desintegração. Apesar disso, o pó da alvenaria destruída ainda era espesso no ar; e se era naquilo que as pessoas haviam começado a chamar de Europa que ele era inalado mais profundamente, havia outros, em assentamentos solitários na costa norte do Atlântico, no México ou nas terras do distante Pacífico, que também respiravam suas partículas. Galileu, olhando para

DOMÍNIO

o futuro, imaginara seus sucessores em um curso impossível de contemplar. "Será aberta uma estrada para uma ampla e excelente ciência, e mentes mais afiadas que a minha penetrarão ainda mais profundamente seus recessos." Mas não eram somente as ciências que aguardavam. Havia muitas passagens, muitas estradas.

A única constante era que todas tinham suas origens na cristandade.

MODERNITAS

XV

Espírito

1649: St George's Hill

EM 26 DE MAIO, O DIA em que o Lorde General, com seu séquito de oficiais, chegou cavalgando a St George's Hill, havia doze pessoas trabalhando sob o calor. Elas estavam cavando, plantando e espalhando esterco. A empreitada era ousada. Aquelas terras eram propriedade da Coroa desde tempos antigos. A lei contra invasões proibia estritamente qualquer tipo de semeadura. Mas os tempos eram difíceis e alguns locais, enfrentando a miséria, haviam passado a desprezar a própria noção de propriedade privada. Seu líder era um pequeno proprietário chamado Gerrard Winstanley, um ex-mercador de tecidos que se mudara de Londres para Surrey após falir em 1643. Toda a terra, declarou ele, era "um tesouro comum a todos, sejam ricos ou pobres".[1] Em 1º de abril de 1649, obedecendo a uma ordem direta do Espírito Santo, ele pegara sua enxada, fora para St George's Hill e começara a revirar o solo. Vários homens e mulheres haviam se unido a ele. Quase dois meses depois e a despeito de toda a hostilidade que haviam provocado entre os proprietários vizinhos, os "escavadores" [Diggers] estavam ocupados com seu milho, suas cenouras e seus feijões. "Pois nessa obra de restauração", insistira Winstanley desafiadoramente, "não haverá mendigo em Israel."[2]

A aproximação de soldados a cavalo normalmente teria enchido de terror qualquer invasor de terras da Coroa. Mas os tempos não eram nor-

DOMÍNIO

mais. Quatro meses antes, em um dia extremamente frio de inverno, o rei da Inglaterra fora degolado em frente a seu próprio palácio, Whitehall. A acusação fora alta traição. Logo depois, a monarquia fora abolida. Para os monarquistas — e havia muitos deles na Inglaterra —, a execução de Carlos I, ungido por Deus, não fora somente um crime, mas uma blasfêmia. Nada assim fora visto antes. Porém, para os apoiadores da nova comunidade inglesa, esse era precisamente o ponto. As causas que haviam levado o rei a um conflito armado com seu Parlamento eram muitas, e a estrada que o levara até o cadafalso era longa e tortuosa, mas nenhum dos presentes a seu julgamento duvidava que o dedo de Deus estava presente no novo desenho da Inglaterra. Winstanley concordava. A monarquia, dizia ele, era uma usurpação do poder de Deus. Assim como o domínio de todo lorde. Como os seguidores de Pelágio, que, muito antes, haviam zombado de qualquer noção de que a riqueza pudesse não ser tirânica, Winstanley interpretava literalmente os avisos das Escrituras, que "ameaçavam os homens ricos com a miséria, convidando-os a gritar e gemer".[3] O retorno de Cristo, que ele acreditava iminente, não seria dos céus, mas na carne de homens e mulheres. Todos partilhariam igualmente os tesouros da terra. Os males da queda de Adão estavam destinados a ser revertidos. Se Winstanley, ao se preparar para esse feliz evento, ficava perfeitamente feliz em sancionar o açoitamento dos que se recusavam a trabalhar e mesmo — em casos extremos — sua escravização, isso se devia a sua profunda confiança em sua causa. Cavar em St George's Hill era retomar o paraíso.

Mas não se sabia ao certo o que o Lord General poderia pensar de tudo isso. Sir Thomas Fairfax — embora comandasse um exército que, após sua transformação em 1645 na mais formidável força europeia, levara o rei à derrota — não aprovava regicídios. Em 16 de abril, ele fora alertado para as atividades dos escavadores. Winstanley, convocado a Whitehall para se explicar, conseguira persuadir Fairfax de que ele e seu projeto não representavam uma ameaça à ordem da Commonwealth; mas um mês depois as circunstâncias haviam mudado. Houvera motim. Somente a rápida ação de Fairfax e seu vice, Oliver Cromwell, um general tão formidável quanto

ESPÍRITO

devoto, conseguira contê-lo. Os amotinados haviam sido pegos de surpresa certa noite em Burford, uma cidade a oeste de Oxford. Na manhã seguinte, três haviam sido executados no pátio de uma igreja. A ordem fora restaurada com sucesso. Mas Fairfax, ao retornar a Londres, tinha boas razões para sentir renovada suspeita pelos escavadores. Cristo, que previra a ruína dos ricos e cujo retorno faria com que os pobres herdassem a terra, era saudado por Winstanley como "maior, primeiro e mais verdadeiro nivelador [*Leveller*] que já falou no mundo".[4] O título de "nivelador" não era original. Um dos amotinados já o reivindicara. Como Winstanley, eles acreditavam que posição e riqueza eram males, que todos eram iguais por natureza e que Cristo seria "o restaurador e reparador da queda do homem".[5] Mas soldados não podiam ser escavadores. Sem patentes, não haveria disciplina; sem disciplina, não haveria exército. A devoção religiosa na Inglaterra não estava segura a ponto de permitir isso. Cromwell, deixando Burford, começara a preparar uma expedição à Irlanda, uma notória fossa de papismo, onde os monarquistas continuavam a planejar o retorno da monarquia à Inglaterra e a destruição de tudo que o exército lutara por tanto tempo e tão duramente para conquistar. A responsabilidade de Fairfax, entrementes, era manter segura a retaguarda de seu tenente-general. O Lorde General, ao ignorar a estrada para Londres e cavalgar com seu grupo para inspecionar St George's Hill, tinha muito em que pensar.

Parando diante dos escavadores, ele fez um curto discurso de admoestação. Mas Winstanley não se assustou. Recusando-se a tirar o chapéu, ele também se recusou a moderar suas opiniões. Embora falasse sobriamente, não se dispunha a refrear o Espírito. Mais de um século antes, nos primeiros momentos da Reforma, Thomas Müntzer dissera que as Escrituras eram testemunhas menos certas da verdade que a fala direta de Deus à alma, e agora, na incubadora da Commonwealth inglesa, o Espírito novamente levava iluminação a homens e mulheres comuns. "Eu nada tenho", insistiu Winstanley, "além do que recebo de uma gratuita descoberta interior."[6] As provas do propósito de Deus eram encontradas mais certamente no menino do arado cujo coração fora tomado pela consciência da bondade essencial

DOMÍNIO

da humanidade que nas igrejas. Como Müntzer, Winstanley desprezava as disputas livrescas dos pastores. "Todos os lugares fedem com a abominação de professores e governantes egoístas." A verdadeira sabedoria era o conhecimento de Deus que todos os mortais poderiam ter se estivessem preparados para se abrir ao Espírito, pois Deus era a Razão. Era a Razão que levaria a humanidade a abandonar o próprio conceito de propriedade e se unir na construção de um paraíso na terra. Seus inimigos podiam considerar Winstanley um sonhador, mas ele não era o único. A ocupação de St George's Hill era uma declaração de esperança: esperança de que algum dia outros se juntariam aos escavadores e o mundo seria unido.

Declarações assim sempre provocavam alarme. "Anabatista" permanecia sendo um palavrão na Europa. Se homens e mulheres comuns passassem a se apresentar como recipientes do Espírito, sem mediação ou orientação de seus superiores, onde isso poderia parar? A verdade não podia negociar com o erro. Pastores e presbíteros — ansiosos para salvar da danação as almas sob seus cuidados — acreditavam nisso tão devotamente quanto qualquer inquisidor. Os horrores de Münster não haviam sido esquecidos. A liberdade rapidamente podia se tornar uma ameaça. Heresia, idolatria, cisma: era preciso se proteger contra todos eles. Talvez houvesse mesmo a necessidade — se um infrator se provasse contumaz — de invocar a sanção final. O próprio Calvino, em 1553, aprovara a queima na fogueira de um herege particularmente notório, um propagandista de visões sobre a Trindade tão chocantes que mal se podia dizer que eram trinitárias. Mais recentemente, em 1612, um herege fora queimado na Inglaterra por questionar, de modo similar, a divindade de Cristo e do Espírito. A vasta maioria dos puritanos, pegando em armas contra o rei em 1642, lutara contra ele na convicção de que a tolerância era "a porta dos fundos da meretriz da Babilônia".[7] Se os elementos do papismo na Igreja da Inglaterra eram um mal palpável, também o eram as blasfêmias dos sectários protestantes. Quando nem mesmo as Escrituras tinham peso contra as alegações de latoeiros e criadas de terem recebido revelações diretamente de Deus, havia o risco, na opinião de muitos puritanos, de que se acabasse duvidando até mesmo de Deus. "Uma

ESPÍRITO

liberdade de julgamento é pretendida e indagações são propostas, até que nada resta de certo e inabalável."[8]

Mas a vitória contra o rei não levara ao aumento da disciplina. Antes o contrário. A despeito da aprovação, em 1648, de um decreto contra a blasfêmia que punia o antitrinitarianismo com a morte e várias outras heresias com a prisão, ele se provou impossível de impor. As ruas de Londres — que haviam testemunhado um arcebispo de Canterbury e um rei serem conduzidos ao cadafalso — desdenhavam da própria noção de autoridade. Práticas e crenças que anteriormente se esgueiravam pelas sombras floresceram espetacularmente. Batistas que, como havia feito a primeira e mais radical geração de protestantes, consideravam o batismo infantil uma ofensa contra as Escrituras; quakers que tremiam e cujas bocas espumavam com a intensidade da possessão do Espírito; e faladores [Ranters] que acreditavam que todo ser humano era uma parte de Deus transformaram em chacota a noção de uma única igreja nacional. Sua disseminação, para os entusiastas da disciplina presbiteriana, era como a peste. A ordem cristã na Inglaterra parecia em risco de total desintegração.

Mas o que para um fiel era anarquia para outro podia muito bem ser liberdade. Os presbiterianos que buscavam transformar outros protestantes em criminosos por reivindicarem os dons do Espírito tinham de agir com cuidado. Incendiados pelo efeito transformador da graça divina, eles podiam facilmente ser representados como hipócritas. Milton, cuja visita a Galileu aumentara seu ódio pela censura, avisou a seus colegas puritanos que o exemplo de Calvino podia ofuscá-los. Idolatrar os reformadores de uma era anterior era se comportar como os papistas. A verdadeira reforma nunca terminava. Era sempre uma obra em andamento. Todo cristão tinha de ser livre para buscar seu próprio caminho até Deus. Não cabia ao Estado, e muito menos à Igreja, restringir as obras do Espírito. "Nenhum homem ou corpo de homens desta era pode ser o juiz ou determinador infalível, em questões religiosas, da consciência de qualquer outro homem, mas somente da sua."[9]

Em um país protestante, afinal, "religião" seria o quê? Cortada das amarras católicas, a palavra evoluíra e adquirira dois significados distintos.

DOMÍNIO

Ela era, como declarara Carlos I, "a única fundação firme de todo poder; se for afrouxada ou corrompida, nenhum governo pode ser estável".[10] Os presbiterianos concordavam. A concepção de religião para ambos os lados da guerra civil era essencialmente a mesma: o entendimento de como deveria ser o relacionamento entre a Inglaterra e Deus. Se isso era verdade, então claramente não se podia tolerar rivais. A Reforma precisava ser completada e sua vitória tinha de ser total. Mas essa não era toda a história. A religião também era algo íntimo, pessoal. Uma palavra que já fora usada para descrever a vida comunal em uma abadia ou um convento adquirira um significado muito diferente: o relacionamento privado que um protestante podia ter com o Espírito. Fairfax, repreendendo os escavadores, falou tanto como presbiteriano quanto como homem encarregado, em função de seu cargo, da manutenção da verdadeira religião na Inglaterra; mas Winstanley, ao falar de seu dever para com Deus e se recusar a abandonar St George's Hill, obedecia igualmente a sua religião. Fairfax, consciente disso, optou por não insistir. Satisfeito novamente com o fato de os escavadores não serem uma ameaça à ordem pública, ele retornou à estrada e continuou seu caminho até Londres. Winstanley e seus companheiros, por sua vez, voltaram a cavar.

Entre as demandas dos que acreditavam que só havia uma religião verdadeira e os que acreditavam que Deus desejava que todos praticassem sua religião livremente, não havia reconciliação fácil. Fairfax ter tentado encontrar um meio-termo refletia o fato de que, como Lorde General, ele tinha na Commonwealth uma posição de autoridade mais preeminente que a de qualquer outro civil. A verdadeira vitória na guerra contra o rei fora não do Parlamento, mas do exército. Comandá-lo era, inevitavelmente, estar encarregado de encontrar a quadratura do círculo. Em 1650, Fairfax deu um basta. Muito mais feliz na sela do que na câmara do conselho, ele renunciou. Seu substituto foi um homem muito mais confortável com o exercício do poder e que, ao contrário de Fairfax, não era presbiteriano: Oliver Cromwell. Quando, no fim de 1653, ele foi nomeado Lorde Protetor da Commonwealth, ele governou tanto como autocrata militar quanto como

ESPÍRITO

primeiro chefe de Estado protestante a apoiar a liberdade de consciência. A guerra civil entre dois programas rivais de governo autoritário foi retratada por seus propagandistas como conflito pela liberdade. A Constituição fundadora do protetorado deixava isso explícito: "Os que professam fé em Deus através de Jesus Cristo não devem ser proibidos de fazer isso, mas protegidos na profissão de sua fé e no exercício de sua religião."[11]

Essa era uma declaração retumbante — mas tomada de ambivalência. Quem, precisamente, professava fé em Deus por intermédio de Jesus Cristo? Certamente não os católicos. Em maio de 1649, na véspera da expedição de Cromwell, haviam circulado panfletos entre os amotinados em Burford lamentando o futuro massacre. "[Já] vadeamos por tempo demais no rio carmim do sangue dos inocentes e dos cristãos."[12] O panfleto fora uma expressão da mesma repulsa e do mesmo desespero que no continente, no ano anterior, ajudara a pôr fim a trinta anos de matança. Pelos termos de uma série de tratados assinados no território alemão de Vestfália, uma "paz cristã, geral e permanente"[13] fora levada às ensanguentadas terras do império. Os príncipes que os assinaram se comprometeram a não forçar sua própria religião a seus súditos. Católicos, luteranos e calvinistas receberam a liberdade de venerar como quisessem. Essa fórmula, longe de tentar banir a religião do funcionamento do Estado, constituía o oposto: o projeto de estabelecer uma ordem propriamente cristã. Em vez de uma traição a Cristo, que urgira seus seguidores a amar seus inimigos, ela expressava a consciente ambição de estar à altura de seus ensinamentos. A tolerância em relação à diferença religiosa fora consagrada como virtude cristã.

Cromwell, vitorioso em suas próprias guerras como nenhum outro general do continente, e confiante do apoio divino por causa disso, não sentira necessidade de estender a mesma tolerância aos rebeldes católicos na Irlanda. Sua campanha obedecera às mesmas regras de guerra que haviam levado tal ruína à Inglaterra, mas o próprio Cromwell, longe de lamentar seus horrores, exultara em seu papel de instrumento da justiça divina. Como Lord Protector, ele foi similarmente inflexível. Os papistas, embora fossem livres para acreditar no que quisessem, não podiam praticar seus

DOMÍNIO

ímpios rituais. O fato de haver na Inglaterra protestantes ousados o bastante para condenar essa hipocrisia não o abalou. Argumentos como o de um editor de Milton, de que "um sermão protestante é tão idólatra para um papista quanto uma missa papista é para um protestante",[14] só serviram para provocar sua indignação. Quando os radicais excediam os limites das opiniões que considerava aceitáveis, ele ficava confuso e irritado. Eles eram "uma desprezível e desdenhável geração de homens".[15]

A revolução chegara à Inglaterra em meio ao tumulto das batalhas e execuções. Mesmo assim, durante o protetorado de Cromwell, ela teve um aspecto mais sóbrio: o compromisso. Entre o anseio dos presbiterianos por uma comunidade purificada e as exigências dos radicais pela liberdade religiosa absoluta, o Lord Protector trilhava um caminho delicado. Quando um antitrinitarista foi sentenciado ao exílio e um quaker que personificara Cristo à mutilação, nenhum dos lados ficou satisfeito. Mas estava claro, a partir das intervenções pessoais de Cromwell para assegurar que nenhum deles receberia a pena de morte e de sua disposição em permitir que o decreto contra a blasfêmia de 1648 fosse ignorado, quais eram suas convicções. Não era — como fora para os diplomatas que haviam esboçado os tratados de Vestfália — a necessidade de conseguir a paz com seus inimigos que o levava a aceitar a tolerância como dever cristão. Era seu senso de si mesmo como recipiente do Espírito e sua leitura atenta das Escrituras. "Portanto, você", perguntara Paulo aos romanos, "por que julga seu irmão? E por que despreza seu irmão? Pois todos compareceremos diante do tribunal de Deus."[16]

Cromwell, a despeito da ambição que ajudara a tirá-lo da obscuridade provincial e levá-lo ao governo da Grã-Bretanha, era um homem consciente demais das prerrogativas divinas para tentar usurpá-las. Ele preferia que o islã fosse praticado na Inglaterra a ver "um dos Filhos de Deus ser perseguido".[17] Livros podiam ser queimados, mas não os homens que os escreviam. Mesmo os papistas, a despeito do ódio de Cromwell por sua religião, eram convidados a sua mesa. Em 1657, em um gesto particularmente surpreendente, ele assegurou que o filho do fundador de Maryland — uma colônia

ESPÍRITO

estabelecida no Novo Mundo especificamente para fornecer refúgio aos ingleses católicos — não fosse privado de seus direitos à província. Assim, a tolerância era um princípio que até mesmo os mais fiéis servos de Deus podiam defender de variadas maneiras. A iluminação do Espírito nem sempre era facilmente traduzida para a política. Ocasionalmente, em vez do êxtase da certeza, ela podia gerar a necessidade de compromissos. Parecia que a devoção às vezes podia ser expressa a partir da ambiguidade.

Nenhum professor além da luz

Quando Cromwell brincou sobre o islã, ele podia se dar ao luxo de ser despreocupado. Não havia a mais remota possibilidade de muçulmanos desejarem se estabelecer na Inglaterra. Mesmo assim, a questão sobre se uma Commonwealth devota devia tolerar os que não reconheciam Cristo como Senhor era típica. Em 1655, um rabino residente em Amsterdã chegara a Londres. Menasseh ben Israel chegara com uma solicitação. Apelando diretamente a Cromwell, ele implorara para que os judeus recebessem o direito legal de residir na Inglaterra. O banimento imposto em 1290 jamais fora rescindido. Muitos protestantes achavam que não devia ser. A hostilidade cristã pelos judeus, longe de ser moderada pela Reforma, fora de muitas maneiras refinada por ela. Lutero, lendo a carta de Paulo aos gálatas, encontrara nela inspiração direta para sua própria campanha contra o papado. O Espírito era tudo. Aqueles que negavam a primazia da fé como caminho até Deus — fossem papistas ou judeus — eram culpados de um nefasto legalismo. Ressecados e estéreis, eles impediam o pecador ofegante de chegar às águas revivificantes da verdade. Para Lutero, a continuada insistência dos judeus de serem o Povo Escolhido de Deus era uma afronta pessoal. "Nós, os tolos gentios, que não éramos o povo de Deus, agora somos o povo de Deus. Isso deixa os judeus perturbados e estúpidos."[18] Mas, se havia alguém perturbado, era Lutero. No fim da vida, ele passara a alimentar fantasias de perseguição que iam muito além de qualquer coisa que o papado já tivesse

DOMÍNIO

sancionado. Ele exigira que os judeus fossem reunidos, abrigados sob um único teto, forçados ao trabalho. Seus livros de orações, seus talmudes e suas sinagogas tinham de ser queimados. "E o que não queimar deve ser enterrado e coberto de terra, a fim de que nenhum homem jamais veja uma pedra ou cinza do que restou."[19]

Mesmo os admiradores do Lutero tendiam a ver isso como extremo. Por mais disseminado que fosse o ressentimento contra os judeus entre os protestantes, alguns simpatizavam com eles. Na Inglaterra, onde a autoidentificação dos puritanos como novo Israel levara a um surto de estudo de hebraico, essa simpatia ocasionalmente se transformava em quase admiração. Mesmo antes da chegada de Menasseh a Londres, havia sectários que afirmavam ser pecado "que os judeus não tenham permissão para a profissão e o exercício de sua religião entre nós".[20] Alguns avisaram que a cólera de Deus cairia sobre a Inglaterra a menos que se demonstrasse arrependimento por sua expulsão. Outros exigiam sua readmissão a fim de que pudessem ser mais facilmente conquistados para Cristo e, consequentemente, apressar o fim dos dias. Cromwell, que convocara uma conferência em Whitehall para debater o pedido de Menasseh, era simpático a essa perspectiva. Entretanto, não conseguiu apoio formal para ela. Assim, tipicamente, optou pelo compromisso. A permissão escrita para que os judeus se estabelecessem na Inglaterra foi negada, mas Cromwell deu a Menasseh um consentimento privado e uma pensão de 100 libras. O efeito prático foi comentado pelo autor de um diário naquele mesmo dezembro: "Os judeus foram admitidos."[21]

Mas não em números suficientes para satisfazer alguns na Inglaterra. Os Amigos, como os quakers chamavam a si mesmos, sentiam ter uma missão entre os judeus. "O Senhor moveu seu espírito em mim, e sua palavra veio até mim (e foi em mim como um fogo)."[22] Fora esse impulso ardente de proclamar o reino de Deus — que inspirava alguns Amigos a pregarem nus e outros vestindo sacos e cobertos de cinzas — que frustrara todas as tentativas de extingui-lo. Ao contrário dos escavadores, que haviam sido expulsos de suas várias comunas pelos proprietários de terras locais, os

ESPÍRITO

quakers haviam positivamente florescido em face da hostilidade oficial. As mulheres eram particularmente ativas. Uma delas, marchando até os aposentos privados de Cromwell em Whitehall, ousadamente chamara o Lord Protector de "pilha de estrume" e passara uma hora urgindo-o ao arrependimento; outra, que já fora criada, viajara até Constantinopla, onde de algum modo conseguira pregar ao próprio sultão. Mas eram os judeus os objetos particulares da esperança dos quakers. A recusa de Cromwell de lhes conceder o direito formal de admissão levou os missionários a partirem para Amsterdã. Os primeiros sinais não foram promissores. Os judeus pareciam resolutamente desinteressados na mensagem dos quakers, as autoridades eram hostis e somente um dos missionários falava holandês. Mesmo assim, os quakers não tinham o hábito de se desesperar. Um dos missionários relatou que havia "no peito dos judeus uma centelha que, no devido tempo, pode se transformar em uma chama ardente".[23]

Para qualquer Amigo, isso era encorajamento suficiente. Por mais versados que os quakers fossem nas Escrituras, eles, como outros radicais, não a viam como fonte mais direta da verdade. Os mais suscetíveis entre eles — para constrangimento de seus líderes — ocasionalmente queimavam bíblias em público. Somente a abertura não mediada ao Espírito podia permitir que o rancoroso sectarismo dos outros cristãos fosse transcendido. "Aquele que toma as letras pela luz, quando as letras dizem que Cristo é a luz, é cego."[24] Como essa luz devia ser definida — se como a consciência de todos os seres humanos mencionada por Paulo, como o Espírito, como Cristo ou como uma mistura dos três, ou talvez algo inteiramente diferente — era uma pergunta para a qual os quakers não podiam fornecer uma resposta consistente. Mas isso não os preocupava. Sentir a luz era conhecê-la. Essa foi a mensagem de Margaret Fell, uma das fundadoras da Sociedade Religiosa dos Amigos, dirigida diretamente a Menasseh. Um segundo panfleto, *A Loving Salutation, to the Seed of Abraham Among the Jews* [Saudação amorosa à semente de Abraão entre os judeus], rapidamente se seguiu. Ansiosos para passar ambos os tratados para o hebraico, os missionários quakers em Amsterdã ficaram deliciados em relatar a Fell que haviam conseguido con-

DOMÍNIO

tratar os serviços de um tradutor. Esse tradutor não somente era um hábil linguista, como fora pupilo do próprio Menasseh.[25]

Baruch Spinoza não era um judeu comum. Aliás, ele mal se considerava judeu. Em julho de 1656, ele fora formalmente expulso, amaldiçoado e condenado pela sinagoga de Amsterdã. Tal sentença não era incomum, e era dada na certeza de que os infratores — em vez de correrem o risco de ser permanentemente excluídos da comunidade — correriam para fazer as pazes com o conselho governante da sinagoga. Mas Spinoza se recusara. Ele tinha portos alternativos onde se refugiar. Em vez de os missionários quakers o abordarem em Amsterdã, ele abordara os Amigos. Escrevendo a Margaret Fell, um deles explicou que Spinoza fora "expulso (como dizem ele mesmo e outros) porque não reconhece nenhum professor além da luz".[26] Fosse o relato acurado ou não, certamente era verdade que, após sua excomunhão, Spinoza tivera abundância de companhia e apoio. No entanto, buscara refúgio não entre os quakers, mas entre seus equivalentes holandeses. Os Colegiantes, como eram chamados, haviam reconhecidamente brotado do mesmo solo que seus colegas radicais na Inglaterra. Eles desdenhavam das reivindicações de autoridade da Igreja pública, dos ideais de hierarquia e sacerdócio e das rivalidades sectárias. Os Amigos holandeses de Spinoza, como seus contatos quakers, acreditavam que a verdadeira santidade era iluminação. "É isso que leva o homem à verdade, ao caminho para Deus, que lhe permite fazer o bem, dando-lhe paz de consciência e o levando à união com Deus, na qual residem toda a felicidade e toda a salvação."[27]

Estabelecer-se entre tais protestantes — como fez Spinoza em 1660, quando se mudou para Rijnsburg, um vilarejo próximo de Leiden que se tornara o centro da vida colegiante — era muito conscientemente tomar partido na maior divisão da sociedade holandesa. A purga de pregadores dissidentes em 1619 fornecera à Igreja Reformada uma vitória somente temporária. Durante décadas, promotores rivais de disciplina e tolerância estavam em um impasse efetivo. Entrementes, na Inglaterra, novos levantes aguçavam o senso do que estava em jogo. Dois anos após a morte de Cromwell em 1658, a monarquia foi restaurada — e a Igreja da Inglaterra,

ESPÍRITO

com ela. Uma Lei de Uniformidade empurrou os quakers e outros dissidentes religiosos para as margens. Para os protestantes da Holanda que rejeitavam as pretensões das igrejas institucionais, afirmavam que a iluminação pessoal era o caminho mais seguro para a verdade e liam a palavra de Deus como algo escrito preeminentemente em suas consciências, esse fora um aviso sombrio. Os inimigos da tolerância estavam por toda parte. A liberdade jamais estava garantida, nem mesmo na Holanda. Quando, em 1665, Spinoza começou a escrever um livro em defesa da liberdade religiosa, o elogio que fez a sua pátria entremeava ironia e gratidão. "Somos afortunados por gozarmos da rara felicidade de viver em uma república na qual a liberdade de toda pessoa de julgar por si mesma é respeitada, todo mundo tem permissão para venerar Deus de acordo com sua própria mente e nada é mais valorizado ou doce que a liberdade."[28]

Fora o próprio Calvino que propusera que a verdadeira obediência a Deus fosse baseada na liberdade.[29] Spinoza, ao defender a tolerância, participava de um debate que sempre fora fundamental para o protestantismo. Mas isso não significava que se considerava limitado por ele. Antes o contrário: sua ambição era demonstrar que o conflito religioso, quem dirá a luta religiosa, era idiota. Sendo esmerilhador de lentes, ajustando o vidro de telescópios e microscópios, ele sabia como era calibrar um instrumento que podia revelar maravilhas invisíveis ao olho nu. Spinoza contemplava o cosmos não como cristão, e menos ainda como judeu, mas como filósofo. Em vez de tentar desmanchar o nó górdio da teologia, ele tentava cortá-lo. Em 1662, rumores sobre suas opiniões chocantes já haviam começado a circular em Amsterdã. Relatava-se que ele acreditava que todas as substâncias eram infinitas e incapazes de produzir outras. Sendo assim, só podia existir uma única substância. Deus era "nada menos que o universo inteiro".[30] Ele não existia para além das leis que governavam o cosmos e que gerações de filósofos naturais haviam tentado identificar; ele era essas leis. Abelardo, ao declarar que "tudo que se origina sem milagre pode ser adequadamente compreendido" dissera uma verdade maior do que imaginava. Milagres não existiam. Eles eram uma impossibilidade. Só

DOMÍNIO

existia a natureza, e todos os decretos e mandamentos de Deus, toda a sua Providência, na verdade eram somente a ordem natural. Não menos que Calvino, Spinoza via o destino de todo ser humano como irrevogavelmente preordenado. Mas Deus não era nenhum juiz divino. Ele era geometria. "Pois todas as coisas se seguem do decreto eterno de Deus, assim como se segue da essência de um triângulo que seus três ângulos sejam iguais a dois ângulos retos."[31]

Esse não era, claro, um Deus que muitos pastores teriam reconhecido — e, para Spinoza, esse era precisamente o ponto. Sua ambição ao questionar os próprios fundamentos da crença cristã era tanto política quanto filosófica. "Como é pernicioso", declarara ele, "tanto para a religião quanto para o Estado, permitir que ministros das coisas sagradas tenham o direito de estabelecer decretos ou cuidar dos negócios do governo."[32] Muitos protestantes concordavam; mas, na República Holandesa, cada vez mais a maré parecia estar se virando contra eles. Em 1668, um pregador reformado fortemente influenciado por Spinoza foi preso; seu irmão, condenado por blasfêmia, morreu na prisão um ano depois. Spinoza, dando os toques finais em seu livro, estava convicto de que a única maneira de aniquilar a autoridade da Igreja Reformada era atacar as fundações das quais ela dependia. A própria religião tinha de ser desacreditada. Simultaneamente, ele sabia quão perigoso era esse caminho. Ao ser publicado em Amsterdã no início de 1670, o *Tratado teológico-político* não trazia seu nome na capa. Também declarava que fora publicado em Hamburgo. Os guardiões da ortodoxia reformada não se deixaram enganar. No verão de 1674, as autoridades holandesas foram persuadidas a proibir formalmente o livro. A diretiva listava toda uma litania de suas mais monstruosas blasfêmias: "contra Deus e seus atributos e sua venerável trindade, contra a divindade de Jesus Cristo e sua verdadeira missão, juntamente com os dogmas fundamentais da verdadeira religião cristã e, com efeito, a autoridade das Sagradas Escrituras".[33] A notoriedade de Spinoza como inimigo da religião cristã estava assegurada.

Mas, na verdade, o *Tratado teológico-político* era um livro que somente um homem profundamente saturado de suposições protestantes poderia ter

ESPÍRITO

escrito. O que o tornava tão perturbador para as autoridades holandesas era menos que ele repudiava suas crenças que as levava a sua implacável conclusão. A genialidade de Spinoza fora voltar as estratégias que Lutero e Calvino haviam empregado no combate ao papismo contra o próprio cristianismo. Quando comentou quantas pessoas eram "servas da superstição pagã",[34] quando considerou os rituais de batismo ou a celebração de dias festivos meras "cerimônias"[35] e quando lamentou que os ensinamentos originais de Cristo tivessem sido corrompidos pelos papas, ele nada disse que um severo pastor reformado também não teria dito. Mesmo a mais escandalosa de suas alegações — a de que a crença em milagres era uma tolice supersticiosa e que a leitura atenta das Escrituras demonstraria que eles tinham origem humana, e não divina — era somente um argumento protestante levado a um extremo radical. Quando Spinoza tentou substanciá-las, ele se descreveu — assim como fizera aos quakers — como pupilo "da luz". Naturalmente, não descreveu sua própria experiência de iluminação como algo sobrenatural. Aqueles que alegavam ser iluminados pelo Espírito meramente inventavam uma sanção para suas próprias fantasias. A verdadeira iluminação derivava da razão. "Não presumo ter encontrado a melhor filosofia", escreveu ele a um ex-aluno que, para seu desânimo, convertera-se ao catolicismo, "mas sei que entendo a verdadeira filosofia."[36] Aqui também ele empregou uma estratégia familiar. Os protestantes insistiam na correção de sua própria interpretação das Escrituras e deram seu próprio entendimento do propósito de Deus desde o confronto entre Lutero e Caetano. Agora, na pessoa de Spinoza, essa tradição começara a canibalizar a si mesma.

O próprio Spinoza a considerava mais que meramente protestante. Sendo um judeu versado na lei de seus ancestrais, que partira de sua própria comunidade para pregar uma nova mensagem, radical e inquietante, ele não hesitou em indicar quem ele via como seu mais óbvio ancestral. "Paulo, ao ser convertido, viu Deus em uma grande luz."[37] Spinoza insinuou que essa luz fora autenticamente divina. Paulo, ao contrário de Moisés e dos profetas, adotara os métodos de um filósofo: debatendo com seus oponentes e submetendo seus ensinamentos aos julgamentos de outrem. A crítica

DOMÍNIO

do judaísmo feita por Spinoza, por mais que estivesse disfarçada com um tom de distanciamento acadêmico, era reconhecivelmente cristã. Ele admirava Paulo tanto quanto Lutero o admirara: como apóstolo que levara a toda a humanidade a boa notícia de que os mandamentos de Deus estavam escritos em seus corações. Ao contrário do Antigo Testamento — um termo usado enfaticamente em todo o *Tratado teológico-político* —, o Novo falava de uma lei que era para todos os povos, e não somente um; que constituía a "verdadeira liberdade",[38] em vez de um opressor legalismo; e que era mais bem compreendida através da luz. "Qualquer um que tenha em abundância os frutos do amor, da alegria, da paz, da paciência, da gentileza, da bondade, da lealdade, da delicadeza e do autocontrole, contra os quais (como disse Paulo em sua Epístola aos Gálatas, 5:22) não há lei, ele, tenha sido ensinado somente pela razão ou somente pelas Escrituras, verdadeiramente foi ensinado por Deus, e é totalmente feliz."[39]

Spinoza certamente não aprovava todas as virtudes cristãs. Ele considerava a humildade e o arrependimento irracionais, e a pena, "má e improdutiva".[40] Mesmo assim, sua equação entre os ensinamentos de Cristo e as leis universais da natureza foi uma manobra tão audaciosa quanto brilhante. A cristãos pouco entusiasmados com a perspectiva de venerar um triângulo ele ofereceu o que se provaria uma importante garantia: a de que grande parte do cristianismo, mesmo sem a crença no criador Deus de Israel, podia ser mantida. Embora desdenhasse privadamente de qualquer noção de que Jesus pudesse ter se levantado dos mortos, ele afirmou sem hesitação que Cristo — como fazia questão de chamá-lo — chegara a um nível super-humano de perfeição. "Assim, sua voz pode ser chamada de voz de Deus."[41] Mesmo em seus textos não publicados, Spinoza manteve esse tom de fascínio. Ele identificou a liberdade — a causa que valorizava acima de todas as outras — diretamente com "o espírito de Cristo".[42] Por mais notória que fosse, em toda a Europa, sua inimizade pelo pensamento religioso, permanecia em sua atitude em relação a Jesus um profundo senso de enigma. Quando, nas décadas que se seguiram a sua morte em 1677, tanto seus inimigos quanto seus admiradores o saudaram como "principal ateu de nossa era",[43] as ambi-

ESPÍRITO

valências de sua atitude em relação ao cristianismo e a maneira pela qual sua filosofia constituiu menos um início que uma mutação foram rapidamente esquecidas. Os quakers, ao pregar que era a luz interior que permitia que a verdade fosse conhecida, e os Colegiantes, ao pregarem que essa luz era Cristo, haviam aberto um caminho para Spinoza. Todos eles, quer confiassem no Espírito, na razão ou em ambos, sonharam que as disputas sectárias podiam ser solucionadas para sempre, e todos falharam.

Spinoza, longe de aquietar a babel de doutrinas rivais, somente acrescentou a elas sua própria variante de crença cristã.

O progresso do corcunda

Ser cristão era ser peregrino. Essa convicção, amplamente partilhada pelos protestantes, não implicava nenhuma nostalgia pelos dias sombrios do papismo, quando monges enganavam os fiéis e os convenciam a percorrer vastas distâncias para se curvar e rastejar perante falsas relíquias. Ela significava uma jornada pela vida, na esperança de que, em seu fim, o peregrino fosse recebido por anjos brilhantes, vestido em trajes que cintilavam como ouro e conduzido aos céus, à cidade na colina. Tal compromisso não era facilmente cumprido. Havia muitos impedimentos no caminho: lamaçais de desânimo, feiras cheias de vaidades e momentos nos quais o desespero parecia pairar sobre eles como um gigante. Muitos, em vez de prosseguir penosamente por tal estrada, suportando o fardo que era a consciência de seus próprios pecados, compreensivelmente escolhiam ficar onde estavam. Mas essa jamais era uma opção para os que percebiam estar vivendo em uma cidade de Destruição. "Eu caí, como um pássaro derrubado do alto de uma árvore, em grande culpa e temeroso desespero",[44] lembrou um pregador itinerante, falando das trevas que haviam precedido a luz da chegada do Espírito. Desse momento em diante, toda a sua vida fora uma incansável jornada na direção da santidade. Era isso ser um peregrino. O verdadeiro cristianismo não era nada senão progresso. A peregrinação para

DOMÍNIO

a cidade celestial não exigia, é claro, que os cristãos caminhassem literalmente. Os que somente aguardavam também serviam. Mesmo assim, algo da inquietação que levara à fundação de Plymouth em 1620 continuava a inspirar em numerosos protestantes o anseio de deixar para trás as misérias e tentações do velho mundo e recomeçar. Alguns estavam dispostos a atravessar o mundo para conseguir isso. Em 1688, 150 dos calvinistas que haviam sido recentemente expulsos da França por ordem real — os "huguenotes" — entraram em um navio e partiram para a colônia do Cabo, um assentamento fundado por comerciantes holandeses no extremo sul da África. Mas a maioria dos protestantes continuava a ir para a América. Em Massachusetts, onde em 1661 fora aprovada uma lei que proibia que quakers fossem amarrados a carroças e açoitados, os puritanos continuavam a manter uma uniformidade de veneração que, na pátria mãe, o protetorado de Cromwell condenara para sempre. Ao sul de Boston e Plymouth, não faltavam locais onde os dissidentes podiam se estabelecer sem medo de perseguição. A mais visionária de todas era uma colônia chamada Filadélfia, "amor fraterno". Seu fundador, William Penn, se revelou um homem paradoxal. Filho de um dos almirantes de Cromwell, ele era simultaneamente um dândi com estreitos laços com a corte real e um quaker que fora repetidamente preso por suas crenças. A Filadélfia, a capital de um grande território concedido a ele por decreto real, fora projetada para servir como "experimento sagrado":[45] uma cidade sem paliçadas, em paz com os índios locais, na qual todos "que professam fé em Jesus Cristo"[46] podiam ter cargos públicos. Assim como as colônias devotas da Nova Inglaterra haviam sido fundadas para servir de modelo ao mundo todo, a Filadélfia pretendia ser um paraíso de tolerância. No início do século XVIII, suas ruas estavam cheias de anabatistas e quakers, alemães e ingleses. Havia judeus. Havia até mesmo católicos. Cada vez mais, era a Nova Inglaterra — outrora a vanguarda da expansão protestante ultramarina — que parecia estar em descompasso com os tempos.

Naquela época, cruzar o Atlântico era reivindicar a liberdade que Paulo proclamara pertencer a todo cristão. "Foi para a liberdade que Cristo nos

ESPÍRITO

libertou."[47] No outono de 1718, quando um quaker chamado Benjamin Lay navegou para o Caribe com a esposa Sara, ele o fez na confiança de que estaria literalmente entre Amigos. Barbados, uma colônia inglesa havia quase cem anos, agora pertencia — após a união entre Inglaterra e Escócia em 1707 — ao Império Britânico. Ela era, nas palavras de um colono, "uma babel de todas as nações e condições de homens".[48] Porém, mesmo entre as cores e os clamores de Bridgetown, o principal porto da ilha, os Lay se destacaram. Ambos eram corcundas; ambos mal chegavam a 1,20 metro. Lay, de 41 anos, a despeito de ter pernas "tão finas que mal pareciam capazes de suportá-lo",[49] levava uma vida surpreendentemente ativa. De origens humildes, ele trabalhara como luveiro, pastor e marinheiro; visitara o poço na Síria ao lado do qual Jesus supostamente se sentara; e peticionara pessoalmente o rei britânico. Sua pequena estatura o tornava ainda mais determinado a ser fiel "ao conselho e às direções do Espírito Santo"[50] e a se opor a tudo que via como contrário a Cristo. Em uma era na qual muitos quakers começavam a valorizar a respeitabilidade, Lay representava o retorno a seu início mais tempestuoso e agressivo. Na Inglaterra, isso lhe garantira muitos inimigos. Chegando a Barbados, ele estava prestes a ter muitos mais.

Nem todo mundo que ia para o Novo Mundo o fazia por escolha. Certo dia, visitando um quaker que vivia a alguns quilômetros de Bridgetown, Sarah Lay ficou chocada ao encontrar um africano nu pendurado em frente à casa. O homem fora selvagemente chicoteado. O sangue, escorrendo de seu corpo trêmulo, formara uma poça na poeira. Moscas enxameavam suas feridas. Como os mais de 70 mil africanos em Barbados, o homem era um escravo. O quaker, explicando a Sarah que o homem era um fugitivo, não sentira necessidade de se desculpar. Na época dos Lay, dava-se o mesmo que na época de Gregório de Nissa: a escravidão era vista pela esmagadora maioria dos cristãos como muito parecida com a pobreza, a guerra ou a doença — um brutal fato da vida. O fato de não haver escravos nem livres em Cristo Jesus não significava que a distinção fora abolida. Os europeus, que viviam em um continente onde a instituição praticamente desaparecera, raras vezes pensavam em condená-la. Até mesmo Bartolomeu de las

DOMÍNIO

Casas, cuja campanha para redimir os índios da escravidão se tornara o foco de toda a sua vida, jamais duvidara que a servidão podia ser merecida como punição por certos crimes. No Caribe, como na América espanhola, a necessidade de trabalhadores que pudessem resistir ao clima quente e úmido sem morrer em função de doenças tropicais, como acontecia com os europeus, fazia com que a compra de africanos parecesse um recurso óbvio. Nenhum cristão deveria se sentir culpado por isso. Abraão tinha escravos. As leis do Pentateuco regulamentavam seu tratamento. Uma carta escrita pelos seguidores de Paulo, mas atribuída a ele, urgia-os a obedecer a seus proprietários, "não somente para agradar os homens quando eles estão observando, mas com sinceridade de coração, pelo fato de vocês temerem ao Senhor".[51] A punição de um fugitivo, portanto, podia muito bem ser vista como obra de Deus. Até mesmo Lay, a despeito de não ser proprietário de escravos, já usara o chicote quando escravos de outras pessoas o haviam roubado. "Às vezes eu conseguia pegá-los, e então os chicoteava."[52]

Lay, quando se lembrava de ter açoitado as costas de um escravo faminto, não buscava justificativas nas Escrituras. Ao contrário, sentia somente uma esmagadora repulsa por si mesmo. Sua culpa era a de um homem que subitamente se vira na cidade da Destruição. "Ó, meu coração doeu dentro de mim muitas vezes, de ver e ouvir; e agora, agora, agora é assim."[53] Las Casas, similarmente levado à consciência de seu pecado, procurara orientação no grande legado da erudição católica: em Caetano, Aquino e nas compilações de direito canônico. Lay buscou orientação no Espírito. Quando ele e a mulher, confrontando destemidamente os proprietários de escravos em Barbados, rogaram para que eles examinassem "seus próprios corações",[54] foi com uma certeza interna em relação ao significado final das Escrituras. O Deus que Lay sentia como iluminação tirara seu Povo Escolhido da escravidão no Egito; seu filho lavara pés, tivera uma morte humilhantemente agônica e redimira a humanidade da servidão. Comercializar escravos, separá-los de seus filhos, chicoteá-los, torturá-los, queimá-los, esfaimá-los, fazer com que trabalhassem até a morte e não se importar que se misturassem ao açúcar bruto seus "membros, intestinos e excrementos"[55] não era ser

ESPÍRITO

cristão. Era ser pior que o próprio Diabo. Quanto mais os Lay, abrindo sua casa e sua mesa para escravos famintos, aprendiam sobre a escravidão, mais furiosamente a denunciavam — e mais impopulares se tornavam. Forçados a fugir de Barbados em 1720, eles, no entanto, jamais fugiriam da sombra de seus horrores. Durante o resto de sua vida, sua campanha para abolir a escravidão — por mais quixotesca que parecesse — seria seu progresso como peregrinos.

Eles não foram os primeiros abolicionistas no Novo Mundo. Na década de 1670, um quaker irlandês chamado William Edmundson passara por Barbados e pela Nova Inglaterra, fazendo campanha para que o cristianismo fosse ensinado aos escravos africanos. Então, em 19 de setembro de 1676, escrevendo aos Amigos do assentamento de Newport, em Rhode Island, algo lhe ocorrera: "Muitos de vocês acham que é contra a lei transformar índios em escravos; mas e quanto aos negros?"[56] Também isso era um eco de las Casas. O grande defensor espanhol dos direitos humanos, em sua ansiedade para poupar os índios da escravidão, por muitas décadas apoiara a importação de africanos para o trabalho forçado. Assim o fizera, sob a impressão de que eles eram condenados, vendidos como punição por seus crimes. Então, no fim da vida, descobrira a terrível verdade: os africanos eram injustamente escravizados e não menos vítimas da opressão católica que os índios. A culpa, a repulsa e o medo da danação sentidos por ele foram aguçados pelo apoio que sabia ter dado ao argumento de Aristóteles: o de que certas raças eram adequadas à escravidão. "De um só fez ele todos os povos."[57] Quando William Penn, escrevendo da prisão, citara essa frase das Escrituras, ele estava defendendo precisamente o mesmo ponto que las Casas: toda a humanidade fora igualmente criada à imagem de Deus; defender uma hierarquia de raças era uma ofensa aos próprios fundamentos dos ensinamentos de Cristo; e nenhum povo era adequado, em função da cor da pele, a servir como mestre ou escravo. Naturalmente — como esse argumento ia tão evidentemente contra a tradição cristão —, isso foi capaz de provocar certa ansiedade entre os proprietários de escravos africanos. Assim como os oponentes dos dominicanos haviam citado Aristóteles, os

383

oponentes dos abolicionistas quakers se agarravam a versos obscuros do Antigo Testamento. Particularmente popular era a passagem que relatava a maldição lançada por Noé em seu neto, cujos descendentes — através de várias deduções tortuosas — passaram a ser identificados com os africanos. Mas esse argumento era tão pouco convincente que ninguém o levava a sério. Os escravagistas que desejavam poupar suas delicadas consciências preferiam uma justificação mais sólida: a escravização de pagãos e seu transporte para terras cristãs eram para o bem de suas almas. Como Benjamin Lay descobrira em Barbados, essa licença para a escravidão era amplamente aceita entre os quakers. Até mesmo William Penn estivera convencido disso. E fora por isso que o fundador da Filadélfia, o grande entusiasta do "direito à liberdade",[58] fora proprietário de escravos.

Para Lay, isso era a mais patente hipocrisia. Em 1731, quando ele e a esposa chegaram à Filadélfia, ele ficou chocado ao descobrir chicotes, correntes e mercados de escravos na cidade do amor fraterno. Em vez de ficar em tal Babilônia, eles se estabeleceram na cidade próxima de Abington. Lá, muito como Isabel da Hungria fizera outrora, tentaram boicotar qualquer coisa que tivesse sido conseguida com o sofrimento de outra criatura. O casal fazia suas próprias roupas, só bebia água e leite e se alimentava exclusivamente de vegetais. Ao contrário de Isabel, porém, eles não tentaram manter seu compromisso com uma vida ética entre si mesmos e Deus. Sua ambição era chamar atenção para seu estilo de vida, transformá-lo em espetáculo. Em 1735, quando Sarah Lay morreu, seu marido celebrou o luto elevando seu ativismo a um novo nível. Em 1737, os escravagistas quakers de Abington estavam tão cansados de seus protestos que o proibiram de entrar no salão de assembleia. No ano seguinte, comparecendo à assembleia anual dos Amigos da Filadélfia, Lay deu seu golpe publicitário mais espetacular. Chamado a falar aos colegas quakers, ele se levantou e sacou uma espada escondida no casaco. A escravização de africanos, declarou ele com voz retumbante, era "tão justificável aos olhos do Todo-Poderoso, que observa e respeita todas as nações e cores de homens do mesmo modo, quanto enfiar uma espada em seus cora-

ESPÍRITO

ções, como faço com este livro".[59] Então, segurando uma Bíblia escavada na qual escondera uma bexiga cheia de suco de caruru-bravo, vermelho como sangue, ele a atravessou com a espada. O suco espirrou por toda parte. O salão de assembleia explodiu de indignação. Lay, dando as costas à plateia, foi embora claudicando. Ele dera seu recado.

É claro que os chamados ao arrependimento não eram nada novo. A Bíblia estava cheia deles. Mas a campanha de Lay, por mais que seguisse o exemplo dos profetas e por mais que suas admoestações contra a escravidão estivessem enfeitadas com referências bíblicas, foi algo diferente. Ter como alvo a abolição era dotar a própria sociedade do caráter de um peregrino, destinada a uma jornada contínua, afastando-se do pecado em direção à luz. Era retratar a escravidão como fardo havia muito carregado pela humanidade caída, mas que, pela graça de Deus, poderia algum dia afrouxar em seus ombros, escorregar por suas costas e rolar pelo chão. Era o surpreendente repúdio de uma instituição que a maioria dos cristãos sempre considerara natural, mas que fora criada da própria essência do cristianismo. E revelava, não menos que o espírito de tolerância na vizinha Filadélfia ou aqueles na distante Amsterdã que refletiam sobre os textos de Spinoza, o funcionamento do Espírito. Ela estava fundada na convicção que, por séculos, nas terras do Ocidente cristão, servira como grande incubadora da revolução: a sociedade podia renascer. "O que nasce da carne é carne, mas o que nasce do Espírito é espírito."[60]

Nem por um momento Lay deixou de acreditar nessas palavras de Jesus. Vinte anos depois de ter invadido a assembleia anual dos Amigos da Filadélfia, enfermo e moribundo em sua cama, ele soube que uma nova assembleia decidira disciplinar qualquer quaker que comercializasse escravos. "Posso morrer em paz",[61] disse ele com alívio. Seu próprio progresso através da vida, apesar de todos os desencorajamentos, das histórias desanimadoras e dos diabretes e sórdidos inimigos que haviam tentado abalar seu espírito, jamais se desviara do objetivo. Quando morreu, em 1759, Benjamin Lay conseguira tornar a comunidade onde vivera um pouquinho mais parecida com ele mesmo — ao torná-la um pouquinho mais progressista.

XVI

Iluminismo

1762: Toulouse

EM 13 DE OUTUBRO, A CALMARIA noturna da rue des Filatiers, uma rua cheia de lojas no coração do distrito comercial de Toulouse, foi perturbada por um terrível uivo de angústia. Outros se seguiram. Os gritos vinham da loja de Jean Calas, um mercador de roupas com 60 e poucos anos. Conforme a multidão começava a se aglomerar, ele e a família, que moravam nos dois andares acima da loja, podiam ser vistos através da janela, reunidos em torno do que parecia ser um corpo. Um cirurgião-assistente chegou; e então, por volta da meia-noite, um magistrado à frente de cerca de quarenta soldados. Nos dias seguintes, os relatos sobre o que acontecera naquela noite foram confusos. Primeiro foi relatado que Marc-Antoine, o filho mais velho de Jean Calas, fora encontrado pela família, morto, no chão da loja. O cirurgião-assistente, afrouxando a gravata do jovem, encontrara em seu pescoço a marca inconfundível de uma corda. Parece que ele fora garroteado. Mas essa versão dos eventos, apresentada na declaração inicial do pai, fora contradita pelo próprio Jean Calas. Mudando sua história, ele declarou que não encontrara o filho no chão. Ele descobrira Marc-Antoine pendurado em uma corda. Ele baixara o corpo do filho. Deitara-o no chão. Até mesmo — na patética esperança de que o filho ainda estivesse vivo — tentara deixá-lo confortável usando um travesseiro. Marc-Antoine Calas não fora assassinado. Ele se enforcara.

ILUMINISMO

Como explicar essas contradições? Não havia resposta óbvia. Calas, desorientado pelo pesar, estivera desesperado para poupar o filho da ignomínia póstuma de ser condenado como suicida, pois então seu corpo seria arrastado pelas ruas e pendurado na lixeira municipal. O magistrado responsável pela investigação, no entanto, não estava convencido. Ele tinha uma hipótese diferente. Marc-Antoine realmente fora assassinado — pelo próprio pai. O magistrado não demorara muito para descobrir o que parecia um fato muito incriminador. Calas, em um país onde era ilegal ser qualquer outra coisa que não católico, era protestante; um huguenote. E se Marc-Antoine, criado na fé herética do pai, tivesse descoberto a luz? E se Calas, determinado a não deixar que o filho se convertesse ao catolicismo, o tivesse matado? E se toda a conversa de suicídio não fosse mais que um disfarce? Essas suposições, contra um pano de fundo de crescente histeria em Toulouse, rapidamente adquiriram a solidez dos fatos. Em 8 de novembro, em meio a uma grande e lacrimosa solenidade, Marc-Antoine foi consagrado mártir da fé católica na catedral da cidade. Dez dias depois, seu pai foi condenado à morte. Alguns meses depois, em março, após uma apelação malsucedida, o velho foi preparado para a execução. Primeiro, em uma vã tentativa de fazê-lo confessar o crime, ele foi torturado com afogamentos simulados. Então foi levado acorrentado até a praça St-Georges, no centro de Toulouse. Lá, foi amarrado a uma roda. Seus membros foram quebrados com uma barra de ferro. Durante duas horas, ele suportou a agonia dos ossos estilhaçados com sombria coragem. "Morro inocente", declarou ele. "Não tenho pena de mim mesmo. Jesus Cristo, que também era inocente, morreu por mim sob tormentos ainda mais cruéis."[1] Quando deu seu último suspiro, até mesmo o padre que estivera a seu lado, urgindo-o a adotar a fé católica, sentiu-se compelido a compará-lo aos mártires do início da Igreja.

Jean Calas foi executado como assassino, não herege. Quatro meses depois, um camponês católico condenado por parricídio foi similarmente morto na praça St-Georges — com um refinamento: primeiro, sua mão

DOMÍNIO

direita foi cortada. Mesmo assim, a centralidade do calvinismo de Calas para o caso apresentado contra ele provocou grande alarme entre os huguenotes. Não demorou muito para que notícias sobre seu miserável destino chegassem até Genebra; nem para que, de lá, chegassem ao local ao lado dos muros da cidade onde o homem mais famoso da Europa tinha uma de suas três residências. Voltaire, o maior escritor da França, confidente e adversário de reis, temido e admirado em igual medida pelo incomparável brilhantismo de sua espirituosidade, imediatamente ficou obcecado com o caso. Inclinado inicialmente a acreditar na culpa de Calas, em pouco tempo ele mudou de ideia. Quando dois filhos de Calas chegaram a Genebra como refugiados, ele entrevistou longamente o mais jovem — "uma criança simples, ingênua, com feições muito interessantes e gentis".[2] O que o menino tinha a dizer convenceu Voltaire de que ocorrera uma monstruosa injustiça: um escândalo que parecia conjurado das sombras mais escuras do passado de Toulouse. Para Voltaire, Calas parecia tanto uma vítima do fanatismo letal quanto os albigenses já haviam sido. Tal injustiça não podia perdurar. O sangue inocente clamava aos céus. O grande escritor, reunindo suas imensas reservas de talento e energia, decidiu conseguir o perdão póstumo para o huguenote executado.

Mas Voltaire — batizado na Igreja católica e educado por jesuítas, que ele fustigava publicamente como pedófilos famintos por poder, mas saudava em caráter privado por sua erudição — não assumiu o caso em nome de qualquer simpatia pelo protestantismo. Naquele setembro, enquanto se preparava, ele recebeu uma carta que o chamava de "Anticristo". O título era apropriado a sua frequentemente sulfurosa reputação. Voltaire, um homem baixo e magro com um amplo e zombeteiro sorriso, parecia-se um pouco com um demônio. Mas seu sorrisinho era somente metade da história. Ainda mais chocante para os devotos — fossem protestantes ou católicos — era a crescente realização de que o escritor mais celebrado da Europa, saudado até mesmo por seus inimigos, via o cristianismo com um ódio que se aproximava da fixação. Durante décadas ele o disfarçara, sabendo até onde podia ir, hábil como nenhum outro no emprego da ironia, das piadas

388

ILUMINISMO

privadas e das piscadelas secretas. Recentemente, no entanto, ele se tornara mais direto. Com uma propriedade fora do alcance das propriedades francesas em Genebra e duas fora do alcance das autoridades genebrinas na França, Voltaire se sentia mais seguro que nunca. Apesar de continuar a publicar suas sátiras mais chocantes anonimamente e em público insistir sobre sua afiliação à Igreja católica, ninguém se deixava enganar. A destreza com que zombava dos cristãos por um deus que podia ser engolido em uma mordida, Escrituras cheias de óbvias contradições e idiotices, inquisições, cadafalsos e guerras mutuamente destrutivas — era tudo muito reconhecivelmente obra de Voltaire para ser confundida com qualquer outro. Quando ele pediu publicamente que *l'infâme* — a infâmia — fosse destruída, não precisou especificar seu alvo. O fanatismo que levara Calas à morte, longe de ser uma aberração, era a própria essência de uma seita cristã. Toda a sua história era um triste relato de perseguição. Seus preconceitos e sua intolerância haviam servido "para cobrir a terra de cadáveres".[3]

Para alguns, tais blasfêmias — embora profundamente chocantes para os cristãos — foram um chamado para a batalha. A carta na qual Voltaire fora denominado Anticristo tinha sido escrita não por um oponente, mas por um admirador: um filósofo e notório livre-pensador chamado Denis Diderot. Foi um tributo que o grande homem considerou merecido. Não havia lugar para qualquer modéstia ou humildade na guerra contra o fanatismo. A fama era uma arma, e a autopromoção, uma obrigação. Uma influência como a que Voltaire passara a ter nas cortes e nos salões da Europa seria desperdiçada se não fosse explorada ao máximo. Foi por isso que, unindo convicção com invencível autoestima, ele insistia em seu status como patriarca de toda uma "nova filosofia". Voltaire não estava sozinho em seu desprezo pelo cristianismo. Diderot era ainda mais inveterado. A seu lado havia uma multidão de *philosophes* — metafísicos, enciclopedistas, historiadores, geólogos — cujo desdém por *l'infâme* muitas vezes era igual ao de Voltaire. Em Edimburgo ou Nápoles, na Filadélfia ou em Berlim, os homens mais celebrados por sua genialidade cada vez mais eram aqueles que igualavam igrejas e preconceitos. Ser *philosophe*

DOMÍNIO

era ficar empolgado com a possibilidade de uma nova era de liberdade. Os demônios da superstição e dos privilégios imerecidos estavam sendo expulsos. As pessoas que caminhavam nas trevas haviam visto uma grande luz. O mundo estava renascendo. O próprio Voltaire, em seus momentos mais sombrios, temia que o controle maligno dos sacerdotes durasse para sempre; mas, em geral, estava inclinado a uma posição mais alegre. O seu era um *siècle des lumières*, "um século de luzes". Pela primeira vez desde o reinado de Constantino, a elite da cultura europeia não era dominada por intelectuais cristãos. O choque da condenação de Calas se devia precisamente ao fato de ter ocorrido quando *la philosophie* fazia tantos avanços. "Parece que o fanatismo, ultrajado com o progresso da razão, está tendo espasmos de ultraje."[4]

Na verdade, não havia nada tão cristão quanto a convocação para tirar o mundo das trevas e levá-lo para a luz. Quando Voltaire brincou que fizera mais por sua era que Lutero e Calvino haviam feito pelas deles, essa foi uma exibição tipicamente felina de ingratidão. Sua queixa de que os dois grandes reformadores haviam somente arranhado o papado, sem matá-lo, ecoava as queixas de inúmeros protestantes radicais. Quando jovem, Voltaire morara na Inglaterra. Lá, vira por si mesmo como a fé, na potência transformadora da iluminação, de salões aristocráticos aos salões de assembleia dos quakers, resultara no que lhe parecera um invejável grau de tolerância. "Se houvesse somente uma religião na Inglaterra, haveria o perigo de tirania; se houvesse duas, elas cortariam a garganta uma da outra; mas há trinta, e elas vivem juntas e em paz."[5] Porém, enquanto observava com divertida condescendência aquele cenário religioso, Voltaire não se contentou com ele. O impacto da execução de Calas fora precisamente o que lhe tirara da complacência. As seitas cristãs eram incorrigíveis. Se tivessem a menor chance, elas sempre perseguiriam umas às outras. O ideal era uma religião que pudesse transcender os ódios mútuos. O homem sábio, escreveu Voltaire durante a campanha para exonerar Calas, sabia que tal religião não somente existia, mas era "a mais antiga e disseminada" do mundo. O homem que a praticava não precisava discutir pontos doutrinários. Ele sabia que não recebera revelações divinas. Ele venerava somente um Deus, cujos atos estavam além da

ILUMINISMO

compreensão humana. "Ele tem confrades de Beijing às Caienas, e reconhece todos os sábios como irmãos."[6]

Mas isso, é claro, era meramente proclamar outra seita — e uma seita com pretensões muito familiares. O sonho de uma religião universal era puramente católico. Desde a época de Lutero, tentativas cristãs de costurar o tecido rasgado da cristandade só haviam servido para rasgá-lo ainda mais. Nenhuma das acusações de Voltaire contra o cristianismo — ser preconceituoso, ser supersticioso e ter Escrituras tomadas pelas contradições — era original. Todas elas vinham sendo aprimoradas, havia mais de dois séculos, por cristãos devotos. O Deus de Voltaire, como o dos quakers, dos Colegiantes e de Spinoza, era uma deidade cujo desprezo pelo conflito sectário devia tudo ao conflito sectário. "A superstição é para a religião como a astrologia é para a astronomia, a filha muito tola de uma mãe sábia e inteligente."[7] O sonho de irmandade de Voltaire, mesmo ao retratar o cristianismo como turbulento, paroquial, assassino, traía suas raízes cristãs. Assim como Paulo proclamara não haver judeus ou gregos em Cristo Jesus, assim — em um futuro abençoado pela iluminação integral — não haveria judeu, cristão ou muçulmano. Todas as diferenças seriam dissolvidas. A humanidade seria uma só.

"Todos vocês são filhos de Deus."[8] A histórica convicção de Paulo de que o mundo estava no limiar de uma nova ordem, de que o conhecimento sobre ela seria escrito no coração das pessoas e as antigas identidades e divisões desapareceriam persistira entre os *philosophes*. Mesmo os que levavam a busca pela "luz da razão"[9] a extremos abertamente blasfemos não podiam evitar ser seus herdeiros. Em 1719 — três anos antes da chegada do jovem Voltaire à República Holandesa, em sua primeira viagem ao exterior —, fora impresso um livro tão monstruoso que seu "mero título evocava medo".[10] O *Tratado sobre os três impostores*, que sombrios rumores afirmavam ter existido clandestinamente desde a era de Conrado de Marburgo, na realidade fora compilado por um grupo de huguenotes em Haia. Como indicado no título alternativo — *O espírito de Spinoza* —, tratava-se de um livro contemporâneo. Mesmo assim, sua solução para os entendimentos rivais da religião que haviam exila-

DOMÍNIO

do os huguenotes da França superava até mesmo o *Tratado teológico-político*. Cristo, longe de ser "a voz de Deus", como argumentara Spinoza, fora um charlatão: um astuto vendedor de sonhos falsos. Seus discípulos haviam sido imbecis, e seus milagres, artifícios. Não havia necessidade de os cristãos discutirem as Escrituras. A Bíblia não era nada além de uma teia de mentiras. Mas os autores do *Tratado*, embora certamente tivessem aspirado a solucionar as divisões entre protestantes e católicos ao demonstrar que o próprio cristianismo era uma fraude, não se contentaram com essa ambição. Eles permaneciam suficientemente cristãos para desejarem levar luz ao mundo inteiro. Judeus e muçulmanos também haviam sido enganados. Jesus estava ao lado de Moisés e Maomé como um dos impostores. Todas as religiões eram farsas. Até mesmo Voltaire ficou chocado. Comprometido como qualquer padre com a verdade de seu próprio entendimento de Deus, ele viu as blasfêmias do *Tratado* como patente ateísmo, tão pernicioso quanto a superstição. Parando brevemente de zombar dos cristãos por suas rivalidades sectárias, ele escreveu um poema alertando os leitores para que não confiassem no modelo de iluminação sendo vendido pelos clandestinos radicais. O *Tratado* era uma impostura. Algum senso do divino era necessário, ou a sociedade ruiria. "Se Deus não existisse, seria preciso inventá-lo."[11]

Mas que tipo de Deus? Quando Voltaire escrevera seu celebrado *aperçu*, ele obtivera uma espantosa vitória em sua campanha para exonerar Jean Calas. Em 1763, a própria rainha recebera Madame Calas e suas filhas. Um ano depois, um conselho real anulara a condenação de Calas. Em 1765, no aniversário da sentença de morte pronunciada contra ele, ele fora conclusivamente exonerado. Voltaire, exultante por seu triunfo, embarcou em outras campanhas. A memória de um jovem nobre mutilado e degolado por blasfêmia durante uma procissão religiosa foi destemidamente defendida; um segundo huguenote foi inocentado da acusação de assassinato — e, dessa vez, enquanto ainda estava vivo. Os preconceitos e a crueldade de *l'infâme* sempre haviam provocado particular repulsa em Voltaire. Agora, levado pelo sucesso de sua campanha para reverter injustiças, ele ousou imaginar sua derrota final. A exoneração de Calas, um homem inocente

ILUMINISMO

torturado até a morte perante uma multidão zombeteira e sanguinária, não fora meramente um triunfo para a causa da iluminação, mas uma derrota para o Cristianismo. "A filosofia, sozinha, foi responsável por essa vitória."[12]

Mas não era necessariamente assim que parecia aos cristãos. Muitos católicos haviam saudado a intervenção de Voltaire. Se não o tivessem feito, sua campanha jamais teria obtido sucesso, pois dificilmente havia *philosophes* suficientes na França para convencer o país. Mesmo em Toulouse, a cidade descrita por Voltaire como inferno de superstição, havia muitos que concordavam com seus avisos contra a intolerância religiosa e não viam contradição entre eles e os ensinamentos católicos. "Jesus Cristo nos deu exemplos de tudo em sua Bíblia", escreveu a esposa de um proeminente político de Toulouse em uma carta ao filho. "Aquele que procura a ovelha desgarrada não a traz de volta com um chicote; ele a carrega nas costas, a acaricia e tenta fazer com que ela se ligue a ele pela benevolência."[13] O paradoxo de que a fragilidade podia ser uma fonte de força, a vítima podia triunfar sobre os torturadores e o sofrimento podia constituir uma vitória estava no cerne dos evangelhos. Voltaire, ao esboçar um retrato de Calas preso à roda, com os ossos quebrados, evocou na imaginação de seus leitores a imagem de Cristo na cruz. Os padrões pelos quais ele julgava o cristianismo e o condenava por suas falhas não eram universais. Eles não eram partilhados por filósofos de todo o mundo. Não eram comuns de Beijing às Caienas. Eram distintiva e peculiarmente cristãos.

Mesmo o mais radical dos *philosophes* podia ocasionalmente trair a consciência disso. Em 1762, durante os primeiros espasmos do caso Calas, Diderot escrevera em tons de admiração sobre a disposição de Voltaire de empregar sua genialidade na causa de uma família perseguida. "Pois quem são os Calas para ele? O que o fez se interessar por eles? Que razão ele tem para suspender os trabalhos que ama e se ocupar de sua defesa?" Embora fosse ateu, Diderot era honesto demais para não reconhecer a resposta mais provável. "Se houvesse um Cristo, garanto que Voltaire seria salvo."[14]

As raízes do cristianismo eram profundas e grossas demais, enrolavam--se implacavelmente demais em torno das fundações de tudo que constituía

DOMÍNIO

o tecido da França, prendiam-se estreitamente demais a sua antiga e maciça cantaria para serem arrancadas com facilidade. Em uma nação havia muito saudada como filha mais velha da Igreja, a ambição de criar uma nova ordem no mundo, purgá-lo da superstição e redimi-lo da tirania era inevitavelmente permeada de suposições cristãs. Os sonhos dos *philosophes* eram tanto novos quanto muito antigos. Muitos antes deles haviam trabalhado para redimir a humanidade das trevas: Lutero, Gregório VII, Paulo. Os cristãos, desde o início, contavam as horas para uma revolução nos assuntos da terra. "A noite está quase acabando; o dia logo vem."

A revolução, nas terras que já haviam constituído a cristandade, já abalara igrejas e reinos antes. Quem poderia dizer que não o faria novamente?

Ai de vocês, os ricos

Foi necessário esforço para esvaziar uma basílica tão vasta quanto a que abrigava São Martinho. Por mais de um milênio após a grande vitória de Carlos Magno sobre os sarracenos, ela continuara a ser um grande centro de peregrinação. Uma sucessão de desastres — ataques vikings, incêndios — fizera com que fosse repetidamente reconstruída. O complexo de edifícios em torno da basílica crescera tanto que se tornara conhecido como Martinópolis. Mas os revolucionários, por sua própria natureza, adoravam um desafio. No outono de 1793, quando bandos deles, armados com marretas e picaretas, ocuparam a basílica, eles começaram a trabalhar com gosto. Havia estátuas de santos para derrubar, vestes para queimar, tumbas para destruir. O chumbo tinha de ser arrancado do teto, e os sinos, removidos das torres. "Um santuário pode ficar sem uma grade, mas a defesa da pátria precisa de lanças."[15] Martinópolis foi tão eficientemente despida de seus tesouros que, em apenas algumas semanas, estava despida. Mesmo assim — naquele estado de crise —, a árida concha da basílica não podia ser desperdiçada. A oeste de Tours, na Vendeia, a revolução estava em perigo. Bandos de traidores, unindo-se atrás de imagens da Virgem, haviam se revoltado.

ILUMINISMO

Os patriotas recrutados para a cavalaria, ao chegarem a Tours, precisavam de um lugar para abrigar seus cavalos. A solução era óbvia. A basílica de São Martinho foi convertida em estábulo.

O esterco de cavalo fumegando no que já fora o santuário mais sagrado da cristandade deu ao desprezo de Voltaire por *l'infâme* uma expressão muito mais pungente que qualquer coisa que poderia ser lida em um salão. A ambição dos novos dirigentes da França era moldar todo um "povo de *philosophes*".[16] A velha ordem fora julgada e considerada falha. A própria monarquia fora abolida. O antigo rei da França — que em sua coroação fora ungido com óleo trazido dos céus para o batismo de Clóvis e armado com a espada de Carlos Magno — fora executado como um criminoso comum. Sua decapitação, perante a multidão que celebrava, fora cortesia da guilhotina, uma máquina da morte especialmente projetada para ser tão iluminada quanto igualitária. Assim como o corpo do rei, enterrado em um rústico caixão de madeira, fora coberto com cal, todas as divisões hierárquicas do país, todos os indicadores de aristocracia, haviam se dissolvido em uma cidadania comum. Mas não era suficiente apenas colocar a sociedade sobre novas fundações. A sombra da superstição chegava a todos os lugares. O próprio tempo tinha de ser recalibrado. Naquele outubro, um novo calendário foi introduzido. Os domingos desapareceram. Assim como a prática de datar os anos a partir da encarnação de Cristo. Dali em diante, na França, a proclamação da república serviria para dividir o tempo.

Mesmo com essa inovação, havia muito a ser feito. Durante quinze séculos, padres haviam deixado suas engorduradas digitais na maneira como o passado era compreendido. Durante todo esse tempo, haviam carregado "orgulho e barbarismo em suas almas feudais".[17] E antes disso? Um lúgubre aviso sobre o que poderia acontecer se a revolução falhasse podia ser encontrado na história da Grécia e de Roma. A radiância que começara a surgir na Europa não era a primeira experiência do continente com a iluminação. A batalha entre razão e falta de razão, entre civilização e barbárie, entre filosofia e religião também fora lutada em tempos antigos. "No mundo pagão, governava um espírito de tolerância e gentileza."[18] Fora esse espírito

DOMÍNIO

que o sinistro triunfo do cristianismo destruíra. O fanatismo prevalecera. Mas agora todos os sonhos dos *philosophes* se realizariam. *L'infâme* seria destruída. Pela primeira vez desde a era de Constantino, um governo tentava erradicar o cristianismo. Seu pernicioso reinado, banido pelo fulgor da revolução, fora revelado como pesadelo que por tempo demais separara as eras gêmeas do progresso: uma idade média.

Esse era um entendimento do passado que, precisamente por ser tão lisonjeiro para as sensibilidades europeias, estava destinado a se provar muito mais duradouro que o calendário improvisado da revolução. Mesmo assim, como muitas outras marcas do Iluminismo, ele não surgiu com os *philosophes*. O entendimento da história da Europa como sucessão de três eras distintas fora originalmente popularizado pela Reforma. Para os protestantes, fora Lutero quem banira as trevas do mundo e eram os primeiros séculos da Igreja, antes de sua corrupção pelo papismo, que constituíam a era primal da luz. Em 1753, quando a expressão "Idade Média" surgira em inglês, os protestantes haviam aceitado a existência de um período distinto da história, que fora dos últimos anos do Império Romano até a Reforma. Os revolucionários, ao destruírem o monastério de Saint-Denis, expulsarem os monges e abandonarem os edifícios de Cluny, reconsagrarem Notre-Dame como "Templo da Razão" e colocarem sob sua abóbada uma cantora vestida de Liberdade, estavam pagando um tributo involuntário a um período anterior de perturbação. Também em Tours, a profanação da basílica não fora o primeiro vandalismo sofrido por ela. Em 1562, quando o conflito armado entre católicos e protestantes irrompera na França, um grupo de huguenotes incendiara o santuário de São Martinho e jogara as relíquias do santo no fogo. Um único osso e um fragmento de seu crânio haviam sobrevivido. Não surpreende, portanto, que, nos primeiros espasmos da revolução, muitos católicos, em sua confusão e desorientação, tenham inicialmente suspeitado se tratar de um complô protestante.

Na verdade, porém, as origens do grande terremoto que vira o herdeiro de Clóvis ser consignado à cova de um miserável se estendiam para muito além da Reforma. "Ai de vocês, os ricos." As palavras de Cristo poderiam

ILUMINISMO

muito bem ser um manifesto para aqueles que só podia usar calças rasgadas e eram categorizados como "homens sem calções": *sans-culottes*. Eles certamente não foram os primeiros a pedir que os pobres herdassem a terra. O mesmo haviam feito os pelagianos radicais, que sonhavam com um mundo no qual todos os homens e mulheres seriam iguais; os taboritas, que haviam construído uma cidade seguindo princípios comunistas e zombeteiramente coroado o cadáver de um rei com palha; e os escavadores, que haviam denunciado a propriedade como uma ofensa a Deus. Na antiga cidade de Tours, os *sans-culottes* que saquearam a basílica tampouco foram os primeiros a ficar ultrajados com a riqueza da Igreja e os palácios dos bispos. Em Marmoutier, onde Alcuíno certa vez promovera as Escrituras como herança de todo o povo cristão, um monge do século XII traçara para Martinho uma linhagem que o estabelecia como herdeiro de reis e imperadores — mas, mesmo assim, Martinho não fora um aristocrata. Os proprietários de terras da Gália, vestidos de seda e ofendidos pela aspereza de suas maneiras e suas vestes, haviam detestado Martinho tanto quanto seus herdeiros detestavam os militantes da França revolucionária. Como os radicais que o haviam privado de seu santuário, Martinho fora um destruidor de ídolos, um desprezador dos privilégios, um flagelo dos poderosos. Mesmo em meio a todos os esplendores de Martinópolis, a representação mais comum do santo o mostrava partilhando uma capa com um mendigo. Martinho fora um *sans-culotte*. Na primeira onda da revolução, muitos católicos haviam reconhecido isso. Assim como os radicais ingleses haviam saudado Cristo como primeiro nivelador após a derrota de Carlos I, os entusiastas da revolução o saudaram como "primeiro *sans-culotte*".[19] A liberdade proclamada pela revolução não era a mesma proclamada por Paulo? "Vocês, meus irmãos, foram chamados a serem livres." Esse fora o texto, em agosto de 1789, lido durante o funeral dos homens que, um mês antes, haviam perecido durante a tomada da Bastilha, a grande fortaleza em Paris que fornecera à monarquia francesa sua mais intimidante prisão. Até mesmo os jacobinos, a facção dominante e mais radical da revolução, inicialmente haviam sido receptivos ao clero. De fato, durante algum tempo os padres

DOMÍNIO

haviam sido mais desproporcionalmente representados em suas fileiras que qualquer outra profissão. Tão tardiamente quanto novembro de 1791, o presidente eleito pelos jacobinos de Paris fora um bispo. Parecia adequado, portanto, que seu nome derivasse dos dominicanos, cuja antiga sede constituía sua base. Certamente houvera poucas evidências para sugerir que a revolução poderia precipitar um ataque à religião.

E muito do outro lado do Atlântico parecia sugerir o oposto. Lá, treze anos antes do ataque à Bastilha, as colônias britânicas na América do Norte haviam declarado sua independência. A tentativa britânica de esmagar a revolução falhara. Na França — onde o apoio financeiro que a monarquia dera aos rebeldes contribuiu para seu próprio colapso —, a dívida da Revolução Americana para com os ideais dos *philosophes* parecia clara. Muitos nos escalões superiores da recém-nascida república concordavam. Em 1783, seis anos antes de se tornar seu primeiro presidente, o general que liderara os colonos até a independência saudara os Estados Unidos da América como monumento às luzes do esclarecimento. "A fundação de nosso império", declarou George Washington, "não foi lançada na era escura da ignorância e da superstição, mas em uma época na qual os direitos da humanidade são mais entendidos e claramente definidos que em qualquer outro período."[20] Mas essa vanglória não implicara nenhum desdém pelo cristianismo. Antes o oposto. Muito mais que qualquer coisa escrita por Spinoza ou Voltaire, fora a Nova Inglaterra que fornecera à República Americana seu modelo de democracia, e à Pensilvânia, seu modelo de tolerância. Que todos os homens haviam sido criados iguais e dotados do direito inalienável à vida, à liberdade e à busca da felicidade não eram nem remotamente verdades autoevidentes. O fato de a maioria dos norte-americanos acreditar nelas se devia menos à filosofia que à Bíblia: à garantia dada igualmente a cristãos, judeus, protestantes, católicos, calvinistas e quakers de que todo ser humano fora criado à imagem de Deus. A maior e mais verdadeira sementeira da República Americana — não importando o que aqueles que haviam redigido seus documentos fundadores pudessem pensar — fora o Livro do Gênesis.

ILUMINISMO

A genialidade dos autores da Constituição norte-americana fora vestir nos trajes do Iluminismo o radical protestantismo que era o principal legado religioso de sua recém-fundada nação. Quando, em 1791, foi adotada uma emenda que proibia o governo de preferir uma igreja à outra, isso não foi um repúdio ao cristianismo, assim como não fora repúdio o entusiasmo de Cromwell pela liberdade religiosa. A hostilidade à imposição de testes aos norte-americanos como maneira de mensurar sua ortodoxia devia muito mais aos salões de assembleia da Filadélfia que aos salões de Paris. "Se os pregadores cristãos tivessem continuado a ensinar como Cristo e seus apóstolos fizeram, sem salários, como os quakers fazem agora, imagino que os testes nunca teriam existido."[21] Assim escreveu um polímata que, tão renomado por sua invenção do para-raios quanto por seu incansável papel na campanha pela independência de seu país, passara a ser saudado como "primeiro norte-americano". Benjamin Franklin servia como harmonização viva entre Nova Inglaterra e Pensilvânia. Nascido em Boston, ele fugira ainda jovem para a Filadélfia; admirador de vida inteira do igualitarismo puritano, publicara Benjamin Lay; acreditando firmemente na divina Providência, fora envergonhado pelo exemplo dos quakers ao libertarem seus escravos. Se, como os *philosophes* que tanto o admiravam como personificação da rústica virtude colonial, ele considerava dogma inútil qualquer coisa que cheirasse a superstição e duvidava da divindade de Cristo, não era menos herdeiro das tradições protestantes de seu país por isso. Voltaire, encontrando-o em Paris e convidado a abençoar seu neto, pronunciara em inglês aquela que dissera ser a única bênção apropriada: "Deus e liberdade."[22] Franklin, como a revolução da qual fora um porta-voz tão efetivo, ilustrava uma verdade prenhe de implicações para o futuro: a maneira mais garantida de promover os ensinamentos cristãos como universais era retratá-los como derivados de qualquer coisa que não o cristianismo.

Na França, essa lição tinha muitos alunos. Lá também eles falavam de direitos. O documento fundador da revolução do país, sonoramente intitulado "Declaração dos direitos do homem e do cidadão", fora publicado menos de um mês após a queda da Bastilha. Parcialmente escrito pelo embai-

399

DOMÍNIO

xador norte-americano em Paris, ele se apoiava pesadamente no exemplo dos Estados Unidos. Mas a história dos dois países era muito diferente. A França não era uma nação protestante. Existia no país um requerente rival à linguagem dos direitos humanos. Esses direitos, alegavam revolucionários de ambos os lados do Atlântico, existiam naturalmente no tecido das coisas e sempre haviam existido, transcendendo o tempo e o espaço. Mas essa, claro, era uma crença tão fantástica quanto qualquer coisa encontrada na Bíblia. A evolução do conceito de direitos humanos, mediada desde a Reforma por juristas e *philosophes* protestantes, passara a obscurecer seus autores originais. Ela derivava não da Roma ou Grécia antigas, mas do período da história condenado por todos os revolucionários bem-pensantes como milênio perdido, no qual qualquer traço de iluminação fora imediatamente apagado por fanáticos monacais queimadores de livros. Ela era um legado dos advogados canônicos da Idade Média.

A Igreja católica — embora muito diminuída desde seu apogeu — tampouco abandonara sua reivindicação de uma soberania universal. Para revolucionários que insistiam que "o princípio de qualquer soberania reside essencialmente na nação",[23] isso a transformava em um obstáculo. Não podia ser permitida nenhuma fonte de legitimidade que não o Estado. Consequentemente, em 1791 — enquanto legisladores nos Estados Unidos concordavam que não deveria haver "nenhuma lei relacionada ao estabelecimento de religiões ou proibição de seu livre exercício"[24] —, a Igreja na França foi nacionalizada. O legado de Gregório VII parecia decisivamente revogado. Só que a obstinação dos católicos que se recusavam a jurar lealdade à nova ordem exigiu a intensificação das medidas contra o próprio cristianismo. Nem mesmo os líderes revolucionários que questionavam a sabedoria de tentar erradicar a religião na França duvidavam que as pretensões da Igreja católica eram insuportáveis. Em 1793, padres já não eram bem-vindos entre os jacobinos. Que algo de valor pudesse ter surgido do esterco da superstição medieval era uma possibilidade grotesca demais para contemplar. Os direitos humanos nada deviam ao fluxo da história cristã. Eles eram eternos e universais, e a revolução era sua guardiã. "A Declaração

400

ILUMINISMO

de Direitos é a Constituição de todos os povos, com todas as outras leis sendo variáveis por natureza e subordinadas a ela."[25]

Assim declarou Maximilien Robespierre, o mais formidável e implacável líder jacobino. Poucos homens eram mais gelidamente desdenhosos das reivindicações sobre o futuro feitas pelo passado. Ele, que se opunha à pena de morte havia tempos, trabalhara fervorosamente pela execução do rei; chocado com a vandalização das igrejas, acreditava que a virtude era impotente sem o terror. Não haveria misericórdia para os inimigos da revolução. Eles portavam a nódoa da lepra. Somente quando fossem amputados, e seu mal, removido do Estado o triunfo do povo estaria assegurado. Somente então a França renasceria novamente. Mas havia aí uma ironia familiar. A ambição de eliminar os crimes e absurdos hereditários, de purificar a humanidade e levá-la do vício à virtude evocava não somente Lutero, mas também Gregório VII. A visão de uma soberania universal, encontrada em meio à humilhação de reis e à reunião de advogados, descendia claramente dos primeiros revolucionários europeus, assim como seus esforços para patrulhar a dissidência. Voltaire, em sua tentativa de obter perdão para Calas, comparara o sistema legal de Toulouse à cruzada contra os albigenses. Três décadas depois, a ordem dada às tropas que invadiram a Vendeia por admirados professos de Voltaire ecoava os cruzados com uma precisão muito mais brutal. "Matem todos. Deus conhece os seus", supostamente ordenara o legado papal perante os muros de Béziers. "Lancetem com as baionetas todos os habitantes que encontrarem pelo caminho. Sei que deve haver alguns patriotas nessa região, mas não importa, devemos sacrificar todos eles",[26] instruiu o general enviado para pacificar a Vendeia no início de 1794. Um terço da população morreria; quase 250 mil civis. Entrementes, na capital, a execução dos condenados como inimigos do povo foi pintada pelos entusiastas do terror revolucionário com cores que lembravam as Escrituras. Bem e mal em uma batalha culminante, com o mundo inteiro em jogo; os condenados compelidos a beber o vinho da ira; uma nova era substituindo a antiga — ali estavam os contornos familiares do Apocalipse. Quando, demonstrando que sua justiça podia chegar ao túmulo, o governo

DOMÍNIO

revolucionário ordenou a exumação da necrópole real em Saint-Denis, o ato de jogar os cadáveres reais em valas de cal foi chamado de Julgamento Final por aqueles que o ordenaram.

Mas os jacobinos não eram dominicanos. Seu iluminado desdém foi precisamente pela convicção cristã de que o julgamento final era prerrogativa de Deus e a vida de todo pecador, uma jornada para o céu ou o inferno. Mesmo Robespierre, que acreditava na eternidade da alma, não achava que a justiça devia ser deixada para a distante e indiferente deidade que ele chamava de Ser Supremo. Era responsabilidade de todos que valorizavam a virtude trabalhar para seu triunfo no aqui e agora. A república tinha de ser purificada. Imaginar que uma deidade pudesse cumprir esse dever era a mais rançosa superstição. Nos evangelhos, estava previsto que as pessoas que oprimiam os pobres só receberiam o que mereciam no fim dos dias, quando Cristo retornasse em glória e separasse "umas das outras como o pastor separa as ovelhas dos bodes".[27] Mas isso nunca aconteceria. Um povo de *philosophes* reconhecia um conto de fadas quando o via. E assim a tarefa de separar os bodes das ovelhas e puni-los fora assumida — altruística, sombria e implacavelmente — pelos jacobinos.

Foi por isso que, na Vendeia, não houve tentativa de fazer como os frades haviam feito após a cruzada albigense e separar a região doente com um escalpelo, e não uma espada. Também foi por isso que, em Paris, a guilhotina parecia jamais interromper seu trabalho. Quando a primavera de 1794 se transformou em verão, sua lâmina passou a assobiar ainda mais incansavelmente, e as poças de sangue aumentaram sobre o calçamento. Não eram os indivíduos a ser condenados, mas classes inteiras. Aristocratas, moderados, contrarrevolucionários de todo tipo: todos eram inimigos do povo. Demonstrar misericórdia por eles seria crime. A indulgência era uma atrocidade; a clemência era parricídio. Mesmo quando Robespierre, sucumbindo no mesmo tipo de batalha faccionária no qual triunfara tantas vezes, foi enviado para a guilhotina, sua convicção de que "a Revolução Francesa é a primeira a ser fundada nos direitos da humanidade"[28] não se desvaneceu. Não havia necessidade de nenhum tribunal celestial, nenhuma deidade sentada em seu trono, para haver justiça. "Malditos, apartem-se de mim para o fogo eterno, preparado para o diabo e os seus anjos."[29] Era isso que Cristo, no dia do julgamento, diria aos que não haviam alimentado os famintos, vestido os nus, visitado os doentes na prisão. Na era do Iluminismo não havia necessidade de levar tal nonsense a sério. O único paraíso era o criado pelos revolucionários na terra. Os direitos humanos não precisavam de Deus para defini-los. A virtude era sua própria recompensa.

Os infortúnios da virtude

"As trevas da Idade Média exibem algumas cenas que podem ser dignas de nossa atenção."[30] Condescendência dessa ordem, um divertido reconhecimento de que, mesmo em meio à escuridão do passado, o ocasional cintilar podia ser observado, não era desconhecido entre os *philosophes*. Para os revolucionários convictos, no entanto, o compromisso com a barbárie estava fora de questão. A Idade Média fora o viveiro da superstição, ponto final. Não surpreende, portanto, que houvesse muito entusiasmo entre os jacobinos por costumes e maneiras anteriores ao triunfo do cristianismo. O papel desempenhado pela Igreja na imaginação da Reforma era desempenhado pela Roma e Grécia clássicas na imaginação da Revolução Francesa. Festivais para celebrar o nascimento de uma nova era se inspiravam em templos e estátuas antigos; os nomes de santos desapareceram das ruas de Paris, sendo substituídos pelos nomes dos filósofos atenienses; os líderes se comparavam obsessivamente a Cícero. Mesmo quando a República Francesa, imitando o sombrio curso da história romana, sucumbiu à ditadura militar, o novo regime continuou a saquear a caixa de fantasias da Antiguidade clássica. Seus exércitos seguiam águias para as vitórias através da Europa. Essas vitórias eram comemoradas em Paris sob um colossal arco do triunfo. Seu líder, um general brilhante chamado Napoleão Bonaparte, usou o laurel de um César. Entrementes, a Igreja — relutantemente tolerada por um imperador que convidara o papa para sua coroação, mas então se recusara a

DOMÍNIO

ser coroado por ele — funcionava efetivamente como um departamento do Estado. Sal foi esfregado na ferida quando um santo chamado Napoleão foi fabricado em homenagem ao imperador e celebrado com sua própria festa. Augusto sem dúvida teria aprovado.

Mesmo assim, a noção de que a Antiguidade nada oferecia ao presente senão um modelo de virtude, com exemplos apropriados a uma era iluminada e progressista, era limitada. Em 1797, foi publicado em Paris um livro que fornecia uma perspectiva muito diferente. Não havia ênfase na "tolerância e gentileza" dos antigos. Os persas, "a raça mais engenhosa do mundo para a invenção de torturas",[31] haviam inventado o *scaphe*. Os gregos, quando capturavam uma cidade, tinham licença para estuprar como recompensa por seus atos valorosos. Os romanos haviam enchido suas residências de meninos e meninas e os usado a seu bel-prazer. Todo mundo na Antiguidade achava o infanticídio perfeitamente legítimo; que oferecer a outra face era tolice; e que "a natureza criou os fracos para serem escravos".[32] Em muitas centenas de páginas, a alegação de que os impérios do passado remoto consideravam legítimos costumes que, sob a influência do cristianismo, passaram a ser vistos como crimes foi feita em minuciosos detalhes. Provocativamente, até mesmo se sugeria que o prazer com as exibições de sofrimento — como as que, na Roma antiga, eram feitas para entretenimento público no coração da cidade — era um bem cívico. "Roma era senhora do mundo quando produziu esses cruéis espetáculos; ela entrou em declínio e daí foi para a escravidão, quando as morais cristãs conseguiram persuadi-la de que era mais errado assistir ao massacre de homens que ao massacre de feras."[33]

Essa reflexão não era totalmente original: a tese de que o cristianismo contribuíra para o declínio e a queda do Império Romano era popular entre os *philosophes* interessados em história. De outras maneiras, no entanto, o autor foi realmente original. Seu livro era tão chocante que foi publicado sem qualquer indicação de seu nome. *Justine ou Os infortúnios da virtude* não era uma obra histórica, mas de ficção. Suas observações sobre o caráter das antigas civilizações formavam meramente mais um fio

404

ILUMINISMO

em uma vasta tapeçaria, tecida para demonstrar uma hipótese desorientadora: a de que "a virtude não é um mundo de inestimável valor, mas somente uma maneira de se comportar que varia de acordo com o clima e, consequentemente, nada tem de real".[34] Pensar de outro modo era imbecilidade. O enredo do romance — que relatava as aventuras de duas irmãs, uma virtuosa e a outra libertina — demonstrou isso em detalhes obscenos e implacáveis. Justine, sempre confiando na bondade essencial da humanidade, era repetidamente estuprada e brutalizada; Juliette, desdenhando de qualquer indício de virtude, usou a prostituição e o assassinato para chegar a uma fortuna espetacular. Seus respectivos destinos demonstravam como o mundo funcionava. Deus era uma mentira. Só havia a natureza. Os fracos existiam para serem escravizados e explorados pelos fortes. A caridade era um processo frio e sem propósito, e falar sobre fraternidade humana era uma fraude. Que alguém pudesse pensar de outro modo se devia a uma monstruosa farsa. "A religião daquele espertinho chamado Jesus — fraco, adoentado, perseguido, singularmente desejoso de manipular os tiranos da época e forçá-los a reconhecer uma doutrina de fraternidade com cuja aceitação ele calculava poder obter alguma trégua —, o cristianismo, sancionou esses risíveis laços fraternos."[35]

O escândalo do romance foi o suficiente, quando a identidade de seu autor finalmente foi descoberta pelo chefe de polícia de Napoleão, em 1801, para mandá-lo para a cadeia. Mas a blasfêmia era só incidentalmente contra o cristianismo. O Marquês de Sade era um homem criado no colo do Iluminismo. Educado desde cedo nos textos dos *philosophes*, com um tio que fora amigo íntimo de Voltaire, ele sempre fora um livre-pensador. Mas a liberdade tinha limites. A recusa de Sade em se submeter às convenções foi complicada pelo caráter frequentemente violento de seus desejos. Nascido em 1741, ele passara a maturidade sexual frustrado por leis que decretavam que mesmo prostitutas e mendigos tinham o direito de não ser sequestrados, chicoteados ou forçados a comer cantáridas. Apesar de seu título, suas escapadas nos anos anteriores à queda da Bastilha haviam culminado em seu encarceramento na prisão mais notória da França. Lá,

DOMÍNIO

sem sua muito amada liberdade, ele tivera tempo de refletir sobre quão desprezíveis eram os ensinamentos cristãos. "A doutrina de amar o próximo é uma fantasia que devemos ao cristianismo, não à natureza."[36] Mas mesmo quando libertado pela revolução, Sade se viu vivendo sob "o reinado da filosofia".[37] Em uma república comprometida a se livrar das garras úmidas da superstição, ele descobriu que as pusilânimes doutrinas de Jesus permaneciam firmes. Conversas enganosas sobre fraternidade eram tão comuns nas salas dos comitês revolucionários quanto haviam sido nas igrejas. Em 1793 — após sua improvável eleição como presidente de um comitê local em Paris —, Sade instruíra seus concidadãos a pintar slogans em suas casas: "Unidade, Indivisibilidade da República, Liberdade, Igualdade, Fraternidade."[38] Mas o próprio Sade era tão jacobino quanto era padre. A verdadeira divisão da sociedade não era entre amigos e inimigos do povo, mas entre aqueles que eram naturalmente mestres e aqueles que eram naturalmente escravos. Somente quando isso fosse compreendido a nódoa do cristianismo seria erradicada e a humanidade viveria como prescrito pela humanidade. O homem da classe inferior, observara friamente um *philosophe* em *Justine*, "é simplesmente a espécie que está acima do chimpanzé na escada; e a distância que os separa é menor que aquela entre ele e o indivíduo que pertence à casta superior".[39]

Embora esse tipo de declaração fizesse com que Sade passasse seus últimos anos internado em um hospício, a gélida falta de piedade de seu olhar não era insanidade. Mais claramente que muitos entusiastas do Iluminismo, ele podia ver que a existência dos direitos humanos era tão improvável quanto a existência de Deus. Em 1794, impulsionado pela rebelião em São Domingos, uma ilha das Índias Ocidentais governada pelos franceses, e pela lógica necessária da Declaração de Direitos, o governo revolucionário proclamara a abolição da escravatura em todas as colônias francesas. Oito anos depois, em uma tentativa desesperada e fútil de evitar que os negros de São Domingos estabelecessem sua própria república, Napoleão a reinstituiu. O descaramento desse gesto não teria surpreendido Sade. Aqueles no poder eram hipócritas. Em *Justine*, não havia um único abade, bispo ou

ILUMINISMO

papa que não se provasse ateu e libertino. Nem, ao contemplar o comércio de escravos, Sade estivera mais convencido da santidade dos protestantes. Os ingleses que eram donos de plantações no Caribe — mestres de vida e morte de seu gado humano — estavam entre os poucos contemporâneos dignos de serem comparados aos antigos. "Lobos comendo ovelhas, ovelhas devoradas por lobos, fortes matando fracos, fracos sendo vítimas dos fortes, tal é a natureza, tais são seus desígnios, tal é seu plano."[40] Os ingleses, como os espartanos e romanos, entendiam isso. Era por isso, escreveu Sade, que tinham o hábito de picar seus escravos e fervê-los em tinas, ou então esmagá-los nos moinhos de cana-de-açúcar, "uma maneira lenta e horrível de morrer".[41] Só existia uma linguagem atemporal: a linguagem do poder.

O progresso, aquele venerável ideal cristão que Abelardo tanto valorizara e sobre o qual Milton compusera hinos, não era menos fantasioso por ser o grito de batalha da revolução. Em 1814, onze anos após a internação de Sade no hospício, a monarquia foi restaurada na França. Napoleão, cujas ambições haviam abalado tronos em toda a Europa, fora exilado em uma ilha na costa da Itália. Os aristocratas retornaram a Paris. Naquele setembro, quando ministros estrangeiros chegaram a Viena para negociar um novo equilíbrio de poder na Europa, não houve discursos desvairados sobre uma fraternidade de homens. Muitas portas que deveriam ter permanecido fechadas haviam sido abertas à força. Estava na hora de fechá-las novamente e passar o ferrolho. Sade, que sabia o que era ser aprisionado, não teria ficado surpreso com a maneira como terminou um século de Iluminismo. Naquele novembro, quando seu primo o visitou em seu leito de enfermo e falou de liberdade, ele não respondeu. Em 2 de dezembro, deu seu último suspiro. Entrementes, em Viena, entre o brilho dos diamantes e o estilhaçar de garrafas de vinho, imperadores e reis continuaram a traçar linhas em mapas e a proteger a Europa contra o progresso.

Mesmo em meio ao concerto das grandes potências, havia evidências de que ele sobrevivia como ideal. Em junho, ao retornar das negociações preparatórias em Paris, o ministro do Exterior britânico fora saudado por seus colegas parlamentares com uma ovação em pé. Entre os termos do

DOMÍNIO

tratado negociado por Lord Castlereagh, havia uma estipulação particularmente surpreendente: a de que a Grã-Bretanha e a França se uniriam em uma campanha para abolir o comércio de escravos. Para Benjamin Lay, isso teria parecido fantástico, um sonho impossível. Mas o tratado, na visão de alguns parlamentares britânicos, não ia longe o bastante. Castlereagh, ansioso para não desestabilizar a recém-restaurada monarquia francesa, concordara que os mercadores franceses poderiam traficar escravos por mais cinco anos. Essa se revelou uma concessão excessiva. Dias após o retorno aparentemente triunfante do secretário do Exterior, uma campanha de protestos sem precedentes varreu a Grã-Bretanha. Petições em uma escala jamais vista antes inundaram o Parlamento. Um quarto dos elegíveis para assiná-las havia feito isso. Nunca antes a massa do público britânico se comprometera tão manifestamente com uma causa. Ela se tornara, notou o ministro do Exterior francês com uma mistura de confusão e desdém, "uma paixão levada ao fanatismo, que o ministro já não tem o poder de conter".[42] Castlereagh, negociando com suas contrapartes em Viena, sabia que suas mãos estavam atadas. Ele não tinha opção senão conseguir um tratado contra o comércio de escravos.

Nem sessenta anos haviam se passado desde que os Amigos da Filadélfia proibiram os quakers de comercializar escravos. Nesse curto espaço de tempo, uma causa que transformara Benjamin Lay em alvo de zombarias evoluíra e passara a modelar os conselhos das nações. Tanto nos Estados Unidos quanto na Grã-Bretanha, o temor de que a escravidão fosse um pecado monstruoso, capaz de fazer com que não somente indivíduos, mas nações inteiras fossem repreendidas por Deus, tomara grandes parcelas da população. "Podemos esperar que Ele permita que essa grande iniquidade prossiga sem punição?"[43] Tal pergunta teria espantado as gerações anteriores de cristãos. As passagens da Bíblia que pareciam sancionar a escravidão continuavam lá. Os donos de plantações — tanto nas Índias Ocidentais quanto no sul dos Estados Unidos — não hesitavam em citá-las. Mas elas não conseguiram conter os protestos crescentes. Aliás, colocaram os proprietários de escravos na mira de uma nova e desconcertante acusação: a de

ILUMINISMO

serem inimigos do progresso. Na época da Revolução Americana, ser quaker já era ser abolicionista. Mas os dons do Espírito não estavam confinados aos Amigos. Eles eram liberalmente distribuídos sempre que protestantes de língua inglesa se reuniam. Grandes números deles, de batistas a anglicanos, haviam sido agraciados com as boas-novas: as *euangelia*. Ser evangélico era entender que a lei de Deus era a lei não somente da justiça, mas do amor. Ninguém que tivesse sentido as correntes do pecado escorregarem poderia possivelmente duvidar de que "a *escravidão* sempre foi detestável aos olhos de Deus".[44] Não havia tempo a perder. E fora assim que, em 1807, em meio à letal batalha por sobrevivência contra Napoleão, o Parlamento britânico aprovara a "Lei para abolição do comércio de escravos", e foi assim que, em 1814, Lord Castlereagh, encontrando do outro lado da mesa de negociações príncipes estrangeiros que não compreendiam a situação, vira-se obrigado a negociar a erradicação de um modelo de negócios que as outras nações ainda adotavam. De fato, uma Graça Sublime.

Para Sade, é claro, tudo isso era tolice. Não havia fraternidade de homens; não havia dever dos fortes para com os fracos. Os evangélicos, como os jacobinos, haviam sido ludibriados por sua herança partilhada: a crença no progresso; a convicção no potencial da reforma; a fé de que a humanidade poderia ser levada à luz. Não obstante, fora precisamente essa afinidade, essa sinergia, que permitira que Castlereagh, confrontado pela obstinação de seus colegas ministros do Exterior, esboçasse um compromisso que era, em todos os sentidos da palavra, iluminado. Incapaz de conseguir que a escravidão fosse explicitamente declarada ilegal, ele consentira com algo ao mesmo tempo mais nebuloso e de alcance muito maior. Em 8 de fevereiro de 1815, oito potências europeias assinaram uma momentosa declaração. Ela dizia que a escravidão era "repugnante aos princípios da humanidade e da moralidade universal".[45] A linguagem do protestantismo evangélico foi fundida à linguagem da Revolução Francesa. Napoleão, fugindo de seu exílio três semanas depois de a declaração ser assinada e tentando obter suporte internacional para seu retorno, não hesitou em proclamar seu apoio à declaração. Em junho, na grande batalha perto de Bruxelas que encerrou

DOMÍNIO

definitivamente as ambições napoleônicas, ambos os lados concordavam que a escravidão, como instituição, era uma abominação. As tradições gêmeas da Grã-Bretanha e da França, de Benjamin Lay e Voltaire, de entusiastas do Espírito e entusiastas da razão, haviam se unido em harmonia antes mesmo de o primeiro canhão ser disparado em Waterloo. Nem protestantes nem ateus queriam pensar muito sobre a ironia de uma era de iluminação e revolução ter servido para estabelecer como lei internacional um princípio que derivava das profundezas do passado católico. Cada vez mais, seria na linguagem dos direitos humanos que a Europa proclamaria seus valores para o mundo.

XVII

Religião

1825: Baroda

No fim da tarde de 29 de novembro, um cirurgião britânico chegou às margens do rio Vishwamitri para ver uma jovem ser queimada viva. Richard Hartley Kennedy não era um observador casual. Ele tinha um longo e distinto registro de serviços na Índia. O improvável império que, durante as décadas anteriores, a Companhia das Índias Orientais conseguira construir para si mesma e que em 1825 se espalhava pela maior parte do continente dependia tanto de médicos quanto de soldados para funcionar. Durante anos, Kennedy estivera encarregado de manter a saúde dos funcionários da companhia, primeiro em Bombaim e, de 1819 em diante, na cidade de Baroda, 480 quilômetros ao norte. No papel, Baroda era a capital de um reino independente. Mas, nas Índias Britânicas, o papel invariavelmente trabalhava em favor da companhia. Pelos termos de um tratado assinado com o marajá de Baroda, a responsabilidade pelas relações externas do reino pertencia à companhia. Seu representante na cidade — o residente, como era chamado — certamente não era plenipotenciário, tampouco era mero embaixador. O domínio britânico em Baroda, como em outros principados da Índia, funcionava melhor quando estava disfarçado. Kennedy, como cirurgião empregado na residência, entendia isso perfeitamente. Chegando naquela tarde à grande ponte sobre o

DOMÍNIO

Vishwamitri, ele sabia que ninguém na procissão que se aproximava do rio ousaria proibi-lo de assistir, mas também sabia que não tinha autoridade para impedir o que estava prestes a acontecer.

Alguns meses antes, Kennedy conhecera Ambabai, quando o marido dela ainda estava vivo. Ele se lembrava dela como uma mulher feliz. Agora, com o marido morto pela febre, ela parecia diferente: o cabelo desgrenhado e a expressão determinada e severa. Naquela tarde, seguindo o cortejo fúnebre do homem morto e observando a pira ser construída, era Ambabai, e não seu marido, o centro das atenções. O sol começou a se pôr. A cama funerária recebeu a aparência do "sofá doméstico de repouso noturno".[1] Ambabai se lavou nas sombras, espargiu libações, ergueu os braços e olhou para o céu. Então, saindo do rio, trocou o sári molhado por trajes de uma pálida cor de açafrão. Uma multidão se reuniu a sua volta. Ela distribuiu heranças. Logo não havia mais nada para dar e a multidão se dispersou. Ambabai, após uma breve pausa, tão momentânea que foi quase invisível, deu a volta na pira, sempre com os olhos fixos no marido. Um fogo fora aceso em um grande prato de metal. Ambabai o alimentou com sândalo. Então se levantou. Recebeu um espelho. Ela olhou no espelho e o devolveu, declarando que vira nele a história de sua alma, que em breve estaria retornando "para o seio e a substância do Criador".[2] Por agora, seu marido estava chamando. Subindo na pira, ela se ajeitou ao lado do cadáver e começou a cantar sua própria canção funerária. Mesmo quando a pira foi acesa, ela continuou a cantar. Em pouco tempo, o calor das chamas obrigou os espectadores a se afastarem. Mas Ambabai jamais mudou de posição. Ou gritou. A fumaça aumentou. O sol se pôs. Ao lado do rio de águas escuras, as brasas ficaram brilhantes e então se apagaram. À meia-noite, nada restara na pira, com exceção de um montinho de cinzas. Ambabai se tornara o que pretendera se tornar: uma "boa mulher", uma *sati*.

Nessa cena exótica e chocante, estava tudo que uma respeitável família britânica poderia querer ler à mesa do café da manhã. Relatos de *suttee* — como Kennedy chamou a autoimolação de Ambabai — encheram as páginas dos jornais e periódicos de Londres. A imagem da bela viúva consig-

RELIGIÃO

nando-se ao fogo combinava excitação com toda as evidências necessárias da invencível superioridade do cristianismo em relação ao paganismo. Pairando sobre o relato de Kennedy, estava um horror à idolatria que permeara toda a história cristã. Cortés, confrontado por prateleiras de crânios em Tenochtitlán; Bonifácio, entrando nas profundezas das florestas da Saxônia; e Orígenes, desprezando os altares cobertos de sangue de Alexandria, haviam sentido esse mesmo horror. A antiga convicção de que os ídolos eram construídos para demônios, testemunhos "da extensão e do poder do império de Satã",[3] mantinha-se firme entre os evangélicos britânicos. Mesmo Kennedy, observando Ambabai, comparou-a às sacerdotisas de Apolo. As implicações eram claras. Na antiga Grécia ou na Índia Britânica, a idolatria sempre tinha a mesma face. Paganismo era paganismo. Mas Kennedy sabia haver mais do que vira nas margens do Vishwamitri. Testemunhando a coragem com que Ambabai aceitara seu destino, ele saudara "as aspirações celestiais e o brilhante entusiasmo de sua mente".[4] Ele sabia como eram antigas as tradições da Índia. O próprio nome usado pelos britânicos para descrever seus habitantes — "hindus" — derivava da corte de Dario. Por mais inflexíveis que fossem os oficiais da Companhia das Índias Orientais, a antiguidade da civilização indiana inspirava fascínio em muitos. Não surpreende, portanto, que — uma vez que seus próprios ancestrais eram selvagens na floresta em uma época na qual a Índia já era famosa por sua riqueza e sofisticação — relutassem em considerar a "superstição hindu"[5] mera superstição. De fato, como declarara um oficial britânico, havia pouca necessidade de o cristianismo "transformar seus devotos em um povo suficientemente correto e moral para todos os úteis propósitos de uma sociedade civilizada".[6] Embora poucos cristãos chegassem tão longe, havia entre eles a crescente disposição de aceitar que os hindus não podiam simplesmente ser considerados pagãos. Eles tinham Escrituras tão antigas quanto a Bíblia. Tinham templos que, em termos de escala e beleza, rivalizavam com as catedrais da Europa. Tinham toda uma classe social — os "brâmanes" — que os europeus achavam muito parecida com o clero. Haviam sido os brâmanes a acompanhar Ambabai até o rio Vishwamitri; brâmanes a acender a pira;

DOMÍNIO

brâmanes a prepará-la para a morte. Parecia razoável supor, então, que os hindus tinham uma religião.

Mas os observadores britânicos, ao tentarem ver a Índia por esse prisma, enfrentavam um desafio óbvio. Trezentos anos haviam se passado desde o início da Reforma e, nesse período, a palavra religião adquirira sutilezas de sentido que teriam espantado um cristão na Inglaterra medieval. Quão mais estranho, então, era aplicá-la a um hindu. Nenhuma palavra remotamente parecida existia na linguagem indiana. Para os protestantes, a essência da religião parecia clara: o relacionamento interno entre um fiel e o divino. A fé era uma coisa pessoal, privada. Como tal, existia em uma esfera distinta do restante da sociedade: do governo, do comércio ou das leis. Havia a dimensão religiosa e havia a dimensão de todas as outras coisas, a dimensão "secular". Que outras sociedades pudessem ser divididas dessa maneira pareceria — a um povo menos autoconfiante que o britânico — improvável, pois se tratava de uma maneira muito distinta de ver o mundo. Mesmo assim, para os oficiais de mente curiosa na Índia, intrigados pelas terras antigas que administravam e conscientes de quão diferentes elas eram das suas, a convicção de que uma "religião hindu" existia era simplesmente útil demais para abandonar. Na Grécia antiga, contava-se a história de um ladrão chamado Procusto, que, depois de convidar o hóspede a se deitar, estirava seus membros no cavalete ou os amputava, a fim de que coubessem perfeitamente na cama. Era em um espírito muito similar que os eruditos britânicos, confrontados por todas as riquezas, complexidades e ambivalências da civilização indiana, tentaram criar a partir delas algo reconhecível como religião.

Inevitavelmente, houve muita extensão e edição de definições. A coisa mais urgente era decidir quem os "hindus" realmente eram: as pessoas da Índia ou as pessoas que praticavam a "religião hindu"? Cada vez mais, como as expressões "muçulmanos hindus" ou "cristãos hindus" podiam criar confusão, os britânicos optaram pela segunda definição. Isso, por sua vez, facilitou outra inovação linguística. Quanto mais os oficiais britânicos identificavam os hindus com uma religião nativa à Índia, mais eles precisa-

RELIGIÃO

vam de um nome conveniente para ela. "Hinduísmo", a palavra que encontraram, fora cunhada na década de 1780. O primeiro homem a usá-la fora um evangélico. Charles Grant, um escocês que trabalhara na companhia como soldado e conselheiro comercial, inicialmente não se sentira parte de uma missão cristã. Ele viajara para a Índia com o objetivo de ficar rico. Consequentemente, não vira razão para discordar da política da companhia: a de que somente seus negócios importavam. Qualquer tentativa de converter os hindus ao cristianismo colocaria em risco as precárias fundações do domínio da companhia. Seu propósito era ganhar dinheiro, não conquistar almas. Mas então ocorrera uma grande crise na vida de Grant. Dívidas de jogo ameaçaram suas finanças. Dois de seus filhos morreram de varíola, com dez dias de intervalo. Grant, nas profundezas de sua agonia, fora redimido pela graça. Daquele momento em diante, o grande objetivo de sua vida seria conquistar os hindus para Cristo. Convencido de que eles estavam perdidos para a ignorância, ele prometera salvá-los de todas as idolatrias e superstições — às quais dera o nome de "hinduísmo".

Ele acreditava estar em uma missão de emancipação. Fora por isso que, retornando a Londres em 1790, unira-se à causa dos abolicionistas. A escravidão, afinal, ocorria de muitas formas. Se a Providência divina dera à Grã--Bretanha a chance de pôr fim ao transporte de gado humano pelo Atlântico, também concedera à Companhia das Índias Orientais a incomparável oportunidade de abolir as práticas que mantinham os hindus escravos da superstição. Em 1813, enquanto a companhia negociava com o governo britânico a renovação de seu alvará, Grant viu sua chance. Havia décadas, ele exigia que os diretores da companhia fossem legalmente obrigados a trabalhar para o "aprimoramento religioso e moral"[7] dos hindus. Naquele momento decisivo, sua campanha chegou ao próprio centro do poder. Evangélicos haviam se unido entusiasticamente a sua causa e 908 petições foram entregues ao Parlamento. O governo britânico — como faria no ano seguinte, ao ser pressionado para alterar sua política sobre o comércio de escravos — se curvou à opinião pública. O alvará foi alterado. Mesmo com esse sucesso, Grant persistiu em seu ativismo. Mais que todas as outras,

DOMÍNIO

uma prática hindu assombrava seus pesadelos. "Se tivéssemos conquistado um reino como o do México, onde várias vítimas humanas eram regularmente oferecidas, todos os anos, no altar do sol, teríamos calmamente aquiescido com essa horrível matança?"[8] A pergunta de Grant, dirigida aos diretores da companhia, continuaria a reverberar mesmo após sua morte, em 1823. Quando Kennedy, na distante Baroda, viu Ambabai realizar os rituais requeridos de uma *sati*, a Grã-Bretanha foi tomada por um de seus periódicos ataques de moralidade. Os pedidos para que a autoimolação de viúvas fosse banida se multiplicaram de maneira esmagadora.

Tudo isso deixou a companhia em situação difícil. A despeito da alteração de seu alvará, ela permanecia relutante em interferir nas práticas religiosas de seus súditos hindus. Mas e se pudesse provar que o *suttee* não era uma prática religiosa? Essa pergunta não teria feito nenhum sentido antes da chegada dos britânicos, mas, nas décadas de domínio da companhia, um número cada vez maior de indianos passara a compreender suas implicações. Os hindus que usavam palavras como "religião", "secular" ou "hinduísmo" não estavam meramente exibindo sua fluência em inglês. Estavam adotando uma perspectiva nova e estrangeira sobre seu país e a usando para sua vantagem. Os evangélicos não eram os únicos a se opor à imolação de viúvas. Alguns hindus também se opunham a ela. Durante séculos, os elogios às *satis* haviam se alternado com condenações. Mais de mil anos antes da autoimolação de Ambabai, um poeta hindu denunciara mortes como a dela como "mero surto de loucura, um caminho de ignorância".[9] A convicção britânica de que existia na Índia uma religião chamada hinduísmo, comparável ao cristianismo, com ortodoxias e antigas Escrituras, forneceu aos hindus fluentes em inglês a oportunidade perfeita para modelar como seria essa religião. Os brâmanes, em função de sua reputação de erudição, gozavam de uma vantagem particular. Em 1817, um deles apresentou ao governo em Calcutá um artigo que insistia ser puramente opcional que viúvas se incinerassem; no ano seguinte, outro foi ainda mais longe e demonstrou que não havia evidências da prática nos textos antigos do hinduísmo. Insistindo nisso junto aos britânicos, Raja Rammohun Roy

RELIGIÃO

sabia exatamente o que estava fazendo. Suficientemente intrigado pelo cristianismo para ter aprendido hebraico e grego e familiarizado com o funcionamento da companhia após trabalhar anos em seus vários departamentos, ele sabia perfeitamente como dar aos oficiais aquilo de que eles precisavam desesperadamente: uma justificativa para banir o *suttee* que fosse aceitável para os hindus.

A queima de viúvas em piras, garantiu Roy aos britânicos, era um fenômeno puramente secular. O fato de haver brâmanes que oficiavam tais rituais se devia somente a sua ignorância das Escrituras hindus. Havia o autêntico hinduísmo e havia um hinduísmo corrompido pela cobiça e superstição de sacerdotes malevolentes. Se isso soava protestante, é porque era. O ressentimento de Roy contra os cristãos como "pessoas que viajam a um país distante com o propósito de modificar as opiniões de seus habitantes e introduzir as suas"[10] não o impedira de reconhecer sua utilidade. Eles tinham muito a oferecer uns aos outros. Roy foi capaz de garantir aos britânicos que o *suttee* não era uma prática religiosa e podia ser legitimamente banido, e os britânicos foram capazes de apoiar Roy em seus esforços para prescrever como o hinduísmo devia ser definido. Em 1829, o governador-geral da Índia publicou um decreto proibindo "a prática do *suttee* ou a prática de serem queimadas vivas as viúvas dos hindus".[11] Um ano mais tarde, temendo que o governo britânico pudesse suspender a proibição, Roy viajou para Londres. Na capital imperial, garantiu uma vitória definitiva. Levado ao túmulo logo depois pela inclemência do clima inglês, sua morte foi amplamente sentida. Apesar de ser hindu, os evangélicos haviam reconhecido nele um dos seus.

"O cristianismo se dissemina de duas maneiras", escreveu um historiador indiano, "através das conversas e da secularização."[12] Missionários que sonhavam com uma grande colheita de almas hindus estavam destinados à decepção. Não houve humilhação dos deuses hindus, nenhuma queda triunfal de seus ídolos no pó. Os oficiais britânicos continuaram a caminhar cuidadosamente por uma trilha delicada. Mesmo o rumor de que a companhia trabalhava para a conversão da Índia podia prejudicar seu

DOMÍNIO

domínio. Em 1857, de fato, rumores dariam origem a um levante tão explosivo que, por alguns ensanguentados meses, pareceu que todo o futuro do domínio britânico na Índia estava por um fio. O choque jamais seria esquecido pelas autoridades imperiais. Sua determinação de não correr o risco de promover o cristianismo na Índia se tornou ainda mais sólida. Mesmo assim, não hesitavam em adotar hipóteses nascidas da teologia cristã. A convicção de que existia uma religião chamada hinduísmo e ela funcionava em uma dimensão distinta das esferas da atividade humana — esferas chamadas de "seculares" em inglês — não era nativa do subcontinente. Era distintamente protestante. Mas isso não a impediu de ser provavelmente a mais bem-sucedida importação britânica para a Índia. Quando, após dois séculos, o domínio britânico chegou ao fim e a Índia se tornou independente, ela o fez como autoproclamada nação secular. Como se viu, um país não precisava se tornar cristão para começar a se ver com olhos cristãos.

Meio judeus

Em 1842, o rei da Prússia visitou o mais antigo local de construção da Europa. Frederico Guilherme IV governava um Estado que, no século anterior, se estabelecera como o mais formidável da Alemanha. Humilhada por Napoleão, que ocupara Berlim, sua capital, e tentara incapacitá-la definitivamente, a Prússia terminara desempenhando um papel fundamental em sua derrota. Fora um exército prussiano que o derrubara do trono, em 1814, e selara seu destino em Waterloo. Mas o império de Napoleão não fora o único a chegar ao fim. O mesmo tinha acontecido a uma ordem infinitamente mais antiga. Em 6 de agosto de 1806, mal sendo notada em meio às tempestades da revolução e da guerra, a linhagem dos césares, iniciada por Otão, o Grande, terminara formalmente. Um império que por quase um milênio se orgulhara de ser tanto sagrado quanto romano já não existia. Mesmo com a derrota de Napoleão, não havia como ressuscitá-lo.

418

RELIGIÃO

Foi por isso que, no Congresso de Viena, os representantes das grandes potências devotaram a maior parte de seu tempo não à discussão do comércio de escravos, mas ao novo mapa da Europa Central. A Prússia também deu sua cartada. Um Estado que fora destituído por Napoleão de muitas de suas províncias emergiu muito maior desse congresso, tendo absorvido quase metade da Saxônia. Wittenberg se tornou domínio prussiano. Assim como, na fronteira oeste do que já fora o Sacro Império Romano, um grande pedaço da Renânia. Frederico Guilherme viajara até lá pela primeira vez em 1814. O ponto alto da jornada do jovem príncipe fora uma visita a Colônia. A cidade — ao contrário de Berlim, uma nova capital bem distante das terras tradicionais da cristandade — era antiga. Suas fundações datavam da época de Augusto. Seu arcebispo fora um dos sete eleitores. Sua catedral, iniciada em 1248 e abandonada em 1473, durante séculos mantivera uma grua sobre o coto maciço de sua torre sul. Frederico Guilherme, visitando o edifício semiconstruído, ficara fascinado. E prometera terminá-lo. Dois anos após sua ascensão ao trono prussiano, ele estava pronto para cumprir seu juramento. Naquele verão, ordenou que os construtores voltassem ao trabalho. Em 4 de setembro, consagrou uma nova pedra angular. Então, em um espontâneo e sincero discurso ao povo de Colônia, saudou a cidade. A catedral, declarou, seria um monumento ao "espírito da unidade alemã".[13]

Evidências surpreendentes disso podiam ser encontradas no comitê executivo que supervisionava o projeto. Simon Oppenheim, um banqueiro agraciado com a afiliação honorária e vitalícia ao conselho, era fabulosamente rico, extremamente culto — e judeu. Muitos ainda se lembravam de um tempo no qual sua presença em Colônia seria ilegal. Durante quase quatrocentos anos, os judeus haviam sido banidos da cidade devotamente católica. Somente em 1798, após a ocupação pelos franceses e a abolição de antigos privilégios, os judeus haviam tido permissão para retornar. O pai de Oppenheim se mudara para Colônia em 1799, dois anos antes de sua absorção oficial na República Francesa. Como o governo revolucionário francês, fiel à Declaração de Direitos Humanos, concedera cidadania integral a todos os judeus, os Oppenheim gozavam de igualdade cívica

DOMÍNIO

com seus vizinhos católicos. Nem mesmo a revisão feita por Napoleão, que em 1808 levara a uma lei expressamente projetada para discriminar os interesses comerciais dos judeus, diminuíra sua identificação com Colônia — ou sua habilidade de dirigir um banco altamente bem-sucedido na cidade. Também ajudava o fato de a Prússia, quando anexou a Renânia, já ter decretado que seus súditos judeus seriam considerados tanto "nativos" quanto "cidadãos". O fato de a legislação discriminatória de Napoleão ter continuado no estatuto e um decreto prussiano ter continuado a banir os judeus do funcionalismo público nada fez para diminuir as esperanças de Oppenheim por mais progresso. Para ele, a catedral era um símbolo não do passado cristão, mas de um futuro no qual os judeus poderiam ser, integral e igualmente, cidadãos da Alemanha. Foi por isso que ele concordou em ajudar a financiá-la. Frederico Guilherme, recompensando-o com uma visita, certamente não hesitou em saudá-lo como patriota. Parecia que um judeu podia, de fato, ser alemão.

Exceto que, ao visitar Oppenheim, o rei enviara um sinal muito diferente. Para Frederico Guilherme, o status da Catedral de Colônia como ícone do venerável passado cristão não era um detalhe incidental, mas algo profundamente fundamental a sua determinação de vê-la terminada. Quase convencido de que a Revolução Francesa fora uma anunciadora do apocalipse, ele sonhava em restaurar à monarquia a qualidade sagrada de que ela gozara no auge do Império Romano. O fato de ser gordo, careca e quase cego não diminuía seu entusiasmo pela ideia de ser um novo Carlos Magno. O "Linguado Gordo", como fora apelidado, até mesmo renovara um castelo medieval em ruínas e o inaugurara com uma procissão à luz de tochas e trajes paramentados. Não surpreende, portanto, que, ao ser confrontado com o desafio de integrar judeus a seus planos para uma Prússia cintilantemente cristã, ele tenha encontrado uma solução que podia muito bem ter saído da Idade Média. Somente cristãos, argumentou ele, podiam ser classificados como prussianos. Os judeus deviam ser organizados em corporações. Assim, seriam capazes de manter sua identidade distinta em um reino cristão. Isso não era o que Oppenheim queria ouvir. Pouco

RELIGIÃO

antes da chegada do rei a Colônia, ele escrevera um protesto declarado. Outros na cidade se uniram a sua causa. O governo regional pediu emancipação. "As tensas relações entre cristãos e judeus", trovejou o principal jornal de Colônia, "só podem ser melhoradas por meio da equalização incondicional de status."[14] O resultado foi um impasse. Frederico Guilherme — no espírito de um imperador medieval de armadura — recusou-se a ceder. Ele insistiu que a Prússia era cristã. Sua monarquia, suas leis e seus valores derivavam do cristianismo. Sendo assim, não havia lugar para judeus em sua administração. Se eles desejavam se tornar propriamente prussianos, havia uma solução simples: a conversão. Tudo que um judeu precisava fazer para se candidatar a um cargo público era fazer "uma confissão de cristianismo em atos públicos".[15] E fora por isso que Frederico Guilherme estivera disposto a visitar Oppenheim. Afinal, que judeu se disporia a financiar uma catedral, se não estivesse perto de encontrar Cristo?

Mas o rei estava se iludindo. Oppenheim não tinha a menor intenção de encontrar Cristo. Ele e sua família continuaram com a campanha. Não demorou muito para que Colônia, previamente renomada como bastião de chauvinismo, passasse a servir como pioneira da emancipação judaica. Em 1845, a legislação discriminatória de Napoleão foi definitivamente abolida. Algum tempo depois, uma sinagoga com um domo suntuoso, projetada pelo arquiteto responsável pela catedral e financiada — inevitavelmente — pelos Oppenheim se transformou em um dos principais pontos de referência da cidade. Muito antes de sua construção, no entanto, ficou evidente que os sonhos de Frederico Guilherme de ressuscitar um modelo medieval de cristianismo estavam condenados. Em 1847, um teólogo particularmente atrevido retratou o rei como moderno Juliano, o Apóstata, correndo atrás de um mundo para sempre perdido. Então, como se para confirmar esse retrato, a revolução retornou à Europa. A história parecia estar se repetindo. Em fevereiro de 1848, um rei francês foi deposto. Em março, protestos e levantes surgiram em toda a Alemanha. Slogans familiares do tempo de Robespierre podiam ser ouvidos nas ruas de Berlim. A rainha prussiana temeu que só faltasse a guilhotina. Embora, naquela ocasião, o humor insurrecio-

DOMÍNIO

nista fosse pacificado, e a oscilante monarquia prussiana, estabilizada, as concessões oferecidas por Frederico Guilherme se provariam duradouras. Seu reino emergiu da grande crise de 1848 como — pela primeira vez — Estado com uma Constituição escrita. A vasta maioria de seus habitantes do sexo masculino agora tinha direito de eleger um Parlamento. Entre eles, finalmente como cidadãos iguais, estavam os judeus. Frederico Guilherme, chocado com a ameaça à ordem divina que ele jurara manter, declarou-se enojado. "Se não fosse cristão, eu tiraria minha própria vida."[16]

Mesmo assim, como o rei poderia justificadamente ter indicado, não fora o judaísmo a ser emancipado, mas somente os que o praticavam. Os apoiadores da Declaração de Direitos sempre tinham sido explícitos a esse respeito. As algemas da superstição eram forjadas nas sinagogas tanto quanto nas igrejas. "Devemos conceder tudo aos judeus como indivíduos, mas recusar-lhes tudo como nação!" Esse fora o slogan com o qual, em 1789, os proponentes da emancipação judaica na França haviam tentado acalmar seus colegas revolucionários. "Eles não devem formar nem um corpo político nem uma ordem no Estado; devem ser cidadãos individualmente."[17] E assim ocorrera. Quando a República Francesa concedera cidadania aos judeus, ela o fizera sob a condição de que eles abandonassem qualquer senso de si mesmos como povo à parte. Nenhum reconhecimento ou proteção foram oferecidos à lei mosaica. A identidade dos judeus como comunidade distinta era tolerada somente se não interferisse com "o bem comum".[18] Aqui — embora adornado com a retórica elevada do Iluminismo — estava um programa de autoaprimoramento cívico que pretendia transformar a própria essência do judaísmo. Heráclio, mais de um milênio antes, tentara algo muito similar. O sonho de que a singularidade judaica pudesse ser subsumida em uma identidade que o mundo inteiro podia partilhar — uma na qual as leis fornecidas por Deus para separar os judeus dos outros povos deixariam de importar — datava do tempo de Paulo. Nos primeiros anos da Revolução Francesa, os artistas contratados para retratar a Declaração de Direitos não hesitaram em representá-la como nova aliança, cinzeladas em tábuas de pedra e entregues em meio a um clarão. Os judeus podiam aceitar

RELIGIÃO

essa visão radiante ou ser banidos para as trevas varridas pela tempestade. Se, para alguns judeus, isso parecia um tipo muito familiar de ultimato, é porque era mesmo. O fato de a Declaração de Direitos reivindicar para si mesma uma autoridade muito mais universal que a do cristianismo só enfatizava o grau em que, na escala de suas ambições e no escopo de suas pretensões, ela era profundamente cristã.

O preço pago pelos judeus por sua liberdade, portanto, era real. A cidadania requeria que eles se tornassem um pouquinho mais cristãos. Isso talvez fosse mais evidente na Alemanha que na França. Os luteranos devotos — apesar do ódio de Lutero pelos judeus — eram tão capazes quanto os jacobinos de defender a emancipação judaica. Alguns, aliás, o faziam desde a queda da Bastilha. Seu argumento estava repleto da retórica familiar dos textos de Lutero: a Lei de Moisés, que era murcha, seca e árida, ainda mantinha os que obedeciam a ela em seu abraço cadavérico; o papado, ao perseguir os judeus durante a Idade Média, havia degradado tanto seu caráter que eles permaneciam em uma condição atrasada e corrompida. Se fossem libertados desses dois objetos favoritos da condenação luterana, tudo ficaria bem. O judaísmo reformaria a si mesmo. Os judeus se tornariam cidadãos produtivos. Esse programa — apesar de suas hipóteses protestantes — tinha a adesão geral dos judeo-alemães. Embora naturalmente ofendidos por qualquer sugestão de que a lei mosaica pudesse ser superada pela lei de Cristo, eles não hesitaram em promovê-la como compatível com as leis da Prússia. Os dias de um Estado judaico independente haviam ficado para trás. No lugar de Israel, os judeus agora tinham o judaísmo. Essa palavra — uma invenção cristã — só começou a ser usada por eles quando surgiu a perspectiva de emancipação. Pressionados pelos teólogos protestantes a aceitar para as leis judaicas um status meramente privado e cerimonial, eles estavam sendo pressionados a aceitar algo mais: que pertenciam não a uma nação, mas a uma religião.

Muitos judeus não tiveram problema com esse conceito. Alguns, inclusive, acharam-no libertador. Em 1845, um grupo de intelectuais judeus em Berlim fez o apelo formal por um judaísmo que, transcendendo as pres-

423

DOMÍNIO

crições escritas da Torá, pudesse ser transformado em uma religião "que corresponde a nossa era e aos sentimentos em nossos corações".[19] Mesmo enquanto Frederico Guilherme tentava reerguer as barreiras entre judeus e cristãos, rabinos de todas as terras luteranas da Alemanha começaram a proclamar a primazia da fé sobre a lei. Outros judeus, entrementes, chocados com qualquer sugestão de que a aliança revelada a Moisés no Sinai pudesse não ser definitiva, condenaram-nos como hereges. Duas tradições rivais — "reformada" e "ortodoxa" — começaram a emergir. Com o tempo, o próprio Estado prussiano formalizaria essa divisão. Judeus que insistiam na autoridade duradoura da lei mosaica receberam licença oficial para se estabelecer como comunidade separada. "O judaísmo", insistiu seu fundador, "não é uma religião"[20] — e, no entanto, ele protestava demais. As crenças, privadas e passionais, tornaram-se uma marca do judaísmo, como ocorria com as congregações protestantes. Parecia que os cristãos já não estavam sozinhos na Reforma.

A grande reivindicação do que, em 1846, o editor de um jornal inglês chamou pela primeira vez de "secularismo" era a neutralidade. Mas isso era arrogância. O secularismo não era um conceito neutro. A própria palavra vinha cercada por nuvens de sentido que eram irrevogável e veneravelmente cristãos. A hipótese de que existiam dimensões gêmeas, a secular e a religiosa, surgira séculos antes da Reforma, ocorrendo a Gregório VII, Columbano e Agostinho. O conceito de secularismo — por mais que fosse promovido pelo editor que inventou a palavra como antídoto para a religião — evidenciava não o declínio do cristianismo, mas sua aparentemente infinita capacidade de evolução. Manifestada em inglês, ela se manifestou também em outras línguas. Quando, em 1842, surgira pela primeira vez, em francês, a palavra *laïcité* tinha a mesma definição e a mesma origem de "secularismo": os *laicus* que originalmente haviam sido ninguém menos que o povo de Deus. Tanto na Europa quanto na Índia, o processo pelo qual os povos que não eram cristãos passaram a ser identificados com uma religião era inevitavelmente procustiano. Para os judeus — tão similares aos cristãos, tão profundamente diferentes deles —, a tarefa de lidar com essa

424

RELIGIÃO

nova identidade foi especialmente delicada, e em nenhum lugar mais que na Alemanha. Lá, como testemunhavam os fracassados esforços de Frederico Guilherme para ressuscitar a cristandade medieval, os cristãos também estavam cada vez mais inseguros sobre seu lugar em um mundo que mudava rapidamente. O que, em meio às ruínas do Sacro Império Romano, significava ser alemão? Os judeus, ao inventarem uma religião que podia ter lugar em uma ordem secular, ao lado do cristianismo, haviam conquistado o direito de ajudar a solucionar esse quebra-cabeça. Mas se seus compatriotas alemães receberiam bem sua contribuição ou se ressentiriam da tentativa era uma questão em aberto. A emancipação não era meramente uma solução; era um desafio constante. O problema de como uma cultura desafiadoramente distinta, com milhares de anos, podia ser conciliada a uma ordem tomada por hipóteses cristãs não tinha solução pronta. A busca por ela, porém, dificilmente podia ser evitada. Os judeus não tinham opção a não ser continuar a navegar as fronteiras do secularismo e torcer pelo melhor.

Um crime contra a humanidade

Por quase dois milênios e meio, uma das inscrições encomendadas por Dario para justificar seu domínio sobre o mundo — escrita em três línguas diferentes e acompanhada de um retrato particularmente imperioso do próprio rei — fora preservada na encosta de um monte chamado Beistum. Escavada em um rochedo cerca de 60 metros acima da estrada que levava do platô iraniano ao Iraque, sua sobrevivência fora assegurada pela inacessibilidade. Mas a chance de acidente ou morte a fim de decifrar textos antigos podia ser positivamente apreciada por um ou outro aventureiro. Um deles foi Henry Rawlinson, um oficial britânico transferido da Índia para a corte persa. Ele fora ao monte Beistum pela primeira vez em 1835, escalando o rochedo o melhor que podia e copiando o que conseguira ver da inscrição. Oito anos mais tarde, retornou ao local propriamente equipado com tábuas e cordas. Equilibrado precariamente sobre uma escada, foi capaz de

DOMÍNIO

completar a transcrição. "O interesse da ocupação", lembrou ele mais tarde, "afastou completamente qualquer noção de perigo."[21] Em 1845, Rawlinson terminou a tradução da parte escrita em persa e a enviou para publicação em Londres. O Grande Rei falara novamente.

As vanglórias registradas na face rochosa do monte Beistum podiam ser apreciadas por um oficial empregado pela Companhia das Índias Orientais. Dario combinara ambição em escala global com a maestria das várias artes políticas necessárias para satisfazê-la: implacabilidade, astúcia, autoconfiança. Rawlinson, tão experiente como espião quanto como soldado, sabia bem que os impérios não surgiam por mágica. O poderio britânico, já seguramente estabelecido na Índia, dependia de agentes dispostos a jogar sujo. Rawlinson não devotava todo o seu tempo a caçar inscrições antigas. Estivesse persuadindo o xá da Pérsia, manobrando contra os russos ou ganhando medalhas por galanteria no Afeganistão, ele era um participante talentoso do que outro oficial de inteligência, escrevendo-lhe em 1840, chamara de "grande jogo".[22] Dario, cujo retrato no monte Beistum o mostrava pisoteando um rival, também participara do grande jogo do avanço imperial — e vencera. Nove reis o haviam desafiado e sido derrotados. O escultor de Beistum, obedecendo à orientação de seu mestre, retratara-os como anões, presos pelo pescoço e curvados perante seu conquistador. Ali, para um oficial como Rawlinson, estava uma evidência atemporal das brutais realidades da construção de impérios.

Mas Dario, quando decidira conquistar povos bárbaros e rebeldes, alegara fazer isso pelo bem do cosmos. Sua missão fora combater a Mentira. Em sua convicção de que o mal precisava ser enfrentado onde quer que surgisse e a verdade precisava ser levada até os limites do mundo, havia uma justificativa para o império tão duradouramente potente que Rawlinson, 2.500 anos depois, também acreditava nela. O "grande jogo" não era um fim em si mesmo. O dever de uma nação cristã, aconselhara o colega de Rawlinson, era trabalhar pela regeneração das terras menos afortunadas e ter um "papel nobre".[23] Isso, claro, era considerar seu país o próprio modelo de civilização, o padrão pelo qual todos os outros podiam ser julgados, em

426

RELIGIÃO

uma arrogância tão natural entre os povos imperais que os persas da época de Dario também a haviam demonstrado. Mas os britânicos, a despeito de muitos deles acharem que seu império era uma bênção concedida pelos céus, não podiam partilhar inteiramente da arrogância do Grande Rei. O orgulho por seu domínio sobre palmeiras e pinheiros era acompanhado de certo nervosismo. O sacrifício exigido por seu Deus era um coração humilde e contrito. Dominar povos estrangeiros — quem dirá pilhar suas riquezas, invadir suas terras ou viciar suas cidades em ópio — também era, para um povo cristão, nunca esquecer que seu Salvador vivera como escravo, e não mestre, de um império poderoso. Fora um oficial daquele império que o sentenciara à morte e soldados daquele império que o pregaram à cruz. O domínio de Roma havia muito desaparecera. O reinado de Cristo, não.

Até mesmo o secretário do Exterior britânico — por mais pragmático e direto que fosse — estava consciente disso. O comando dos oceanos de nada serviria, a menos que servisse "às mãos da Providência".[24] Um pecado, mais que qualquer outro, pesava na consciência dos britânicos, um pecado que recentemente pendurara uma pedra de moinho em seus pescoços, pronta para afundá-los na perdição. Em 1833, quando à proibição do comércio de escravos se seguira sua emancipação em todo o Império Britânico, os abolicionistas haviam saudado sua hora de vitória em termos arrebatadamente bíblicos. Ela fora o arco-íris visto por Noé sobre o dilúvio; a passagem dos israelitas pelo mar Vermelho; o surgimento do Cristo Ascenso de sua tumba. A Grã-Bretanha, um país que ficara por tanto tempo perdido no vale das sombras da morte, finalmente emergira para a luz. Agora, em reparação por suas culpas, era responsável por ajudar todo o mundo a renascer.

Mesmo assim, os abolicionistas britânicos sabiam que não podiam trombetear seu senso de missão protestante alto demais. A escravidão era disseminada, e tornara muitos em Portugal, na Espanha e na França excepcionalmente ricos. Uma campanha contra essa prática jamais seria verdadeiramente internacional sem o apoio das potências católicas. Não importava que a força naval da Grã-Bretanha permitisse que navios negreiros fossem revistados, e suas tripulações, levadas a julgamento: as estruturas legais que autorizavam

DOMÍNIO

esses procedimentos tinham de parecer resolutamente neutras. Os juristas britânicos, superando a profunda suspeita de qualquer coisa espanhola que era um legado da era de Elizabeth I, elogiaram "a coragem e os nobres princípios"[25] de Bartolomeu de las Casas. O resultado foi todo um aparato legal — incluindo tratados e tribunais internacionais — que transformou em virtude a fusão de tradições protestantes e católicas. Em 1842, quando um diplomata norte-americano definiu o comércio de escravos como "crime contra a humanidade",[26] a expressão foi calculada para ser aceitável para todas as denominações cristãs — e nenhuma. A escravidão, que nas décadas anteriores fora quase universalmente aceita, agora era definida como evidência de selvageria e atraso. Opor-se a ela era estar do lado do progresso. Apoiá-la era ser condenado não somente pelo cristianismo, mas por todas as religiões.

Tudo isso era novidade para os muçulmanos. Em 1842, quando o cônsul-geral da Grã-Bretanha no Marrocos defendeu a causa do abolicionismo, seu pedido de que o comércio de escravos africanos fosse banido foi saudado com total incompreensão. O sultão declarou que essa era uma questão "sobre a qual todas as seitas e nações concordam desde os tempos de Adão".[27] Como prova, ele poderia muito bem ter indicado os Estados Unidos, uma nação que proclamava em seu documento de fundação que todos os homens eram criados iguais e no qual a Câmara dos Representantes, dois anos antes, decidira que não receberia mais petições contra a escravidão. Se isso era evidência, em um nível, do peso da opinião abolicionista, também refletia a obstinada determinação dos proprietários de escravos do sul do país de jamais desistirem de suas posses humanas. Os apoiadores norte-americanos da escravidão zombavam de qualquer alegação de que ela era incompatível com a civilização. O abolicionismo, diziam eles, era um movimento emanado de um único canto do mundo. Contra ele havia a autoridade de Aristóteles, dos juristas da antiga Roma e da própria Bíblia. Nos Estados Unidos, ainda havia vários pastores convencidos de um argumento quase totalmente abandonado pelos protestantes: o de que as leis divinas que permitiam a escravidão eram eternas. "Ele nos deu sua sanção e, consequentemente, ela deve estar em harmonia com seu caráter moral."[28]

RELIGIÃO

O sultão do Marrocos certamente teria concordado. As missões de abolicionistas britânicos continuaram a ser ignoradas. Em 1844, o governador de uma ilha na costa do Marrocos informou uma delas de que qualquer proibição da escravidão seria "contrária a nossa religião".[29] Tal franqueza não era surpreendente. Para a maioria dos muçulmanos, as desvairadas alegações de que o espírito das Escrituras podia ser distinguido de suas palavras parecia uma tola e sinistra blasfêmia. A lei de Deus não estava escrita no coração, mas no grande legado de textos da época do Profeta. Divinos como eram, eles não aceitavam contradições. A posse de escravos era permitida pelo Alcorão, pelo exemplo do próprio Maomé e pela Suna, o grande corpo de tradições e práticas islâmicas. Quem eram os cristãos para exigir sua abolição?

Mas os britânicos, para crescente confusão dos governantes muçulmanos, recusavam-se a desistir. Em 1840, a pressão sobre os otomanos para erradicar o comércio de escravos fora saudada em Constantinopla, nas palavras do embaixador britânico, "com extremo pasmo e um sorriso à proposta de destruir uma instituição entremeada à estrutura da sociedade".[30] Uma década depois, quando o sultão se viu enfrentando uma devastadora combinação de crises militares e financeiras, o apoio britânico veio com o preço previsível. Em 1854, o governo otomano foi obrigado a publicar um decreto proibindo o comércio de escravos no mar Negro; três anos depois, o comércio de escravos africanos foi banido. Também foi abolida a *jizya*, a taxa paga por judeus e cristãos que datava do início do islã e era ordenada diretamente pelo Alcorão. Tais medidas, é claro, poderiam constranger consideravelmente o sultão. Afinal, seu efeito era uma reforma da Suna em resposta a padrões dos totalmente infiéis britânicos. Reconhecer que qualquer coisa contrária à tradição islâmica fora forçada a um governante muçulmano pelos cristãos era claramente impensável; assim, os reformadores otomanos criaram uma sanção própria. Eles argumentaram que as circunstâncias haviam mudado desde o tempo do Profeta. Decisões da jurisprudência islâmica que pareciam apoiar a escravidão nada eram se comparadas àquelas que elogiavam a libertação de escravos como ato muito agradável a Deus.

DOMÍNIO

O Alcorão, lido sob a luz correta, abriria os olhos do fiel para a verdadeira essência do islã, uma essência que agora, mais de doze séculos após a morte de Maomé, revelava-se totalmente abolicionista. Mas essa manobra, por mais que parecesse salvar as aparências para o sultão, ameaçava infectar o islã com hipóteses profundamente cristãs sobre o funcionamento adequado das leis. O espírito da Suna, afinal, poderia superar suas palavras. Insidiosamente, entre as elites do mundo islâmico, surgiu um novo entendimento da correção legal, um entendimento que, no fim das contas, derivava não de Maomé nem de qualquer jurista muçulmano, mas de São Paulo.

Em 1863, pouco mais de vinte anos depois de o sultão do Marrocos ter declarado que a escravidão era uma instituição aprovada desde o início dos tempos, o prefeito de Túnis escreveu uma carta ao cônsul-geral norte--americano, citando justificativas para sua abolição, retiradas das Escrituras islâmicas. Nos Estados Unidos, as tensões cada vez maiores sobre os erros e acertos da instituição haviam ajudado a precipitar, em 1861, a secessão de uma confederação de estados do sul e uma guerra terrível contra o que permanecia da União. Naturalmente, enquanto os norte-americanos continuassem a se massacrar mutuamente em batalha, não haveria resolução definitiva para a questão. Mesmo assim, no início de 1863, o presidente Abraham Lincoln proclamara que todos os escravos do território confederado estavam livres. Claramente, se os unionistas emergissem vitoriosos da guerra civil, a escravidão seria abolida em todo o país. Foi em apoio a essa possibilidade que o prefeito de Túnis ofereceu seu encorajamento. Consciente de que os norte-americanos provavelmente não seriam convencidos por citações das Escrituras islâmicas, ele concluiu a carta urgindo-os a agirem em nome da "compaixão e da misericórdia humanas".[31] Aqui talvez esteja a demonstração final de quão efetiva fora a tentativa dos protestantes abolicionistas de tornar sua campanha universal. Uma causa que, somente um século antes, fora exclusividade de alguns quakers excêntricos se disseminara como o fogo descontrolado do Espírito. Ela não precisava de missionários para promover as doutrinas evangélicas ao redor do mundo. Advogados e embaixadores podiam fazer isso com mais eficácia, pois, de

RELIGIÃO

modo geral, agiam com sutileza. Fora dos limites do mundo cristão, um crime contra a humanidade tendia a ter muito mais ressonância que um crime contra Cristo. Parecia que uma cruzada podia ser muito mais efetiva se mantivesse a cruz fora de vista.

Tudo isso parecia prometer grandes vantagens para o império que iniciara a campanha. Os britânicos não a haviam iniciado de maneira cínica. Além de conflitar com seus interesses imediatos, tanto geopolíticos quanto econômicos, ela também era extremamente dispendiosa. Mesmo assim, quanto mais a maré da opinião global se virava contra a escravidão, mais aumentava o prestígio da nação que primeiro a abjurara. "A Inglaterra", exclamou um príncipe persa em 1862, "presume ser a mais determinada inimiga do comércio de escravos e teve enormes despesas para libertar as raças africanas, às quais só está ligada pelos laços da humanidade em comum."[32] Mas, mesmo enquanto ele expressava o quanto estava maravilhado por tal altruísmo, os britânicos andavam ocupados capitalizando o prestígio que esse altruísmo lhes concedera. Em 1857, um tratado no qual o xá se comprometia a suprimir o comércio de escravos no golfo Pérsico também serviu para consolidar a influência britânica no país. Entrementes, no coração da África, os missionários começavam a ir aonde nenhum europeu jamais fora. Os relatos que traziam, das continuadas depredações dos escravagistas árabes, confirmavam a visão de muitos na Grã-Bretanha de que a escravidão jamais seria totalmente banida, a menos que todo o continente fosse conquistado para a civilização. Obviamente, isso equivalia a seu próprio domínio. "Procurarei as perdidas e trarei de volta as desviadas", declarara Deus na Bíblia. "Enfaixarei a ferida e fortalecerei a fraca, mas a rebelde e forte, eu a destruirei."[33] Aqui — não somente para a Grã-Bretanha, mas para qualquer potência que pudesse plausivelmente reivindicá-la — estava uma permissão para a conquista que, no devido tempo, levaria a uma corrida desenfreada por colônias. Não seriam os escravagistas que terminariam colonizando a África e subjugando-a ao domínio estrangeiro, mas — em uma ironia familiar na história cristã — seus emancipadores.

XVIII

Ciência

1876: rio Judith

TODAS AS NOITES, O PROFESSOR TINHA pesadelos. Enquanto os trovões secos rugiam sobre as *badlands* de Montana, Edward Drinker Cope debatia-se e gemia em seu sono. Às vezes, um de seus companheiros o acordava. Compreensivelmente, todos estavam tensos na expedição. O oeste norte-americano era um lugar perigoso. Cope, buscando fósseis em regiões ainda não mapeadas pelo exército, cruzava os campos de caça de um povo nativo particularmente formidável: os sioux. Somente algumas semanas antes, um general experiente, veterano da vitória unionista na recente Guerra Civil, George Armstrong Custer, fora derrotado por guerreiros sioux nas margens do rio Little Bighorn. Em certo momento, Cope e sua expedição haviam estado a um dia de cavalgada de onde — como disse um deles — "milhares de guerreiros, bêbados com o sangue de Custer e dos bravos homens da Sétima Cavalaria dos Estados Unidos",[1] estavam acampados. Um batedor e um cozinheiro, morrendo de medo de perder seus escalpos, haviam fugido. Mas não eram os sioux que faziam Cope ter pesadelos. Seus sonhos eram assombrados por descobertas que ele e os companheiros haviam feito no grande labirinto de cânions e ravinas que se estendiam em torno do local que lhes servia de base. Sob o brilho das estrelas, era tudo um breu impenetrável. Em muitos locais, a queda era de 300 metros. Um escorregão no

CIÊNCIA

xisto solto e um homem podia mergulhar para a morte. Mas houvera um tempo no qual o cenário agora árido explodira de vida. Enterrados entre os desfiladeiros estavam os ossos de monstros que outrora, muitos milhões de anos antes, haviam vagueado pelo que era então uma planície costeira. Durante a maior parte da história, ninguém soubera que tais criaturas haviam existido. Fora somente em 1841, na distante Inglaterra, que elas haviam recebido um nome. Mas agora, acampado na aridez de Montana, bem acima do rio Judith, Cope sabia estar cercado pelos restos mortais de inúmeros deles: um imenso e não mapeado cemitério de dinossauros. "No princípio", haviam escrito os autores dos salmos em louvor ao Criador, "firmaste os fundamentos da terra, e os céus são obras das tuas mãos. Eles perecerão, mas tu permanecerás; envelhecerão como vestimentas. Como roupas tu os trocarás e serão jogados fora."[2] Nessa visão de um mundo que tinha tanto um início quanto uma história linear e irreversível, estava um entendimento do tempo que contrastava decisivamente com a maioria dos povos da Antiguidade. Ler o Gênesis era saber que o tempo não percorreria ciclos intermináveis. Sem surpresa, portanto, os estudiosos da Bíblia repetidamente buscavam mapear uma cronologia que pudesse chegar até antes do surgimento dos seres humanos. "Não devemos supor", declarara Lutero, "que a aparência do mundo é a mesma hoje do que era antes do pecado."[3] Cada vez mais, porém, os entusiastas daquilo que, no fim do século XVIII, passara a ser chamado de geologia baseavam suas investigações não no Gênesis, mas diretamente no estudo das criações de Deus: rochas, fósseis e os próprios contornos da Terra.

Entre o clero britânico isso se tornara uma obsessão particular. Em 1650, quando James Ussher, o arcebispo de Armagh e um dos mais brilhantes eruditos de sua época, tentara estabelecer uma cronologia global, o fato de se basear exclusivamente em registros escritos — particularmente a Bíblia — o levara a identificar a data da Criação como 4004 a.C. Em 1822, quando William Buckland, outro clérigo, publicara um artigo demonstrando que a vida na Terra, e mais ainda a deposição de rochas, era infinitamente mais antiga que o dilúvio de Noé, fora a datação dos fósseis

433

DOMÍNIO

que encontrara em uma caverna em Yorkshire que lhe permitira defender esse argumento. Dois anos depois, ele escrevera a primeira descrição integral de um dinossauro. Em 1840, argumentara que as grandes goivas no cenário da Escócia evidenciavam uma antiga — e decididamente não bíblica — Era do Gelo. Buckland, um renomado excêntrico que comia todo tipo de animal, de varejeiras a botos, não via a menor contradição no fato de ser deão de Westminster e professor de Geologia em Oxford.* Nem a maioria dos cristãos. Embora alguns, insistindo na interpretação literal do Gênesis, recusassem-se a aceitar que a história da Terra podia ser imensuravelmente mais antiga que os homens, a vasta maioria sentia somente reverência por um Criador capaz de trabalhar em tal prodigiosa escala. A geologia, nascida do entendimento bíblico do tempo, parecia menos abalar que fortalecer a fé cristã.

Mas havia sinais, enquanto Cope embarcava em sua coleta de fósseis nos ermos do oeste norte-americano, de que isso estava mudando. O próprio Cope — tão perturbado pelos dinossauros que encontrou presos nas rochas que eles passaram a visitá-lo em sonhos, "jogando-o para o ar, chutando-o, pisoteando-o"[4] — sofria uma crise de fé. Descendente de um quaker que se estabelecera na Filadélfia após comprar terras de William Penn, ele fora criado acreditando na verdade literal do dilúvio de Noé. A fascinação precoce por ictiossauros, monstros pré-históricos das profundezas, logo pusera fim a essa crença, mas não a sua fé. Labutando nas *badlands*, ele promovia orações e leituras da Bíblia todas as noites. Sua própria obsessão com animais, vivos ou extintos, o marcava como tipo distinto de cristão. Que Deus, enchendo o mundo de criaturas, tivesse olhado para elas e visto que eram boas havia muito sugeria aos leitores cuidadosos do Gênesis que elas eram provas de seus desígnios. "Ele é a fonte de tudo que existe na natureza", escrevera Agostinho muito antes, "quaisquer que sejam seu tipo e valor, e de todas as sementes de formas, e de formas de

---

* O feito mais espantoso de Buckland talvez tenha sido comer o que fora confiavelmente apresentado como o coração do rei Luís XIV da França.

CIÊNCIA

sementes, e dos movimentos das sementes e formas."[5] William Buckland, cuja fascinação por todos os aspectos do reino animal era tal que ele fora o primeiro a identificar as fezes de um ictiossauro e podia distinguir a urina dos morcegos pelo gosto, fora somente um entre muitos clérigos comprometidos com o exame minucioso do mundo animal. Na Grã-Bretanha, e especialmente nos Estados Unidos, a convicção de que as obras de Deus estavam manifestas na natureza — a "teologia natural" — tornara-se, em meados do século XIX, uma arma fundamental no arsenal dos defensores do cristianismo. Um pároco inglês ilustrando a bondade de Deus podia citar tanto o ciclo de vida de uma borboleta quanto a teologia de Calvino. A abundância de insetos em uma sebe passou a ser vista por muitos cristãos do mundo anglófono como testemunha mais segura de sua fé que qualquer apelo à revelação. E, no entanto, essa confiança se demonstrara gravemente imerecida. O que parecera ser um apoio incontestável à religião cristã se provara muito diferente. Uma posição de força fora transformada em dolorosa fonte de fraqueza. A teologia natural se tornara, quase que da noite para o dia, um calcanhar de aquiles.

Charles Darwin, que quando jovem colecionara besouros obsessivamente, fizera viagens de campo com um professor de geologia que fora seminarista e durante um breve período estivera destinado a uma carreira na Igreja, era produto do mesmo meio que William Buckland e todos os outros proeminentes defensores da teologia natural na Inglaterra. Porém, Darwin, longe de se unir a suas fileiras, tornara-se sua desgraça. Em 1860, escrevendo a Asa Gray, o mais eminente botânico norte-americano, ele confessara sua motivação. "Não tenho intenção de escrever ateisticamente. Mas confesso que não consigo ver, como fazem muitos outros, e eu desejaria também poder fazer, evidência de design e beneficência por toda parte a nossa volta. Parece-me que há muita miséria no mundo."[6] Jó, é claro, fizera praticamente a mesma queixa; e Darwin, como Jó, sofrera com furúnculos e com a morte de um filho. Mas Deus não lhe falara de um turbilhão e, quando contemplava o mundo natural, ele encontrava exemplos demais de crueldade para acreditar que eles poderiam ser resultado de um design

DOMÍNIO

consciente. Um o assombrava mais que todos: uma espécie de vespa parasitoide. "Não consigo me persuadir de que um Deus benevolente e onipotente teria propositalmente criado os *Ichneumonoidea* com a expressa intenção de que se alimentassem dos corpos vivos das lagartas."[7]

Um ano antes, Darwin publicara um livro do qual também constava o ciclo vital das vespas *Ichneumonoidea*. A tese elaborada em *A origem das espécies* tendia a ser vista como profundamente inquietante por qualquer apoiador da teologia natural. "Pode não ser uma dedução lógica", escrevera Darwin, "mas, para minha imaginação, é muito mais satisfatório ver instintos como o do jovem cuco jogando seus irmãos adotivos do ninho, o das formigas criando escravos e o das larvas de *Ichneumonoidea* se alimentando dos corpos vivos das lagartas como não especialmente concedidos ou criados, mas como pequenas consequências de uma lei geral que leva ao avanço de todos os seres orgânicos, a saber, multipliquem-se, variem, deixem que os fortes vivam e os fracos morram."[8] Com essa teoria da evolução, ele infligiu à teologia natural um destino parecido com o imposto pelos *Ichneumonoidea* a seus hospedeiros. Os párocos que, cada vez mais, zanzavam pelos campos da Inglaterra com redes para borboletas e prensas para flores aceitavam certas suposições como certezas: que a imensa plenitude de espécies evidenciava uma única mão orientadora; que somente em relação a seu ambiente a total perfeição de seu design podia ser entendida; e que os propósitos manifestos na natureza eram irreversíveis. Darwin, em *A origem das espécies*, não pôs em debate nenhuma dessas hipóteses. Mas elas eram para sua teoria da evolução natural o que as vísceras de uma lagarta eram para as larvas de *Ichneumonoidea*. "O Criador cria através [...] de leis."[9] Fora isso que, décadas antes, quando ainda era um crente cristão, Darwin registrara em um caderno. Abelardo alegara praticamente a mesma coisa. Durante séculos, no mundo cristão, o grande projeto da filosofia natural fora identificar as leis que animavam a criação de Deus e, consequentemente, chegar a um melhor entendimento do próprio Deus. Com *A origem das espécies*, fora formulada uma lei que — mesmo enquanto unia o reino da vida ao reino do tempo — parecia não precisar de Deus.

CIÊNCIA

Não meramente uma teoria, ela era em si mesma uma surpreendente exibição de evolução.

Mas estava correta? Em 1876, a mais impressionante evidência da teoria de Darwin fora descoberta no que se provava rapidamente o melhor lugar do mundo para encontrar fósseis: o oeste norte-americano. Cope não era o único paleontologista a ter feito descobertas espetaculares por lá. O mesmo fizera Othniel Charles Marsh, um professor de Yale com a barba, o tamanho e a linguagem bombástica de um Henrique VIII de meia-idade. Durante seis anos de trabalho de campo, ele escavara nada menos que trinta espécies de cavalos pré-históricos. Essas descobertas constituíam uma cadeia de evidências tão completa que Darwin as saudou como "melhor apoio à teoria da evolução que surgiu nos últimos vinte anos".[10] Cope, cuja inveja e aversão por Marsh eram cordialmente recíprocas, não discutiu essa alegação. Ele aceitara, havia muito tempo, que as evidências de evolução eram esmagadoras. Mesmo assim, ao contrário de seu grande rival, recusava-se a aceitar que ela era motivada pela seleção natural. Ele desejava encontrar, no mundo natural, um lugar para um Deus benevolente. A única deidade para a qual a teoria da seleção natural teria espaço seria uma que tivesse prazer em estragar uma espécie aqui e manipular outra acolá. Certamente, não havia espaço para qualquer design divino. Mas Cope acreditava que o design divino era precisamente o que a evolução do cavalo servia para ilustrar. Ao retornar do rio Judith, ele publicou um artigo que defendia esse argumento em termos enfáticos. Os fósseis encontrados por Marsh, disse ele a uma assembleia de naturalistas norte-americanos em 1877, falavam de mudanças regulares demais para serem explicadas pela variação aleatória. "O desenvolvimento ascendente da estrutura corporal em animais superiores foi, com toda a probabilidade, concomitante à evolução da mente."[11] Em outras palavras, o cavalo moderno desejara ser o que era. Longe de estar à mercê do ambiente, a espécie sempre estivera no comando de seu próprio destino. O curso de sua evolução, havia muito previsto pelo Criador, evidenciava não caos e confusão, mas uma ordem que permeava toda a natureza. Nascidas no fluxo do tempo, todas as espécies estavam destinadas a um objetivo preordenado por Deus.

DOMÍNIO

Aceitar isso, claro, era aceitar algo mais: que os seres humanos também eram produto da evolução. Em *A origem das espécies*, Darwin somente insinuara quais poderiam ser as implicações de sua teoria para o entendimento de si mesma da humanidade. Mas isso não impedira que outros fizessem especulações. Bispos exigiram que os defensores de Darwin explicassem detalhadamente sua descendência de gorilas; cartunistas se deliciaram retratando o próprio Darwin como macaco; Cope declarou sua crença de que a humanidade evoluíra de um lêmure. Porém, nem todos os debates da sociedade, cartuns de macacos de sobrecasaca e teorias sobre a possível linhagem humana podiam esconder inteiramente o que havia por trás: um imenso abismo de ansiedade e dúvida. O nervosismo com a ideia de que a humanidade podia ter evoluído a partir de outras espécies não era gerado apenas pelo esnobismo em relação aos macacos. Algo muito maior estava em jogo. Acreditar que Deus se tornara homem e tivera a morte de um escravo era acreditar que podia haver força na fraqueza e vitória na derrota. A teoria de Darwin, mais radicalmente que qualquer coisa anteriormente surgida da civilização cristã, desafiava essa hipótese. A fraqueza não era nada a se valorizar. Jesus, ao colocar os mansos e pobres acima dos mais adequados ao grande conflito pela sobrevivência que era a existência, colocara o *Homo sapiens* no caminho descendente até a degeneração. Durante dezoito longos séculos, a convicção cristã de que toda vida humana era sagrada fora escorada por uma doutrina, acima de todas as outras: a de que homem e mulher haviam sido criados à imagem de Deus. O divino podia ser encontrado tanto no miserável, no condenado ou na prostituta quanto no cavalheiro com renda privada e um estúdio repleto de livros. A casa de Darwin, a despeito de seus jardins, bosque privado e estufa de orquídeas, ficava às margens de uma aglomeração sem precedentes de tijolos e fumaça. Para além dos campos onde ele inspecionava amorosamente os vermes, estendia-se o que Roma fora nos tempos de Augusto: a capital do maior império do mundo. Assim como Roma fizera um dia, Londres abrigava extremos desorientadores de privilégio e imundície. A Grã-Bretanha da época de Darwin, no entanto, podia se vangloriar de algo

CIÊNCIA

que ninguém na Roma de Augusto jamais pensara em financiar: campanhas para ajudar os pobres, os explorados, os doentes. O próprio Darwin, neto de dois abolicionistas proeminentes, conhecia bem o impulso que gerava tais campanhas. A grande causa da reforma social era inteiramente cristã. "Construímos asilos para os imbecis, mutilados e doentes; instituímos leis para os pobres; e nossos médicos exercem toda a sua habilidade para salvar a vida de cada um deles, até o último momento."[12] E, mesmo assim, o veredito de Darwin em relação a essas exibições de filantropia era irascível. Assim como os espartanos quando jogavam os bebês doentes em uma ravina, ele temia as consequências, para os fortes, de permitir que os fracos se propagassem. "Ninguém que tenha se ocupado com a criação de animais domésticos duvida que isso possa ser danoso para a raça humana."[13]

Para qualquer quaker, essa era uma afirmação particularmente inquietante. Cope conhecia as tradições das quais era herdeiro. Haviam sido os quakers os primeiros a acender o fogo que, na recente Guerra Civil, consumira a instituição da escravidão norte-americana; haviam sido os quakers que, tanto nos Estados Unidos quanto na Grã-Bretanha, haviam liderado a campanha pela reforma das prisões. O que quer que fizessem pelo menor dos irmãos e irmãs de seu Salvador, eles faziam pelo próprio Cristo. Como, então, essa convicção podia possivelmente ser conciliada com o que Cope, em uma mistura de desprezo e terror, chamara de "lei darwiniana de 'sobrevivência do mais forte'"?[14] Essa pergunta perturbara o próprio Darwin. Ele permanecia suficientemente cristão para definir como "má" qualquer proposta de abandonar os fracos e os pobres a sua própria sorte.[15] Mas notou que os instintos que geravam preocupação com os desfavorecidos deviam ser eles mesmos produto da seleção natural. Presumivelmente, serviam a algum propósito evolutivo. Mas Darwin hesitava. Em conversas privadas, ele confessava que, como, "em nossa civilização moderna, a seleção natural não tem papel",[16] ele temia pelo futuro. As noções cristãs de caridade — por mais empatia pessoal que sentisse por elas — eram equivocadas. Se continuassem a ter rédeas livres, as pessoas que se agarravam a elas estavam destinadas a degenerar.

DOMÍNIO

E, se isso acontecesse, seria em detrimento de toda a raça humana. Aqui, de qualquer forma, Cope concordava perfeitamente com Darwin. Ele cruzara de trem a vasta expansão das Grandes Planícies, enviara telegramas de fortes plantados em terras dos sioux e vira seus campos de caça cobertos de ossos de bisões, mortos por rifles de repetição. Ele sabia que a derrota de Custer fora somente uma aberração temporária. As tribos nativas dos Estados Unidos estavam condenadas. O avanço da raça branca era inexorável. Era seu destino manifesto. Isso era evidente em todo o mundo. Na África, onde uma variedade de potências europeias tentava criar um continente; na Austrália, na Nova Zelândia e no Havaí, onde o fluxo de colonizadores brancos era irresistível; na Tasmânia, onde todo um povo nativo já fora levado à extinção. "O nível de sua civilização", dissera Darwin, "parece ser o elemento mais importante para o sucesso de nações em competição."[17]

Como as diferenças entre um branco e um nativo norte-americano, entre um europeu e um tasmaniano, podiam ser plausivelmente explicadas? A resposta tradicional de um cristão seria que entre dois seres humanos de raças diferentes não existia diferença fundamental, pois ambos haviam sido igualmente criados à imagem de Deus. Para Darwin, no entanto, a teoria da seleção natural sugeria uma resposta diferente. Quando jovem, ele navegara pelos mares do mundo e notara como, "onde quer que um europeu tenha pisado, a morte parece perseguir o aborígine".[18] A compaixão pelos povos nativos e a correspondente reprovação pelos colonizadores brancos não o impediram de chegar a uma sombria conclusão: passara a existir, durante o curso da existência humana, uma hierarquia natural de raças. O progresso dos europeus permitira que eles, geração após geração, ultrapassassem "as faculdades intelectuais e sociais"[19] dos povos mais selvagens. Cope — a despeito da recusa em aceitar a explicação de Darwin sobre como e por que isso poderia ter acontecido — reconhecia que esse argumento era válido. Claramente, na humanidade como em qualquer outra espécie, as operações da evolução estavam perpetuamente em curso. "Todos admitimos a existência de raças superiores e inferiores", reconheceu Cope, "com as últimas sendo aquelas que agora descobrimos ter maior ou menor aproximação com os macacos." Foi assim que a tentativa de um quaker devoto de reconciliar as obras de Deus com as obras da natureza o levou a um entendimento da humanidade que teria chocado Benjamin Lay. A convicção de Cope de que uma espécie podia desejar seu próprio aperfeiçoamento lhe permitia acreditar também que diferentes formas da mesma espécie podiam coexistir. Os brancos, argumentava ele, haviam se elevado a um novo grau de consciência. Outras raças, não.

Em 1877, um anos depois de ter dormido entre os fósseis de Montana, oprimido por terríveis pesadelos, Edward Drinker Cope se desligou formalmente da Sociedade Religiosa dos Amigos.

Uma nova reforma

Nem todo mundo que lia Darwin interpretava sua teoria como permitindo uma visão desalentadora e carnívora da sociedade humana. Entre seus seguidores mais belicosos, o banimento de Deus do reino da natureza era visto como bênção genuína. "Uma verdadeira arma Whitworth no arsenal do liberalismo"[20] como *A origem das espécies* fora saudado por um de seus primeiros e mais positivos críticos. Thomas Henry Huxley, um anatomista cujos ataques ferozes aos bispos o levara a ser descrito como "buldogue de Darwin", era um autoconfesso entusiasta do progresso. Impaciente com a influência de homens como Buckland sobre o estudo da geologia e da história natural, Huxley ansiava para que ele fosse profissionalizado. O fim da "teologia e do paroquialismo"[21] não somente levaria a mais oportunidades para homens como ele — autodidatas de classe média que desprezavam os privilégios —, mas também ajudaria a disseminar as bênçãos do Iluminismo. Quanto mais a névoa da superstição fosse dispersa, mais aparentes ficariam os contornos da verdade. Embora os planaltos ensolarados da razão estivessem chamando, a estrada até eles ainda precisava ser aberta. Era somente ao caminhar sobre os cadáveres dos teólogos que a humanidade seria capaz de deixar as ilusões para trás. Se isso requeria que a teoria de Darwin

DOMÍNIO

fosse empregada como antecarga, que fosse. Os tempos exigiam. Huxley, escrevendo alguns meses antes da publicação de *A origem das espécies*, reconhecera que um grande conflito se preparava. "Poucos veem isso, mas acredito que estamos na véspera de uma nova reforma e, se eu pudesse viver trinta anos, seria para ver o pé da ciência no pescoço de seus inimigos."[22]

Mas o que Huxley queria dizer com "ciência"? A resposta não era de modo algum óbvia. Ramos de conhecimento indo da gramática à música haviam sido tradicionalmente classificados como ciência. A teologia havia muito era sua rainha. Em Oxford, mesmo na década de 1850, "ciência" ainda significava "compreensão de Aristóteles".[23] Huxley, no entanto, dificilmente era o tipo de homem que se contentaria com isso. As primeiras décadas do século XIX haviam visto o estabelecimento de uma nova e muito mais avançada definição da palavra. Quando paleontologistas ou químicos usavam "ciência" para representar a soma de todas as ciências naturais e físicas, eles a faziam parecer, para seus contemporâneos, um conceito simultaneamente novo e familiar — muito como "hinduísmo" entre os indianos. Huxley, com a assiduidade de um general ansioso com uma província recentemente anexada, esforçava-se muito para garantir suas fronteiras. "Em questões do intelecto", avisou ele, "não pretenda que conclusões não demonstradas ou demonstráveis sejam certas."[24] Esse era o princípio do "agnosticismo", uma palavra que o próprio Huxley criara e descrevia como requerimento essencial para qualquer um que desejasse praticar ciência. Era, declarou ele, "o único método pelo qual a verdade pode ser estabelecida."[25] Todo mundo que o lia sabia qual era seu alvo. A verdade que não podia ser demonstrada nem comprovada, que dependia de uma revelação supostamente sobrenatural, não era verdade. A ciência — como poderia ter dito um praticante da nova e elegante arte da fotografia — era definida por seu negativo: a religião.

Havia aí um notável paradoxo. Embora o conceito de ciência, como emergira durante o século XIX, fosse definido por homens que presumiam que ela era o próprio oposto da novidade, algo atemporal e universal, essa era uma presunção muito familiar. A ciência, principalmente por ser retra-

CIÊNCIA

tada como sósia da religião, inevitavelmente portava o fantasmagórico selo do passado cristão da Europa. Mas Huxley se recusava a reconhecer isso. O mesmo homem cuja genialidade como anatomista lhe permitira identificar algo que somente agora se tornou universalmente aceito, que os pássaros modernos descendem de dinossauros que há milhões de anos corriam pelas florestas jurássicas, não tinha problema em acreditar que a "ciência" sempre existira. Assim como os oficiais e missionários coloniais, viajando até a Índia, haviam imposto o conceito de "religião" às sociedades que encontraram, os agnósticos colonizaram o passado de maneira similar. Assumia-se que os antigos egípcios, babilônios e romanos tinham uma "religião". Alguns povos — mais notadamente os gregos — supostamente também tinham "ciência". Fora isso que permitira que sua civilização servisse como fonte do progresso. Os filósofos haviam sido os protótipos dos cientistas. A biblioteca de Alexandria fora "o local de nascimento da ciência moderna".[26] Somente os cristãos, com seu ódio fanático pela razão e sua determinação de erradicar o ensino pagão, haviam impedido que o mundo antigo entrasse no caminho que levava aos motores a vapor e às fábricas de algodão. Premeditadamente, os monges haviam decidido escrever em cima de qualquer coisa que cheirasse a filosofia. O triunfo da Igreja fora um aborto de tudo que formava uma sociedade humana e civilizada. As trevas haviam descido sobre a Europa. Durante mais de um milênio, papas e inquisidores haviam trabalhado para destruir qualquer centelha de curiosidade, investigação ou razão. O mais notável mártir desse fanatismo fora Galileu. Torturado por demonstrar para além de qualquer sombra de dúvida que a Terra girava em torno do Sol, "ele passava seus dias gemendo", como dissera Voltaire, "nas masmorras da Inquisição".[27] Bispos que zombavam da teoria da evolução de Darwin e faziam perguntas desdenhosas sobre gorilas eram meramente os últimos combatentes de uma guerra tão antiga quanto o próprio cristianismo.

O fato de nada nessa narrativa ser verdade não a impediu de se tornar um mito imensamente popular. E seu apelo tampouco ficou confinado entre os agnósticos. Havia muito nela com que os protestantes podiam se deliciar. A descrição da cristandade medieval como inferno atrasado e pre-

443

DOMÍNIO

conceituoso se originara com Lutero. O fato de Huxley se perceber como membro dos eleitos tinha — como os contemporâneos rapidamente comentaram — uma qualidade familiarmente radical. "Ele tinha sinceridade moral, energia volitiva, confiança absoluta em suas convicções e o desejo e a determinação de imprimi-las em toda a humanidade, que são as marcas essenciais de um caráter puritano."[28] Mas, na verdade, a crescente convicção de muitos agnósticos de que somente a ciência possuía a habilidade de responder perguntas sobre o propósito mais amplo da vida derivava de uma sementeira muito mais antiga. Outrora, as ciências naturais haviam sido filosofia natural. O deslumbramento sentido pelos teólogos medievais pelas obras e maravilhas da criação não estava ausente de *A origem das espécies*. Darwin, em suas linhas finais, descreveu sua teoria em termos sonoros. "Há grandeza nessa visão da vida", proclamou ele. A convicção de que o universo se movia em obediência a leis que podiam ser compreendidas pela razão humana e de que essas leis eram "belas e maravilhosas" o unia diretamente à distante era de Abelardo.[29] Quando, na Alemanha, os darwinistas fantasiaram que logo as igrejas poderiam dedicar altares à astronomia e ser decoradas com orquídeas, seu anseio pela venerável *gravitas* do cristianismo ficou explícito. A guerra entre ciência e religião refletia — ao menos parcialmente — as reivindicações de ambas a um legado comum.

A esposa de Darwin, cristã até o fim da vida, expressou o temor de muitos pelo que isso parecia prenunciar. Escrevendo ao filho logo após a morte de Darwin, ela confessou que "a opinião de seu pai, de que *toda* moralidade surgiu pela evolução, é dolorosa para mim".[30] Parecia não haver nenhuma parte do ensino cristão na qual um cientista pudesse hesitar em se intrometer. Enquanto alguns viravam telescópios para Marte ou tentavam observar a passagem de raios invisíveis, outros voltavam sua atenção para o quarto de dormir. Nele, como se queixara insistentemente o Marquês de Sade, uma moralidade que, no fim das contas, derivava de Paulo continuava a prescrever os parâmetros aceitáveis de comportamento. Darwin e sua teoria, no entanto, soltaram o gato entre os pombos. O funcionamento da seleção natural dependia da reprodução. Os hábitos reprodutivos dos

CIÊNCIA

humanos eram um campo de estudo tão legítimo quanto os dos pássaros e das abelhas. Isso — em países menos constrangidos pelo sexo que o de Darwin — forneceu uma licença para que cientistas investigassem os detalhes e a variedade do comportamento sexual em uma escala que poderia ter impressionado o próprio Sade. Em 1886, quando o psiquiatra alemão Richard von Krafft-Ebing publicou um estudo sobre o que chamou de "fetichismo patológico", o escopo da pesquisa transformou seu livro em foco de interesse muito além dos círculos acadêmicos visados por ele. Seis anos depois, a tradução para o inglês de *Psychopathia Sexualis* levou um crítico a lamentar sua vasta e indiscriminada legibilidade. O livro, queixou-se ele, deveria permanecer na decente obscuridade do latim.

Mesmo assim, os classicistas encontraram nele muitas fontes de interesse. Uma palavra em particular, um compósito de grego e latim, se destacou. *Homosexualität* fora cunhada originalmente em 1869, para fornecer ao autor de um panfleto que tratava das leis prussianas sobre a moralidade algo com que descrever as relações sexuais entre pessoas do mesmo gênero. Essa, é claro, era precisamente a categoria de comportamento que Paulo, em sua carta aos romanos, criticara tão decisivamente e que Aquino definira como sodomia. Não obstante, tanto na era do Iluminismo quanto na de Bernardino, a palavra permanecia evasiva. Em 1772, por exemplo, quando Sade fora condenado por praticar sexo anal com mulheres, a acusação legal fora de sodomia. Agora, com a precisão legal de um anatomista, Krafft-Ebing conseguira identificar com uma única palavra a categoria de comportamento sexual condenada por Paulo. Talvez somente um médico pudesse ter feito isso. O interesse de Krafft-Ebing pelos relacionamentos de mesmo sexo era como cientista, não moralista. Por que — em aparente desafio à teoria de Darwin — homens ou mulheres escolhiam dormir com pessoas de seu próprio sexo? A explicação tradicional, de que eram predadoras libidinosas cuja falha em controlar os próprios apetites as levara a se cansar do que Deus ordenara como natural, começava a parecer inadequada aos psiquiatras. Krafft-Ebing acreditava ser muito mais provável que os "homossexuais" fossem vítimas de uma condição mórbida subjacente. Fosse

DOMÍNIO

algo hereditário, uma doença passada através das gerações ou resultado de um acidente sofrido no útero, estava claro para ele que a homossexualidade devia ser vista não como pecado, mas como algo muito diferente: uma condição imutável. Ele argumentou que os homossexuais eram as criaturas de suas tendências. Como tais — considerando-se a preocupação cristã com os desafortunados —, mereciam ser tratados com generosidade e compaixão.

A maioria dos cristãos não se deixou persuadir. O desafio que as pesquisas de Krafft-Ebing apresentaram para seu entendimento da moralidade sexual era duplo. *Psychopathia Sexualis* demonstrara que havia pessoas que não podiam evitar a preferência por atividades sexuais condenadas pelas Escrituras, mas também — e tão perturbador quanto — que muitos na história da Igreja podiam ter sido vítimas de necessidades sexuais "divergentes". Quando Krafft-Ebing inventou a palavra "sadismo" para descrever aqueles que sentiam prazer erótico ao infligir dor, ele implicitamente associou o Marquês a inquisidores como Conrado de Marburgo. Ainda mais chocante para as sensibilidades devotas, no entanto, foi sua análise do que chamou — em referência a Leopold von Sacher-Masoch, um nobre austríaco que gostava de ser chicoteado por damas aristocráticas usando peles — "masoquismo". "Os masoquistas se sujeitam a todo tipo de maus-tratos e sofrimentos, dos quais, sem dúvida, decorre uma excitação reflexa de luxúria." Como consequência, declarou Krafft-Ebing, ele não hesitava em identificar "a autotortura dos entusiastas religiosos" e mesmo dos mártires como forma de masoquismo.[31] Setecentos anos depois de Isabel da Hungria ter se entregado às severas imposições de seu confessor, o olhar não sentimental da psiquiatria ousou enxergá-la como ninguém fizera antes. Um masoquista, afirmou Krafft-Ebing, era a contraparte perfeita de um sádico. "O paralelismo é perfeito."[32]

Porém, mesmo enquanto desafiava as suposições cristãs, a psiquiatria também as fortalecia. As conclusões de Krafft-Ebing não eram nem de longe tão clínicas quanto seus críticos e admiradores queriam pensar. Criado como católico, ele aceitava como natural a primazia do modelo cristão de casamento. E valorizava profundamente o grande trabalho da Igreja em modelar e manter a monogamia como instituição vitalícia. "O cristianismo

CIÊNCIA

elevou a união dos sexos a uma posição sublime ao tornar a mulher socialmente igual ao homem e transformar o vínculo amoroso em instituição moral e religiosa."[33] Foi não a despeito de acreditar nisso, mas por causa dessa crença que, no fim de sua carreira, Krafft-Ebing passou a acreditar que a sodomia devia ser descriminalizada. Ele declarou que os homossexuais podiam estar tão familiarizados com "as mais nobres inspirações do coração" quanto qualquer casal.[34] Muitos, inspirados por suas pesquisas, escreveram para ele, partilhando seus mais íntimos anseios e segredos. Foi com base nessa correspondência que ele conseguiu chegar a uma tão paradoxal conclusão. A prática sexual condenada pela Igreja como sodomia era perfeitamente compatível com o ideal que ele via como grande contribuição cristã para a civilização: a monogamia vitalícia. A homossexualidade, como definida pelo primeiro cientista a tentar categorizá-la de modo detalhado, constituía uma união sem falhas entre o pecado cristão e o amor cristão.

Em linguagem fria e impassível, Krafft-Ebing finalizou uma revolução nas dimensões do erótico sem paralelos na história até então. Paulo, ao igualar homens que dormiam com homens e mulheres que dormiam com mulheres, iniciara uma recalibração da ordem sexual que, na era da ciência, chegou a sua apoteose. A "homossexualidade" não foi o único compósito médico de grego e latim que *Psychopathia Sexualis* introduziu no mundo. Havia um segundo: "heterossexualidade." Todas as outras categorias de comportamento sexual que Krafft-Ebing identificou — sadismo, masoquismo, obsessões fetichistas — eram meras variações de uma grande e fundamental divisão entre o desejo heterossexual e o desejo homossexual. Categorias que haviam demorado quase dois milênios para evoluir foram inexpugnavelmente definidas. Em breve, os povos da Europa e da América esqueceriam que elas nem sempre existiram. Exportada por missionários e imbuída nos sistemas legais coloniais de todo o mundo, uma maneira de conceitualizar o desejo que se originara com um judeu itinerante durante o reinado de Nero passaria a ter influência global. Na ordem sexual, como em tantas outras, as raízes da modernidade estavam profundamente enterradas em solo cristão.

DOMÍNIO

Visitando os diplodocos

Entrementes, nos Estados Unidos, o oeste selvagem estava sendo domado. Paleontólogos e caubóis se viram obrigados a se ajustar ao fechamento da fronteira. A antiga pirataria praticada por Cope e Marsh com tanto gosto se provou difícil de sustentar. Ambos terminaram arruinados. Em 1890, detalhes escandalosos do que os jornalistas chamaram de "guerra dos ossos" foram publicados pela imprensa: como os dois mais eminentes paleontólogos do país empregavam gangues rivais para destruir as descobertas um do outro e escreviam artigos acadêmicos para destruir a reputação um do outro. A busca por fósseis já não era tão barata quanto antes e tanto Cope quanto Marsh se viram com cada vez menos fundos. Uma nova era estava começando, na qual a busca por dinossauros seria dominada por plutocratas. Andrew Carnegie, um industrial com a maior fortuna líquida do mundo, podia empregar recursos que estavam além dos sonhos mais desvairados dos cientistas. O mercado ficou caro demais para Cope e Marsh. Carnegie não tinha interesse em vagar pelas *badlands* peneirando fragmentos de dentes mesozoicos. Ele queria fósseis em uma escala proporcional a sua riqueza gigantesca. Quando seus trabalhadores escavaram o esqueleto de um dinossauro de 25 metros, ele fez questão de alardear seu direito de posse fazendo com que fosse chamado de *Diplodocus carnegii*. Seus assessores de imprensa gritaram que se tratava do "animal mais colossal da Terra".[35]

Colecionar troféus era inerente aos homens. Carnegie acreditava passionalmente nisso. Imigrante da Escócia que passara do trabalho em uma fábrica de algodão para o monopólio da produção norte-americana de aço, toda a sua carreira fora o que os antigos gregos poderiam ter chamado de *agon*. Os rivais tinham de ser esmagados, os sindicatos, destruídos, os recursos de capital, concentrados em suas próprias e inquietas mãos. Fazendeiros, artesãos e comerciantes tinham de se submeter ao que seus críticos chamavam de salário de escravidão. Carnegie, que já fora pobre, não tinha tempo para a ideia de que as dificuldades podiam se dever aos ricos. Impaciente com clérigos que davam sermões sobre suas iniquidades, ele tinha uma visão mais severa sobre as misérias dos pobres, pois encontrara "a

CIÊNCIA

verdade da evolução".[36] A única alternativa à sobrevivência dos mais fortes era a sobrevivência dos mais fracos. A caridade indiscriminada só servia para subsidiar preguiçosos e bêbados. Desdenhando de qualquer noção de sobrenatural, Carnegie também desprezava o que o mais distinto cientista social norte-americano chamara de "antigo prejuízo eclesiástico em favor dos pobres e contra os ricos". William Graham Sumner, um professor de Yale, já se sentira chamado ao ministério, mas a experiência como clérigo o levara a rejeitar os ensinamentos da Igreja sobre os pobres. "Nos tempos em que os homens agiam pelas regras eclesiásticas, esses preconceitos produziram desperdício de capital e ajudaram em grande medida a mergulhar a Europa novamente na barbárie."[37] Teria sido muito melhor se Columbano, em vez de se esgueirar pelos bosques, tivesse iniciado um negócio. Ou se Bonifácio, em vez de perturbar os pagãos, tivesse levado a eles a boa-nova do livre-comércio. Aí estava um ensinamento do qual Carnegie se orgulhava de ser discípulo.

Apesar de tudo isso, ele era o resultado de sua criação presbiteriana. Quando sua família fora da Escócia para a América, ela levara consigo, como os peregrinos fundadores haviam feito, o conhecimento de que a regeneração da humanidade caída não seria fácil. Um homem tinha de viver em obediência a sua vocação. Somente se trabalhasse como se tudo dependesse de seus esforços ele seria recompensado por Deus. Carnegie, embora duvidasse da existência de uma deidade, jamais duvidara que seus esforços para enriquecer traziam consigo uma severa responsabilidade. John Winthrop, navegando para o Novo Mundo, avisara que a calamidade seguiria os colonizadores se "adotarmos esse mundo e prosseguirmos com nossas intenções carnais, buscando grandes coisas para nós mesmos e nossa posteridade".[38] Carnegie, mais de dois séculos depois, sentia a mesma ansiedade. Um homem ponderado, declarou ele, preferiria deixar para o filho uma maldição, não um dólar. O artigo no qual escreveu isso tinha um título revelador: "O evangelho da riqueza." A caridade só era inútil se falhasse em ajudar os pobres a ajudar a si mesmos. "A melhor maneira de beneficiar a comunidade é colocar a seu alcance escadas que os aspirantes possam esca-

DOMÍNIO

lar."[39] Era em obediência a essa máxima que, tendo passado a carreira acumulando quantidades fabulosas de dinheiro, ele devotou sua aposentadoria a gastá-las. Apesar de acreditar em ajudar os pobres a se tornarem ricos, em vez de — em uma "imitação da vida de Cristo"[40] — ele mesmo viver na pobreza, Carnegie era reconhecivelmente um herdeiro de Paulino. Parques, bibliotecas, escolas, dotações para promover a causa da paz mundial: ele financiou de tudo. Por mais autoengrandecedores que fossem esses gestos, não eram primariamente autointeressados. A preocupação que demonstravam com a melhoria da vida de outrem certamente teria sido aprovada por John Winthrop. Não era suficiente para Carnegie exibir seu diplodoco em um museu luxuoso em Pittsburgh. A maravilha tinha de ser partilhada com todos. Réplicas foram criadas e enviadas para as capitais do mundo.

Em 12 de maio de 1905, Carnegie estava em Londres, onde os 292 ossos da primeira reprodução completa de um diplodoco estavam prontos para ser revelados a uma variedade aristocrática de dignitários. Naturalmente, ele fez um discurso. Seu dinossauro, vasto e assombroso como seu império comercial, era o emblema perfeito do que poderia ser conseguido ao se dar rédeas livres à sobrevivência dos mais fortes. Afinal, fora seu acúmulo de capital que lhe permitira financiar aquele presente e, consequentemente, forjar entre britânicos e norte-americanos "uma aliança pela paz".[41] O cenário da mensagem dificilmente poderia ser mais apropriado: o Museu de História Natural de Londres, com seus imensos pilares e suas gárgulas, tinha o ambiente de uma catedral. E não por acidente. Seu fundador, Richard Owen — o naturalista que cunhara a palavra "dinossauro" —, o construíra com essa intenção. A ciência, declarara ele certa vez, existia para "retribuir o mal com o bem".[42]

Carnegie, portanto, observando orgulhosamente seu diplodoco, podia sentir que os ossos estavam em um relicário adequado. Mas, naquele maio, ele não era o único estrangeiro em Londres a acreditar que o entendimento adequado da ciência permitiria que a humanidade chegasse à paz mundial. Um dia antes da revelação do diplodoco, um russo chamado Vladimir Ilyich Ulyanov — Lenin, como se referia a si mesmo — também visitara o museu

CIÊNCIA

de história natural da cidade. Como Carnegie, ele propunha colocar em prática as lições ensinadas pela evolução. Ao contrário de Carnegie, porém, não acreditava que a felicidade humana seria obtida ao se dar rédeas soltas ao capital. Na opinião de Lenin, o capitalismo estava fadado ao colapso. Os trabalhadores do mundo — o "proletariado" — estavam destinados a herdar a terra. O abismo entre "o punhado de milionários arrogantes que chafurdam na riqueza e no luxo e os milhões de trabalhadores que vivem constantemente à beira da miséria"[43] garantiria o triunfo do comunismo. Durante duas semanas, Lenin e 37 outros haviam discutido como essa revolução nos assuntos do mundo podia ser apressada — mas nenhum deles duvidava que as leis da evolução a tornavam inevitável. Era por isso que Lenin levara os delegados ao museu, como se fosse um santuário. Mas essa fora somente uma de suas paradas. Londres possuía um segundo e mais sagrado santuário. O guia mais confiável sobre o funcionamento da sociedade e a parábola mais confiável sobre seu futuro foram fornecidos não por Darwin, mas por outro pensador barbado que, como Jó, sofrera com perdas e furúnculos. Todas as vezes que Lenin ia a Londres, ele visitava a sepultura do grande homem; 1905 não foi exceção. Assim que o congresso terminou, Lenin levou os delegados para o cemitério no norte da cidade onde, 22 anos antes, seu professor, o homem que — mais que qualquer outro — os inspirara a tentar transformar o mundo, estava enterrado. Perante seu túmulo, os 38 discípulos prestaram homenagem a Karl Marx.

Houvera somente uma dúzia de participantes em seu funeral em 1883. Mas nenhum deles duvidara de sua significância histórica. Um dos enlutados, falando sobre a sepultura aberta, fizera questão de enfatizá-la: "Assim como Darwin descobriu a lei da evolução que se aplica à matéria orgânica, Marx descobriu a lei da evolução que se aplica à história humana."[44] Os comunistas podiam acreditar em sua causa não porque ela era moral, justa ou estava escrita — como dissera zombeteiramente o próprio Marx — "em nuvens vaporosas nos céus",[45] mas porque fora cientificamente comprovada. Durante anos, ele se sentara no Salão de Leitura do Museu Britânico, analisando números e dados que lhe permitiram identificar, finalmente, as

DOMÍNIO

inexoráveis e inconscientes forças que modelavam a história da humanidade. No início, homens e mulheres viviam em uma condição de primitiva igualdade, mas houvera uma queda. Diferentes classes haviam surgido. A exploração se tornara norma. O conflito entre ricos e pobres fora implacável, um conto inesquecível de ganância e aquisição. Agora, sob o reinado ensanguentado do capital, na era de plutocratas como Carnegie, tornara-se impiedoso como nunca antes. Os trabalhadores haviam sido reduzidos a máquinas. Marx, sessenta anos antes, previra tudo que o clamor e o martelar do capitalismo terminariam por revelar: "Tudo que era sólido desmancha no ar, tudo que era sagrado é profanado e o homem, finalmente, é compelido a enfrentar, com sentidos sóbrios, suas reais condições de vida e suas relações com seus semelhantes."[46] Na grande e culminante convulsão do conflito de classes que, desde o início da civilização, determinara o curso da história, só havia um resultado possível. Capitalistas como Andrew Carnegie cavavam a cova de sua própria classe. O próprio capitalismo geraria uma sociedade sem classes.

Naturalmente, uma vez que Marx conseguira fornecer uma base científica para os processos históricos, não havia necessidade de Deus. Acreditar em uma deidade era, para qualquer ser humano, existir em uma condição de humilhante dependência. A religião, como o ópio, levava os viciados à soporífera passividade, anestesiando-os com fantasias de Providência e vida após a morte. Ela era, como sempre fora, meramente um código das classes exploradoras. Marx, neto de um rabino e filho de um luterano convertido, considerava judaísmo e cristianismo "estágios do desenvolvimento da mente humana — diferentes peles descartadas pela história, com o homem sendo a cobra que as descartou".[47] Exilado da Renânia, expulso de uma sucessão de capitais europeias por zombar da religiosidade de Frederico Guilherme IV, ele chegara a Londres com experiência pessoal sobre as maneiras pelas quais a religião podia ser usada pelos autocratas. Longe de amplificar a voz dos sofredores, ela era uma ferramenta de opressão, empregada para reprimir e calar os protestos. As ambições do cristianismo de mudar o mundo e suas alegações de ter feito isso eram ilusões. Marx os chamara de

CIÊNCIA

"epifenômenos": meras bolhas lançadas sobre a superfície agitada das coisas pelas imensas correntes da produção e da troca. Os ideais, os ensinamentos e as visões do cristianismo não eram independentes das forças materiais que os haviam gerado. Imaginar que poderiam ter influenciado de qualquer maneira os processos da história era cochilar em um antro de ópio. Depois que Marx fizera esse alerta, não havia desculpa para permanecer viciado em um narcótico tão nefasto. As questões sobre moralidade e justiça que durante tanto tempo haviam obcecado os cristãos estavam superadas. A ciência as tornara supérfluas. Marx ponderara sobre o funcionamento do capitalismo como homem livre de preconceitos morais. Não havia o menor traço de epifenômenos em seus textos. Todas as suas avaliações e predições derivavam de leis observáveis. "De cada um de acordo com suas habilidades e a cada um de acordo com suas necessidades."[48] Ali estava um slogan que tinha a clareza de uma fórmula científica.

Exceto que não tinha, claro. Sua linhagem era evidente para qualquer um familiarizado com os Atos dos Apóstolos. "Vendendo suas posses e mercadorias, eles davam a todos conforme sua necessidade." Repetidamente durante a história cristã, o comunismo praticado pela Igreja inicial servira de inspiração para os radicais. Marx, ao chamar as questões de moralidade e justiça de epifenômenos, escondera atrás do jargão o verdadeiro germe de sua revolta contra o capitalismo. Ele certa vez brincara que a barba era algo "sem o qual nenhum profeta pode ter sucesso".[49] Sendo famosamente hirsuto, talvez tenha falado mais verdadeiramente do que supunha. A distância emocional era algo que — a despeito de seus esforços — ele achava impossível manter. A repulsa que tão patentemente sentia pelas misérias dos artesãos expulsos por seus senhorios para passar fome nas ruas, das crianças precocemente envelhecidas pelos anos trabalhando dia e noite em fábricas e dos que trabalhavam até a morte em colônias distantes a fim de que a burguesia tivesse açúcar para o chá contradizia suas alegações de ter superado os julgamentos morais. A interpretação de mundo de Marx era alimentada por certezas que não tinham origem óbvia em seu modelo econômico. Elas eram mais profundas. Uma vez após a outra, o fluxo de mag-

DOMÍNIO

ma de sua indignação rompeu à força a crosta de sua prosa de tom científico. Para um materialista assumido, ele tinha a estranha tendência de ver o mundo como os Pais da Igreja haviam feito: como campo de batalha entre as forças cósmicas do bem e do mal. O comunismo era um "espectro": uma coisa com um espírito formidável e poderoso. Assim como os demônios haviam assombrado Orígenes, o funcionamento do capitalismo assombrava Marx. "O capital é o trabalho morto que, como um vampiro, só sobrevive sugando o trabalho vivo e, quanto mais vive, mais suga trabalho."[50] Essa não é a linguagem de um homem emancipado dos epifenômenos. As próprias palavras usadas por Marx para construir seu modelo de conflito de classes — "exploração", "escravização", "avareza" — deviam menos às frias formulações dos economistas que a algo muito mais antigo: as alegações de inspiração divina dos profetas bíblicos. Se, como insistiu, ele ofereceu a seus seguidores uma libertação do cristianismo, essa libertação se parecia misteriosamente com uma recalibração.

Lenin e seus colegas delegados, reunindo-se em Londres na primavera de 1905, desdenhariam dessa noção, é claro. A religião, sendo o ópio do povo, precisava ser totalmente erradicada para garantir a vitória do proletariado. A opressão tinha de ser eliminada em todas as suas formas. Os fins justificavam os meios. O comprometimento de Lenin com esse princípio era absoluto. A obstinação com que insistia nisso causara um cisma entre as fileiras de seguidores de Marx. O congresso realizado em Londres fora exclusivamente para os que se definiam como *Bolsheviks*: a "Maioria". Os comunistas que, opondo-se a Lenin, trabalhavam ao lado dos liberais confessavam ter restrições à violência e temiam que as ambições de Lenin em relação a um partido estritamente organizado e disciplinado levassem à ditadura não eram verdadeiramente comunistas — somente uma seita. Severamente, como os donatistas, os bolcheviques ignoravam qualquer sugestão de compromisso com o mundo como era. Avidamente, como os taboritas, ansiavam pela chegada do apocalipse e pelo estabelecimento do paraíso na terra. Ferozmente, como os escavadores, sonhavam com uma ordem na qual as terras pertencentes a aristocratas e reis se tornariam propriedade do

CIÊNCIA

povo, um tesouro partilhado. Lenin, que supostamente admirava tanto os anabatistas de Münster quanto Oliver Cromwell, não desprezava inteiramente o passado. Nele havia muitas provas do que estava por vir. A história, como uma flecha, seguia seu curso implacável. O capitalismo estava destinado ao colapso, e o paraíso perdido pela humanidade no início dos tempos estava destinado a ser restaurado. Aqueles que duvidavam só precisavam ler os ensinamentos e as profecias de seu grande professor.

A hora da salvação estava próxima.

XIX

Sombra

1916: O Somme

O PIOR NÃO ERA O FRONT, mas a jornada até ele. "As pessoas se borravam de medo."[1] Após dois anos de guerra, Otto Dix já vira de tudo. Em 1914, entrara sem hesitação na artilharia de campo. Na época, as pessoas presumiam que a vitória seria rápida. A Alemanha era a maior potência militar da Europa. Nas décadas que se seguiram ao reinado de Frederico Guilherme IV, a Prússia se tornara o centro de um imenso Império Alemão. Seu rei governara como Otão, o Grande; como César, como *Kaiser*. Naturalmente, tal grandeza gerara inveja. A Rússia, na fronteira leste do império, e a França, ameaçando a oeste, haviam tentado prensar a Alemanha. Os britânicos, temendo perder o controle sobre os mares, haviam se unido aos franceses. Durante algumas inebriantes semanas, enquanto o exército alemão varria primeiro a neutra Bélgica e depois o norte da França, parecera que Paris estava destinada a cair. Mas os franceses haviam se reagrupado. A capital permanecera tentadoramente fora de alcance. Um grande talho de trincheiras cortara a Frente Ocidental. Nenhum lado conseguira fazer avanços decisivos. Mas agora, nos declives acima do rio Somme, os exércitos britânico e francês faziam um esforço concentrado para abrir um buraco no labirinto das defesas alemãs. A batalha durara todo o verão. Dix, aproximando-se do Somme, fora ensurdecido pelo fogo de artilharia, em um volume que ja-

SOMBRA

mais imaginara possível, e vira o horizonte a oeste ser iluminado como que por relâmpagos. Tudo era ruína: lama, árvores derrubadas e destroços. Em seus sonhos, Dix estava sempre se arrastando através de casas demolidas e entradas que mal lhe davam passagem. Quando chegou a seu posto, porém, deixou de ter medo. Estacionado com uma pesada bateria de metralhadoras, ele sentiu uma mistura de excitação e calma. Até mesmo encontrou tempo para pintar.

Em Dresden, a famosamente bela cidade da Saxônia onde estudara arte, Dix fizera experimentos com vários estilos. Tendo somente 23 anos quando a guerra começara e vindo de uma família empobrecida, o senso de urgência que sentira como pintor era o de um homem determinado a fazer um nome para si mesmo. Em meio à lama e ao massacre do Somme, ele testemunhara cenas que nenhuma geração anterior de artistas poderia ter imaginado. À noite, quando se agachava ao lado de uma lâmpada de carbureto com seus óleos ou suas penas, os clarões sobre a terra de ninguém mostravam corpos grotescamente retorcidos pelo arame farpado. Então, todas as manhãs, a aurora iluminava o cenário esburacado da morte. Em 1º de julho, o primeiro dia de batalha, quase 20 mil soldados britânicos haviam sido esmagados enquanto tentavam tomar as trincheiras inimigas, e outros 40 mil haviam ficado feridos. Quinze dias depois, cada metro das linhas alemãs fora atingido por 300 toneladas de bombas. Novas maneiras de matar foram desenvolvidas. Em 15 de setembro, máquinas monstruosas chamadas de "tanques" pelos inventores britânicos cruzaram o campo de batalha pela primeira vez. No fim do mês, máquinas voadoras regularmente lançavam bombas sobre as trincheiras. Foi somente no fim de novembro que a luta finalmente teve uma pausa. As fatalidades chegavam a 1 milhão. Para Dix, agachado atrás de sua metralhadora, parecia que o mundo fora transformado. "A humanidade", escreveu ele, "mudou de maneira demoníaca."[2]

Mas muitos achavam estar do lado dos anjos. Na Saxônia, um ano antes do início da guerra, fora construído um grande monumento para

DOMÍNIO

comemorar o centenário de uma vitória particularmente sangrenta sobre Napoleão. A peça central do memorial era uma estátua colossal de São Miguel, alado e com uma estátua flamejante. A convicção de que o conflito da Alemanha contra seus inimigos espelhava a guerra cósmica dos anjos contra os demônios chegava ao topo da hierarquia. O kaiser, conforme a guerra se arrastava e o bloqueio naval à Alemanha começava a causar problemas, ficou ainda mais convencido de que os britânicos haviam se aliado ao Diabo. Os patriotas britânicos, por sua vez, diziam o mesmo sobre a Alemanha desde o início da guerra. Bispos e editores de jornais divulgavam essa mensagem. Os alemães haviam sucumbido "a um paganismo militar brutal e implacável"[3] como aquele do qual, mais de um milênio antes, Bonifácio tentara redimi-los. Eles haviam retornado à adoração de Wodan. Na Alemanha — anunciou o *Times* —, "o cristianismo começa a ser visto como credo gasto".[4]

Talvez isso fosse mais fácil de acreditar para os guerreiros de sofá que para os soldados no front. Por trás das linhas britânicas no Somme, na cidadezinha de Albert, havia uma basílica encimada por uma estátua dourada da Virgem com o Menino. Um ano antes, um pináculo fora atingido por uma bomba. A estátua ficara precariamente dependurada, como que por milagre. Nas trincheiras alemãs e britânicas, começou a se disseminar o rumor de que o lado que a derrubasse estaria destinado a perder a guerra. Mas muitos, ao olhar para a Virgem, sentiam-se inspirados não a calcular as chances de vitória ou derrota, mas a pensar no sofrimento de ambos os lados. "A figura outrora triunfante na torre da catedral", escreveu um soldado britânico, "agora está encurvada pelo extremo pesar."[5] Afinal, a Virgem sabia o que era perder um filho. Sem surpresa, entre a miséria e o sofrimento que eram a experiência comum a toda a Europa, a imagem de Cristo torturado até a morte em uma cruz adquiriu nova potência. Ambos os lados, previsivelmente, tentaram tirar vantagem disso. Na Alemanha, os pastores comparavam o bloqueio imposto pela Marinha Real aos pregos com que Cristo fora preso à cruz; na Grã-Bretanha, histórias sobre soldados alemães crucificando um prisioneiro canadense eram uma peça comum de propaganda. Mas, nas trincheiras, onde os soldados — se não ficassem presos no arame farpado nem fossem crivados de balas de metralhadora ou eviscerados por uma bomba — viviam dia após dia no vale das sombras da morte, a crucificação tinha uma ressonância mais perturbadora. Cristo era seu colega de sofrimento. No campo de batalha do Somme, os soldados comentavam a sobrevivência, em meio a toda a devastação, dos crucifixos, por mais que estivessem lascados ou perfurados por balas. Mesmo os protestantes e ateus ficavam comovidos. Cristo era imaginado contando piadas nas trincheiras e partilhando a dor e as fraquezas dos soldados. "Não temos dúvidas, sabemos que Cristo está aqui."[6]

Otto Dix, em sua trincheira, pensava bastante nos sofrimentos de Cristo. Criado como luterano, ele levara uma Bíblia para a França. Durante seu tempo no front, vira suficientes ataques de artilharia para reconhecer em seus resultados uma espécie de Gólgota. Com o olhar de artista, podia vislumbrar, no espetáculo de um soldado empalado em um pedaço de metal, algo da crucificação. Mas, em um grau que teria confirmado as mais sombrias suspeitas dos propagandistas britânicos sobre o caráter alemão, recusava-se a ver qualquer propósito no sofrimento de Cristo. Imaginar isso seria se agarrar aos valores de um escravo. "Ser crucificado, experimentar o mais profundo abismo da vida" era sua própria recompensa. Dix, voluntariando-se em 1914, fizera isso pelo desejo de conhecer os extremos da vida e da morte, de sentir como era enfiar uma baioneta na barriga do inimigo e girar; de ver um camarada tombar subitamente, com uma bala entre os olhos; "a fome, as pulgas, a lama".[7] Somente na embriaguez de tais experiências um homem podia ser mais que um homem, um *Übermensch*. Ser livre era ser grande, e ser grande era ser terrível. Não fora a Bíblia que o levara a essa convicção. Em sua determinação de se livrar da mentalidade escrava e se regozijar com todas as qualidades que formavam um mestre, havia um repúdio consciente da moralidade cristã, com sua preocupação com os fracos, os pobres e os oprimidos. Uma trincheira no meio do campo

DOMÍNIO

de batalha mais terrível da história parecia-lhe uma posição vantajosa para observar o colapso de uma ordem com 1.900 anos de idade. Além da Bíblia, ele tinha outro livro. E fora tão tocado por sua filosofia que, em 1912, quando ainda era estudante de arte em Dresden, criara um busto de gesso de seu autor, em tamanho natural. Aquela fora não somente sua primeira escultura, mas também a primeira a ser comprada por uma galeria. Os críticos, ao inspecionar o bigode de pontas caídas, o pescoço esticado e os olhos sombreados por sobrancelhas eriçadas, haviam declarado que o busto era a própria imagem de Friedrich Nietzsche.

"Não ouvimos o barulho dos coveiros que estão enterrando Deus? Não sentimos o cheiro da putrefação divina? Pois mesmo os deuses podem apodrecer! Deus está morto. Deus permanece morto. E nós o matamos."[8] Ler essas palavras ao lado do Somme, em um cenário transformado em lama e cinzas e coberto pelos cadáveres mutilados dos homens, era estremecer perante a possibilidade de que não houvesse qualquer redenção no sacrifício. Nietzsche as escrevera em 1882: a parábola de um louco que, em certa manhã brilhante, acendera uma lamparina e correra para o mercado, onde nenhum dos ouvintes acreditara na notícia de que Deus sangrara até a morte sob suas facas. Pouco na criação de Nietzsche prefigurava tal blasfêmia. Filho de um pastor luterano e nomeado em homenagem a Frederico Guilherme IV, seu background era de devoto provincianismo. Precoce e brilhante, ele se tornara professor aos 24 anos; mas então, somente uma década depois, pedira demissão e se tornara um errante requintado. Finalmente, parecendo confirmar uma carreira desperdiçada, sofrera um terrível colapso mental. Nos últimos onze anos de sua vida, fora confinado em uma sucessão de clínicas. Poucos, quando finalmente morreu em 1900, haviam lido os livros que, em um frenesi cada vez maior, ele escrevera antes do mergulho na loucura. Mas sua fama póstuma crescera com surpreendente velocidade. Em 1914, quando Dix marchou para a guerra com seu texto na mochila, o nome de Nietzsche era um dos mais controversos da Europa. Condenado por alguns como o mais perigoso pensador que já vivera, ele era saudado por outros como profeta. Muitos o consideravam ambas as coisas.

SOMBRA

Nietzsche não foi o primeiro a se tornar sinônimo de ateísmo, claro. Mas ninguém — nem Spinoza, Darwin ou Marx — jamais ousara olhar tão decididamente para o que o assassinato de seu deus poderia significar para uma civilização. "Quem desiste da fé cristã perde o direito à moralidade cristã."[9] O ódio de Nietzsche pelos que não pensavam assim era intenso. Os filósofos eram sacerdotes secretos. Socialistas, comunistas e democratas estavam igualmente iludidos. "Ingenuidade: como se a moralidade pudesse sobreviver quando o *Deus* que a sanciona está ausente!"[10] Ele desprezava os entusiastas do Iluminismo, autoproclamados racionalistas que imaginavam que homens e mulheres possuíam direitos inerentes. Sua doutrina sobre dignidade humana não derivava da razão, mas da própria fé que, em sua arrogância, acreditavam ter banido. A proclamação de direitos era somente o resíduo deixado pela maré vazante do cristianismo: relíquias descoradas e abandonadas. Deus estava morto — mas, na grande caverna que já fora a cristandade, sua imensa e assustadora sombra ainda vivia. Duraria séculos mais. O cristianismo reinara por dois milênios. Não podia ser banido com facilidade. Seus mitos perdurariam por muito tempo. E não eram menos míticos por se considerarem seculares. "Fantasmas como a dignidade do homem e do trabalho"[11] eram totalmente cristãos.

Nietzsche não dissera isso como elogio. E não era somente como fraudes que ele desprezava os que se agarravam à moralidade cristã mesmo enquanto suas facas pingavam o sangue de Deus; ele também os odiava por acreditarem nela. A preocupação com os inferiores e sofredores, longe de servir à causa da justiça, era uma forma de veneno. Nietzsche, mais radicalmente que qualquer teólogo, penetrara no coração de tudo que era mais chocante na fé cristã. "Criar algo que nem sequer se aproximasse do poder sedutor, inebriante, anestesiante e corruptor do símbolo da 'santa cruz', do horrível paradoxo do 'Deus crucificado', do mistério de uma inconcebivelmente final e extrema crueldade e autocrucificação sofrida *pela salvação da humanidade?*"[12] Como Paulo, Nietzsche sabia que isso era um escândalo.

461

DOMÍNIO

Ao contrário de Paulo, achava isso repulsivo. O espetáculo de Cristo sendo torturado até a morte fora uma isca para os poderosos. Ele convencera os fortes e saudáveis, os belos e corajosos, os poderosos e confiantes de que eram seus inferiores naturais, os famintos e humildes, que mereciam herdar a terra. "Ajudar e cuidar dos outros, ser útil para os outros, desperta constantemente uma sensação de poder."[13] Na cristandade, a caridade se tornara uma maneira de dominar. Mas o cristianismo, ao tomar o partido de tudo que era mal constituído, fraco e débil, adoecera toda a humanidade. Seus ideais de compaixão e igualdade perante Deus não haviam surgido do amor, mas do ódio: o ódio da mais profunda e sublime ordem, que transformara o próprio caráter da moralidade e jamais fora visto na terra. Essa fora a revolução que Paulo — "aquele inventor de falsidades obcecado pelo ódio"[14] — iniciara. Os fracos haviam conquistado os fortes; os escravos haviam conquistado seus mestres.

"Arruinados por vampiros astutos, secretos, invisíveis, anêmicos! Não conquistados! Somente sugados até secar! [...] A vingança encoberta e a inveja mesquinha se tornaram *mestras*!"[15] Nietzsche, ao lamentar a morte das bestas predadoras da Antiguidade, o fez com a paixão de um acadêmico que devotara a vida ao estudo da civilização. Ele admirava os gregos não a despeito de sua crueldade, mas por causa dela. E ignorava tão totalmente qualquer noção da antiga Grécia como terra de racionalismo otimista que muitos estudantes seus, ao fim de seu período como professor, haviam desistido do curso por estarem chocados demais. De modo muito parecido com Sade, Nietzsche valorizava os antigos por causa do prazer que sentiam em infligir sofrimento; por saberem que a punição podia ser festiva; por demonstrarem que, "nos dias antes de a humanidade se envergonhar de sua crueldade, antes de existirem pessimistas, a vida na terra era mais alegre que agora".[16] O fato de ele mesmo ser um inválido semicego e vítima de violentas enxaquecas nada fez para diminuir sua admiração pelas aristocracias da Antiguidade e sua indiferença pelos doentes e fracos. Uma sociedade focada nos débeis era uma sociedade debilitada. Fora isso que transformara os cristãos em sanguessugas

SOMBRA

tão malevolentes. Se era a domesticação dos romanos que mais lastimava, Nietzsche também lamentava o fato de eles terem devorado outras nações. Ele próprio, cujo desdém pelos alemães só era superado por seu desdém pelos ingleses, tinha tão pouco tempo para o nacionalismo que renunciou à cidadania prussiana quando tinha 24 anos e morreu apátrida; e, mesmo assim, sempre lamentou o destino de seus antepassados. Outrora, antes da chegada de Bonifácio, as florestas haviam abrigado saxões que, em sua ferocidade e sua fome por tudo que havia de mais rico e intenso na vida, eram predadores tão gloriosos quanto os leões: "bestas loiras". Mas então os missionários haviam chegado. A besta loira fora tentada a entrar em um monastério. "Agora lá está ele, doente, vil, malevolente em relação a si mesmo, tomado de ódio pelos impulsos vitais, cheio de suspeita por tudo que ainda é forte e feliz. Em resumo, um 'cristão'."[17] Dix, suportando os extremos da Frente Ocidental, não precisava ser seguidor de Wodan para sentir que finalmente estava livre.

"Até mesmo a guerra", registrou ele em seu caderno, "deve ser vista como ocorrência natural."[18] Ela era um abismo sobre o qual, como uma corda, o homem podia estar suspenso, preso entre fera e *Übermensch*: eis uma filosofia que Dix não viu razão para abandonar no Somme. Mas ela podia parecer desalentadora. Os soldados nas trincheiras raramente imaginavam, como Nietzsche, que podia não haver verdade, valor ou sentido em si mesmos, e que somente ao reconhecer isso um homem deixaria de ser escravo. A escala sem precedentes da violência que sangrava a Europa não deixava as pessoas chocadas a ponto de recorrerem ao ateísmo. Ao contrário: servia para confirmar sua fé. De outra maneira, como compreender todo aquele horror? Como tão frequentemente antes, quando cristãos se encontravam imersos na miséria e no massacre, o véu entre a terra e os céus podia parecer assombrosamente tênue. Conforme a guerra continuava e 1916 se transformava em 1917, o fim dos tempos parecia se aproximar. Em Portugal, no vilarejo de Fátima, a Virgem fez repetidas aparições, até que na última, perante uma grande multidão, o sol dançou, como que para realizar a profecia registrada no Apocalipse, que dizia que um grande e maravilhoso sinal surgiria nos céus: "uma mulher vestida do sol".[19] Na Palestina, os britânicos obtiveram uma vitória esmagadora em Armagedom e tomaram Jerusalém dos turcos. Em Londres, o secretário do Exterior publicou uma declaração apoiando o estabelecimento de uma pátria judaica na Terra Santa — uma evolução que muitos cristãos acreditavam anunciar o retorno de Cristo.

Mas ele não retornou. E o mundo não acabou. Em 1918, quando o alto comando alemão iniciou uma maciça tentativa de esmagar definitivamente seus oponentes, a operação que chamaram de Miguel, em homenagem ao arcanjo, chegou ao auge e começou a decair. Oito meses depois, a guerra estava acabada. A Alemanha se rendeu. O kaiser abdicou. Uma esquálida paz foi levada a um continente despedaçado. Otto Dix retornou do front. Em Dresden, pintou oficiais mutilados, crianças malnutridas e prostitutas emaciadas. Ele via mendigos por toda parte. Nas esquinas, havia gangues de agitadores. Alguns eram comunistas. Alguns, nacionalistas. Outros vagavam descalços, profetizando o fim do mundo. Dix ignorava todos. Convidado a se filiar a um partido político, respondeu que preferia ir a um bordel. E continuou a ler Nietzsche. "Após um terrível terremoto, uma tremenda *reflexão*, com novas questões."[20]

Entrementes, em porões cheirando a cerveja e suor, homens com vozes estridentes falavam sobre os judeus.

O triunfo da vontade

Locatários difíceis eram a desgraça da vida de qualquer senhoria. Os tempos em Berlim estavam difíceis, e a viúva Elisabeth Salm precisava ganhar dinheiro de algum modo, mas havia limites. O jovem sempre fora um problema. Primeiro, começara a dividir o quarto com a namorada, uma ex-prostituta chamada Erna Jaenichen — não o tipo de mulher que uma viúva respeitável quereria em seu apartamento. Então grupos de homens começaram a chegar, batendo na porta de Frau Salm e passando a noite discutindo política. Final-

SOMBRA

mente, em 14 de janeiro de 1930, a paciência dela acabou. Ela ordenou que Jaenichen fosse embora de seu apartamento. Jaenichen recusou. Frau Salm foi à polícia. A polícia lhe disse para resolver sozinha. Desesperada, ela foi ao pub local, onde sabia que estariam os amigos de seu falecido marido. E eles realmente estavam lá, reunidos em uma sala nos fundos. Eles ouviram a história mas se recusaram a ajudar. Por que o fariam? Havia inimizade entre eles. O marido de Frau Salm fora um homem de crenças profundas, mas sua viúva, em vez de lhe dar o funeral que teria desejado e que seus amigos se ofereceram para providenciar, pedira ajuda ao pastor local. Na Taverna Baer, ela se viu cercada por lembranças do sacrilégio que cometera. Emblemas bordados em bandeiras cor de sangue. Textos sagrados muito manuseados. Ícones nas paredes. O santuário no canto, com flores e um retrato de Lenin.

Os bolcheviques haviam percorrido uma longa distância desde sua visita ao museu de história natural em Londres. O partido que em 1905 tivera menos de quarenta delegados em seu congresso agora governava um vasto e antigo império. A Rússia era tão grande que respondia por quase um quarto dos cristãos do mundo. Desdenhando as pretensões de Roma, seu monarca reivindicara a linhagem de Bizâncio e o título de "ortodoxa" para sua igreja. Mas a revolução chegara à autoproclamada Terceira Roma. Em 1917, a monarquia russa fora deposta. Os bolcheviques, sob a liderança de Lenin, haviam tomado o poder. O povo escolhido de Marx, o proletariado industrial, fora levado à terra prometida: uma Rússia comunista. Os indignos de viver em tal paraíso — fossem membros da família real ou camponeses com um par de vacas — haviam sido eliminados. Assim como a Igreja. Embora o próprio Lenin tivesse hesitado, temendo que fosse contraproducente ofender os fiéis, as demandas da lógica revolucionária haviam se provado implacáveis. "Na prática, não menos que na teoria, o comunismo é incompatível com a fé religiosa."[21] O clero tinha de acabar. Em 1918, as igrejas haviam sido nacionalizadas. Bispos haviam sido mortos a tiros, crucificados de cabeça para baixo ou presos. Então, em 1926, a conversão de um mosteiro particularmente venerável em campo de trabalho permitira que dois

DOMÍNIO

pássaros fossem mortos com a mesma pedra. Mesmo assim, para muitos, o processo de desintoxicar as massas de seu ópio parecia lento demais. Assim, em 1929, a responsabilidade pelos assuntos religiosos fora dada a uma organização que fazia exatamente o que dizia seu nome: a Liga de Ateus Militantes. Seu propósito declarado era eliminar definitivamente a religião. Eles achavam que cinco anos seriam suficientes para a tarefa. Organizando-se em missões, partiram para o trabalho. Trens inteiros foram requisitados. Nos ermos da Sibéria, onde o cristianismo se disseminara irregularmente, xamãs foram atirados de aviões e ordenados a voar. Não havia reduto de superstição tão distante que seus santuários não pudessem ser demolidos, seus líderes liquidados, suas trevas banidas pela luz da razão. A religião — aquele emaranhado de afirmações não comprovadas, profecias improváveis e *wishful thinking* disparatado — estava destinada a desaparecer. Como Marx demonstrara, isso era um fato científico.

Muitos do lado de lá das fronteiras da União Soviética — como o Império Russo passou a ser conhecido — concordavam. Foi por isso que, naquela tarde de janeiro em Berlim, Frau Salm descobriu que os camaradas de seu marido estavam surdos a seus apelos. Mas a indignação deles indicava uma ironia que Nietzsche notara décadas antes. Insistir que um funeral religioso pudesse ser um tipo de blasfêmia era menos um repúdio ao cristianismo que o inadvertido reconhecimento de parentesco com ele. Em 1930, um número cada vez maior de cristãos estava disposto a contemplar uma possibilidade desorientadora: a de que os bolcheviques, aderentes de uma causa tão universal em suas reivindicações quanto inflexível em seus princípios, pudessem ser as tropas de choque de uma "anti-igreja".[22] Como Gregório VII, eles haviam esmagado as pretensões do imperador; como Inocêncio III, haviam combatido as forças da reação com fogo e inquisição; como Lutero, haviam escarnecido das excrescências da superstição clerical; como Winstanley, haviam proclamado que a Terra era tesouro comum a todos e prescrito ferozes penalidades para qualquer um que objetasse. Durante mil anos, a distinta ambição da cristandade latina fora ver o mundo inteiro re-

SOMBRA

nascer e ser batizado nas águas da *reformatio*. Repetidamente, essa ambição levara revolução à Europa e ruína a terras modeladas por hábitos de pensamento muito diferentes. Lenin, armado com os ensinamentos de um economista alemão, fora a ruína da ortodoxia russa tanto quanto Cortés fora a ruína dos deuses astecas. Que a outrora tradição cristã de zelo missionário pudesse agora impedir o avanço do próprio cristianismo era uma possibilidade cruel demais para ser contemplada pela maioria dos cristãos — mas os mais astutos compreendiam muito bem que o ateísmo da União Soviética era menos um repúdio à Igreja que uma sombria e letal paródia dela. "O ateísmo bolchevique é a expressão de uma nova fé religiosa."[23]

O sonho de uma nova ordem sobre as ruínas da antiga; de um reinado de santos que duraria mil anos; de um dia do julgamento, quando os injustos seriam separados dos justos e condenados a um lago de fogo: desde os dias iniciais da Igreja, isso sempre assombrara a imaginação dos fiéis. As autoridades cristãs, nervosas com tais anseios, haviam consistentemente tentado policiá-las, mas, mesmo assim, ligando-se e misturando-se uns aos outros, os elementos constituintes do desejado apocalipse jamais cessaram de adquirir novos lineamentos. Mas agora, em toda a Alemanha, eles estavam criando metástases. Nem todos os paramilitares de Berlim eram comunistas. As rivalidades nas ruas eram ferozes. Frau Salm, fazendo um último e desesperado apelo, só precisou mencionar o nome de seu inquilino para que todos na sala dos fundos do pub prestassem atenção. Imediatamente, o clima se transformou. Alguns dos homens se levantaram. Saindo do pub, foram com Frau Salm até o apartamento. Alguns dias antes, um jornal comunista publicara um slogan incontrito. Naquela noite, em pé na cozinha do apartamento de Frau Salm, esperando que ela tocasse a sineta com que habitualmente anunciava visitantes, três paramilitares se preparavam para responder ao grito de guerra: "Sempre que encontrá-los, dê uma surra nos fascistas!"[24]

O nome derivava dos dias gloriosos da antiga Roma. Os *fasces*, feixes de varas de açoite, haviam servido como emblema de autoridade para os guar-

DOMÍNIO

das dos magistrados eleitos. Mas nem todo magistrado da história romana fora necessariamente eleito. Tempos de crise haviam exigido medidas excepcionais. Júlio César, após a derrota de Pompeu, fora nomeado *dictator*, um cargo que lhe permitira assumir o controle total do Estado. Cada um de seus guardas carregava nos ombros, amarrado às varas de açoite, um machado. Nietzsche, prevendo que uma grande convulsão se aproximava, um repúdio às pusilânimes doutrinas cristãs de igualdade e compaixão, previra também que os líderes da revolução se tornariam "criadores de emblemas e fantasmas em sua inimizade".[25] O tempo provou que tinha razão. Os *fasces* se tornaram emblemas de um movimento brilhantemente bem-sucedido. Em 1930, a Itália era governada — como fora dois milênios antes — por um ditador. Benito Mussolini, um ex-socialista cuja leitura de Nietzsche o levara, ao fim da Grande Guerra, a sonhar com uma nova raça de homens, uma elite digna de um Estado fascista, apresentava-se tanto como César quanto como face de um futuro brilhante. Da fusão de antigo e moderno, promovida pela genialidade de sua liderança, emergira uma nova Itália. Fosse cumprimentando as fileiras de seguidores com uma saudação romana ou pilotando uma aeronave, Mussolini posava de maneiras que conscientemente buscavam apagar toda a extensão da história cristã. Embora, em um país tão profundamente cristão quanto a Itália, ele não tivesse escolha a não ser ceder certa autonomia à Igreja, seu objetivo final era subjugá-la totalmente e transformá-la em serva do Estado fascista. Seus seguidores mais estridentes exultaram abertamente com isso. "Sim, de fato, somos totalitaristas! E queremos sê-lo da manhã à noite, sem nada que nos distraia."[26]

Em Berlim também havia homens assim. Sendo as tropas de assalto de um movimento que acreditava simultaneamente no racismo e na subordinação de todos os interesses pessoais ao bem comum, eles chamavam a si mesmos de *Nationalsozialisten*: "nacional-socialistas". Seus oponentes, zombando de suas pretensões, chamavam-nos de *nazis*. Mas isso só revelava seu medo. Os nacional-socialistas cortejavam o ódio de seus inimigos. Ele era bem-vindo. Era a bigorna na qual a nova Alemanha seria forjada. "Não é a compaixão, mas a coragem e a força que salvam vidas, porque a guerra é a disposição eterna da vida."[27] Assim como na Itália, na Alemanha o fascismo trabalhava para combinar o glamour e a violência da Antiguidade com o glamour e a violência do mundo moderno. Nessa visão de futuro, não havia lugar para a lamuriosa fraqueza do cristianismo. A besta loira tinha de ser libertada do monastério. Uma nova era chegara. Adolf Hitler, o líder dos nazistas, não era, como Mussolini podia alegar ser, um intelectual; tampouco precisava ser. Durante o curso de uma vida que incluíra morar em um albergue barato, ferimentos no Somme e prisão pela tentativa de golpe, ele passara a sentir que fora convocado por uma Providência misteriosa a transformar o mundo. Sua educação filosófica e científica podia ser falha, mas ele estava visceralmente certo de que o destino estava escrito no sangue de um povo. Não havia moralidade universal. Um russo não era um alemão. Toda nação era diferente, e um povo que se recusava a ouvir os ditames de sua alma era um povo fadado à extinção. "Todos que não são de boas raças neste mundo", avisou ele, "são joio."[28]

Outrora, nos dias felizes de sua infância, o povo alemão estivera unido às florestas onde vivia. Ele existira como uma árvore: não somente a soma dos galhos, ramos e folhas, mas como todo vivo e orgânico. Mas então o solo de onde brotara a raça nórdica fora poluído. Sua seiva fora envenenada. Seus membros haviam sido cortados. Somente uma cirurgia poderia salvá-los. As políticas de Hitler, embora enraizadas em um senso da raça como algo primordialmente antigo, também estavam enraizadas nas formulações clínicas da teoria evolutiva. As medidas que restaurariam a pureza ao povo alemão eram prescritas igualmente por crônicas antigas e pelos textos darwinistas. Eliminar aqueles que ficavam no caminho de tal programa não era um crime, mas uma responsabilidade. "Os macacos massacram todos os elementos marginais como estranhos em sua comunidade." Hitler não hesitou em chegar à conclusão lógica. "O que é válido para os macacos certamente deve ser ainda mais válido para os seres humanos."[29] O homem estava tão sujeito ao conflito pela vida e à necessidade de preservar a pureza de sua raça quanto qualquer outra espécie. Colocar isso em prática não era crueldade. O mundo simplesmente era assim.

DOMÍNIO

Horst Wessel, o jovem que durante três meses fora inquilino de Frau Salm, não fora meramente convencido por esse manifesto; fora eletrizado por ele. Filho de um pastor, ainda jovem ele se tornara "um discípulo entusiasmado de Adolf Hitler".[30] Energias que de outro modo poderiam ter sido devotadas à Igreja foram consagradas ao nacional-socialismo. Só em 1929, ele pregara em quase sessenta reuniões. Muito como seu pai poderia ter feito outrora, cantando hinos nas ruas, ele reunira uma companhia de músicos e desfilava com eles pelas fortalezas comunistas. Uma das músicas que escrevera para a banda, a mais famosa, imaginava camaradas martirizados marchando ao lado dos vivos. Não surpreende, portanto, que quando Frau Salm mencionou seu nome, seus ouvintes tenham prestado atenção. Wessel era um homem que qualquer comunista de respeito estaria interessado em encurralar. E era por isso que, na noite de 14 de janeiro, três deles estavam diante de sua porta, esperando que Frau Salm tocasse a sineta. Suas intenções mais tarde seriam motivo de discordância. Talvez, como alegaram, eles só planejassem dar uma surra nele. Talvez o tiro em seu rosto tenha sido acidental. Qualquer que fosse a verdade, Wessel fora gravemente ferido. Levado ao hospital, morreu cinco semanas depois. O que complicou ainda mais a questão foi a identidade do assassino: um homem que já fora cafetão de Erna Jaenichen. Quanto mais a polícia investigava o caso, mais confusos se tornavam os detalhes. Somente uma coisa era certa: o funeral de Wessel foi o de um lutador de rua morto em uma briga. Mas não foi assim que seu superior em Berlim viu as coisas. Joseph Goebbels, como Hitler, fora criado na religião católica. Por mais desdém que sentisse pelo cristianismo, estava alerta não somente para a influência que ele ainda exercia sobre a imaginação de muitos alemães, mas também ao modo como isso poderia ser transformado em vantagem para seu próprio movimento. Propagandista genial, Goebbels reconhecia um mártir quando o via. Falando durante o funeral de Wessel, ele proclamou — com a voz teatralmente embargada — que o homem morto retornaria. Um tremor percorreu a multidão. "Como se

Deus", lembrou um dos enlutados mais tarde, "tivesse decidido enviar Seu sopro sagrado sobre a sepultura aberta e sobre as bandeiras, abençoando o homem morto e todos que pertenciam a ele."[31] Um mês depois, Goebbels explicitamente comparou Wessel a Cristo. Nos anos seguintes, conforme os nacional-socialistas deixavam de brigar nas ruas e começavam a colocar o país inteiro sob seu domínio, o *Sturmführer* assassinado continuou a servir como personificação de um santo: o líder dos mortos martirizados. A maior parte dos líderes da Igreja — conscientes de que condenar os nazistas por essa cafonice blasfema seria arriscado — optou por morder a língua. Mas alguns a endossaram ativamente. Em 1933, o ano em que Hitler foi nomeado chanceler, as igrejas protestantes da Alemanha celebraram o aniversário da Reforma cantando o hino de batalha de Wessel. Na catedral de Berlim, um pastor desavergonhadamente imitou Goebbels. Wessel, pregou ele, morrera assim como Jesus. E, para completar, acrescentou que Hitler era "um homem enviado por Deus".[32]

Mas os cristãos se iludiam se achavam estar conseguindo o favor da liderança nazista; quem dirá influenciando suas decisões. Parodiar o cristianismo não era respeitá-lo, mas canibalizá-lo. Nos bosques, jovens e ávidos nacional-socialistas queimavam cópias da Bíblia em grandes fogueiras e — "para provar como desprezamos todos os cultos do mundo, com exceção da ideologia de Hitler"[33] — cantavam o "Horst Wessel Lied". No Reno, em anfiteatros do que já haviam sido cidades romanas, garotas se reuniam à noite para celebrar o aniversário de Wessel com danças e orações a seu espírito, "para torná-las boas mães".[34] O filho do pastor se tornara não somente um santo, mas um deus.

Bonifácio, viajando pelo Reno 1.200 anos antes, testemunhara coisas muito similares. O desânimo com o espetáculo de práticas pagãs em terras supostamente cristãs o levara a devotar grande parte de sua vida a combatê-las. Agora, seu herdeiros enfrentavam uma ameaça muito mais grave. No século VIII, os missionários na Alemanha haviam contado com o apoio da monarquia franca. Tal suporte não era oferecido pelos nazistas. Hitler, que

DOMÍNIO

em 1928 proclamara sonoramente que seu movimento era cristão, passara a ver o cristianismo com ativa hostilidade. Ele sempre vira sua moralidade e sua preocupação com os fracos como covarde e vergonhosa. Agora que estava no poder, reconhecia na reivindicação da Igreja de uma esfera distinta do Estado — o venerável legado da revolução gregoriana — um desafio direto à missão totalitária do nacional-socialismo. Embora, como Mussolini, inicialmente estivesse disposto a ser cuidadoso — e mesmo, em 1933, a assinar uma concordata com o papa —, ele não tinha a intenção de se manter assim por muito tempo. A moralidade cristã resultara em várias excrescências grotescas: alcoólatras se reproduzindo promiscuamente enquanto camaradas corretos batalhavam para pôr comida na mesa; pacientes mentais com lençóis limpos, enquanto crianças saudáveis eram obrigadas a dormir com mais duas ou três na mesma cama; aleijados com dinheiro e atenção que deviam ser devotados aos sãos. Idiotices assim eram precisamente aquilo que o nacional-socialismo pretendia exterminar. As igrejas haviam tido sua época. Mas a nova ordem, se quisesse durar por um milênio, precisava de um novo tipo de homens. Ela precisava de *Übermenschen*.

Em 1937, Hitler começou a pensar na eliminação definitiva do cristianismo. As objeções dos líderes da Igreja à esterilização de idiotas e aleijados o enfureceram. Sua própria preferência — que ele pretendia colocar em ação em caso de guerra — era a eutanásia generalizada. Essa política, sancionada tanto por exemplos antigos quanto pelo mais avançado pensamento científico, precisava ser aceita urgentemente pelo povo alemão. Claramente, eles não poderiam cumprir seu destino racial enquanto ainda sofressem com o câncer da compaixão. Entre a *Schutzstaffel,* a organização paramilitar de elite que servia como mais eficiente instrumento da vontade de Hitler, a destruição do cristianismo passou a ser vista como vocação particular. Heinrich Himmler, o comandante da SS, criou um programa de cinquenta anos para apagar totalmente a religião. De outro modo, o cristianismo poderia novamente se provar a ruína da besta loira. Que os alemães continuassem a se opor a políticas tão transparentemente vitais para sua

SOMBRA

própria saúde racial era insanidade. "Repetindo continuamente que Deus morreu na cruz por pena dos fracos, doentes e pecadores, eles exigem que os geneticamente doentes sejam mantidos vivos em nome de uma doutrina de pena que vai contra a natureza e em nome de uma mal concebida noção de humanidade."[35] Os fortes, como a ciência demonstrara conclusivamente, tinham tanto o dever quanto a obrigação de eliminar os fracos.

Mas se o cristianismo — como Hitler passara a acreditar — era "o golpe mais pesado que já atingiu a humanidade",[36] não bastava erradicá-lo. Uma religião tão perniciosa que conseguira tanto destruir o Império Romano quanto gerar o bolchevismo dificilmente poderia ter surgido do nada. Que fonte de infecção poderia ter gerado tal praga? Claramente, não havia questão mais premente para um nacional-socialista. Qualquer que fosse o bacilo, ele precisava ser identificado rapidamente e — a fim de que o futuro do povo alemão fosse apoiado sobre fundações estáveis e capazes de durar mil anos — destruído.

Como Goebbels, em um humor pensativo, diria: "Não podemos ser sentimentais em tais questões."[37]

Na escuridão aprisioná-los

A Grã-Bretanha estava em guerra contra a Alemanha nazista havia mais de quatro anos. Durante todo esse tempo, Oxford raramente fora atingida por bombas. Mesmo assim, ninguém podia relaxar. Foi por isso que, na noite de 17 de janeiro de 1944, o professor da Cátedra Rawlinson e Bosworth de Anglo-Saxão* se reportou à Sede Regional no norte da cidade. John Ronald

---

* A Cátedra Rawlinson e Bosworth de Anglo-Saxão, até 1916 conhecida como cátedra Rawlinsoniana de Anglo-Saxão, foi estabelecida na Universidade de Oxford por Richard Rawlinson, do St. John's College, em 1795, estando associada ao Pembroke College. "Bosworth" foi adicionado posteriormente em homenagem a Joseph Bosworth, professor que ocupou a posição entre 1858 e 1876. [*N. do E.*]

DOMÍNIO

Reuel Tolkien servia como vigia contra ataques aéreos desde 1941. Seus deveres não eram particularmente onerosos. Naquela noite, ele ficou até tarde conversando com um colega. Cecil Roth, como Tolkien, era catedrático na universidade, um historiador judeu que escrevera — entre muitos outros livros — uma biografia de Menasseh ben Israel. Os dois se davam bem, e foi somente depois da meia-noite que se recolheram a seus aposentos. Roth, sabendo que Tolkien era católico devoto e observando que ele não tinha relógio, insistiu em lhe emprestar o seu, a fim de que o colega não perdesse a missa no início da manhã. Então, pouco antes das 7 horas, bateu à porta de Tolkien para acordá-lo. Tolkien, embora já desperto, ainda estava deitado, perguntando-se se teria tempo para ir à igreja. "Mas a incursão desse gentil judeu e seu sombrio relance ao rosário ao lado de minha cama decidiram a questão." Como a luz em um lugar escuro quando todas as outras estão apagadas, a gentileza de Roth comoveu Tolkien. Tanto que viu nela algo do Éden. "Pareceu-me", escreveu ele no mesmo dia, "um rápido vislumbre de um mundo não caído."[38]

Tolkien não falava de maneira figurada. Ele acreditava que toda história tratava, de algum modo, da queda. Assim como fizera Agostinho, ele interpretava toda a história como registro da iniquidade humana. O mundo, que nos textos anglo-saxões que tanto amava era chamado de "Terra-Média", ainda era o que sempre fora: o grande campo de batalha entre o bem e o mal. Em 1937, dois anos após o início da guerra, Tolkien iniciara uma obra de ficção que buscava refletir esse duradouro tema cristão. *O senhor dos anéis* estava profundamente embebido em uma cultura à qual ele devotara toda a sua vida acadêmica: a cultura da cristandade medieval. Claro que a Terra-Média de sua imaginação não teria sido reconhecida por Bede ou Bonifácio. Os contornos familiares da história e da geografia estavam ausentes, assim como o cristianismo e o próprio Deus. Havia homens, mas também outras raças. As páginas de seu romance estavam cheias de elfos, duendes, magos e árvores que caminhavam. Também havia pequenos chamados hobbits, e se eles — com seus pés grandes e peludos e seus nomes cômicos

SOMBRA

— pareciam saídos de um conto infantil, era porque fora assim que haviam surgido. Mas Tolkien não se contentou em escrever um livro para crianças. Suas ambições eram épicas demais. "A Cidade será cercada", escrevera Agostinho, "pressionada, calada, atribulada, mas não abandonará o combate."[39] Essa visão de esforço para desafiar o mal e dos custos impostos por ele fora partilhada por reis e santos nos anos iniciais da cristandade, e Tolkien ficava muito comovido com ela. Reunindo suas línguas, baseando-se em sua literatura, unindo episódios de suas histórias para que, juntas, assumissem os contornos de um sonho, ele desejava criar uma fantasia que também fosse verdadeira, em um sentido aceitável para Deus. Sua esperança para *O senhor dos anéis* era que outros, ao lerem, também encontrassem a verdade.

Naturalmente, como católico, Tolkien acreditava que toda história dava testemunho de Cristo. Assim, não sentiu necessidade de se desculpar por encobrir todo o autoconhecimento que possuía e todos os criticismos à vida que conhecia "sob um traje mítico e lendário".[40] Mesmo assim, sua ficção não foi modelada exclusivamente por canções antigas. Tolkien sabia o que era olhar para o centro da escuridão de seu próprio século. Quando jovem, ele vira Otto Dix e Adolf Hitler do outro lado do Somme. Em 1944, memórias da carnificina ainda o assombravam. "Arrancando a mão do pântano, ele recuou com um grito. 'Há coisas mortas, rostos mortos na água', disse ele horrorizado. 'Rostos mortos!'"[41] Essa visão aterradora, de corpos afogados no atoleiro de um campo de batalha e deixados lá para flutuar por toda a eternidade, unia os horrores de uma era mecanizada com visões medievais dos condenados. Tolkien, quando escreveu sobre demônios montados em grandes pássaros sem penas ou posicionando letais motores de guerra, o fez como homem que testemunhara combates aéreos nos céus sobre as trincheiras e tanques atravessando a terra de ninguém. Sauron, o Senhor do Escuro cujas ambições ameaçavam jogar toda a Terra-Média na escuridão, governava a terra de Mordor, tanto uma visão do inferno que Gregório, o Grande, teria reconhecido quanto um imenso complexo militar-industrial escurecido por fornalhas, fábricas de munição e escombreiras.

475

DOMÍNIO

Infalivelmente, por todo *O senhor dos anéis*, é a profanação de árvores e flores que cortou a França e a Bélgica como uma cicatriz durante a Grande Guerra que surge como marca de seu domínio.

Agora, conforme Tolkien prosseguia com seu romance, havia novas misérias e horrores no mundo. Que a história evidenciava a antiquíssima guerra entre luz e trevas e exigia daqueles que estavam no lado do bem uma vigilância incansável contra o mal era uma convicção que Tolkien partilhava com os nazistas. Admitidamente, ao articular a missão do nacional-socialismo, seus líderes não tendiam a descrevê-la em tais termos. Eles preferiam a linguagem do darwinismo. "Uma fria doutrina da realidade baseada no mais incisivo conhecimento científico e sua elucidação teórica."[42] Fora assim que Hitler definira o nacional-socialismo um ano antes de invadir a Polônia e engolfar a Europa em uma segunda e terrível guerra civil. As vitórias obtidas por sua máquina de guerra, que demonstravam a adequação de seu povo como raça-mestra, haviam lhe fornecido algo ainda mais precioso: a oportunidade de preservá-lo de um perigo unicamente grave. Os cientistas, quando definiam as hierarquias raciais para o nacional-socialismo, hesitavam em definir os judeus como raça. Eles eram uma "contrarraça", um vírus, um bacilo. Não era crime erradicá-los, assim como não era crime os médicos combaterem uma epidemia de tifo. Em 9 de novembro de 1938, quando a grande sinagoga de Colônia, fundada pelos Oppenheim, foi destruída, ela foi somente uma de um imenso número de propriedades judaicas similarmente incendiadas em toda a Alemanha. Mas não era suficiente meramente queimar os covis. Os próprios animais daninhos precisavam ser destruídos. O fato de terem a forma de homens, mulheres e crianças não tornava sua eliminação um dever menos urgente. Somente pessoas infectadas pelo nefasto humanismo do cristianismo — um culto "inventado e disseminado por judeus"[43] — podiam pensar de outro modo. Mas Hitler, mesmo ao apresentar sua campanha contra eles como questão de saúde pública, frequentemente a assimilava a uma outra narrativa, profundamente cristã. Para ser salvo, o mundo precisava ser

SOMBRA

limpo. Um povo ameaçado pela perdição requeria redenção. Aqueles que estavam do lado dos anjos precisavam ser preservados dos agentes pestíferos do inferno. "Dois mundos se enfrentam, os homens de Deus e os homens de Satã! O judeu é o anti-homem, a criatura de outro deus."[44]

As conquistas haviam permitido que gavinhas do ódio de Hitler chegassem muito além dos limites da Alemanha. Mesmo antes da guerra, elas haviam serpenteado até o estúdio cheio de livros de Tolkien. Em 1938, um editor alemão desejando publicá-lo escrevera para perguntar se ele tinha origem judaica. "Lamento", respondera Tolkien, "o fato de aparentemente *não* ter ancestrais entre aquele povo talentoso."[45] Ele tinha certeza de que o racismo nazista não tinha nenhuma base científica, mas sua verdadeira objeção era cristã. É claro que, versado na literatura da Idade Média como era, ele conhecia muito bem o papel desempenhado por sua própria Igreja na estereotipização e perseguição dos judeus. Em sua imaginação, no entanto, ele os via não como os vampiros de nariz adunco da calúnia medieval, mas como uma "raça sagrada de homens valorosos, o povo de Israel, os filhos de Deus".[46] Essas linhas, retiradas de um poema anglo-saxão sobre a passagem pelo mar Vermelho, eram preciosas porque ele mesmo as traduzira. Havia nelas o mesmo senso de identificação com o Êxodo que inspirara Bede. Moisés, no poema, era representado como rei poderoso, "um príncipe de homens marchando à frente de uma companhia".[47] Tolkien, escrevendo *O senhor dos anéis* enquanto os nazistas expandiam seu império do Atlântico à Rússia, baseou-se livremente em tal poesia para criar seu próprio épico. Central para o enredo era o retorno do rei: um herdeiro do trono há muito abandonado chamado Aragorn. Se os exércitos de Mordor eram satânicos como os do faraó, então Aragorn — emergindo do exílio para livrar seu povo da escravidão — tinha mais que um toque de Moisés. O que ocorreu no monastério de Bede ocorreu também no estúdio de Tolkien: um herói imaginado simultaneamente como cristão e judeu.

Essa não foi uma excentricidade isolada e catedrática. Por toda a Europa, a disposição dos cristãos de se identificarem com os judeus se tornara

DOMÍNIO

a medida de sua resposta à maior catástrofe da história judaica. Tolkien, como católico devoto, não estava fazendo nada que os papas já não tivessem feito. Em setembro de 1938, o adoentado Pio XI se declarara espiritualmente judeu. Um ano mais tarde, depois de a Polônia ser derrotada e sujeitada a uma ocupação indescritivelmente brutal pelas forças alemãs, seu sucessor publicara sua primeira carta pública aos fiéis. Pio XII, lamentando os sulcos ensanguentados arados com espadas, propositadamente citou Paulo: "Não há judeu nem grego." Sempre, desde os dias iniciais da Igreja, essa frase servira para distinguir *Christianismos* de *Ioudaismos*, cristianismo de judaísmo. Entre os cristãos, que celebravam a Igreja como mãe de todas as nações, e os judeus, chocados com a perspectiva de sua singularidade ser dissolvida na grande massa da humanidade, a linha divisória sempre fora rígida. Mas os nazistas não viam assim. Quando Pio XII citou o Gênesis para repreender os que haviam esquecido que a humanidade tinha origem comum e todos os povos do mundo tinham deveres mútuos de caridade, a resposta dos teóricos nazistas foi vituperativa. Para eles, parecia autoevidente que a moralidade universal era uma fraude perpetrada pelos judeus. "Ainda podemos tolerar que nossas crianças sejam obrigadas a aprender que judeus e negros, assim como alemães ou romanos, descendem de Adão e Eva simplesmente porque um mito judeu diz isso?" Não meramente perniciosa, a doutrina de que todos eram um em Cristo era um ultraje contra os fundamentos da ciência. Durante séculos, a raça nórdica fora infectada por ela. A consequência fora uma mutilação do que deveria ter sido deixado inteiro; uma circuncisão da mente. "O judeu Paulo deve ser considerado o pai de tudo isso, pois ele, de maneira muito significativa, estabeleceu os princípios de destruição da visão de mundo baseada no sangue."

Os cristãos, confrontados por um regime comprometido com o repúdio aos princípios mais fundamentais de sua fé — a unidade da raça humana, a obrigação de cuidar dos fracos e sofredores —, tinham uma escolha a fazer. A Igreja, como disse um pastor chamado Dietrich Bonhoeffer em 1933, tinha uma "obrigação incondicional em relação às vítimas de

SOMBRA

qualquer ordem, mesmo as que não pertencem à comunidade cristã"?[48] A resposta do próprio Bonhoeffer a essa pergunta o levaria a conspirar contra a vida de Hitler e ser enforcado em um campo de concentração. Muitos outros cristãos também passaram no teste. Alguns se manifestaram publicamente. Outros, de modo mais clandestino, fizeram o possível para abrigar seus vizinhos judeus em porões e sótãos, plenamente conscientes de que estavam arriscando as próprias vidas. Os líderes da Igreja, divididos entre falar com a voz da profecia contra crimes quase fora de sua compreensão e o medo de que fazer isso colocasse em risco o futuro do cristianismo, caminhavam em uma corda bamba impossível. "Eles deploram o fato de que o papa não se pronuncia", lamentara privadamente Pio em dezembro de 1942. "Mas o papa não pode se pronunciar. Se o fizer, as coisas podem piorar."[49] Talvez, diriam seus críticos mais tarde, ele devesse ter se pronunciado mesmo assim. Mas Pio entendia os limites de seu poder. Ao levar as coisas longe demais, ele podia colocar em risco as medidas que ainda podia tomar. Os judeus entendiam isso. Na residência de verão do papa, quinhentos deles receberam abrigo. Na Hungria, os padres emitiam certidões de batismo freneticamente, sabendo que poderiam ser mortos a tiros por fazerem isso. Na Romênia, os diplomatas papais pressionavam o governo para não deportar os judeus do país, e os trens eram impedidos de circular por causa do "mau tempo". Entre a SS, o papa era chamado desdenhosamente de rabino.

Mas também houve muitos cristãos que, seduzidos pelo mal, entraram no reino das sombras. Os nazistas, ao retratarem os judeus como pestilência, simultaneamente atrasados e excessivamente educados, parasitários e sedutoramente plausíveis, não tiraram essa propaganda do nada. Os mitos nos quais se baseavam eram cristãos. Os biólogos que empregavam as formulações racionais da ciência para identificar os judeus como vírus também lançavam mão de estereótipos que, no fim das contas, haviam se originado nos evangelhos. "Que o sangue dele caia sobre nós e sobre nossos filhos!"[50] O fato de que os judeus haviam voluntariamente aceitado a responsabilidade pela morte de Cristo era uma doutrina que, repetidamente ao longo da

DOMÍNIO

história cristã, os condenara como agentes do Diabo. Oitocentos anos depois de um papa condenar como difamação a alegação de que eles tinham o hábito de misturar o sangue de crianças cristãs a seu pão ritual, ainda havia bispos na Polônia que hesitavam em desconsiderá-la. Na Eslováquia, onde os judeus primeiro foram expulsos da capital e depois deportados do país, o regime fantoche estabelecido pelos alemães era liderado por um padre. Também em outros lugares, da França aos Bálcãs e no próprio Vaticano, os católicos frequentemente eram induzidos, em função de seu ódio pelo comunismo, a ver os nazistas como o menor de dois males. Mesmo um bispo podia ocasionalmente falar com língua de cobra [como um dos personagens de Tolkien] sobre a campanha de erradicação dos judeus. Na Croácia, quando o arcebispo de Zagrebe escreveu ao ministro do Interior para protestar contra sua deportação, ele reconheceu livremente a existência de uma "questão judaica" e que os próprios judeus eram — embora de maneira não especificada — culpados de "crimes".[51] Mais de 30 mil terminariam assassinados: três quartos de toda a população judaica da Croácia.

Contudo, em nenhum lugar a sombra foi mais ameaçadoramente entronada que na Alemanha. Foi lá — sem surpresa — que as igrejas se mostraram mais ruinosamente sob domínio de um adversário comprometido com sua total corrupção. Não era somente a cristandade medieval que alimentava a campanha nazista contra os judeus. A Reforma também o fazia. O desdém de Lutero pelo judaísmo como credo definido pela hipocrisia e pelo legalismo ainda tinha muitos herdeiros. Esses herdeiros, deslumbrados com a imponência do nacional-socialismo, muitas vezes achavam sua própria fé pálida em comparação. Os locais das paradas, repletos de bandeiras e águias, pareciam oferecer um senso de comunhão com o numinoso que os bancos empoeirados das igrejas já não ofereciam. Talvez, como acreditava o próprio Hitler, Jesus não tivesse sido judeu, mas nórdico, loiro e de olhos azuis. Essa tese abrira para muitos protestantes alemães uma perspectiva irresistível: a de que talvez fosse possível forjar uma forma nacional-socialista de cristianismo. Em 1939, em Wartburg, onde Lutero completara

480

SOMBRA

sua grande tradução do Novo Testamento, acadêmicos distintos haviam se reunido para reviver a heresia de Marcião. O principal palestrante falara de uma segunda Reforma. Os protestantes haviam sido urgidos a limpar o cristianismo de todas as nódoas dos judeus. Na época, com o mundo à beira da guerra, estava claro para que lado ia o vento. A vitória do nacional-socialismo estava próxima. As recompensas seriam ricas para aqueles que colaborassem. Os cristãos podiam esperar, mantendo seus pensamentos em seus corações, deplorando talvez os males realizados, mas aprovando o propósito final. Ou era assim, de qualquer forma, que pensavam. Uma igreja de sangue — racista e colérica — realmente teria sido poupada da destruição por Hitler. Um cristianismo sob a maestria do nacional-socialismo lhe forneceria um servo poderoso e terrível. Aqueles que pertenciam a ele seriam capazes de criar planos para a liquidação de milhões, cuidar dos horários dos caminhões de gado e brindar ao sucesso de seus esforços mesmo enquanto o cheiro de corpos queimados entrava pela janela, e saber que estavam servindo aos propósitos de Cristo.

"Aquele que luta contra monstros deve cuidar para não se tornar ele mesmo um monstro. E quando você olha longamente para o abismo, o abismo também olha para você."[52] Nietzsche, um homem que renunciara a sua cidadania, desprezava o nacionalismo e considerava os judeus o povo mais notável da história, avisara que confusões se seguiriam à morte de Deus. Bem e mal se tornariam relativos. Os códigos morais vagariam sem âncora. Atos de grande e terrível violência seriam perpetrados. Mesmo nietzschianos comprometidos podiam recuar da descoberta do que isso significava na prática. Otto Dix, longe de admirar os nazistas por virarem o mundo de cabeça para baixo, ficou revoltado com eles. Os nazistas, por sua vez, o consideraram um degenerado. Demitido de seu cargo de ensino em Dresden, proibido de exibir suas pinturas, ele se voltara para a Bíblia como fonte mais segura de inspiração. Em 1939, pintara a destruição de Sodoma. O fogo consumia uma cidade que era inequivocamente Dresden. A imagem se provaria profética. Quando a maré da guerra se virou contra

481

DOMÍNIO

a Alemanha, aviões britânicos e norte-americanos começaram a destruir as cidades do país. Em julho de 1943, em uma operação cujo codinome era Gomorra, um grande mar de fogo engolfou a maior parte de Hamburgo. Na Grã-Bretanha, um bispo chamado George Bell — amigo íntimo de Bonhoeffer — protestou publicamente. "Se é permissível levar os habitantes à paz desejável fazendo-os sofrer, por que não admitir pilhagem, incêndio, tortura, assassinato, violação?"[53] A objeção foi ignorada. Não havia lugar, informou-se severamente ao bispo, em uma guerra contra um inimigo tão terrível quanto Hitler, para humanitarismo ou escrúpulos sentimentais. Em fevereiro de 1945, chegou a vez de Dresden queimar. A cidade mais bonita da Alemanha foi reduzida a cinzas, assim como muitas outras. Quando o país finalmente se rendeu incondicionalmente, em maio de 1945, a maior parte dele estava em ruínas. A liberação dos campos de morte nazistas e a compreensão de quão genocidas haviam sido as ambições de Hitler garantiram que poucos britânicos se sentissem apreensivos. O bem triunfara sobre o mal. O fim justificara os meios.

Para alguns, no entanto, a vitória quase tinha gosto de derrota. Em 1948, três anos após a morte de Hitler, Tolkien finalmente terminou *O senhor dos anéis*. Seu clímax falava da derrubada de Sauron. No romance, ele e seus servos procuravam uma arma terrível, um anel de poder letal, que lhe teria permitido governar toda a Terra-Média. Naturalmente, o medo de Sauron era que seus inimigos, que haviam encontrado o anel, o usassem contra ele. Mas eles não o fizeram. Em vez disso, o destruíram. Tolkien, como cristão, acreditava que a verdadeira força se manifestava não no exercício do poder, mas na disposição de desistir dele. Fora por isso que, no último ano da guerra contra Hitler, ele a chamara de maléfica. "Pois estamos tentando conquistar Sauron com o Anel. E (parece que) conseguiremos. Mas a penalidade é, como você sabe, criar novos Saurons."[54] Tolkien, embora negasse ter moldado *O senhor dos anéis* nos eventos do próprio século, certamente os via através do prisma de sua criação. O mundo do campo de concentração e da bomba atômica estava entalhado com os padrões de uma era mais distante, quando

SOMBRA

as asas dos anjos haviam batido sobre os campos de batalha e os milagres haviam se manifestado na Terra-Média. Há poucos momentos no romance nos quais seu caráter profundamente cristão está claro, mas, quando ocorrem, eles são importantes. A queda de Mordor, especificou Tolkien, ocorreu em 25 de março, a data na qual, desde ao menos o século III, se acreditava que Cristo encarnara no ventre de Maria para mais tarde ser crucificado.

O primeiro volume de *O senhor dos anéis* foi publicado, após uma longa edição, em 1954. A maioria dos críticos ficou confusa ou se mostrou desdenhosa. As raízes do livro no passado distante, sua insistência de que bem e mal existiam realmente e seu gosto pelo sobrenatural tendiam a parecer infantis para os intelectuais sofisticados. "Essa não é uma obra", disse um deles, "que muitos adultos lerão mais de uma vez."[55] Mas ele estava errado. A popularidade do livro cresceu sem parar. Em apenas alguns anos, ele se estabeleceu como fenômeno editorial. Nenhum outro romance escrito durante a guerra se comparou sequer remotamente em termos de vendas. Tal sucesso agradou muito a Tolkien. Seu propósito ao escrever *O senhor dos anéis* não fora meramente pecuniário. Sua ambição era a partilhada por Ireneu, Orígenes e Bede: comunicar àqueles que talvez não as apreciassem as belezas e a verdade da religião cristã. A popularidade do romance sugeria que conseguira. *O senhor dos anéis* seria a obra de ficção mais lida do século XX, e Tolkien, o autor cristão mais lido.

Embora pudesse demonstrar a duradoura influência do cristianismo sobre a imaginação, também demonstrava outra coisa. *O senhor dos anéis* — como muitos críticos se queixaram — era uma história com final feliz. Sauron era vencido, e os poderes de Mordor, derrubados. Mas a vitória do bem não ocorria sem custo. A perda a acompanhava, além do enfraquecimento e do fim do que já fora belo e forte. Os reinos dos homens perduraram, mas não os das outras raças da Terra-Média. "Juntos, através das eras do mundo, lutamos pela longa derrota."[56] Esse sentimento, expressado por uma rainha élfica, era partilhado por Tolkien. "Sou cristão, católico romano, e não espero que a 'história' seja nada além de uma

DOMÍNIO

'longa derrota', embora contenha (e nas lendas talvez haja mais clara e comovedoramente) algumas amostras ou vislumbres da vitória final." O sucesso de *O senhor dos anéis*, embora demonstrasse, como Tolkien esperava, a "vitória final" do cristianismo, demonstrava também seu desvanecimento. O romance oferecia obliquamente a religião de Tolkien a seus leitores e, se não fizesse isso, jamais teria gozado de um sucesso tão sem precedentes. O mundo estava mudando. Uma crença no mal como a de Tolkien e dos cristãos, como força literal e satânica, estava enfraquecendo. Poucos duvidavam, após a primeira metade do século XX, que o inferno existia, mas se tornara difícil imaginá-lo como qualquer coisa diferente de uma fossa enlameada, cercada por arame farpado, com a silhueta de crematórios contra o céu de inverno, construída por homens das próprias terras que já haviam sido o centro da cristandade.

XX

Amor

1967: Abbey Road

DOMINGO, 25 DE JUNHO. EM ST John's Wood, um dos bairros mais ricos de Londres, os frequentadores da igreja estavam indo para o canto vesper- tino. Mas não se tratava de uma banda muito famosa. Os Beatles fariam sua maior apresentação até então. Pela primeira vez, um programa com sequências ao vivo de diferentes países seria transmitido simultaneamente em todo o mundo e, para seu segmento, a British Broadcasting Corpo- ration (BBC) escolhera John Lennon, Paul McCartney, George Harrison e Ringo Starr. Os estúdios de Abbey Road eram onde, nos últimos cinco anos, os Beatles gravavam as canções que haviam se transformado em música popular e os transformado nos jovens mais idolatrados do plane- ta. Agora, perante uma plateia de 350 milhões de pessoas, eles estavam gravando sua última canção. Com um coro que qualquer um podia can- tar, ela se parecia alegre e sedutoramente com um hino. Sua mensagem, escrita em cartazes de papelão em várias línguas, pretendia ser facilmente compreensível em um vilarejo global. Flores, bandeirolas e balões acres- centavam a tudo um toque festivo. John Lennon, alternadamente can- tando e mascando chiclete ofereceu ao mundo uma prescrição da qual Aquino, Agostinho ou São Paulo não teriam discordado: "tudo de que você precisa é amor [All You Need Is Love]".

DOMÍNIO

Deus, afinal, era amor. Estava dito na Bíblia. Há dois mil anos, homens e mulheres refletiam sobre essa revelação. Ame e faça o que quiser. Durante os séculos, muitos cristãos haviam tentado colocar em prática esse preceito de Agostinho.[1] Para eles, como dissera um pregador hussita, "o paraíso se abrirá para nós, a benevolência será multiplicada e o perfeito amor será abundante".[2] Mas e se houvesse lobos? O que as ovelhas deveriam fazer? Os próprios Beatles haviam crescido em um mundo que portava as cicatrizes da guerra. Grandes extensões de Liverpool, sua cidade natal, haviam sido destruídas por bombas alemãs. Seu período de treinamento como banda fora em Hamburgo, em clubes noturnos dirigidos por ex-nazistas amputados. No momento em que cantavam sua mensagem de paz, o mundo estava novamente à sombra do conflito. Somente três semanas antes da transmissão de Abbey Road, iniciara-se uma guerra na Terra Sagrada. As carcaças escurecidas de aviões egípcios e sírios jaziam em terras já percorridas por patriarcas bíblicos. Israel, a pátria judaica prometida pelos britânicos em 1917 e finalmente fundada em 1948, levara somente seis dias para obter uma vitória espantosa sobre vizinhos dedicados a sua aniquilação. Jerusalém, a cidade de Davi, estava — pela primeira vez desde a época dos césares — sob domínio judaico. Mas isso não diminuía o desespero e a miséria dos que haviam sido expulsos do que antes era a Palestina. Em todo o mundo, como napalm em uma selva vietnamita, os ódios pareciam queimar sem controle. O mais aterrorizante de tudo era a tensão entre as duas superpotências mundiais, a União Soviética e os Estados Unidos. A vitória sobre Hitler levara tropas russas para o coração da Europa. Governos comunistas haviam se instalado em antigas capitais cristãs: Varsóvia, Budapeste, Praga. Uma cortina de ferro dividia o continente. Como os dois lados possuíam mísseis nucleares, armas tão letais que tinham o potencial de destruir toda a vida na Terra, as apostas se tornavam cada vez mais apocalípticas. A humanidade se apropriara de algo que sempre fora visto como prerrogativa divina: o poder de acabar com o mundo.

Como, então, o amor poderia bastar? Os Beatles — embora tenham recebido zombarias por sua mensagem — não eram os únicos a acreditar que

AMOR

poderia ser. Uma década antes, nas profundezas do sul norte-americano, um pastor batista chamado Martin Luther King Jr. ponderara sobre o que Cristo queria dizer ao urgir seus seguidores a amar seus inimigos. "Longe de ser a injunção devota de um utópico sonhador, esse comando é uma necessidade absoluta para a sobrevivência de nossa civilização. Sim, será o amor a salvar nosso mundo e nossa civilização, o amor até mesmo pelos inimigos."[3] King não afirmou, como os Beatles fizeram em "All You Need Is Love", que essa seria uma tarefa fácil. Ele falou como homem negro, para uma congregação negra, vivendo em uma sociedade tomada pela opressão institucionalizada. A Guerra Civil, embora tivesse posto fim à escravidão, não acabara com o racismo e a segregação. Legisladores haviam se unido a linchadores para garantir isso. Milhares haviam se filiado à Ku Klux Klan, uma organização paramilitar que cantava hinos, queimava cruzes gigantescas e caçava negros. Pastores brancos — quando não trabalhavam ativamente como líderes da Klan — permaneciam em silêncio. Eram esses clérigos e suas congregações que King tentava retirar da inércia moral. Orador genial, com uma maestria incomparável da Bíblia e de suas cadências, ele também possuía o raro talento de organizar manifestações pacíficas. Greves, boicotes, marchas: uma vez após a outra, King os empregou para forçar a não aprovação de legislações discriminatórias. Mas esses sucessos, embora o tivessem transformado em figura nacional, também o tornaram odiado. Sua casa foi atacada com bombas incendiárias e ele foi preso repetidamente. Mas jamais odiou de volta. Ele sabia o custo de divulgar a palavra de Deus. Na primavera de 1963, escrevendo da prisão, refletiu como São Paulo levara o evangelho da liberdade para os lugares onde era mais necessário, sem se incomodar com os riscos. Ao convocar o clero branco a romper seu silêncio e se manifestar contra as injustiças sofridas pelos negros, King invocara a autoridade de Aquino e de seu próprio homônimo, Martinho Lutero [em inglês, Martin Luther]. Acima de tudo, porém — respondendo à acusação de extremismo —, apelara ao exemplo de seu Salvador. As leis que sancionavam o ódio e a perseguição de uma raça por outra, declarou ele, eram leis que o próprio Cristo teria desobedecido. "Jesus não era um extremista do amor?"[4]

487

DOMÍNIO

A campanha pelos direitos civis deu ao cristianismo uma centralidade declarada na política norte-americana que não tinha desde décadas antes da guerra civil. King, despertando a consciência letárgica dos cristãos brancos, conseguiu colocar seu país em um caminho novo e transformador. Falar de amor como falara Paulo, como algo maior que a profecia, o conhecimento ou a fé, tornara-se novamente um ato revolucionário. O sonho de King, de que a glória do Senhor fosse revelada e toda carne fosse vista como uma, ajudou a animar o grande anseio norte-americano — em cafés da Costa Oeste e igrejas do Alabama, em *campi* verdejantes e piquetes de greve, entre advogados e lixeiros — de que a justiça fosse um rio, e a retidão, um fluxo incessante. Fora essa mesma visão de progresso que, no século XVIII, inspirara quakers e evangélicos a fazerem campanha pela abolição da escravidão; mas agora, na década de 1960, a centelha que deu novo brilho à chama foi a fé dos afro-americanos. O som dos protestos era o som das igrejas dos negros. Estava evidente no retumbante das pregações de King e também nas músicas que podiam ser ouvidas em transístores e estéreos de todo o país. Na década de 1950, em piquetes de greve e marchas, os manifestantes negros haviam cantado sobre os dias sombrios de escravidão, sobre Moisés redimindo seu povo da servidão e Josué derrubando os muros de Jericó. Na década de 1960, começou a parecer que as vozes dos corais poderiam transformar o mundo, que a mudança era iminente. Quando James Brown, o mais inovador e ousado de todas as superestrelas negras, emergiu da pobreza para abrir caminho para o funk, ele inspirou seu estilo no estágio feito em uma igreja evangélica notadamente exuberante. Brown, um homem volúvel que oscilava entre cantar elogios ao capitalismo e dizer que era negro e orgulhoso, jamais esqueceu a dívida que tinha para com a United House of Prayer for All People of the Church on the Rock of the Apostolic Faith [Casa unida de orações para todos os povos da igreja na rocha da fé apostólica]. "Pessoas santificadas têm mais fogo."[5]

Como o perfume de um palito de incenso, no entanto, os ideais e slogans do movimento pelos direitos civis podia ser inalado por pessoas que jamais haviam visto o interior de uma igreja negra. O fato de que os Beatles

AMOR

concordavam com King sobre a importância do amor e haviam se recusado, como questão de princípios, a tocar para plateias segregadas não significava que eram — como poderia ter dito James Brown — "pios". Embora Lennon tivesse conhecido McCartney durante uma festa da igreja, desde então os quatro haviam abandonado o cristianismo da infância. Aquilo era, nas palavras de McCartney, "uma coisa toda certinha",[6] adequada para uma mulher sozinha vestindo a face que mantinha em uma jarra ao lado da porta, mas não para uma banda que conquistara o mundo. As igrejas eram asfixiantes, antiquadas, tediosas — tudo que os Beatles não eram. Na Inglaterra, até mesmo alguns bispos haviam começado a sugerir que o entendimento cristão tradicional de Deus estava ultrapassado e que a única regra era o amor. Em 1966, quando Lennon afirmou, durante uma entrevista a um jornal, que os Beatles eram "mais populares que Jesus",[7] as sobrancelhas mal se arquearam. Foi somente quatro meses depois, quando seu comentário foi reimpresso por uma revista dos Estados Unidos, que veio a reação. Os pastores norte-americanos havia muito suspeitavam dos Beatles. Especialmente no sul, no Cinturão Bíblico. Lá, os pregadores — involuntariamente confirmando o argumento de Lennon — temiam que a Beatlemania tivesse se tornado uma forma de idolatria; alguns até achavam que se tratava de um complô comunista. Para muitos evangélicos brancos — envergonhados pelas convocações ao arrependimento de King, confusos com um senso de fervor moral que se originara fora de suas igrejas e horrorizados com o espetáculo de suas filhas gritando e se urinando ao ver quatro ingleses de aparência peculiar —, a chance de destruir discos dos Beatles foi um alívio abençoado. Simultaneamente, para racistas não persuadidos da justiça do movimento pelos direitos civis, ela ofereceu uma oportunidade de organizar as tropas. A Ku Klux Klan correu para aproveitar a chance de se apresentar como defensora dos valores protestantes. Não contente em queimar discos, começou a queimar perucas dos Beatles. Para os membros da Klan, o penteado distintivo da banda — o *moptop* — parecia uma blasfêmia em si mesmo. "Para mim, é difícil dizer, entre os *mopheads* ["cabeças de esfregão", pessoas que usavam corte *moptop*], até mesmo se são brancos ou negros", vociferou um deles.[8]

DOMÍNIO

Nada disso alterou a visão de Lennon sobre o cristianismo. Os Beatles, ao contrário de Martin Luther King Jr., não derivavam seu entendimento do amor como força que animava o universo de uma leitura atenta das Escrituras. Em vez disso, eles o consideravam natural. Separado de sua âncora teológica, o entendimento distintivamente cristão do amor que fizera tanto para animar o movimento pelos direitos civis começou a navegar livremente sobre um cenário ainda mais psicodélico. Os Beatles não foram os únicos, no verão de 1967, a "ficar estranhos".[9] Contas e bongôs estavam por toda parte. Os evangélicos ficaram chocados. Para eles, a emergência de esquisitões com flores no cabelo parecia confirmar a direção satânica que o mundo estava tomando. Palavras felizes e relaxadas sobre paz e amor eram slogans perniciosos, um disfarce para drogas e sexo. Dois mil anos de tentativas de refrear a violência das paixões pareciam estar sendo anulados. O fato de isso ser verdade não fazia os cristãos parecerem menos caretas. Os pregadores, vistos através da névoa de maconha de uma ocupação em São Francisco, pareciam preconceituosos. Onde estava o amor em homens de cabelo curto sacudindo os punhos e ficando vermelhos de raiva? Tensa e pulsante, a sensação de divisão insuperável, de opostos presos em uma guerra cultural irreconciliável, esteve presente durante todo o Verão do Amor.

Então, no mês de abril, Martin Luther King Jr. foi morto a tiros. Toda uma era pareceu tombar com ele, uma era na qual liberais e conservadores, progressistas negros e evangélicos brancos, haviam se sentido — por mais inadequadamente que fosse — unidos por um senso comum de propósito. Quando a notícia sobre o assassinato de King se espalhou pelos Estados Unidos, cidades começaram a queimar: Chicago, Washington, Baltimore. Militantes negros, impacientes, mesmo antes de sua morte, com o pacifismo e os discursos sobre o amor de King, tentaram forçar confrontos violentos com o establishment branco. Muitos desdenhavam abertamente do cristianismo, considerando-o uma religião de escravos. Outros ativistas, seguindo a campanha de King contra o racismo, exigiram a correção do que viam como erros não menos graves. Se era errado discriminar negros, por que não mulheres ou homossexuais? Mas perguntar isso não era — como

490

AMOR

fizera King — despertar a consciência dos evangélicos e lembrá-los de valores que já tinham. Era atacar os próprios fundamentos de sua fé. Que o lugar da mulher era o lar e a homossexualidade era uma aberração, bradavam os pastores, eram ortodoxias que contavam com a sanção imemorial da própria Bíblia. Cada vez mais, para norte-americanos desorientados com o carrossel moral daquela época, os evangélicos prometiam um terreno firme. Mas um local de refúgio podia muito bem ser um local sitiado. Para muitos evangélicos, o feminismo e o movimento pelos direitos dos homossexuais eram um ataque ao próprio cristianismo. Igualmente, para muitas feministas e ativistas homossexuais, o cristianismo parecia sinônimo de tudo contra o que lutavam: injustiça, preconceito e perseguição. Deus, diziam-lhes, odiava bichas.

Mas odiava mesmo? Os conservadores, ao acusarem seus oponentes de descumprirem os mandamentos bíblicos, tinham o peso de 2 mil anos de tradição cristã atrás de si; mas os liberais, ao pressionarem por igualdade de gênero ou direitos para os gays, também tinham. Seu modelo e inspiração imediatos eram, afinal, um pastor batista. "Não existe uma escala gradual de valor essencial", escrevera King um ano antes de ser assassinado. "Todo ser humano tem impressa em sua personalidade a estampa indelével do Criador. Todo homem deve ser respeitado porque Deus o ama."[10] E toda mulher também, poderia ter acrescentado uma feminista. Mas as palavras de King, embora certamente evidenciassem uma distinta linhagem patriarcal no interior do cristianismo, também evidenciavam por que, em todo o mundo ocidental, ela passara a parecer um problema. Que todo ser humano possuía a mesma dignidade não era, nem remotamente, uma verdade autoevidente. Um romano teria rido da ideia. Fazer campanha contra a discriminação com base em gênero e sexualidade, porém, era depender de muitas pessoas partilhando uma hipótese comum: a de que todo mundo possuía valor inerente. As origens desse princípio — como indicara Nietzsche tão desdenhosamente — não estavam na Revolução Francesa, na Declaração de Independência ou no Iluminismo, mas na Bíblia. As ambivalências que permearam a sociedade ocidental na década de 1970

DOMÍNIO

já estavam perfeitamente manifestas nas cartas de Paulo. Escrevendo aos coríntios, o apóstolo pronunciara que o homem era chefe da mulher; escrevendo aos gálatas, exultara com o fato de não haver homem ou mulher perante Cristo. Seu extasiado elogio do amor equilibrava sua severa condenação dos relacionamentos homossexuais. Criado como fariseu, versado na Lei de Moisés, ele proclamava a primazia da consciência. O conhecimento do que constituía uma sociedade justa estava escrito não com tinta, mas com o Espírito do Deus vivo; não em tábuas de pedra, mas nos corações humanos. Ame e faça o que quiser. Essa era — como todo o curso da história cristã demonstrou tão vividamente — uma fórmula para a revolução.

"O vento sopra onde quer."[11] Que os tempos estavam mudando era uma mensagem que o próprio Cristo pregara. Uma vez após a outra, os cristãos se viram tocados pelo espírito de Deus; uma vez após a outra, foram levados para a luz. Agora, no entanto, o Espírito adquirira uma nova forma. Já não cristão, ele se tornara uma *vibe*. Não seguir essa tendência era estar do lado errado da história. O conceito de progresso, desatrelado da teologia que lhe dera nascimento, começava a deixar o cristianismo para trás. A escolha enfrentada pelas igrejas — uma escolha agonizantemente difícil — era permanecer sentadas na poeira, brandindo os punhos em raiva impotente, ou começar a correr, em uma desesperada tentativa de não ficar para trás. Mulheres deviam fazer parte do clero? A homossexualidade devia ser condenada como sodomia ou elogiada como amor? O antigo projeto cristão de restringir os apetites sexuais devia ser mantido ou abandonado? Nenhuma dessas perguntas tinha resposta fácil. Para os que as levavam a sério, eram garantia de um debate infinito e doloroso. Para os que não as levavam a sério, forneciam ainda mais evidências — se ainda fossem necessárias — de que o cristianismo estava a caminho do fim. John Lennon tinha razão. "Ele vai encolher e se desvanecer. Não preciso argumentar sobre isso. Sei que estou certo e ficará provado que estou certo."[12]

Mas os ateus enfrentavam desafios próprios. Os cristãos não eram os únicos a ter dificuldades para conciliar as demandas rivais da tradição e do progresso. Lennon, após terminar sua parceria com McCartney, celebrou

492

AMOR

essa libertação com uma canção que listava Jesus e os Beatles como ídolos nos quais já não acreditava. Então, em outubro de 1971, ele lançou "Imagine". Ela oferecia sua prescrição para a paz global. Imagine que não existe paraíso, cantou ele, nem inferno abaixo de nós. Mas a letra era totalmente religiosa. Sonhar com um mundo melhor, com a fraternidade entre os homens, era uma tradição muito antiga em sua parte do mundo. St George's Hill, que fora seu lar durante o auge dos Beatles, era onde os escavadores haviam trabalhado trezentos anos antes. Em vez de emular Winstanley, todavia, Lennon se abrigara em uma comunidade murada, com piscina e Rolls-Royce na garagem. "Eu imagino o que eles fazem com todo aquele dinheiro",[13] perguntara um pastor em 1966. O vídeo de "Imagine", no qual Lennon desliza por sua recém-comprada propriedade de 30 hectares em Berkshire, forneceu a resposta. Tanto em sua hipocrisia quanto em seus sonhos de paz universal, o ateísmo de Lennon derivava reconhecivelmente da essência cristã. Mas um bom pregador sempre é capaz de conduzir seu rebanho. O espetáculo de Lennon imaginando um mundo sem posses enquanto morava em uma mansão gigantesca não afastou seus admiradores. Enquanto Nietzsche se revolvia furiosamente na cova, "Imagine" se tornou o hino do ateísmo. Uma década depois, quando Lennon foi baleado por um fã enlouquecido, ele foi saudado não somente como metade da maior parceria musical do século XX, mas também como mártir.

Nem todo mundo ficou convencido. "Após sua morte, ele se tornou Martin Luther Lennon",[14] disse Paul McCartney. Ele conhecia Lennon bem demais para tomá-lo por santo. Mas sua piada também era um tributo a King, um homem que saíra da noite escura e voara para a luz. "A pergunta mais persistente e urgente da vida é: 'O que você está fazendo pelos outros?'"[15] McCartney, apesar de não dar muito valor à "coisa toda certinha", não era indiferente a esse apelo. Em 1985, quando lhe pediram para ajudar a aliviar a devastadora fome na Etiópia participando do maior concerto do mundo, ele concordou prontamente. O Live Aid, realizado simultaneamente em Londres e na Filadélfia, a cidade do amor fraterno, foi transmitido para bilhões de pessoas. Músicos que passaram suas carreiras

DOMÍNIO

dormindo com fãs e cheirando cocaína de bandejas colocadas na cabeça de anões tocaram para ajudar os famintos. Quando anoiteceu em Londres e o concerto no estádio de Wembley chegou ao ápice, as luzes mostraram McCartney ao piano. A música que ele interpretou, "Let It Be", fora a última lançada pelos Beatles quando ainda estavam juntos. "When I find myself in times of trouble, Mother Mary comes to me" ["Quando atravesso períodos tumultuados, Mãe Maria vem até mim"]. Quem era Maria? Talvez, como alegara McCartney, fosse sua mãe; mas talvez, como Lennon suspeitara sombriamente e muitos católicos haviam passado a acreditar, fosse a Virgem. Qualquer que fosse a verdade, ninguém conseguiu ouvi-lo naquela noite. Seu microfone fora cortado.

Foi uma apresentação perfeitamente apropriada aos paradoxos daquela era.

Longa caminhada até a liberdade

Sete meses antes do Live Aid, seus organizadores haviam recrutado os maiores astros da Grã-Bretanha e da Irlanda para fazerem parte de uma superbanda: a Band Aid. "Do They Know It's Christmas?", a música gravada na ocasião, arrecadou tanto dinheiro para o auxílio ao combate à fome que se tornou a canção mais reproduzida da história do Reino Unido.* Apesar de todo o peróxido, todo o *cross-dressing* e todos os saquinhos de cocaína contrabandeados para o estúdio de gravação, o projeto nasceu do passado cristão. Relatando a escala do sofrimento na Etiópia, um correspondente da BBC descrevera as cenas que testemunhara como "bíblicas"; levados à ação, os organizadores da Band Aid haviam embarcado em um curso de ação que se inspirava nos exemplos de Paulo e Basílio. Que a caridade devia ser oferecida aos necessitados e que um estranho em terras estrangeiras era tanto um irmão quanto o vizinho da porta ao lado eram princípios que sempre haviam sido fundamentais para a mensagem cristã. A preocupação com as

---

* Até que, em 1997, foi superada pelo tributo de Elton John a Diana, a princesa de Gales: "Candle in the Wind."

AMOR

vítimas de desastres distantes — fomes, terremotos, enchentes — era desproporcionalmente forte no que outrora fora a cristandade. A esmagadora concentração de agências internacionais de auxílio não era coincidência. A Band Aid dificilmente foi a primeira a perguntar se os africanos sabiam que era Natal. No século XIX, a mesma ansiedade castigara os evangélicos. Missionários haviam aberto caminho através de selvas não mapeadas, feito campanha contra o comércio de escravos e trabalhado duro para levar o Continente Negro para a luz de Cristo. "Uma filantropia difusa é o próprio cristianismo. Ela requer propagação para atestar sua genuidade."[16] Tal foi a declaração de missão do mais famoso explorador daquela era, David Livingstone. A Band Aid — em sua ambição de fazer o bem, embora não em seu uso de tinta de cabelo — era reconhecivelmente sua herdeira.

Mas não foi assim que sua única música foi vendida. Na década de 1980, qualquer coisa que cheirasse a pessoas brancas dizendo aos africanos o que fazer se tornara um constrangimento. A admiração mesmo por um missionário como Livingstone, cuja cruzada contra o comércio árabe de escravos fora completamente heroica, desaparecera. Seus esforços para mapear o continente, longe de servirem aos interesses dos africanos, como ele achava que fariam, haviam aberto seu interior para a conquista e a exploração. Uma década após sua morte em função da malária em 1873, os aventureiros britânicos haviam começado a se expandir para o coração da África. Outras potências europeias haviam embarcado em uma corrida similar. A França anexara grande parte do norte da África; a Bélgica, o Congo; a Alemanha, a Namíbia. No início da Primeira Guerra Mundial, quase todo o continente estava sob domínio estrangeiro. Somente os etíopes haviam conseguido manter a independência. Os missionários, lutando para continuar seu grande trabalho de conversão, viram-se entravados pela natureza bruta do poder europeu. Como os africanos poderiam acreditar em um deus que se importava com os oprimidos e os pobres quando os brancos, o próprio povo que venerava esse deus, haviam tomado suas terras e pilhado seus diamantes, seu marfim e sua borracha? Uma hierarquia colonial na qual os negros eram considerados inferiores parecia zombar peculiar

DOMÍNIO

e amargamente da insistência dos missionários de que Cristo morrera por toda a humanidade. Na década de 1950, quando a maré do imperialismo na África começou a diminuir tão rápido quanto originalmente subira, pode ter parecido que o cristianismo também estava fadado a recuar, com as igrejas se desfazendo perante a fome dos cupins e as Bíblias se transformando em uma polpa mofada. Mas, naquela ocasião, não foi isso que aconteceu.

Será que, conforme a Band Aid subia vertiginosamente até o topo das paradas do Reino Unido, os africanos sabiam que era Natal? Talvez nem todos. Muitos eram pagãos; muitos mais eram muçulmanos. Em 1984, porém, cerca de 250 milhões deles eram cristãos. Em 1900, eles mal chegavam a 10 milhões. A taxa de crescimento, longe de declinar com o fim da era colonial, explodira. Nada assim fora visto desde a expansão da cristandade no início da Idade Média. Como naquela época, a veneração de Cristo fugira espetacularmente das amarras de uma ordem imperial desaparecida. Mesmo nos primeiros anos do século XX, quando os impérios europeus pareciam invencíveis, os africanos encontraram na Bíblia a promessa de redenção do domínio estrangeiro. Assim como os eremitas irlandeses e os missionários anglo-saxões haviam outrora reivindicado uma autoridade que, derivando dos céus, instilava neles a coragem de censurar reis, na África os pregadores nativos repetidamente confrontaram os oficiais colonizadores. Alguns lideraram levantes armados e foram condenados à morte; outros, obedecendo às ordens de anjos, precisavam apenas entrar em um vilarejo para que os ídolos pegassem fogo; outros ainda, curavam doentes e ressuscitavam mortos, terminando algemados por chefes de polícia inquietos. Para muitos missionários brancos, esses profetas, com suas palavras desvairadas sobre o Espírito e os poderes das trevas, pareciam a própria essência da selvageria: histéricos que ameaçavam poluir as águas puras do cristianismo com suas superstições primitivas. Mas isso se devia ao nervosismo de europeus que não conseguiam imaginar sua fé paramentada de qualquer maneira que não a sua. Os cristãos africanos, longe de cederem espaço ao paganismo de seus ancestrais, tendiam a temê-lo muito mais que qualquer missionário estrangeiro, pois reconheciam nele, assim como Bonifácio fizera, a veneração de demônios. Décadas após o fim do domínio colonial, havia clérigos na África que ainda se desesperavam com a condescendência demonstrada pela Europa. "Nós agradecemos por tudo que ela fez por nós e compreendemos suas preocupações e ansiedades a nosso respeito", declarou Emmanuel Milingo, o arcebispo católico de Lusaka, em 1977. "Mas acreditamos que ela, como nossa avó, deveria se preocupar muito mais com os problemas da idade avançada que conosco."[17]

A crença de Milingo na realidade dos espíritos maléficos e sua convicção de que, com a bênção de Deus, eles podiam ser expulsos dos aflitos haviam feito com que, durante a década de 1970, ele realizasse exorcismos espetaculares na Zâmbia. Convocado a Roma em 1982 por um Vaticano cheio de suspeitas, ele prontamente estabelecera um não menos bem-sucedido ministério de cura na Itália. O fato de os líderes da Igreja na Europa parecerem ter deixado de acreditar na realidade dos demônios era problema deles, não seu. Afinal, livrar os aflitos dos demônios não era pecado. Em vez de se desculpar por fazer o que o próprio Cristo fizera repetidamente, Milingo preferiu acusar os bispos europeus de possuírem uma fé ressecada demais para aceitar a realidade dos milagres e terrores revelados na Bíblia. Ser africano não impedia ninguém de compreender a mensagem de Cristo. Aliás, era uma posição vantajosa. "Se Deus cometeu um erro ao me criar africano, esse erro ainda não está evidente."[18] Implícita em tal desafio estava a convicção de que a África, longe de dever a revelação da luz de Cristo aos missionários brancos, sempre fora tocada por seu fogo. Qualquer noção de que os etíopes poderiam jamais ter ouvido falar do Natal era pior que errônea: era grotesca. Os próprios Salmos haviam previsto que a Etiópia se submeteria a Deus — e assim acontecera.[19] O cristianismo era a religião estatal desde a época de Constantino. Durante 1.700 anos, a Etiópia permanecera um reino cristão. Que reino europeu podia dizer o mesmo?

É claro, então, que os etíopes sabiam quem era Cristo. O exemplo de seu cristianismo havia muito era uma inspiração para toda a África. De fato, em nenhum outro lugar ele fora mais frutuosamente valorizado que na extremidade sul do continente: a África do Sul. Em 1892, um clérigo

DOMÍNIO

negro, ressentido com o paternalismo com que os cristãos brancos tratavam os africanos, fundara a *Ibandla lase Tiyopiya*, a Igreja Etíope. Noventa anos depois, o senso da África do Sul como terra incendiada pela santidade era disseminado. Não era somente à Etiópia que as igrejas agora se comparavam. Novas Jerusaléns podiam ser encontradas em todo o país. Um segundo monte Moriá ficava no extremo norte da República do Transvaal. O sopro do Espírito era sentido da Cidade do Cabo à Zululândia. Mesmo nas igrejas levadas à África do Sul pelos europeus, os cristãos negros podiam se regozijar com o relacionamento distintivo que se acreditava que os africanos sempre haviam mantido com o divino. "Isso ajudou a desmentir a hipótese presunçosa, mas implícita, de que a religião e a história na África datam do advento do homem branco naquele continente."[20]

Desmond Tutu, embora tenha defendido isso, jamais duvidou fazer parte de uma comunhão global. Como bispo anglicano, ele pertencia a uma Igreja que se originara durante o governo de um rei inglês do século XVI. Showman nato, ele adorava misturar as tradições de Canterbury com as de Soweto. Em 1986, quando se tornou o primeiro negro a ser eleito para o arcebispado da Cidade do Cabo, ele foi capaz de se oferecer como símbolo vivo de como, em Cristo Jesus, não havia negros nem brancos. Mas isso não foi simplesmente uma declaração teológica. Na África do Sul, as questões sobre os propósitos de Deus haviam se tornado tumultuada e explosivamente políticas. Os negros não eram os únicos a ver o país como novo Israel. Muitos brancos faziam o mesmo. Os calvinistas holandeses que haviam se estabelecido na Cidade do Cabo no século XVII — africâneres, como passariam a ser conhecidos — se viam não como colonizadores, mas como povo escolhido levado à terra prometida. Assim como os israelitas haviam tomado Canaã de seus irmãos nativos, os africâneres haviam desafiado a fúria das "hordas negras totalmente nuas"[21] a fim de construírem uma pátria própria. A absorção no Império Britânico nada fizera para diminuir sua autopercepção como povo que tinha uma aliança com Deus. Em 1948, quando um governo dominado por conservadores africâneres chegara ao poder, ele começara a transformar essa convicção

498

AMOR

em programa político. Uma política de apartheid — "separação" — fora formalizada. A segregação racial se tornara o princípio animador de todo um Estado. Fosse comprar uma casa, apaixonar-se, receber educação ou escolher em que banco se sentar no parque, não havia praticamente nenhum aspecto da vida na África do Sul que o governo não tentasse regular. O domínio branco foi consagrado como expressão dos propósitos de Deus. Os clérigos africâneres, incorretamente atribuindo a Calvino a doutrina de que certas pessoas tinham mais probabilidade de ser salvas que outras, permitira que os apoiadores do apartheid o vissem como cristão. Para esses apoiadores, era uma expressão não de racismo, mas de amor: o compromisso de fornecer às diferentes raças da África do Sul o "desenvolvimento separado" que era necessário para que todas chegassem a Deus. Não eram as prisões que, no fim das contas, serviam para manter o apartheid, nem armas, helicópteros ou cães policiais. O apartheid era mantido pela teologia.

"Totalmente anticristão, mal e herético."[22] Essa condenação do apartheid, proposta por Tutu e endossada pela Igreja anglicana, podia facilmente ser ignorada pelos apoiadores do governo como tagarelice inquieta. Mas era algo muito mais ominoso: um trombetear do tipo que derrubara os muros de Jericó. Se fora como constructo teológico que o apartheid fora construído, então era como constructo teológico que teria de ser destruído. Um regime injusto era condenado perante o trono de Deus. "Não se trata de uma soberania legítima, mas de uma usurpação",[23] escrevera Calvino. Quando clérigos negros e brancos, citando o teólogo mais admirado pelos africâneres, foram capazes de demonstrar, em detalhes escrupulosos e forenses, que nenhum apoio à segregação racial era encontrado em seus textos, mas somente o oposto, condenação severa e inflexível, foi dado no regime do apartheid um golpe tão decisivo quanto qualquer um desferido por insurgentes armados.

Essa foi uma lição muito bem entendida por Nelson Mandela, o mais celebrado e formidável revolucionário sul-africano que, desde sua condenação por sabotagem em 1964, fora mantido preso. Na prisão, ele dormira sobre o concreto úmido, realizara trabalhos forçados e tivera a visão per-

DOMÍNIO

manentemente danificada pelo brilho da pedreira em que trabalhava; mas reconhecera, durante essas longas décadas de encarceramento, que o perdão podia ser a tática mais construtiva, efetiva e devastadora de todas. Mandela, um metodista de fé discreta, mas firme, tinha tempo em sua cela para ler a Bíblia e ponderar sobre os ensinamentos de Cristo. "Vocês ouviram o que foi dito: 'Ame o seu próximo e odeie o seu inimigo.' Mas eu lhes digo: Amem os seus inimigos e orem por aqueles que os perseguem, para que vocês venham a ser filhos de seu Pai que está nos céus."[24] Em 1989, com a confiança africâner no apartheid como expressão do plano divino desmoronando e um novo presidente, F. W. de Klerk, desesperado para entender os propósitos de Deus, Mandela estava pronto para colocar em prática seus longos anos de reflexão. Finalmente libertado em 11 de fevereiro de 1990, ele retornou ao mundo decidido a se livrar de todo o seu ódio e sua amargura. Encontrando-se com aqueles que o haviam mantido prisioneiro por 27 anos e oprimido seu povo por muito mais tempo, ele o fez acreditando no poder redentor do perdão.

O fim do apartheid e a eleição, em 1994, de Mandela como primeiro presidente negro da África do Sul foram alguns dos grandes dramas da história cristã, e apresentava ecos deliberados dos evangelhos. Sem protagonistas profundamente familiarizados com o roteiro que lhes foi dado, esse drama não teria sido bem-sucedido. "Quando a confissão é feita, aqueles entre nós que foram injustiçados devem dizer 'Nós os perdoamos'."[25] Se de Klerk não soubesse que Tutu diria isso, talvez não tivesse ousado confiar o destino de seu povo à prontidão dos sul-africanos para perdoar seus pecados. A mesma fé que inspirara africâneres a se imaginarem um povo escolhido também foi, a longo prazo, o que pôs fim a sua supremacia. O padrão era familiar. Repetidamente, fosse percorrendo os canais de Tenochtitlán, colonizando os estuários do Massachusetts ou abrindo trilhas nas profundezas da República do Transvaal, a confiança que permitira que os europeus se acreditassem superiores àqueles que estavam deslocando derivava do cristianismo. Repetidamente, porém, no conflito para combater essa arrogância, fora o cristianismo que fornecera aos colonizados e escravizados a voz mais

AMOR

segura. O paradoxo era profundo. Não havia outros conquistadores que, criando impérios para si mesmos, o fizessem como servos de um homem torturado até a morte por ordem de um oficial colonial. Não havia outros conquistadores que, ignorando desdenhosamente os deuses de outros povos, tivessem instalado em seu lugar um emblema de poder tão profundamente ambivalente a ponto de tornar problemática a própria noção de poder. Nenhum outro conquistador, exportando um entendimento do divino peculiar a si mesmo, obtivera tanto sucesso em persuadir os povos em todo o globo de que possuía significância universal. Quando, um mês antes da posse, Mandela viajou para a República de Transvaal a fim de celebrar a Páscoa na cidade sagrada de Moriá, ele saudou Cristo como Salvador que morrera por todo o mundo. "A Páscoa é um festival de solidariedade humana, porque celebra a realização das Boas-novas! As Boas-novas trazidas por nosso Messias ascenso, que não escolheu uma raça, um país, uma língua ou uma tribo, mas toda a humanidade!"[26]

Ironicamente, contudo, mesmo enquanto Mandela saudava a Páscoa como festival para o mundo inteiro, as elites nos antigos bastiões da cristandade ficavam cada vez mais nervosas com essa linguagem. Não porque tivessem deixado de acreditar na universalidade de seus valores. Antes o oposto. O colapso do apartheid fora meramente um tremor secundário de um terremoto muito mais convulsivo. Em 1989, enquanto de Klerk se preparava para libertar Mandela, o Império Soviético implodira. Polônia, Tchecoslováquia e Hungria se livraram das amarras do domínio estrangeiro. A Alemanha Oriental, tomada pelos soviéticos após a Segunda Guerra Mundial, fora absorvida em uma Alemanha reunificada e completamente capitalista. A própria União Soviética deixara de existir. O comunismo, pesado na balança da história, provara-se falho. Para de Klerk, calvinista devoto, tudo isso parecera o dedo de Deus nos assuntos do mundo. Mas não era assim que as coisas eram vistas pelos legisladores na América e na Europa. Eles aprenderam uma lição diferente: a de que o fato de o paraíso na terra previsto por Marx ter se revelado mais próximo de um inferno só enfatizava o grau em que o verdadeiro progresso seria encontrado em ou-

501

DOMÍNIO

tro lugar. Com a derrota do comunismo, parecera a muitos no Ocidente vitorioso que sua própria ordem política e social constituía a forma última e perfeita de governo. O secularismo, a democracia liberal e o conceito de direitos humanos deviam ser adotados pelo mundo inteiro. O legado do Iluminismo era para todos, um bem de toda a humanidade. Ele era promovido pelo Ocidente não por ser ocidental, mas por ser universal. O mundo inteiro podia gozar de seus frutos. Ele não era mais cristão do que era hindu, confucionista ou muçulmano. Não existiam asiáticos ou europeus. A humanidade embarcara como um todo em uma jornada comum.

O fim da história chegara.

O gerenciamento da selvageria

"Por que eles nos odeiam?"

O presidente dos Estados Unidos, em seu discurso durante uma sessão conjunta do Congresso, sabia que falava aos norte-americanos de todo o país ao fazer essa pergunta. Nove dias antes, em 11 de setembro, um grupo islâmico chamado al-Qaeda iniciara uma série de ataques devastadores contra alvos em Nova York e Washington. Aviões haviam sido sequestrados e lançados contra o World Trade Center e o Pentágono. Milhares haviam morrido. George W. Bush, respondendo a sua própria pergunta, não tinha dúvidas sobre os motivos dos terroristas. Eles odiavam as liberdades norte-americanas. As liberdades de religião e expressão. Mas elas não eram exclusivamente norte-americanas. Eram direitos universais. Eram patrimônio dos muçulmanos tanto quanto dos cristãos, dos afegãos tanto quanto dos norte-americanos. Era por isso que o ódio contra Bush e seu país sentido por grande parte do mundo islâmico era um mal-entendido. "Como a maioria dos norte-americanos, não consigo acreditar nisso, porque sei quão bons somos."[27] Se os valores norte-americanos eram universais, partilhados por seres humanos de todo o planeta, independentemente de credo ou cultura, então os muçulmanos também os partilhavam. Bush, julgan-

AMOR

do os terroristas que haviam atacado seu país, condenou-os não somente por sequestrar aviões, mas por sequestrar o próprio islã. "Respeitamos a fé. Honramos suas tradições. Nosso inimigo não faz isso."[28] Foi nesse espírito que o presidente, mesmo ao ordenar que a máquina de guerra norte-americana impusesse uma terrível vingança à al-Qaeda, visava levar ao mundo muçulmano liberdades que acreditava, de todo coração, serem tão islâmicas quanto ocidentais. Primeiro no Afeganistão e depois no Iraque, tiranias homicidas foram derrubadas. Chegando a Bagdá em abril de 2003, as forças norte-americanas derrubaram estátuas do ditador deposto. Enquanto esperavam para receber flores e doces de um povo grato, esperavam também para entregar ao Iraque as liberdades que Bush, um ano antes, descrevera como se aplicando integralmente a todo o mundo islâmico. "Quando se trata dos direitos e necessidades comuns de homens e mulheres, não existe conflito de civilizações."[29]

Exceto que não houve flores nem doces nas ruas do Iraque. Os norte-americanos foram recebidos com ataques de morteiros, carros-bomba e explosivos improvisados. O país começou a mergulhar na anarquia. Na Europa, onde a oposição à invasão do Iraque fora alta e vocal, a insurgência frequentemente era vista com maldisfarçada satisfação. Mesmo antes de 11 de setembro, muitos sentiam que "os Estados Unidos mereciam".[30] Em 2003, com tropas norte-americanas ocupando os dois países muçulmanos, a acusação de que Afeganistão e Iraque eram vítimas do imperialismo se tornou ainda mais insistente. O que era toda a conversa de liberdade do presidente, senão uma cortina de fumaça? Quanto ao que ela poderia estar escondendo, as possibilidades eram múltiplas: petróleo, geopolítica, os interesses de Israel. Mas Bush, apesar de ser um empresário experiente, não estava interessado apenas no resultado final. Ele jamais tentara esconder sua mais verdadeira inspiração. Quando ainda era candidato e lhe perguntaram qual era seu pensador favorito, ele não hesitara em responder: "Cristo, porque ele mudou meu coração."[31] Ali, inconfundivelmente, estava um evangélico. Bush, ao supor que o conceito de direitos humanos era universal, estava sendo perfeitamente sincero. Assim como os evangélicos que haviam

503

DOMÍNIO

lutado para abolir o comércio de escravos, ele acreditava que seus próprios valores — confirmados, em seu coração, pelo Espírito — eram adequados ao mundo todo. Ele não pretendia converter o Iraque ao cristianismo, assim como os secretários britânicos do Exterior, no auge da campanha da Marinha Real contra a escravidão, não pretendiam converter o Império Otomano. Sua ambição era despertar os muçulmanos para os valores de sua própria religião que lhes permitiriam ver tudo que tinham em comum com os Estados Unidos. "O islã, como praticado pela vasta maioria das pessoas, é uma religião pacífica que respeita as outras."[32] Se convidado a descrever sua própria fé, Bush poderia ter usado termos similares. Assim, que elogio maior poderia ter feito aos muçulmanos?

Contudo, os corações dos iraquianos não estavam abertos às similaridades entre os valores islâmicos e norte-americanos. Seu país continuou a queimar. Para os críticos de Bush, seu discurso sobre a "guerra contra o mal" parecia grotescamente inadequado. Se alguém praticara o mal, certamente fora o líder da maior potência militar do mundo, um homem que empregara todos os estupeficantes recursos sob seu comando para levar morte e destruição àqueles que não tinham esse poder. Somente em 2004, as forças norte-americanas no Iraque bombardearam uma festa de casamento, destruíram uma cidade inteira e foram fotografadas torturando prisioneiros. Para muitos, parecia que a violência sempre fora a essência do Ocidente. "O bem-estar e o progresso da Europa foram construídos com o suor e os corpos de negros, árabes, indianos e asiáticos."[33] Assim escrevera Frantz Fanon, um psiquiatra do Caribe francês que, em 1954, participara da Revolução Argelina contra a França e devotara a vida a instigar os colonizados contra os colonizadores. Para insurgentes impacientes com as conversas sobre paz e reconciliação, a insistência de Fanon de que a verdadeira libertação só podia ser obtida com a insurreição armada era um encorajador antídoto ao pacifismo de Martin Luther King Jr. Mas não foi somente entre os colonizados que a mensagem fez sucesso. Fanon foi aceito como profeta por muitos no Ocidente que se viam como vanguarda do progressismo. "Trata-se de violência declarada, e só cede ao ser confrontada por uma vio-

504

AMOR

lência ainda maior."[34] A análise do imperialismo feita por Fanon era, para os críticos mais radicais de Bush, clara e presciente. A ocupação do Iraque fora mais um capítulo ensanguentado na história da criminalidade ocidental. Atacar as forças de ocupação com carros-bomba ou sequestros era lutar pela liberdade. Sem resistência armada, como as correntes do imperialismo poderiam ser arrebentadas, e os miseráveis da terra, libertados? Como dissera o grupo britânico Stop the War Coalition em 2004, reconhecer isso era reconhecer "a legitimidade da luta dos iraquianos, por quaisquer meios que achem necessários, para garantir tais fins".[35]

Mas, pairando sobre essa retórica, havia uma ironia familiar. Com que bases se presumia que os impérios eram maus? No Iraque, entre todos os países, evidências da atemporalidade do imperialismo estavam por toda parte. Persas, romanos, árabes e turcos deram como certo seu direito de governar. A disposição dos ativistas contrários à guerra para condenar o Ocidente por suas aventuras coloniais derivava do legado não dos países colonizados, mas dos países colonizadores. Isso era bastante evidente na carreira do próprio Fanon. Embora tivesse nascido e se criado na Martinica, sua educação fora impecavelmente francesa. Sua visão do terror como meio de purificar o mundo, banir a opressão, elevar os pobres e derrubar os ricos teria sido perfeitamente familiar a Robespierre. Mas Fanon, um homem de rara honestidade intelectual, também reconhecera a fonte última dessa tradição revolucionária. Embora desprezasse a religião como somente um homem que passara os anos de escola em uma biblioteca decorada com o nome de Voltaire podia ser, ele fora criado como católico. Lera a Bíblia. Explicando o que queria dizer com "descolonização", ele se voltara para as palavras de Jesus. "Sua definição pode, se quisermos descrevê-la acuradamente, ser resumida nas conhecidas palavras 'os últimos serão os primeiros'."[36]

Assim, imaginar que a insurgência no Iraque era uma campanha de descolonização de um tipo que Fanon teria entendido era ver o mundo muçulmano através de óculos apenas um pouco menos cristãos que os usados pelo próprio Bush. Os insurgentes lutando contra os norte-americanos tendiam a não objetar aos impérios em si, somente aos que não eram legi-

505

DOMÍNIO

timamente islâmicos. Os muçulmanos, como os cristãos, sonhavam com o apocalipse, mas, entre os campos de morte no Iraque, esses sonhos tendiam a gerar fantasias de conquista global, e não de revolução social. O mundo seria como já fora. A luta contra os norte-americanos era um espelho da luta, nos primeiros séculos do islã, contra os romanos e os cruzados, e prenunciava a que ainda estava por vir. "A centelha foi acesa aqui no Iraque, e seu calor continuará a aumentar, com permissão de Alá, até queimar os exércitos cruzados em Dabiq."[37] Essa profecia cheia de vanglória, feita por um insurgente chamado Abu Musab al-Zarqawi duas semanas antes de o Stop the War anunciar seu apoio a ele e a seus colegas paramilitares, articulava um antigo anseio: o de que o mundo inteiro se submetesse ao islã. Dabiq era uma pequena cidade síria onde — de acordo com um provérbio atribuído a Maomé — os exércitos do cristianismo estavam destinados a ser aniquilados em uma derrota final e culminante. O império do islã então se espalharia pelo mundo. O fim dos dias chegaria. Os planos de Deus seriam finalmente realizados.

Al-Zarqawi alegou que, em um sonho, viu uma espada descer dos céus até suas mãos. A realidade era mais sórdida. Assassino e estuprador, ele gostava de atrocidades tão abomináveis que até mesmo a al-Qaeda o denunciaria. Embora mal soubesse ler e escrever, ele recebera uma educação formidável de um dos mais influentes radicais muçulmanos. Em 1994, preso por planejar ataques terroristas na Jordânia, al-Zarqawi fora julgado ao lado de um erudito palestino chamado Abu Muhammad al-Maqdisi. Durante cinco anos, enquanto cumpria sua sentença, fora educado por al-Maqdisi sobre a crise enfrentada pelo islã. Os muçulmanos, a despeito do presente que Deus lhes dera, na forma de uma lei perfeita e eterna, foram seduzidos e convencidos a obedecer a leis criadas por homens. Como os cristãos, eles haviam se tornado, avisara al-Maqdisi, infiéis que aceitavam os legisladores como seus senhores, "em vez de Deus".[38] Os governos do mundo muçulmano haviam adotado constituições que contradiziam diretamente a Suna. Pior ainda, haviam se afiliado a corpos internacionais que, a despeito de suas alegações de neutralidade, serviam para impingir códigos legais ex-

AMOR

ternos aos muçulmanos. O mais ameaçador de todos era a Organização das Nações Unidas (ONU). Estabelecida após a Segunda Guerra Mundial, seus delegados haviam publicado uma Declaração Universal de Direitos Humanos. Mas ser muçulmano era saber que os seres humanos não tinham direitos. Não havia leis naturais no islã, somente as criadas por Deus. Os países muçulmanos, ao se filiarem à ONU, haviam aceitado um conjunto de compromissos que derivavam não do Alcorão ou da Suna, mas de códigos legais criados em países cristãos: igualdade entre homens e mulheres; igualdade entre muçulmanos e não muçulmanos; proibição da escravidão; fim do combate ofensivo. Tais doutrinas, afirmou severamente al-Maqdisi, não tinham lugar no islã. Aceitá-las era se tornar apóstata. Al-Zarqawi, liberado da prisão em 1999, não esqueceu os avisos de al-Maqdisi. Em 2003, iniciando sua campanha no Iraque, ele buscou um alvo fácil e revelador. Em 19 de agosto, um carro-bomba explodiu a sede da ONU no país. O representante especial da organização morreu esmagado em seu escritório. Vinte e duas outras pessoas foram mortas. Mais de cem ficaram mutiladas e feridas. Logo depois, a ONU se retirou do Iraque.

"Nossa guerra não é contra uma religião, não é contra a fé muçulmana."[39] A garantia do presidente Bush, oferecida antes da invasão do Iraque, não era uma que al-Zarqawi estivesse preparado para aceitar. O que a maioria das pessoas no Ocidente queria dizer com islã e o que eruditos como al-Maqdisi queriam dizer com islã não eram a mesma coisa. O que para Bush pareciam marcadores de sua compatibilidade com os valores ocidentais parecia para al-Maqdisi um câncer se espalhando rapidamente. Durante um século e meio, desde que os primeiros governantes muçulmanos haviam sido persuadidos a abolir a escravidão, o islã estivera em um curso cada vez mais protestante. O fato de que o espírito era mais importante que o texto da lei passara a ser amplamente aceito por muçulmanos de todo o globo. Fora o que permitira que reformadores argumentassem que várias práticas profundamente embebidas na jurisprudência islâmica, mas ofensivas à ONU, podiam não ser islâmicas. Para al-Maqdisi, o espetáculo de governos muçulmanos legislando para promover a igualdade entre homens e mulhe-

DOMÍNIO

res ou entre o islã e as outras religiões era uma blasfêmia monstruosa. Todo o futuro do mundo estava em jogo. A revelação final de Deus, a última chance de a humanidade se redimir da danação, estava sendo diretamente ameaçada. O único recurso era retornar às Escrituras e livrar o islã de todos os espinheiros e urtigas que, durante os séculos, haviam tentado sufocar a pura revelação que os primeiros muçulmanos — os "ancestrais" ou *Salaf* — receberam. Era preciso uma *reformatio*.

Assim, os salafitas, mesmo enquanto tentavam limpar o islã das influências estrangeiras, não podiam evitar evidenciá-las. "O islã moderno", disse a acadêmica Kecia Ali, "é uma tradição profundamente protestante."[40] Por um milênio, os muçulmanos haviam aceitado que os ensinamentos de seus *deen* eram determinados pelo consenso acadêmico sobre o significado do Alcorão e da Suna. Como resultado, com o passar dos séculos, haviam acumulado um imenso *corpus* de comentários e interpretações. Os salafitas, em sua ambição de restaurar uma forma pristina de islã, estavam determinados a arrancar esse revestimento. Al-Zarqawi, armado com bombas e facas que fizeram com que fosse conhecido pelos iraquianos como Xeique dos Carniceiros, certamente era excepcional pela selvageria com que tentava fazer isso. Mesmo assim, por mais amplamente malquisto que fosse no mundo muçulmano, alguns admiravam seu exemplo. Sua incineração por um ataque aéreo norte-americano em 2006 não matou a hidra. Por baixo da superfície de um Iraque que, em 2011, parecia amplamente pacificado, ela se escondia, serpenteava e esperava. A oportunidade surgiu naquele mesmo ano, quando o controle da ditadura que havia muito tempo governava a Síria começou a diminuir e o país começou a implodir. Os acólitos de al--Zarqawi a aproveitaram. Em 2014, eles presidiam um império que incluía grande parte da Síria e vastas porções do norte do Iraque. Com sangrenta meticulosidade, tentaram transformá-lo em um Estado do qual todo traço de influência e legislação estrangeiras fora removido: um Estado islâmico. Tudo que importava era o exemplo dos *Salaf*. Quando os discípulos de al--Zarqawi destruíram as estátuas dos deuses pagãos, eles seguiram o exemplo de Maomé; quando se proclamaram as tropas de choque de um império

508

AMOR

supostamente global, seguiram o exemplo dos guerreiros que haviam humilhado Heráclio; quando degolaram combatentes inimigos, reintroduziram
a *jizya* e escravizaram as mulheres dos oponentes derrotados, não fizeram
nada que os primeiros muçulmanos não teriam considerado glorioso. A
única estrada para um futuro não contaminado era a que levava de volta ao
passado imaculado. Nada dos evangélicos, que haviam surgido no mundo
muçulmano com canhoneiras e discursos sobre crimes contra a humanidade, devia permanecer. Somente as Escrituras contavam. Mas a própria
literalidade com que o Estado Islâmico tentou ressuscitar as glórias desaparecidas do Império Árabe era precisamente o que o tornava tão inautênti-
co. Não havia traço das belezas, das sutilezas e da sofisticação que sempre
foram as marcas registradas da civilização islâmica. O deus que veneravam
não era o deus dos filósofos e poetas muçulmanos, todo-misericordioso e
todo-compassivo, mas um açougueiro. A permissão que obtinham para sua
selvageria derivava não do legado incomparável da erudição islâmica, mas
de uma tradição degradada de fundamentalismo que era essencialmente
protestante. O Estado Islâmico podia ser islâmico, mas também descendia
da Münster anabatista. Essa talvez tenha sido a mais abominável ironia de
toda a história do protestantismo.

Como Nietzsche, o Estado Islâmico via na piedade da civilização ocidental — sua preocupação com os sofredores, sua tagarelice sobre os direitos humanos — a fonte de um poder terrível e doentio. Como Sade, ele
entendia que a maneira mais garantida de reagir contra ela era exibir uma
crueldade exultante e incontrita. A cruz deveria ser redimida do cristianismo. No Alcorão, ela era o que fora para os césares: um emblema da punição
justa e sancionada. "A penalidade para os que guerreiam contra Deus e Seu
mensageiro e tentam fomentar a corrupção na terra é serem mortos ou crucificados."[41] Sempre que o Estado Islâmico praticava sua justiça, surgiam
cruzes grosseiras. Criminosos e pagãos eram amarrados a elas. Pássaros se
amontoavam sobre suas traves. Cadáveres apodreciam sob o sol. Mas alguns
prisioneiros sofriam punições mais públicas. Em 19 de agosto de 2014, surgiu um vídeo na internet. Ele mostrava um jornalista norte-americano, Ja-

DOMÍNIO

mes Foley, ajoelhado perante um homem mascarado e vestido de preto que segurava uma faca. O homem, falando com sotaque britânico, denunciou os crimes dos Estados Unidos e então — fora da câmera — cortou a cabeça de Foley. Mais assassinatos, similarmente exibidos na internet, ocorreram nas semanas seguintes. O carrasco — que no ano seguinte se soube tratar-se de um londrino chamado Mohammed Emwazi — era conhecido pelos infelizes em sua custódia como "John". Os outros três guardas — todos mascarados e com sotaque britânico — usavam os apelidos "Paul", "George" e "Ringo". Coletivamente, eles eram, claro, "os Beatles".

Dias depois do assassinato de Foley, o então ainda anônimo Emwazi foi chamado pelas manchetes mundiais de "Jihadi John". A alcunha era reveladora. Nos relatos da morte de Foley, pouco se falava do catolicismo no qual ele fora criado ou de como, em outra ocasião na qual fora refém, as orações haviam permitido que sentisse estar se comunicando com sua mãe "através de alguma distância cósmica do universo".[42] Mother Mary comes to me [Mãe Maria vem até mim]. Para o mundo externo, a blasfêmia do destino de Foley não era contra o Senhor, que, como os cristãos acreditavam, fora humilhado e publicamente morto, mas contra algo mais vago: a convicção de que o amor era tudo de que todo mundo necessitava e a paz deveria ter uma chance. "Isso é besteira. O que eles estão fazendo lá vai contra tudo que os Beatles representavam",[43] protestou um indignado Ringo Starr. Seu homônimo concordou. Entrevistado após sua captura, "Ringo" falou sobre seu apelido. "Não ouço música", disse ele em tom monótono, "e não quero falar sobre uma banda de rock." Mas então, após um longo silêncio, abruptamente arqueou as sobrancelhas e olhou rapidamente para o microfone, desviando os olhos em seguida. "John Lennon não vai gostar muito disso."[44]

Mas esse, claro, era precisamente o ponto.

XXI

Woke*

2015: Rostock

"A POLÍTICA É DIFÍCIL." ANGELA MERKEL, palestrando para uma plateia de adolescentes no ginásio de uma escola, sabia do que estava falando. Criada sob um governo comunista, ela se tornara chanceler de uma Alemanha unida, a maior e mais importante economia europeia. Dez anos no cargo haviam lhe ensinado que as decisões quase sempre têm custos. Agora, ao vivo na televisão, ela se viu frente a frente com o que uma de suas políticas podia significar para uma garota de 14 anos. Reem Sahwil, uma palestina nascida em um campo de refugiados, viajara até a Alemanha para tratar uma paralisia cerebral. Fluente em alemão e entre os primeiros de sua turma, ela se provara uma imigrante modelo. Por que, então, ela e sua família podiam ser deportadas? Merkel, visivelmente desconfortável, tentou explicar. "Você sabe que, nos campos de refugiados palestinos no Líbano, há milhares e milhares de pessoas, e se disséssemos que todas elas podem vir para cá, todas essas pessoas da África... não conseguiríamos administrar." Voltando-se para o moderador, ela tentou elaborar, mas então parou no meio da frase. Sahwil começara a chorar. Merkel, indo até ela, tocou-a desajeitadamente e

---

* Além do significado literal, a palavra em inglês *woke* [desperto] também tem sido utilizada com uma nova acepção. Empregada como gíria, indica um estado de consciência a respeito de questões sociais, especialmente em relação a temas como racismo e desigualdade.

DOMÍNIO

acariciou seu cabelo. "Eu sei que é difícil para você." Sahwil, piscando para se livrar das lágrimas, tentou sorrir. Merkel, com a mão no ombro da garota, tentou consolá-la da melhor maneira possível. "Você explicou muito bem a situação em que muitos outros se encontram."[1]

A chanceler sabia que, em política, a chave para ficar no topo era adotar o caminho de menor resistência. A hostilidade contra os imigrantes era uma emoção atemporal. Os governantes erguiam muros desde o início da civilização. A violência contra pessoas que pareciam e soavam diferentes fora uma constante durante a história. Algumas décadas antes, a própria Rostock estremecera durante dois dias de tumultos contra os refugiados. Na época, em 1992, ver pessoas de continentes distantes nas ruas da cidade era incomum. Os europeus pertenciam a uma civilização que durante muito tempo fora excepcional em seu grau de homogeneidade cultural. Durante séculos, praticamente todo mundo — com exceção da ocasional comunidade judaica — fora cristão. A vitória de Otão, o Grande, sobre os húngaros fora um ponto de virada decisivo na habilidade dos estrangeiros de penetrarem as terras centrais da cristandade. Nenhum outro lugar da Eurásia estivera tão seguro contra os arqueiros montados que tendiam a dominar os campos de batalha medievais. Somente com a expansão do poder otomano, que duas vezes levou exércitos muçulmanos até os portões de Viena, a Europa cristã passou a enfrentar uma ameaça séria de adversários que não subscreviam sua fé. E mesmo isso terminara em retirada. Cada vez mais, conforme suas frotas percorriam os oceanos, suas bandeiras flutuavam sobre colônias distantes e seus emigrantes se assentavam em todo o mundo, os europeus passaram a considerar seu continente impregnável. A migração em massa era algo que eles levavam a terras não europeias — não o contrário.

Desde o fim da Segunda Guerra Mundial, contudo, isso mudara. Atraídos pelos padrões de vida mais elevados, grandes números de imigrantes de países não europeus haviam passado a se estabelecer na Europa Ocidental. Durante décadas, o ritmo e a escala da imigração para a Alemanha haviam sido cuidadosamente regulados, mas agora parecia que esse controle estava

512

WOKE

prestes a desaparecer. Merkel, explicando os fatos à adolescente, que soluçava, conhecia bem a crise que se preparava para além das fronteiras alemãs. Durante todo o verão, milhares e milhares de migrantes e refugiados de países muçulmanos haviam se movido pelos Bálcãs. O espetáculo despertara medos profundamente atávicos. Na Hungria, falava-se de uma nova invasão otomana. Mesmo na Europa Ocidental, em terras que jamais haviam sido conquistadas por exércitos muçulmanos, muitos se sentiam inquietos. O medo de que todo o Leste estivesse se movendo era muito antigo. "A planície fora obscurecida por suas companhias em marcha e, até onde os olhos podiam ver, brotavam da escuridão em torno da cidade, como um fungo sórdido, grandes campos de tendas pretas e vermelho-escuras."[2] Fora assim que J. R. R. Tolkien, escrevendo em 1946, descrevera o cerco de Minas Tirith, bastião das terras livres do Ocidente, pelos exércitos de Sauron. O clímax de *O senhor dos anéis* ecoava palpavelmente os graves eventos do ano de 955: o ataque a Augsburgo e a batalha do Lech. Um erudito sábio e experiente nas batalhas, consagrado àquela missão por um poder sobrenatural, está na entrada da cidade sitiada e bloqueia o avanço inimigo. Um exército de cavaleiros de armadura chega para defender o campo de batalha no momento em que os invasores parecem prestes a conquistar a vitória. Um rei armado com uma espada sagrada reivindica um trono imperial vazio. Em 2003, um dos filmes da série *O senhor dos anéis* levou a vitória de Aragorn sobre as hordas de Mordor a milhões de pessoas que jamais haviam ouvido falar da vitória do Lech. Polida e reembalada para o século XXI, a defesa da cristandade feita por Otão ainda possuía um glamour espectral.

Mas, naquele verão de 2014, seu legado estava à sombra de múltiplas ironias. O manto de Otão fora assumido não pela chanceler da Alemanha, mas pelo primeiro-ministro da Hungria. Até recentemente, Viktor Orbán fora um autoconfesso ateu, mas isso não impediu que duvidasse — como fizera Otão — que migrantes não batizados pudessem ser totalmente integrados. "Essa é uma questão importante, porque a Europa e a cultura europeia possuem raízes cristãs." Naquele setembro, ordenando que a polícia removesse os refugiados dos trens e construísse cercas na fronteira sul da

DOMÍNIO

Hungria, ele avisou que a alma da Europa estava em jogo. Merkel, acompanhando a crise dos migrantes, chegara a uma conclusão idêntica. Mas sua resposta fora o oposto da de Orbán. Embora pressionada por ministros de sua própria coalizão a fechar as fronteiras alemãs, ela se recusou. Grandes multidões de sírios, afegãos e árabes começaram a cruzar para a Bavária. Logo, mais de 10 mil deles chegavam por dia. Multidões se reuniam nas estações ferroviárias para saudá-los; fãs de futebol erguiam cartazes durante as partidas para dar boas-vindas. Essas cenas, declarou a chanceler, "pintam um retrato da Alemanha que nos permite sentir orgulho de nosso país".[3]

Merkel, assim como Orbán, estava à sombra da história de seu povo. Ela sabia para onde o medo de ser tomado por estrangeiros podia levar. Gerações anteriores haviam sido mais inocentes. Tolkien, ao se basear em episódios da história medieval para o enredo de *O senhor dos anéis*, jamais quisera comparar húngaros ou sarracenos ao mal monstruoso personificado por Mordor. A era das migrações era suficientemente remota, presumira ele, para que houvesse pouca probabilidade de seus leitores acreditarem nisso. Ele jamais teve qualquer intenção de demonizar povos inteiros, antigos ou modernos. "Sou muito contrário a esse tipo de coisa."[4] Os exércitos de Sauron, embora viessem do leste, simbolizavam a capacidade de assassinato que Tolkien vira por si mesmo na Frente Ocidental. A sombra do inferno não respeitava fronteiras nacionais. Seu alcance era universal. Porém, mesmo enquanto Tolkien escrevia seu relato sobre o cerco de Minas Tirith, o longo reinado do Diabo como sua personificação chegava ao fim. O mal adotara uma nova face. Em 1946, os mais proeminentes sobreviventes da liderança nazista haviam sido julgados em Nuremberg. Um ano após a liberação de Auschwitz, relatos sobre os procedimentos mostravam com clareza para o mundo toda a escala dos crimes nazistas. Como a podridão seca se espalhando pelo tempo, seu horror contaminara todo o tecido da história alemã. Heinrich Himmler, um homem cujo ódio pelo cristianismo não o impedira de admirar os feitos marciais de imperadores cristãos, considerava o pai de Otão o modelo supremo de heroísmo alemão. Rumores sombrios diziam que ele afirmara ser a reencarnação do rei saxão. Hitler, embora pri-

WOKE

vadamente desdenhasse das tendências místicas de Himmler, ficara obcecado com a Lança Sagrada. Uma relíquia da crucificação fora transformada em emblema do nazismo. Setenta anos após o suicídio de Hitler, em um país ainda comprometido com a penitência por seus crimes, não havia a menor perspectiva de Angela Merkel cavalgar para uma nova batalha do Lech. A única coisa verdadeiramente cristã a fazer, em face das águas da miséria que banhavam as fronteiras da Europa, era abandonar qualquer senso do continente como cristandade e abri-lo para os miseráveis da terra.

Desde o início da Igreja, sempre houvera tensão entre a ordem dada por Cristo a seus seguidores, de se espalharem pelo mundo e pregarem as boas-novas para toda a criação, e sua parábola do Bom Samaritano. Merkel estava familiarizada com ambas. Seu pai fora pastor, e sua mãe, muito devota. Durante a infância, sua casa fora uma hospedaria para pessoas com deficiências — pessoas muito parecidas com Reem Sahwil. "A mensagem diária era: ame seu vizinho como a si mesmo. Não somente o povo alemão. Deus ama todo mundo."[5] Há dois milênios, os cristãos faziam seu melhor para colocar esses ensinamentos em prática. Merkel, ao fornecer refúgio às vítimas da guerra no Oriente Médio, não estava fazendo nada que Gregório de Nissa, dezesseis séculos antes, não tivesse feito. Ofereçam caridade, urgira ele a seus congregantes, pois o espetáculo dos refugiados vivendo como animais é uma repreensão a todo cristão. "Seu teto é o céu. Para abrigo, eles usam pórticos, vielas e os cantos desertos da cidade. Eles se escondem nas fendas dos muros, como corujas."[6] Mas Merkel, ao tentar justificar a abertura das fronteiras de seu país — uma reviravolta ainda mais dramática por parecer atípica —, recusou-se explicitamente a apresentá-la como gesto de caridade cristã. Seis semanas após dizer à garota que chorava a sua frente que a Alemanha jamais poderia ser o Bom Samaritano para o mundo todo, sua nova posição foi a de insistir estar fazendo o que qualquer um em sua posição faria. Sua própria fé era irrelevante. Existia uma moralidade que superava todas as diferenças culturais e religiosas. Foi com esse argumento que Merkel buscou combater a objeção de Orbán, de que um influxo muçulmano na Europa trazia consigo o risco de transformar irrevogavelmen-

DOMÍNIO

te o caráter cristão do continente. O islã, em seus aspectos essenciais, era pouco diferente do cristianismo. Ambos podiam ser igualmente incluídos no interior de um Estado liberal e secular. O islã, insistiu a chanceler — repreendendo quaisquer membros de seu partido que ousassem sugerir outra coisa —, tinha lugar na Alemanha.

Mas essa posição não era tão contrária à de Orbán quanto parecia ser. Implícita nas ansiedades do primeiro-ministro húngaro sobre "uma nova, misturada e islamizada Europa"[7] estava a suposição de que os muçulmanos, se estivessem dispostos a aceitar o batismo, poderiam ter lugar no interior da ordem cristã do continente. Afinal, essa era a lição ensinada pela história de seu povo. Algumas gerações após a batalha do Lech, o rei da Hungria recebera uma réplica da Lança Sagrada, enviada pelo papa. Um visto de residência jamais fora tão sagrado. Mas Merkel não queria nada que cheirasse a lanças sagradas. Como líder de um país que, na memória viva, massacrara 6 milhões de judeus, ela estava compreensivelmente ansiosa para não parecer prescritiva sobre o que poderia constituir a identidade europeia. Mesmo assim, não havia como evitar a história. A Alemanha permanecia, em suas suposições sobre como uma sociedade devia ser estruturada, profunda e distintamente cristã. Como no século XIX, quando os judeus receberam cidadania na Prússia, os muçulmanos que desejassem se integrar à sociedade alemã não tinham escolha senão se tornar praticantes de um conceito decididamente cristão: uma "religião". O islã, que tradicionalmente significou para seus praticantes meramente a atividade da submissão, teve de ser moldado, torcido e transmutado em algo muito diferente. Esse processo, claro, não começou em 2015. Por um século e meio, desde o apogeu do colonialismo europeu, ele ganhava velocidade. Seu progresso podia ser mensurado pelo número de muçulmanos em todo o mundo que aceitava que as leis criadas pelo homem podiam superar as leis criadas por Deus; que a missão de Maomé fora religiosa, e não política; que o relacionamento dos fiéis com sua fé era essencialmente privado e pessoal. Merkel, ao insistir que o islã tinha lugar na Alemanha tanto quanto o cristianismo, só parecia ser imparcial. Louvar uma religião por sua compatibilidade com uma socieda-

516

de secular decididamente não era um gesto neutro. O secularismo é cria da história cristã tanto quanto as cercas de arame farpado de Orbán.

Naturalmente, para que ele funcionasse como desejaram seus expoentes, jamais se poderia admitir isso. O Ocidente, durante sua hegemonia global, tornara-se hábil na arte de reembalar conceitos cristãos para plateias não cristãs. Uma doutrina como a dos direitos humanos tinha muito mais probabilidade de ser adotada se fossem escondidas suas origens entre os advogados canônicos da Europa medieval. A insistência das agências da ONU na "antiguidade e ampla aceitação do conceito de direitos do homem"[8] era uma precondição necessária para sua reivindicação de jurisdição global, e não meramente ocidental. O secularismo, de maneira idêntica, dependia do cuidado com que se cobriam seus rastros. Para ser adotado por judeus, muçulmanos ou hindus como mantenedor neutro da arena entre eles e pessoas de outras fés, ele não podia ser visto pelo que era: um conceito que tinha pouco sentido fora do contexto cristão. Na Europa, o secular fora secularizado havia tanto tempo que era fácil esquecer suas origens. Adotar suas premissas era inevitavelmente se tornar um pouquinho mais cristão. Merkel, ao dar boas-vindas aos muçulmanos na Alemanha, estava convidando-os a assumirem seu lugar em um continente que não era nem remotamente neutro em seu entendimento da religião, um continente no qual se supunha absolutamente que a divisão entre Igreja e Estado se aplicaria ao islã.

Para secularistas endurecidos pela longa batalha contra os mitos do cristianismo — que a *Charlie Hebdo*, uma revista satírica francesa, resumira como "o mito de um Deus como arquiteto do universo, o mito da virgindade de Maria, o mito da ressurreição de Cristo"[9] —, era fácil esquecer que o secularismo também fora fundado sobre um mito. Na França — provavelmente mais que em qualquer outro lugar da Europa —, as histórias contadas sobre suas origens divergiam da história real. A *laïcité*, entre seus partidários mais determinados, era valorizada menos como separação entre Igreja e Estado e mais como quarentena da religião para aqueles que poderiam ser infectados por seu nonsense. A *Charlie Hebdo* se definia orgu-

DOMÍNIO

lhosamente como "*laïc*, alegre e ateísta".[10] Com suas sátiras escabrosas de papas e padres, ela reivindicava o que, por mais de duzentos anos, fora um ramo peculiarmente francês de anticlericalismo. Suas raízes, porém, eram muito mais antigas que a revolução. Os cartunistas da *Charlie Hebdo*, quando zombavam de Cristo, da Virgem ou dos santos, tendiam a empregar uma obscenidade que devia pouco a Voltaire. Sua verdadeira linhagem era uma geração muito mais turbulenta de iconoclastas. Durante a primeira onda da Reforma, os celebrantes haviam exultado na profanação de ídolos: jogando uma estátua da Virgem em um rio, como se fosse uma bruxa; pregando orelhas de burro em uma imagem de São Francisco; desfilando com uma cruz entre bordéis, casas de banho e tabernas. Pisotear a superstição era reivindicar a luz. Ser iluminado era, por sua vez, reivindicar um status como povo de Deus, os *laicus*. O jornalismo da *Charlie Hebdo*, portanto, era duplamente *laïc*. A tradição que seguia — de sátira, blasfêmia, profanação — não era um repúdio à história de Cristo, mas sua própria essência. Durante quinhentos anos, os católicos haviam sido repetidamente obrigados a testar sua fé contra ela. Agora era a vez dos muçulmanos. Em 2011, um cartum de Maomé foi publicado na capa da *Charlie Hebdo*. No ano seguinte, ele foi retratado de quatro, com os genitais à mostra. A zombaria continuaria, prometeu o editor da *Charlie Hebdo*, até que o "islã se torne tão banal quanto o catolicismo".[11] Era isso que significava, em uma sociedade secular, tratar os muçulmanos como iguais.

Entretanto, eles não estavam sendo tratados como iguais. Somente aqueles que acreditavam nos mitos fundacionais do secularismo — que emergira como que de uma virgem, que nada devia ao cristianismo, que era neutro entre todas as religiões — podiam acreditar que estavam. Em janeiro de 2015, depois que dois atiradores entraram à força nos escritórios da *Charlie Hebdo* e mataram doze membros da equipe, as sensitividades muçulmanas foram repetidamente pesadas na balança por um público surpreso e assustado — e deixaram a desejar. Por que essa reação excessiva e letal a alguns cartuns? Por que, quando os católicos haviam repetidamente se mostrado capazes de engolir as blasfêmias contra

WOKE

sua fé, os muçulmanos não podiam fazer o mesmo? Não estava na hora de o islã crescer e entrar no mundo moderno, como fizera o cristianismo? Mas fazer essas perguntas era adotar o conceito central do secularismo: o de que todas as religiões eram essencialmente iguais. Era presumir que elas estavam destinadas, como as borboletas, a replicar um ciclo vital idêntico: reforma, iluminação, declínio. Acima de tudo, era ignorar o grau em que a tradição de secularismo defendida pela *Charlie Hebdo*, longe de ser uma emancipação do cristianismo, era indelevelmente produto dele. Três dias após o tiroteio, enquanto líderes mundiais marchavam ao lado de milhões de manifestantes no centro de Paris, cartazes declaravam solidariedade aos jornalistas assassinados: "*Je suis Charlie*" ["Eu sou Charlie"]. Como espetáculo, foi uma poderosa demonstração do que se tornara a ortodoxia orientadora do Ocidente, que evoluíra durante milênios. Na era de Otão, não houvera possibilidade de os chefes pagãos se assentarem na cristandade sem receberem batismo. Agora, na era da *Charlie Hebdo*, a Europa tinha novas expectativas, novas identidades e novos ideais. Mas nenhum deles era neutro; todos eram fruto da história cristã. Imaginar que não, imaginar que os valores do secularismo poderiam ser atemporais era, ironicamente, a evidência mais forte de quão profundamente cristãos eles eram.

Abençoado seja o fruto

Visitar o The Peninsula Beverly Hills era visitar um hotel onde os hóspedes eram tratados como deuses. Posicionado discretamente atrás de muros cobertos de hera, perto das lojas luxuosas de Rodeo Drive e oferecendo spas, piscinas e restaurantes premiados, ele recebia uma das clientelas mais exclusivas do mundo. Havia cantores gravando álbuns; estrelas de cinema se recuperando de cirurgias plásticas; titãs da indústria cinematográfica fazendo acordos. Harvey Weinstein, durante décadas um dos mais bem-sucedidos produtores independentes do mundo, jamais ficava em outro lugar ao visitar Los Angeles. Registrando-se no hotel, ele se instalava em uma

DOMÍNIO

suíte particularmente opulenta no quarto andar. Atrizes convidadas para discutir projetos futuros podiam se ver cercadas por baldes de gelo contendo champagne e pratos contendo lagosta. Nenhum esforço era poupado para acomodar os gostos de Weinstein. O roupão de banho era do tamanho correto. O banheiro trazia sua marca favorita de papel higiênico. Seus assistentes recebiam papel de carta personalizado. Nada era demais para um homem tão importante quanto Harvey Weinstein.

Tudo no Peninsula tinha de ser perfeito. Naturalmente, isso exigia um exército de funcionários. Recepcionistas, pedicures, garçons. No início de cada manhã, vestindo seus uniformes e abastecendo seus carrinhos de limpeza, as camareiras se preparavam para um longo dia arrumando camas e esfregando vasos sanitários. O salário médio por hora pago a uma camareira nos Estados Unidos era de 9,51 dólares. Uma suíte no Peninsula podia facilmente chegar a 2 mil dólares por noite. Entre um magnata do cinema em seu roupão personalizado e a mulher recolhendo suas toalhas molhadas havia um desequilíbrio quase vertiginoso de poder. Talvez fosse de esperar, então, que o ocasional hóspede, acostumado a ter todos os seus caprichos atendidos, fosse tentado a ver os próprios funcionários como mercadorias. "Eles tratam os trabalhadores como se fossem sua propriedade",[12] reclamou uma camareira em 2016, depois de ter recebido duas ofertas de dinheiro em troca de uma massagem. Naquele mesmo ano, outra foi encurralada por um hóspede e violentamente molestada. Outra ainda foi atacada por um colega. Mas incidentes como esses — os que eram reportados — foram somente a ponta do iceberg. Em todo o país, segundo um levantamento de 2016, uma em cada quatro mulheres podia sofrer assédio sexual no local de trabalho. Em hotéis, os números eram consideravelmente mais altos. Para qualquer mulher, mas especialmente para as que tinham posições precárias e mal pagas, frequentemente sem falar inglês e talvez sem a documentação adequada, havia risco em empregos que podiam exigir que ficassem sozinhas com homens desconhecidos. Trabalhar como faxineira, concluiu uma comissão governamental, era ser "particularmente vulnerável ao assédio e à agressão sexual".[13]

Sempre fora assim. Na Idade Média, Bernardo de Claraval — um contemporâneo de Abelardo, e abade de tanta devoção que acabou sendo consagrado santo e Doutor da Igreja — lamentara a tempestuosidade das necessidades sexuais masculinas. "Estar sempre com uma mulher e não ter relações sexuais com ela é mais difícil que ressuscitar os mortos."[14] Mas monges como Bernardo faziam votos de castidade justamente porque eles não eram fáceis. Eles os obrigavam a dominar seus desejos e ser modelos de autocontrole. Nem todo homem, é claro, tinha a força moral necessária para viver como monge; mas mesmo os que não conseguiam viver sem sexo deviam se casar e se comprometer com a fidelidade vitalícia. A Reforma — por mais que seus partidários considerassem a castidade uma superstição monacal — exaltara ainda mais a qualidade sacra do matrimônio. A mulher era para o marido o que a Igreja era para Cristo. O homem que tratava sua mulher com brutalidade, forçando-a a ter relações, não se importando com seu prazer, tratando-a como prostituta, desonrava Deus. O respeito mútuo era tudo. O sexo entre um casal casado devia ser "um modo sagrado de nos regozijarmos e consolarmos".[15]

Mas Beverly Hills raramente recebia puritanos. Hollywood era a Babilônia. Ela não ganhava dinheiro vendendo puritanismo. Ganhava dinheiro sendo descolada. Em 1994, Weinstein obtivera grande sucesso como produtor de *Pulp Fiction: tempo de violência*, um filme ambientado no submundo criminoso de Los Angeles. Eletrizantemente amoral, ele transformara sexo e violência em milhões de bilheteria. Os ecos dos valores defendidos por São Bernardo ou pelos Pais Peregrinos encontrados no roteiro existiam — assim como a cocaína cheirada periodicamente por Mia Wallace, a esposa do chefão local — para animar as coisas. Os gângsteres de *Pulp Fiction* empregavam uma violência medieval, e o Antigo Testamento estava lá para ser citado erroneamente quando enchiam suas vítimas de chumbo. Mesmo quando um bandido, convencido de que Deus intervira pessoalmente para livrá-lo da morte, passa por um despertar intelectual, os outros olham para ele com incompreensão. "Você lê a Bíblia, Ringo?", pergunta o assassino a um ladrão

DOMÍNIO

britânico, com a arma apontada para sua cabeça.* A resposta poderia facilmente ter sido dada pela vasta maioria dos que ocupavam o topo da indústria norte-americana de entretenimento: "Não regularmente."

Drogas, violência, dinheiro: *Pulp Fiction* criou entretenimento cheio de adrenalina a partir do apetite humano por essas coisas. O único limite ao prazer era a ameaça de violência. Não existia nenhum outro ímpeto de autocontrole. E, para a plateia do filme, essa era precisamente a fonte de excitação. O brilho de *Pulp Fiction* era, em grande parte, o brilho do tabu. Os Estados Unidos eram um país modelado por uma tradição que, durante 2 mil anos, tentara regular o desejo. O apetite sexual, em particular, sempre fora visto pelos cristãos com uma mistura de suspeita e ansiedade. Assim, começando com Paulo, fora feito um esforço supremo para manter suas correntes fluindo em um único sentido. Cada vez mais, no entanto, as represas e os diques criados para canalizá-las começavam a vazar. Partes inteiras foram erodidas. Outras pareceram desaparecer totalmente sob as águas. O autocontrole passou a ser retratado como repressão, e os apelos à continência sexual, como hipocrisia. Não ajudou o fato de os próprios líderes da Igreja, colocados sob os holofotes de uma mídia cada vez menos deferente, terem sido repetidamente expostos por cometerem os próprios pecados contra os quais advertiam seus rebanhos. Durante décadas, a autoridade moral da Igreja católica nos Estados Unidos fora corroída por acusações de abuso infantil contra milhares de padres e histórias de acobertamento por sua hierarquia. Enquanto isso, entre os protestantes, parecia que um televangelista só precisava falar de maneira fulminante contra uma impropriedade sexual para ser pego tendo um caso ou ser preso em local público. Mas não havia nada novo na falha de padres e pastores em seguirem os próprios ensinamentos. "Todos tendemos naturalmente à hipocrisia",[16] reconhecera Calvino. A carne era fraca. A mudança — que ocorreu com surpreendente velocidade — foi a disposição das pessoas de aceitarem que

---

* E assim o uso do nome de um dos Beatles para se referir a um britânico se estende da Síria à Califórnia.

os severos ideais da moralidade sexual cristã podiam não ser ideais. Que os desejos eróticos eram naturais, e consequentemente bons, e a chegada do cristianismo fora como uma rajada cinzenta sobre o mundo havia muito era a convicção da classe mais aristocrática de livres-pensadores. "Nossas religiões, nossas maneiras e nossos costumes podem, e na verdade devem, nos enganar com facilidade", dissera o Marquês de Sade, "ao passo que certamente jamais seremos enganados pela voz da natureza."[17] Na década de 1960, isso se tornou um manifesto partilhado por milhões de pessoas. O Verão do Amor foi uma celebração do corpo e do espírito. "Faça amor, não faça guerra", urgiam os hippies. Para muitos, parecia que 2 mil anos de neuroses e ódio autodirigido estavam sendo banidos pelas flores nos cabelos. Desejos naturais a homens e mulheres, por muito tempo refreados, finalmente eram liberados. Mais uma vez, o movimento do falo no claro ventre do mundo foi saudado como algo precioso, como "vitória do sim e do amor".[18] Um jornalista especializado em música, escrevendo em São Francisco no outono de 1967, descreveu os Estados Unidos como um pântano estagnado subitamente reavivado pelo brilho de um deus caminhando por suas águas. Ralph Gleason, fundador da *Rolling Stone*, a mais bem-sucedida de muitas revistas inspiradas na contracultura da década de 1960, comparou o espírito da liberdade sexual ao espírito da Grécia clássica. A sociedade, declarou ele, estava sendo "profundamente movimentada por correntes dionisíacas".[19] Os antigos deuses estavam de volta.

Acontece que a liberdade de foder quem e como se quisesse tendera a ser, na Antiguidade, privilégio de uma subseção muito exclusiva da sociedade: os homens poderosos. Zeus, Apolo e Dioniso haviam sido estupradores habituais. Assim como, na Roma pela qual Paulo viajara com sua inquietante mensagem de continência sexual, muitos chefes de família. Somente os esforços titânicos dos moralistas cristãos, trabalhando por mais de um milênio, haviam conseguido recalibrar essa situação. Sua insistência no casamento como única maneira legítima de obter realização erótica prevaleceu. "Acaso não sabem", perguntara Paulo aos coríntios, "que o corpo de vocês é santuário do Espírito Santo que habita em vocês, que lhes foi

DOMÍNIO

dado por Deus?"[20] Dois mil anos depois, essa mensagem continuava a ser alardeada dos púlpitos norte-americanos: o aviso de que o desejo sexual, implicado como estava na batalha cósmica entre o bem e o mal, era predatório e ávido demais para ser deixado livre. Mas essa mesma mensagem, nos escritórios de homens que sentiam o pulso do entretenimento popular e sabiam como vender um filme, tendia a ser vista com incompreensão ou mesmo desdém. A repressão sexual era tediosa, e ser tedioso significava a morte nas bilheterias. Quanta liberdade isso dava a um magnata do cinema para se comportar como um deus do Olimpo? Em 5 de outubro de 2017, alegações sobre o que Harvey Weinstein vinha fazendo em sua suíte no quarto andar do Peninsula surgiram no *New York Times*. Uma atriz que fora até lá para um café da manhã de negócios encontrara o produtor vestindo somente seu roupão sob medida. Talvez, sugeriu ele, ela pudesse lhe fazer uma massagem? Ou observá-lo enquanto ele tomava banho? Duas assistentes que haviam se encontrado com Weinstein em sua suíte relataram encontros semelhantes. Nas semanas e meses que se seguiram, novas alegações foram feitas contra ele: assédio, agressão, estupro. Entre as mais de oitenta mulheres que foram a público com acusações estava Uma Thurman, a atriz que interpretara Mia Wallace em *Pulp Fiction* e se tornara a pin-up do filme. Entrementes, outras mulheres seguiram o caminho aberto pelas celebridades. Uma campanha que urgia as mulheres a reportar incidentes de assédio ou agressão sob a hashtag #MeToo buscou dar voz às mais marginalizadas e vulneráveis: zeladoras, colhedoras de frutas, camareiras. Naquele mesmo ano, já houvera chamados para um grande despertar moral, para que todos os homens refletissem sobre seus pecados e se arrependessem. Em 21 de janeiro, cerca de 1 milhão de mulheres marcharam em Washington, DC. Manifestações similares haviam acontecido em todo o mundo. No dia anterior, um novo presidente, Donald J. Trump, fora empossado na capital americana. Ele era, para as organizadoras das marchas das mulheres, a personificação da masculinidade tóxica: um magnata arrogante que fora repetidamente acusado de agressão sexual, gabara-se de agarrar "xoxotas" e, durante a recém-concluída campanha presidencial, comprara o silêncio de uma estrela pornô. Em vez de transformar Trump no foco das marchas, entretanto, as organizadoras haviam buscado uma mensagem mais elevada: um chamado contra a injustiça, a discriminação e a opressão, onde quer que ocorressem. "Sim, é sobre feminismo. Mas é sobre mais que isso. É sobre igualdade básica para todas as pessoas."[21]

Um eco, claro, de Martin Luther King Jr. Repetidamente, nos protestos contra a misoginia que tomaram os Estados Unidos durante o primeiro ano da presidência Trump, o nome e o exemplo do grande pregador batista foram invocados. Mas o cristianismo, que para King fora a fonte de tudo que ele defendia, para muitos que participaram das marchas em 2017 parecia parte do problema. Muitos evangélicos haviam votado em Trump. Irritados com questões que lhes pareciam não somente não bíblicas, mas diretamente contrárias aos propósitos de Deus — aborto, casamento homossexual, direitos dos transgêneros —, eles haviam torcido o nariz e votado em um homem que, apesar das xoxotas e estrelas pornô, apresentara-se, sem corar, como porta-estandarte dos valores cristãos. Não surpreende, portanto, que a hipocrisia tenha se somado ao preconceito na acusação feita a eles pelos progressistas. Para muitas feministas, parecia que os Estados Unidos corriam o risco de se transformarem em um teocracia misógina. Três meses depois da Marcha das Mulheres, uma série televisiva transformou esse temor em um drama cativante. *The Handmaid's Tale* era ambientada em um país que retornara a uma visão particularmente horrível da Nova Inglaterra do século XVII. Adaptada de um romance distópico da escritora canadense Margaret Atwood, ela fornecia às manifestantes anti-Trump uma nova e surpreendente linguagem visual de protesto. Boinas brancas e capas vermelhas eram o uniforme usado pelas "criadas", mulheres cuja habilidade reprodutiva as tornara, em um mundo tomado pela infertilidade, objetos de estupro legalizado. A licença para a prática era fornecida por um episódio da Bíblia. A paródia dos evangélicos era sombria e selvagem. *The Handmaid's Tale* — como toda grande ficção distópica tende a ser — era menos profética que satírica. A série retratava os Estados Unidos de Trump como sociedade dividida ao meio: entre conservadores e liberais;

DOMÍNIO

entre reacionários e progressistas; entre televangelistas desalmados e nobres inimigos do patriarcado.

Na verdade, as divisões satirizadas por *The Handmaid's Tale* eram muito antigas. Elas derivavam não das especificidades da política norte-americana no século XXI, mas do próprio ventre do cristianismo. Bendito seja o fruto. Sempre existira, no coração do povo cristão, tensão entre as demandas da tradição e as exigências do progresso, entre as prerrogativas da autoridade e o anseio por reforma, entre a letra e o espírito da lei. Nesse sentido, o século XXI não representou nenhuma ruptura radical contra o que viera antes. O conceito de que as grandes batalhas culturais norte-americanas estavam sendo lutadas entre os cristãos e aqueles que haviam se emancipado do cristianismo era um que ambos os lados tinham interesse em promover. Mas não deixava de ser um mito por causa disso. Na realidade, evangélicos e progressistas derivavam reconhecivelmente da mesma matriz. Se os oponentes do aborto eram os herdeiros de Macrina, que percorrera as lixeiras da Capadócia procurando bebês abandonados para resgatar, os que argumentavam contra eles também se baseavam em uma suposição cristã profundamente enraizada, a de que o corpo da mulher pertencia a ela e tinha de ser respeitado como tal pelo homem. Os apoiadores do casamento homossexual haviam sido tão influenciados pelo entusiasmo da Igreja pela fidelidade monogâmica quanto seus oponentes haviam sido influenciados pelas condenações bíblicas de homens que dormiam com homens. Instalar banheiros transgêneros realmente podia parecer uma afronta ao Senhor Deus, que criara macho e fêmea, mas recusar gentileza aos perseguidos era ir contra o ensinamento mais fundamental de Cristo. Em um país tão saturado de suposições cristãs quanto os Estados Unidos, não havia como escapar de sua influência, mesmo para aqueles que imaginavam ter escapado. As guerras culturais norte-americanas eram menos uma guerra contra o cristianismo que uma guerra civil entre facções cristãs.

Em 1963, quando Martin Luther King Jr. falara a centenas de milhares de manifestantes pelos direitos civis em Washington, ele também endereçara seu discurso ao país para além da capital, um país que ainda era incontritamente cristão. Em 2017, as coisas eram diferentes. Entre as quatro presidentes da Marcha das Mulheres estava uma muçulmana. Marchando em Washington havia siques, budistas, judias. Muitas não professavam qualquer fé. Mesmo as cristãs entre as organizadoras evitavam tentativas de ecoar a voz profética de Martin Luther King Jr. Mesmo assim, seu manifesto não era menos baseado em hipóteses teológicas do que fora o movimento pelos direitos civis. Implícito na #MeToo estava o mesmo chamado à continência sexual que reverberara pela história da Igreja. As manifestantes que marcharam com as capas vermelhas das criadas estavam exigindo que os homens controlassem sua luxúria do mesmo modo que haviam feito os puritanos. Os apetites que haviam sido saudados pelos entusiastas da liberação sexual como dionisíacos foram condenados novamente como predatórios e violentos. O corpo humano não era um objeto, uma mercadoria a ser usada pelos ricos e poderosos como e quando quisessem. Dois mil anos de moralidade sexual cristã resultaram em homens e mulheres aceitando isso como fato. Se não fosse assim, a #MeToo não teria força.

As trilhas da teologia cristã, queixara-se Nietzsche, estavam por toda parte. No início do século XXI, elas conduziam — como haviam feito em épocas anteriores — a direções variadas e entremeadas. Elas levavam na direção de estações de TV nas quais televangelistas pregavam a liderança dos homens sobre as mulheres e também aos departamentos de estudos de gênero, nos quais o cristianismo era condenado pela marginalização heteronormativa dos LGBTQIA+. Nietzsche previra tudo isso. Deus podia estar morto, mas sua sombra, imensa e pavorosa, continuava a tremeluzir sobre seu cadáver. As acadêmicas eram tão suas escravas, suas acólitas, quanto os pregadores mais exaltados. Era impossível fugir de Deus simplesmente negando sua existência. Qualquer condenação do cristianismo como patriarcal e repressor derivava de uma estrutura de valores que era ela mesma completamente cristã. "A medida da compaixão de um homem pelo humilde e sofredor passa a ser a *medida* da *elevação de sua alma*."[22] Fora essa lição histórica ensinada pela morte de Jesus na cruz que Nietzsche mais desprezara no cristianismo. Dois mil anos depois, a descoberta feita pelos

DOMÍNIO

primeiros seguidores de Cristo — a de que ser vítima podia ser uma fonte de poder — ainda podia levar milhões de pessoas às ruas. Riqueza e posição, nos Estados Unidos de Trump, não eram os únicos índices de status. Seus opostos também eram. Contra a imagem fálica de torres com elevadores dourados, as organizadoras da Marcha das Mulheres buscaram invocar a autoridade dos que estavam na parte de baixo da pilha. Os últimos seriam os primeiros e os primeiros seriam os últimos. Mas como mensurar quem eram os primeiros e quem eram os últimos? Como sempre haviam feito, todas as múltiplas intersecções de poder e todas as dimensões de estratificação social marginalizavam alguns mais que outros. As mulheres marchando por igualdade com os homens sempre tinham de lembrar — se fossem ricas, educadas, brancas — que muitas entre elas eram muito mais oprimidas: "mulheres negras, indígenas, pobres, imigrantes, deficientes, muçulmanas, lésbicas, queer e transgênero."[23] As desfavorecidas também podiam apresentar sua hierarquia.

O fato de que o destino dos governantes era serem derrubados de seus tronos e o destino dos humildes era serem elevados sempre fizera com que cristãos ansiosos conferissem os próprios privilégios. Isso inspirara Paulino a doar sua fortuna, Francisco a se despir diante do bispo de Assis e Isabel da Hungria a trabalhar como criada em um hospital. Similarmente, o medo da danação, o anseio para estar nas fileiras dos eleitos e o desespero para se livrar do pecado original haviam fornecido, desde o momento em que os Pais Peregrinos embarcaram em seus navios, a mais garantida e fértil sementeira para os ideais do povo norte-americano. Repetidamente, no curso de sua história, os pregadores haviam buscado despertar neles o sentimento de culpa e lhes oferecer salvação. Agora, no século XXI, havia chamados para um despertar similar. Quando, em outubro de 2017, as líderes da Marcha das Mulheres organizaram uma convenção em Detroit, um painel em particular se viu obrigado a rejeitar delegadas. "Confrontando a feminilidade branca" ofereceu às feministas brancas a chance de reconhecerem seus privilégios, confessarem seus pecados e receberem absolvição. A oportunidade foi oferecida para que as ricas e educadas abrissem os olhos, encarassem a realidade da injustiça e realmente despertassem. Somente a partir do arrependimento a salvação seria obtida. Mas as convocantes não se dirigiam meramente às delegadas no salão de conferências. Seu olhar, como sempre fora o olhar dos pregadores norte-americanos, estava fixado no mundo além. Sua convocação era para as pecadoras de toda parte. Sua ambição era servir como cidade na colina. Parecia que o cristianismo não precisava de cristãos para que suas hipóteses florescessem. Somente o tempo diria se isso era uma ilusão ou se o poder das vítimas sobre os vitimizadores sobreviveria ao mito que lhe dera origem. Mesmo assim, o recuo da fé cristã não parecia implicar qualquer necessário recuo dos valores cristãos. Antes o oposto. Mesmo na Europa — um continente com igrejas muito mais vazias que as norte-americanas —, os elementos do cristianismo continuavam a infundir a moral e as suposições das pessoas tão profundamente que muitas não conseguiam sequer detectar sua presença. Como partículas de pó tão finas que se tornam invisíveis a olho nu, eles eram inspirados igualmente por todos: crentes, ateus e aqueles que sequer pensavam em religião.

Se não fosse assim, ninguém jamais seria *woke* ["desperto"].

As coisas fracas deste mundo

Escrevendo este livro, frequentemente me vi pensando em minha madrinha. Deborah Gillingham morreu em 2009, mas, como eu a amava muito e ela fora uma presença constante durante minha infância, minhas lembranças jamais se desvaneceram. Isso pode parecer, em um livro que percorreu milênios, uma nota autoindulgente para concluir, mas a história que o livro conta, a história de como o cristianismo transformou o mundo, jamais teria ocorrido se não fosse por pessoas como tia Deb. Membro comprometido e fiel da Igreja da Inglaterra, ela levava seus deveres como minha madrinha muito a sério. Tendo jurado, em meu batismo, que cuidaria para que eu fosse criado na fé e na vida cristãs, ela fez todo o possível para manter sua palavra. Nunca permitiu que eu esquecesse que a Páscoa significava muito

DOMÍNIO

mais que os ovos de chocolate que ela me dava todos os anos. Comprou minha primeira Bíblia infantil, escolhida porque continha vibrantes ilustrações de faraós e centuriões, e ela me conhecia bem o bastante para entender que essa era a melhor maneira de garantir que eu a leria. Acima de tudo, com sua infalível gentileza, ela me forneceu um modelo do que, para uma cristã comprometida, a prática diária da fé realmente significava. Na época, é claro, eu não pensava nela nesses termos. Ela era só a tia Deb. Mas, com o passar dos anos, conforme eu lia mais e mais sobre a grande extensão da história cristã, sobre cruzadas, inquisições e guerras religiosas, sobre papas com dedos gordos cobertos de anéis, puritanos com carrancas severas e todos os grandes choques e convulsões que o cristianismo causara no mundo, vi-me pensando nela, cada vez mais, como parte dessa história. O que, por sua vez, significava que eu também fazia parte dela.

Ao escrever este livro, busquei ser tão objetivo quanto possível. Mas isso, ao lidar com um tema como o cristianismo, não significa ser neutro. Alegar, como certamente faço, que busquei avaliar com justiça tanto as realizações quanto os crimes da civilização cristã não é estar fora de suas estruturas morais, mas antes — como Nietzsche teria rapidamente indicado — permanecer em seu interior. As pessoas que, em sua famosa fábula, continuavam a venerar a sombra de Deus, não eram somente as que iam à igreja. Todos aqueles influenciados pela moralidade cristã — mesmo os que podiam se orgulhar de constar entre os assassinos de Deus — estavam incluídos. Inevitavelmente, tentar analisar o impacto do cristianismo no mundo é analisar a ascensão e queda de impérios, as ações de bispos e reis, os argumentos de teólogos, o curso de revoluções, o uso de cruzes em todo o mundo. É, em particular, focar nas ações dos homens. Isso, no entanto, dificilmente conta toda a história. Escrevi muito neste livro sobre igrejas, monastérios e universidades, mas nunca foi neles que a massa do povo cristão foi modelada da maneira mais influente. Foi sempre em casa que as crianças tenderam a absorver os ensinamentos revolucionários que, no curso de 2 mil anos, passaram a ser tão aceitos que quase foram vistos como parte da natureza humana. A revolução cristã ocorreu, acima de tudo, no colo das mulheres.

WOKE

Assim, o sucesso da mais influente estrutura para compreender a existência humana que já existiu sempre dependeu de pessoas como minha madrinha, pessoas que viam na sucessão de gerações algo mais que meramente o ritmo de todo o planeta. Embora não tivesse filhos, ela era professora, diretora de uma escola muito premiada e publicamente honrada por isso. A convicção de que tinha um dever para aqueles que sobreviveriam a ela sempre foi a pedra angular de sua carreira. Como cristã, porém, ela também acreditava em muito mais. Um *saeculum*, para os romanos, era o limite da memória viva: um período breve e passageiro. Um bebê talvez possa ser ninado por seus bisavós, mas as cinzas devem sempre retornar às cinzas, e o pó, ao pó. Sem a dimensão celestial, todas as coisas são transitórias. Minha madrinha sabia disso. Mas não acreditava que todas as coisas eram transitórias. Ela tinha esperança na vida eterna. Era uma fé que recebera da mãe, que a recebera de seus pais, que receberam de seus próprios pais. Essa fé fora passada adiante por gerações, séculos, milênios. Somente os judeus podiam reivindicar algo comparável: uma tradição viva que podia ser rastreada, em uma linha contínua, até a há muito desaparecida civilização do Império Romano. E foi essa tradição que minha madrinha me passou.

Contudo, não foi somente isso que ela me passou. Quando era criança, eu tinha uma única obsessão, e não eram as histórias bíblicas. Minha madrinha, por ser uma mulher gentil e amorosa, e, como professora, possuir longa experiência com meninos e suas obsessões, não ficou nem remotamente desapontada com o fato de que aquilo com que eu realmente me importava serem os animais pré-históricos. Suas casa, na periferia de uma cidadezinha no sul da Inglaterra, tinha uma localização conveniente para a exploração das falésias onde, em 1811, fora descoberto o primeiro crânio completo de um ictiossauro. Sentado no banco de trás enquanto minha mãe dirigia até lá, eu observava o interior e sonhava com o período mesozoico. E não era o primeiro a fazer isso. Na parede de uma loja local de fósseis, sobre as amonitas, os crinoides e os dentes de ictiossauros, havia uma reprodução da primeira ilustração de um cenário pré-histórico. Pintada em 1830, ela mostrava a aparência provável da vizinhança durante o período jurássico.

DOMÍNIO

Palmeiras brotavam de rochas nuas. Criaturas estranhas, meio dragão, meio morcego, sobrevoavam o mar fervilhante de vida. Um monstro de pescoço comprido defecava ao ser atacado por um ictiossauro. Era tudo muito sinistro. Era tudo muito empolgante.

Deus, conversando com Jó do turbilhão, falara de puxar o Leviatã com um gancho e prender sua língua com uma corda. Mas eu achava difícil conciliar isso com o que eu sabia sobre ictiossauros. Lentamente, como uma lâmpada perdendo luminosidade, minha fé em Deus começou a se desvanecer. A extensão do tempo parecia gelidamente imensa demais para que a vida e a morte de um único ser humano, 2 mil anos antes, tivesse a significância cósmica alegada pelo cristianismo. Por que o *Homo sapiens* deveria ter o status negado às amonitas? Por que, se Deus existia, ele permitira que tantas espécies evoluíssem, florescessem e então desaparecessem totalmente? Por que, se era misericordioso e bom, permitira que um asteroide atingisse o planeta, fazendo com que a carne dos dinossauros pegasse fogo, os mares mesozoicos fervessem e a escuridão cobrisse a face da Terra? Eu não passava o tempo todo me preocupando com essas questões, mas, às vezes, na calada da noite, pensava nelas. A esperança oferecida pela história cristã, de que havia uma ordem e um propósito na existência da humanidade, parecia sempre me escapar. "Quanto mais o universo parece compreensível", disse famosamente o físico Steven Weinberg, "mais ele parece sem propósito."[24]

Quando, na primavera de 2009, soube que minha madrinha fora levada ao hospital, fui visitá-la. Ela obviamente estava morrendo. Por causa de um derrame, já não falava tão claramente quanto antes, mas conseguiu garantir que tudo ficaria bem. Quando me levantei para ir embora, parei na porta e olhei para trás. Ela virara o rosto para a parede. Estava encolhida como um animal ferido. Não achei que a veria novamente. Também não achei, como minha madrinha esperava, que a encontraria no céu. Somente os átomos e a energia que constituíam seu ser, e que haviam se originado com o universo, perdurariam. Cada onda de cada partícula que era minha amada madrinha perduraria, assim como as partículas de todo organismo que já existiu, fosse humano, dinossauro ou micróbio, e talvez isso pudesse ser fonte de conforto.

WOKE

Mas não era. Não de verdade. Indo embora do hospital, parecia somente um paliativo. Uma história contada por uma espécie que, como eu sabia a partir de minhas experiências, não conseguia suportar muita realidade.

"Não há nada particular no homem. Ele é somente uma parte deste mundo."[25] Hoje, no Ocidente, muitos concordariam com Himmler que a humanidade reivindicar um status especial para si mesma, imaginar-se de algum modo superior ao restante da criação, é uma arrogância indefensável. O *Homo sapiens* é somente outra espécie. Insistir no contrário é se agarrar a fragmentos estilhaçados da crença religiosa. Mas as implicações dessa visão — que os nazistas, é claro, afirmaram ser uma sanção para o genocídio — permanecem inquietantes para muitos. Assim como Nietzsche previu, os livres-pensadores que zombam da própria ideia de deus como uma coisa morta, uma fada, um amigo imaginário, ainda se apegam devotamente a tabus e morais derivados do cristianismo. Em 2002, em Amsterdã, o Congresso Humanista Mundial afirmou "o valor, a dignidade e a autonomia do indivíduo e o direito de todo ser humano à maior liberdade possível, desde que compatível com os direitos alheios".[26] Mas isso — a despeito da declarada ambição dos humanistas de fornecer "uma alternativa à religião dogmática"[27] — não foi nada além de uma declaração de crença. Himmler, de qualquer forma, entendeu a licença que surgiu com o abandono do cristianismo. A suposição humanista de que ateísmo e liberalismo caminham justos era somente isso, uma suposição. Sem a história bíblica de que Deus criou a humanidade a sua imagem e semelhança, a reverência dos humanistas por sua própria espécie correria o risco de parecer piegas e sentimental. Que bases haveria, além do sentimentalismo, para defendê-la? Talvez, como declarou o manifesto humanista, "a aplicação dos métodos da ciência".[28] Mas isso era tanto um mito quanto o Gênesis. No século XXI, assim como nos dias de Charles Darwin e T. H. Huxley, a ambição dos agnósticos de traduzir valores "em fatos que possam ser cientificamente entendidos"[29] era uma fantasia. Ela derivava não da viabilidade de tal projeto, mas da teologia medieval. Não era a verdade que a ciência oferecia aos moralistas, mas um espelho. Os racistas se identificavam com os valores racistas; os liberais,

533

DOMÍNIO

com os valores liberais. O dogma primário do humanismo — "a moralidade é parte intrínseca da natureza humana, baseada no entendimento e na preocupação com os outros"[30] — encontrou tanta corroboração na ciência quanto o dogma dos nazistas de que qualquer um não adequado à vida devia ser exterminado. A fonte dos valores humanistas não está na razão nem no raciocínio baseado em evidências, mas na história.

Quando eu era criança, a coisa que lamentava mais profundamente era o fato de já não existirem dinossauros. Bastava olhar para uma vaca para desejar que fosse um triceratope. Mas agora, na meia-idade, descobri que dinossauros ainda existem. A tese de Huxley, de que os pássaros se originaram de algo parecido com dinossauros pequenos e carnívoros, foi espetacularmente substanciada. Hoje, após um século de zombaria dos paleontólogos, as provas se acumulam rapidamente. Está claro que as penas são tão antigas quanto os próprios dinossauros. Tiranossauros tinham fúrculas, punham ovos e eram recobertos por uma penugem filamentosa. Quando, em uma descoberta surpreendente, colágeno foi extraído recentemente do fóssil de um tiranossauro, suas sequências de aminoácidos se revelaram inconfundivelmente parecidas com as de uma galinha. Quanto mais evidências são estudadas, mais nebulosa se torna a linha separando pássaros de dinossauros. O mesmo, *mutatis mutandis*, pode ser dito das linhas que dividem agnósticos de cristãos. Em 16 de julho de 2018, um dos cientistas mais conhecidos do mundo, um homem tão celebrado por suas polêmicas contra a religião quanto por seus textos sobre biologia evolutiva, ouviu os sinos de uma catedral inglesa. "Eles são tão mais agradáveis que o agressivo 'Allahu Akhbar'", tuitou Richard Dawkins. "Ou isso se deve apenas a minha educação cultural?"[31] A pergunta era perfeitamente apropriada para um admirador de Darwin. Como os seres humanos, assim como qualquer outro organismo biológico, são produtos da evolução, não surpreende que ela esteja evidente em suas suposições, crenças e culturas. A preferência pelos sinos das igrejas, em detrimento do som dos muçulmanos venerando Deus, não surgiu por mágica. Dawkins — agnóstico, secularista, humanista — certamente possui os instintos de alguém criado em uma civilização cristã.

WOKE

Hoje, conforme recua a maré do poder e da influência ocidentais, as ilusões dos liberais europeus e norte-americanos podem se dissipar. Muito do que eles buscaram retratar como universal foi exposto como não sendo. O agnosticismo — como Huxley, o homem que cunhou a palavra, prontamente reconheceu — é "aquela convicção sobre a supremacia do julgamento privado (de fato, da impossibilidade de escapar a ele) que é a fundação da Reforma protestante".[32] O secularismo deve sua existência ao papado medieval. O humanismo deriva, no fim das contas, de alegações feitas na Bíblia: os seres humanos são feitos à imagem de Deus; seu Filho morreu igualmente por todos; não existem judeu ou grego, escravo ou livre, homem ou mulher. Repetidamente, como um grande terremoto, o cristianismo enviou reverberações pelo mundo. Primeiro houve a revolução primal, pregada por São Paulo. Então vieram os tremores secundários: a revolução do século XI que colocou a cristandade latina em seu curso momentoso, a revolução comemorada como Reforma, a revolução que matou Deus. Todas com a mesma estampa: a aspiração de incluir em si mesma toda outra forma de ver o mundo e a reivindicação de um universalismo que era culturalmente específico. Que os seres humanos possuem direitos, nascem iguais e devem obter sustento, abrigo e proteção contra a perseguição nunca foram verdades autoevidentes.

Os nazistas certamente sabiam disso, e é por isso que, na demonologia atual, eles mantêm o papel central. Os ditadores comunistas não foram menos homicidas que os fascistas, mas, como o comunismo é a expressão da preocupação com as massas oprimidas, eles raramente são vistos como diabólicos. A medida de quão cristã permanece sendo nossa sociedade é o fato de o assassinato em massa precipitado pelo racismo tender a ser visto como vastamente mais repugnante que o assassinato em massa precipitado pela ambição de apressar a chegada do paraíso sem classes. Os liberais podem não acreditar no inferno, mas acreditam no mal. E sentem tanto medo dele quanto Gregório, o Grande. Assim como ele vivia com medo de Satã, nós vivemos com medo do fantasma de Hitler. Por trás da prontidão para usar "fascista" como insulto esconde-se um medo entorpecedor: o medo

DOMÍNIO

do que pode acontecer se "fascista" deixar de ser insulto. Se o humanismo secular deriva não da razão ou da ciência, mas do curso distinto da evolução do cristianismo — um curso que, na opinião de cada vez mais pessoas na Europa e nos Estados Unidos, levou à morte de Deus —, como seus valores podem ser algo além da sombra de um cadáver? O que são as fundações de sua moralidade, senão um mito?

Mas um mito não é uma mentira. Em seu aspecto mais profundo — como Tolkien, um católico devoto, sempre argumentou —, um mito pode ser verdadeiro. Ser cristão é acreditar que Deus se tornou homem e sofreu uma morte tão terrível quanto a de qualquer mortal. É por isso que a cruz, esse antigo instrumento de tortura, permanece o que sempre foi: um símbolo adequado da revolução cristã. É sua audácia — a audácia de encontrar em um cadáver retorcido e derrotado a glória do criador do universo — que explica, mais seguramente que qualquer outra coisa, a profunda estranheza do cristianismo e da civilização que lhe deu origem. Hoje, o poder dessa estranheza permanece vivo como sempre. Ele se manifesta na grande onda de conversões que varreu a África e a Ásia no último século; na convicção de milhões de pessoas de que o sopro do Espírito, como um fogo vivo, ainda varre o mundo; e, na Europa e na América do Norte, nas suposições de muitos milhões de pessoas que jamais pensaram em se descrever como cristãs. Todas são herdeiras da mesma revolução, uma revolução que, em seu âmago derretido, tem a imagem de um deus morto na cruz.

Eu deveria ter compreendido isso antes. Mas só o fiz durante os estágios iniciais deste livro, quando viajei para o Iraque a fim de produzir um filme. Sinjar, quando a visitei, estava na fronteira com o Estado Islâmico. Ela fora tomada de seus guerreiros somente algumas semanas antes. Em 2014, quando eles a haviam capturado e ocupado, era o lar de muitos yazidis, uma minoria religiosa condenada pelo Estado Islâmico como adoradora do diabo. Seu destino foi tão sombrio quanto o daqueles que resistiam aos romanos. Os homens foram crucificados, as mulheres, escravizadas. Ficar entre as ruínas de Sinjar, sabendo que, a 3 quilômetros dali, do outro lado do terreno plano e aberto, estavam as pessoas que haviam cometido

WOKE

tais atrocidades, era compreender como, na Antiguidade, o cheiro fétido do calor e dos cadáveres servia a um conquistador como marcador de sua posse. A crucificação não era meramente uma punição. Era uma maneira de conseguir dominância, sentida como terror pelos subjugados. O medo do poder era o índice do poder. Sempre foi e sempre será assim. É como funciona o mundo.

Mas, durante 2 mil anos, os cristãos debateram isso. Muitos deles, durante esse período, tornaram-se agentes do terror. Eles subjugaram os fracos e levaram consigo sofrimento, perseguição e escravidão. No entanto, os padrões pelos quais são condenados por isso são eles mesmos cristãos e não parece, mesmo que as igrejas ocidentais continuem a esvaziar, que esses padrões vão mudar. Deus "escolheu as coisas fracas do mundo para envergonhar as fortes".[33] É a esse mito que persistimos em nos agarrar no Ocidente. Nesse sentido, a cristandade permanece sendo a cristandade.

Notas

Prefácio

1. Horácio. *Satires*, 1.8.8.
2. Ibid. *Epodes*, 5.100.
3. Tácito. *Annals*, 15.60.
4. Sêneca. *On Anger*, 1.2.2.
5. Tácito. *Annals*, 14.44.
6. Sêneca. *On Consolation, to Marcia.*
7. Ver Cícero. *Against Verres*, 2.5.168 e 169.
8. Varrão, fragmento 265.
9. Marcos, 15:22.
10. Vermes, p. 181.
11. Josefo. *Jewish War*, 7.202.
12. Filipenses, 2:9-10.
13. Píndaro. *Nemean Odes*, 3.22.
14. Varrão, fragmento 20.
15. Justino Mártir. *Dialogue with Trypho*, 131.
16. Anselmo. "Prayer to Christ", linhas 79-84.
17. Eadmer. *Life of Saint Anselm*, 23.
18. Fulton, p. 144.
19. Eadmer. *Life of Saint Anselm*, 22.
20. Mateus, 20:16.
21. Ibid., 16:19.
22. Boyarin (1994), p. 9.
23. Salmos, 9:5. Citado por Rana Mitter em *Forgotten Ally: China's World War II, 1937—1945* (Londres, 2013), p. 362.

DOMÍNIO

24. Disponível em: <http://www.abc.net.au/radionational/programs/religionreport/the-god-delusion-and-alister-e-mcgrath/3213912>.
25. Gibbon. *The Decline and Fall of the Roman Empire* 3, capítulo 28.
26. Swinburne. "Hymn to Proserpine."
27. *Atos de Tomé*, 31.

I. Atenas

1. Heródoto, 9.120.
2. Dario: Beistum, 32. A linha seguinte registra a mesma punição sendo infligida a um segundo rebelde.
3. Plutarco: *Life of Artaxerxes*, 16.
4. Dario: Beistum, 5.
5. Ibid., 8.
6. Hamurabi, "Prólogo".
7. Assurbanípal, 1221 r.12.
8. Cilindro de Ciro, 20.
9. Dario: Beistum, 49.
10. Ibid., 72. As pessoas assim condenadas eram de uma terra chamada Elão.
11. Ibid., 75.
12. Ibid., 76.
13. Tucídides, 2.41.
14. Xenofonte. *Cyropaedia*, 8.2.12.
15. Ibid.
16. A explicação alternativa para o nome Pseudartabas, "falsa medida", parece implausível.
17. Homero. *Iliad*, 24.617.
18. Hesíodo. *Works and Days*, 158.
19. Homero. *Odyssey*, 20.201.
20. Platão. *Ion*, 530b.
21. Homero. *Iliad*, 6.610.

NOTAS

22. Ibid., 5.778.

23. Ibid., 4.51-3.

24. Teógnis, 381-2.

25. Aristóteles. *Eudemian Ethics*, 1249b.

26. Demóstenes. *Against Timocrates*, 5.

27. Sófocles. *Oedipus the King*, 866-9.

28. Sófocles. *Antigone*, 456-7.

29. Ibid., 453-5.

30. Ibid., 1348-50.

31. Hesíodo. *Theogony*, 925.

32. Xenófanes. Citado por Sexto Empírico: *Against the Professors*, 1.289.

33. Heráclito. Citado por Estobeu, 3.1.179.

34. Aristóteles. *Metaphysics*, 12.1072a.

35. Ibid., 12.1072b.

36. Aristóteles. *History of Animals*, 1.2.

37. Aristóteles. *Politics*, 3.1287a.

38. Diógenes Laércio, 1.33.

39. Aristóteles. *Politics*, 1.1254a.

40. Ibid., 7.1327a.

41. Tucídides, 5.89.

42. "Hymn to Demetrius", 15-20.

43. Teofrasto, citando Ceremão. *Tragicorum Graecorum Fragmenta*: fragmento 2 (p. 782).

44. Políbio, 29.21.5.

45. Ibid., 1.3.4.

46. Cícero. *On Laws*, 1.6.18.

47. Alexandre. *On Mixture*, 225.1—2.

48. Cleantes. *Hymn to Zeus*, 1.537.

49. Cícero. *On Divination*, 1.127.

50. Estrabão, 11.16.

DOMÍNIO

II. Jerusalém

1. Josefo. *Antiquities of the Jews*, 14.4.4.
2. Varrão, citado por Agostinho: *On the Harmony of the Gospels*, 1.22.30.
3. Tácito. *Histories*, 5.9.
4. Diodoro Sículo, 34.2.
5. Cícero. *Tusculan Disputations*, 2.61.
6. *Salmos de Salomão*, 2.1-2.
7. Dião Cássio: 37.6.1.
8. Gênesis, 22:2.
9. Ibid., 22:18.
10. Eupolemo, um judeu falante de grego que viveu um século antes de Pompeu capturar Jerusalém. Citado por Isaac Kalimi: "The Land of Moriah, Mount Moriah, and the Site of Solomon's Temple in Biblical Historiography" (*Harvard Theological Review* 83, 1990), p. 352.
11. Isaías, 2:2.
12. Deuteronômio, 11:26-28.
13. 2 Reis, 25:9.
14. Ageu, 2:3.
15. *Salmos de Salomão*, 2.3-4.
16. Habacuque, 2:8.
17. Ibid., 1:8.
18. Pesher de Qumran sobre Habacuque 9:6-7. No texto, os romanos são chamados de "quitins".
19. Carta de Aristeias, 31.
20. Deuteronômio, 4:7.
21. *Enuma Elish*. Placa 5.76.
22. Ibid. Placa 6.7-8.
23. Gênesis, 1:31.
24. Ibid., 2:9. Embora Deus subsequentemente expresse ansiedade com a perspectiva de Adão e Eva comerem os frutos da segunda

NOTAS

árvore, "a árvore da vida", Ele não os proíbe explicitamente de colhê-los.

25. Ben Sira, 25:24.

26. Juízes, 5:8.

27. Deuteronômio, 30:3.

28. Salmos, 68:4.

29. Isaías, 44:6.

30. Ibid., 41:24.

31. Ibid., 45:5-6.

32. Êxodo, 15:11.

33. Juízes, 5:4.

34. Salmos, 89:6.

35. Ibid., 82:1.

36. Ibid., 82:6-7.

37. Malaquias, 1:11.

38. Jó, 1:7.

39. Ibid., 1:8.

40. Ibid., 1:11.

41. Ibid., 2:8.

42. Ibid., 8:3-4.

43. Ibid., 42:7.

44. Gênesis, 1:21.

45. Jó, 41:1.

46. Ibid., 42:2.

47. Isaías, 45:7.

48. Ibid., 41:17.

49. *Salmos de Salomão*, 2:25.

50. Ibid., 2:29.

51. Êxodo, 1:13.

52. Ibid., 12:29.

53. Ibid., 14:28.

54. Ibid., 33:17.

DOMÍNIO

55. Ibid., 20:3.

56. Ibid., 20:5.

57. Deuteronômio, 34:6.

58. Assman, p. 2.

59. Êxodo, 20:2.

60. Deuteronômio, 7:19.

61. 2 Reis, 22:8.

62. Ibid., 23:2.

63. Juízes, 8:23.

64. Deuteronômio, 4:6.

65. Isaías, 11:6.

66. Ibid., 11:4.

67. *Salmos de Salomão*, 17:30.

68. Virgílio. *Eclogues*, 4.6-9.

69. Josefo. *Jewish War*, 2.117.

70. Josefo. *Against Apion*, 2.175.

71. Tácito. *Histories*, 5.4.

72. Estrabão, 16.2.35.

73. Salmos, 47:2.

74. Isaías, 56:6.

75. Estrabão, 16.2.37.

76. Tácito. *Histories*, 5.5.

77. Fílon. *Embassy to Gaius*, 319.

78. Ibid., *Life of Moses*, 2.20.

III. Missão

1. Lívio, 38.17.4.

2. Nenhum registro desse decreto sobreviveu, mas o fato de a autoglorificação de Augusto ter sido reproduzida em ao menos três cidades gálatas e em nenhum outro lugar — pelo que sabemos — do Império Romano sugere fortemente que ele foi de autoria da *Koinon Galaton*. Para a datação, ver Hardin, p. 67.

NOTAS

3. Nicolau de Damasco. Fr Gr H 90 F 125.1.

4. Sêneca. Citado por Agostinho em *The City of God*, 6.10.

5. Virgílio. *Aeneid*, 6.792-3.

6. Gálatas, 4:8.

7. Ibid., 4:14.

8. Ibid., 4:15. Aqui talvez haja a indicação de que a doença de Paulo era uma infecção nos olhos.

9. Ibid., 1:14.

10. 1 Coríntios, 9:1.

11. Ibid., 15:9.

12. Ibid., 8:6.

13. Gálatas, 5:11.

14. 1 Coríntios, 1:23.

15. Gálatas, 6:17.

16. Deuteronômio, 14:1.

17. Gálatas, 5:6.

18. Plutarco. *Alexander*, 18.1.

19. Filipenses, 3:8.

20. Gálatas, 3:28.

21. Ibid., 2:20.

22. 1 Coríntios, 4:13.

23. A estimativa é de Hock, p. 27.

24. Gálatas, 3:1.

25. Ibid., 2:4.

26. Ibid., 5:12.

27. Ibid., 5:6.

28. Ibid., 5:13.

29. Ibid., 5:14.

30. 2 Coríntios, 12:4.

31. Ibid., 3:6.

32. Ibid., 3:17.

33. Horácio. *Epistles*, 1.17.36.

DOMÍNIO

34. 1 Coríntios, 1:28.

35. Ibid., 7:22.

36. Ibid., 10:23.

37. Ibid., 9:21.

38. Ibid., 13:1-2.

39. Ibid., 9:22.

40. Gálatas, 3:28.

41. 1 Coríntios, 11:3.

42. 2 Coríntios, 3:3.

43. Jeremias, 31:33. Paulo ecoa a expressão em Romanos, 2:15.

44. Romanos, 2:14.

45. Ibid., 13:12.

46. 1 Tessalonicenses, 5:23.

47. Sêneca. *Apocolocyntosis*, 4.

48. Dio, 62.15.5.

49. Romanos, 1:7.

50. Ibid., 8:16.

51. Musônio Rufo. Fr. 12.

52. 1 Coríntios, 6:15.

53. Ibid., 6:19.

54. Romanos, 8:11.

55. Ibid., 2:11.

56. 2 Coríntios, 11:24.

57. Romanos, 13:1.

58. 1 Tessalonicenses, 5:2.

59. Tácito. *Annals*, 15.44.

60. 1 Clemente, 5:5-6.

61. Josefo. *Jewish War*, 6.442.

62. 1 Coríntios, 1:22-23.

63. Mateus, 23:10.

64. Romanos, 1:4.

65. Isaías, 49:6.

NOTAS

66. João, 1:5.
67. Ibid., 21:17.

IV. Crença

1. Ireneu. *Against Heresies*, 3.3.4.
2. Ireneu, citado por Eusébio. *History of the Church*, 5.20.
3. Ireneu. *Against Heresies*, 3.3.2.
4. Colossenses, 3:22.
5. 1 Pedro, 2:17.
6. Ireneu. *Against Heresies*, 4.30.3.
7. Minúcio Félix. *Octavius*, 8.9.
8. *Martyrdom of Polycarp*, 9.
9. 1 Coríntios, 4:9.
10. Eusébio. *History of the Church*, 5.1.17.
11. Ibid., 5.1.11.
12. Ibid., 5.1.42.
13. Ibid., 5.1.41.
14. Ireneu. *Against Heresies*, 3.16.1.
15. Ibid., 1.24.4.
16. Ibid.
17. Ibid., 3.18.5.
18. Ibid., 1.13.1.
19. Ibid., 1.10.1.
20. Inácio de Antioquia. "Letter to the Smyrnaeans", 8.2.
21. Ireneu. *Against Heresies*, 2.2.1.
22. Para a probabilidade de que Marcião tenha sido o primeiro a cunhar a expressão "Novo Testamento", ver Wolfram Kinzig: "*Kaine diatheke*: The Title of the New Testament in the Second and Third Centuries" (*Journal of Theological Studies* 45, 1994).
23. Ireneu. *Against Heresies*, 4.26.1.
24. Ibid., 1.8.1.

DOMÍNIO

25. Eusébio. *History of the Church*, 5.1.20.

26. "Letter to Diognetus", 5.

27. Celso, citado por Orígenes. *Against Celsus*, 5.59.

28. Registro no fragmento de um papiro (P. Giss. 40).

29. Minúcio Félix. *Octavius*, 6.2.

30. Herodiano, 4.8.8.

31. Eusébio. *History of the Church*, 6.3.6.

32. Orígenes. *Homilies on Joshua*, 9.1.

33. Ibid. *Commentary on John*, 10.35.

34. Em três de suas cartas: aos magnésios, aos filadelfos e aos romanos.

35. Citado em Hans Urs von Balthasar: *Origen: Spirit and Fire: A Thematic Anthology of His Writings*, tradução de Robert J. Daly (Washington, 1984), p. 244.

36. 1 Tessalonicenses, 4:12.

37. Celso, citado por Orígenes. *Against Celsus*, 7.66.

38. Orígenes. *Against Celsus*, 7.5.

39. As duas comparações são feitas na exegese do Cântico dos Cânticos feita por Orígenes, versos 8.8 e 1.13, respectivamente.

40. Orígenes. Citado por Trigg, p. 70.

41. Justino Mártir. *Second Apology*, 13.4.

42. Gregório Taumaturgo. *Oration and Panegyric Addressed to Origen*, 6.

43. Ibid., 12.

44. Celso, citado por Orígenes. *Against Celsus*, 3.44.

45. Ireneu. *Against Heresies*, 3.2.2.

46. Orígenes. *Commentary on John*, 10.237.

47. Ibid. *Against Celsus*, 7.38.

48. *Wisdom of Solomon*, 7.26.

49. Orígenes. *On First Principles*, 2.6.2.

50. Ibid. *Against Celsus*, 8.70.

51. Tertuliano. *Apology*, 50.

52. Sílio Itálico, 1.211-12.

NOTAS

53. Eusébio. *History of the Church*, 10.6.4.

54. Lactâncio. *On the Deaths of the Persecutors*, 48.2.

55. Ibid., 48.3.

56. Optato de Milevis, 3.3.22.

57. Ibid. Apêndice 3.

58. Eusébio. *Life of Constantine*, 2.71.

59. Lactâncio. *Divine Institutes*, 4.28.

60. Eusébio. *Life of Constantine*, 3.10.

61. Tertuliano. *Apology*, 24.

62. Optato de Milevis. *Against the Donatists*, 2.11.

V. Caridade

1. Juliano. *Against the Galileans*, 194d.

2. Juliano. Carta 22.

3. Ibid.

4. Porfírio, citado (e traduzido) por Brown (2016), p. 3.

5. Ibid.

6. Gálatas, 2:10.

7. Gregório de Nissa. *On the Love of the Poor* 1 (Rhee, p. 73).

8. Basílio de Cesareia. *Homily 6: 'I Will Pull Down My Barns'.* (Rhee, p. 60).

9. Gregório de Nissa. *On Ecclesiastes*, 4.1.

10. Gregório de Nissa. *Homily 4 on Ecclesiastes* (Hall, p. 74).

11. Basílio de Cesareia. *Homily 8: In Time of Famine and Drought* (Rhee, p. 65).

12. Gregório de Nissa. *Life of Macrina*, 24.

13. Gregório de Nissa. *On the Love of the Poor* 1 (Rhee, p. 72).

14. Juliano. Carta 19.

15. Sulpício Severo. *Life of St Martin*, 9.

16. Ibid., 4.

17. Mateus, 19:21.

DOMÍNIO

18. Orígenes. *Commentary on John*, 28.166.

19. Sulpício Severo. *Life of St Martin*, 3.

20. Paulino. *Letters*, 1.1.

21. Ibid., 5.5.

22. Ibid., 29.12.

23. Ibid., 22.2.

24. Lucas, 16:24-25.

25. Paulino. *Letters*, 13.20.

26. *On Riches*, 17.3. Transcrito por B. R. Rees em *The Letters of Pelagius and his Followers* (Woodbridge, 1998).

27. Ibid., 16.1, citando Lucas 6:24.

28. Pelágio. *Letter to Demetrias*, 8.3.

29. Atos dos Apóstolos, 2:45.

30. *On Riches*, 12.1.

31. Agostinho. *Dolbeau Sermon*, 25.25.510. Citado por Brown (2000), p. 460.

32. Ibid.

33. Mateus, 26:11.

34. Agostinho. *Letters*, 185.4.15.

35. Ibid. *Sermon*, 37.4.

VI. Paraíso

1. *Book of the Appearance of Saint Michael*, 2.

2. Gregório I. *Letters*, 5.38.

3. Agostinho. *City of God*, 2.28.

4. Lucas, 11:20.

5. Judas, 9.

6. Daniel, 12:1.

7. Gregório I. *Homilies on the Gospels*, 1.1.

8. Sulpício Severo. *Life of St Martin*, 21.

9. Hebreus, 2:14.

NOTAS

10. Isaías, 14:15.

11. Agostinho. *City of God*, 11.33.

12. Ibid., 5.17.

13. Gregório de Tours. *History of the Franks*, 10.1.

14. Gregório I. *Homilies on Ezekiel*, 2.6.22.

15. Gregório de Tours. *History of the Franks*, 10.1.

16. Gregório I. *Letters*, 5.36.

17. Ibid., 3.29.

18. Mateus, 13:49-50.

19. Apocalipse, 12:9.

20. Ibid., 16:16.

21. Agostinho. *City of God*, 12.15.

22. Gregório de Tours. *History of the Franks*, 5, introdução.

23. Agostinho. *City of God*, 20.7.

24. Gregório I. *Homilies on the Gospels*, 1.13.6.

25. Mateus, 22:14.

26. Platão. *Phaedo*, 106e.

27. Agostinho. *City of God*, 8.5.

28. Jonas de Bobbio. *Life of Columbanus*, 1.11.

29. *The Bangor Antiphonary*.

30. Columbano. *Sermons*, 8.2.

31. Agostinho. *City of God*, 2.29.

32. Zósimo, 2.

33. Agostinho. *City of God*, 16.26.

34. Jonas de Bobbio. *Life of Columbano*. 2.19.

VII. Êxodo

1. "Letter of Saint Maximus", citada por Gilbert Dagron e Vincent Deroche em *Juifs et Chrétiens en Orient Byzantin* (Paris, 2010), p. 31.

2. Mateus, 27:25.

DOMÍNIO

3. Agostinho. *Narrations on the Salmos*, 59.1.19.

4. Gregório I. *Letters*, 1.14.

5. *The Life of St Theodore of Sykeon*. 134.

6. Ao menos essa é a evidência encontrada em *The Teaching of Jacob*, que a maioria dos acadêmicos acredita ter sido escrito por um judeu convertido. Ver Olster, p. 158-75.

7. *Teaching of Jacob*, 5.16.

8. Sebeos, 30.

9. Alcorão, 90.12-17.

10. Ibid., 4.171.

11. Ibid., 3.19.

12. Ibid., 4.157.

13. Deuteronômio, 9:10.

14. Alcorão, 5.21.

15. Para a maneira como a cronologia da vida de Maomé ecoa a de Moisés, ver Rubin (1995). Para a tradição de que Maomé liderou a invasão da Palestina, ver Shoemaker (2012).

16. Ibn Ixaque. *The Life of Muhammad*, tradução de Alfred Guillaume (Oxford, 1955), p. 107.

17. *Teaching of Jacob*, 1.11.

18. Agostinho. *Homily on the Letter of John to the Parthians*, 7.8.

19. Bede. *On the Song of Songs*, prefácio.

20. Bede. *Ecclesiastical History*, 2.13.

21. Ibid., 4.2.

22. Bede. *Lives of the Abbots of Wearmouth and Jarrow*.

23. Bede. *Ecclesiastical History*, 4.3.

24. Ibid., 3.24. Sou grato a Tom Williams por chamar minha atenção para esse ponto.

25. Ibid., 2.1.

26. *Mozarabic Chronicle* de 754, citado por Bernard S. Bachrach em *Early Carolingian Warfare: Prelude to Empire* (Filadélfia, 2001), p. 170.

NOTAS

27. Paulo I a Pepino. Citada por Alessandro Barbero em *Charlemagne: Father of a Continent*, tradução de Allan Cameron (Berkeley & Los Angeles, 2004), p. 16.

28. Ibid. A citação é de 1 Pedro 2:9.

VIII. Conversão

1. Bonifácio. *Letters*, 46.
2. Mateus, 28:19.
3. Agostinho. *City of God*, 19.17.
4. 2 Coríntios, 5:17.
5. Bede. *Life of Cuthbert*, 3.
6. Willibald. *Life of Bonifácio*, 6.
7. Ibid., 8.
8. Einhard, 31.
9. 2 Samuel, 8:2.
10. First Saxon Capitulary, 8.
11. Alcuíno. *Letters*, 113.
12. Ibid., 110.
13. De "*De Littoris Colendis*", uma carta escrita em nome de Carlos Magno, quase certamente por Alcuíno.
14. *Admonitio Generalis*. Prefácio.
15. Alcuíno, citado em *Poetry of the Carolingian Renaissance*, editado por Peter Godman (Londres, 1985), p. 139.
16. *Gesta abbatum Fontanellensium*, em MGH SRG 28 (Hanover, 1886), p. 54.
17. Bonifácio. *Letters*, 50.
18. Flodoardo, *Historia Remensis Ecclesiae*, III, 28, p. 355.
19. Sedúlio Escoto. *On Christian Rulers*, tradução de E. G. Doyle (Binghamton, 1983), p. 56.
20. Otto de Freising. *The Two Cities*, tradução de C. C. Mierow (Nova York, 1928), p. 66.

DOMÍNIO

21. Gerhard, *Vita Sancti Uodalrici Episcopi Augustani*: capítulo 12. Tradução de Charles R. Bowlus, em *The Battle of Lechfeld and its Aftermath, August 955: The End of the Age of Migrations in the Latin West* (Aldershot, 2006), p. 176.

22. Ibid., p. 177.

23. Heliand, tradução de G. Ronald Murphy (Oxford, 1992), p. 118.

24. Sulpício Severo. *Life of St Martin*, 4.

25. Haimo de Auxerre. *Commentarium in Pauli epistolas* (*Patrologia Latina* 117, 732d).

26. De uma lista de relíquias do século XI mantida em Exeter. Citado em Patrick Connor em *Anglo-Saxon Exeter* (Woodbridge, 1993), p. 176.

27. Dietmar de Merseburgo. *Chronicle*, 8.4.

28. Radbod de Utrecht. Citado por Julia M. H. Smith em *Europe After Rome: A New Cultural History 500-1000* (Oxford, 2005), p. 222.

29. Adémar de Chabannes. *Chronicles*, 3.46.

30. Rudolf Glaber. *Histories*, 4.16.

31. Ibid., 4.18.

32. Arnoldo de Regensburg. *Vita S. Emmerami*, em MGH SS 4 (Hanover, 1841), p. 547.

IX. Revolução

1. André de Fleury. *Miraculi Sancti Benedicti*, editado por Eugene de Certain (Paris, 1858), p. 248.

2. *Chronicon s. Andreae* (MGH SS 7), p. 540.

3. Arnulfo de Milão, 3.15.

4. Gregório VII. *Letters*, 5.17.

5. Bonizo de Sutri. *To a Friend, in The Papal Reform of the Eleventh Century*, tradução de I. S. Robinson (Manchester, 2004), p. 220.

6. Paulo de Bernried. *The Life of Pope Gregory VII*.

NOTAS

7. Jeremias, 1:10.

8. Arnulfo de Milão, 4.7.

9. Gregório VII. *Register*, 3.10a.

10. Ibid., 4.12.

11. Otto de Freising. *The Two Cities*, 6.36.

12. Sigeberto de Gembloux. Citado por Moore (1977), p. 53.

13. Wido de Ferrara. *De Scismate Hildebrandi*, 1.7.

14. Lucas, 20:25.

15. Moore (2000), p. 12.

16. Gregório VII. *Letters*, 67.

17. Citado por Morris, p. 125.

18. Citado por H. E. J. Cowdrey, "Pope Urban II's Preaching of the First Crusade" (*History* 55, 1970), p. 188.

19. Citado por Rubenstein, p. 288.

20. João de Salisbury. *Historia Pontificalis*, 3.8.

21. Huguccio. Citado por Morris, p. 208.

22. Bernardo de Claraval. *De Consideratione*, 2.8.

23. Graciano. *Decretum: Distinction*, 22 c. 1.

24. Gregório VII. *Dictatus Papae*.

25. Agostinho. *On the Sermon on the Mount*, 2.9.32.

26. São Bernardo. Carta 120.

27. Quase certamente, "Graciano" é a notação taquigráfica para a obra de dois compiladores.

28. Citado por Berman (1983), p. 147.

29. Especificamente, São Clemente. Citado por Tierney, p. 71.

30. De um obituário citado por Clanchy, p. 29.

31. *The Letter Collection of Peter Abelard and Héloïse*, 1.14.

32. Ibid., 1.16.

33. Inocêncio II. *Revue Bénédictine* 79 (1969), p. 379.

34. *Sic et Non*, editado por B. B. Boyer e R. McKeon (Chicago, 1976), p. 103.

35. Bernardo de Claraval. Cartas, 191.

DOMÍNIO

36. Agostinho. *City of God*, 5.11.

37. Citado por Huff (2017), p. 106.

38. Gênesis, 9:15.

39. Anselmo. *Why was God a Man?*, 1.6.

40. Abelardo. *Commentary on the Epistle to the Romans*, tradução de Steven R. Cartwright (Washington DC, 2011), p. 168 (adaptado).

41. Abelardo. *Theologia 'Scholarium'*, editado por E. M. Buytaert e C. J. Mews, em *Petri Abaelardi opera theologica III* (Turnhout, 1987), p. 374.

42. Apocalipse, 21:11.

43. Abade Suger. *On What Was Done in his Administration*, 27.

X. Perseguição

1. *Reports of Four Attendants*, em Wolf (2011), 40.

2. Ibid., 45.

3. Peter Damian. *Against Clerical Property*, 6.

4. Primeiro cânone do Quarto Concílio de Latrão.

5. Um observador alemão presente ao Quarto Concílio de Latrão. Citado por Morris, p. 417.

6. Terceiro cânone do Quarto Concílio de Latrão.

7. Walter Map. *Of the Trifles of Courtiers*, 1.31.

8. Tomás de Celano. *The Life of Blessed Francis*, 1.6.

9. Ibid., 1.33.

10. Isabel da Hungria. *Sayings*, 45.

11. Cesário de Heisterbach. *Life of Saint Elizabeth the Landgravine*, 4.

12. Ibid.

13. *Reports of Four Attendants*, 31.

14. Décimo oitavo cânone do Quarto Concílio de Latrão.

15. Cesário de Heisterbach. *Life of Saint Elizabeth the Landgravine*, 5.

16. Alberico de Trois-Fontaines. Citado por Sullivan, p. 76.

NOTAS

17. *Reports of Four Attendants*, 15.

18. Gregório IX. *A Voice in Rama*. Não temos a carta de Conrado a Gregório, mas é evidente que o papa a está citando.

19. Graciano. Citado por Peters (1978), p. 73.

20. Vigésimo sétimo cânone do Quarto Concílio de Latrão.

21. Ibid.

22. *Acts of the Council of Lombers in Heresies of the High Middle Ages: Selected Sources*, traduzido e comentado por Walter L. Wakefield e Austin P. Evans (Nova York, 1969), p. 191.

23. Ibid., p. 192.

24. Ibid., p. 193.

25. Inocêncio III. *Register*, 10.149.

26. Jacques de Vitry. Citado por Pegg (2008), p. 67.

27. Cesário de Heisterbach. *Dialogue of Miracles*, 5.21.

28. Arnaldo Amauri. Citado por Pegg (2008), p. 77.

29. Pedro de Les-Vaux-de-Cernay. *Hystoria Alibigensis* (2 volumes. Editado por Pascal Guebin e Ernest Lyon. Paris, 1926), vol. 1, p. 159.

30. Cesário de Heisterbach. *Dialogue of Miracles*, 5.21.

31. Ibid., 8.66.

32. Pedro, o Venerável. *Writings against the Saracens* (tradução de Irven M. Resnick), p. 75.

33. Ibid., p. 40.

34. Ibid., p. 31.

35. Abelardo. *Dialogues*. Citado por Clanchy, p. 98.

36. Citado por van Steenberghen, p. 67.

37. Aquino. *Summa Theologica*, Prefácio, parte 1.

38. Dante. *Paradise*, 10.4-6.

39. Humberto de Romans. Citado por William J. Parkis em *Writing the Early Crusades: Text, Transmission and Memory*, editado por Marcus Graham Bull e Damien Kempf (Woodbridge, 2014), p. 153.

DOMÍNIO

40. Inocêncio III. *Register*, 2.276.

41. Citado por Smalley, p. 55.

42. Sexagésimo oitavo cânone do Quarto Concílio de Latrão.

XI. Carne

1. *The Annals of Colmar* (1301). Citado por Newman (2005), p. 10.

2. Depoimento de uma testemunha, retirado dos registros do julgamento. Citado por Newman (2005), p. 12.

3. Tertuliano. *On the Apparel of Women*, 1.1.

4. Cesário de Heisterbach. *Dialogue of Miracles*, 4.97.

5. Tradução para o inglês, realizada no século XIII, de *Speculum*, de Vincent de Beauvais. Citada por G. Owst, *Literature and Pulpit in Medieval England* (Cambridge, 1933), p. 378.

6. Aristóteles. *On the Generation of Animals*, 2.3.737a. Os acadêmicos medievais traduziram variadamente *peperomenon*, o adjetivo usado por Aristóteles para descrever a fêmea, com palavras que sugeriam algo deficiente.

7. Aquino. *Summa Theologica*, 1.92.1.

8. Citado por Bynum (1982), p. 114. Anselmo está ecoando as palavras do próprio Jesus (Mateus, 23:37).

9. Bernardo de Claraval. Bynum (1982), p. 118.

10. 1 Timóteo, 2:12.

11. João, 20:18.

12. Lucas, 1:46-48.

13. Odo de Tournai. Citado por Miri Rubin, p. 163.

14. Lorenzo Ghiberti. *I Commentari*, editado por O. Morisani (Nápoles, 1947), p. 56.

15. Agnolo di Tura. Citado em *The Black Death: The Great Mortality of 1348-1350*, de John Aberth, p. 81.

16. Ghiberti, p. 56.

NOTAS

17. Catarina de Siena. Carta T335. Em *The Letters of St. Catherine of Siena*, tradução de Suzanne Noffke (2 volumes) (Birmingham, 1988).

18. Raimundo de Cápua. *The Life of St Catherine of Siena*, tradução de George Lamb (Londres, 1960), p. 92.

19. Catarina de Siena. Carta T35.

20. Citado por Brophy, p. 199.

21. Efésios, 5:22-23.

22. Mateus, 5:32.

23. Raimundo de Cápua, p. 100.

24. Bonifácio. *Cartas* 26.

25. Ibid.

26. Raimundo de Cápua, p. 168.

27. Lucas, 7:37.

28. Catarina de Siena. Carta T276.

29. Jeremias, 23:14.

30. Romanos, 1:27.

31. Levítico, 18:22.

32. Romanos, 1:26.

33. Gregório I. *Morals in the Book of Joh*, 14.19.23.

34. Ela foi popularizada por Pedro Damião, um associado próximo de Hildebrando antes de ele se tornar papa. Ver Jordan, p. 29-44. A expressão *scelus sodomiae*, "o pecado da sodomia", foi usada pela primeira vez no século IX. (Meus agradecimentos a Charles West por indicar isso.)

35. Arquivos Estatais de Veneza. Citado por Elisabeth Pavan: "Police des moeurs, societe et politique a Venise a la fin du Moyen Age" (*Revue Historique* 264, n. 536, 1980), p. 275.

36. Elogio de um contemporâneo de Bernardino, citado por Origo, p. 26.

37. Citado por Rocke, p. 37.

38. Ibid., p. 25.

DOMÍNIO

XII. Apocalipse

1. Atos dos Apóstolos, 2:45.
2. Lucas, 9:29.
3. Ibid., 6:24-25.
4. Matias de Janov. Citado por Kaminsky, p. 20.
5. Carta anônima, 1420. Citada por Kaminsky, p. 312.
6. João de Pribram. *The Stories of the Priests of Tabor*, citado por Mc-Ginn, p. 265.
7. Laurence de Brezova. *Chronicle*, citado por McGinn, p. 268.
8. Enea Sílvio Piccolomini. *Historia Bohemia*. Citado por Thomas A. Fudge: "Žižka's Drum: The Political Uses of Popular Religion" (*Central European History* 36, 2004), p. 546.
9. Citado por Peder Palladius, um protestante dinamarquês, em 1555, em sua introdução a uma polêmica luterana. Citado por Cunningham e Grell, p. 45.
10. Apocalipse, 20:8.
11. Marcos, 16:15.
12. Pere Azamar, *Repetición del derecho miltar e armas*. Citado por Bryan Givens: "'All things to all men': Political messianism in late medieval and early modern Spain", em *Authority and Spectacle in Medieval and Early Modern Europe: Essays in Honor of Teofilo F. Ruiz*, editado por Yuen-Gen Liang e Jarbel Rodriguez (Londres, 2017), p. 59.
13. De uma carta escrita a Juan de las Torres. Citado por Watts, p. 73.
14. Poema náuatle sobre Tenochtitlán, citado por Manuel Aguilar-Moreno em *Handbook to Life in the Aztec World* (Oxford, 2006), p. 403.
15. Citado por Felipe Fernandez-Armesto em *Ferdinand and Isabella* (Londres, 1974), p. 95.
16. Jerónimo de Mendieta. Citado por Phelan, p. 29.

NOTAS

17. John Mair. Citado por Tierney, p. 254.

18. António de Montesinos. Citado por Hanke, p. 17.

19. Citado por Tierney, p. 273.

20. "Commentaria Cardinalis Caietani ST II-II Q.66 a.8" em *Sancti Thomae Aquinatis: Opera Omnia, Iussu Impensaque Leonis XIII*, P.M. Edita, vol. 9 (Roma, 1882), p. 94.

21. Citado por Ísacio Pérez Fernández em "La doctrina de Santo Tomas en la mente ye en la accion del Padre Las Casas" (*Stadium* 27, 1987), p. 274.

22. "The Proceedings of Friar Martin Luther, Augustinian, with the Lord Apostolic Legate at Augsburg", em *Luther's Works* (Mineápolis, 1957-1986), vol. 1, p. 129.

23. Ibid., p. 137.

24. Ibid., p. 147.

25. Citado por Roper, p. 119.

26. Citado por David M. Whitford em "The Papal Antichrist: Martin Luther and the Underappreciated Influence of Lorenzo Valla" (*Renaissance Quarterly* 61, 2008), p. 38.

XIII. Reforma

1. Citado por Brecht, p. 424.

2. Citado por Harline, p. 211.

3. Citado por Whitford, p. 38.

4. Lutero. *A Global Chronology of the Years*: entrada sobre o papado de Gregório VII.

5. *To the Christian Nobility of the German Nation Concerning the Reform of the Christian Estate*, em *Luther's Works*, vol. 44, p. 164.

6. "The Account and Actions of Doctor Martin Luther the Augustinian at the Diet of Worms" em *Luther's Works* 32, p. 108.

7. Lutero. "Appeal for Prayer Against the Turks" em *Luther's Works* 43, p. 237.

DOMÍNIO

8. Lutero. "On the Freedom of a Christian" em *Luther's Works* 31, p. 344.

9. Lutero. *Luther's Works* 34, p. 337.

10. "The Account and Actions of Doctor Martin Luther the Augustinian at the Diet of Worms" em *Luther's Works* 32, p. 112.

11. Ibid., p. 114, n. 9.

12. Ibid., p. 115.

13. Citado por Roper, p. 186.

14. "The Account and Actions of Doctor Martin Luther the Augustinian at the Diet of Worms" em *Luther's Works* 32, p. 114, n. 9.

15. Lutero. *Table Talk*, 1877.

16. *The Collected Works of Thomas Müntzer*, tradução de Peter Matheson (Edimburgo, 1994), p. 161.

17. Argula von Grumbach. "Carta to the rector and council of the University of Ingolstadt", em *Reformation Thought: An Anthology of Sources*, editado por Margaret L. King (Indianápolis, 2016), p. 74.

18. Do preâmbulo aos 12 Artigos, em Blickle (1981), p. 195.

19. Johann Cochlaeus. Citado por Mark Edwards em *Printing, Propaganda, and Martin Luther* (Berkeley & Los Angeles, 1994), p. 149.

20. Lutero. "Secular Authority: To What Extent It Should Be Obeyed".

21. Ibid.

22. Bernhard Rothmann. Citado por Buc, p. 256.

23. Citado por Gregory, p. 90.

24. 2 Coríntios, 3:17.

25. Lutero. "The Sacrament of the Body and Blood of Christ — Against the Fanatics" em *Luther's Works* 36, p. 336.

26. Sir Richard Morrison, citado por Diarmaid MacCulloch em *Tudor Church Militant: Edward VI and the Protestant Reformation* (Londres, 1999).

27. Citado por Ozment, p. 366.

28. Calvin. *Institutes of the Christian Religion*, 3.19.14.

29. Ibid., 4.10.5.

NOTAS

30. Ibid., 3.23.7.

31. O número — "algo na faixa de 7% da população ao ano" — é citado por Gordon (2009), p. 295.

32. John Knox. *Works*, editado por David Laing (Edimburgo, 1846-64). Vol. 4, p. 240.

33. 2 Coríntios, 9:6.

34. Provérbios, 31:29. A inscrição é citada por Hugh Owen em *A History of Shrewsbury* II (Londres, 1825), p. 320.

35. Calvino. *Institutes of the Christian Religion*, 1.11.8.

36. Citado por Philip Benedict em *Christ's Churches Purely Reformed: A Social History of Calvinism* (New Haven, 2002), p. 153.

37. John Tomkys. Citado por Owen, p. 320.

38. *An Admonition to the Parliament* (1572). Citado por Marshall (2017), p. 505.

39. *Earliest Life of Gregory the Great*, 15.

40. Calvino. "Preface to the New Testament."

41. Francis Bacon. *The Advancement of Learning*, 1.4.9.

XIV. Cosmos

1. De um jornal de Leiden (1686), citado em *Privacy and Privateering in the Golden Age of the Netherlands*, de Virginia W. Lunsford (Basingstoke, 2005), p. 91.

2. William Bradford, *Bradford's History 'Of Plimouth Plantation'* (Boston, 1898), p. 22.

3. Adriaen Valerius. *Nederlandtsche Gedenck-Clanck*. Citado por Schama (1987), p. 98.

4. Citado por Parker, p. 247.

5. Bradford, p. 47.

6. John Winthrop. "A Model of Christian Charity" em *Founding Documents of America: Documents Decoded*, editado por John R. Vile (Santa Bárbara, 2015), p. 20.

DOMÍNIO

7. John Winthrop. Em *The Puritans: A Sourcebook of their Writings*, editado por Perry Miller e Thomas H. Johnson (Mineola, 2001), p. 206.

8. Bradford, p. 33.

9. Ibid., p. 339.

10. Juan Ginés de Sepúlveda. Citado em *The Spanish Seaborne Empire*, de J. H. Parry (Berkeley & Los Angeles, 1990), p. 147.

11. Bartolomeu de las Casas. Citado por Tierney, p. 273.

12. João Rodrigues. Citado por Brockey, p. 191.

13. 1 Coríntios, 9:22.

14. Matteo Ricci. Citado por Fontana, p. 177.

15. *China in the Sixteenth Century: The Journals of Matthew Ricci*, tradução de Louis J. Gallagher (Nova York, 1953), p. 166.

16. Citado por Brockey, p. 309.

17. Xu Guangqi. Citado por Nicolas Standaert, "Xu Guangqi's Conversion", em Jami *et al.*, p. 178.

18. Xu Guangqi. Citado por Gregory Blue, "Xu Guangqi in the West", em Jami *et al.*, p. 47.

19. Aquino. *On the Power of God*, 3.17.30.

20. Citado por D'Elia, p. 40.

21. Citado por Heilbron, p. 61.

22. Ibid., p. 287.

23. Citado por D'Elia, p. 40.

24. O panfleto não sobreviveu. Ver D'Elia, p. 27, e Lattis, p. 205.

25. Salmos, 93:1.

26. Citado em *The Galileo Affair: A Documentary History*, editado e traduzido por Maurice A. Finocchiaro (Berkeley & Los Angeles, 1989), p. 50.

27. Ibid., p. 146.

28. Ibid., p. 147.

29. Ibid., p. 68.

NOTAS

30. Galileu. *Dialogue Concerning the Two Chief World Systems*, tradução de Stillman Drake (Berkeley & Los Angeles, 1967), p. 464.
31. Embora Finocchiaro, indicando a origem tardia da história e a falta de evidências contemporâneas, recomende cautela ao aceitá-la como verdadeira.
32. Finocchiaro, p. 291.
33. Milton. "Areopagitica" em *Complete Prose Works*, volume II: 1643-1648, editado por Ernest Sirluck (New Haven, 1959), p. 538.
34. Yang Guangxian, citado por George Wong, "China's Opposition to Western Science during Late Ming and Early Ching" (*Isis* 54, 1963), p. 35.

XV. Espírito

1. *The Complete Works of Gerrard Winstanley* (2 volumes), editado por Thomas N. Corns, Ann Hughes e David Loewenstein (Oxford, 2009), 2, p. 19.
2. Ibid., p. 16.
3. *The Complete Works of Gerrard Winstanley* 1, p. 504.
4. Ibid. 2, p. 144.
5. John Lilburne. "Londons Liberty in Chains" (1646). Citado por Foxley, p. 26.
6. *The Complete Works of Gerrard Winstanley* 1, p. 98.
7. Christopher Fowler (1655). Citado por Worden, p. 64.
8. John Owen. *Vindiciae Evangelicae; Or, The Mystery of the Gospel Vindicated and Socinianism Examined* (Fredonia, 2009) p. 62.
9. Milton. "A Treatise of Civil Power" em *The Prose Works of John Milton*, editado por J. A. St John (Londres, 1848), 2, p. 523.
10. *Memoirs of the Court of King Charles the First* (2 volumes), de Lucy Aikin (Filadélfia, 1833), 2, p. 317.
11. *Constitutional Documents of the Puritan Revolution*, editado por S. R. Gardiner (Oxford, 1958), p. 416.

DOMÍNIO

12. "The Soulders Demand", citado por Norah Carlin em "The Levellers and the Conquest of Ireland in 1649" (*Historical Journal* 30, 1987), p. 280.

13. Do primeiro artigo dos dois tratados que puseram fim à Guerra dos Trinta Anos. Citado por Peter H. Wilson em *Europe's Tragedy: A History of the Thirty Years War* (Londres, 2009), p. 753.

14. Henry Robinson. Citado por Carlin, p. 286.

15. Citado por Andrew Bradstock em *Radical Religion in Cromwell's England: A Concise History from the English Civil War to the End of the Commonwealth* (Londres, 2011), p. 48.

16. Romanos, 14:10.

17. Citado por John Coffey, "The toleration controversy during the English Revolution", em Durston e Maltby, p. 51.

18. Lutero. "On the Jews and their Lies" em *Luther's Works* 47.

19. Ibid.

20. Thomas Edwards. Citado por Glaser, p. 95.

21. John Evelyn. Entrada no diário em 14 de dezembro de 1655.

22. Robert Turner. Citado por Moore (2000), p. 124.

23. William Caton. Citado por Claus Bernet em "Quaker Missionaries in Holland and North Germany in the Late Seventeenth Century: Ames, Caton, and Furly" (*Quaker History* 95, 2006), p. 4.

24. George Fox. Citado por Rosemary Moore (2000), p. 54.

25. Quase certamente. Ver Nadler (1999), p. 99-100.

26. William Ames. Citado em "Spinoza's Relations with the Quakers in Amsterdam", de Richard H. Popkin (*Quaker History* 73, 1984), p. 15. Embora Ames não se refira a Spinoza pelo nome, a probabilidade de que ele fosse "o Judeu" contratado para traduzir os panfletos de Fell é imensa.

27. Pieter Balling. Citado por Hunter, p. 43.

28. Spinoza. *Theological-Political Treatise*: prólogo, 8.

29. Ver seu comentário sobre 1 Pedro 2:16.

NOTAS

30. Relato de um *savant* dinamarquês, Olaus Borch, sobre a filosofia de Spinoza. Citado por Jonathan Israel em *Radical Enlightenment: Philosophy and the Making of Modernity* (Oxford, 2001), p. 170.

31. Spinoza. *Ethics*, 1.17.

32. *Theological-Political Treatise*: 18.6.1.

33. Citado por Nadler (2011), p. 230.

34. *Theological-Political Treatise*: prefácio, 8.

35. Ibid., 5.13.

36. Spinoza. *Cartas* 76.

37. *Theological-Political Treatise*: 1.29.

38. Ibid., 2.15.

39. Ibid., 5.20.

40. *Ethics*, 4.50.

41. *Theological-Political Treatise*: prólogo, 19.

42. *Ethics*, 4.68.

43. Johann Franz Buddeus. Citado por Israel (2001), p. 161.

44. John Bunyan. *Grace Abounding to the Chief of Sinners*, 141.

45. *William Penn and the Founding of Pennsylvania, 1680-1684: A Documentary History* (Filadélfia, 1983), p. 77.

46. Ibid., p. 132.

47. Gálatas, 5:1.

48. Thomas Walduck. Citado por Rediker, p. 33.

49. Vaux, p. 20.

50. Benjamin Lay. *All Slave-Keepers that keep the Innocent in Bondage* (Filadélfia, 1737), p. 8.

51. Colossenses, 3:22.

52. Lay, p. 39-40.

53. Ibid., p. 40.

54. Ibid., p. 91.

55. Ibid., p. 34.

56. Citado por Drake (1950), p. 10.

DOMÍNIO

57. Atos dos Apóstolos, 17:26, citado por William Penn em *The Political Writings of William Penn*, editado por Andrew R. Murphy (Indianápolis, 2002), p. 30.
58. *Political Writings*, p. 30.
59. Vaux, p. 27.
60. João, 3:6.
61. Vaux, p. 51.

XVI. Iluminismo

1. Citado por Nixon, p. 108.
2. Ibid., p. 133.
3. Voltaire. *Treatise on Tolerance*, capítulo 4.
4. Ibid., capítulo 1.
5. Voltaire. *Cartas on England*, carta 6.
6. Voltaire. *Filonsophical Dictionary*, "teísta".
7. *Treatise on Tolerance*, capítulo 20.
8. Gálatas, 3:26.
9. Da versão em inglês de *The Treatise of the Three Imposters*, citada por Israel (2001), p. 697.
10. Bernard de La Monnoye, um acadêmico francês escrevendo em 1712 para negar a existência do suposto Livro sobre os Três Impostores. Citado por Minois, p. 138.
11. Voltaire. "Epistle to the Author of the Book, The Three Imposters", linha 22.
12. Voltaire. *Correspondance*. [Para d'Argentals: março de 1765].
13. Mme Du Bourg. Citada por Bien, p. 171.
14. Citado por Gay, vol. 2, p. 436.
15. Slogan revolucionário citado por McManners, p. 93.
16. Jacques-Alexis Thuriot. Citado em *La Religion Civile de Rousseau à Robespierre*, de Michael Culoma (Paris, 2010), p. 181.
17. Pierre Vergniaud. Citado por Schama (1989), p. 594.

NOTAS

18. Montesquieu. "Essay on the Roman Politics of Religion", em *Oeuvres Complètes* (Paris, 1876), vol. 2, p. 369.

19. Leonard Bourdon. Citado por Kennedy, p. 336.

20. Citado por John R. Vile em *The Constitutional Convention of 1787: A Comprehensive Encyclopedia of America's Founding* (Santa Bárbara & Denver, 2005), vol. 1, p. xliv.

21. Benjamin Franklin. Carta a Richard Price, 9 de outubro de 1780.

22. Citado por Gay, vol. 2, p. 557.

23. Artigo III da Declaração de Direitos.

24. Primeira emenda à Constituição dos Estados Unidos.

25. Robespierre. Citado por Edelstein, p. 190.

26. Citado por Burleigh (2005), p. 100.

27. Mateus, 25:32.

28. Citado por Schama (1989), p. 841.

29. Mateus, 25:41.

30. Gibbon. *The Decline and Fall of the Roman Empire*, capítulo LXIX.

31. Sade. *Juliette*, tradução de Austryn Wainhouse (Nova York, 1968), p. 793.

32. Ibid., p. 177.

33. Ibid., p. 784.

34. Sade. *Justine*, tradução de John Phillips (Oxford, 2012), p. 84.

35. *Juliette*, p. 178.

36. *Justine*, p. 142.

37. Citado por Schaeffer, p. 436.

38. Ibid., p. 431.

39. *Juliette*, p. 322-3.

40. Ibid., p. 143.

41. Ibid., p. 796.

42. Talleyrand. Citado em "The Slave Trade at the Congress of Vienna", de Jerome Reich (*The Journal of Negro History* 53, 1968).

43. *The Case for the Oppressed Africans*. Citado por Turley, p. 22.

DOMÍNIO

44. Granville Sharp. Citado por Anstey, p. 185.

45. Declaração relativa à Abolição Universal do Comércio de Escravos.

XVII. Religião

1. Kennedy. "The Suttee: The Narrative of an Eye-Witness", em *Miscellany* 13 (1843), de Bentley, p. 247.

2. Ibid., p. 252.

3. Charles Goodrich. *Religious Ceremonies and Customs* (Londres, 1835), p. 16.

4. Kennedy, p. 244.

5. Ibid., p. 241.

6. Coronel "Hindu" Stewart. Citado por David Kopf em *British Orientalism and the Bengal Renaissance: The Dynamics of Indian Modernization, 1773-1835* (Berkeley & Los Angeles, 1969), p. 140.

7. *Journals of the House of Commons* 48 (14 de maio de 1793), p. 778.

8. Grant. Citado por Weinberger-Thomas, p. 110.

9. O poeta sânscrito Bana, *circa* 625. Citado por Vida Dehejia em Hawley, p. 53.

10. Citado por Ghazi, p. 51.

11. Citado por Hawley, p. 12.

12. S. N. Balagangadhara, em Bloch, Keppens e Hegde, p. 14.

13. Citado por Barclay, p. 49.

14. *Kölnische Zeitung*, 4 de agosto de 1844. Citado por Magnus, p. 103.

15. Stahl. "The Christian State and its Relationship to Deism and Judaism", citado em "Protestant Anti-Judaism in the German Emancipation Era", de David Charles Smith (*Jewish Social Studies* 36, 1974), p. 215.

16. Citado por Barclay, p. 183.

17. Conde de Clermont-Tonnerre. Citado por Graetz, p. 177.

18. Artigo 1 da Declaração dos Direitos do Homem e do Cidadão.

NOTAS

19. "Appeal to our German Coreligionists." Citado por Koltun-Fromm, p. 91.

20. Samons Raphael Hirsch. Citado por Batnitzky, p. 41.

21. Henry Rawlinson. "Notes on some paper casts of cuneiform inscriptions upon the sculptured rock at Behistun exhibited to the Society of Antiquaries" (*Archaeologia* 34, 1852), p. 74.

22. Arthur Conolly. Citado por Malcolm Yapp em "The Legend of the Great Game" (*Proceedings of the British Academy* 111, 2000), p. 181.

23. Ibid.

24. Lord Palmerston, em *A Collection of Documents on the Slave Trade of Eastern Africa*, editado por R. W. Beachey (Nova York, 1976), p. 19.

25. Sir Travers Twiss, escrevendo em 1856. Citado por Koskenniemi (2001), p. 78.

26. Henry Wheaton. Citado por Martinez, p. 116.

27. Citado por Drescher, p. 3.

28. Thornton Stringfellow, um ministro batista. Citado por Noll (2002), p. 389.

29. Citado por Drescher, p. 3.

30. Lord Ponsonby. Citado por Christophe de Bellaigue em *The Islamic Enlightenment: The Modern Struggle Between Faith and Reason* (Londres, 2017), p. 190.

31. Husayn Pasha. Citado por Toledano, p. 277.

32. Edward Eastwick, *Journal of a Diplomat's Three Years' Residence in Persia* (Londres, 1864), p. 254.

33. Ezequiel, 34:16.

XVIII. Ciência

1. Citado por Charles H. Sternberg em *The Life of a Fossil Hunter* (Nova York, 1909), p. 82.

2. Salmos, 102:25-26.

DOMÍNIO

3. Palestras sobre o Gênesis 1-5, em *Luther's Works*, vol. 1, p. 99.

4. Sternberg, p. 75.

5. Agostinho. *City of God*, 5.11.

6. Charles Darwin. *The Correspondence of Charles Darwin*, vol. 8 (Cambridge, 1993), p. 224.

7. Ibid.

8. Charles Darwin. *On the Origin of Species* (Londres, 1859), p. 243-4.

9. Citado por Desmond e Moore, p. 218.

10. Citado por Richard Gawne em "Fossil Evidence in the Origin of Species" (*BioScience* 65, 2015), p. 1082.

11. Discurso na Associação Americana para o Avanço da Ciência. Citado por Wallace, p. 57.

12. Charles Darwin. *The Descent of Man* (Londres, 1871), parte 1, p. 133-4.

13. Ibid., p. 134.

14. Edward D. Cope. *The Origin of the Fittest: Essays on Evolution* (Nova York, 1887), p. 390.

15. *The Descent of Man*, parte 1, p. 134.

16. Citado por Diane B. Paul em "Darwin, social Darwinism and eugenics", em Hodge e Radick, p. 225.

17. *The Descent of Man*, parte 1, p. 183.

18. Charles Darwin. *Journal of Researches into the Geology and Natural History of the Various Countries Visited by* H.M.S. Beagle (Londres, 1839), p. 520.

19. *The Descent of Man*, p. 180.

20. Citado por Desmond, p. 262.

21. Citado por Desmond, p. 253.

22. Ibid.

23. Mark Pattison, reitor da Faculdade Lincoln. Citado por Harrison (2015), p. 148.

24. Thomas Henry Huxley. *Collected Essays. Volume 5: Science and the Christian Tradition* (Londres, 1894), p. 246.

NOTAS

25. *The Mechanics' Magazine* (1871). Citado por Harrison (2015), p. 170.

26. John William Draper, *History of the Conflict between Religion and Science* (Londres, 1887), p. 33.

27. Voltaire. Citado por Finocchiaro, *Retrying Galileo*, p. 116.

28. T. S. Baynes. Citado por Desmond, p. 624.

29. *On the Origin of Species*, p. 490.

30. *The Autobiography of Charles Darwin*, 1809-1882, editado por Nora Barlow (Londres, 1958), p. 93.

31. Krafft-Ebing. *Psychopathia Sexualis*, tradução de F. J. Redman (Londres, 1899), p. 210.

32. Ibid., p. 213.

33. Ibid., pp. 3-4.

34. Citado por Robert Beachy em "The German Invention of Homosexuality" (*Journal of Modern History* 82, 2010), p. 819.

35. Citado por W. J. T. Mitchell em *The Last Dinosaur Book* (Chicago, 1998).

36. Andrew Carnegie. *Autobiography of Andrew Carnegie* (Londres, 1920), p. 339.

37. William Graham Sumner. *What Social Classes Owe To Each Other* (Nova York, 1833), p. 44-5.

38. Winthrop. "A Model of Christian Charity", p. 20.

39. Andrew Carnegie. *The Gospel of Wealth, And Other Timely Essays* (Nova York, 1901), p. 18.

40. Ibid., p. 14-15.

41. Citado por Rea, p. 5.

42. Richard Owen. Citado por Nicolaas Rupke em *Richard Owen: Biology Without Darwin* (Chicago, 2009), p. 252.

43. Lenin. "Letter to American Workers." Disponível em: <https://www.marxists.org/archive/lenin/works/1918/aug/20.htm>.

44. Engels. *Marx- Engels Collected Works* (Moscou, 1989), vol. 24, p. 467.

45. Marx. *MECW* (1975), vol. 4, p. 150.

DOMÍNIO

46. Marx e Engels. *Manifesto of the Communist Party* (Londres, 1888), p. 16.
47. Marx. "On the Jewish Question." *Early Writings*, tradução de T. B. Bottomore (Londres, 1963), p. 5.
48. Marx. *Critique of the Gotha Program* (Londres, 1891), p. 23.
49. Marx. *The Cologne Communist Trial*, tradução de R. Livingstone (Londres, 1971), p. 166.
50. Marx. *Capital* (Londres, 1976), vol. 1, p. 342.

XIX. Sombra

1. Otto Dix. Citado por Karcher, p. 38.
2. Otto Dix. Citado por Hartley, p. 18.
3. Bispo de Hereford. Citado por Jenkins (2014), p. 99.
4. Citado por Nicholas Martin em "'Fighting a Philosophy': The Figure of Nietzsche in British Propaganda of the First World War" (*The Modern Language Review* 98, 2003), p. 374.
5. Max Plowman. Citado por Paul Fussell em *The Great War and Modern Memory* (Oxford, 1975), p. 133.
6. Lucy Whitmell. "Christ in Flanders."
7. Otto Dix. Citado por Hartley, p. 73.
8. Friedrich Nietzsche. *The Gay Science*, 125.
9. Ibid. *Twilight of the Idols*, 9.38.
10. Ibid. *Will to Power*, 253.
11. Ibid. "Preface to an Unwritten Book", em *Early Greek Philosophy and Other Essays*, tradução de M. Mugge (Londres, 1911), p. 4.
12. Ibid. *On the Genealogy of Morals*, 1.8.
13. Ibid. *Will to Power*, 176.
14. Ibid. *The Antichrist*, 42.
15. Ibid., 58.
16. Ibid. *On the Genealogy of Morals*, 2.7.
17. Ibid. *Twilight of the Idols*, 7.2.

NOTAS

18. Otto Dix. Citado por Hartley, p. 16.

19. Apocalipse, 12:1.

20. Nietzsche. *Will to Power*, 133.

21. N. Bukharin e E. Preobrazhensky. *The ABC of Communism* (Londres, 2007), p. 235.

22. Waldemar Gurian. *Bolshevism: Theory and Practice*, tradução de E. I. Watkin (Londres, 1932), p. 259.

23. Ibid., p. 226.

24. Citado por Siemens, p. 8.

25. Nietzsche. *Thus Spoke Zarathustra*, "Of the Tarantulas".

26. Roberto Davanzati. Citado por Burleigh (2006), p. 61.

27. "It's Him or Me", artigo em *SS-Leitheft*. Citado por Chapoutot, p. 157.

28. Hitler. *My Struggle*, capítulo 11.

29. Hitler. Citado por Chapoutot, p. 156.

30. Erwin Reitmann. Citado por Siemens, p. 57.

31. Wilfred Bade. Citado por Siemens, p. 17.

32. Joachim Hossenfelder. Citado por Siemens, p. 129.

33. Citado por Gregor Ziemer. *Education for Death: The Making of the Nazi* (Londres, 1942), p. 180.

34. Ibid., p. 133.

35. De uma revista da SS (1939), citado por Chapoutot, p. 190.

36. *Hitler's Table Talk 1941-1944: His Private Conversations*, editado por Hugh Trevor-Roper (Londres, 1953), p. 7.

37. Joseph Goebbels. Entrada no diário em 27 março de 1942.

38. *The Letters of J. R. R. Tolkien*, editado por Humphrey Carpenter (Londres, 1981), p. 67.

39. Agostinho. The *City of God*, 20.11.

40. J. R. R. Tolkien. *Letters*, p. 211.

41. J. R. R. Tolkien. *The Lord of the Rings* (Londres, 2004), p. 820.

42. Adolf Hitler. Citado por Stone (2010), p. 160.

43. Werner Graul. Citado por Chapoutot, p. 100.

DOMÍNIO

44. Adolf Hitler. Citado por Stone (2013), p. 49.

45. J. R. R. Tolkien. *Letters*, p. 37.

46. *The Old English Exodus: Text, Translation, and Commentary*, de J. R. R. Tolkien, editado por Joan Turville-Petre (Oxford, 1981), p. 27.

47. Ibid., p. 23.

48. Citado por Bethge, p. 208.

49. Citado por Burleigh (2006), p. 252.

50. Mateus, 27:25.

51. Alojzije Stepinac. Citado por Stella Alexander em *The Triple Myth: A Life of Archbishop Alojzije Stepinac* (Nova York, 1987), p. 85.

52. Nietzsche. *Beyond Good and Evil*, aforismo 146.

53. Disponível em: <https://api.parliament.uk/historic-hansard/lords/1944/feb/09/bombing-policy>.

54. J. R. R. Tolkien. *Letters*, p. 78.

55. Alfred Duggan. Citado por Shippey, p. 306.

56. *The Lord of the Rings*, p. 464.

XX. Amor

1. Agostinho. "7th Homily on the First epistle of John", 7.

2. Martin Huska. Citado por Kaminsky, p. 406.

3. Martin Luther King Jr. "Loving Your Enemies" (Sermão realizado em 17 de novembro de 1957).

4. Martin Luther King Jr. "Letter from Birmingham Jail."

5. James Brown. Citado por Stephens, p. 45.

6. Paul McCartney. Citado por Craig Cross em Beatles-discography.com (Nova York, 2004), p. 98.

7. Citado por Norman, p. 446.

8. Robert Shelton. Citado por Stephens, p. 104.

9. Observação sobre os Beatles reputadamente feita pela rainha a Sir Joseph Lockwood, presidente da gravadora da banda, a EMI.

10. Martin Luther King Jr. *Where do we go from here: Chaos or Community?* (Nova York, 1967), p. 97.

NOTAS

11. João, 3:8.

12. Citado por Norman, p. 446.

13. Norman Vincent Peale. Citado por Stephens, p. 137.

14. McCartney fez esse comentário durante uma entrevista em 1981. Ele foi publicado quatro anos depois na revista *Woman*.

15. Martin Luther King Jr. *Strength to Love* (Nova York, 1963), p. 72.

16. David Livingstone. *The Last Journals of David Livingstone*, volume II, editado por Horácio Waller (Frankfurt, 2018), p. 189.

17. Emmanuel Milingo. Citado por ter Haar, p. 26.

18. Ibid., p. 28.

19. Salmos, 68:31.

20. Desmond Tutu, citado por Jonathan Fashole-Luke em *Christianity in Independent Africa* (Londres, 1978), p. 369.

21. J. D. du Toit. Citado por Ryrie, p. 335.

22. *Declaration of the Church of the Province of South Africa*, novembro de 1982.

23. Citado por Allan Boesak em uma carta aberta escrita em 1979.

24. Mateus, 5:43-45.

25. Desmond Tutu, falando durante uma conferência das igrejas da África do Sul em dezembro de 1989. Citado por Ryrie, p. 357.

26. Nelson Mandela. Discurso durante a Conferência de Páscoa da Igreja Cristã de Sião, 3 de abril de 1994.

27. George W. Bush. Entrevista coletiva, 11 de outubro de 2001.

28. Ibid. Comentários sobre o auxílio humanitário norte-americano ao Afeganistão, 11 de outubro de 2002.

29. Ibid. Discurso em West Point, 1º de junho de 2002.

30. Mary Beard. *London Review of Books* 23.19 (4 de outubro de 2001), p. 21.

31. Citado por David Aikman em *A Man of Faith: The Spiritual Journey of George W. Bush* (Nashville, 2004), p. 3.

32. George W. Bush. Entrevista coletiva, 13 de novembro de 2002.

DOMÍNIO

33. Frantz Fanon, em *The Wretched of the Earth*, tradução de Richard Philcox (Nova York, 1963), p. 53.
34. Ibid., p. 23.
35. Publicado no *Morning Star* em 11 de outubro de 2004.
36. Fanon, p. 2.
37. al-Zarqawi. Citado por Weiss e Hassan, p. 40.
38. Alcorão. 9.31. al-Maqdisi retorna repetidamente a esse versículo.
39. George W. Bush. Entrevista coletiva, 20 de novembro de 2002.
40. Ali, p. 238.
41. Alcorão. 5.33.
42. Disponível em: <https://medium.com/@alyssacccc/phone-call--home-a-letter-from-james-foley-arts-96-to-marquette-4a9dd-1553d83?subaction=showfull&id=1318951203&archives>.
43. Entrevista ao *Evening Standard*, 4 de setembro de 2014.
44. Disponível em: <https://twitter.com/jenanmoussa/status/982935563694215168>.

XXI. Woke

1. Transcrição de *Gut leben in Deutschland*, 15 de julho de 2015.
2. J. R. R. Tolkien. *The Return of the King* (Londres, 1955; reimpressão de 2005), p. 1075.
3. Disponível em: <http://www.bbc.co.uk/news/world-europe-34173720>.
4. Citado por John Garth em *Tolkien and the Great War: The Threshold of Middle-earth* (Londres, 2003), p. 219.
5. Disponível em: <http://www.spiegel.de/international/germany/why-has-angela-merkelstaked-her-legacy-on-the-refugees--a-1073705.html>.
6. Gregório de Nissa. *On the Love of the Poor 1: 'On Good Works'*, tradução de Holman, p. 194.
7. Viktor Orbán. Discurso realizado durante a XXVIII Universidade Aberta de Verão e Campo de Estudantes de Bálványos, 22 de julho de 2017.

NOTAS

8. Do simpósio da Unesco. Direitos Humanos: Comentários e Interpretações (1949). Citado por Tierney, p. 2.

9. *Charlie Hebdo*. Editorial, 14 de dezembro de 2016.

10. Ibid. 13 de janeiro de 2016.

11. Stephane Charbonnier. Disponível em: <http://arretsurinfo.ch/quand-la-liberte-dexpression-sert-a-propager-la-haine-raciste/>.

12. Disponível em: <https://www.nytimes.com/2017/12/17/us/harvey-weinstein-hotel-sexualharassment.html>.

13. Disponível em: <https://www.eeoc.gov/eeoc/task_force/harassment/report.cfm>.

14. Bernardo de Claraval. Citado por Bynum (1987), p. 16.

15. William Perkins. *Christian Oeconomie or, a Short Survey of the right Manner of Erecting and Ordering a Familie, According to the Scriptures* (Londres, 1609), p. 122.

16. Calvino. *Institutes of the Christian Religion*, 1.1.2.

17. Sade. *Juliette*, p. 172.

18. Milton Himmelfarb. A reflexão foi gerada pelo filme sobre os Beatles *Yellow Submarine*. Citado por John Carlevale em "Dionysus Now: Dionysian Myth-History in the Sixties" (*Arion* 13, 2005), p. 95.

19. Ralph Gleason. Citado por Ibid., p. 89.

20. 1 Coríntios, 6:19.

21. Vanessa Wruble. Disponível em: <https://www.vogue.com/article/meet-the-women-of-the-womens-march-on-washington>.

22. Nietzsche. The *Will to Power*, 27.

23. Disponível em: <https://staging.womensmarchglobal.org/about/unity-principles/>.

24. Steven Weinberg. *The First Three Minutes* (Nova York, 1977), p. 154.

25. Heinrich Himmler. Citado por Chapoutot, p. 27.

26. Declaração de Amsterdã, 2002.

27. Ibid.

DOMÍNIO

28. Ibid.

29. Sam Harris. *The Moral Landscape: How Science Can Determine Human Values* (Nova York, 2010), p. 2.

30. Declaração de Amsterdã, 2002.

31. Disponível em: <https://twitter.com/RichardDawkins/status/1018933359978909696>.

32. Thomas Henry Huxley. *Collected Essays. Volume 5: Science and the Christian Tradition* (Londres, 1894), p. 320.

33. 1 Coríntios, 1:27.

Bibliografia

No original, todas as citações da Bíblia são da New English Version. *Na tradução, da* Nova Versão Internacional.

Geral

Almond, Philip C. *Afterlife: A History of Life after Death* (Londres, 2016).

Barton, John. *A History of the Bible: The Story of the World's Most Influential Book* (Londres, 2019).

Brague, Remi. *The Law of God: The Philosophical History of an Idea*, tradução de Lydia G. Cochrane (Chicago, 2006).

Brooke, John Hedley. *Science and Religion: Some Historical Perspectives* (Cambridge, 1991).

Buc, Philippe. *Holy War, Martyrdom, and Terror: Christianity, Violence, and the West* (Filadélfia, 2015).

Cambridge History of Christianity, 9 volumes (Cambridge, 2006).

Chidester, David. *Christianity: A Global History* (Nova York, 2000).

Funkenstein, Amos. *Theology and the Scientific Imagination: From the Middle Ages to the Seventeenth Century* (Princeton, 1986).

Gillespie, Michael Allen. *The Theological Origins of Modernity* (Chicago, 2008).

Gray, John. *Straw Dogs: Thoughts on Humans and Other Animals* (Londres, 2003).

_____. *Heresies: Against Progress and Other Illusions* (Londres, 2004).

DOMÍNIO

_____. *Black Mass: Apocalyptic Religion and the Death of Utopia* (Londres, 2007).

Gregory, Brad S.: *The Unintended Reformation: How a Religious Revolution Secularized Society* (Cambridge, 2012).

Harrison, Peter: *The Bible, Protestantism, and the Rise of Natural Science* (Cambridge, 1998).

_____ (ed.): *The Cambridge Companion to Science and Religion* (Cambridge, 2010).

_____. *The Territories of Science and Religion* (Chicago, 2015).

Hart, David Bentley. *Atheist Delusions: The Christian Revolution and Its Fashionable Enemies* (New Haven, 2009).

_____. *The Story of Christianity: A History of 2,000 Years of the Christian Faith* (Londres, 2009).

Jacobs, Alan. *Original Sin: A Cultural History* (Nova York, 2008).

MacCulloch, Diarmaid. *A History of Christianity: The First Three Thousand Years* (Londres, 2009).

Nirenberg, David. *Anti-Judaism: The History of a Way of Thinking* (Nova York, 2013).

Nongbri, Brent. *Before Religion: A History of a Modern Concept* (New Haven, 2013).

Rubin, Miri. *Mother of God: A History of the Virgin Mary* (Londres, 2009).

Schimmelpfennig, Bernhard. *The Papacy*, tradução de James Sievert (Nova York, 1992).

Shagan, Ethan H. *The Birth of Modern Belief: Faith and Judgment from the Middle Ages to the Enlightenment* (Princeton, 2019).

Shah, Timothy Samuel e Allen D. Hertzke. *Christianity and Freedom: Historical Perspectives* (Cambridge, 2016).

Siedentop, Larry. *Inventing the Individual: The Origins of Western Liberalism* (Londres, 2014).

BIBLIOGRAFIA

Smith, William Cantwell. *The Meaning and End of Religion* (Mineápolis, 1962).

Taylor, Charles. *A Secular Age* (Cambridge, 2007).

Watkins, Basil. *The Book of Saints: A Comprehensive Biographical Dictionary* (Londres, 2002).

Antiguidade

Allison, Dale C. *Constructing Jesus: Memory, Imagination and History* (Grand Rapids, 2010).

Ando, Clifford. *The Matter of the Gods: Religion and the Roman Empire* (Berkeley, 2008).

Arnold, Clinton E.: *The Footprints of Michael the Archangel: the Formation and Diffusion of a Saintly Cult, c. 300—c.800* (Nova York, 2013).

Assman, Jan. *Moses the Egyptian: The Memory of Egypt in Western Monotheism* (Cambridge, 1997).

Atkinson, Kenneth. *I Cried to the Lord: A Study of the Psalms of Solomon's Historical Background and Social Setting* (Leiden, 2004).

Bauckham, Richard. *Jesus and the Eyewitnesses: The Gospels as Eyewitness Testimony* (Grand Rapids, 2006).

Barton, John. *Ethics in Ancient Israel* (Oxford, 2014).

Behr, John. *Irenaeus of Lyons: Identifying Christianity* (Oxford, 2013).

Boyarin, Daniel. *A Radical Jew: Paul and the Politics of Identity* (Berkeley & Los Angeles, 1994).

_____. "Justin Martyr Invents Judaism" (*Church History* 70, 2001).

_____. *Border Lines: The Partition of Judaeo-Christianity* (Filadélfia, 2007).

Brent, Allen. *The Imperial Cult and the Development of Church Order: Concepts and Images of Authority in Paganism and Early Christianity before the Age of Cyprian* (Leiden, 1999).

DOMÍNIO

Briant, Pierre. *From Cyrus to Alexander: A History of the Persian Empire*, tradução de Peter T. Daniels (Winona Lake, 2002).

Brown, Peter. *The Cult of the Saints: Its Rise and Function in Latin Christianity* (Chicago, 1981).

_____. *The Body and Society: Men, Women and Sexual Renunciation in Early Christianity* (Londres, 1989).

_____. *The Rise of Western Christendom: Triumph and Diversity, A.D. 200—1000* (Oxford, 1996).

_____. *Augustine of Hippo* (Londres, 2000).

_____. *Through the Eye of a Needle: Wealth, the Fall of Rome, and the Making of Christianity in the West, 350-550 AD* (Princeton, 2012).

_____. *The Ransom of the Soul: Afterlife and Wealth in Early Western Christianity* (Cambridge, 2015).

_____. *Treasure in Heaven: The Holy Poor in Early Christianity* (Charlottesville, 2016).

Burkert, Walter. *Greek Religion*, tradução de John Raffan (Oxford, 1985).

Castelli, Elizabeth A. *Martyrdom and Memory: Early Christian Culture Making* (Nova York, 2004).

Chapman, David W. *Ancient Jewish and Christian Perceptions of Crucifixion* (Tubingen, 2008).

Cohen, Shaye J. D. *The Beginning of Jewishness: Boundaries, Varieties, Uncertainties* (Berkeley & Los Angeles, 1999).

Crislip, Andrew. *From Monastery to Hospital: Christian Monasticism and the Transformation of Health Care in Late Antiquity* (Ann Arbor, 2005).

Crouzel, Henry. *Origen*, tradução de A. S. Worrall (São Francisco, 1989)

Darby, Peter e Faith Wallis (ed.): *Bede and the Future* (Farnham, 2014).

Demacopoulos, George E. *Gregory the Great: Ascetic, Pastor, and First Man of Rome* (Notre Dame, 2015).

Drake, H. A.: *Constantine and the Bishops* (Baltimore, 2002).

BIBLIOGRAFIA

Dunn, J. D. G.: *Christology in the Making: A New Testament Inquiry into the Origins of the Doctrine of the Incarnation* (Grand Rapids, 1989).

_____. *The Theology of Paul the Apostle* (Grand Rapids, 1998).

_____. *Jesus, Paul, and the Gospels* (Grand Rapids, 2011).

Ehrman, Bart D.: *Lost Christianities: The Battles for Scripture and the Faiths We Never Knew* (Oxford, 2003).

_____. *The Triumph of Christianity: How a Forbidden Religion Swept the World* (Londres, 2018).

Eichrodt, Walther. *Man in the Old Testament* (Londres, 1951).

Elliott, Neil. *The Arrogance of Nations: Reading Romans in the Shadow of Empire* (Mineápolis, 2008).

Elliott, Susan. *Cutting Too Close for Comfort: Paul's Letter to the Galatians in its Anatolian Cultic Context* (Londres, 2003).

Elm, Susanna. *Sons of Hellenism, Fathers of the Church: Emperor Julian, Gregory of Nazianzus, and the Vision of Rome* (Berkeley & Los Angeles, 2012).

Engberg-Pedersen, Troels. *Paul and the Stoics* (Edimburgo, 2000).

Ferngren, Gary B. *Medicine & Health Care in Early Christianity* (Baltimore, 2009).

Finn, Richard. *Almsgiving in the Later Roman Empire: Christian Promotion and Practice (313-450)* (Oxford, 2006).

Fortenbaugh, William W. e Eckart Schütrumpf (ed.). *Demetrius of Phalerum: Text, Translation and Discussion* (New Brunswick, 2000).

Frend, W. H. C. *The Donatist Church: A Movement of Protest in Roman North Africa* (Oxford, 1952).

Gager, John G. *The Origins of Anti-Semitism: Attitudes Toward Judaism in Pagan and Christian Antiquity* (Oxford, 1983).

DOMÍNIO

Green, Peter. *From Alexander to Actium: The Historical Evolution of the Hellenistic Age* (Berkeley & Los Angeles, 1990).

Greenhalgh, Peter. *Pompey: The Roman Alexander* (Londres, 1980).

Hall, Stuart George (ed.). *Gregory of Nyssa: Homilies on Ecclesiastes* (Berlim e Nova York, 1993).

Hardin, Justin K. *Galatians and the Imperial Cult: A Critical Analysis of the First-Century Social Context of Paul's Letter* (Tubingen, 2008).

Harding, Mark e Nobbs, Alanna. *All Things to All Cultures: Paul among Jews, Greeks, and Romans* (Grand Rapids, 2013).

Harper, Kyle. *From Shame to Sin: The Christian Transformation of Sexual Morality in Late Antiquity* (Cambridge, Mass., 2013).

Harrill, J. Albert. *Paul the Apostle: His Life and Legacy in their Roman Context* (Cambridge, 2012).

Harvey, Susan Ashbrook e David G. Hunter. *The Oxford Handbook of Early Christian Studies* (Oxford, 2008).

Hayward, C. T. R. *The Jewish Temple: A Non-Biblical Sourcebook* (Londres, 1996).

Heine, Ronald E. *Scholarship in the Service of the Church* (Oxford, 2010).

Hengel, Martin. *Crucifixion in the Ancient World and the Folly of the Message of the Cross*, tradução de John Bowden (Filadélfia, 1977).

Higham, N. J. *(Re-)Reading Bede: The Ecclesiastical History in Context* (Abingdon, 2006).

Hock, Ronald F. *The Social Context of Paul's Ministry: Tentmaking and Apostleship* (Filadélfia, 1980).

Holman, Susan R. *The Hungry Are Dying: Beggars and Bishops in Roman Cappadocia* (Oxford, 2001).

Horrell, David G. "The Label χριστιανος: 1 Peter 4:16 and the Formation of Christian Identity" (*Journal of Biblical Literature* 126, 2007).

Horsley, Richard A (ed.). *Paul and Empire: Religion and Power in Roman Imperial Society* (Harrisburg, 1997).

BIBLIOGRAFIA

Hurtado, Larry W. *Lord Jesus Christ: Devotion to Jesus in Earliest Christianity* (Grand Rapids, 2003).

_____. *Destroyer of the Gods: Early Christian Distinctiveness in the Roman World* (Waco, 2016).

Johnson, Richard F. *Saint Michael the Archangel in Medieval English Legend* (Woodbridge, 2005).

Judge, E. A. *The Social Pattern of Early Christian Groups in the First Century* (Londres, 1960).

Kim, Seyoon. *The Origins of Paul's Gospel* (Tubingen, 1981).

_____. *Christ and Caesar: The Gospel and the Roman Empire in the Writings of Paul and Luke* (Grand Rapids, 2008).

Koskenniemi, Erkki. *The Exposure of Infants Among Jews and Christians in Antiquity* (Sheffield, 2009).

Kyrtatas, Dimitris J. *The Social Structure of the Early Christian Communities* (Nova York, 1987).

Lane Fox, Robin. *Pagans and Christians* (Londres, 1986).

Lavan, Luke e Michael Mulryan (ed.). *The Archaeology of Late Antique 'Paganism'* (Leiden, 2011).

Ledegant, F. *Mysterium Ecclesiae: Images of the Church and its Members in Origen* (Leuven, 2001).

Lemche, Niels Peter. *Ancient Israel: A New History of Israel* (Londres, 2015).

Lincoln, Bruce. *Religion, Empire & Torture* (Chicago, 2007).

Longenecker, Bruce W. *Remember the Poor: Paul, Poverty, and the Greco-Roman World* (Grand Rapids, 2010).

Ludlow, Morwenna. *Gregory of Nyssa: Ancient and [Post]Modern* (Oxford, 2007).

Marietta, Don E. "Conscience in Greek Stoicism" (*Numen* 17, 1970).

DOMÍNIO

Markus, R. A. *Saeculum: History and Society in the Theology of St Augustine* (Cambridge, 1970).

_____. *Christianity in the Roman World* (Nova York, 1974).

_____. *From Augustine to Gregory the Great: History and Christianity in Late Antiquity* (Londres, 1983).

_____. *Gregory the Great and his World* (Cambridge, 1997).

Meeks, Wayne A. *The First Urban Christians: The Social World of the Apostle Paul* (New Haven, 1983).

Miles, Richard (ed.). *The Donatist Schism: Controversy and Contexts* (Liverpool, 2016).

Miller, Timothy S. *The Orphans of Byzantium: Child Welfare in the Christian Empire* (Washington D.C., 2003).

Mitchell, Stephen. *Anatolia: The Celts in Anatolia and the Impact of Roman Rule* (Oxford, 1993).

Neusner, Jacob; William S. Green e Ernest Frerichs. *Judaisms and their Messiahs at the Turn of the Christian Era* (Cambridge, 1987).

Oakes, Peter. *Reading Romans in Pompeii: Paul's Letter at Ground Level* (Mineápolis, 2009).

_____. *Galatians* (Grand Rapids, 2015).

Olson, S. D. (ed.). *Aristophanes: Acharnians* (Oxford, 2002).

Olster, David M. *Roman Defeat, Christian Response, and the Literary Construction of the Jew* (Filadélfia, 1994).

Osborn, Eric. *The Emergence of Christian Theology* (Cambridge, 1993).

_____. *Irenaeus of Lyons* (Cambridge, 2001).

Ostwald, Martin. *Nomos and the Beginnings of the Athenian Democracy* (Oxford, 1969).

Palmer, James. *The Apocalypse in the Early Middle Ages* (Cambridge, 2014).

Paxton, Frederick S. *Christianizing Death: The Creation of a Ritual Process in Early Medieval Europe* (Ithaca, 1990).

BIBLIOGRAFIA

Peppard, Michael. *The Son of God in the Roman World: Divine Sonship in Its Social and Political Context* (Oxford, 2011).

Porter, Stanley E. (ed.). *Paul: Jew, Greek, and Roman* (Leiden, 2008).

Price, S. R. F. *Rituals and Power: The Roman Imperial Cult in Asia Minor* (Cambridge, 1984).

Rhee, Helen. *Wealth and Poverty in Early Christianity* (Mineápolis, 2017).

Romer, Thomas. *The Invention of God*, tradução de Raymond Geuss (Cambridge, 2015).

Rubin, Uri. *The Eye of the Beholder: The Life of Muhammad as Viewed by the Early Muslims* (Princeton, 1995).

_____. *Between Bible and Qur'an: The Children of Israel and the Islamic Self-image* (Princeton, 1999).

Samuelsson, Gunnar. *Crucifixion in Antiquity: An Inquiry into the Background and Significance of the New Testament Terminology of Crucifixion* (Tubingen, 2013).

Sanders, E. P. *Paul: The Apostle's Life, Letters, and Thought* (Mineápolis, 2016).

Sandmel, Samuel. *Judaism and Christian Beginnings* (Nova York, 1978).

Schultz, Joseph P. e Louis Spatz. *Sinai & Olympus: A Comparative Study* (Lanham, 1995).

Satlow, Michael L. *How the Bible Became Holy* (New Haven, 2014).

Shoemaker, Stephen J. *The Death of a Prophet: The End of Muhammad's Life and the Beginnings of Islam* (Filadélfia, 2012).

_____. *Mary in Early Christian Faith and Devotion* (New Haven, 2016).

Smith, Mark S. *The Early History of God: Yahweh and the Other Deities in Ancient Israel* (Grand Rapids, 1990).

_____ *The Origins of Biblical Monotheism: Israel's Polytheistic Background and the Ugaritic Texts* (Oxford, 2001).

DOMÍNIO

Smith, Rowland. *Julian's Gods: Religion and Philosophy in the Thought and Action of Julian the Apostate* (Londres, 1995).

Stark, Rodney. *The Rise of Christianity: A Sociologist Reconsiders History* (Princeton, 1996).

_____. *Cities of God: The Real Story of How Christianity Became an Urban Movement and Conquered Rome* (Nova York, 2006).

Theissen, Gerd. *The Social Setting of Pauline Christianity: Essays on Corinth*, tradução de John H. Schutz (Edimburgo, 1982).

Trigg, Joseph W. *Origen* (Abingdon, 1998).

Trout, Dennis E. *Paulinus of Nola: Life, Letters, and Poems* (Berkeley & Los Angeles, 1999).

Van Dam, Raymond. *Leadership and Community in Late Antique Gaul* (Berkeley & Los Angeles, 1985).

_____. *Saints and their Miracles in Late Antique Gaul* (Princeton, 1993).

_____. *Kingdom of Snow: Roman Rule and Greek Culture in Cappadocia* (Filadélfia, 2002).

_____. *Families and Friends in Late Roman Cappadocia* (Filadélfia, 2003).

_____. *Becoming Christian: The Conversion of Roman Cappadocia* (Filadélfia, 2003).

Vermes, Geza. *Jesus: Nativity, Passion, Resurrection* (Londres, 2010).

Wengst, K. *Pax Romana and the People of Christ* (Londres, 1987).

Whitmarsh, Tim. *Battling the Gods: Atheism in the Ancient World* (Londres, 2016).

Winter, Bruce W. *Philo and Paul Among the Sophists: Alexandrian and Corinthian Responses to a Julio-Claudian Movement* (Grand Rapids, 2002).

Wright, N. T. *Paul and the Faithfulness of God* (Londres, 2013).

BIBLIOGRAFIA

_____. *Paul and his Recent Interpreters* (Londres, 2015).

_____. *Paul: A Biography* (Londres, 2018).

Cristandade

Barstow, Anne Llewellyn. *Married Priests and the Reforming Papacy* (Nova York, 1982).

Bartlett, Robert. *The Making of Europe: Conquest, Colonization and Cultural Change, 950-1350* (Londres, 1993).

_____. *Why Can the Dead Do Such Great Things? Saints and Worshippers form the Martyrs to the Reformation* (Princeton, 2013).

Berman, Constance Hoffman (ed.). *Medieval Religion: New Approaches* (Nova York, 2005).

Berman, Harold J. *Law and Revolution: The Formation of the Western Legal Tradition* (Cambridge, 1983).

Blickle, Peter. *The Revolution of 1525: The German Peasants' War from a New Perspective*, tradução de Thomas A. Brady e H. C. Erik Midelfort (Baltimore, 1981).

_____. *Communal Reformation*, tradução de Thomas Dunlap (Atlantic Highlands, 1992).

_____. *From the Communal Reformation to the Revolution of the Common Man*, tradução de Beat Kumin (Leiden, 1998).

Blumenthal, Uta-Renate. *The Investiture Controversy: Church and Monarchy from the Ninth to the Twelfth Century* (Filadélfia, 1995).

Bossy, John. *Christianity in the West 1400-1700* (Oxford, 1985).

Brecht, Martin. *Martin Luther: His Road to Reformation, 1483-1521*, tradução de James L. Schaaf (Mineápolis, 1985).

Brockey, Liam Matthew. *The Visitor: André Palmeiro and the Jesuits in Asia* (Cambridge, 2014).

Brophy, Don. *Catherine of Siena: A Passionate Life* (Londres, 2011).

DOMÍNIO

Bynum, Caroline Walker. *Jesus as Mother: Studies in the Spirituality of the High Middle Ages* (Berkeley & Los Angeles, 1982).

_____. *Holy Feast and Holy Fast: The Religious Significance of Food to Medieval Women* (Berkeley & Los Angeles, 1987).

Cameron, Euan. *Waldenses: Rejections of Holy Church in Medieval Europe* (Oxford, 2000).

Clanchy, M. T. *Abelard: A Medieval Life* (Oxford, 1997).

Coffey, John. *Persecution and Toleration in Protestant England 1558-1689* (Harlow, 2000).

Cohen, Jeremy (ed.). *From Witness to Witchcraft: Jews and Judaism in Medieval Christian Thought* (Wiesbaden, 1996).

Cowdrey, H. E. J. *The Cluniacs and the Gregorian Reform* (Oxford, 1970).

_____. *Popes, Monks and Crusaders* (Londres, 1984).

_____. *Pope Gregory VII 1073-1085* (Oxford, 1998).

_____. *Popes and Church Reform in the 11th Century* (Aldershot, 2000).

Cunningham, Andrew e Ole Peter Grell. *The Four Horsemen of the Apocalypse: Religion, War, Famine and Death in Reformation Europe* (Cambridge, 2000).

Cushing, Kathleen G. *Reform and Papacy in the Eleventh Century: Spirituality and Social Change* (Manchester, 2005).

Daniel, Norman. *The Arabs and Medieval Europe* (Londres, 1975).

D'Elia, Pasquale M. *Galileo in China*, tradução de Rufus Suter e Matthew Sciascia (Cambridge, 1960).

Dunne, John. *Generation of Giants: The Story of the Jesuits in China in the Last Decades of the Ming Dynasty* (Notre Dame, 1962).

Elliott, Dyan. *Fallen Bodies: Pollution, Sexuality, and Demonology in the Middle Ages* (Filadélfia, 1999).

BIBLIOGRAFIA

Emmerson, Richard K. e McGinn, Bernard. *The Apocalypse in the Middle Ages* (Ithaca, 1992).

Finocchiaro, Maurice A. *Retrying Galileo, 1633-1992* (Berkeley & Los Angeles, 2005).

Fletcher, Richard. *The Conversion of Europe: From Paganism to Christianity, 371-1386 AD* (Londres, 1997).

Fontana, Michela. *Matteo Ricci: A Jesuit in the Ming Court* (Lanham, 2011).

Frassetto, Michael (ed.). *Medieval Purity and Piety: Essays on Medieval Clerical Celibacy and Religious Reform* (Nova York, 1998).

Fulton, Rachel. *From Judgment to Passion: Devotion to Christ and the Virgin Mary, 800-1200* (Nova York, 2002).

Fudge, Thomas A. *Jan Hus: Religious Reform and Social Revolution in Bohemia* (Londres, 2010).

Gilbert, Creighton E. "Ghiberti on the Destruction of Art" (*I Tatti Studies in the Italian Renaissance* 6, 1995).

Goody, Jack. *The Development of the Family and Marriage in Europe* (Cambridge, 1983).

Gordon, Bruce. *The Swiss Reformation* (Manchester, 2008).

_____. *Calvin* (New Haven, 2009).

Grell, Ole Peter e Bob Scribner. *Tolerance and Intolerance in the European Reformation* (Cambridge, 1996).

Grundmann, Herbert. *Religious Movements in the Middle Ages*, tradução de Steven Rowan (Notre Dame, 1995).

Hamilton, Bernard. *Monastic Reform, Catharism and the Crusades, 900-1300* (Londres, 1979).

Hancock, Ralph C. *Calvin and the Foundations of Modern Politics* (Ithaca, 1989).

Hanke, Lewis. *The Spanish Struggle for Justice in the Conquest of America* (Dallas, 2002).

DOMÍNIO

Hannam, James. *God's Philosophers: How the Medieval World Laid the Foundations of Modern Science* (Londres, 2009).

Harline, Craig. *A World Ablaze: The Rise of Martin Luther and the Birth of the Reformation* (Oxford, 2017).

Hashimoto, Keizo. *Hsü Kuang-Ch'i and Astronomical Reform: The Process of the Chinese Acceptance of Western Astronomy, 1629-1635* (Kansai, 1988).

Headley, John M. *Luther's View of Church History* (New Haven, 1963).

Heilbron, J. L. *Galileo* (Oxford 2010).

Hendrix, Scott. "Rerooting the Faith: The Reformation as Re-Christianization" (*Church History* 69, 2000).

Hsia, R. Po-chia (ed.). *The German People and the Reformation* (Ithaca, 1988).

Huff, Toby E. *Intellectual Curiosity and the Scientific Revolution: A Global Perspective* (Cambridge, 2011).

_____. (3ª ed.) *The Rise of Early Modern Science: Islam, China, and the West* (Cambridge, 2017).

Izbicki, Thomas M. "Cajetan on the Acquisition of Stolen Goods in the Old and New Worlds" (*Revista di storia del Cristianesimo* 4, 2007).

Jami, Catherine, Peter Engelfriet e Gregory Blue. *Statecraft and Intellectual Renewal in Late Ming China: The Cross-Cultural Synthesis of Xu Guangqi (1562-1633)* (Leiden, 2001).

Jones, Andrew Willard. *Before Church and State: A Study of Social Order in the Sacramental Kingdom of St. Louis IX* (Steubenville, 2017).

Jordan, Mark D. *The Invention of Sodomy in Christian Theology* (Chicago, 1997).

Kadir, Djelal. *Columbus and the Ends of the Earth: Europe's Prophetic Rhetoric as Conquering Ideology* (Berkeley & Los Angeles, 1992).

Kaminsky, Howard. *A History of the Hussite Revolution* (Berkeley & Los Angeles, 1967).

BIBLIOGRAFIA

Karras, Ruth Mazo. *Sexuality in Medieval Europe* (Nova York, 2005).

Kedar, Benjamin Z. *Crusade and Mission: European Attitudes Toward the Muslims* (Princeton, 1984).

Kieckhefer, Richard. *Repression of Heresy in Medieval Germany* (Liverpool, 1979).

Klaniczay, Gabor. *Holy Rulers and Blessed Princesses: Dynastic Cults in Medieval Central Europe*, tradução de Eva Palmai (Cambridge, 2000).

Lattis, James M. *Between Copernicus and Galileo: Christoph Clavius and the Collapse of Ptolemaic Cosmology* (Chicago, 1994).

MacCulloch, Diarmaid. *Reformation: Europe's House Divided, 1490-1700* (Londres, 2003).

Madigan, Kevin. *Medieval Christianity: A New History* (New Haven, 2015).

Marshall, Peter. *The Reformation* (Oxford, 2009).

_____. *Heretics and Believers: A History of the English Reformation* (New Haven, 2017).

McGinn, Bernard. *Visions of the End: Apocalyptic Traditions in the Middle Ages* (Nova York, 1979).

Miller, Perry. *The New England Mind: From Colony to Province* (Cambridge, 1953).

_____. *The New England Mind: The Seventeenth Century* (Cambridge, 1954).

_____. *Errand into the Wilderness* (Cambridge, 1956).

Milis, Ludo J. R. *Angelic Monks and Earthly Men* (Woodbridge, 1992).

Moore, John C. *Pope Innocent III (1160/61-1216): To Root Up and to Plant* (Leiden, 2003).

Moore, R. I. *The Birth of Popular Heresy* (Londres, 1975).

_____. *The Origins of European Dissent* (Londres, 1977).

DOMÍNIO

_____. *The Formation of a Persecuting Society: Power and Deviance in Western Europe, 950-1250* (Oxford, 1990).

_____. *The First European Revolution, c. 970-1215* (Oxford, 2000).

Mormando, Franco. *Bernardino of Siena and the Social Underworld of Early Renaissance Italy* (Chicago, 1999).

Morris, Colin. *The Papal Monarchy: The Western Church from 1050 to 1250* (Oxford, 1989).

Newman, Barbara. *From Virile Woman to WomanChrist: Studies in Medieval Religion and Literature* (Filadélfia, 1995).

_____. "The Heretic Saint: Guglielma of Bohemia, Milan, and Brunate" (*Church History* 74, 2005).

Oberman, Heiko. *The Impact of the Reformation* (Grand Rapids, 1994).

Origo, Iris. *The World of San Bernardino* (Londres, 1963).

Ozment, Steven. *The Age of Reform, 1250-1550: An Intellectual and Religious History of Late Medieval and Reformation Europe* (New Haven, 1980).

Patzold, Steffen e Carmine van Rhijn. *Men in the Middle: Local Priests in Early Medieval Europe* (Berlim, 2016).

Pegg, Mark Gregory. *The Corruption of Angels: The Great Inquisition of 1245-1246* (Princeton, 2001).

_____. *A Most Holy War: The Albigensian Crusade and the Battle for Christendom* (Oxford, 2008).

Peters, Edward. *The Magician, the Witch, and the Law* (Filadélfia, 1978).

_____. *Inquisition* (Berkeley & Los Angeles, 1989).

Phelan, John Leddy. *The Millennial Kingdom of the Franciscans in the New World: A Study of the Writings of Gerónimo de Mendieta (1525-1604)* (Berkeley & Los Angeles, 1956).

Polecritti, Cynthia L. *Preaching Peace in Renaissance Italy: Bernardino of Siena & His Audience* (Washington D.C., 2000).

BIBLIOGRAFIA

Reuter, Timothy (ed.). *The Greatest Englishman: Essays on St Boniface and the Church at Crediton* (Exeter, 1980).

Riley-Smith, Jonathan. *The First Crusade and the Idea of Crusading* (Londres, 1986).

_____. *The First Crusaders, 1095-1131* (Cambridge, 1997).

Rocke, Michael. *Forbidden Friendships: Homosexuality and Male Culture in Renaissance Florence* (Oxford, 1996).

Roper, Lyndal. *Martin Luther: Renegade and Prophet* (Londres, 2016).

Rosenstock-Huessy, Eugen. *Driving Power of Western Civilization: The Christian Revolution of the Middle Ages* (Boston, 1949).

Ross, Andrew C. *A Vision Betrayed: The Jesuits in Japan and China 1542-1742* (Edimburgo, 1994).

Rubenstein, Jay. *Armies of Heaven: The First Crusade and the Quest for Apocalypse* (Nova York, 2011).

Ryrie, Alec. *Protestants: The Faith That Made the Modern World* (Londres, 2017).

Schama, Simon. *The Embarrassment of Riches: An Interpretation of Dutch Culture in the Golden Age* (Londres, 1987).

Scott, Tom. *Thomas Müntzer: Theology and Revolution in the German Reformation* (Basingstoke, 1989).

Scott-Dixon, C. *Contesting the Reformation* (Oxford, 2012).

Scribner, R. W. *Popular Culture and Popular Movements in Reformation Germany* (Londres, 1987).

Southern, R. W. *The Making of the Middle Ages* (Londres, 1953).

_____. *Western Society and the Church in the Middle Ages* (Londres, 1970).

_____. *Saint Anselm: A Portrait in a Landscape* (Cambridge, 1990).

Smalley, Beryl. *The Study of the Bible in the Middle Ages* (Oxford, 1941).

Steenberghen, Fernand van. *Aristotle in the West: the Origins of Latin Aristotelianism*, tradução de Leonard Johnston (Louvain, 1955).

DOMÍNIO

Sullivan, Karen. *The Inner Lives of Medieval Inquisitors* (Chicago, 2011).

Sweet, Leonard I. "Christopher Columbus and the Millennial Vision of the New World" (*The Catholic Historical Review* 72, 1986).

Talbot, C. H. (ed.). *The Anglo-Saxon Missionaries in Germany* (Londres, 1954).

Tellenbach, Gerd. *Church, State and Christian Society at the Time of the Investiture Contest*, tradução de R. F. Bennett (Oxford, 1940).

_____. *The Church in Western Europe from the Tenth to the Early Twelfth Century*, tradução de Timothy Reuter (Cambridge, 1993).

Tylus, Jane. *Reclaiming Catherine of Siena: Literacy, Literature, and the Signs of Others* (Chicago, 2009).

Ullman, Walter. *The Growth of Papal Government in the Middle Ages: A Study in the Ideological Relation of Clerical to Lay Power* (Londres, 1955).

Walsham, Alexandra. *The Reformation of the Landscape: Religion, Identity, & Memory in Early Modern Britain & Ireland* (Oxford, 2011).

Watts, Pauline Moffitt. "Prophecy and Discovery: On the Spiritual Origins of Christopher Columbus's 'Enterprise of the Indies'" (*American Historical Review* 90, 1985).

Wessley, Stephen E. "The Thirteenth-Century Gugliemites: Salvation Through Women", em *Medieval Women*, editado por Derek Baker (Oxford, 1978).

Williams, George Huntston. *The Radical Reformation* (Kirksville, 1992).

Witte, John. *The Reformation of Rights: Law, Religion, and Human Rights in Early Modern Calvinism* (Cambridge, 2007).

Wolf, Kenneth Baxter. *The Poverty of Riches: St. Francis of Assisi Reconsidered* (Oxford, 2003).

_____. *The Life and Afterlife of St. Elizabeth of Hungary: Testimony from Her Canonization Hearings* (Oxford, 2011).

BIBLIOGRAFIA

Modernitas

Ali, Kecia: *The Lives of Muhammad* (Cambridge, 2014).

Anderson, Allan: *Zion and Pentecost: The Spirituality and Experience of Pentecostal and Zionist/Apostolic Churches in South Africa* (Pretoria, 2000).

_____. *African Reformation: African Initiated Christianity in the 20th Century* (Trenton, 2001).

Anstey, Roger. *The Atlantic Slave Trade and British Abolition 1760-1810* (Londres, 1975).

Aston, Nigel. *Christianity and Revolutionary Europe, 1750-1830* (Cambridge, 2002).

Balagangadhara, S. N. *"The Heathen in his Blindness..." Asia, the West and the Dynamic of Religion* (Manohar, 2005).

Barclay, David E. *Frederick William IV and the Prussian Monarchy 1840-1861* (Oxford, 1995).

Batnitzky, Leora. *How Judaism Became a Religion: An Introduction to Modern Jewish Thought* (Princeton, 2011).

Beachy, Robert. *Gay Berlin: Birthplace of a Modern Identity* (Nova York, 2014).

Becker, Carl L. *The Heavenly City of the Eighteenth-Century Philosophers* (New Haven, 1932).

Bethge, Eberhard. *Dietrich Bonhoeffer: A Biography* (Londres, 1970).

Bien, David D. *The Calas Affair: Persecution, Tolerance, and Heresy in Eighteenth-Century Toulouse* (Princeton, 1960).

Bloch, Esther, Marianne Keppens e Rajaram Hegde (ed.). *Rethinking Religion in India: The Colonial Construction of Hinduism* (Londres, 2010).

Bruckner, Pascal. *The Tyranny of Guilt: An Essay on Western Masochism*, tradução de Steven Rendall (Princeton, 2010).

Burleigh, Michael. *Earthly Powers: Religion and Politics in Europe from the Enlightenment to the Great War* (Londres, 2005).

DOMÍNIO

_____. *Sacred Causes: Religion and Politics from the European Dictators to Al Qaeda* (Londres, 2006).

Callahan, Allen Dwight. *The Talking Book: African Americans and the Bible* (New Haven, 2006).

Carson, Penelope. *The East India Company and Religion, 1698-1858* (Woodbridge, 2012).

Chapoutot, Johann. *The Law of Blood: Thinking and Acting as a Nazi*, tradução de Miranda Richmond Mouillot (Cambridge, 2018).

Chartier, Lydia G. *The Cultural Origins of the French Revolution*, tradução de Lydia G. Cochrane (Durham, 1991).

Coffey, John. *Exodus and Liberation: Deliverance Politics from John Calvin to Martin Luther King Jr.* (Oxford, 2014).

Conway, John S. *The Nazi Persecution of the Churches* (Londres, 1968).

Cuddihy, John. *No Offense: Civil Religion and Protestant Taste* (Nova York, 1978).

Curry, Thomas J. *The First Freedoms: Church and State in America to the Passage of the First Amendment* (Oxford, 1986).

Davidson, Jane Pierce. *The Life of Edward Drinker Cope* (Filadélfia, 1997).

Davie, Grace. *Religion in Modern Europe: A Memory Mutates* (Oxford, 2000).

Davie, Grace, Paul Heelas e Linda Woodhead (ed.). *Preaching Religion: Christian, Secular and Alternative Futures* (Aldershot, 2003).

Davies, Owen. *A Supernatural War: Magic, Divination, and Faith during the First World War* (Oxford, 2018).

Davis, David Brion. *The Problem of Slavery in Western Culture* (Ithaca, 1966).

_____. *Slavery and Human Progress* (Oxford, 1984).

BIBLIOGRAFIA

Desmond, Adrian e James Moore. *Darwin* (Londres, 1991).

Desmond, Adrian. *Huxley: From Devil's Disciple to Evolution's High Priest* (Reading, 1997).

Drake, Thomas E. *Quakers and Slavery in America* (New Haven, 1950).

Drescher, Seymour. *Abolition: A History of Slavery and Antislavery* (Cambridge, 2009).

Durston, Christopher e Judith Maltby. *Religion in Revolutionary England* (Manchester, 2006).

Edelstein, Dan. *The Terror of Natural Right: Republicanism, the Cult of Nature, and the French Revolution* (Chicago, 2009).

Elphick, Richard e Rodney Davenport (ed.). *Christianity in South Africa: A Political, Social & Cultural History* (Cidade do Cabo, 1997).

Fix, Andrew C. *Prophecy and Reason: The Dutch Collegiants in the Early Enlightenment* (Princeton, 1991).

Foxley, Rachel. *The Levellers: Radical Political Thought in the English Revolution* (Manchester, 2013).

Fromm, Erich. *Marx's Concept of Man* (Nova York, 1961).

Gay, Peter. *The Enlightenment: An Interpretation* (2 volumes) (Nova York, 1966 – 69).

Ghazi, Abidullah Al-Ansari. *Raja Rammohun Roy: An Encounter with Islam and Christianity and the Articulation of Hindu Self-Consciousness* (Iqra, 2010).

Glaser, Eliane. *Judaism without Jews: Philosemitism and Christian Polemic in Early Modern England* (Basingstoke, 2007).

Glasson, Travis. *Mastering Christianity: Missionary Anglicanism and Slavery in the Atlantic World* (Oxford, 2012).

Golomb, Jacob e Robert S. Wistrich (ed.). *Nietzsche, Godfather of Fascism? On the Uses and Abuses of a Philosophy* (Princeton, 2002).

DOMÍNIO

Graetz, Michael. *The Jews in Nineteenth-Century France: From the French Revolution to the Alliance Israélite Universelle*, tradução de Jane Marie Todd (Stanford, 1996).

Greenberg, David F. *The Construction of Homosexuality* (Chicago, 1988).

Gurney, John. *Gerrard Winstanley: The Digger's Life and Legacy* (Londres, 2013).

Haar, Gerrieter. *How God Became African: African Spirituality and Western Secular Thought* (Filadélfia, 2009).

Handler, Steven. *Spinoza: A Life* (Cambridge, 1999).

Hartley, Keith. *Otto Dix, 1891–1969* (Londres, 1992).

Harvey, David. *The Song of Middle-Earth: J. R. R. Tolkien's Themes, Symbols and Myths* (Londres, 1985).

Hawley, John Stratton. *Sati, the Blessing and the Curse: The Burning Of Wives in India* (Oxford, 1994).

Hess, Jonathan M. *Germans, Jews and the Claims of Modernity* (New Haven, 2002).

Higonnet, Patrice. *Goodness Beyond Virtue: Jacobins During the French Revolution* (Cambridge, 1998).

Hopper, Andrew. *"Black Tom": Sir Thomas Fairfax and the English Revolution* (Manchester, 2007).

Hughes, Gordon e Philipp Blom. *Nothing but the Clouds Unchanged: Artists in World War I* (Los Angeles, 2014).

Hunter, Graeme. *Radical Protestantism in Spinoza's Thought* (Aldershot, 2005).

Jacob, Margaret C. *The Radical Enlightenment: Pantheists, Freemasons and Republicans* (Londres, 1981).

Jenkins, Philip. *The Next Christendom: The Coming of Global Christianity* (Oxford, 2002).

_____. *The Great and Holy War: How World War I Changed Religion For Ever* (Nova York, 2014).

BIBLIOGRAFIA

Karcher, Eva. *Otto Dix (1891–1969): His Life and Works* (Colônia, 1988).

Katz, D. S. *Philosemitism and the Readmission of the Jews to England, 1603–1655* (Oxford, 1982).

Keith, Miller. *The Language of Martin Luther King, Jr. and Its Sources* (Nova York, 1992).

Kennedy, Emmet. *A Cultural History of the French Revolution* (New Haven, 1989).

Kerry, Paul E (ed.). *The Ring and the Cross: Christianity and The Lord of the Rings* (Lanham, 2011).

Koltun-Fromm, Ken. *Abraham Geiger's Liberal Judaism: Personal Meaning and Religious Authority* (Bloomington & Indianápolis, 2006).

Koonz, Claudia. *The Nazi Conscience* (Cambridge, 2003).

Kors, Alan. *Atheism in France, 1650–1729* (Princeton, 1990).

Koskenniemi, Martti. *The Gentle Civilizer of Nations: The Rise and Fall of International Law 1870—1960* (Cambridge, 2001).

_____. "Empire and International Law: The Real Spanish Contribution" (*University of Toronto Law Journal* 61, 2011).

Koskenniemi, Martti; Monica Garcia-Salmones Rovira e Paolo Amorosa. *International Law and Religion: Historical and Contemporary Perspectives* (Oxford, 2017).

Lewisohn, Mark. *The Beatles: All These Years, Volume One — Tune In* (Londres, 2013).

Lynskey, Dorian. *33 Revolutions Per Minute: A History of Protest Songs* (Londres, 2010).

Magnus, Shulamit S. *Jewish Emancipation in a German City: Cologne, 1798–1871* (Stanford, 1997).

Marshall, P. J. *The British Discovery of Hinduism in the Eighteenth Century* (Cambridge, 1970).

DOMÍNIO

Martinez, Jenny S. *The Slave Trade and the Origins of International Human Rights Law* (Oxford, 2012).

Marwick, Arthur. *The Sixties: Cultural Revolution in Britain, France, Italy, and the United States, c.1958–c.1974* (Oxford, 1998).

Mason, Richard. *The God of Spinoza: A Philosophical Study* (Cambridge, 1997).

Masuzawa, Tomoko. *The Invention of World Religions: Or, How European Universalism was Preserved in the Language of Pluralism* (Chicago, 2005).

May, Simon (ed.). *Nietzsche's* On the Genealogy of Morality: *A Critical Guide* (Cambridge, 2011).

McManners, John. *The French Revolution and the Church* (Londres, 1969).

Meyer, Michael. *Response to Modernity: A History of the Reform Movement in Judaism* (Oxford, 1988).

Middlebrook, Martin & Mary. *The Somme Battlefields* (Londres, 1991).

Miller, Nicholas P. *The Religious Roots of the First Amendment: Dissenting Protestants and the Separation of Church and State* (Oxford, 2012).

Minois, Georges. *The Atheist's Bible: The Most Dangerous Book that Never Existed*, tradução de Lys Ann Weiss (Chicago, 2012).

Moore, Rosemary. *The Light in their Consciences: Early Quakers in Britain 1646–1666* (University Park, 2000).

Morris, Henry. *The Life of Charles Grant: sometime Member of Parliament and director of the East India Company* (Londres, 1904).

Muravyova, L. e I. Sivolap-Kaftanova. *Lenin in London*, tradução de Jane Sayer (Moscou, 1981).

Nadler, Steven. *Spinoza: A Life* (Cambridge, 1999).

_____. *A Book Forged in Hell: Spinoza's Scandalous Treatise and the Birth of the Secular Age* (Princeton, 2011).

Nasaw, David. *Andrew Carnegie* (Nova York, 2006).

BIBLIOGRAFIA

Nixon, Edna. *Voltaire and the Calas Case* (Londres, 1961).

Noll, Mark A. *America's God: From Jonathan Edwards to Abraham Lincoln* (Oxford, 2002).

_____. *God and Race in American Politics* (Princeton, 2008).

Norman, Philip. *John Lennon: The Life* (Londres, 2008).

Numbers, Ronald L (ed.). *Galileo Goes to Jail and Other Myths about Science and Religion* (Cambridge, Mass., 2009).

O'Connor, Ralph. *The Earth on Show: Fossils and the Poetics of Popular Science, 1802–1856* (Chicago, 2007).

Oddie, Geoffrey A. *Imagined Hinduism: British Protestant Missionary Constructions of Hinduism, 1793–1900* (Nova Délhi, 2006).

Oldfield, J. R. *Popular Politics and British Anti-Slavery: The Mobilisation of Public Opinion against the Slave Trade, 1787–1807* (Manchester, 1995).

Oosterhuis, Harry. *Stepchildren of Nature: Krafft-Ebing, Psychiatry, and the Making of Sexual Identity* (Chicago, 2000).

Osborn, Henry Fairfield. *Cope: Master Naturalist* (Princeton, 1931).

Parker, Geoffrey. *Global Crisis: War, Climate Change and Catastrophe in the Seventeenth Century* (New Haven, 2013).

Pestana, Carla. *Protestant Empire: Religion and the Making of the British Atlantic World* (Filadélfia, 2010).

Porterfield, Amanda. *The Transformation of American Religion: The Story of a Late-Twentieth Century Awakening* (Oxford, 2001).

Rea, Tom. *Bone Wars: The Excavation and Celebrity of Andrew Carnegie's Dinosaur* (Pittsburgh, 2001).

Rediker, Marcus. *The Fearless Benjamin Lay: The Quaker Dwarf Who Became the First Revolutionary Abolitionist* (Boston, 2017).

Roberts, J. Deotis. *Bonhoeffer & King: Speaking Truth to Power* (Louisville, 2005).

DOMÍNIO

Rowntree, C. Brightwen. "Benjamin Lay (1681–1759)" (*The Journal of the Friends' Historical Society* 33, 1936).

Rudwick, Martin J. S. *Earth's Deep History: How It Was Discovered and Why It Matters* (Chicago, 2014).

Schaeffer, Neil. *The Marquis de Sade: A Life* (Londres, 1999).

Schama, Simon. *Citizens: A Chronicle of the French Revolution* (Londres, 1989).

Schmidt, Alfred. *The Concept of Nature in Marx*, tradução de Ben Fowkes (Londres, 1971).

Sheehan, Jonathan. *The Enlightenment Bible* (Princeton, 2005).

Shippey, Tom. *J. R. R. Tolkien: Author of the Century* (Londres, 2000).

Shulman, George M. *Radicalism and Reverence: The Political Thought of Gerrard Winstanley* (Berkeley & Los Angeles, 1989).

Siemens, Daniel. *The Making of a Nazi Hero: The Murder and Myth of Horst Wessel*, tradução de David Burnett (Londres, 2013).

Soderlund, Jean R. *Quakers & Slavery: A Divided Spirit* (Princeton, 1985).

Stanley, Brian. *Christianity in the Twentieth Century: A World History* (Princeton, 2018).

Steignmann-Gall, Richard. *The Holy Reich: Nazi Conceptions of Christianity* (Cambridge, 2003).

Stephens, Randall J. *The Devil's Music: How Christians Inspired, Condemned, and Embraced Rock'n'Roll* (Cambridge, 2018).

Stone, Dan. *Histories of the Holocaust* (Oxford, 2010).

_____. *The Holocaust, Fascism and Memory: Essays in the History of Ideas* (Londres, 2013).

Tierney, Brian. *The Idea of Natural Rights* (Grand Rapids, 2001).

Toledano, Ehud R. *The Ottoman Slave Trade and Its Suppression: 1840–1890* (Princeton, 1982).

BIBLIOGRAFIA

Turley, David. *The Culture of English Antislavery, 1780—1860* (Londres, 1991).

Van Kley, Dale K. *The Religious Origins of the French Revolution: From Calvin to the Civil Constitution, 1560–1791* (New Haven, 1996).

Vattimo, Gianni. *After Christianity*, tradução de Luca d'Isanto (Nova York, 2002).

Vaux, Roberts. *Memoirs of the Lives of Benjamin Lay and Ralph Sandiford: Two of the Earliest Public Advocates for the Emancipation of the Enslaved Africans* (Filadélfia, 1815).

Wallace, David Rains. *Beasts of Eden: Walking Whales, Dawn Horses, and Other Enigmas of Mammal Evolution* (Berkeley e Los Angeles, 2004).

Weinberger-Thomas, Catherine. *Ashes of Immortality: Widow-Burning in India*, tradução de Jeffrey Mehlman e David Gordon-White (Chicago, 1999).

Weiss, Michael e Hassan Hassan. *ISIS: Inside the Army of Terror* (Nova York, 2015).

Worden, Blair. *God's Instruments: Political Conduct in the England of Oliver Cromwell* (Oxford, 2012).

Índice

Abbey Road, estúdios na, 485-486

Abelardo, Pedro, 244-249, 267, 271-272, 288, 312-313, 338, 355, 375, 407, 436, 444, 521

Abington (perto de Filadélfia), 384

aborto, 525, 526

Abraão (Abrão), 62-63, 66, 96, 158-160, 169, 178, 188, 190, 197, 201, 248, 373, 382

Adriano (africano em Canterbury), 195-196

Afeganistão, 503

África do Sul, 380, 497-500; apartheid na, 499-501

África: resistência ao decreto imperial de 303, 135-139; cisma do-natista, 137-142, 162, 227, 454; conquista sarracena, 193-194; conflito imperial pela, 431, 440, 497; missões ao coração da, 440, 497-498; Etiópia, 497-498; cristãos africanos no século XX, 496-500; ver tam-bém Agostinho, Santo; Cartago; África do Sul

agentes de inteligência, 426

agnosticismo, 442, 535

Agostinho, Santo, 161-163, 168, 171, 176-178, 192-194, 235, 240, 242, 246, 248, 276, 310, 317, 320, 434; desconsidera a interpretação literal das Escrituras, 177, 225, 355; influência de Platão, 178; Cidade de Deus, 183, 474-475; ordem do saeculum, 183, 424; visão islâmica de, 190; corpo movido para a Itália, 199; e o espírito missionário, 208; primazia do amor, 485-486

Agricola, Johannes, 316

Alcorão, 507, 508; crucificação no, 191, 509; tom de autoridade, 191; tradução para o latim, 267; e a escravidão, 429-430

Alcuíno (erudito da Nortúmbria), 215, 217, 311, 345, 397

Alemanha: príncipes luteranos, 317, 321, 323, 325-326, 327, 329; Renânia, 341, 419, 420, 452; guerra dos Trinta Anos, 341, 357-359, 368, 369; e judeus no século XIX, 418-425, 516; Primeira Guerra Mundial, 463-464, 466-467; bolcheviques na, 466, 470; Nazi era, 468-469, 471, 473, 476-482, 486, 514-515, 533-535; Segunda Guerra Mundial, 473-474, 477, 481-482, 486; imperialismo na África, 495; reunificação, 501; crise dos migrantes na, 511-517

Alexandre, o Grande, 52-53, 96, 170

DOMÍNIO

Alexandria, 53-54, 66-67, 87-88, 133, 135, 138, 140, 168, 217; bi-blioteca de, 67, 130, 443; violência de Caracala em (215), 125-130, 133, 413; e Orígenes, 127-133; debates sobre a natureza de Cristo, 140; multidão destrói o serapeu, 167

al-Maqdisi, Abu Muhammad, 506-507

al-Qaeda, 502-503, 506

al-Zarqawi, Abu Musab, 506-508

Amiens, 155, 156, 164

amor e compaixão: e o Deus de Israel, 70-71, 78, 80, 81, 87; pri-mazia no ensino cristão, 94-97, 99-100, 102, 148, 173, 192, 242, 289-290, 344-345, 368-369, 485-492, 500, 516, 527-528; e Martinho de Tours, 156; da mãe pelo filho, 279-280; ensinamentos de Lutero, 320, 322; e os evangélicos, 409; e abolição da escravidão, 430-431; por homossexuais, 446-447; desdém de Nietzsche pelo, 461-462, 468, 527; rejeição fascista do, 469, 471-472; desdém de Hitler pelo cristianismo, 471-472, 478; e os Beatles, 485-490, 510; Verão do Amor (1967), 485-490, 523; rejeição salafita do, 508

anabatistas, 327-329, 340, 366, 380

anglos, 181, 194, 223

anglo-saxões: reino de Kent, 194, 208-209; reino da Nortúmbria, 196-197, 337; formados por anglos, saxões e jutos, 194, 223; saxões ocidentais (Wessex),

207, 209-210, 222-223; Igreja, 209-212, 337, 496; literatura, 474, 477

anjos, 166-171; Miguel, 169-170, 176, 178, 184, 282, 458; e o fim do mundo, 174-176; e Maomé, 189-191

Anselmo, Santo, 20, 21, 24, 249, 277

Antigo Testamento, 67,* 68-72; conquista de Canaã, 62, 66, 70, 73, 82; e os judeus de Alexandria, 67, 87; Gênesis, 69, 76, 208, 277, 398, 433-434, 478; conceito de pecado no Gênesis, 70, 163, 289-291; Can-ção de Débora, 72*; Livro de Josué, 73, 355, 488; Livro dos Salmos, 74, 355, 433, 497; Livro de Jó, 75-77, 170, 174, 435, 451, 532; mons--tros e serpentes, 68-69, 532; Exodos, 79-80, 87, 169, 478; e Orígenes, 129-130; como de autoria de mortais, 191; Pentateuco como inspiração para Bede, 197; a história de Noé, 208, 384, 433-434; uso do termo por Spinoza, 377-378

Antioquia, 112*

antissemitismo: crescimento durante o século XIII, 271-273; e a Reforma, 371-372, 480; Alemanha nazista, 473-481; uso nazista do mito cristão, 478-479

Antuérpia, 335

Apocalipse, 176-177, 225, 237, 306, 467; e os taboritas, 296, 299-300, 454; e o cisma papal, 297-298; Colombo e o fim dos tempos, 306; e a Primeira Guerra Mundial, 463-464; e a Guerra Fria, 486

ÍNDICE

Apolo, 27, 41, 54, 71, 76, 86, 106, 107, 111, 138, 166-168, 174, 176, 413, 523

aprendizado e estudos acadêmicos: biblioteca de Alexandria, 53-54, 66-67, 130-131, 442; escola de Orígenes em Cesareia, 130-133; gnosis (conhecimento) como marcador de classe, 132; e Bede em Jar-row, 196; e Alcuíno, 215, 217-218; coleção de Escrituras em um único volume de Alcuíno, 217; projeto de correctio de Carlos Magno, 216-217, 225; educação do clero, 218; universidade em Bologna, 240-241, 242-243; alegação de permissão de Deus, 242; fama de Abe-lardo, 244-248; Paris como usina de, 244, 247-248; autonomia das universidades, 247, 269, 352; filosofia natural, 248, 268, 352-360, 375-379, 436-437, 431; filosofia no centro do currículo, 248; redesco-berta das obras gregas em Toledo, 267-268; universidades e cisma pa-pal, 297; descobertas de Galileu, 353-358, 443; superando divisões durante a guerra dos Trinta Anos, 357-358, 359; philosophes, 388-394, 395; ver também cosmologia; Escrituras e estudos judaicos; filosofia; ciência; teologia

Aquino, São Tomás de, 269-271, 273, 277, 292-293, 311, 314, 316, 318, 352, 382, 445, 485, 487; e Lutero, 313-315

Aquitânia, 199, 200

árabes ("sarracenos"): invasão da Palestina (634), 187-190; con-quista

dos impérios romano/persa, 187-190, 193; conquistas na Espa-nha, 188, 199; nas Escrituras judaica e cristã, 188; alegação de ter permissão de Deus, 188-191, 201-202, 242; destruição de Cartago, 193-194, 199; habilidade como conquistadores, 199-200; derrotas para Martel na Francia, 200-201, 203; o Mediterrâneo como mar sarraceno, 203; piratas saqueiam Roma (846), 219; conquista de Jerusalém (1187), 263; derrota em Las Navas de Tolosa (1212), 265; e Pedro, o Ve-nerável, 267; queda de Granada (1492), 305-306

Araca (rebelde babilônio), 37-38

Aragão, 305, 308, 326, 330

Aristófanes, 40, 44, 46, 48, 75, 178

Aristóteles, 49-52, 54, 56, 128, 131-132, 150, 178, 247, 267-271, 277, 279, 310, 347, 349, 353-354, 358, 383, 428, 442; cosmologia de, 50, 268, 353-355, 358; sobre a inferioridade feminina, 276-277; sobre a escravidão, 310, 383, 428; como justificativa para o imperialismo, 347-348; desdém de Galileu por, 353-354

Armagedom, 176

Arnold (monge bávaro), 226

Artaictes, 33-34, 39

Artêmis, 41-42

artistas: retratações da crucificação, 18-21, 224, 279; São Pedro de Carava-ggio, 21-22; retratação dos judeus, 273; senense, 281; e a Re-volução Francesa,

611

DOMÍNIO

422; e a Primeira Guerra Mundial, 463-464, 466-467;

Ásia Menor, 90, 92, 116, 119, 120, 123, 125, 140, 147

Assíria, 36, 64, 65, 75

astronomia, 248, 350-351, 358-359, 391, 444

ateísmo, 25-26, 49, 392, 461, 463, 467, 493, 533

Atena, 27, 167

Atenas, 33-57; Xerxes queima, 33, 40; Partenon, 40, 47, 167; tea-tro, 40, 46-47, 53; São Paulo em, 101

Atwood, Margaret, 525

Augsburgo, 220, 221, 312-315, 317, 327, 513

Augusto, imperador, 18, 86-89, 90-93, 100, 106, 116, 139, 172, 185, 213-214, 404, 419, 438-439

Aúra Masda, 36, 38, 39, 41, 52, 77, 175

Austrália, 440

Avignon, 200, 280, 284, 289

Babilônia, 36-38; realeza na, 36-38, 83, 298; conquista por Ciro (539 a.C.), 36-38, 64, 71; conquista de Judá, 64, 67, 71-72, 82-84, 113-114; Esagila (templo), 68-69; exílio judaico na, 67-69; Marduk, 68, 69, 71, 72, 76

Babilônia, meretriz da, 177

Baltringen (norte da Suábia), 324

Barbados, 381-384

Baroda, cidade de, 411, 416

Basílides, 121-122, 128, 132, 190

Basílio, São, 147-150, 355

batismo, 101, 136-137, 275, 304, 529; à força dos judeus, 185-187, 191; à força sob Carlos Magno, 214-215; unção de reis, 224, 395; anabaptismos, 327; de bebês, 327, 367

batistas, 367, 409, 491, 525

Beatles, 485-490, 493-494, 510, 522

Bede, 195-199, 210, 223, 337, 474, 477, 483

Beijing, 345-346, 348-352, 358, 391, 393

Beistum, monte, 425-426

Bell, George, 482

Belarmino, Roberto, 356-357

Benedito Biscop, 196

Berlim, 389, 418-419, 421, 423, 464, 466-468, 470-471

Berna, 331

Bernardino, São, 292-293, 445

Bernardo de Claraval, São, 521

Béziers, 264, 265, 269, 301, 401

Biblia ("os Livros"), 217; uso cristão do singular "Bíblia", 273; tradução missionária, 345; Ussher e a data da criação, 433; ver também Novo Testamento; Antigo Testamento

Blandina (escrava martirizada), 120-121

Bobbio, monastério em, 182, 184

ÍNDICE

Boêmia, 274, 295, 299-301, 304, 341

bolcheviques, 454, 465-467

Bolena, Ana, 326, 334

Bolonha, 278; Universidade de, 240-241, 244, 247, 261

Bonaparte, Napoleão, 403-407, 409, 418-421, 458

Bonhoeffer, Dietrich, 478-479, 482

Bonifácio VIII, papa, 275, 280

Bonifácio, São, 207, 209-215, 218, 286, 287, 413, 449, 458, 463, 471, 474, 496; derrubada do carvalho de Thunor, 211, 213-214, 337

Brasil, 347

Brauro (leste de Atenas), 42

Britânia/Grã-Bretanha: missão cristã de Gregório na, 194, 198, 337; elementos do Êxodo na história original, 197-198; Anglia (Englalonde), 198; invasão viking derrotada por Etelstano (937), 222; antissemitismo na, 272; culto ao Pequeno São Hugo, 272; judeus expulsos da, 273; Reforma na, 325-326, 329-330; Maria Tudor se reconcilia com Roma, 330; calvinismo na, 335-336; protestantismo elizabetano, 336; os "escavadores" na, 363-366, 368, 372, 397, 454, 493; Com-monwealth/protetorado, 364, 365, 368, 371; guerra civil inglesa, 364-369; execução de Carlos I, 364; Restauração (1660), 374; Ato de União (1707), 381; Voltaire sobre a tolerância na, 388; abolição do comércio de escravos (1807), 409; Primeira Guerra Mundial, 463-464, 466-467; Segunda Guerra Mundial, 473-474, 477, 481-482, 486; Stop the War Coalition (2004), 505; ver também anglo-saxões

Brown, James, 488-489

Buckland, William, 433-435, 441

Bush, George W., 502-505, 507

Caetano, Tomás, 311-314, 317-319, 377, 382

Calas, Jean, 386-390, 392-393, 401

calvinismo: em Genebra, 333-336; os eleitos, 314-15, 319, 326-7; predestinação, 340, 346; presbyters ("anciões"), 332, 336, 366; na Grã-Bretanha, 335; massacre de calvinistas na França (1572), 335; "Igreja Reformada" holandesa, 336, 340, 374, 376; em Leiden, 340; perseguição francesa aos huguenotes, 380, 388, 391, 392, 396; africâ-neres, 498-500

Calvino, João, 330-335, 338, 340, 366-367, 375-377, 390, 435, 499, 522; e a derrota da idolatria, 334-336, 340; e o apartheid na África do Sul, 499

Cambrai, 227-229, 231, 233-234

Canãa (posterior Judeia), 58, 61-62, 65, 79, 106

Canossa, 233, 240, 258

Canterbury, 194-196, 203

Capadócia, 147-150, 188, 526

capitalismo, 451-455, 488

DOMÍNIO

Caracala, imperador, 125-130, 133, 138, 141

Caravaggio, 21-23

cardeais, 276

caridade: Juliano na Galácia, 145-146, 148; cristã, 146-150, 154-159, 164, 342, 439, 478, 494-495; Basileias em Cesareia, 148; e Paulino, 157-163; Agostinho de Hipona sobre a, 162, 163; sob as "leis naturais", 242-243; na Genebra de Calvino, 332-333; implicações da teoria evolutiva, 439-440; e Carnegie, 449; visão de Nietzsche sobre a, 461-463, 468; Live Aid (1985), 493-494; Band Aid, "Do They Know It's Christmas?", 494-496

Carlos "Martel", 200-201, 203, 212

Carlos I, rei da Inglaterra, 364, 368, 397

Carlos Magno, 213-219, 221, 222, 224-225, 233, 238, 264, 271, 308, 345, 394, 395, 420; projeto de correctio, 217-218, 225

Carlos V, rei da Espanha, 317, 319-321, 326, 330, 335, 339

Carnegie, Andrew, 448-452

carolíngios, 203, 212-222

Cartago, 135-138, 142, 162, 183, 185, 187, 191-193, 196, 199; e as simpatias cristãs de Constantino, 137-138; recapturada para o Império, 185; batismo à força dos judeus, 185-187, 191-192; cristianismo em, 192; conquista pelos sarracenos, 192-193, 199

casamento, 284-288, 446, 523, 525-526

Cassandro, 52, 53

Castela, 265, 267, 305, 308

Castlereagh, Lord, 408-409

Catarina de Aragão, 326, 330

Catarina de Siena, Santa, 283-286, 288

cátaros (Cathari), 260-261, 336

catedrais, 250, 261, 413

Ceciliano (bispo de Cartago), 136-139, 142-143

Cesareia (Capadócia), 148-150

Cesareia (Judeia), 130-131

Charlie Hebdo (revista satírica francesa), 517-519

Chiang Kai-shek, 23

Chiaravalle, abadia de, 274

China, 22, 346, 348-349, 351-352, 354, 358; filosofia confuciana, 349-351, 358-359; crença em ciclos/polos, 350-351

Cibele, 92-93, 99, 116, 144-145, 169

Cícero, 56, 403

ciência: e Darwin, 26, 435-445; e os jesuítas, 351-356, 358-359; descobertas de Galileu, 353-358, 443; universo de Spinoza, 375-378; geologia, 433-435; "teologia natural", 435-438, 441-442; definição, 442-443; colonização agnóstica do passado, 443-444, 533-534; e Karl Marx, 451-452, 465-

614

ÍNDICE

466; e antissemitismo nazista, 476, 478, 479; e humanismo, 533-534; ver também cosmologia; teologia

Cipriano (bispo de Cartago), 135

Ciro, rei da Pérsia, 36-39, 64, 71, 75, 78, 85

citas, 39, 96

classes sociais: no mundo grego, 48; no mundo romano, 108-111, 136, 151, 157-161, 296; e a mensagem de São Paulo, 109-111; e os ensinamentos de Jesus, 113-114, 157, 158; gnosis (conhecimento) co-mo marcador de classe, 131-132; e Pelágio, 160-162, 397; e Agostinho de Hipona, 162-164; santidade como fonte de poder, 163-165; e as reformas de Gregório VII, 233-234, 239-240; e o conceito de "leis na-turais", 242; revoltas dos seguidores de Lutero, 323-325; os "escava-dores" na Grã-Bretanha, 363-366, 368, 372, 397, 454, 493; e a Revo-lução France-sa, 396-398, 402-403; os brâmanes na Índia, 413-414; e Karl Marx, 452-454; hierarquia dos desfavorecidos, 527-529; ver também pobreza; riqueza e privilé-gio; os fracos e oprimidos

Clermont, Grande Concílio de (1095), 236-237

clero cristão: episcopos ou "bispo", 21, 116, 122-123, 135-143, 161-164, 176, 186-187, 227-229, 231-236; bis-pos nas cidades romanas, 135-140, 147-150, 153-156, 163-164, 168, 178, 222; capellani ou "capelães", 164; Teodoro

em Canterbury, 194-196, 203; trabalho mis-sionário, 207-208, 210-211; cor-rupção, 211-212, 217-218, 227-228, 231, 232; e práticas pagãs, 211-212; educação, 215, 218; e regras de celiba-to, 228, 231, 234, 239, 276; eucaristia, 228, 338; executado por heresia, 228; projeto de reformatio, 229-235, 237, 239-240, 241, 252-253, 261-262, 271-272, 288-289; juramento de lealdade ao impe-rador, 233; conferência de Worms (1076), 232, 238; desprezo dos val-den-ses pelo, 254-255; busca por heresias (inquisitio), 257-258, 265-266, 268-269, 270-271, 273; temor das mulhe-res como tentações, 276; masculinidade do, 276; ataques de Lutero ao, 318-320

clero judaico: sacerdotes do Tem-plo, 60-62, 64-65, 69; composição das Escrituras, 71-72; e a aliança, 82-84; e a ocupação romana, 86

Clóvis (comandante militar fran-co), 164, 200-201

Cluny, monastério de, 263-237, 244, 247, 267, 313, 396

Colombo, Cristóvão, 305-309

Colônia, 224, 476; término da catedral, 419-420; como pioneira da emancipação judaica, 420-421

Columbano, São, 181-184, 189, 197, 199, 209, 235, 257, 335, 424, 449

Companhia das Índias Orientais, 411, 413, 415, 426

comunismo, 451, 453, 454, 465, 480, 501-502, 535

DOMÍNIO

Confúcio, 349-351, 359

Congo Belga, 495

Conrado de Marburgo, 256-260, 265, 272, 391, 446

consciência, 56, 105, 130, 186, 192, 331, 365, 367, 369, 373-375, 492

Constança, cidade de, 298-300

Constâncio, imperador, 141

Constantino, imperador, 19, 137-147, 167, 169, 172-173, 183, 189, 222, 230, 233, 239, 260, 390, 396, 497; Concílio de Niceia (ano 325), 140-141, 190, 241

Constantinopla, 169, 172, 263, 297; conquista pelos turcos (1453), 303

Cope, Edward Drinker, 432-434, 437-441, 448

Copérnico, Nicolau, 355, 357

Corinto, 100-102, 104, 106, 108, 110, 135

Cortés, Hernán, 307-310, 348, 413, 467

cosmologia, 353-354; filosofia grega, 48-51, 53-54, 268, 353, 354, 356, 358; de Aristóteles, 50, 268, 353-355, 358; criação no Gênesis, 69, 73, 76; chinesa, 349-351, 358-359; e os jesuítas, 351-358; e Galileu, 352-358, 367, 443; e o Livro de Josué, 355; heliocentrismo, 355-357; e Spinoza, 374-375

crianças: abandono de bebês não desejados, 149-150; batismo de bebês, 327, 367

cristianismo evangélico: e amor, 409; crença no progresso, 409-410, 492-493, 501; e a Índia, 413-415, 417-418; nos Estados Unidos da década de 1960, 489-491; e a guerra do Iraque, 502-504, 507, 509; e os Estados Unidos de Trump, 524-525, 528

cristianismo: ecclesia ou "assembleia", 20; poder duradouro do, 22-26, 28-29, 527, 533, 535-536; noção de revolução, 23, 24, 97, 103, 105-106, 108-109, 111-12, 209, 291, 394, 504, 535 ver também Gre-górió VII, papa (Hildebrando); como fé universal, 23-25, 96, 99, 100, 112, 123, 132, 140, 192, 230-240, 247, 311, 348, 535-536; sistema internacional de datação, 24, 195, 210; primazia do amor, 94-96, 100, 102-103, 148, 173, 192, 242, 286, 344, 369, 485-492, 500, 515, 527; e filosofia grega, 105, 114, 130-132, 177-178; perseguição em Roma, 110-111, 117; e destruição romana do Templo (70), 111-114, 186; cu-nhagem do termo, 112*; na Gália, 116-122; no Império Romano do século II, 116-119; perseguição no vale do Ró-dano (177), 118-122, 124; ameaça de perseguição local no mundo romano, 118-122, 124; orthodoxia (caminho verdadeiro da crença), 121-122; como katholikos ("universal"), 123; canon, 123, 260; crença no ethnos comum, 125; identidade como definida pela crença, 125, 132; invenção do conceito de judaísmo, 129, 168, 423; origem

616

do nome, 128; Escrituras judaicas em cânones, 129; e o decreto romano ordenando sacrifícios (250), 134; em Cartago, 135-137, 138, 142, 192-193; e o edito imperial sobre as Escrituras (303), 135-136; bispos em cidades romanas 135-140, 147-150, 153-156, 163-164, 168, 178, 222; traditores (entregaram suas Escrituras aos perseguidores), 136-137; simpatia de Constantino pelo, 137-143; Credo de Niceia (325), 140-141, 190, 241, 260; Juliano repu-dia o, 144-147; e os ricos no mundo romano, 157-162; rejeição das oferendas sacrificiais, 167, 168; invenção do paganismo, 168; e a his-tória de Satã, 170-172, 174; dia do julgamento, 175-179, 189, 198, 271, 402, 467; conversão dos comandantes militares na Grã-Bretanha, 194-195, 197-198, 209; empréstimos do paganismo, 210; Nova consilia (ensinamentos de Gregório), 235; adoção do mistério e da razão, 243-250, 267-270, 279, 337-338; disciplina espiritual, 255-257; cam-panha de Voltaire contra o, 388-394; e Karl Marx, 451-454, 461; des-dém de Nietzsche pelo, 460-463, 468, 527, 530, 533; perseguição so-viética ao, 465-466; e o fascismo, 467-478; campanha pelos direitos civis nos EUA, 487-490, 526-527; fé dos afro-americanos, 488; reem-balagem ocidental de conceitos, 508-509, 515-516; e as guerras cultu-rais nos Estados Unidos, 524-529; ver também calvinismo; Igreja cató-lica; cristianismo evangélico; evangelhos; Novo Testamento;

protes-tantismo; puritanos; São Paulo; teologia; crucificação

Croácia, 480

Cromwell, Oliver, 364-365, 368-374, 380, 399, 455; apelo de Me-nasseh a, 371-374

crucificação na Antiguidade, 14-17; morte de São Pedro, 22, 111; no mundo grego, 34-35; no Alcorão, 509; como modo de adquirir do-minância, 537

crucificação, 14-21, 25; descrição nos evangelhos, 14-15, 105, 113; horror e humilhação da, 15, 18-21, 86, 88, 105, 224-225, 459-461, 537; cruz como emblema de triunfo/esperança, 19, 509, 536; retratada na arte, 19-21, 224-225, 279; Anselmo sobre a, 20, 249; e a mensagem de Paulo, 94-100, 131, 190; e a natureza de Jesus, 120-121, 131, 141, 190; visão islâmica da, 190; Agostinho sobre a, 192; e a Virgem Maria, 279; imagética da Primeira Guerra Mundial, 458-459; visão de Nietzsche sobre a, 460-461

cruzada albigense (1209—29), 264-266, 388, 402

cruzadas: Concílio de Clermont (1095), 236-237; captura de Jeru-salém (1099), 238-240; Terceira Cruzada, 263

Custer, George Armstrong, 432, 440

Dario, rei da Pérsia, 35-39, 41, 52, 55, 75, 114, 133, 170, 266, 304, 413; e o rochedo de Beistum, 425-426

DOMÍNIO

Darwin, Charles, 435-441, 443-445, 451, 461, 533-534; A origem das espécies, 26, 436, 438, 441, 442, 444

Davi, rei, 63, 83, 85, 190, 214, 224, 284, 327, 486

Dawkins, Richard, 26, 534

de Klerk, F. W., 500, 501

Delfos, 41

Demétrio de Faleros, 48-49, 51, 52, 53-54, 56, 66-67

Demétrio, "o Sitiador", 52-53, 55, 106

democracia liberal, 398, 502, 503

demônios, 73, 168, 179, 209, 211, 215, 222, 226, 260, 272, 278, 283, 321, 388, 390, 413, 454, 458, 475; Satã como rei dos, 170-171, 174; germânicos, 209, 210; deuses dos mexicas, 307-308; e os cristãos africanos, 496-497

Deus de Israel, 59-62, 68; criação no Gênesis, 62, 69, 73, 76; his-tória de Abraão, 63, 160; desobediência e punição, 64, 65, 69, 70, 82-84, 134, 163; história de Adão e Eva, 70, 163, 276; ciúme obsessivo do, 70-71, 81; muitas contradições do, 71-73; processo levando a um único e supremo Deus, 71-75; nomes dados ao, 72, 73; venerado na forma de um touro, 72; Livro de Jó, 75, 77, 169, 170, 174, 435, 451, 532; como onipotente e justo, 77, 78; e a origem do mal, 77-78; filhos de Israel no Egito, 79-80, 477; os Dez Mandamentos, 81-82, 192, 270; a aliança (leis entregues a Moisés), 82-86, 104, 103, 191, 216, 248, 424; na era de Augusto, 87; e os gentios, 88, 95, 100; e a mensagem de Paulo, 95, 100; e os dois deuses de Marcião, 123-124, 481

Diderot, Denis, 389, 393

Dinamarca, 329

dinossauros, 434, 448, 450, 532

Diógenes, 101

Dioniso, 44-47, 53, 523

direitos humanos: Las Casas sobre os (1551), 348; e a Revolução Americana, 398; e a Revolução Francesa, 398, 399, 400; como tão improvável quanto a existência de Deus, 398, 406; conceito derivado dos advogados canônicos da Idade Média, 400, 410, 517; abolição da escravidão na Europa, 406; e democracia liberal, 502, 503; e Direito islâmico, 506-508, 517; Declaração Universal dos Direitos Humanos, 507

divindade: no Egito, 17, 53, 126; no mundo grego, 17, 40-47, 72-73, 76, 125-126, 166-168, 523; no mundo romano, 17-19, 59, 93, 95, 106-108, 125-129, 138, 282; para os maiores entre os grandes, 17-18; e sistemas de justiça, 36, 75-76; no Império Persa, 36, 38, 40, 169, 170; rituais de sacrifício, 41-42, 60-61, 126, 133-134, 166-168, 192, 211, 215, 223, 282, 307-308, 347; e o direito ateniense, 45-47; nous, 49, 50, 132; filosofia ateniense, 49-50; parousia (presença física de uma deida-

618

ÍNDICE

de), 53, 106, 111, 117; deuses transferidos entre fés, 59, 62; na Babilônia, 68, 71, 72, 75; hierarquia estrita dos céus, 72-73; conceito de um único deus, 77, 78; obrigações e rituais, 126-129, 133-134, 138, 140, 173; religio em Roma, 126, 133, 138, 140, 142, 173, 182-184, 232, 235, 245, 314, 326; Orígenes e os paradoxos da, 129-133, 141; declínio dos antigos cultos, 167-168; Credo de Niceia (ano 325), 140-141, 190, 241, 260; entre os mexicas, 307, 308; e cren-ças chinesas, 349-351; e teoria da evolução, 438-440, 444; e Karl Marx, 451-454, 461; ver também Deus de Israel

Dix, Otto, 456-457, 459-460, 463-464, 475, 481

Domingos, São, 278, 284

Donato (bispo de Cartago), 136-139, 142-143, 193

Dresden, 457, 460, 464, 481-482

e a Alemanha nazista, 481

Edmundson, William, 383

Eduardo VI, rei da Inglaterra, 330

Egito: divindade no, 17, 53, 126; morte de Pompeu no, 79, 84-85; dez pragas do, 79, 80, 82, 169; filhos de Israel escravizados no, 79-80, 87, 477; travessia do mar Vermelho, 79-80, 82, 477

Elizabeth I, rainha da Inglaterra, 334, 336, 428

Emwazi, Mohammed ("Jihadi John"), 510

Era do Gelo, 434

Ercole, Agostino di, 293

Escócia, 334, 381 434, 448

escravidão: crucificação de escravos, 13-15; em Roma, 13-15, 108-109, 117, 428; e cristianismo inicial, 109, 117, 120; e a mensagem de São Paulo, 109-110; Gregório a rotula de ofensa contra Deus, 149, 151, 161; Aristóteles sobre a, 310, 383-384, 428; uso da Bíblia para justificar a, 374, 382, 408, 428; no Império Britânico, 381-384, 406-407, 408-409; na Nova Inglaterra, 383-384; abolicionistas, 383-385, 399-400, 408-410, 415, 427-429, 430-431, 439, 495, 507-508; abolida pela França revolucionária, 406; e o Congresso de Viena (1814-15), 407-408, 409; no sul dos Estados Unidos, 408-409, 428, 430, 439; comércio de escravos abolido na Grã-Bretanha (1807), 409; emancipação no Império Britânico (1833), 427; e o direito inter-nacional, 427-428; universalismo da campanha protestante contra a, 427-431; e o islã, 428-431, 507-508; banida na África e no Império Otomano, 429-430

Escrituras e estudos judaicos, 62-64, 66, 73-78, 88-89, 123, 178-179; Tanakh (Antigo Testamento), 67,* 68-73 ver também Antigo Testamento; Torah ("ensinamentos"), 65-69, 80-84, 88, 94, 104, 423-424; e língua grega, 66, 91; pentateuch (cinco rolos),

DOMÍNIO

66-67, 84, 197, 381-382; e biblioteca de Alexandria, 66-67; numerosas correntes antigas, 71-72; profecia sobre o "Messias" (Christos), 85; e cânone cristão, 130; e Orígenes, 130; e conceito de pecado original, 163; de autoria de mortais, 191; Talmude, 202; realizações, 271

Eslováquia, 480

Espanha: visigodos na, 186, 199; conquista pelo islã, 188, 199; derrotas militares cristãs (década de 1190), 264; derrota sarracena em Las Navas de Tolosa (1212), 265, 266; como grande campo de batalha entre o bem e o mal, 266-267; El Encubierto (o Encoberto), 304-305; queda de Granada (1492), 305; imperialismo, 305-311, 347-348; In-quisição, 308; ultimato aos judeus (1492), 308; rebeldes holandeses, 335, 339

Esparta, 42, 150

Estado Islâmico na Síria/Iraque, 508-509, 536

Estado-nação, 398-400, 428, 463, 481

Estados Unidos da América, 25, 26; Livro do Gênesis como se-menteira da república, 398; Constituição, 398; escravidão nos estados do sul, 408, 428, 430, 439; guerra civil, 430, 439; o oeste no século XIX, 432-433, 437, 440, 448; Guerra Fria, 486; racismo e segregação nos, 487-489; campanha pelos direitos civis nos, 487-490, 526-527; assassinato de King (abril de 1968), 490-491; 11

ataques terroristas de setembro de 2001, 502-503; escândalos sexuais religiosos, 522-523; guerras culturais, 524-529

Estêvão (Waik), rei dos húngaros, 223-225, 251, 347

Estrasburgo, 331

Etelstano, rei da Inglaterra, 222-223

Etiópia, 493, 494, 497, 498

Euangelion ("Boas-novas"), 92,* 409

eucaristia, 228, 231, 246, 262, 272, 283, 329, 338

Eusébio, 119*

evangelhos, 16, 17, 19, 114, 121; São Lucas, 94, 110, 123-124, 151, 155, 161, 288; escrita e datação dos, 112-113, 112†; São João, 114-116, 124, 175, 177, 297-299, 304, 306; cânone de Ireneu, 124; Dives e a história de Lázaro, 158; dia do julgamento nos, 175-179, 189; visão islâmica dos, 190; e a reformatio de Gregório, 235

evolução, teoria da, 26, 436-440, 443-444, 449, 451, 469, 534

Fairfax, Sir Thomas (Lord General), 364-365, 368

faladores [Ranters], 367

família, 285-287

Fanon, Frantz, 504-505

fariseus, 86, 88, 94, 103, 105, 289, 320, 492

ÍNDICE

fascismo, 467-478

Fátima, vilarejo de, 463

Fell, Margaret, 373

feminismo, 491, 525, 528

Fernando de Aragão, 305-306, 308-309, 326

Filadélfia, 380, 384-385, 389, 399, 434, 493

Filipe II, rei da Espanha, 339, 347

Filipe IV, rei da França, 280

Filipinas, 347

filosofia estoica, 56, 87, 174; e São Paulo, 105-106, 130, 242

filosofia: estrutura eterna do cosmos, 49-51, 54-56, 268; no mundo grego, 48-51, 53-54, 105, 114, 130-132, 177-178, 268, 443; no mundo romano, 55-57; Logos, 56, 114; conceito de "leis naturais", 56-57, 104, 242-243; escola de Orígenes em Cesareia, 130-133; ideia de uma dei-dade única e todo-poderosa, 138; e a natureza do tempo, 174-175; fa-ma de Abelardo, 244-248; no centro do currículo universitário, 248; Spinoza, 375-378, 385; de Nietzsche, 460-464, 466, 468, 472, 481, 491, 509, 527, 530, 533

Fiore, abadia de, 275

Florença, 281, 282, 292, 293, 358

fogueira das vaidades, 293

Foley, James, 510

fósseis, 432-434, 437, 441, 448, 531, 534

fracos e oprimidos: "Os últimos se-rão os primeiros e os primeiros serão os últimos", 21, 289, 392, 431, 438, 462-463, 528; na Antigui-dade clássica, 28, 146, 404; monarquia e igualdade, 35-36; e vida de Cristo, 97, 148-149, 151, 308; fortes envergonhados pelos fracos, 101, 537; e Juliano, 145-146; e Marti-nho de Tours, 151-152, 153-156, 161, 164-165, 397; visão de Sade sobre os, 405, 407; implicações da teoria da evo-lução, 436, 438-441; visão de Nietzsche sobre os, 459-460, 462-463; desprezo de Hitler pelos ensinamentos cristãos, 472-473, 478

frades, 255, 269, 273, 309, 326, 334, 349, 391, 402; regras de ce-libato, 276; e mulheres caídas, 290; ver tam-bém ordem dominicana

França: área de Albi e Toulouse, 261-265, 386-388, 393, 401; cruzada albigense (1209-29), 263-266, 388, 401, 402; antissemitismo, 273; judeus expulsos da, 273; Bonifácio VIII afirma a supremacia pa-pal, 280; prostitutas na, 289; perseguição dos huguenotes, 380, 388, 391, 392, 396; massacre do Dia de São Bartolomeu (1572), 335; revo-lução de 1848, 421-422; Primeira Guerra Mundial, 456-457; imperia-lis-mo na África, 495; revolução argelina contra a, 504; anticlericalismo na, 517-518; ver também Paris

Frância, 164, 172, 181, 186, 194, 199-203, 212, 216-217, 220, 222; e monges irlandeses, 181-182, 196; e ba-

DOMÍNIO

tismo à força dos judeus, 186-187; Martel derrota os árabes em Poitiers (732), 200-202; Pepino depõe a linhagem de Clóvis, 201; terras a leste do Reno, 211-214; abordagem militante do paganismo, 214-215, 223-224; coleções de Escrituras transcritas por monges, 216-217; derrota húngara em Augs-burgo/ no Lech (955), 220-223, 513

Francisco de Assis, São, 255-256, 528

francos, 161, 164, 194; dinastia carolíngia, 203, 212; alegação de permissão de Deus, 201, 214-216; Carlos Magno como ungido de Deus, 213-216; divisões após Carlos Magno, 221-222

Frankenhausen (Turíngia), 323, 324, 327, 328

Franklin, Benjamin, 399

Frederico da Saxônia, 317, 321, 323, 325

Frederico Guilherme IV, rei da Prússia, 418-422, 424-425, 452, 456, 460

Frísia, 207, 212

Gabriel (anjo), 169, 190

Galácia, 90-95, 97-100, 169, 176; culto a César na, 95, 97; os Galli (servos de Cibele), 92, 93, 104, 144; carta de Paulo aos gálatas, 95, 100, 104, 105, 188, 192, 278, 371, 378, 492; São Paulo na, 97-100, 102, 104; e Juliano, 145-146

Gales, 333, 335

Gália, 116-122, 152-155, 188

Galileu Galilei, 353-359, 367, 443

Gargano, monte, 166-170, 179

Genebra, 331, 333-334, 340, 388-389

gênero: violência sexual, 41, 43, 282, 404, 405, 522-525; e os Galli, 92, 93, 104, 144; visões de São Paulo sobre as mulheres, 103-104, 278, 282, 285, 491-492; sexualidade no mundo romano, 108; mulheres no início do cristianismo, 117; a heresia de Guilhermina, 274-275, 278-279; status das mulheres na cristandade, 279-280; mulheres como tentações, 276; Aristóteles sobre a inferioridade feminina, 276-277; ambivalências na Bíblia, 277; e a ordem dominicana, 278; e o Direito romano, 285; mulheres quakers, 373; visão dos cristãos conservadores sobre as mulheres, 491-492; assédio sexual no local de trabalho, 520, 524; #MeToo, 524, 527; Marcha das Mulheres (janeiro de 2017), 524-525, 527-528; misoginia e Trump, 524-525

geologia, 433-435, 441

Gerardo, bispo de Cambrai, 227-229, 231, 234

Gibbon, Edward, 27

Gibeão, 73†

Gillingham, Deborah, 529

Gleason, Ralph, 523

gnósticos, 132

ÍNDICE

godos, 159, 161

Goebbels, Joseph, 470-471, 473

Gólgota, 16

Górdio, 96

Graciano, 241-243, 246, 260

Granada, 305-306, 308

Grant, Charles, 415-416

Gray, Asa, 435

Gregório de Nissa, São, 155, 161, 189, 381, 515

Gregório de Tours, 176, 78

Gregório IX, papa, 257, 259, 260, 265, 266, 268, 269, 272

Gregório VII, papa (Hildebrando), 229, 230, 233, 239-240, 337, 400, 401; projeto de reformatio, 229-235, 237, 239-240, 241, 252-253, 261-262, 271-272, 288-289, 292, 298, 328-329; e militância/violência, 231; humilhando o imperador, 233-234, 234, 235, 240, 258, 319, 466; e o conceito de secular, 235, 319-320, 424, 472; como Monstro dos Monstros de Lutero, 318, 319-320

Gregório XI, papa, 284, 285

Gregório, o Grande, papa, 172-174, 186, 218, 288; e fim do mun-do, 174-177, 186; envia monges a Kent, 194, 198, 208, 337

Grumbach, Argula von, 323

guerra civil americana, 430, 432, 439, 487, 488

guerra civil inglesa, 364-369

guerra do Iraque (a partir de 2003), 503-504, 505-506, 507, 508

guerra dos Trinta Anos, 341, 357-359, 368, 369

Guilherme II, kaiser, 456, 458, 464

Guilhermina, 274-275, 277-278, 279

Hamburgo, 482, 486

Hamurabi, rei da Babilônia, 36, 83

Havaí, 440

hebraico, 66, 129-130

Helesponto, 33-34, 39

Heloísa, 244, 246, 247, 249

Henrique III, imperador, 229-230, 232, 238

Henrique IV, imperador, 230, 231-234, 237, 238, 240, 319, 466

Henrique V, imperador, 238

Henrique VIII, rei da Inglaterra, 326, 329-330

Hera, 44

Heráclio, imperador, 185-188, 191, 422

Hércules, 17

heresia: haereses no início do cristianismo, 121-124, 128; os dois deuses de Marcião, 123-124, 481; gnósticos, 131-132; milênio, 227-229; queima de hereges, 228-229, 258, 260, 269, 275, 300; e Gregório VII, 229, 231-235; e Abelardo, 245-247; Quarto

Concílio de Latrão (1215), 253, 254, 255, 257-258; valdenses, 254-255, 259; busca por (inquisitio), 257-258, 265-266, 268-269, 270-271, 273, 274-276, 308, 347, 355-357; cátaros (Cathari), 260-261, 266; cristãos deixados para trás pela reformatio, 261; "albigenses", 261-262, 263-266, 388, 401, 402; e Aristóteles, 268-269; e Guilhermina, 274-276, 278; hussi-tas, 299-302, 317-318; antitrinitarianismo, 366-367, 370; medo calvi-nista e puritano da, 366-367, 370

Heródoto, 34*

Hilten, Johann, 303-306, 312, 321

Himmler, Heinrich, 427, 514-515, 533

hinduísmo, 415-418

hippies, 490, 523

Hitler, Adolf, 469-473, 475-477, 479-482, 486, 514-515, 535

Hollywood, 521-524

Homero, 43-44, 48-49, 128, 146, 152, 166, 174; a Ilíada, 43, 49, 52, 57, 146

homossexualidade, 102-103, 446-447, 491-492, 525-526; ver também sodomia

huguenotes: perseguição francesa dos, 380, 388, 391, 392, 396; Tratado sobre os três impostores (1719), 391; santuário de São Marti-nho queimado pelos (1562), 394

humanismo, 534-536

Hungria, 223, 225, 238, 251, 274, 297, 347, 384, 446, 479, 501, 513-514, 516, 528

Hus, Jan, 299-300

Hut, Hans, 327-328

Huxley, Thomas Henry, 441-444, 533

Iacopo (clérigo veneziano), 268

ictiossauros, 434, 435, 531

idolatria, 62, 70, 129, 168, 181, 188, 197, 397, 496; e a Reforma, 318, 334-336, 340, 365, 518; como justificativa para o imperialismo, 348, 413, 415; e a Beatlemania, 489; ver também paganismo

Igreja católica: cisma donatista, 137-142, 162, 227, 454; sistemas de seguridade social, 146, 439; e o projeto de reformatio de Gregório, 229, 233-235, 237, 239-241, 252-253, 261-262, 267, 271, 276, 280, 282, 288, 296, 315, 318, 325, 330; surgimento do termo "cristandade", 238; separação entre Igreja e Estado, 238-240; sistema de leis, 240-241, 245-246; Pais da Igreja, 242-243, 355; filosofia natural, 248, 269, 352, 355-359, 436, 444; zelo revolucionário diminui, 253, 296-299; agitadores e pregadores do século XIII, 253-254; reconquista das terras perdidas para os sarracenos, 263, 304-305; status das mulheres, 279-280; como impedimento à mudança, 296-299; e os hussitas, 300-302, 317; e a brutalidade no Novo Mundo, 305-310,

ÍNDICE

347-348; ataque de Lutero contra o poder da, 316, 318-320; Maria Tudor se re--concilia com, 330; legado papal enviado a Maria Tudor (1554), 337; guerra dos Trinta Anos, 341, 357-359, 368, 369; astrônomos na China, 350-351, 348-352, 358-359; estratégia no século XVI, 346-347; e a Revolução Francesa, 402-403, 409, 420, 422; e Sade, 405-406; descrita como atrasada/preconceituosa na era medieval, 443-444; ver também papado

Igreja da Inglaterra, 327, 330, 336, 366, 374, 529

igualdade, 243, 438-439, 491, 534; e São Paulo, 102, 109, 491-492; noções cristãs de, 109, 148-150, 160, 242-243, 365, 396, 440, 487, 500-501; desigualdade, 145-150, 157-165, 242-243, 365, 439, 491, 520; ensinamentos de Agostinho de Hipona, 162-163; sob as "leis naturais", 242-243; e os escavadores/niveladores, 363-366, 368, 372, 397, 454, 493; humanidade criada à imagem de Deus, 438-440

Iluminismo, 388-396, 399, 409-410, 502; ideal de progresso, 407-410, 428, 441-443, 492-493, 501, 525

imperialismo: espanhol, 305-310, 346-348; e direitos humanos dos nativos, 347-348, 382-383; britânico, 381-383, 407, 411-418, 425-429, 431; inscrição de Dario em Beistum, 425-426; corrida pela África, 431, 440, 495-496; colonialismo branco, 440; cristão derivado do senso de superioridade dos

brancos, 500-501; insurgência contra os colonizado-res, 504-505, 505-506; julgado mal, 505; Fanon sobre a descolonização, 505

Império Bizantino, 19, 199, 203, 278, 465

Inácio, Santo, 123, 125, 128

Índia: "suttee" (autoimolação das viúvas), 411-413, 414, 416-417; domínio britânico, 411-418; antiguidade da, 413-414; hinduísmo, 413-414; classe brâmane, 413, 416-417; proibição britânica do suttee, 417

Índias Ocidentais, 306, 310, 406, 408

inferno, 189, 210, 248-249, **475, 477, 484, 535**

Inocêncio III, papa, **255, 257, 262,** 268, 271, 275, 280, 466

Iraque, 536

Ireneu, 116-125, 128, 132, 175, 190, 242, 283, 483

Irlanda: primeiros monges cristãos, 179-184, 196-197, 335; culto de São Miguel, 184; Cromwell na, 365, 369-370

Irnério (jurista da Bolonha), 241

Isabel da Hungria, Santa, 251-259, 274, 303, 321, 347, 384, 446, 528

Isabel, rainha de Castela, 305-306, 317, 326

Isaías, 85

Isaque (filho de Abraão), 63, 169, 188

DOMÍNIO

islã, 25; conquistas árabes dos impérios romano/persa, 187-189, 191; descendência de Abraão, 188-189, 197, 201; dia do julgamento, 189; Cúpula da Rocha, 189-190; jizya (taxa paga por judeus e cristãos), 190, 429, 509; muçulmanos como "povo do livro", 190; muhajirun ("aqueles que passaram pelo êxodo"), 191, 193; elementos do Êxodo na história original, 191, 197, 198; conquista na África, 193-1194; mesquitas, 193; desdém bizantino pelo, 199; Sunna (corpus de leis), 202, 241, 429-430, 506-507, 508; vitórias na Espanha (década de 1190), 263; ética marital, 285, 286; conquista de Constantinopla pelos turcos (1453), 303; e escravidão, 428-431, 507; e São Paulo, 430; na África moderna, 496; e George W. Bush, 502-504; e a guerra do Iraque (a partir de 2003), 503-504, 505, 507, 508; "leis naturais" ausentes no, 506; tradição protestante na era moderna, 508, 509, 516; salafitas, 508-510; migrantes para a Europa Ocidental, 511-512, 513-514, 515-517; e o conceito de secular, 516-517, 517, 518-519

Ismael (filho de Abraão), 188

Israel, Estado moderno de, 486

Itália, 292-293, 468, 472

Jaenichen, Erna, 464-465, 470

Jarrow, monastério de, 196

Jericó, 73†

Jerusalém: conquistada por Pompeu, 58-62, 65-66, 78, 85; Templo judaico, 59-62, 64-68, 71-72, 78, 82, 83, 85, 112, 114, 186; monte Mo-riá, 59, 63-65, 186, 189; conquista babilônica de (587 a.C.), 64, 68, 71, 83, 84, 113-114; destruição do Templo de Salomão, 64-68, 71-72, 82, 113-114; reconstrução do Templo, 64, 66; destruição romana do Tem-plo (ano 70), 112, 114, 186; nova Jerusalém no Apocalipse, 175-177, 225; lixeira no local do Templo, 186; Cúpula da Rocha, 189-190; pe-regrinos cristãos em, 224-225; e o milênio (1033), 224-225; captura pelos cruzados (1099), 237-238, 240; conquista pelos sarracenos (1187), 263; Colombo e o Templo, 306; captura britânica durante a Primeira Guerra Mundial, 463-464; no moderno Estado de Israel, 486

jesuítas, 349-352; mandato para missões ultramarinas, 349-350, 352; e ciência, 352-357, 359-360

Jesus Ben Sira, 70, 163

Jesus, 16-17, 21; ressuscitado, 17, 112-113; humanidade sofredora de, 20-21, 120, 224, 249, 382, 438, 458-459, 528, 535; rejeição inicial de Paulo, 94; paixão de, 113; maneira de ensinar, 113; parábolas, 113, 155, 158, 515; abandonado pelos discípulos, 114; traído por São Pedro, 114-115; e o perdão, 114-115; debates cristãos iniciais sobre a natureza de, 121-123, 131-133, 140-141; nascimento, 150-151; ensinamentos sobre riqueza e pobreza, 153-163, 296, 376, 396-397, 448-449; pará-bola do Bom Samaritano, 155, 515; e a história de Satã, 170-172, 174; visão islâmica do, 190; aniversário milenar de morte (1033), 224-227; e a natureza da redenção, 248-249; e os pecados da carne, 288-290; no monte Tabor, 295-296; pregando as boas-novas a toda a criação, 303-304, 515; e a descolonização de Fanon, 504-505; ver também cru-cificação

João de Leiden (Jan Bockelson), 327-328, 335

João, São, 116-117; luz e verdade como sinônimos, 114; Evangelho de, 114-115, 124, 175-177, 225-226, 237, 288-289, 297-299, 304, 308, 463-464

Joaquim de Fiore, 275, 303, 306

Jogos Olímpicos, 106-107

Jordano (superior-geral dominicano), 278

Jorge da Saxônia, 323

Josias (rei do Antigo Testamento), 216

Josias, rei de Judá, 83

Josué, 73, 82, 355, 488

Judá, 64-65, 67, 83, 84, 113-114

Judeia, 58, 61-62, 65, 79; ocupação romana, 86-89; revolta (ano 66), 110-114, 175; romanos renomeiam como Palestina, 186

judeus, 18, 25, 28; circuncisão, 59, 63, 87, 95, 96, 99, 187-188, 192; costumes religiosos, 59-62, 86-87, 95-96, 99, 191-192; Templo em Jerusalém, 59-62, 64-68, 71-72, 78, 82, 83, 85, 112, 114, 186; "Santo dos Santos", 60, 62-65, 82; arca da aliança, 63-64, 66, 82; Ciro e, 64, 71, 75, 78, 85; nevi'im ou "profetas", 65; "sinagoga" ("casa de assembleia"), 66; de Alexandria, 66-67, 88; exílio na Babilônia, 67-70; conceito de pecado no Gênesis, 76; e arrependimento, 70-71; Crônicas (século IV a.C.), 73*; e monarquia, 75, 83-84; escravizados no Egito, 79-80, 87, 477; profetas, 84-85; ocupação romana da Judeia, 86-89; theosebeis ("tementes a Deus"), 87, 93; e divindade de Augusto, 93; Ioudaismos ("judaísmo"), 128-129, 168, 422-424; influência persa nas crenças, 170; visões sobre a vida após a morte, 178-179; batizados à força em Cartago, 185, 191; banidos de Jerusalém, 186; e morte de Cristo, 186; rabbis (eruditos), 202; difamação sobre uso de sangue, 272, 479-480; papel no fim dos dias, 271, 302-304, 306; e o projeto de reformatio, 271-272; ultimato espanhol aos (1492), 308; apelo de Me-nasseh a Cromwell, 371-374; e os quakers, 373; e a crítica do judaísmo de Spinoza, 377-378; e Napoleão, 420, 421; na Alemanha do século XIX, 420-426, 516; na Prússia, 420-421, 423-424, 516; e Revolução Francesa, 421-423; preço pago pela liberdade, 421-423; surgimento das tradições "reformista" e "ortodoxa", 424; e as fronteiras do secula-rismo, 424; promessa de pátria durante a Primeira Guerra Mundial, 464, 486; perseguição nazista dos, 476-481; visão de

DOMÍNIO

Tolkien sobre os, 477; e o papado durante a Segunda Guerra Mundial, 479; ver também antissemitismo

Juliano, imperador ("o Apóstata"), 27, 144-148, 152-153, 167-168, 222, 421

Júlio César, 17, 28, 79, 86, 101, 116, 468

Júpiter, 59, 138

justiça: no Império Persa, 36, 75-76; na Mesopotâmia, 36; Livro de Jó, 75-77, 174; profecias judaicas sobre o fim dos dias, 84-85; dia do julgamento, 175-179, 189, 198, 271, 402-403, 467; e o Apocalipse, 177; e a autoridade papal, 239-240, 245; Graciano e a igualdade, 242-243; e a crucificação, 248; e Lutero, 325; e Cromwell, 369-370; e a Revolução Francesa, 402; Karl Marx sobre a, 453-454; visão de Ni-etzsche sobre a, 461; e movimento pelos direitos civis nos EUA, 487-489; e protestos contra Trump, 525, 528-529

Justino, 18, 283

jutos, 194, 197-198

Kennedy, Richard Hartley, 411-416

King Jr, Martin Luther, 487, 490, 504, 525-527; assassinato (abril de 1968), 490-491

Kirwitzer, Wenceslas, 354-355

Knox, John, 334

Krafft-Ebing, Richard von, Psychopathia Sexualis, 445-447

Ku Klux Klan, 487, 489

"laicos" (laicus), 238-239, 424

Las Casas, Bartolomeu de, 310, 347, 348, 382-383, 428

Lay, Benjamin, 381-385, 399, 408, 410, 441

Leiden, 339-342

"leis naturais", conceito de, 56-57, 104, 242-243, 506

Leneanas (festival), 40, 44

Lenin, 450-451, 454-455, 465, 467

Lennon, John, 485, 489, 490, 492-494

Leônidas, 28

leprosos, 149, 151, 155

Leto, 41

Lincoln, Abraham, 430

Lincoln, catedral de, 272

linguagem, 25, 66-67, 88

Little Bighorn, batalha de (1876), 432

Liverpool, 486

Livingstone, David, 495

livre-arbítrio, 283

Loire, vale do, 151-153

Londres, 334, 367, 438, 450-452, 454, 485-486, 493-494

Los Angeles, 519, 521

ÍNDICE

Lucas, São, 94, 110, 123-124, 151, 155, 161, 288

Luís XVI, rei da França, 395

Lutero, Martinho: 95 teses, 312-314, 316; talento para a autopro-moção, 313-315, 318; em Augsburgo, 313-314; e o testemunho da consciência, 314, 320; e o testemunho das Escrituras, 314, 318, 320, 322, 324; fogueira em Wittenberg, 312, 314, 325; opõe-se à queima de hereges, 312-313; na dieta Worms, 317-321, 328, 329; em Wartburg após a emboscada de Frederico, 321-323; traduz o Novo Testamento, 322-323; revoltas dos seguidores, 323-325; morte (1546), 329; objetos protestantes da ira de, 330; atitude em relação aos judeus, 371-372, 422-423, 480; e as três eras da história europeia, 396; como precursor de Robespierre, 401; sobre a história pré-humana, 433; narrativa da cristandade como atrasada/preconceituosa, 443-444

Luxeuil, monastério de, 181, 183, 199

Lyon, 116-120, 122, 125, 254, 263, 271, 335

Macedônia, 52-53, 55, 84

Macrina, Santa, 150-151, 252, 526

Madri, 278

Maifreda de Pirovano, 275-276, 278, 280

Majorino (bispo de Cartago), 135, 136

mal, 19, 170-171, 266-267, 366, 479, 499, 504; batalha entre o bem e o mal, 57, 77-78, 170-171, 266, 401, 474, 481, 483, 524; e Eva, 69, 163; origens do, 69, 77-78; Satã (Diabolos), 75, 77, 170-172, 174, 176, 178-179, 249, 259-260, 304, 319, 413, 477, 535; visão persa do, 77, 170-171, 266, 426; Agostinho sobre o, 171; Sodoma e Gomorra, 290; e Revolução Francesa, 402-403; e Tolkien, 474-478, 480-484, 513-514; visão de Nietzsche sobre o, 481; julgamento do imperialismo como, 505; e os liberais, 535

Mandela, Nelson, 499-501

Maomé: e conquistas militares, 189-191; ensinamentos de, 190; como porta-voz do Alcorão, 190-191; e Moisés, 191-192; Sunna (cor-pus de leis), 201-202, 241-242, 429-430, 506-507; profecia de Dabiq, 506

Marcião, 123-124, 129, 481

Marcos, São, 124

Marduk (deus babilônio), 68-69, 71-72, 76

Maria I, rainha Inglaterra, 330, 333-334, 337

Maria Madalena, 278, 288

Maria, a virgem Theotokos, 279, 282; visões na Capadócia, 150; visão islâmica de, 189; e a crucificação, 279-280; estátua em Albert, 458; aparições em Fátima, 463

DOMÍNIO

Marmoutier, planície de (perto de Tours), 153-154, 156, 164, 397

Marrocos, 428-430

Marsh, Othniel Charles, 437, 448

Martinho de Tours, São, 152-157, 161, 164-165, 178, 211, 222, 394-397; basílica em Tours, 200, 164, 394-397

mártires, 23, 111, 120-121, 176-179, 228; na Cartago do início do século III, 135-136; Bonifácio na Frísia, 207-208, 212, 215

Marx, Karl, 451-454, 461

Maryland, 370

Massachusetts, 343, 345, 380, 500

matemática, 56, 248, 267, 349, 352-354

Mateus, São, 124

Matilda, condessa, 240

McCartney, Paul, 485, 489, 492-494

Menasseh ben Israel, 371-374, 474

Merkel, Angela, 511-517

Mesopotâmia, 36-37, 62, 64, 83, 147

México, 308, 347, 359, 416

migrantes: hostilidade contra os, 304, 512-514; não europeus na Europa Ocidental, 512-517; medo de que o Oriente esteja se movendo, 513

Miguel, São (anjo), 169-170, 176, 178, 184, 458

milagres: São Paulo na Galácia, 100; São Martinho de Tours, 156-157, 161, 164; Miguel em Gargano, 166-170; e Columbano, 181-184; nas planícies húngaras, 226; e Hildebrando (Gregório VII), 229-230, 232; e Lady Isabel, 256; no monte Tabor, 295-296; Spinoza sobre, 375, 376

Milão, 227-228, 230, 274-276

milênio (1033), 225, 227-229

Milingo, Emmanuel, arcebispo de Lusaka, 497

Milton, John, 358, 367, 370, 407

missões: e Bonifácio, 207-215, 471; e Agostinho de Hipona, 208; disciplina e dificuldades, 209; entre os mexicas, 307, 308; puritanas no Novo Mundo, 344-345; católicas no Novo Mundo, 346-348; e direitos humanos dos nativos, 347-348, 382-383; jesuítas na China, 348-352, 358; quakers entres os judeus de Amsterdã, 372, 373; britânicas na Índia, 417-418; no coração da África, 431, 495; visão de Nietzsche sobre as, 463

Moisés, 80-82, 86-88, 190-193, 248, 477, 488

monarquia, 35-39, 83-84, 221-224, 280; na Babilônia, 35-37, 84, 298; conversão de pagãos ao cristianismo, 224; direito de conferir bis-pados, 231; governantes inspirados por Lutero, 317, 321, 323, 325-327; Frederico Guilherme e a catedral de Colônia, 419-421

monges (monachoi): no vale do Loire durante o século IV, 153, 156; primeiros monges irlandeses, 181-182,

ÍNDICE

196, 335; monastérios de Columbano, 181-184, 199; disciplina e dificuldades, 180-182, 196-197, 209; culto de São Miguel, 184; enviados pelo papa Gregório a Kent, 194, 198, 208, 337; e a escrita, 216-217; regras de celibato, 228, 521; em Cluny, 236-237

Montana, 432-433, 441

Montanha Branca, batalha da (1620), 342

movimento pelos direitos dos homossexuais, 490-491

mundo grego: deuses, 17, 40-47, 72-73, 76, 125-126, 166-168, 523; invadido pelos persas, 27, 33-35, 40, 77; teatro, 40, 46, 47; rituais de sacrifício, 42, 118, 167; agon, 43, 44, 101; cosmologia, 49-51, 54-56, 61, 268, 353-355, 358; filosofia no, 48-51, 53-54, 105, 114, 130-132, 177-178, 268, 443; parousia (presença física de uma deida--de), 53, 106, 111, 117; Tyche (Fortuna), 54; e o "Santo dos Santos" em Jerusalém, 61; língua grega, 66, 91; judeus como nação de filósofos, 87; sexualidade no, 103-104, 282, 523; São Paulo e a filosofia estoica, 105-106, 130, 242; autossacrifício no, 119; ossos dos heróis como tro-féus, 152; visões sobre a vida após a morte, 178-179; no imaginário da Revolução Francesa, 403; colonização agnóstica do, 443; visão de Ni-etzsche sobre o, 462-463

mundo romano, 18-19, 27; riqueza e privilégio no, 13-14, 57, 100, 101, 133, 146-149, 151, 157-162;

divindade no, 17-19, 59, 93, 95, 106-108, 125-129, 138, 282; filosofia no, 55-57; e Tyche (Fortuna), 54; Pompeu conquista Jerusalém, 58-62, 65-66, 78, 85; guerra civil, 79, 85; assassinato de Pompeu, 79, 84-85; Augusto impõe ordem ao, 86, 88-89, 91-92; ocupação da Judeia, 86-89; supressão dos gálatas, 95; redes de transporte, 91, 93, 97-98, 117-118; Via Sebaste, 91; culto a César no, 95, 97; Euangelion ("Boas-novas"), 92*; turnê de São Paulo pelo, 93-107, 348; sexualidade no, 108, 290-291, 523; perseguição do cristianismo, 118-122, 124; supressão da revolta na Judeia (ano 70), 112, 114, 175; cristianismo no século II, 116-119; autossacrifício no, 119; e a ordem universal, 125; cidadania concedida a todos os homens livres (ad 212), 125, 126, 133, 141; decreto ordenando sacrifícios (250), 134; edito imperial sobre as Escrituras (303), 135-137; poder dos bispos cristãos, 135-136; Constantino se torna imperador do (312), 137; Juliano repudia o cristianismo, 144-147; declínio no Ocidente, 159, 161, 163, 170, 172-173, 178; godos saqueiam Roma (410), 159, 161; proibição de sacrifícios (391), 166; visões sobre a vida após a morte, 178; divisão entre romanos e bárbaros sobrevive à queda do império, 208-209; e a ordem no cosmos, 298; no imaginário da Revolução Francesa, 403; e a morte de Cristo, 427; visão de Nietzsche sobre o, 461-462; simbolismo dos fasces, 467-468

DOMÍNIO

Münster, 327-328, 335, 366, 455, 509

Müntzer, Thomas, 323-324, 327, 365-366

Mussolini, Benito, 468-469, 472

Nero, imperador, 21-22, 106-108, 110-111, 112,* 117

Niceia, Concílio de (325), 140-141, 190, 241, 260

Nietzsche, Friedrich, 460-464, 466, 468, 481, 491, 493, 509, 527, 530, 533

Níobe, 41, 76, 107

Nissa (Capadócia), 148, 155

"niveladores", 365, 397

Noé, 208, 384, 427, 433-434

Nova Inglaterra, 342-344, 380, 383, 398-399, 525

Nova Zelândia, 440

Novo Mundo, 306-311; Índias Ocidentais, 306, 310, 380, 406, 408; Cortés no México, 306-310, 348, 413; chegada do Mayflower, 342, 528; assentamentos de peregrinos no, 342-344, 379, 449, 528; nativos americanos, 344, 348; abolicionistas no, 383-385

Novo Testamento: Atos dos Apóstolos, 112,* 161, 453; origens, 124; anjos nomeados, 169; visão islâmica do, 190; como de autoria de mortais, 191; tradução de Lutero, 322-323; ver também evangelhos; São Paulo, cartas de

o Diabo, 170-171, 176, 178-179, 182, 248-249, 266, 272, 283, 318, 321, 324, 338, 383, 403, 458, 480, 514; histórias de adoração do, 259-261

Oppenheim, Simon, 419-421

Orbán, Viktor, 513-517

ordem dominicana, 269, 271, 274, 276, 290, 310-312, 358, 383, 398, 402; e mulheres, 278-279

ordem franciscana, 255, 303, 308

Organização das Nações Unidas, 507, 517

Orígenes, 127-134, 141, 168, 190, 242, 355, 413, 454; escola em Cesareia, 130-132; fama e influência, 133, 155; tortura e morte, 134, 135; e a história de Satã, 170-171; desconsidera a interpretação literal do Apocalipse, 177

Orleans, 227, 228

"ortodoxo", cristianismo, 465

Osíris, 54

Otão, o Grande (imperador), 221-223, 512-514

Otranto, 303, 305

Owen, Richard, 450

Oxford, bispo de, 26

paganismo: origem do termo, 168; e Miguel, 169; e o papado de Gregório, 173-174; e a Grã-Bretanha, 195, 209; e Bonifácio, 207-213, 336-337, 413, 458, 471, 496; Eostre (festival da primavera), 210; sub-mundo (hel), 210; carvalho de Thunor, 211, 213-214,

ÍNDICE

337; guerra con-tra os francos, 211-214; Irminsul destruído, 213-214; derrota húngara em Augsburgo/no Lech (955), 220-223, 513; monarquia cristã se rea-firma, 221-224; como justificativa para o imperialismo, 348, 413, 415; e os cristãos africanos, 496-497; ver também idolatria

Pai Nosso, 218

Países Baixos, 209, 210, 335-337; ver também República Holan-desa

paleontologistas, 432-435, 437, 442, 534; "guerra dos ossos" ex-posta (1890), 448

Palestina, 186, 464; invadida pelos "sarracenos" (634), 187-190; guerra dos Seis Dias (1967), 486

Palmeiro, André, 350-351

papado, 22; título de Pappas ou "Pai" ("papa"), 22; proteção de Roma transferida para o, 172-173; Gregório eleito para o, 172-174; e os carolíngios, 203; e a coroação de Carlos Magno, 213; papa coroa Carlos Magno imperador, 213; vitória sobre os sarracenos no Garigliano, 222; corrupção e escândalos, 229; intervenção do imperador Henrique III, 229-230, 238; e o direito do imperador de conceder bispados, 231-232, 234, 235, 239; palácio em Latrão, 230, 233, 311-312; legados (agentes), 229, 239, 245, 263-264; alegação de autoridade universal, 230; "cúria" (corte), 239-240, 241, 245-246, 261; como líder da cris-tandade, 230; autoridade acima da autoridade legal, 230; Quarto Con-cílio de Latrão (1215), 253, 254, 255, 257-258; em Avignon, 280, 284; Bonifácio VIII afirma a supremacia papal, 280; cisma, 284, 297-298; e Napoleão, 403; e a Alemanha nazista, 477-479; ver também cristanda-de católica; Gregório, o Grande; Gregório VII, papa (Hildebrando)

Paris, 194, 229, 244-246; universidade em, 247-248; catedral de Notre Dame, 289, 396; massacre do Dia de São Bartolomeu (1572), 335; assassinatos na Charlie Hebdo, 517-519

Páscoa, 210

Pátras (no sul da Grécia), 42

Patrício, São, 180-181, 209

Paulino, Merópio Pôncio, 157-161, 163, 167, 252, 296, 450, 528

Paulo I, papa, 203

Paulo, São, cartas de, 98-100, 105, 113, 121, 123, 285; aos gálatas, 95, 100, 104, 105, 188, 192, 278, 371, 378, 492; aos coríntios, 17*, 101, 102, 109, 328, 492, 523; aos romanos, 105, 108, 291, 370; palavra "cristão" não surge nas, 112*; instruções às esposas, 117, 278, 285; sobre relacionamentos entre pessoas do mesmo sexo, 290-291, 492

Paulo, São: e a Galácia, 97-100, 102, 104, 187-188, 192; turnê pelo mundo romano, 93-107, 348; primazia do amor, 94-96, 100, 102-103, 485-487, 488, 492; conversão na estrada

DOMÍNIO

para Damasco, 94, 100, 161; e a natureza divina de Jesus, 94-98, 102, 131; rejeita o culto a César, 95; universalidade de sua mensagem, 95-100, 102-105, 112, 192, 240, 478; e liberdade, 98-102, 328, 378, 380, 397, 487; em Corinto, 100-102, 104; e sexualidade, 103-104, 290-291, 445-447, 522, 524; paradoxo no cerne dos ensinamentos, 103; visão sobre as mulheres, 103-104, 278, 282, 285, 491-492; lei de Deus escrita no coração, 104, 191, 202, 216, 242, 377, 492; e testemunho da consciência, 105, 130, 314, 373, 492; e a filosofia estoica, 105-106, 130, 242; parousia (presença física de uma deidade), 53, 106, 111, 117; e os sistemas de classes, 108-110; execução, 111, 125; e os "de fora", 129; e o islã, 190, 202, 430; e o tom da revolução, 209, 394, 492, 535; e Lutero, 314, 320; Spinoza sobre, 377; e Nietzsche, 461-462

Pávia, conde de, 251, 252

pecado: e Eva, 69, 163, 276; conceito no Gênesis, 70, 163, 289-291; tradição personificada por Donato, 136, 139; Pelágio sobre o, 160, 163; ensinamentos de Agostinho de Hipona, 163; doutrina do pecado original, 163, 276, 528; grande império de Satã, 171-172; e o papa Gregório, 173-174; Columbano e a penitência pelo, 181, 182; e o desejo sexual, 282-283, 288-294; Sodoma e Gomorra, 289-293; con-ceito de "sodomia", 292-293, 445, 447; e Lutero, 318, 320; e peregri-nos no Novo

Mundo, 342-343, 528-529; e posse de escravos no Novo Mundo, 382, 408-409, 427; ver também redenção

Pedro, o Venerável, 247, 267, 313

Pedro, São, 21-22, 111, 114-115, 117, 122, 172

Pelágio (asceta), 160-163, 194, 296, 364

Peninsula Beverly Hills, Hotel, 519-520, 524

Penn, William, 380, 383-384, 434

Pensilvânia, 398, 399

Pepino, rei franco, 201, 203

perdão: e o Deus de Israel, 70-71; e arrependimento, 70-71, 182, 257, 288, 528; e Paulo, 97; traição de São Pedro, 114-115; e os cruza-dos, 237; e Nelson Mandela, 499-500

Pérsia, Império Persa: invasões do mundo grego, 27, 33-35, 40, 77; métodos de tortura, 34-35, 404; divindade na, 36, 38, 40, 169, 170; monarquia na, 36-39; conquista a Babilônia (539 a.C.), 36-38, 64, 71; rebelião babilônica (522 a.C.), 37-38; Drauga ("Mentira"), 37-39; conquistada por Alexandre, 52-53, 170; ataques ao Império Romano durante o século III, 133; Juliano morre durante a guerra contra a, 147-148; fim do mundo, 175; ataques a Constantinopla, 187; desco-berta da inscrição de Beistum por Rawlinson, 425-426, e o "grande jogo", 426; e escravidão, 431

Peru, 347

ÍNDICE

Pessino (cidade gálata), 144-145, 167, 169

peste, 170, 172-174, 282-283, 292-293, 296

philosophes, 389-394, 395-396, 402, 404; e a Revolução Ameri-cana, 398-400; desdém pela Idade Média, 403; e Sade, 405, 406

Pio XI, papa, 478

Pio XII, papa, 478

Pitágoras, 48†

Platão, 48†, 178

pobreza: e os ensinamentos de Cris-to, 21, 113, 154-165, 298, 365, 397, 449; e o Deus de Israel, 71, 74, 78, 82, 95; e a vida de Cristo, 97, 148-149, 150; e os ensinamentos de São Paulo, 101; e Juliano, 145-146; na Antiguidade clássi-ca, 145-146; e caridade cristã, 146-150, 154-160, 243, 342; ptocheia ("casas dos pobres"), 148; São Martinho de Tours, 152-157, 161, 164-165, 395-397; como ideal cristão, 160, 251-255; e Pelágio, 160-163, 296, 364, 397; ensinamentos de Agostinho de Hipona, 162-163; sob as "leis naturais", 243; e os valdenses, 254-255; Francisco de Assis, 255-256; e o cis-ma papal, 297-298; os "escavadores" na Grã-Bretanha, 363-366, 368, 372, 397, 454, 493; reforma social e cristianismo, 439-440; Carnegie sobre a, 449; visão de Nietzsche sobre a, 461-463; e assédio se-xual no local de trabalho, 520-521, 524

Poitiers, 151-152

Policarpo, São, 116, 122, 125

poligamia, 25, 286, 327

Polônia, 476, 478, 480

Pompeu, o Grande, 55, 57-62, 64-65, 68-70, 75, 79, 84-86, 125, 468

Portugal, 347, 463

Posidônio, 55-58, 60-62, 125

Praga, 295, 297-302, 341, 486

presbiterianos, 367-368, 370, 448-449

Priene, cidade de, 92*

Primeira Guerra Mundial, 458-459, 463-464, 466-467

Prisciliano (bispo espanhol), 228*

promontório Cauda do Cão (He-lesponto), 33-34

protestantismo: fé como coisa pes-soal/privada, 314, 315, 320-323, 328-329, 338, 363-368, 369-382, 385, 414, 423-424, 504; "Protesto" (1529), 329; príncipes luteranos, 329; Eduardo VI da Inglaterra, 330; e confiança na au-toridade secular, 330; na Grã-Bretanha elizabetana, 333-336; nos Países Bai-xos, 335; guerra dos Trinta Anos, 341, 357-359, 368, 369; e o heliocentrismo, 355-357; e a disciplina presbi-teriana, 365-367; Lei de Uniformidade na Grã--Bretanha, 375; e Spino-za, 374-378; conceito de peregrino, 379-380, 528; migração da Europa no século XVII, 380, 498-499; e a nova república norte--americana, 398, 399; e abolição da es-cravidão, 406, 430-431; e a Alemanha nazis-ta, 471, 480-481

Provença, 200

Prússia, 418-421, 423, 456, 516

Pulp Fiction (filme, 1994), 521-522, 524

puritanos, 336, 357-358; viagem no Mayflower, 342, 528; colonos peregrinos no Novo Mundo, 342-344, 379, 449, 528; violência contra os nativos americanos, 345; e a guerra civil inglesa, 364-369; e os ju-deus, 371

quakers, 367, 370, 373-374, 379, 380; e a Lei de Uniformidade, 375; Benjamin Lay, 381-385, 399, 408, 410, 441; abolicionistas, 383-385, 399, 408, 430, 439; e a teoria da evolução, 439, 440

química, 442

raça e etnia: ambições universais da Igreja, 272; implicações da teoria da evolução, 439-441; e as noções cristãs de igualdade, 440, 487, 500-501; tribos nativas da América do Norte, 440; e a Alemanha nazista, 468-469, 473, 476-481, 535; racismo e segregação nos EUA, 487-489; hierarquia colonial na África, 495-497; apartheid na África do Sul, 499-501; e o imperialismo europeu, 500-501

Radegunda, rainha, 252

Ramirdo, 227-229, 231, 234

Rawlinson, Henry, 425-426

razão: e filosofia estoica, 56; e Abe-lardo, 244-249; adoção cristã do mistério e da, 243-250, 266-269, 279, 337-338; e os escavadores, 366; e Spinoza, 374-378, 385; philosophes, 388-394, 395; e Thomas Henry Huxley, 441-444; e Nietzsche, 461; ver também Iluminismo

redenção, 173, 225, 275, 349, 382, 415, 439, 460, 496, 508; An-selmo sobre a, 20, 249; confissão e arrependimento, 70, 173, 184, 257-258, 281-282, 528; e a mensagem de Paulo, 109, 112, 320; de Abelardo, 247, 312-313; natureza da, 248-249; no sofrimento, 251-253, 256-257; e a cruzada albigense, 264; e os taboritas, 296; e Lutero, 315, 319, 320; poder do perdão, 500

reforma social, 439-440

Reforma: príncipes luteranos, 317, 321, 323, 325-326, 327, 329; na Inglaterra, 326-327, 329-330; tensão entre liberdade e autoridade, 329-334, 365-379; as revoluções, 338; Deus falando diretamente à alma/espírito, 365-368, 371-377, 414; natureza da "religião" nos países protestantes, 367-369; e antissemitismo, 371-372, 480; e as três eras da história europeia, 396; anticlericalismo na França, 517-518; e casa-mento, 551; e o "agnosticismo" de Huxley, 533

República Holandesa, 336, 340, 342, 376, 391; "Igreja Reformada" holandesa, 336, 340, 374, 376; cerco de Leiden, 339-341; e a guerra dos Trinta Anos, 341; Colegiantes na, 374, 379; Tratado sobre os três impostores (1719), 391

ÍNDICE

Revolução Americana, 398, 409

Revolução Francesa: basílica de São Martinho convertida em es-tábulo, 394-396; e cristandade, 394-396, 400-403; execução de Luís XVI, 395; supressão na Vendeia, 394, 401; calendário revolucionário, 395; sans-culottes, 397; jacobinos, 397, 398, 400-402; tomada da Bas-tilha (julho de 1789), 397; Declaração de Direitos, 398-403, 419, 422; exemplo dos EUA, 400; e Robespierre, 401-402, 421; terror, 401; An-tiguidade clássica na imagética da, 403-404; e judeus, 421-423

revoluções (1848), 421

Rhode Island, 383

Ricci, Matteo (Li Madou), 349, 351

Rijnsburg (perto de Leiden), 374

riqueza e privilégio: no mundo romano, 13-14, 57, 100-102, 133, 146-149, 151, 157-161; e os ensinamentos de Jesus, 21, 153-156, 157, 158, 160-161, 163, 296, 298, 365, 396-397, 449; no Livro de Jó, 76; fortes envergonhados pelos fracos, 101, 537; e Orígenes, 133-134; cristãos ricos, 146-147, 157-162, 296, 341-342; Pelágio sobre, 160-161, 364; ensinamentos de Agostinho de Hipona, 162-164; o papa em Avignon, 280; e os sans-culottes na Revolução Francesa, 397-398; e Carnegie, 448-451, 452; e "Imagine" de Lennon, 493; nos Estados Unidos de Trump, 528-529

Robespierre, Maximilien, 401-402

Ródano, vale do, 116-125

Rodes, 55, 61

Roma (cidade): monte Esquilino, 13-14, 16, 21; primeira piscina aquecida, 13, 15; São Pedro de Caravaggio, 21-23; e São Paulo, 106-107, 110; carta de São Paulo aos Hagioi, 106, 108-109, 290-291, 370; e Nero, 108-109, 110-111; Hagioi perseguidos após o incêndio (verão do ano 64), 111, 112*; o Senado, 157; basílica de São Pedro, 172; o Tibre inunda suas margens (589), 172; declínio físico de, 172, 179; fim da ligação com os antigos rituais, 172-173; recapturada para o Império Romano, 185; piratas sarracenos saqueiam (846), 219; cons-trução da basílica de São Pedro no Vaticano, 311; Inquisição em, 347, 355-358

Romans, Humberto de, 271

Romênia, 479

Rômulo, 17, 172

Rostock, 512

Roth, Cecil, 474

Roy, Raja Rammohun, 416-417

Rússia, 456, 465, 477

Sacher-Masoch, Leopold von, 446

Sacro Império Romano: Carlos Magno, 213-219, 221; Otão, o Grande, 221-223; e direito de conceder bispados, 231-232, 234, 235, 239; e o projeto de reformatio de Gregório,

DOMÍNIO

229-235, 237, 239-240, 241, 252-253, 261-262, 271-272, 288-289, 292, 298, 328-329; e hussi-tas, 299-302, 317; encerrado por Napoleão (6 de agosto de 1806), 418

Sade, Marquês de, 405-407, 409, 444-445, 462, 509, 523; Justine (1797), 404-405, 406; sobre o comércio de escravos, 406-407

Sahwil, Reem, 511-512, 515

Saint-Denis, monastério de (perto de Paris), 244, 249-250, 396, 402

salafitas, 508; Estado Islâmico na Síria/Iraque, 508-510, 536

Salm, Elisabeth, 464-467, 470

Salomão, rei, 63-64, 82, 83

Samaria (antigo reino de Israel), 84

Samuelsson, Gunnar, 15*

santos, 165

São Domingos, ilha de, 406

Satã (Diabolos), 75, 77, 170-172, 174, 176, 259-260, 304, 535

saxões na Grã-Bretanha, 181, 194-195, 197-198, 210

Saxônia, 209, 312, 317, 323, 419, 457, 463; missões anglo-saxãs na, 209-211, 413; guerra de Carlos Magno contra a, 213-216, 264; Ir-minsul (árvore totêmica), 213, 214; Otão, o Grande, 221-223

Sayn, conde de, 259

Schreck, Johann, 349-354, 358-359

secular, conceito de, 231-235, 238-239, 280, 424-425, 502, 516-517; como produto do cristianismo, 25, 183, 235, 424, 517-518, 534, 535; e Agostinho de Hipona, 183, 235, 424; origem do termo, 183; e Gregório VII, 235, 318-319, 424, 472; e a Reforma, 318-319, 325, 329-330, 414; aplicação ao hinduísmo, 414-418; palavra francesa laïcité, 424, 517; e o islã, 516-519; anticlericalismo francês, 517-518

Sedúlio Escoto, 219

Segunda Guerra Mundial, 473-474, 477-479, 481-482, 486

serafins, 169

Serápis, 54, 126-127, 129, 138

sexualidade: prostitutas, 51, 100, 108, 282, 288-290, 405; no mundo grego, 103-104, 282, 523; visões de São Paulo sobre a, 103-104, 108, 290-291, 444-445, 446-447, 491-492, 522, 524; no mundo romano, 108, 290-291, 523; mulheres como tentações para os padres, 276; corpo feminino, 276-284; cristianismo e o erótico, 282-294, 443-447, 492, 521-523; continência e livre--arbítrio, 283; e casamento, 284-288, 446, 523, 525-526; incesto, 287; Jesus e os peca-dos da carne, 288-290; e o projeto de reformatio, 289, 292; e a teoria da evolução, 444; obra de Krafft-Ebing sobre a, 445-447; sadismo e masoquismo, 447; visão cristã conservadora sobre as mulheres, 491-492; Bernardo de Claraval sobre a, 521; e a contracultura da dé-cada de 1960, 523

ÍNDICE

Shrewsbury, 333-334

Siena, 281-284, 287-288, 292-293

Sigismundo (imperador eleito), 299-302

Simão (necromante samaritano), 122

Sinai, monte (Horebe), 80-81, 83, 191

Sinjar, 536

sioux, povo, 432, 440

Síria, 73, 75, 123, 187-188, 194-195; guerra civil (a partir de 2011), 508

sistema internacional de datação, 24, 195, 210

sistemas legais e direito, 25; ateniense, 45-47; conceito de "leis naturais", 56-57, 104, 242-243, 506; alegação de permissão de Deus, 201-202, 242, 506, 507; Sunna (corpus de leis), 201-202, 241-242, 429-430, 506-507; "cúria" (corte) papal, 239-240, 241, 245-246, 261; sistema de leis da cristandade, 240-241, 245-246; advogados, 240-243; direito canônico, 240-243, 245-246, 253, 286, 314, 316, 318, 324-325, 382, 399-400, 517; Decretum (atribuído a Graciano), 241-243; corpus do direito romano, 242-243, 285; e a razão de Abelardo, 244-249; Ca-etano e o direito internacional, 311; leis internacionais sobre a escra-vidão, 427-428; conceptualização do desejo, 447; modelagem ocidental do islã, 507-509, 516-517

Skellig Michael (Kerry), 180, 184

Sodoma e Gomorra, 290-294

sodomia, 291, 445, 447, 494, 526; ver também homossexualidade

Sófocles: Édipo Rei, 46-47; Antígona, 46-47

Somme, batalha do, 456-457, 458, 460, 469, 475

Spinoza, Baruch, 374-375, 385; Tratado teológico-político (1670), 376-378, 392

SS (Schutzstaffel), 472, 479

Starr, Ringo, 485, 510, 522*

Suécia, 329, 357

Sumner, William Graham, 449

Swinburne, Algernon Charles, 27

taboritas, 296, 299-302, 397, 454

Tácito, 112*

Tarso, cidade portuária de, 97, 203

Tasmânia, 440

Tebas (Grécia), 46, 52

tempo: sistemas de datação, 24, 195, 210; fim do mundo, 174-177, 180, 186-187; na filosofia inicial, 174; linha direta do Gênesis ao Apocalipse, 176, 433-434; visão da vida após a morte, 178; ordem do saeculum, 183, 531; Bede o torna cristão, 195-196, 210; ciclos do ano, 210, 219; como teste decisivo para a ordem cristã, 219; modernitas, 250, 298; profecia de Joaquim, 275; profecias de Hilten, 303-306, 312, 321; e Colombo, 306-307; e o Novo

Mundo, 306-308; calendários chineses, 346, 349, 350, 352, 359; calendário revolucionário francês, 395-396; três eras da história europeia, 396; e geologia, 433-435

Tenochtitlán, 307-310, 413

Teodoro, São, (arcebispo de Canterbury), 194-197, 203

Teodoro, São, (asceta na Galácia), 176, 187

teologia: theologia de Orígenes, 131; conceito da Trindade, 131, 140-141, 189, 366; e Aristóteles, 132, 267-270, 277, 310, 347, 353-354, 428; e Constantino, 140-142; e a vingança de Deus contra os judeus, 186; uso da razão por Abelardo, 244-249; como rainha das ciências, 248, 273, 442; revelação e razão, 270, 279; e heliocentrismo, 355-357; o Tratado teológico-político de Spinoza (1670), 376-378, 392; "teologia natural", 435-438, 441-442; e apartheid na África do Sul, 499-501; como profundamente embebida na Idade Moderna, 527, 533; ver também Aquino, Tomás, São; Calvino, João; Lutero, Martinho

Terásia (esposa de Paulino), 157

The Handmaid's Tale, 525-526

Thunor (deus pagão), 211, 213-214, 337

Thurman, Uma, 524

Toledo, 267

tolerância, conceito de: e a guerra civil inglesa, 366-369; e o sis-tema da Vestfália, 369-370; e Cromwell, 368-371; e a Lei de Unifor-midade na Grã-Bretanha, 375; e Spinoza, 375-378, 385; Penn na Fila-délfia, 380, 383-384, 399; e Voltaire, 389

Tolkien, J. R. R., 474-478, 480, 482-484, 513-514; O senhor dos anéis, 474-477, 482-484, 513-514; sobre os mitos, 536

tortura, instrumentos/métodos: no mundo grego, 34; na antiga Pér-sia, 34-35, 38; scaphe na antiga Pérsia, 35, 38, 75, 404; nos anfiteatros romanos, 118-119

Toulouse, 261-262, 386-388, 393, 401

Tours, 151-156, 176, 178, 217; basílica de São Martinho em, 200, 164, 394-397; coleções de Escrituras transcritas por monges, 216-217

Troia, guerra de, 42-44, 152

Trump, Donald J., 524-525, 528

Túnis, 193, 196, 430

turcos otomanos, 297, 305, 312, 347, 429, 464, 512-513

Turíngia, corte de, 251-252, 256, 321

Tutu, Desmond, 498-500

Úlfilas (padre), 208, 214

Ulrico (bispo de Augsburgo), 220-221

União Soviética, 466-467; Guerra Fria, 486; colapso da, 501

ÍNDICE

Universidade de Oxford, 248, 297, 442, 473

Universidade de Pádua, 352, 353

Urbano II, papa, 236, 240, 244, 263

Urbano VI, papa, 284-285

Urbano VIII, papa (Maffeo Barberini), 354, 356

Ussher, James, arcebipos de Armagh, 433

Utrecht, 211

valdenses, 254-255, 259

Valladolid, 347

valores morais e éticos, 21, 26, 28; impacto duradouro do cristia-nismo, 23-28, 529, 533-534, 536; como culturalmente contingentes, 25; e os deuses gregos, 44-45; mensagem de São Paulo, 102-105; liberdade de escolha, 286; e o ódio de Nietzsche, 461-463, 468, 509; desdém de Hitler pelo cristianismo, 471-472, 478; sonhos com um mundo melhor, 493; dogma do humanismo, 534; ver também igualdade; perdão; justiça; pecado; tolerância, conceito de

vândalos, 161

Vaticano, construção da basílica de São Pedro no, 311

Veneza, 292, 347

Vênus, 281-282, 287

vespas Ichneumonoidea, 436

Vestfália, Tratado de (1648), 369-370

Viena, Congresso de (1814-15), 407-408, 419

Vienne (cidade ao sul de Lyon), 116-118, 120, 124-125

vikings, 219, 223

Virgílio, 85, 93

Visconti, Mateo, 275

visigodos, 161, 186, 199

Voltaire, 388-393, 399, 401, 410, 443

Vosges, 181

Wartburg, castelo de, 254, 255, 321, 323, 480

Washington, George, 398

Waterloo, batalha de (18 de junho de 1815), 410, 418

Weinberg, Steven, 532

Weinstein, Harvey, 519-520, 521, 524

Wessel, Horst, 470-471

Winstanley, Gerrard, 363-366, 368, 466, 493

Winthrop, John, 343-344, 449-450

Wittenberg, 312-314, 316-318, 321, 325, 419

Wodan, 209, 210, 308, 458, 463

Worms, dieta de, 317-318, 319-321, 328-329

DOMÍNIO

Wycliffe, John, 297, 299

Xenócrates, 131
Xenófanes, 49, 138
Xerxes, rei da Pérsia, 33-35, 39, 40, 43
Xu Guangqi, 346, 349, 351

Yang Guangxian, 358-359
yazidis, 536

Zenão, 56, 131
Zeus, 25, 42-43, 44, 54, 59, 72-73
Žižka, Jan, 301-302
Zurique, 331

Este livro foi composto na tipografia
Adobe Garamond Pro, em corpo 12/16, e impresso
em papel off-white no Sistema Cameron da
Divisão Gráfica da Distribuidora Record.